浙江文化艺术发展基金资助项目
PROJECTS SUPPORTED BY ZHEJIANG CULTURE
AND ARTS DEVELOPMENT FUND

越境

"鲁迅"之诞生

李冬木　著

浙江古籍出版社

图 1　留学日本时的周树人，1903 年

图 2　周树人（右二）与东京弘文学院同学，1903 年

图 3　周树人（左一）与仙台医专同学，1904 年

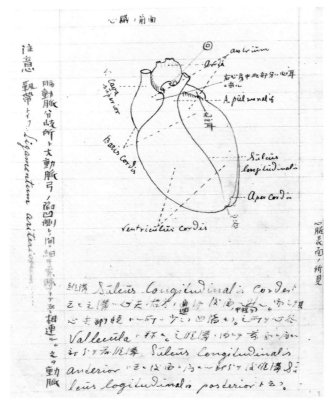

图 4　藤野先生修改过的周树人的医学笔记

图 5　涩江保译《支那人气质》扉页及版本信息，博文馆，1896 年

論を採用せずして、ゼミストクレスの議を實行せしはアゼンス及び希臘一般の大

率なりき

第四章　セルモピリー及びアルテミジアムの戰爭

マラソンの敗軍によつてペルシヤ王ダリアスは益々希臘を怒り今度はペ

ルシヤ全額の大軍を舉げて希臘に報せんと大にペルシヤ領の各國に令して出

兵の準備を爲さしむ此の準備を爲すに三年を經過せしが此時埃及及に叛亂起り希

臘遠征の事は暫時中止となりぬダリアスは此の叛亂を鎭定するに及ばずして

紀元前四百八十五年に歿せり是に於て其子ゼルクゼス位に即き其翌年を以て埃

及の叛亂を鎭定し次で先王の遺志を繼ぎ希臘を征討せんと海陸の大軍を起せり

而してヘレスポントの海峽に二條の舟橋を設け、アトス山の地峽に運河を開通せ

しむ此運河は第一遠征の役にペルシヤ軍艦アトス山の海角を周航するを避けん

ひしに懲り此運河を直航して海角を周航するを避けん爲めに開通せしめたるも

のなり、斯くて紀元前四百八十一年の末には遠征の準備既に整ひければゼルク

ゼはサルヂスに來り

冬を過ごし、明年卽ち

紀元前四百八十年の

春サルヂスを發し大

軍を率ねてヘレスポ

ントに向ふヘレスポ

ントには又フェニシヤ

及びアイオニヤの艦

隊王の來るを待てり、

ヘレスポント海峽に

接してアバイドスと

云ふ地ありゼルクゼ

スヘレスポンドに着

するや、此地の高處に

一一二

一一三

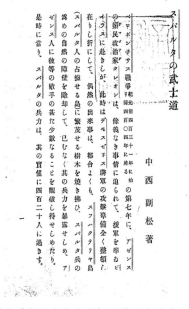

スパルタの武士道

中西副松著

〔ペ〕ロポンネサス戰爭紀元前四百三十一年に始り同四百〇四年に終る第七年に、アゼンス

の煽民政治家クレオン

は、餘義なき事情に迫られて、援軍を率ゐビ

イラスに赴きしが、此時はデモスゼチス將軍の攻襲準備全く整頓し

在りし折にして、偶然の出來事は、都合よくも、スパクテリヤ島

〔スパルタ人の占據せる島に繁茂せる樹木を燒き拂ひ、スパルタ兵の

爲めの自然の障壁を除却して、已むなく其の兵力を暴露せしめ、ア

ゼンス人に彼等の敵手の甚だ少數なることを覷破し得せしめたり。

是時に當り、スパルタの兵力は、其の實僅に四百二十人に過ぎす。

一

図 7　中西副松《斯巴达武士道》开篇（金港堂，1902—1907）

图 8　加藤弘之《物竞论》，译书汇编社，1901 年

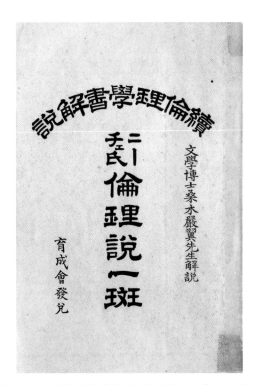

图 9　桑木严翼解说《尼采氏伦理说一斑》，1902 年

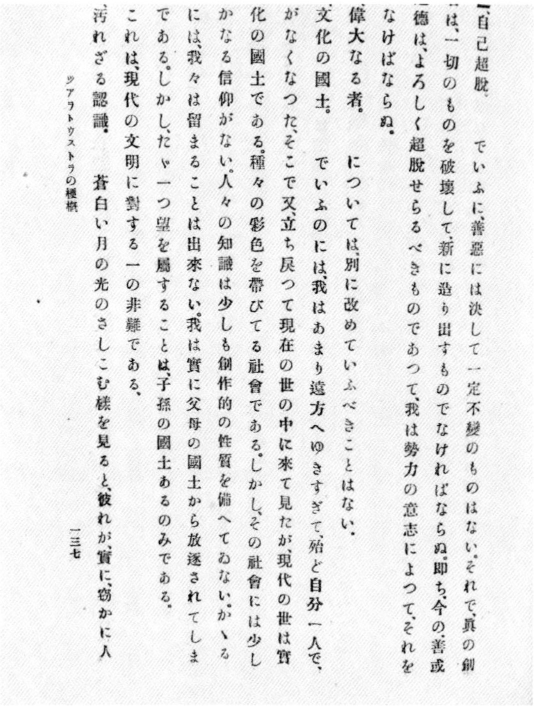

自己超脱。　でいふに、善悪には決して一定不變のものはない。それで、眞の創
は、一切のものを破壞して、新に造り出すものでなければならぬ。即ち、今の善或
德は、よろしく超脱せらるべきものであつて、我は勢力の意志によつて、それを
なければならぬ。
偉大なる者。　については、別に改めていふべきことはない。
文化の國土。　でいふのには、我はあまり遠方へゆきすぎて、殆ど自分一人で、
がなくなつた、そこで又、立ち戻つて現在の世の中に來て見たが、現代の世は實
化の國土である。種々の彩色を帶びてる社會である。しかし、その社會には少し
かなる信仰がない。人々の知識は少しも創作的の性質を備へてゐない。かゝる
には、我々は留まることは出來ない。我は實に父母の國土から放逐されてしま
である。しかし、たゞ一つ望を屬することは、子孫の國土あるのみである。
これは、現代の文明に對する一の非難である、
汚れざる認識。　蒼白い月の光のさしこむ様を見ると、彼れが、實に、窃かに人

ツアラトウストラの梗槪　一三七

图 10　桑木严翼解说《尼采氏伦理说一斑》中，对《查拉图斯特拉如是说》“文化之国土”部分所做的概括

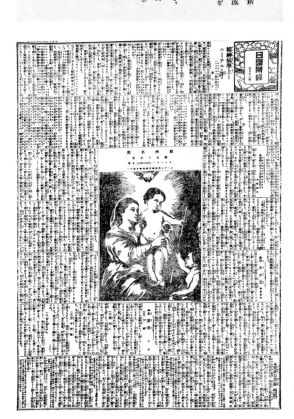

图 11　《读卖新闻》整版发表《从精神病学上评尼采（尼采乃发狂者也）》，1903 年 4 月 12 日

图 12　斎藤野之人的《国家与诗人》，《帝国文学》1903 年 6 月号

图 13　石川千代松《进化新论》，敬业社，1903 年

图 14　丘浅次郎《进化论讲话》，开成馆，1904 年

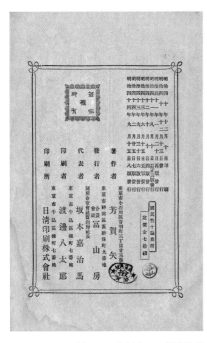

图 15　芳贺矢一《国民性十论》，东京富山房，1907 年

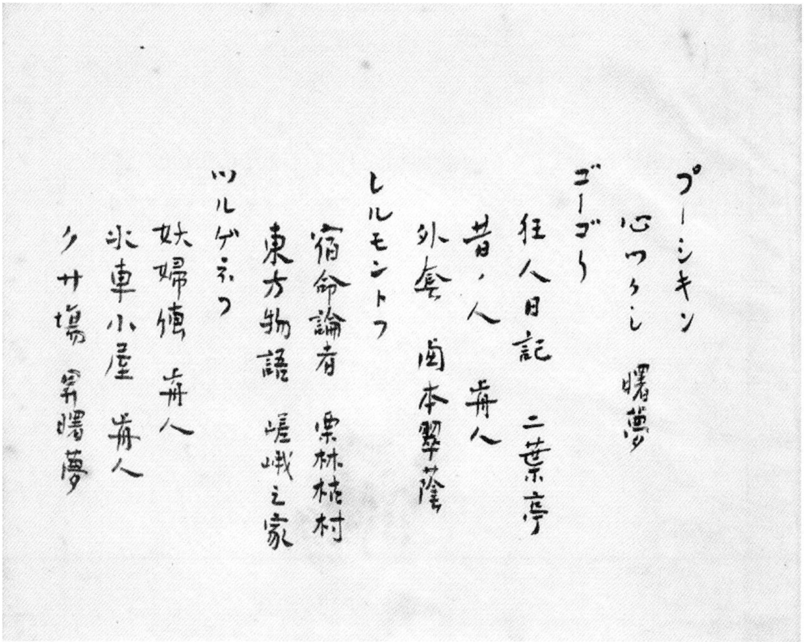

プーシキン
心つくし　曙夢
ゴーゴリ
狂人日記　二葉亭
昔人　舟人
外套　岡本綺堂
レルモントフ
宿命論者　栗林枯村
東方物語　嵯峨之家
ツルゲネフ
妖婦傳　舟人
水車小屋　舟人
夕サ場　宵曙夢

图 16　周树人手写《小说译丛》目录，鲁迅博物馆供图

图 17　高尔基肖像，载《高尔基》卷首，民有社，1902 年

图 18 果戈理肖像，载昇曙梦
著《俄国文豪果戈理》卷首，
春阳堂，1904 年

图 19 二叶亭四迷肖像，1908
年，载《二叶亭四迷全集》第
二卷，岩波书店，1964 年

图20　二叶亭四迷译《二狂人》题图，冈田三郎助绘，载《新小说》，1907 年 3 月 1 日

图21　二叶亭主人所发表《狂人日记》，这三期连载被周树人精心装订在《小说译丛》里，成为他对果戈理记忆的实物之证

图 22　契诃夫肖像，载濑沼夏叶译《俄国文豪契诃夫杰作集》，
狮子吼书房，1908 年

图 23　安特莱夫肖像，载上田敏译《心》，春阳堂，1909 年

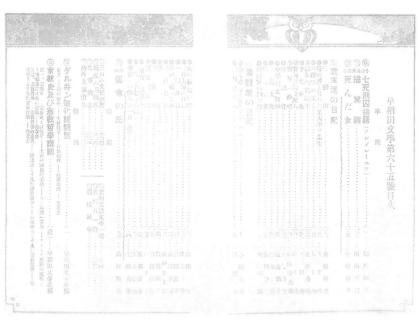

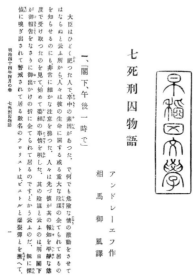

七死刑囚物語

アンドレーエフ作

相馬御風譯

一、［閣下、午後一時で］

大臣はひどく肥った人で卒中の素因があつた。で何でも危険な情の激動をさせてはならぬと云ふ所から人々は彼の生命に關する或る重大な陰謀の金でられて居るのを知らせぬと云ふ所から人々は彼の生命に關する或る重大な陰謀の金でられて居るのを知らせるのにも非常に細かな注意を拂つた。人々は先づ彼が其の知を平靜な態度で受け取つたのを見て始めて委細の事情を明した。其の陰謀と云ふのは、明日閣下の御報告をなりに御出かけになる折に金でられて居るのですから云ふのだ、低に探偵に嗅ぎ出されて豎戒して居る数名のテロリストはピストルと爆裂彈とを携へて、

明治四十四年四月四月の卷 七死刑囚物語

豫約募集

通俗二十一史

早稻田大學出版部

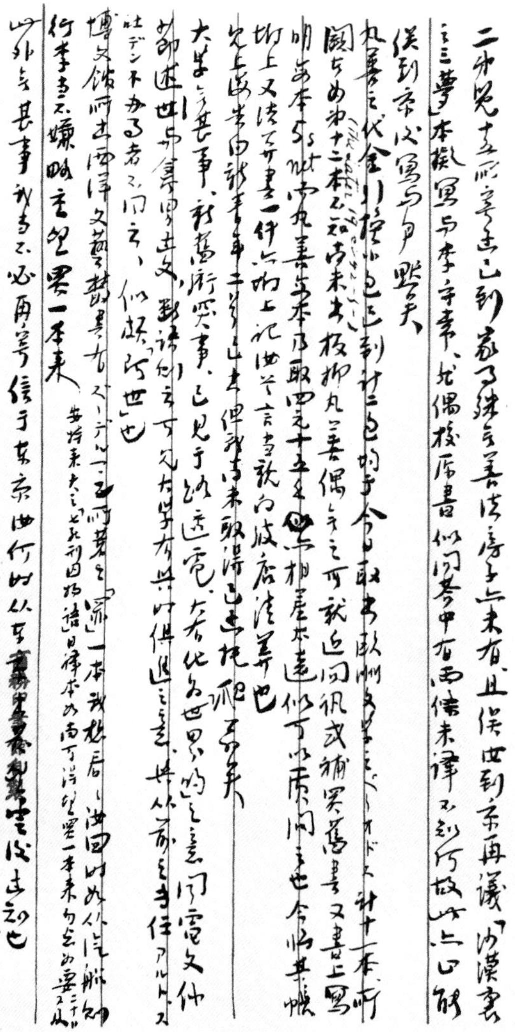

图 25　鲁迅致周作人书信（1919-04-19—20-21），引自《鲁迅手稿全集·书信》第 1 册

自　序

　　本书尝试从阅读史的角度接近鲁迅，探讨以《狂人日记》为标志的"鲁迅"之形成乃至诞生的精神机理。

　　"鲁迅留学时都读了哪些书？"产生这种想法，也就是所谓的"问题意识"，是笔者到日本求学的第7个年头，刚好和鲁迅当年的留学年限差不多。本书的缘起或许最早起于那时，距今已有二十多年了。当时的自己已有了若干和在国内不同的阅读体验和积累，那么由此联想到作为留学生前辈的鲁迅先生有怎样的阅读体验，似乎也顺理成章。不过，就认知形成的过程而言，却并不那么简单。

　　当时的鲁迅，对吾辈来说，是个被领袖赞誉过的"伟人"（虽然现在也依然伟大），拿自己去和这位伟人"感同身受"是连想都不会想的。更何况还有人不断提示决不允许把鲁迅矮小化！回想大学时代的毕业论文写"《伤逝》与《小二黑结婚》之比较"，硕士论文写"论鲁迅的文明观"，到日本求学后再作"鲁迅与福泽谕吉之比较"，无论立意和内容如何，自己这一路无不是把鲁迅置于"伟人"的制高点上加以叙述和阐释。述鲁释鲁，颂圣赞伟，是一个时代铸就的思想模板，不是那么容易走出来的。

　　不过，自上个世纪80年代以来，也有越来越多的"事实"，尤其是此前所知不多的与留学时期鲁迅相关的"事实"呈现于关于鲁迅的知识界面，这为通过事实层面而并非只通过阐述去接近这位伟人提供了某种可能。中文出版物当中，北冈正子《〈摩罗诗力说〉材源考》（何乃英译，1983）、刘柏青《鲁迅与日本文学》（1985）首次展示了这一作为"事实"的侧面；外文书里，有自己当时一边学日语一边试译的《藤野严九郎简谱》

（中译刊载于1983年，原载《鲁迅在仙台的记录》，1977）和伊藤虎丸的《鲁迅与日本人》（1983），前者所呈现的《藤野先生》以外的"藤野先生"和后者所呈现的"明治三十年代"以及在那里"与西方近代相遇的鲁迅"，则完全是一种人们此前一无所知的事实。虽然自己看到的还只是些史实断片，而且对于这些作为事实的片段本身所具有的意义也并不十分了然，但已隐约预感和联想到它们所能构成的某些图景。这里要特别感谢笔者在东北师范大学读本科期间（1979—1983）的老师蒋锡金先生和在吉林大学读硕士研究生期间（1983—1986）的两位导师——刘柏青先生和刘中树先生。在这三位先生的带领下，笔者得以入门并接触到上述资讯。

留学之后又接触到了更多的研究成果，尤其是那些调查论文。除了北冈正子的后续调查报告之外，又陆续读到了中岛长文刊载于《滋贺大国文》和《飙风》上的实证研究论文。由于这些研究多以留学时期的鲁迅所作文本为对象，使笔者看到了更多的观念论层面以外的处在文本层面——亦即事实层面——的鲁迅。这个"鲁迅"显然是被既往的鲁迅研究所忽略掉的一部分。片山智行早在1967年就提出了"原鲁迅"的概念。他在鲁迅"初期的文章"中发现，"鲁迅"对文学的理解在同时代的中国文学界已经达到了令人惊异的境地，而这个"鲁迅"又并不被含括在已知的"鲁迅"之内，故以"原鲁迅"来命名。这一提法也被伊藤虎丸在自己的书中沿用。后来笔者又读到了吉田富夫的论文，他明确指出在"幻灯事件"后做出"弃医从文"之"选择"的那个人还不是"鲁迅"，而是留学生"周树人"。故称之为"周树人的选择"。

以上所述，皆属先学之导引，或许冥冥中为自己能够想到"鲁迅留学时都读了哪些书"提供了某种深层的暗示。不过，促成笔者将这一想法付诸实施的直接契机则是与张梦阳、王丽娟译《中国人气质》一书的相遇。该书译自美国传教士阿瑟·史密斯1894年纽约版英文原著 *Chinese Characteristics*，1995年由敦煌文艺出版社出版，开启了"鲁迅与史密斯"研究的先河。书后附张梦阳《译后评析》，其中明确指出鲁迅读到的"当然是涩江保的日译本，而非英文原版"。那么"涩江保的日译本"是怎样的一本书呢？于是，开始着手找书，展开调查。这是笔者实际接触鲁迅当年阅读文本的开始。这些调查研究的结果以集约形态收入本书当中。《"国民性"话语的建构——以鲁迅与〈支那人气质〉之关系为中心》标题下的6章40个子标题以及附录和《鲁迅怎样"看"到的"阿金"？——兼谈鲁迅与〈支那人气质〉关系的一项考察》一文，是关于涩江保译《支那人气质》一书及其与鲁迅关系的专题研究，涉及该书在鲁迅国民性话语建构中的位置、出版该书的博文馆、译者涩江保、日译本与原书之异同、鲁迅与该书文本层面的关联以及由鲁迅创作中所见该书的投影。最后的附录是涩江保以"注"的方式纳入日译本中的黑格尔关于中国的论述，英文原书中当然不会有，同时期也未见有其他汉译本，故接触到日译本《支那人气质》的中国读者，应该一定是黑格尔的最早读者。只可惜以涩江保日译本为底本的1903年作新社汉译本《支那人之气质》舍去了黑格尔的这段论述，故附补于本书之内。

与"国民性"问题讨论相关的还有《国民性：词语及其话语建构》一文的4章17个子标题的内容，探讨了"国民性"一词的使用现状、词源以及在近代思想史当中所处位置。而如何建构"国民性"话语，则以从梁启超到周树人的"斯巴达"话语建构为实例加以具体解析，以呈现由"斯巴达"所体现的近代思想足迹。这便是《从"斯巴达"到"斯巴达之魂"——"斯巴达"话语建构中的梁启超与周树人》一文所揭示的内容。当然，《斯巴达之魂》作为周树人"自树"之首篇，其在整个"鲁迅"当中所处位置也是该文所要明确的问题。

接下来是关于"鲁迅与进化论"关系的探讨。除了严复的《天演论》之外，他还读了哪些关于进化论的书？这是这方面探讨的着眼点。由于在周作人早年日记中读到他大哥在出国之前曾经把许多新书留给他读，其中有一本叫做"大日本加藤弘之《物竞论》"，是谈进化论的书，于是便请朋友帮忙，在北京国家图书馆复印了刊载于《译书汇编》上的3期连载，又在同志社大学图书馆找到单行本，两种拿来一并与加藤弘之原书加以对照，完成收录于本书当中的《关于〈物竞论〉》。不过，此后探讨的重点还是放在了周树人留学之后的阅读方面,基本厘清了一条包括严复在内却并不囿于严复的连接留学时期周树人乃至后来"鲁迅"的"进化论知识链"。鲁迅与进化论书籍的接触,不止于他留学前后的那段时期,而是一直持续到晚年。他不仅接触了作为生物学的进化论,也接触了作为社会学的进化论,通过进化论的书籍,他既吸收了知识也汲取了思想,甚至还采集了用于写作的大量素材。在他那里,进化论绝非是一种被细分了的知识门类,而是一块涵养其精神并参与其主体建构的知性土壤;通过进化论,他在获得主体性动员的同时,也获得了人在自然界、历史乃至文明发展进程中的相对化位置的确认,从而以"中间物"定位自身并作出牺牲自己成全未来的抉择。《从"天演"到"进化"——以鲁迅对进化论之容受及其展开为中心》以 7 章内容统合了这个方面的研究,其中重点探讨了与丘浅次郎进化论的关系。

第三个范畴的内容是"鲁迅与个人主义"的关系。很久以来,笔者一直有一种看法,现在不妨明确写在这里,那就是在留学时期的"鲁迅"和同时期的中国思想界之间,隔着一条鲜明的界线,这条界线的名称可以叫做"个人主义"。如果说,在国民性和进化论的思想层面上,当时的"鲁迅"虽多有独特呈现却仍与同期的中国思想界具有认知上的同构性,但到了"个人主义"那里,情形就完全不同了。正可谓"吾行太远,孑然失其侣"(《文化偏至论》)!可以说,"鲁迅"是中国最早奔向"个人主义"的人。当这个留学生判断"个人主义"值得他拥抱并且深陷其中之时,号称思想界的居中之人,竟没有一个跟过来,更不要说有谁引以为同调,或者亦不妨说,周树人深涉之处恰恰是后者所要极力避开的泥潭。"个人主义"令周树人激动万分,但除他以外,当时似没谁把"个人"抑或这"主义"当回事。《〈呐喊〉自序》中表达的"寂寞"或许可在这条"个人主义"的分界线中找到根源。既往的尼采研究、施蒂纳研究都并没明确指出这一点(接下来的那一连串"个人主义者"的名字就更不在话下),但问题还并不仅仅在于此,更重要的是在既往的研究当中更没能看到"鲁迅"所实际阅读的那个"尼采"、那个"施蒂纳"的实际文本形态。2012 年 12 月,笔者应南洋理工大学张钊贻教授的邀请，参加"尼采与现当代华文文学"国际研讨会，《留学生周树人周边的"尼采"及其周边》便是向这次会议提交的论文。该文首次确认《文化偏至论》中所引"尼佉氏……之言曰"的材源出处，从而还原出"留学生周树人"所实际面对的"尼采"。《留学生周树人"个人"语境中的"斯契纳尔"——兼谈"蚊学士"、烟山专太郎》可视为前者的续篇，在重新检证作为《文化偏至论》中"斯契纳尔"（施蒂纳）材源的"蚊学士"文本处理问题的基础上，首次查明作者"蚊学士"即烟山专太郎；在指出该作者关于无政府主义的著述给予近代中国思想界以巨大影响的同时，也指出周树人取材的侧重点与中国思想界完全不同，其不在"无政府主义"的行动，而在"个人主义"的思想；同时还阐明，《文化偏至论》的关于文化"偏至"发展的叙述方式，取范于"蚊学士"关于思想史的叙述模式。《关于留学生周树人与明治"易卜生"——以斋藤信策（野之人）为中心》，不仅探讨了作为"易卜生在中国"之原点问题的周树人关于"伊孛生"（易卜生）的近代体验，也把进一步探讨的目标明确为"立人"说之由绪的指向上，是笔者关于"个人主义"问题探讨的最新进展。

也正是从着手"鲁迅与个人主义"的关系探讨开始，笔者对研究视点做出了决定性调整，正如文中所说明的那样，就是把过去的"鲁迅"这一研究视点调整到"留学生周树人"上来。这一调整只是观察视角的切换，并不意味着把作为鲁迅一个有机组成部分的留学生周树人从鲁迅这一研究对象当中切割出去，变成独立于鲁迅之外的另一种存在，而是试图还原留学生周树人当年所置身的那个历史现场，从而尽量减轻鲁迅成为"鲁迅"之后关于"鲁迅"的庞大阐释对此前那一部分历史观察方面所构成的影响。因此，在本书当中，"周树人"与"鲁迅"有着明确的意义界定，发表《狂人日记》以前的"鲁迅"皆以"周树人"相称，名之为"鲁迅"之处，皆与《狂人日记》以后相关涉。从"周树人"到"鲁迅"，呈现为一个"鲁迅"何以确立的过程。《从"周树人"到"鲁迅"——以留学时代为中心》（2018）一文，在向中国社会科学院文学研究所的同行介绍自己所做研究的同时，也阐明了这一思路。

"鲁迅之诞生"的标志，当然是《狂人日记》。那么这篇作品何以成立，便一向是鲁迅研究的重中之重。因为这不仅涉及"鲁迅"的诞生，也关系到"五四新文学"的确立。笔者的探讨思路是，首先确认《狂人日记》的基本构成要素，然后再来梳理这些要素的来源以及到达作品的流变过程，并以此来解析该作品的生成机制。"吃人"是作品的主题意象，"狂人"是人物形象，是作品的主人公，主人公以"狂人"的特有方式把一个"吃人"的世界暴露出来并同时展现自身所处的困境。在此前提下，"吃人"的主题意象是怎样来的？关于"狂人"又有怎样的言说史？文学作品中的"狂人"形象从域外到域内又经历了几重越境的演变？周树人和这些演变又构成怎样的关系？——便成为自然而然要探讨的问题。而对这些问题的解答，便是收录于本书的讨论《狂人日记》的三篇。这三篇是笔者自身探讨《狂人日记》创作机制的到达点，此次编辑到一起，可更集中地呈现笔者的基本思路和问题构架，其中关于芳贺矢一《国民性十论》与周氏兄弟之关系的详细解析，是原刊"'食人'言说"篇内没能具体展开的专项研究内容，也一并补充进来。关于《狂人日记》与中国新文化运动乃至新文学的关系，笔者赞同《文学评论》编者在"编后记"中为拙文所写的话："百年后的今天回过头去看，新文化运动的经典著作之所以成为经典，无一不是深厚的蕴积涵育的结果"；"可以说，《狂人日记》标志着中国现代文学从起步的那一刻起，就开创了穿透皮相、洞穿平庸的艺术风格，'思想进入作品'和'体验化为艺术'的问题，在《狂人日记》里就已经得到了完美的解决"。笔者以为，外来文化是中国现代文学的一部分，作为开山之作的《狂人日记》本身当然自带这种基因特征，这是《狂人日记》研究应该具有并且应该提供的认知维度。

关于阅读史，《鲁迅与日本书》（2011）是最早写的一篇。2019 年在国内访学时，又在几所大学讲过这个题目，当然也多有补充，其中最重要的有以下两层意思。首先，鲁迅有各种"家"的名称，文学家、思想家、革命家、学者等等。这些耳熟能详的名称都是通过他作为文人或者说主要通过他作为文人的实践活动获得的。文人，顾名思义，是与文字打交道之人。

就文人的知性生产而言，任何文人都离不开两方面的工作。一方面是写作，另一方面是阅读。阅读和写作是文人得以确立的双脚。但是通常人们却只能看到一半，而看不到另一半。能看到的一半是作为写作的结果留下的文字，比如一篇文章、一本书或一套全集，这些都是读者的阅读对象，也是他们的知性生产最终向外界展示的一面。另一面不容易看到，那就是阅读。没有阅读，便没有写作。阅读转换为写作的机制，当然是包括灵感和思考在内的大脑的复杂运作。作家是如何思考的，大脑是如何运作的，作品是如何形成的，通常是通过作品的解读来解析。然而与这种逆推式的解析相比，分析一个文人或作家的阅读史，恐怕是看取创作过程更为有效的途径。不过采用这种方法有一个前提条件，那就是得确切地了解这个人究竟读了哪些书，否则是不容易实施的。这也是通常很少看到从阅读史来分析或评价一个作家及其作品的原因。既往的鲁迅研究也是一样，缺少一个从阅读史切入的视角。而"鲁迅与读书"的关系所要呈现的，便正是这样一个视角下的发掘。

其次，谈到鲁迅的读书，当然既包括中国的，也包括外国的。周作人《鲁迅的国学与西学》仅就鲁迅 18 岁以前在乡读书期间的国学书目和作者名所列，就多达 30 余种。鲁迅 16 岁以前，就读完了四书五经，还在这九经之外另加一般人不读的《尔雅》等，楚辞、唐诗、杂书等更不在话下。就读国学书这一点而言，鲁迅与他同时代的读书人除了喜好偏重外，并没有什么太大的不同。我们今天要侧重讲的是鲁迅与西学，也就是与外国书的关系。一般在谈到外国书时总会被问到，那么鲁迅与国学书有怎样的关系？鲁迅是那个时代的中国读书人，读中国书是理所当然的，那是通常情况下的一个中国知识人的精神原质。这一点不成问题。而从"周树人"发生向"鲁迅"的转化，就本质而言，并非他精神当中的那个原质的中国没有发生改变，而在于他从外来思想和文化当中汲取了异质性内涵，从而升华出更高次元的文化自觉。若以吃牛羊来比喻，那么他并没有把自己变成牛或羊，而只是补充了营养，促成了自身的成长而已。在"拿来"这一点上，他是积极的，也是勇敢的，甚至连"拿来主义"也一并拿来。例如，笔者在回应某论时，曾举了明治时代都"拿来"、连"人种"也不吝的故事：福泽谕吉很支持自己的弟子高桥义雄作《日本人种改良论》（1884），还特为该书作序，书中第四章"若有难者曰与西洋人结婚会导致西洋化，则亦可以吃牛肉而致身体牛化答之"便是驳斥反对"拿来"的话。此等"拿来主义"，正是那个时代提供给留学生"周树人"们的营养所在，而他们也就毫不含糊地将这"拿来主义"也一并"拿来"，并不像现在这样，一提"借鉴"和"模仿"就担心冲散了"巨大的想象力"，乃至怀疑鲁迅是否还"中国"。

当然，"拿来"也并非意味着一切都好吃，都顺畅。当华夏"原质"遭遇异域"异质"时，抗拒和排斥都是不可避免的。"洎夫今兹，大势复变，殊异之思，诐诡之物，渐入中国，志士多危心，亦相率赴欧墨，欲采掇其文化，而纳之宗邦。凡所浴颢气则新绝，凡所遇思潮则新绝，顾环流其营卫者，则依然炎黄之血也"（《破恶声论》），这与其说是苦笑缺乏"洋化"的能力，倒莫如说是慨叹排斥反应的强烈，后来所道之苦"我从别国里窃得火来，本意却在煮自己的肉的"（《"硬译"与文学的阶级性"》），说的也是这件事。那么，该怎么办呢？"明哲之士，必洞达世界之大势，权衡校量，去其偏颇，得其神明，施之国中，翕合无间。外之既不后于世界之思潮，内之仍弗失固有之血脉，取今复古，别立新宗"（《文化偏至论》）。——这是充满自信的回答，展现了博大的心胸和高度的自觉。周树人当年"取今复古，别立新宗"的立志，最终以"鲁迅"的形态得以完成。故本书没怎么照顾"中国书"的问题，而只取伴随着"周树人"羽化为"鲁迅"的过程中的那些外国书目来探讨。

2022 年 12 月 28 日于京都紫野
2023 年 5 月 19 日于京都紫野加笔

目　录

鲁迅与日本书

一、外文：半数藏书，半数业绩

"只是倘若问我的意见，就是：要少——或者竟不——看中国书，多看外国书。"[①]（1925）自从鲁迅说了这话以后，对此如何理解就一直争论不断，直到现在。不过就他自己亲身躬行而言，至少有一半还是"合得上"的，即后一半，"多看外国书"。

根据《鲁迅手迹和藏书目录》[②]检对，鲁迅所藏中、外文书籍和期刊有 3760 种，其中，中文 1945 种，外文 1815 种，所占比例为 52% 比 48%，几乎一半对一半。"多看外国书"，翻译外国书，甚至用日文写作，的确是鲁迅作为中国现代文学开山作家的又一大特色，这样的作家到现在也不多见，在同时代的作家中，恐怕只有周作人可与之比肩。2003 年夏，曾去中国现代文学馆参观。每个作家的展区都设有藏书专架。"鲁迅展区"与其他作家最大的不同，就是他拥有大量的外文藏书，而在其他也同样是"中国现代文学作家"的书架上几乎看不到这种情形，至多只有几本外文词典或日语教材之类。这一发现，可谓一大收获，过去竟未意识到，鲁迅的业绩其实可由他的藏书数量获得物理性印证；同理，也可以印证其他作家为什么没留下鲁迅那样的——至少是翻译方面的成绩。有人统计，鲁迅

---

① 鲁迅：《集外集拾遗·这是这么一个意思》，《鲁迅全集》第 7 卷，人民文学出版社，2005 年，第 274 页。后文若无特殊说明，所引《鲁迅全集》均为此版本。

② 北京鲁迅博物馆编：鲁迅手迹和藏书目录，内部资料，1959 年。

的翻译作品，"涉及十五个国家，一百一十多位作者，近三百万字"①。

这30年来所通用的鲁迅文本是1981年人民文学出版社出版的16卷本《鲁迅全集》，2005年同一出版社又重出修订本，增加到18卷。但与1938年在上海"孤岛"首次出版的《鲁迅全集》相比，这两个版本虽然修订仔细，注释翔实，却还算不上严格意义上的"全集"。因为它们在内容上是不全的，并没有把鲁迅的翻译包括进去——或许竟认为翻译可以不计也未可知。比较而言，上述"孤岛"版《鲁迅全集》20卷至少在凸显鲁迅著述业绩的特色方面是"全"的，前10卷为鲁迅自创文字，后10卷则是翻译。后来再出就拆开了，1958年人民文学出版社分别出10卷本《鲁迅全集》和10卷本《鲁迅译文集》。但这样"拆"着出显然很成问题，据说尼克松来访时，周恩来要送《鲁迅全集》做礼物，却找不出一套"全"的，最后只好把最早的那套"孤岛"版找出修订重排一回，这就是人民文学出版社1973年出版的20卷本。由于印数不多，现在也很难找到或找全了吧。到了前年又一套20卷本——《鲁迅著译编年全集》（王世家、止庵编，人民出版社2009年版）出版，此次，在"求全"的意义上，"鲁迅全集"的编辑、校订总算跨出新的一步，不仅可知鲁迅著译全貌，亦可了解伴随其生平的工作历程，其版本学和文献学意义皆不言而喻。就中，为过去版本所隐去而不太被重视的占半数的翻译，无疑又为今后的鲁迅研究提出了新的课题，至少可以知道，迄今为止鲁迅的翻译文本还缺乏作为研究结果的必要的注释（而在此意义上，既往对包括鲁迅"硬译"在内的翻译的批评大抵可以无视，因为它们缺乏作为批评基础的文本探讨这一前提）。这是今天重提鲁迅与外文书关系的意义所在。可以说，如果鲁迅不读外文书，便不会有远远超过他本人创作而占"全集"半数的翻译文本，至于鲁迅对外文书的阅读和翻译实践对他自己的创作产生了怎样的影响，则是更深层次的问题。

总之，鲁迅的半数业绩，可以从他占总量半数的外文藏书和他的"多看外国书"获得相应的答案。

---

① 顾钧：《鲁迅翻译研究》，福建教育出版社，2009年。

二、日文书及其意义

在鲁迅的外文藏书中，一个显而易见的事实是日文书占了大半，据上面提到的"藏书目录"，"日文计九百九十三种，俄文计七十七种，西文计七百五十四种"。所谓"西文"是指德、法、英和其他语种，再加上俄文的，共有 831 种，按百分比计算，日文书与其他语种的比例为 54% 比 46%。日文是鲁迅最为擅长的外语，所获外文信息的大半也是来自日语，因此，日文书之于鲁迅的意义不言而喻。

去年有在国内和日本的一些学者提出一项研究计划，以北京鲁迅博物馆"藏书目录"为依据，展开"鲁迅日文藏书研究"，也便是意识到了日文书在"鲁迅"当中的重要性。

然而，还有另外一种情况也值得注意，那就是不见于"藏书目录"而事实上鲁迅又阅读过并且在"鲁迅"当中留下痕迹的那些书籍。这意味着鲁迅实际看到的书籍要比他留下来的"所藏"要多。这种情形在日文书方面尤其突出。据中岛长文先生调查统计，有"确证"的鲁迅"目睹日本书"有 1326 种[①]。这一研究成果表明，鲁迅所实际看到的日文书较之"藏书目录"的 993 种多出 333 种，超出率高达 33.5%。中岛长文先生的这部力作完成于 25 年前，而依近年来笔者查阅所获之管见，还有不少"日本书"并没被包括到"鲁迅目睹书目"当中，尤其是明治时代的出版物。在这里仅举几个例子。

其一，"大日本加藤弘之《物竞论》"（周作人日记 1902 年"正月卅日"，公历 3 月 9 日），此系鲁迅留学临行前送给周作人的杨荫杭译本，最初连载于《译书汇编》1901 年第 4、5、8 期，而周氏兄弟所见"洋装"本，当是译书汇编社 1901 年出版的单行本之第 1 版或第 2 版。而问题在于有不少研究者认为这个译本源自加藤弘之的《人权新说》，误矣，其真

[①] 中島長文：『魯迅目睹書目——日本書之部』，宇治市木幡御藏山，私版，1986 年。为了方便读者查阅参考文献，本书保留了参考文献的日文信息，其中所涉日文汉字，统一使用现行日本汉字字形。

正底本为同一作者的另一本著作,即《强者之权利之竞争》①,其详细情形,请参照后文具体篇目。

其二,"涩江保《波兰衰亡战史》"(周作人同日日记),这本得自鲁迅的书,令周作人不断反复"阅",而且"读竟不觉三叹"(周作人1902年3月19日日记)。该书系东京译书汇编社1901年版汉译单行本,原书为东京博文馆"万国战史"丛书全24册中之第10编,出版于1895年7月,其显然是周氏兄弟早期的一个关键词——"波澜"——的来源之一。而另一个关键词"印度"亦可找到出处,即同一套"万国战史"中的第12编《印度蚕食战史》,虽不见于周作人日记,却也是当时学子所广泛阅读的出版物,据《中国译日本书综合目录》②,该书亦有杭州译林馆1902年出版的单行本。

还有一本是《累卵东洋》(『累卵の東洋』),系大桥乙羽所作政治小说,在当时风靡一时,有博文馆和东京堂两种单行本,都在1898年出版。"印书馆爱善社"1901年5月出版汉译本,译者"忧亚子"。周作人在鲁迅去日本后不久购得此书,又花了很长时间断断续续阅读,并且认为译得很糟,在日记中有告诫自己今后译书当以此为戒的话。

以上3个例子,既没有包含在北京鲁博"藏书目录"中,也不见于《鲁迅目睹书目》,而事实上又是周氏兄弟阅读过的书籍,据此推测,鲁迅在其留学前、留学中和留学之后所阅读的日文书要大于目前所知道的范围——虽然诚如中岛长文先生所言,要想像后来有"书账"时代那样"复原"其留学时期所阅书目是相当困难的。不过也并非全无办法,除了接下来将要谈到的先学们由鲁迅留学时代的文本中来探讨的基本"硬"办法之外,新的尝试也会带来新的收获。例如,正在京都大学留学的北京大学中文系博士生李雅娟最近就做了一项"很笨"却又富有实际意义的工作,那就是在《周作人日记》里把那些日文书目一个一个找出来。从李同学所列

---

① 加藤弘之:『強者の権利の競争』,哲学書院,1893年。

② 实藤惠秀监修、谭汝谦主编、小川博编辑:《中国译日本书综合目录》,香港中文大学出版社,1980年。

1902—1934 年的书目来看，这一期间周作人所阅日文书大约有 1480 种。笔者认为，截止到 1923 年他们兄弟失和以前的这一段，周作人所阅日文书中相当大一部分是不妨作为潜在的"鲁迅目睹书目"来预设的。

其次，上述三例也在某种程度上折射出清末学子的一般读书状况和在所谓"西学东渐"背景下的知识传播路径。在"中西"这个大框架下探讨近代新知，一般来说"大方向"没错，但仅仅靠一个大框架也难免浅尝辄止或脱离具体历史过程。事实上对于包括周氏兄弟在内的那一代读书人来说，留学之前读到的"西学"，大多还都是汉译过来的日文书，而留学以后则逐渐转向借助日文来阅读；从内容上来说，有些是"西书"日译进而再到汉译，有些则是经由日本"滤化"过的西学，亦如上面所列 3 种，《物竞论》和《累卵东洋》是日本人汲取西学后的原创，涉及"波澜"和"印度"的两种则是对西学的整理和译述。这种知识格局和传播路径，至少在鲁迅留学那个时代，自始至终几乎没发生过什么改变，因此在这个意义上，我同意词汇研究者就承载近代知识概念的词汇所发表的意见，那就是"西学来自东方"，西学知识在很大程度上是转道日本而来的①。

那么对于鲁迅来说"日本书"意味着什么？答曰：是他获取新知亦即广义"西学"的一条主要通道。而对于旨在探求鲁迅当中"中西文化"的现在的研究者来说，则是一道必须要履行的从鲁迅那里跨向"西学"的"手续"。少了这道"手续"，所谓"西学东渐"的历史将缺少具体环节。这是探讨鲁迅与日本书之关系的另一层意义所在。

三、关于涩江保日译本《支那人气质》

有朋友曾经问，鲁迅读了、也收藏了那么多日文书，为什么就非得这本不可？笔者的回答是，就像您书架上插的那些书，甭管多少册，最终对您能有决定性影响的可能就那么几本，甚至只一本，或者竟一本也没有——

---

① 沈国威：《近代中日词汇交流研究》，中华书局，2010 年。

这与"交人"没什么不同。能像《支那人气质》那样在"鲁迅"当中留下大量影响"确证"的日本书实在并不多见，为什么不是它呢？

这是一个"西书"日译，再到汉译的典型的例子。原书为阿瑟·亨德森·史密斯（Arthur Henderson Smith，汉文名字明恩溥，1845—1932）所作 Chinese Characteristics，1890 年初版于上海（笔者在哈佛大学图书馆曾确认这一版本），然而并没引起中国的注意，倒是在西方读者中获得很大反响，遂有 1894 年纽约佛莱明公司的"修订插图"版，即"REVISED, WITH ILLUSTRATIONS"。这是第 2 版，原书上有"SECOND EDITION"字样，后来这个版本流传世界——也许正是由于这个缘故，一些学者认为该版是第 1 版，是不对的。两年以后的 1896 年，东京博文馆出版了涩江保以纽约版为底本的日译本，书名《支那人气质》。1903 年上海作新社根据涩江保日译本翻译出版汉译本，书名《支那人之气质》（准确地说，是封面、封二所标书名，目录、正文首页、尾页书名没有"之"字，与日译本书名相同）。从英文原书到日译本，再到汉译本，这一"自西向东"的过程历时 10 年，如上所述，中国非直取于西，而是转借于东。

此后百年，以上 3 种版本几乎没在中国留下痕迹，直到 20 世纪 90 年代以后，关于"史密斯"和他的这本书才又热闹起来。据笔者所见，到目前为止，Chinese Characteristics 中译本不下 17 种版本[1]。为什么会出现这种跨世纪的版本"大迁徙"？回答是这与鲁迅研究学者张梦阳先生自 20 世纪 80 年代初开始的一项研究有关。他率先提出了"史密斯与鲁迅"的关系，并着手探讨史密斯的这本书对鲁迅"改造国民性思想"的影响[2]，又与他人合译史密斯纽约版原书，还写了体现其系统研究的《译后评析》附于书后[3]。毫无疑问，这项研究是开创性的。首先，它带出了一大批文本成果，除了译自史密斯原书的各种中译本之外，最重要的是 1903 年作

---

[1] 这是截至本文起稿之时的 2011 年所做统计。到 2018 年，中译本已达 50 种以上。请参阅本书第 16 页。

[2] 参阅西北大学鲁迅研究室：《鲁迅研究年刊》，陕西人民出版社，1980 年；北京鲁迅博物馆鲁迅研究室：《鲁迅研究资料 11》，天津人民出版社，1983 年。

[3] 亚瑟·亨·史密斯著，张梦阳、王丽娟译：《中国人气质》，敦煌文艺出版社，1995 年。

新社汉译本的发现 ① 和对其加以整理校注出版 ②。其次，带动了后续研究，也开启了一种研究范式，那就是无形中构制了一个"史密斯与鲁迅"＝"西方与东方"的思考框架，后来的研究者都自觉不自觉地在这一框架内展开自己的思路，文本操作囿于"英汉"之间不说，诸如"一个外国传教士，一个中国启蒙者……"③，"斯密思的书……恰巧是鲁迅国民性思想的主要来源"④ 之类表述都是很常见的，就连上面提到的"校注本"也没标出这个译本的准确来源——即现在已经知道的涩江保译本——而只在封面上标示"〔美〕明恩溥（Arthur H. Smith）著"。前面说过，"西学东渐""大方向"正确，但仅以此去"套"，就不一定符合鲁迅的实际。张梦阳先生当时就已经意识到鲁迅读的"当然是涩江保的日译本，而非英文原版"，但由于没找到日译本，才没能进一步展开研究。

这是笔者重视涩江保《支那人气质》这个日译本及出自这个译本的作新社汉译本的理由。日译本与原书的最大不同还不仅仅是语言转换，更主要的是它承载了原书所不具备的内容：21 张图片、译成中文总字数超过 3 万字的 547 条眉批、403 条夹注和尾注都是原书没有的，它已经是"另一种东西"，这些与本文合在一起才构成鲁迅与"西学"的具体关联。日译本及其译者研究、与鲁迅文本的比较研究以及该版本的"日译汉"是笔者至今仍未完成的一项工作。至于作新社汉译本，笔者则认为不能排除鲁迅目睹的可能性，但这需要另外撰文讨论了。

四、关于鲁迅的"进化论"

在学校读书时由刘柏青先生的《鲁迅与日本文学》（吉林大学出版社，

① 刘禾著，宋伟杰等译：《跨语际实践——文学、民族文化与被译介的现代性（中国，1900—1937）》，生活·读书·新知三联书店，2002 年。

② 明恩溥著，佚名译，黄兴涛校注：《中国人的气质》，中华书局，2006 年。

③ 孙郁：《鲁迅与周作人》，河北人民出版社，1997 年。

④ 刘禾著，宋伟杰等译：《跨语际实践——文学、民族文化与被译介的现代性（中国，1900—1937）》。

1985 年版）开悟中国现代文学还有"日本"这一门，当从伊藤虎丸等先生的书中得知留学时代的"鲁迅"身上有那么鲜明的"欧洲"和"尼采"[①]，真是大吃一惊，再读北冈正子先生的《〈摩罗诗力说〉材源考》[②]，简直是给"震了"，完全不同于只囿于"古汉语"境界的那种解读，呈现着一个在传统文献中所看不到的既丰富广泛而又深刻的"近代"——反过来说，也都是文本作者一点一滴采摘、咀嚼、吟味，融会到自己的意识和文章里来的。众多先学类似上述的工作，揭示出留学时代的"周树人"如何生成为后来"鲁迅"的具体过程和必要条件。"日本书"在这一环节的出现并非有意为之——竹内好甚至认为鲁迅拒绝并排斥了日本的"近代"——而是客观研究发现的"偶然"事实。

不知何时，自己也在不知不觉当中加入这"找"的行列。先在"明治时代"，在"日本书"中寻找梁启超乃至鲁迅那一代人的"思想资源"，进而检讨他们如何整合、运用这些资源，生成为自身的主体意识。关于鲁迅的"进化论"研究也是这方面的课题之一。

首先遇到的问题是鲁迅的"进化论"到底来自哪里？一般标准的回答是"来自严复"，20 世纪 80 年代以后承认"部分来自日本"，但占比多少却并不了然。就目前的阶段性结论而言，作为"知识"的进化论主要来自日本，而且之于严复的关系是一个进一步扩充知识体系、深化理解的过程，笔者将这一过程概括为从"天演"到"进化"。有关这一研究的综合报告，见于京都大学人文科学研究所《关于翻译概念在中国的展开之研究》（『近代東アジアにおける翻訳概念の展開』，2013 年）。其结论支撑来自两个方面，一个是中岛长文先生的研究，他以鲁迅的《人之历史》（1907）为例，指出"材源"来自《天演论》的仅有 2 处，其余有 57 处皆来自日本的进化论[③]；另一个是笔者关于丘浅次郎的研究，在将其文本与鲁迅文

---

① 伊藤虎丸著，李冬木译：《鲁迅与终末论——近代现实主义的成立》，生活·读书·新知三联书店，2008 年。

② 北冈正子著，何乃英译：《〈摩罗诗力说〉材源考》，北京师范大学出版社，1983 年。

③ 中島長文：「藍本『人間の歴史』」（上、下），『滋賀大国文』第 17 号，滋賀大国文会，1978、1979 年。

本进行比较之后的"实证"结论是，除进化论知识本身之外，两者的"问题发想"、运用素材甚至写作风格都具有相当大的近似性。"丘浅次郎"的"断片"散见于各个时期的"鲁迅"当中。顺附一句，私以为，翻译除外，在很多情况下，鲁迅文本中提到的人或书籍，大抵还都与他有某种"距离"，那些"只言片语"少提或者竟不提的，可能反倒离他更近，挑眼前的说，"安冈秀夫""《支那人气质》"和"丘浅次郎"可以拿来做代表。"丘浅次郎"是消失在"鲁迅"身影下的——从未提到过。

五、"吃人"及其他……

已经没有纸面了，却还有那么多"日本书"没有讲完。最近完成了芳贺矢一《国民性十论》（东京富山房，1907 年）的翻译，目前正在为这项历时 4 年的工作写导读①。除了"国民性"一般问题外，可以具体到鲁迅"吃人"意向的创出与这本书及其同时代话语的关联。还有那本在题材上颇显"游移"的《故事新编》，其实也没出当时的出版物——当然也是日本书，但这要另找机会再谈了。

总之，探讨鲁迅当中的"日本书"问题，其根本意义在于揭示在"被近代化"的过程中，主体是如何容受并且重构这一"近代"的。鲁迅提供的不是一个"被殖民化"的例子，而是一个主体重构的例子——如果他能代表"中国近代"的话。

2011 年 8 月 3 日于大阪千里

---

① 该书中文译本于 2020 年出版。芳贺矢一著，李冬木、房雪霏译：《国民性十论》，生活·读书·新知三联书店，2020 年。

从周树人到鲁迅——以留学时代为中心

前　言

　　众所周知，1918年《新青年》杂志第四卷第五号发表了一篇短篇小说，叫做《狂人日记》，从此中国现代文学有了第一篇作品，一个叫做"鲁迅"的作家也因此而诞生。鲁迅（1881—1936）的本名叫周树人，"鲁迅"是发表《狂人日记》时首次使用的笔名。也就是说，在此之前还没有作家鲁迅，而只有一个后来成为作家的叫做周树人的人[①]。关于"鲁迅"诞生之后的鲁迅，迄今为止，他不仅是中国现代文学当中最被热读的作家，也是一个最为热门的研究对象。关于这个"鲁迅"的解读和阐述，早已如汗牛充栋，堪称显学，我在这个方面恐怕没有更新的东西贡献给各位。我所关注的问题是，为什么会诞生鲁迅这样一位作家？除了人们已经熟知的历史背景、时代环境和个人的成长经历这些基本要素之外，我想着重探讨的是一个作家形成的内在精神机制。因此，从严格的意义上讲，我所关注的对象其实

---

　　① 本篇在2017年5月26日中国社会科学院文学研究所与佛教大学联合举办的"全球化时代的人文学科诸项研究——当代中日、东西交流的启发"国际研讨会上作为报告时，承蒙讲评人就"只有一个后来成为作家的叫做周树人的人"这一表述提出质疑：他在留学的时候不是用了不少笔名吗，怎么会是"只有一个……周树人"？——让我对此重新做了思考（在此谨对讲评人致以衷心的感谢），确认这一表述与本论所采取的"把'周树人'和'鲁迅'相对区分开来"的研究方法在意思上是一致的，"周树人"和"鲁迅"是分别代表着他成为作家之前和成为作家之后的用以做出相对划分的标称概念，是大的概念，与其这两个阶段使用的各种笔名并不处在同一层面，"周树人"是涵盖了成为"鲁迅"之前所有笔名的统称，正像"鲁迅"的名称涵盖了后来所有的笔名一样。

还不是"鲁迅",至少不是人们通常所指的"鲁迅"诞生之后的那个范畴里的鲁迅,而是此前。此前还不曾有"鲁迅",只有周树人。因此,我的课题可以界定为"从周树人到鲁迅的内在精神机制是怎样的",或者说"周树人何以成为鲁迅"。

这是先学们留下的课题,我不过是对此做出承接。就方法论而言,我也在努力学习许多先学所励行的实证研究的方法,但在问题意识和观察视角方面有所调整,那就是把"周树人"和"鲁迅"相对区分开来,不以作为作家诞生之后的那个"鲁迅"来解释此前的周树人。这样做有两点考虑,一是试图还原周树人当年所置身的历史现场,从而尽量减轻后来关于鲁迅的庞大解释对此前那一部分的历史观察方面所构成的影响;二是尽量以等身大的周树人来面对他所处的历史环境、思想文化资源和时代精神,而不是从现今的知识层面对其加以居高临下的阐释。

鲁迅发表《狂人日记》时已经 37 岁。在他作为周树人而存在的 37 年间,可大致分为三个重要阶段:第一个阶段是 18 岁以前在故乡绍兴生活并接受传统教育;第二个阶段是外出求学,包括从 18 岁到 22 岁在南京的三年多和此后在日本留学的七年多;第三个阶段是他回国以后到发表《狂人日记》为止。正像大家已经知道的那样,这三个阶段当中的各种经历,可能都对他成为一个作家产生过重要影响,不过就一个作家的知性成长而言,尤其是就一个完全不同于旧文人从而开拓出与既往文学传统迥异的新文学之路的近代作家的整个精神建构而言,1902 年到 1909 年,即明治三十五年到四十二年在日本留学七年多的经历是一个尤其值得关注的阶段。片山智行先生 50 年前就有"原鲁迅"[①]的提法。而"鲁迅与明治日本"也是在鲁迅研究当中不断出现的题目。随着研究的不断深入,尤其是坚实而有力的实证研究所提供的大量事实,使我越发坚信"从周树人到鲁迅"的精神奥秘大多潜藏在这个成为"鲁迅"之前的留学阶段。

例如,人们后来从鲁迅的思想内涵当中归纳出三个方面,即进化论、

---

① 片山智行:「近代文学の出発——『原魯迅』というべきものと文学について」,東京大学文学部中国文学研究室編:『近代中国思想と文学』,1967 年。

改造国民性和个性主义，它们都作用到鲁迅文学观的建构上，或者说构成后者的"近代"基础。就精神源流而言，这三种思想乃至文学观的源流都不是中国"古已有之"的传统思想，而都是外来思想。汲取它们并且构建自己的精神理念需要一个过程。我到目前的看法是，这一过程，在周树人那里，基本与他留学日本的时期相重合，此后的进一步展开，应该是这一建构过程的延长和延续。因此，如果不了解它们的具体来源和在周树人当中的生成机制，那么也就很难对鲁迅后来的思想和文学有着深入的理解和把握。比如说，这些思想跟鲁迅后来所相遇的阶级论和马克思主义构成怎样的关系至今仍然是困扰学术界的问题。

我的研究就是从当年在日本留学时的周树人的具体面对开始，通过实证研究予以展开。现分述如下。

一、关于鲁迅与进化论的问题

鲁迅的进化论观念，基本形成在他作为周树人的求学时期。一般谈到这个问题时，人们会首先想到严复（1854—1921）的《天演论》（1898）。周树人首次与《天演论》相遇，是这本书出版三年之后的1901年，他在南京矿路学堂读书时[①]。诚如他自己所说，这本书给予了他巨大的影响[②]。但是构成他进化论知识基础的却不仅仅是《天演论》，《天演论》以外的进化论著作也都对他产生了重大影响。据目前所知，可以开列一份周树人求学时期的进化论阅读书单。

1. 英国雷侠儿著，华蘅芳、玛高温合译：《地学浅释》，江南制造局刊行，1873年。

2. 严复译述：《天演论》，湖北沔阳卢氏慎基斋木刻板，

---

① 北京鲁迅博物馆鲁迅研究室编：《鲁迅年谱》第1卷，人民文学出版社，1981年，第78—80页。

② 鲁迅：《朝花夕拾·琐记》，《鲁迅全集》第2卷，第306页。

1898 年。

3.加藤弘之著，杨荫杭译：《物竞论》，译书汇编社，1901 年。

4.石川千代松：《进化新论》（『進化新論』），敬业社，1903 年。

5.丘浅次郎：《进化论讲话》（『進化論講話』），开成馆，1904 年。

6.查尔斯·达尔文著，开成馆译，丘浅次郎校订：《种的起源》（『種の起源』），开成馆，1905 年。

7.丘浅次郎：《进化与人生》（『進化と人生』），开成馆，1906 年。

8.德国海克尔博士原著，冈上梁、高桥正熊共译：《宇宙之谜》（『宇宙の謎』），有朋馆，1906 年。

1909 年周树人回国以后仍保持着对进化论的关注，并且直到 1930 年逝世前始终不断地购买日本出版的进化论方面的书籍，不过我目前所做的研究，还只是集中在他的留学时期。

上面所列的 8 种进化论书籍，不一定是周树人求学时期阅读的全部，而只是目前已知。其中 1—3 是他 1902 年去日本留学前就已经阅读到的，是受到进化论的冲击并且进一步接受进化论知识的准备阶段，4—8 这 5 种，是他在日本留学期间阅读的，这是一个比较系统接受进化论知识体系的阶段。可以说这 5 种进化论的书，都是当时最有代表性的也是最有影响的进化论著作。

就目前关于鲁迅的知识体系而言，1—3 是体系内知识，可以在诸如鲁迅年谱、全集注释（1981、2005）和《鲁迅大辞典》（人民文学出版社，2009）等基本研究资料当中找到它们的存在，5—8 在同样的范围内则完全找不到，可以说是关于鲁迅的知识的空白。

作为专题研究，我主要把侧重点放在杨荫杭译《物竞论》和鲁迅与丘浅次郎的关系方面，相当于上述书单的 3、5、6、7[①]。至于 4 和 8，中岛长文先生（Nakajima Osafumi，1938— ）早在 40 年前已经做过了很好的研究，请大家参考他的研究成果[②]。

《物竞论》是周树人继《天演论》之后在中国国内读到的另一本进化论著作，在去日本之前，他把这本书送给了继续在南京求学的周作人。在此后的周作人日记中，留下了他不断阅读该书的记录。鲁迅年谱提到这本书，出处在此。但《物竞论》究竟是怎样一本书，很长一段时间里，在中日学者之间存在着以讹传讹的情形。例如，对该译本原书，铃木修次（1923—1989）《日本汉语与中国》（1981，第 213—214 页）、刘柏青（1927—2016）《鲁迅与日本文学》（1985，第 49—50 页）、潘世圣《鲁迅·明治日本·漱石》（2002，第 49 页）等皆记为加藤弘之《人权新说》（鼓山楼，1882），这是不对的。原书是加藤弘之的另一本著作《强者之权利之竞争》（『強者の権利の競争』，东京哲学书院，1893）。该书主张"强者的权利即权力"，以至译者杨荫杭在序文里说不妨译成"强权论"。就内容而言，这本书在《天演论》之后加深了对中国读书人的刺激，对加深他们的危机认识有帮助，但无助于加深对进化论本身的理解。这是我在《关于〈物竞论〉》这篇论文里所解决的问题。

更主要的工作是放在了与丘浅次郎（Oka Asajiro，1868—1944）的关系方面。这项研究不仅涉及中日两国近代进化论传播的背景、形态以及以留学生为媒介的互动关系，还深入探讨了丘浅次郎进化论的内容、特色和历史位置，通过实证研究，坐实了他与周树人之间密切的文本关系，从而为进一步了解周树人的进化论知识结构以及他由此所获得的历史发展观和思考方法提供了新的平台和路径，揭示出进化论知识系统的更新在周树人那里的由"天演"到"进化"的必然性。该问题还同时触及整个中国近代

---

① 参阅本书《关于〈物竞论〉》及《从"天演"到"进化"——以鲁迅对进化论之容受及其展开为中心》的"鲁迅与丘浅次郎"部分。

② 中島長文：「藍本『人間の歴史』」（上、下），『滋賀大国文』第 16、17 号，滋賀大国文会，1978、1979 年。

进化论的接受过程问题。虽然周树人留学期间所涉及的一系列日本的进化论与此前熟读的严复《天演论》之关系，仍是接下来所要继续探讨的问题，但目前研究到达点的基本看法是，即使是到了后来所谓接受了"阶级论"的鲁迅时期，周树人求学时代所接受的进化论的思路，也并没那么简单地"轰毁"，因至少丘浅次郎的进化论作为一种思想方法，已经深深地渗透到了他的直面现实的现实主义当中。这是我在系列研究之后所作出的结论。

二、关于鲁迅改造国民性思想的问题

关于鲁迅的改造国民性思想，许寿裳阐释得最早[①]。作为同时代人和亲密的朋友，许寿裳关于鲁迅和他在弘文学院所做的国民性问题讨论的回忆，无疑给《藤野先生》当中作者自述"我的意见却变化了"[②]——即做出弃医从文的选择，和《〈呐喊〉自序》里"我们的第一要著，是在改变他们的精神"[③]，即改造国民性思想提供了权威佐证。后来北冈正子（Kitaoka Masako，1936—　　）教授经过长年细致调查研究发现，鲁迅和许寿裳当年在弘文学院就国民性问题所做的讨论，实际是他们在校期间，校长嘉纳治五郎（Kanou Jigoro，1860—1938）和当时同在弘文学院留学、年长而又是"贡生"的杨度（1875—1931）关于"支那教育问题"的讨论之"波动"的结果[④]。这就为鲁迅国民性问题意识的产生提供了一个具体的环境衔接。国民性问题意识，在当时有着很大的时代共有性，在一个人思想当中，其能升华为一种理念，当然还会有很多复杂的促成要素，例如梁启超（1873—

---

① 许寿裳：《怀亡友鲁迅》（1936）、《回忆鲁迅》（1944）、《亡友鲁迅印象记（六）：办杂志·译小说》（1947），参见鲁迅博物馆、鲁迅研究室、鲁迅研究月刊编：《鲁迅回忆录》，北京出版社，1997年，第443页、第487—488页、第226页。

② 鲁迅：《朝花夕拾·藤野先生》，《鲁迅全集》第2卷，第317页。

③ 鲁迅：《呐喊·自序》，《鲁迅全集》第1卷，第439页。

④ 北冈正子：『魯迅　日本という異文化なかで——弘文学院入学から「退学」事件まで』，「六　嘉納治五郎　第一回生に与える講話の波紋」，关西大学出版部，2001年。中文译文参见李冬木译《另一种国民性的讨论——鲁迅、许寿裳国民性讨论之引发》，《吉林大学社会科学学报》，1998年第1期。

1929)的"新民说"及由此带动起来的思想界与鲁迅改造国民性思想生成之关系就是一个很大的问题。不过,问题意识和理念是一个方面,要将它们落实到操作层面,即熔铸到创作当中,就非得有具体的现实体验和丰富的阅读不可。那么在这方面周树人读的是怎样的书呢?这是我的问题意识。这里我打算向大家介绍两个方面的研究。

我首先关注到的是张梦阳先生的研究。他首先提出了"鲁迅与史(斯)密斯"的命题(1981)①,并对鲁迅与史密斯(Arthur Henderson Smith,1845—1932)的 Chinese Characteristics 即《中国人气质》展开研究②,带动起了后续研究。迄今为止,仅仅是这本书的中译本,就出版了 50 种以上,而其中 95% 以上是在张梦阳以后出版的。尤其是前年,即 2015 年 8 月,在中国史密斯研究的推动下,日本还出版了有史以来的第三个日译本,《中国人的性格》③。该书有 354 条译注,并附有长达 62 页的译者解说和后记,对之前的研究做了较为全面的整理。

不过,我关注的问题是史密斯的英文原著到达周树人那里的中间环节。这是所谓"东方"的周树人与"西方"的史密斯相遇所必须履行的一道手续。因此,明治二十九年即 1896 年日本博文馆出版的涩江保译《支那人气质》一书就成为我探讨周树人与史密斯关系的主要研究对象。日译本与原书有着很大的不同,译者加了各种眉批、夹注、眉注 900 多条,并附有 25 页黑格尔关于中国的论述,同时还以完全不同的 21 张照片取代了原书的 17 张图片。因此通过日译本获得的"史密斯"及其所记述的"中国人气质"也就与原书大不相同了。关于日译本的出版背景、译者及其历史地位、其著述活动对中国的影响、该译本对此后日本人中国观的影响,尤其是与此

---

① 参见张梦阳:《鲁迅与斯密斯的〈中国人气质〉》,见《鲁迅研究资料》(11),天津人民出版社,1987 年 7 月。

② 参见张梦阳、王丽娟译:《外国人的中国观察——中国人气质》及其所附《译后评析》,敦煌文艺出版社,1995 年。

③ 石井宗晧、岩崎菜子訳:『中国人的性格』,中央公論新社,2015 年。

后鲁迅的文本关系，请参照我的相关研究①。

另一项研究是关于芳贺矢一（Haga Yaichi，1867—1927）《国民性十论》（1907）的研究。芳贺矢一是日本近代国文学研究的开拓者，曾与夏目漱石（Natsume Soseki，1867—1916）同船前往欧洲留学。《国民性十论》在当时是畅销书，是首次从文化史的观点出发，以丰富的文献为根据而展开的国民性论，对整合盛行于从甲午战争到日俄战争期间的日本关于国民性的讨论发挥了重要历史作用，以致其影响一直延续至今。顺附一句，把"国民性"用于书名，始于该书，对将 nationality 一词转化为"国民性"这一汉字词语②，该书起到了关键性的"固化"作用。该书汉译已于 2008 年交稿，但由于现实性问题，导致这本 110 年前的书至今仍无法出版③。这是令人感到非常遗憾的。不过，我为该译本写的导读，也以"芳贺矢一《国民性十论》与周氏兄弟"为标题发表④，该书是周氏兄弟共同目睹的书，对兄弟二人产生了不同侧面和不同程度的影响。共同影响是，通过文艺来考察国民性。相比之下，受影响更大而且更全面的是周作人（1885—1967）。周作人日记忠实地保留了他关于这部书的购书、读书和用书的记录。1918年他所做的著名讲演《日本近三十年小说之发达》就是从参考这部书开始的。也可以说，他的"日本研究小店"从开张到关门，始终有这本书参与导航。这书当然是周树人向他介绍的。但周树人对该书的摄取则有所不同，除了通过文艺来考察国民性的思想方法之外，他主要受了书中有关"食人"言说的提示，使他通过《资治通鉴》所记载的事实，顿悟到"中国人尚是食人民族"，进而衍生出《狂人日记》"吃人"的主题意向。"食人"言说频繁地出现在日本明治以后文化人类学的言说当中，构成一种言说史。

① 请参阅本书《"国民性"话语的建构——以鲁迅〈支那人气质〉之关系为中心》及《鲁迅怎样"看"到的"阿金"？——兼谈鲁迅与〈支那人气质〉关系的一项考察》两篇文章。

② 关于"国民性"一词的语源及其流变之研究，请参阅本书《国民性：词语及其话语建构》。

③ 如前文所述，该书中文译本于 2020 年出版。

④ 《芳贺矢一〈国民性十论〉与周氏兄弟》，山东社会科学院《山东社会科学》2013年第 7 期。请参阅本书《明治时代"食人"言说与鲁迅的〈狂人日记〉》中"五、芳贺矢一的《国民性十论》"与"六、周氏兄弟与《国民性十论》"两部分。

芳贺矢一继承了这一思想资源，并将其传递给周树人，使他在国民性问题意识的观照下，去注意并发掘本国旧有的记录，从而打造出《狂人日记》的主题和叙事内容①。

通过以上两种书再来探讨鲁迅的改造国民性思想，就会发现他对同时代思想资源的选择，有着自己独特的眼光和摄取方式，已经远远超过了作为先行者的梁启超的"新民说"。梁启超进行的主要是理念和理论的阐释，而周树人寻找的主要是对自己的思想和文艺活动实践有直接帮助的资源。因此在外部资源的选择上，他早已不囿于梁启超。他要寻求的是对本民族自身的了解，也就是他所说的手与足的沟通②。从这个意义上来说，《支那人气质》和《国民性十论》就提供了认识本国国民性的有效映射，是他将中国国民性客观对象化的有效参照。

如果将梁启超和鲁迅关于国民性问题的论述，放在明治思想史的背景下来探讨，还会有更多的发现。我准备把它们作为下一步的课题，即以梁启超和鲁迅为中心，阐释中国近代国民性意识形成发展史。

三、关于鲁迅个性主义思想的问题

与进化论和改造国民性思想相比，个性主义思想问题就更加复杂。不仅要涉及更多的"西方"思想资源，还涉及在建构思想的过程中与前两者的关系及其所处思想位置的问题。

在周树人整个求学时期里，以严复的"天演论"和梁启超的"新民说"为代表，进化论和国民性思想已至少是清末中国知识界的通识，周树人是在自己留学的明治文化环境当中对它们又做了进一步的追踪学习和独立的择取、思考，从而确立了他自己的关于"进化"和"国民"的理念。不过总的来说，这两点处在中国知识界"已知"的思想平台，周树人在此基础

---

① 请参阅本书《明治时代"食人"言说与鲁迅的〈狂人日记〉》。

② 鲁迅：《集外集·俄文译本〈阿Q正传〉序及著者自叙传略》，《鲁迅全集》第7卷，第83—84页。

上并未走出更远。换句话说，他仍处在通识的言说环境里。打破这种状况的，是他与个性主义（或者叫个人主义）的相遇。

> 个人一语，入中国未三四年，号称识时之士，多引以为大诟，苟被其谥，与民贼同……①

个人主义思想，在他和中国思想界之间，划出了一条明确的分界线，一边叫做中国思想界，一边叫做周树人。这种思想不仅使他脱胎换骨获得"新生"，也使他在同龄人和同时代人当中孤星高悬。伊藤虎丸（Ito Toramaru，1927—2003）将其概括为"个"的思想，并且认为是鲁迅把握到的西洋近代的神髓②。的确，至少在我所阅读的范围内，这种思想几乎不见于和周树人同时代的中国思想界——其实，上引的"个人一语，入中国未三四年"这句话，并非中国当时思想界的现实，而是周树人借助日本关于"个人主义"讨论的思想资源所进行的自我精神操练。

提到这种思想的来源，人们自然会根据周树人在留学时期所写的论文，开列出一连串的名字：黑格尔（Georg Wilhelm Friedrich Hegel，1770—1831）、叔本华（Arthur Schopenhauer，1788—1860）、施蒂纳（Max Stirner，1806—1856）、克尔凯郭尔（Søren Aabye Kierkegaard，1813—1855）、尼采（Friedrich Wilhelm Nietzsche，1844—1900）以及那些摩罗诗人……按照通常的习惯把他们的思想统称为"西方思想"或许并无大错，但之于周树人在当时的阅读实践和思想实际却未免过于笼统，不乏隔靴搔痒之感。

就拿人们论述最多的"尼采"来说吧，他遇到的究竟是怎样一个"尼采"呢？是中文的还是外文的？如果是外文的，那么是德文的？英文的？还是日文的？这些从来都是一笔糊涂账。如果不借助具体文本展开实证研究，也就很难说清楚周树人建构个人主义当中的那个尼采是怎样一种形态。

---

① 鲁迅：《坟·文化偏至论》，《鲁迅全集》第1卷，第51页。

② 参阅伊藤虎丸：『鲁迅と日本人——アジアの近代と「個」の思想』，朝日出版社，1983年。中译本，李冬木译：《鲁迅与日本人——亚洲的近代与"个"的思想》，河北教育出版社，2000年。

这里我们可以来看一个具体的"尼采"的例子。

> 德人尼佉（Fr. Nietzsche）氏，则假察罗图斯德罗（Zarathustra）之言曰，吾行太远，孑然失其侣，返而观夫今之世，文明之邦国矣，斑斓之社会矣。特其为社会也，无确固之崇信；众庶之于知识也，无作始之性质。邦国如是，奚能淹留？吾见放于父母之邦矣！聊可望者，独苗裔耳。此其深思遐瞩，见近世文明之伪与偏，又无望于今之人，不得已而念来叶者也。[①]

《文化偏至论》（1908）里的这段话一直被认为是鲁迅对尼采《查拉图斯特拉如是说》当中《文化之地》之章的概括，那么对比以下一段话如何？

原文：

> 十四．文化の国土　でいふのには、我はあまり遠方へゆきすぎて、殆ど自分一人で、伴侶がなくなった。そこで又、立ち戻って現在の世の中に来て見たが、現代の世は實に文化の国土である。種々の彩色を帯びている社会である。しかし、その社会には少しも確かなる信仰がない。人々の知識は少しも創作的の性質を備へてるない。かゝる国土には、我々は留まることは出来ない。我は實に父母の国土から放逐されてしまうのである。しかし、たゞ一つの望み属することは、子孫の国土あるのみである。
>
> これは、現代文明に対する一つの非難である。

译文[②]：

> 十四、文化之国土　我走得过于遥远，几乎只身一人而没了伴侣，于是又折回到现代之世来看。而现代之世实乃文化之国

---

① 鲁迅：《坟·文化偏至论》，《鲁迅全集》第 1 卷，第 50 页。
② 如无特别说明，本书中文译文均为作者自译。

土，实乃带着各种色彩之社会。但这社会，聊无确实的信仰，人们的知识丝毫不具备创作的性质。我们无法滞留在这样的国土。我实乃被父母之国土所放逐。然而，唯寄托一线希望的，只有子孙的国土。

这是对现代文明的一个非难。

这是桑木严翼（Kuwaki Genyoku，1874—1946）在《尼采氏伦理说一斑》（1902）一书当中对《查拉图斯特拉如是说》中"文化之国土"部分所做的概括①。

再来看"施蒂纳"的例子。周树人《文化偏至论》：

德人斯契纳尔（M．Stirner）乃先以极端之个人主义现于世。谓真之进步，在于己之足下。人必发挥自性，而脱观念世界之执持。惟此自性，即造物主。惟有此我，本属自由；既本有矣，而更外求也，是曰矛盾。自由之得以力，而力即在乎个人，亦即资财，亦即权利。故苟有外力来被，则无间出于寡人，或出于众庶，皆专制也。国家谓吾当与国民合其意志，亦一专制也。众意表现为法律，吾即受其束缚，虽曰为我之舆台，顾同是舆台耳。去之奈何？曰：在绝义务。义务废绝，而法律与偕亡矣。意盖谓凡一个人，其思想行为，必以己为中枢，亦以己为终极：即立我性为绝对之自由者也。②

再对比下面一段如何？

マクス・スチルエルは純乎たる利己主義の立脚地に立てる無政府主義を創唱せる者なり。彼は各個人を以て最高唯一の實在なりとし、人間と云ひ、主義と云ふ、畢竟これベルゾーンにあらずして一の觀念のみ、妄想のみなりと断言せり。曰、人々

---

① 桑木厳翼：『ニーチエ氏倫理説一斑』，育成会，1902 年，第 137 页。
② 鲁迅：《坟・文化偏至论》，《鲁迅全集》第 1 卷，第 52 页。

の理想が一層精霊的に且つ一層神聖となればなるほど、之に対する畏敬の情は次第に莫大なるを致すべし。されど彼等に向ては之が為めに己の自由の却て益々縮少せらるゝに至るを如何せむ。すべて此等の観念は各人心意の製造物に過ぎず。非實在の最も大なる者に過ぎず。故に自由主義によりて開かれたる進歩も實はこれ迷ひの増加のみ。退歩の増進のみ。眞の進歩は決して此等の理想にあるに非ずして各人の足下にあり。即己の我性を発揮してかかる観念世界の支配より我を完全に飄脱せしむることにあり。何となれば我性はすべての造物主なればなり。自由は我々に敢えて云ふ、汝自身を自由にせよと。而して某所謂汝自身なる者の果して何者なるかを言明せざるなり。之に反して我性は我々に向て叫で云ふ、汝自身に蘇れと。我性は生れながらにして自由になる者なり。故に先天的に自由なる者にして自ら自由を追求し、妄想者、迷信者の間に伍して狂奔するはこれ正に己を忘るゝ者なり。明に一の矛盾なり。自由は之に達し得べき権力のあるありて始めて之を得べし。然れども某所謂権力は決して之を外に求むるを要せず。各個人の中に在て存ずればなり。余の権力は何人も之を余に輿へたる者に非ず。神も、理性も、自然も、将た国家も輿ふる所に非ざればなり。すべて法律は社会を支配する権力の意志なり。すべて国家は某之を統治する権力の一なると、多数なると、将た全体なるとを間はず、共に盡く一の専制なり。仮令余が余の意志を以てすべて他の人々の国民的集合意志と合致せしむべしと公言したりし時に於ても亦専制たるを免れず。これ余をして国家の奴隷たらしむる者なり。余自身の自由を放投せしむる者なり。然らば如何にせば余をして此の如きの地位に陥らざらしむるを得べきか。曰、余が何等の義務をも認めざる時に於てのみなり。余を束縛せず、又束縛せしざる時に於てのみなり。余にして既に何等の義務をも有せざりしならば又何等の法律をも認むるをなかるべし。果して然らば一切の繋縛を排斥し、本来の面目を発揮せんとする我にはもとより国家の承認せらるべきの理なく、己なく、我性なき卑陋の人間のみ、独り国家の下に立つべきなりと。

スチルエルの言説は絶対的の個人主義なり。故に彼は一切故人の意思を基として道徳を排し、義務を斥けたり。

……（中略）……

之を要するにマクス・スチルエルは個人的人間が哲学の最初及最終にして又實に人生の問題に向て最終最眞の解答を興ふる者なりと云ひ、所謂幸福なる者は一に各個人が己を以てすべて己の思意及行為の中心及び終極点となすによりて初めて生ずる者なりとせり。彼は即我性によりて、人の絶対的自由を立せり。①

译文:

麦克斯·施蒂纳是基于纯粹利己主义立场之无政府主义的首倡者。他以每个人为最高唯一的实在，断言所谓人，所谓主义，毕竟皆非个人人格，而只是一种观念，一种妄想。曰，人人之理想，越是精灵化，越是神圣，就越会导致对其敬畏之情逐渐增大。然而，这对他们来说，也就因此会反过来导致自身自由空间的日益缩小而毫无办法。所有的这些观念，都不过是各人心意的制造物，都不过是非实在的最大者。故自由主义所开辟的进步，其实也只是增加了迷惑，只是增进了退步。真正的进步绝不在于此等理想，而在于每个人之足下。即在于发挥一己之我性，在于使我从观念世界的支配之下完全飘脱出来。因为我性即一切之造物主。

① 原文署名"蚊学士"，载《日本人》第百五拾七号，1902年2月20日，第24—25页。又，参见煙山専太郎：『近世無政府主義』，東京専門学校出版部，1902年，第294—302页；368—371页。

自由教给我们道，让汝自身自由！却不言明其所谓汝自身者为何物。与之相反，我性冲着我们大叫道，让汝自身苏醒！我性生来自由。故先天的自由者自去追求自由，与妄想者和迷信者为伍狂奔，正是忘却了自己。明显之矛盾也。自由只有获得到达自由的权力之后才会获得。然而其所谓权力，决不是让人求诸于外。因为权力只存在于每个个人当中。我的权力并非谁所赋予，不是上帝，不是理性，不是自然，也不是国家所赋予。一切法律都是支配社会的权力的意志。一切国家，不论其统治的权力出于一人、出于多数或出于全体，皆为一种专制。即使我公然宣布应以自己的意志去和其他国民的集合意志保持一致，亦难免专制。是乃令我沦为国家之奴隶者也，是乃让我放弃自身之自由者也。然则将如何使我得以不陷入如此境地呢？曰，只有在我不承认任何义务时才会做到。只有不来束缚我，而亦无可来束缚我时才会做到。倘若我不再拥有任何义务，那么也就不应再承认任何法律。倘果如此，那么意欲排斥一切束缚，发挥本来面目之我，也就原本不会有承认国家之理。只有那些没有自己，丧失我性的卑陋之人，才应该自己去站在国家之下。

施蒂纳之言说乃绝对的个人主义。故他一切基于个人意志，排斥道德，谴责义务。

……中略……

总之，麦克斯·施蒂纳说，作为个人的人，是哲学从始至终对人生问题所实际给予的最后的和最真诚的解答。所谓幸福者，乃是每个个人都以自己为自己的一切意志及行为的中心和终极点时才会产生的那种东西。即，他要以我性确立人的绝对自由。

这段话出自烟山专太郎（Kemuyama Sentaro，1877—1954）的《近世无政府主义》（1902）一书。这书对中国当时的无政府主义思潮，尤其是那些正在为反清制造炸弹的革命者有着巨大影响，但是没有一个人对书中的施蒂纳感兴趣，只有周树人从个人主义思想侧面注意到了他的存在，并将其原封不动地择译到自己的文章里。这种情形，和对待前面提到的桑木严翼的尼采的情形完全一样[①]。

这就说明在建构个人主义思想的过程中，周树人也履行了同他建构进化论思想和国民性思想一样的"手续"，即借助日本的语言环境和出版物走向"西方"。那么如果再说到他的文学观，这种情况恐怕就会更加突出和明显。

四、关于鲁迅文学观的建构问题

周树人的文学观，主要体现在他作于 1907 年、连载于翌年在东京发行的中国留学生杂志《河南》第 2、3 期上的《摩罗诗力说》当中。这篇文章旨在阐述诗歌之力，即文学的力量，着重介绍了以拜伦为首的"立意在反抗，旨归在动作"的所谓恶魔派诗人的事迹和作品，希望中国也能出现这样的诗人和文学，以获得作为"人"的"新生"。这篇文章后来不仅被认为是鲁迅写作《狂人日记》的文学起点，而且也是中国近代文学的精神起点。

文中介绍了四国的八位诗人，以作为"摩罗宗"的代表。他们是拜伦（George Gordon Byron，1788—1824）、雪莱（Percy Bysshe Shelley，1792—1822）、普希金（Алекса́ндр Серге́евич Пу́шкин，1799—1837）、莱蒙托夫（Михаил Юрьевич Лермонтов；1814—1841）、密茨凯维支（Adam Mickiewicz，1798—1855）、斯洛伐支奇（Juliusz Słowacki，1809—1849）、克拉旬斯奇（Zygmunt Krasiński，1812—1859）、裴多菲（Petőfi Sándor，1823—1849）。这些诗人均有材料来源。北冈正子教授 2015 年出版了她历时近 40 年、长达 650 页的调查巨著《〈摩罗诗力说〉材源考》，基本查清了《摩罗诗力说》的核心内容主要来自 11 本书和若干篇文章，其中日文书 7 本，英文书 4 本。我在此基础上又增加了可以视为材料来源

---

① 参阅本书《留学生周树人周边的"尼采"及其周边》。

的另外一本，即斋藤信策（Saito Sinsaku，1878—1909）1907 年由昭文堂
出版的《艺术与人生》①。这一发现，不仅证明周树人是通过东方的斋藤
信策而和西方的易卜生（Henrik Johan Ibsen，1828—1906）相遇，还找到
了他们之间更深刻的联系。

斋藤信策不仅是周树人同时代人，年龄与周树人也很接近，不过只活
了 31 岁。作为英年早逝的文艺批评家，斋藤信策在短暂的写作生涯里一
共留下了 207 篇文章，公开发表过的有 100 篇，有 104 篇文章收录在他的
两本文集当中，一本是上面提到的《艺术与人生》，是他生前自己编辑出
版的，收文 32 篇，另一本是他死后由他的朋友整理出版的，书名可直译
为《哲人何处有？》②，除了与前一本重复的篇目，另收文 72 篇。

读斋藤信策，最明显的感受是在他与周树人之间的"共有"之多。虽
然先学们早已就此有所提示，例如伊藤虎丸先生③、刘柏青先生④，中岛长
文先生甚至还进一步指出："在主张确立作为个的人之言说当中，和鲁迅
的文章最显现亲近性的，也还是斋藤野之人的（文章）。"⑤但如果不是
具体阅读，这一点是很难体会到的。个人、个性、精神、心灵、超人、天才、
诗人、哲人、意力之人、精神界之战士、真的人……他们不仅在相同的精
神层面上拥有着这些表达"个人"的概念，更在此基础上共有着以个人之
确立为前提的近代文学观。那么，斋藤信策是怎样一个人呢？这是下一步
我想做的工作。我打算对斋藤信策及其周边的文本进行全面梳理，以全面
呈现这位已经被遗忘了的文艺评论家的原貌，从而在文本层面厘清周树人

---

① 参阅《"国家与诗人"言说当中的"人"与"文学"的建构——论留学生周树人文
学观的形成》，在"文学·思想·中日关系"国际学术讨论会的报告，2016 年 7 月 30 日。

② 姉崎正治、小山鼎浦编纂：『哲人何処にありや』，博文館，1913 年。

③ 伊藤虎丸、松永正義：「明治三〇年代文学と魯迅——ナショナリズムをめぐって」，
日本文学協会編集刊行『日本文学』1980 年 6 月号，第 32—47 页。这一研究成果经整理，
内容反映在伊藤虎丸『魯迅と日本人——アジアの近代と「個」の思想』，参见第 36—39 页。
李冬木译：《鲁迅与日本人——亚洲的近代与"个"的思想》，河北教育出版社，2000 年，
第 14—16 页。

④ 刘柏青：《鲁迅与日本文学》，吉林大学出版社，1985 年，第 52—60 页、第 67—72 页。

⑤ 中島長文：『ふくろうの声魯迅の近代』，平凡社，2001 年，第 20 页。

与他的精神联系。

结束语

如果说，周树人在留学期间与西方思想的相遇，是周树人后来羽化为鲁迅的知性构成的关键，那么从上面的情况来看，他并非一步直抵西方，而是借助了他当时留学的日本明治三十年代的文化环境，大而言之，是和明治三十年代共有时代精神；小而言之，是阅读了这种时代精神所孕育的精神产品——出版物。从这个意义上或许也不妨说，"鲁迅的西学主要来自东方"。而且甚至还可以说，这也是周树人在日本留学那个时代中国汲取西学的基本路径和形态。因此，我有一个基本的看法，那就是研究日本，尤其是研究明治日本，对中国而言也就并非是对他者的研究，而是对自身研究的不可或缺的一部分。这也是我把周树人置于明治文化的背景下看待他如何成为鲁迅的缘由所在。这项工作刚刚开始。

2017 年 5 月 1 日星期一　草稿于京都紫野

2017 年 6 月 12 日星期一　加笔于京都紫野

关于《物竞论》

前言

笔者在思考鲁迅留学时期思想的形成，特别是鲁迅的进化论的时候，遇到了《物竞论》问题。这里的问题包括，鲁迅是怎样"读懂"进化论，即鲁迅是怎样接受进化论的？除了众所周知的严复（1854—1921）所译《天演论》（1898）以外，他还读了哪些进化论或者与进化论有关的书？同时，又受到了同时代氛围怎样的影响？进化论方面的其他书籍以及时代氛围，在鲁迅那里和《天演论》又构成怎样的关系？有怎样的相互作用？它们在鲁迅文本当中又有怎样的体现？……这些问题都需要逐一调查，分析和认证，也需要逐一撰文把它们整理出来。在这篇小论当中，也因篇幅所限，不能具体展开鲁迅与《物竞论》关系的论证。讨论这个问题之前，需要首先把《物竞论》这本书以及相关的情况调查清楚。因此，本文所要探讨的问题主要集中在《物竞论》的内容本身，同时也在一定程度上涉及《物竞论》与时代，特别是与《天演论》的关系以及对中国的影响。

一、《物竞论》及其研究

《物竞论》系加藤弘之著《强者之权利之竞争》一书的中译本，译者杨荫杭，最初连载在《译书汇编》1901年第4、5、8期上。本稿所使用的蓝本，即是北京国家图书馆馆藏《译书汇编》中这三期的连载。它们的封面字样分别为：（一）光绪二十七年三月十五日／明治三十四年五月三日发行 译书汇编 再版 第四期。（二）光绪二十七年四月十五日／明治三十四年六月三日发行 译书汇编 第五期。（三）光绪二十七年七月十五日／明治三十四年八月廿八日发行 译书汇编 第八期。

　　"光绪"和"明治"年号后的发行月日的不同乃农历和公历的区别，但这些封面的发行日期与封底所载的发行日期并不相符，封底的日期分别标为"明治三十四年五月廿七日发行""明治三十四年七月十四日发行"和"明治三十四年十月十三日发行"。"第四期"前面有"再版"的字样，其再版日期为"明治三十四年八月三十日"。

　　全书由总论、第一至第十章和结论构成，在《译书汇编》上连载的内容分布是：

　　第四期："第一章 天赋之权利""第二章 强者之权利""第三章 论强权与自由权同并与实权相关之理""第四章 论人类界强权之竞争""第五章 治人者与被治者之强权竞争及其权利之进步"，《物竞论》统排页码为1—46页。

　　第五期："第六章 承前""第七章 贵族与平民之强权竞争及其权利之进步""第八章 自由民与不自由民之强权竞争及其权利之进步""第九章 男女之强权竞争及其权利之进步"，统排页码为47—98页。

　　第八期："第十章 国与国之强权竞争及其权利之进步""结论"，统排页码为99—120页。

　　除此之外，还有《物竞论》目录和后署"译者自志"的凡例①。

　　本文所引用《物竞论》文本，其各章标题和页码，均出自上述排列，除特殊情况外，不再另外加注。

　　就笔者有限的阅读范围所及，最早提到《物竞论》与鲁迅的关系问题的，是刘柏青的《鲁迅与日本文学》，该书指出，"据周作人的日记记载，鲁迅在赴日前曾买过加藤弘之的《物竞论》"，并且认为包括《物竞论》在内，"日本的有关进化论的著述，曾经是中国人认识进化论的一个渠道。对鲁迅来

---

　　① 加藤弘之著、田畑忍解题：『強者の権利の競争』，日本評論社，1942年。

说,也是这样"①。笔者在调查涩江保译《支那人气质》一书与鲁迅的关系时,也检阅并且涉及周作人日记中关于《物竞论》的记载。

邹振环在20世纪90年代中期出版的《影响中国近代社会的一百种译作》中也以"《物竞论》的译本与原作"为题,把该书列为其中之一予以介绍②。其主要工作有三:(一)纠正了《鲁迅与日本文学》当中的一个错误,即《物竞论》的原作并非加藤弘之的《人权新说》,而是它的另一部著作《强者之权利之竞争》。(二)调查了《物竞论》在《译书汇编》上连载和其后单行本的发行情况,从而弥补了前人调查之不足③。(三)介绍了《物竞论》译刊后,"颇受当时学人的重视"的反响。

此外,实藤惠秀的《中国人日本留学史》的第五章"留日学生的翻译活动"和第六章"对中国出版界的贡献",对翻译出版《物竞论》的译书汇编社的情况也有详细的记载,可以用来参考④。

译者杨荫杭,字补塘,笔名老圃,又名虎头,江苏无锡人,1897年考入南洋公学,1899年官费赴日本留学,并在1900年和杨廷栋、雷奋等人共同创办译书汇编社,从事翻译活动。其比较详细的情况,可参见杨绛的《回忆我的父亲》。这篇回忆录最初分别连载在《当代》1983年第5、6期上,后收入湖南人民出版社1986年出版的《回忆两篇》中,1994年12月浙江文艺出版社出版的《杨绛散文》中亦收该篇,有"前言"称根据1983年发表后各方人士陆续提供的资料,"已把原文相应修改"。此外还有发表在《苏州大学学报》1993年第1期上的邹振环《辛亥前杨荫杭著译

---

① 刘柏青:《鲁迅与日本文学》,吉林大学出版社,1985年,第49—50页。

② 邹振环:《影响中国近代社会的一百种译作》,中国对外翻译出版公司,1996年,第148—152页。

③ 关于版本,据《中国译日本书综合目录》(实藤惠秀监修,谭汝谦主编,小川博编辑,香港中文大学出版社,1980年)第14页载,《物竞论》由上海作新译书局1902年出版单行本,"120页,22公分,0.50圆"。邹振环则更进一步调查确认《物竞论》有3个单行本:"1901年8月就由译书汇编社出版单行本,销路颇好,1902年7月由上海作新书局再版,1903年1月又由作新社图书局出版第三版。"

④ 实藤惠秀:『中国人日本留学史』,くろしお出版,1981年,增补版第2版,第243—328页。

活动述略》。

现在知道《物竞论》的人恐怕已经不多，但根据已有的资料可知道，这本书在当时是继《天演论》后的又一本具有重大影响的译著。那么，《物竞论》和《天演论》有着怎样的关系呢？这是在进入《物竞论》之前应该先解决的一个问题。

二、《物竞论》与《天演论》

众所周知，托马斯·H. 赫胥黎的《进化与伦理》（*Evolution and Ethics*）是 1894 年出版的，严译《天演论》1898 年分别由湖北沔阳卢氏慎始基斋（木刻）和天津嗜奇精舍（石印）正式出版。就是说，原著的出版时间，虽然是《强者之权利之竞争》在前、《进化与伦理》在后，但它们的中译本的出版时间却正好是相反的。这不仅表明中国读者接受它们的时间顺序不同，也暗示了它们之间某种更为广泛而深刻的内在联系。

如果说《天演论》是清政府在甲午战争中的失利所直接刺激出来的危机意识的产物[①]，那么《物竞论》的出现，就是在此基础上的一个具有复合性质的历史的派生物。首先，甲午战败后，中国不仅有了《天演论》，也于 1896 开始向日本派遣留学生，去学习打败自己的日本，这样就使实藤惠秀所说的大规模的"留日学生的翻译活动"成为可能，只要看一下著名的译书汇编社成员名单[②]，就会知道，包括《物竞论》的译者杨荫杭在内，成员几乎都是当时在东京各校就读的留学生。其次，这些留学生不仅和严

[①] 参王蘧常：《严几道年谱》"光绪二十年甲午—光绪二十二年丙申"，见《严复研究资料》，海峡文艺出版社，1990 年，第 31 页："（1896 年）夏初，译英人赫胥黎（Thomas Henry Huxley）《天演论》（*Evolution and Ethics*）以课学子。"另外，同书 175 页，王栻在《严复与严译名著》中认为，《天演论》的"初稿至迟于 1895 年（光绪二十一年）开译，可能还在 1894 年（光绪二十年）"。

[②] 参见实藤惠秀：《中国人日本留学史》第五章 33 "留日学生の翻訳団体"中的"訳書彙編社社員姓氏"，第 259—260 页。《物竞论》译者也在其中注："杨荫杭 字补塘，东京专门学校学生。"

复翻译《天演论》时一样，念念不忘甲午之痛，而且也和后来的周氏兄弟一样，在去日本以前就读过了《天演论》并且深受《天演论》的启蒙熏染，这在《物竞论》的译文当中可以找到很明显的例证。例如，在第十章“国与国之强权竞争及其权利之进步”中有这样一段话：

> 凡欧人日求利己，而野蛮各国之受其害者，不一而足。此固征之历史而显切著明，为人人所共知者。虽然，此不独野蛮之民而已，即半开之民亦有之。近日英法两国，奋其权力诈谋，以夺取缅甸、安南，及法国之于暹罗，即其例也。又数年前，英国以阿富汗之事，与俄国起衅，乃遽以兵力占据朝鲜之巨文岛。当其时，英与朝鲜为和好之国，若英之所为，盖亦背于条约者也。

译者就此做注释道：“按此书成于明治二十六年，犹在甲午以前，故甲午以来时事，概未论及。”（第106页）此书与甲午战争本来并无直接关系，但经译者这样一“按”，也就自然令人联想到甲午战争也就是原作中所述的强国“求利”，弱国“受其害”的世界现实的延长，译者翻译此书时不忘甲午之念，也就灼然可见了。此外，严复的影响在这个译本中也很明显。书名《物竞论》并非加藤弘之的原书名，译者在凡例中对此有一个说明：“是书原名曰‘强者之权利之竞争’，词大拖沓，后改曰‘强权论’，或谓不如‘物竞论’之雅，卒改今名。”但取做书名的“物竞”二字，却是严复《天演论》里对“生存竞争”一词的翻译。尽管正像后面将要探讨的那样，译者并没有采用严复“雅”译的概念系统来翻译《物竞论》，但表述“自然进化”之意的地方还是一律译作“天演”。如“由于吾人之祖若宗居于天演界中，日与他物相竞争”（第1页），“凡有生之物，皆由天演而来。天演者……”（第13页），“凡强者之权利，皆由天演而得，盖出于自然之权力”（第24页）之类。这里出现的“天演”一词，在原作里都表述为“遺傳卜應化”[①]。因此可以断定，译者本人在阅读顺序上是先读《天演论》受其影响而后才选择《物竞论》来翻译的，这个阅读顺序也和鲁迅

---

① 加藤弘之著、田畑忍解题：『強者の権利の競争』，第131、156、168页。

的阅读顺序相一致。明确这一点非常重要，它可以使人意识到《物竞论》很可能处在一个把《天演论》的读者进一步朝着某个方向引导的位置。

这个方向是什么呢？这就是《天演论》和《物竞论》关系的第三点，即日益加深的现实危机把人们的意识由主要还是在讲述"自然与人"的《天演论》的框架中更进一步推向单一的旨在讲述人类社会的"强者的权力即权利"的《物竞论》的框架里。继《天演论》之后，《物竞论》之所以能够一版再版，获得人们的共鸣，就在于国将不国的被瓜分的危机日益迫近的缘故。继甲午一败签订了割地赔款的《马关条约》之后，列强蜂拥而来。就在《天演论》正式出版的 1898 年，德国租借了胶州湾，俄国租借了旅顺、大连，法国占领了广州湾并且在福建、云南、广西建立了自己的势力范围，英国租借了九龙半岛和威海卫，而旨在挽救危机的戊戌变法也遭到了镇压。到了 1901 年 3 月因义和团事件而签订《辛丑条约》时，清政府已无力对列强做出任何有效的抵抗。这种危机感表述为鲁迅 1903 年的文字就是"血眼欲裂"和"绝种 Extract species"这两个词[1]。人们眼前的这一岌岌可危的现实世界需要提供一种"合理"的，也可以叫做"符合逻辑"的解释，而《物竞论》又恰恰满足了这种要求。那么《物竞论》的内容怎样？它是怎样注释人们眼前的这个现实世界的呢？

三、加藤弘之及其原著

前面提到，《物竞论》的原本是加藤弘之的《强者之权利之竞争》，这本著作于 1893 年 11 月 29 日由东京的"哲学书院"公开发行，244 页。但本文这次参照的不是这个版本，而是日本评论社 1942 年出版的田畑忍的"解题"版，是该出版社当时出版的"明治文化丛书"六种之一[2]。不

---

[1] 鲁迅：《集外集拾遗补编·中国地质略论》，《鲁迅全集》第 8 卷，第 18 页、第 5 页。

[2] 据书后广告，其他四种为：福澤諭吉著、富田正文解题：『学問の権め』；竹月輿三郎著，木村莊五解题：『南国心』；佐田介石著，木莊榮治郎解题：『社会経濟論』；山縣有朋著，松下芳男解题：『陸軍省沿革史』。

过据后记介绍，除了两三处"用字"的技术处理外，原原本本地忠实再现了明治第一版。也就是说，这个版本和杨荫杭所用底本可以看作是一致的。

关于原作者加藤弘之，现在除了研究近代思想史的人要涉及他以外，即使在日本也很少为一般人所知，这一点恰恰和福泽谕吉（Fuzawa Yukichi，1834—1901）形成了鲜明的对照。日本现在通行的两种百科全书，即小学馆的《日本大百科全书》（1996）和平凡社的《世界大百科事典》（1998）对加藤弘之的介绍，内容差不多，但都很简单。这里只以《日本大百科全书》为例：

> 加藤弘之（Kato Hiroyuki，1836—1916），明治时代的国法学者。天保七年6月23日出生在但马国（兵库县）出石藩的兵学师范之家。为继承作为其家学的甲州流军学，就学于藩校弘道馆之后又去了江户。因不满足于传统的兵学而投入佐久间象山之门下，转学西学。1860年（万延元年）担任藩书调所的助教，在那里认识到西洋文明的本质并不在于"武备"，而在于"政体"，于是转向政治学。1861年（文久元年）做《邻草》，最早向我国介绍了立宪思想，主张有必要建立议会制度。明治维新以后仍致力于介绍立宪制，写作了《真政大意》（1870）和《国体新论》（1875）等书，同时还加入明六社，继续开展启蒙活动。

> 1877年（明治十年）任新设的东京大学"总理"①，从那时起开始倾向进化论，在《人权新说》（1882）中，以进化论的立场批判了天赋人权说，在当时被责难为"转向"，于是便发生了与自由民权派的论争。此后在历任元老院议官、贵族院议员、枢密顾问官和帝国学士院院长等职务的同时，还以个人身份创办发行了杂志《天则》，继续尝试从进化论的立场来寻找国家的根据。《强者之权利之竞争》（1893）和《道德法律进化之理》（1900）等便是这方面的成果。

---

① 即校长。

其最终立场体现在《自然与伦理》（1912）一书中，那就是国家有机体说，即认为"忠君爱国"是"我们每个组成国家的人这一细胞的固有性"，为他一贯支持的明治政府提供了哲学基础。[①]

这个简明的介绍，可以说没有什么地方不妥，如果说还需要做一些补充的话，那就是加藤弘之以进化论为根据的国家思想，或者叫做社会达尔文主义（Social Darwinism）与西方思想的同步性。以笔者之浅见，加藤弘之的这一特点在《强者之权利之竞争》一书中体现得最为充分。他完全是在（或者说是按照）西方学者提供的现有的概念和理论框架内，来和西方学者就历史特别是现实世界中的"权利"问题进行讨论，并且进行实证性的对照和理论筛选。在那些大量的理论对话当中，与其说能看到加藤弘之的理论建树，倒不如说更能看到西方的理论和行为教给了加藤弘之什么，以及加藤弘之在他所确认的所谓"天则"中为近代日本选择了怎样的生存道路。加藤弘之彻底摈弃了"天赋人权"和基督教的"平等博爱"，而把争取"强者权利"的道路作为唯一的选择，这一结果，便成了他在日本国内和自由民权派进行论战的理论基础。与西方理论的对话、判断、选择和面向国内的生存选择的诉求并存一体，也许既是加藤弘之的最大特色，同时也是《强者之权利之竞争》一书的最大特色。据田畑忍介绍，早在日文版公开发行半年以前，即 1893 年 5 月，出自加藤本人之手的德文版（东京版）已经以"非卖品"的形式发行，第二年又在德国出版了柏林版。德文版当中的引文均有注释和说明，而在日文版中，这些注释和说明却都被取消了[②]。撇开内容不论，笔者认为，仅仅从这一点上就可以看出两个版本在目的上的两重性，即与西方的"对话"，倾向学理上的探讨和观点的选择；而面向日本国内却成为关于"权利"问题的宣言和主张。

---

① 小学馆：《日本大百科全书》，DATA Discman Sony DD-2001。
② 加藤弘之著，田畑忍解题：『強者の権利の競争』，第 58 页。

四、中译本中的人名与《序论》

　　那么，加藤究竟同西方的哪些人展开了对话呢？这当然是加藤弘之研究领域的专门问题，也并非本文的问题和篇幅所能容纳，但由于关系到中文版《物竞论》，也就至少不能不对一些基本情况有所涉及。不过这里还是要先来说一句杨荫杭的翻译情况。

　　粗粗对照中日两种文本，觉得杨荫杭译得还是很"老实"的，除了一些词语和句子的译法还可以商榷外（如《物竞论》第 67 页出现的"均产党"，在原文中即为现在通用的"共产党"[①]），应该说总体上忠实于原著翻译。这一点和严复的"时有所颠倒附益，不斤斤于字比句次"，"将全文神理，融会于心"的所谓"达旨"[②]的译法是大不相同的，或许听从了严复的"学我者病"的忠告也说不定。

　　邹振环在《〈物竞论〉的译本与原作》中引介了译者杨荫杭在凡例里的一段话，并对其中出现的人名做了相应的注释：

> 　　他在该译本凡例中指出，《物竞论》作者是"日本维新以来讲求德学者之山斗，故是书所论［以？］德国有名史学家海尔威尔（今译海克尔，1834—1919）之说为主［，？］而［其？］外，当世硕学如葛姆（疑为达尔文，1809—1882）、泼老（疑为穆勒，1806—1873）、伊［耶？］陵（今译耶林，1818—1892）、失弗勒（今译谢弗勒尔，1786—1889）、斯宾率尔（今译斯宾塞，1820—1903）之说亦取焉"。[③]

---

　　① 加藤弘之著，田畑忍解题：『強者の権利の競争』，第 234 页。
　　② 严复：《天演论·译例言》，刘梦溪主编：《中国现代学术经典·严复卷》，河北教育出版社，1996 年，第 9 页。
　　③ 邹振环：《影响中国近代社会的一百种译作》，第 150 页。
　　补注：《影响中国近代社会的一百种译作》一书，2008 年以同名由江苏教育出版社再版，内容或有变更。此次在将本论编入本书之际，笔者手边没有邹著再版本，同时也为保存 2000 年写作本论时所讨论的内容，故仍以邹著 1996 年版为底本，祈谅为幸。

方括号中的文字皆为笔者所加，有的疑为脱字，有的疑为标点断句不当，总之或许因为邹氏所见版本与笔者所见版本不同也未可知。这些可以不去管它，还是先来看一下关于人名的注释。首先"海尔威尔"能否断定为"海克尔"便是问题，因为查原著的《序论》和本文，皆用日文平假名标作"へるわるど"，其读音为"Heruwarudo"，和"Haeckel"（海克尔）的发音并不一样；尤其在《序论》中加藤介绍此人为"德国著名之史学家"，《开化史》的作者，"强者权利之主义多取自"该书等[①]，这就有理由怀疑这个做《开化史》的"德国著名之史学家"可能并非德国动物学者海克尔（Ernst Heinrich Haeckel，1834—1919）。待考[②]。其次，"葛姆"和"泼老"显然是断句之误，这不是两个人，而是一个人，在加藤弘之的原文里作"ぐむぷろゐッつ"，日文读音为"Gumupuroittsu"，从读音和内容上，马上就可以判明这个人是奥地利的社会学者、政治学者 Ludwig Gumplowicz（1838—1909）——虽然还没有查到中文今译为哪几个字[③]。

关于"伊耶陵"（原文ゑいりんぐ，日音 Eyiringu，西文 Rudolf von Jhering，1818—1892，德国法学家）和"斯宾率尔"（原文すぺんせる，日音 Shipenseru，西文 Herbert Spencer，1820—1903，英国思想家），邹文的注释可能是对的[④]，但关于"失弗勒"的注释可能又有问题，原文为しえふれ，日音 Shefure，发音上虽和今译"谢弗勒尔"相通，但也很可能是另外一个人。以笔者之见，倒更可能是当时作为社会学者、财政学者和经济学者在德国很活跃的 Albert Eberhard Friedrich Schffle（1831—1903），因为这个人在社会学领域的立场，是以生物有机体说来分析社会

---

① 加藤弘之著，田畑忍解题：『強者の権利の競争』，第 128 页。

② "海尔威尔"，今译"弗里德里希·冯·赫尔瓦尔德"，Friedrich von Hellwald（1842—1892），奥地利历史文化学家。

③ "葛姆泼老"，今译"路德维希·冈普洛维奇"，Ludwig Gumplowicz（1838—1909），出生于波兰的奥地利社会学家、法学家、历史学家和政治学家。

④ "伊耶陵"，今译"鲁道夫·冯·耶林"，Rudolf von Jhering（1818—1892），德国法学家。"斯宾率尔"，今译"赫伯特·斯宾塞"，Herbert Spencer（1820—1903），英国社会达尔文主义者。

现象，与加藤弘之的主张相一致。待考①。

　　然而，问题还远不仅仅如此。加藤弘之在原著中或援引，或驳难，涉及西方学者达七十多人，这些在日文文本中只用平假名标音而未加任何注释的人名，经过杨荫杭之手译成中文时，又被随意改填成汉字，这就不仅给现在，恐怕在译名并不统一的当时，就已经给阅读带来了极大的障碍。笔者认为，近代西方学说进入中国的不彻底，和译名的不统一带来的混乱有很大关系，《物竞论》不过再次提供了这方面的例证罢了。总之，核对清楚《物竞论》当中出现的人名，将是一项困难而又非常重要的调查，因为这不仅涉及他们与加藤弘之的关系，也涉及他们与中国近代的关系。笔者当然会不耻力薄地做一些努力，同时亦希望能就教于各方的有识者，不过在这篇小论当中，却只能把这些人名暂时附列于各章内容的归纳之后。

　　这里，还要接着来谈一下中文版中没有的"序论"。其实，上面看到的译者杨荫杭在凡例里的那段话，基本来自原作者为日文版所写的序论，只是杨荫杭没有翻译这篇序论而已。2001 年是《物竞论》出版 100 周年，把这篇不太长的序论试译出来，也不失为一个纪念。其中的人名由于尚未最后确认，姑取杨译人名。

　　　　自性法学开创以来，以为吾人之权利出自天赋之主义大行其道，遂至于在法国大革命之际将这种主义明确记录到宪法。近来之学者虽渐悟其非，然而还有不少人对其笃信不疑。还有很多学者，即使并不相信此天赋主义，但仍认为吾人之权利独具公正善良之性质，在其根源和性质上完全不同。

　　　　余对此两种主义皆以为非，并且相信，凡吾人之权利，其根源均来自权力（强者之权利）。盖权力行诸吾人社会，获胜之权力必为寡败之权力所认可，故获胜之权力遂由此而得以演变为制度上当然之权利。吾人之权利即获得认可之权利，而并非其他。

---

　　① "失弗勒"，今译"阿尔伯特·舍弗勒"，Albert Eberhard Friedrich（1831—1903），德国社会学家。

故凡权利，在吾人看来虽有公正善良与邪恶之分，但于权利本身，却绝无所区别也。

余著此书，即出于详明前述理由之意。强者权利之主义多取自德国著名史学家海尔威尔氏《开化史》之论述，亦有不少乃取自葛姆泼老、伊耶陵、失弗勒及斯宾塞等其他诸硕学之说。而余在此著述中，力排空漠之理论，专引证于吾人社会发达之事迹而论辨之，故余欲自称此书为属于社会学的法理学之作。

此前不久既以德文刊行于世，今又以邦文公之于众，如蒙读者批评，将不胜荣幸。

本文中虽就道德、法律或利己心、利他心之旨意多有所论及，然本书原非以论述此等问题为主眼，故或因过于简约，恐有难解之处。近日欲更著小册子，将以道德与法律为题，以明了上述旨意，乞读者谅之。

　　　　明治二十六年十一月　文学博士 加藤弘之 著①

从这篇《序论》中，除了可以了解到加藤弘之的部分思想来源以外，还可以进一步明确，这本书的着眼点并不是自然界的进化和权利问题，而是人类社会的权利问题，加藤弘之自己希望把这本书看作讲述法理学的社会学著作的道理也在于此。这一点同《天演论》的一半谈自然界，一半讲社会伦理的内容结构有着很大的不同。

下面将按照笔者自己的理解和问题范围来对《物竞论》的内容做一个归纳。

五、强者的权利即权力

就内容而言，日文版序论开宗明义，把全书的观点说得再明确不过了。这是继《人权新说》之后，再次向"天赋人权说"的发难之作，而且论点

---

① 　加藤弘之著，田畑忍解题：『強者の権利の競争』，第127—128页。

也更为集中和清晰，将其概括为一句话，就是"强者权利即权力"。全书的内容完全是按照这一观点展开的。其中的"总论"和第一、二、三、四章为理论问题，亦不妨都看作"总论"；第五、六、七、八、九、十章为"分论"，即在"治人者与被治者""贵族与平民""自由民与不自由民""男与女""国与国"的关系当中具体展开总论中所阐述的"强者强权之竞争"的问题。

进化论是加藤弘之法理学的基础，因此《总论》（第1—7页）是从"天演界"中人类和其他动物的竞争讲起的。人类靠着"能言语""能步立"的"区区之所长"而在自然界的生存竞争中"独胜"，"傲然自称曰万物之灵"，但人类也和万物一样，并没超越宇宙"天则所管辖"，和其他动物相比，不过是"更能考求所谓天则，以利用万物"而已。在"天则"当中就包含着趋利避害，"唯利之是谋"的生物本性；由于人类比任何猛兽都更具有这一本性，所以才能够在弱肉强食的生存竞争中脱颖而出，大获全胜。在这个意义上，正如"奥斯来特"所说，"日求利己，实有益于进化"。

到此为止，生物进化论的部分就结束了，以下便完全转向了"人类界之生存竞争"，并且旁征博引，从不同的角度来阐释生存竞争的合法性。其道德标准是以是否有利于竞争来衡量的："彼仁人君子，辄以损己利人为修身之要务，然亦归于空言而已。盖即若辈亦不知不觉，驰驱于竞争场中，以谋一己之利益。此一定之天则，即仁人君子亦不能出其范围也。"（第5页）

而在各种激烈的竞争当中，最大的竞争"莫如权力之竞争"。由此便进入了全书的主题：

> 所谓权力之竞争，凡强者之权利，必获全胜，固无待言。但强者之权利，即不外乎权力。所谓权力之竞争，所谓强者权利之竞争，其义一也。何则？强者之权利必足以制胜于强者权利之竞争。盖谋生存而欲竞争，由竞争而获生存者，其力皆足以制其竞争者也。
>
> 凡吾人之权利自由，皆由于强者权利之竞争而进步者也。欧洲各国人民之权利自由，至近日大为进步，盖强者之权利竞争，

实使之然。彼法理学者，辄曰权利自由，皆由天赋，诚谬论也。
权力之竞争，即强者权利之竞争，固无待言，且权力者，即以一
身言之，固随世运之进步以为进步，然决非公理公义所使然，皆
强者之权利所使然也。（第6—7页）①

第一章被译成了"天赋之权利"（第7—13页），但原文是《天赋人权》，
顾名思义，这一章是专门用来驳斥自从路索（卢梭）开始的"天赋人权说"
的，认为既然人类社会存在着强弱优劣，贫富贵贱，天赋人权便不过是"空
谈"和"泡影"，万物界和人类的法定权利，"不过强者之权利而已"。

该章讨论的"权利"问题很多，如包括国家权利、废除死刑、贫民救
助等在内的生存权，以及人类平等不可侵犯的权利、行为及交际自由的权
利、各守宗旨不受妨碍的权利、言论自由思想自由的权利、谋生自由的权
利等等，加藤否定道，它们"断非出于天授"，而皆"人为之权利"。理
由是"人类与动物绝无权利之等差"，为何人类可以剥夺动物的权利？结果，
亦不过是因为人类拥有强者的权利而已。

值得注意的是，加藤强调了即使号称万物之灵的人类，也有文明野蛮
之别，现在所说的天赋人权并不具有普遍性，而只是在竞争中成为强者的
欧洲人种的权利②。

第二章"强者之权利"（第13—21页），主要论述的是"强者之权利"
产生的必然性和绝对性。既然自然界的天则是生存竞争，优胜劣败，那么
人类获胜，其权利也就当然是"强者之权利"。同样，这一道理也完全适
用于人类社会。既然有竞争，就有强弱优劣之别，所谓"权利"就是强者
的权利，即强者优者制人，弱者劣者受制于人的权利③。

本章用加藤弘之的话说，"以海尔威尔和葛姆泼老为最"，"以本于

<hr>

① 总论中引述的人名有太洛尔、皮赛、奥斯来特、配鲁太、失弗勒、海沦罢、耶氏。
② 第一章中引述的人名有路索、海尔威尔、师丕翁、拉恩罢、伯伦知理、加尔奈理、拉因、
师脱老司、皮赛、奥夫内耳。
③ 这一章绝大部分是对西方学者观点的引用，出现的名字有百鲁脱而、圣葛意得、失
来尔、师秘诺萨、伯伦知理、葛姆泼老、黑勒尔、林弗尔持、失弗勒、拉因、伊耶陵、朴师得、
海尔威尔、斯拖勒克、皮赛、字夫内尔、斯宾率尔等。

两人者为多";因此,加藤弘之本人的观点并不多,不过是"间亦窃附己意"而已(第19页)。他唯一强调的是权利虽然在野蛮国和文明国有表现形式的区别,即"强暴"和"高尚",但本质上和存在的绝对性上并没有什么不同。

第三章"论强权与自由权同并与实权相关之理"(第21—31页),主要论证所谓"自由权"与"实权"(原文为"真誠ノ〔法定ノ〕権利")以及"权力""权势"等,实际都是"强者之权利",虽然说法不同,"其意本属于相同"。其观点来自(一)"堪德及海格尔以君主之专制权、贵族之特权及人民之自由权,皆统而名之曰自由权。其言曰,吾人之自由,因文明之进步,乃渐由少数之手而移于多数之手。盖古者不过君主一人有自由权,后世不过贵族数人有自由权,及近世则凡为人民者,皆有自由权。"(二)"里勃尔曰,凡行为之自由,不独吾人,即动物亦何尝不欲自由?故喜专制之君主,与倡自由之人民,皆欲自由者也。特其所异者,一则所欲者出于私,一则所欲者出于公。故其求自由则同,而其所以求自由之心则不同。"(第22页)

实际上,加藤弘之自己说得很明白:"凡强者之权利,皆由天演而得,盖出于自然之权力。"即把"强者之权利"归结为在生存竞争的力量对比中自然形成的权力。在这个意义上,加藤弘之逐一反驳了伯伦知理、路索、法兰兹、戴勒勃尔、斯咄格尔、伊耶陵等人把权利的产生看作"公正""善良"的结果,以"权利"和"权力"为不同的看法。

值得注意的是,加藤弘之认为,即使在这种绝对的自然权力当中,现实中的权利也是可以靠实力来争取的。"故以余观之,一人则占有强者之权利,一人则欲压其权利,然压之无可压,遂不得已而认之实有之权利。苟权利不由此生,皆有名无实也。"(第25页)即权利是力量的产物。[①]

第四章"论人类界强权之竞争"(第32—37页)概括了前四章的内容,提出在人类社会的竞争中,强弱是可以改变的,因此权利的分配也是可以

---

① 第三章引述的人名有,堪德、海格尔、里勃尔、伯伦知理、路索、法兰兹、戴勒勃尔、斯咄格尔、伊耶陵。

改变的。他认为，欧洲各国权利的平均，就是因为"互相冲突，互相平均，而互相认许者"的产物（第35页）。

加藤强调欧洲人种"敢为进取"在权利竞争中的作用。他认为，因欧洲人在"固有之性质"和"承受之性质"上，"优于他人种"，"故强者权利之进步，与万般进化之事同，而远出他种之上"。而"懦弱退缩甘愿压制之人种"，不具备抵抗强权之力，致使强暴之权力可以多行不义。（第37页）

至此总论结束，转向分论，即提出了人类中之五大竞争：治人者与被治者、贵族与平民、自由民与不自由民、男女、国与国之强权竞争。加藤将它们归类为，"自一至四为一群之内之竞争，其五为群与群之竞争"①。

六、强权竞争有利于进步

在第五到第十章关于各种权利关系的分论中，整体理论前提是，人类文明的进步正是各种权利竞争以及重新分配的结果，其反复阐述的道理，其实只有一个，那就是"吾人之权利，每出于人之认我以权利，而有不得不认之势。所谓强者之权利也。盖他人惠我以权利，固亦易易。然一己之权利，苟不足以享有权利，则所得之权利亦有名无实，无所用之。此强者之权利之所以可贵也"（第119页）。这个观点可以概括为权利是争来的，不是被赐予的。

第五章"治人者与被治者之强权竞争及其权利之进步"（第37—46页）和第六章"承前"（第46—57页）主要是谈君权与民权问题，讲到了亚洲君权的偏重和欧洲君权与民权的平均，认为民权的扩大是争而被认可的结果，但最终还是认为君主立宪在现实是必要的：

> 当今之世，治人者与被治者之权力，固处两强相对之势，
> 然就其大体观之，则治人者犹处于强，而被治者，犹处于弱，盖

---

① 第四章引述的人名有，葛姆泼老、葛雷牟、罗吉斯。

> 不然则国家不可以一日存，诚有不得不然者，且不第今日而已，恐他日亦正不免。盖国家之主权，必在治人者之手。苟治人者无此大权，则国家必亡，一定之理也。（第 56 页）①

第七章"贵族与平民之强权竞争及其权利之进步"（第 57—69 页）从印度、埃及的等级制和日本、中国的士农工商，讲到欧洲的贵族与平民的权利分配："惟贵族与平民之间，互相冲突，即两者之权力，互相平均，当是是也。为平民者，脱从前之压抑，而握有相当之权利，为贵族者，去其特权，或限其特权而变为相当之权利。是即平民占有强者之权利以制胜贵族，遂不得已而认为法律制度上所实有之权。此与被作（制）者之制胜治人者，其理毫无所异。是可知权利者，皆出于不得已而为人所认许。"（第 65 页）但认为社会的不平等有利于进步，而且也是必然的。（第 68—69 页）②

第八章"自由民与不自由之强权竞争及其权利之进步"（第 69—84 页）这一章主要讨论了人类社会的奴隶问题，特别是近代社会的黑奴问题，除论旨不变外，最精彩的地方是以黑奴现实来攻击不能自圆其说的天赋人权和基督教的平等博爱："亚美利加洲又有新奴隶出焉。新奴隶者何？即非洲之黑人是也。此奴隶与古代之奴隶异，盖由人种各别，故美洲白人，直视为禽兽，其相待之酷，与古代同种之奴隶，诚不可同日而语。然此与白人所奉基督教之宗旨，实大相诪谬。其所以然者，盖利己之心人所同有，苟非利己，安肯利人？此实一定之天则，虽基督教，亦有无可如何者矣。"（第 73—74 页）

但加藤认为，美国解放奴隶毫无意义，理由有二：（一）黑奴的权利不是争取来的，因此有名无实；（二）解放了旧的奴隶，又有新的奴隶产生，如支那、印度的"苦力"和日本的"工人"。（第 82—83 页）③

---

① 第五、六章引述的人名有斯宾率尔、海尔威尔、失弗勒、里勃尔、伯伦知理、薄师德、拔奇霍、马克来、太洛尔、孟德斯鸠。

② 第七章引述的人名有脱师登、葛姆泼老、海尔威尔。

③ 第八章引述的人名有德伦都司、威辟脱、雪耳师、太奇笃斯、环益兹、海尔威尔、葛姆泼老、配鲁太、白格尔、亚立斯度德尔、伯伦知理。

第九章"男女之强权竞争及其权利之进步"（第84—98页）主要从男女天然不平等来谈欧洲的女权运动。其中在谈到中国、日本的"一夫而数妻"之例时，译者注释道："按西语波力该密，日人译曰一夫娶数妻之制，又西语摩诺该密，日人译曰一夫一妻之制。其实波力该密，为一男娶数女之意。我国风俗有妻有妾，西人亦目为波力该密。然既译为一夫数妻之制，则我国除妻之外，皆称曰妾，而目为一夫数妻，吾国人恐有所不服。又摩诺该密，实为一男一女之谓，今既译为一夫一妻，吾国又必误会，以为吾国之法，即系摩诺该密。故日人所译，用之汉文，殊有不妥，然另译适当之字，一时不能骤得，勉强改窜，转不若日译之顺口，故不得已乃之，以待博雅者之改正焉。"（第87页）这对研究日译词汇是怎样进入中国是有参考价值的。加藤最终认为，实现男女平等是不可能的，因为欧洲的娼妓和比土耳其更多的蓄妻纳妾是最有力的证明。[1]

第十章"国与国之强权竞争及其权利之进步"（第99—118页）主要是讨论《万国公法》和现实中的"国权"问题。加藤坚定不移地认为，《万国公法》并不是基督教平等博爱和人类世界道德进步的产物，而是"由强权之竞争而出，盖亦两强相峙，不得已而互认为权利"，即少数欧洲国家"权力之平均"的产物。（第101—102页）其强有力的论辩在于对欧洲文明国家双重标准的批判。如既然损人利己是"凡世界万物谋生之宗旨"，那么"高谈道德者，每以利益为非，不亦谬乎？"欧洲把弱国屏于万国公法之外，"而压制之，践踏之，不遗余力。然此实大背于基督教博爱之旨，与天赋人权之旨，并各国平等之旨。但所谓当然之天则，亦无可如何者，是可叹也"（第104页）。

又如欧洲之间虽然通行旨在各国平等的《万国公法》，但"遇野蛮之国，或半开之国，则夺其土地，逐其人民，以为殖民地，苟可以压制之者，不遗余力焉。此实欧人之宗旨。盖其宗旨，首在利己，而所谓野蛮国半开

---

[1] 第九章引述的人名有拔霍亨、配失尔、海尔威尔、薄师德、海尔威尔、斯宾率尔、富雷益、鲍意默尔、菲尔梅尔、弥勒约翰、孛夫内尔、皮孝夫、奥登根、亚尔伦、拉登蒿孙、拉蒲勒、弥尔约翰、伯伦知理、法兰兹、惠庆根。

国，则其生命财产之权利，在所不足顾，其独立不羁之权力，在所不足道。其意盖谓，苟有利于我欧洲之文明人，是亦足矣。"（第106页）对中国人来说，这简直就是眼前的生存问题了。

但加藤又认为，即使《万国公法》是少数强国的"公法"，也仍然是一个可以通行全球的"公法"，因为"文明强大之国，苟一旦联为一国，已足以统治万国而握其权力，则即谓之宇内一统国，固无不可"（第116页）。这里，加藤以《万国公法》为依据，提出了"宇内一统国"的构想。这是在全书时刻不离现实，即时刻不离"吾人社会发达之事迹"的内容中唯一可以称作"想象"或"展望"的成分。那么，"展望"到了什么呢？加藤写道：

> 故所谓宇内一统国，非由世界万国，各以平等之权利自由
> 互相协议而成，不过欧美各国及他洲一二文明之国，以厉害相同
> 而起。（第116页）[1]

笔者认为，在这个"展望"中不是可以找到加藤为近代日本所选择的位置吗？

七、加藤弘之在中国

以上用两个部分对《物竞论》的内容做了简单的归纳。如果说《天演论》还是用自然界的"物竞"和"天择"来对现实世界进行一种"文学性"的暗示的话，那么，《物竞论》就以"天则"或"公理"的形式赤裸裸地告诉人们，人类社会本身正是这样一个弱肉强食、优胜劣败的"强者权利＝权力"的世界。这或许是最能注释当时中国现实的说法。其次，他反复强调的权利是靠实力争来的（即不得不被"认许"的），不是被赐予的看法，和《天演论》的"与天争胜"的观念亦大为相合。第三，他以现实

---

[1] 第十章引述的人名有伯伦知理、葛洛久斯、葛姆泼老、海尔威尔、戴路孛尔（戴勒勃尔？）、加师朴尔、堪德、翁德、斯宾率尔、穆尔。

为依据，对天赋人权和基督教的平等博爱所做的有力批驳和揭露，也可以使当时受厄无告的中国读者引以为同调。但加藤弘之选择的赞颂强者的立场，以及不折不扣的"损人利己"的道德主张，会使中国读者做何感想呢？至少在鲁迅那里又是怎样的呢？这是要在另一篇文章里探讨的问题。

也许是《物竞论》的影响，加藤弘之的主要著作，都被介绍到了中国①。而其影响最大的还是要提到梁启超。检索到 20 世纪 90 年代中期为止与梁启超有关的文献可知②，梁启超不仅读了《物竞论》，而且还读了其他著作，甚至有十几篇文章都大引加藤弘之，甚至还有专文介绍，所以研究梁启超的学者们，都把加藤弘之看成对梁启超国家思想的形成最有影响的思想家之一。不过，这已经是本论以外的问题了③。

2000 年 5 月于大阪山田

---

① 参见《中国译日本书综合目录》，其第 124 页的《人种新说》书名里的"种"字，疑为"权"字之误。待考。

② 《著名学者光盘检索系统·梁启超专集》，北京大学出版社，1998 年。

③ 在查找《物竞论》原始资料之际，承蒙北京语言文化大学出版社侯明女士的大力帮助，在此谨致以衷心的感谢。

从"天演"到"进化"——以鲁迅对进化论之容受及其展开为中心

前言

　　"天演"和"进化",分别是中国和日本在近代容受进化论的过程当中所产生的两个词语,用以对译 evolution 这个英文词汇。"天演"来自严复（1854—1921）"做"（鲁迅语①）《天演论》（1898）时的独创,"进化"则被认为是加藤弘之（Kato Hiroyuki，1836—1961）"立论"过程中创造出来的"和制汉语"。②

---

　　① 鲁迅:《热风·随感录二十五》,《鲁迅全集》第 1 卷,第 311 页。

　　② 铃木修次指出:"基于英语 evolution 的'进化'一词,和与之相伴的'进步',进而是具有 evolution 属性的'生存竞争''自然淘汰''优胜劣败'等词语自何时起为加藤明确使用虽还不好确定,但这些用语都是加藤在立论的过程当中以独家功夫所创则几乎无误。"（『日本漢語と中国』,中央公論社,1981 年,第 189 页）但关于"进化论"（evolution theory）这个译词,他认为"并非始于加藤"（第 182—183 页）。《汉字百科大事典》:"进化:英 evolution　加藤弘之之造语。"（佐藤喜代治等 6 人编集,明治书院,1996 年,第 980 页）沈国威断定:"'进化'是向日本介绍达尔文进化论的加藤弘之的造语,最早见于加藤主持的东京大学的学术杂志《学艺志林》。该杂志第 10 册（1878 年）上有一篇学生的翻译论文'宗教理学不相矛盾',其中有'进化'的用例,同时使用的还有'化醇',因为进化总是意味着向更完善、复杂的形式变化。'进化'其后被收入《哲学字汇》（1881 年）,作为学术词汇普及定型。"（《近代中日词汇交流研究——汉字新词的创制、容受与共享》,中华书局,2010 年,第 166—167 页）另外,八杉龙一就 evolution 一词指出:"达尔文在写作《物种起源》时,并未使用 evolution。该词是在《物种起源》再版过程中被采用的。"（『進化論の歴史』,岩波书店,1969 年,まえがき）

"天演"和"进化"这两个词，在中日两国近代思想史当中所分别具有的标志性意义不言而喻，它们不仅仅是汉字形态本身的不同，更重要的是还意味着"进化论"在两国语言中所生成的"概念装置"和知识体系的重大差别。

在中国，进化论始于严复已成定说，谈进化论必提严复的《天演论》及其对当时和后来的深远影响。但是从词汇和概念史的角度说，严复翻译的进化论词语似乎从一开始就与日本进化论译词存在"竞争"关系。例如，王国维（1882—1927）在当时就把"天演"与"进化"摆在对决位置，对作为译词的两者的"孰得孰失""孰明孰昧"进行评价：

> 而"天演"之于"进化"，"善相感"之于"同情"，其对
> "evolution"与"sympathy"之本义，孰得孰失，孰明孰昧，凡
> 稍有外国语之知识者，宁俟终朝而决哉？①

其结果，正像早有学者指出过的那样，严复在引进"进化论"这一体系时所独创的大部分词语后来都被日本进化论词语取代②。而且，一些实证性研究又不断证明这一点。比如说，根据铃木修次所述便可获得以下一览表。

表1　『日本漢語と中国』所见译词对照

原語	厳復の訳語	日本の訳語	日本の訳語の出処
evolution	天演／進化	化醇、進化、開進	哲学字彙Ⅰ、Ⅱ
		進化、発達	哲学字彙Ⅲ
theory of evolution		化醇論、進化論	哲学字彙Ⅰ、Ⅱ

---

① 王国维：《论新学语之输入》，《王国维学术经典集》（上），江西人民出版社，1997年，第103页。

② B. I. 史华兹（Benjamin I. Schwartz）："然而，具有讽刺意味的是，他所造新词之大部分，都在与日本制新语的生存斗争中败下阵来，消失了。"（B・I・シュウォルツ：『中国の近代化と知識人——厳復と西洋』，平野健一郎訳，東京大学出版会，1978年，第93页）铃木修次："严复的苦心译词，虽一时为部分有识之士所爱用，但在现在的中国却几乎都成为'死语'，只是那些日语词在被普遍使用。"（『日本漢語と中国』，第200页）

续表

原語	厳復の訳語	日本の訳語	日本の訳語の出処
evolutionism		進化主義、進化論	哲学字彙Ⅲ
evolution theory	天演論	進化論	動物進化論
struggle for existence	物競	競争	哲学字彙Ⅰ
		生存競争	哲学字彙Ⅱ
selection		淘汰	哲学字彙Ⅰ
natural selection	天択	自然淘汰	哲学字彙Ⅰ
artificial selection	人択	人為淘汰	哲学字彙Ⅰ
survival of the fittest		適種生存（生）	哲学字彙Ⅰ
		適種生存（生）、優勝劣敗	哲学字彙Ⅱ
		適者生存（生）、優勝劣敗	哲学字彙Ⅲ

沈国威进一步指出：虽然严复自己在"《天演论》中已多次使用了'进化'"[1]，但"在进化论、经济学、逻辑学的引介上，日文译书的实际作用远远大于一系列严译名著"[2]。

严复的进化论译词被日本进化论译词所取代，既是一个历史事实，也是一个历史过程。在本论当中，笔者想用"天演"与"进化"这两个标志性词语来概括，从而视为一个"从'天演'到'进化'"的过程。探讨这一过程将涉及很多问题，例如：（一）发生在该历史过程中的史实是怎样的？还有哪些我们至今尚不清楚？（二）为什么会发生这种"从'天演'到'进化'"的转变？（三）作为选择的主体，中国近代知识分子通过严复接受了哪些？又通过日本的进化论系统获得了哪些？伴随着词汇和概念的变化，他们的知识结构乃至思想都发生了怎样的变化？（四）应该怎样评价严复？（五）中国近代进化论思想的源流是怎样的？

可以说，在"近代中国与进化论"的框架内，这些问题都不是新问题，既往的近代史、近代思想史研究、词汇史研究等很多领域都有不同程度的

---

① 沈国威：《近代中日词汇交流研究——汉字新词的创制、容受与共享》，第166页。
② 沈国威：《近代中日词汇交流研究——汉字新词的创制、容受与共享》，第395页。

涉及,尤其是落实到历史人物身上,那么严复、康有为(1858—1927)、梁启超(1873—1929)、章太炎(1869—1936)乃至鲁迅(1881—1936)便都是被最为集中探讨的对象。然而,上述问题真正获得解决了吗?我还是想通过曾经"被最为集中探讨"过的鲁迅来重新确认这一点。而与以往不同的是,本论把鲁迅对进化论的接受不是仅仅放在"天演论"之下来看待,而是放在"从'天演'到'进化'"的历史过程中来看待。

一、于"鲁迅"当中之所见

在鲁迅研究领域,提到进化论,必提严复和《天演论》。这一是由于严复的《天演论》在中国近代产生的巨大影响,二是由于鲁迅接受进化论最早也的确是从《天演论》开始的。

鲁迅在作品中就曾经描述了自己在南京路矿学堂读书时,"吃侉饼,花生米,辣椒,看《天演论》"的情形:

> 看新书的风气便流行起来,我也知道了中国有一部书叫《天演论》。星期日跑到城南去买了来,白纸石印的一厚本,价五百文正。翻开一看,是写得很好的字,开首便道:
>
> "赫胥黎独处一室之中,在英伦之南,背山而面野,槛外诸境,历历如在机下。乃悬想二千年前,当罗马大将恺彻未到时,此间有何景物?计惟有天造草昧……"
>
> 哦!原来世界上竟还有一个赫胥黎坐在书房里那么想,而且想得那么新鲜?一口气读下去,"物竞""天择"也出来了,苏格拉第,柏拉图也出来了,斯多噶也出来了。①

鲁迅读《天演论》时的"新鲜"感使他成为《天演论》的热心读者,以至于能够大段大段地背诵。正是由于这个缘故,鲁迅与严复的关系,就

---

① 鲁迅:《朝花夕拾·琐记》,《鲁迅全集》第2卷,第305—306页。

构成了探讨鲁迅接受进化论的一个基本前提。《天演论》始终是一个焦点问题。这方面的论文很多，从张梦阳《中国鲁迅学通史》[①] 中可以看到相关的研究状况，并且获得相关的研究史资料的索引。但就目前的到达点而言，有三种书尤其值得关注。一种是福建教育出版社 2014 年出版的十卷本《严复全集》（另加一册附卷），其第一卷收录《天演论》五种校勘。另一种是北冈正子著《鲁迅 救亡之梦的去向：从恶魔派诗人论到〈狂人日记〉》（李冬木译，生活·读书·新知三联书店，2015 年），其中所收"补论"《严复〈天演论〉》，是对英文原书、严译以及多种日译本的最新对照检读，其结论是："如果极简单地来谈《天演论》的主旨，那么就是把清末所处的亡国状况把握为天之所为（天行），而解决这一危机，就在于人能动地展开行动去战胜天，即'胜天为治'"；"鲁迅受严复《天演论》的最大影响，就是这部书告诉他，人作为启动社会的要因，其作用如何重要，从而使他认识到人应该是主动的行动者，这样才会战胜天"[②]。第三种是沈国威著《一名之立，旬月踟蹰——严复译词研究》（社会科学文献出版社，2019 年），其中有关于严复如何把 evolution 译成"天演"的详细调查。以上三种皆可作为目前研究进度的参照。

但是，在承认严复之于鲁迅具有重要意义的同时，也不能不指出问题的另外一面，那就是人们过于强调严复的意义，以至于把《天演论》等同于鲁迅的进化论。问题是严复的影响是否唯一？如果把鲁迅的从"天演"到"进化"假设为"《天演论》+ 日本的进化论"的内容，那么，在《鲁迅全集》（16 卷本）中做相关的词汇检索，似乎可提供一些佐证。

表 2　鲁迅全集进化论关联词检索

检索词	词频	篇数
天演	10	7
进化	101	46

---

① 　张梦阳：《中国鲁迅学通史》（全 6 卷），广东教育出版社，2005 年。
② 　北冈正子著、李冬木译：《鲁迅 救亡之梦的去向：从恶魔派诗人论到〈狂人日记〉》，生活·读书·新知三联书店，2015 年，第 88—90 页。

续表

检索词	词频	篇数
物竞	1	1
竞争	21	18
生存竞争	4	4
适者生存	1	1
适者	2	2
生存	82	55
天择	4	1
自然淘汰	2	2
淘汰	14	9
人择	4	1
人为淘汰	0	0
人为	135	104
优胜劣败	1	1
优胜	7	7
劣败	6	2

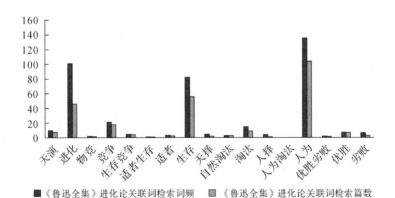

■《鲁迅全集》进化论关联词检索词频　■《鲁迅全集》进化论关联词检索篇数

从表2可见,《鲁迅全集》中,"进化"(101次)、"生存"(82次)和"人为"(135次)是出现次数最多的三个词,它们皆来自日语,其中"进化"一词出现次数,高出"天演"一词出现次数十倍,呈101∶10之比例。此外,

"物竞"与"竞争"之比是 1∶21，相差 21 倍。如果只看这些关联词，那么很明显，鲁迅也处于这一从"天演"到"进化"的"概念装置"转换的状况当中。事实上，鲁迅在其留日期间（1902—1909）所作文章当中一次都没使用过"天演"一词，而通常使用的都是"进化"。例如，《中国地质略论》（1903）使用过 3 次，《人间之历史》（1907）17 次，《摩罗诗力说》（1908）4 次，《破恶声论》（1908）5 次。换句话说，鲁迅的从"天演"到"进化"的过程始于他的留学时代。然而，如果只凭借词汇来判断，或许会低估严复的作用，同时也无法判断究竟有哪些日本进化论的内容作用到鲁迅，因为除了"进化"一词之外，其他诸如"生存竞争""适者生存""优胜劣败""自然淘汰""人为淘汰"等日本进化论的"专属名词"，不论是年轻时代的"周树人"还是后来的"鲁迅"使用得并不多，据此判断也可能对日本进化论做出过小的评价。这是笔者认为的词汇史或概念史研究的局限所在。

那么，在鲁迅那里为什么会发生以上所看到的这种从"天演"到"进化"的词语转变呢？明确这一问题，就要首先理清鲁迅接受进化论是怎么一回事。

二、"进化"何以取代"天演"？

首先可以想到的是中国和日本在导入进化论时存在巨大"格差"。只要把相关资料摆放在一起比较便可一目了然：中国接受进化论时间晚、书籍少，而日本则时间早、书籍多。进化论的代表作——达尔文的《物种起源》于 1859 年出版发行之后，马上就被译成德、法、意等语言，在欧洲引起巨大反响。此后，"进化论"作为诞生于西方的一大"近代思想"，更进一步助长了"西力东渐"的大趋势。然而，"进化论"进入中国却非常晚。严复的《天演论》在天津《国闻汇编》上连载是 1897 年[①]，其单行本

---

① 方汉奇：《严复和〈国闻报〉》，《严复研究资料》，海峡文艺出版社，1990 年，第 157—169 页。

"湖北沔阳卢氏慎始基斋木刻版"和"天津嗜奇精舍石印版"出版是 1898 年[①]，晚于达尔文《物种起源》近 40 年。而且，《天演论》并非达尔文原著，而是关于进化论"说的并不清楚"[②]的赫胥黎的两篇论文。严复以后，除了译自日本的进化论书籍之外，可以说，正像刘柏青所指出的那样，中国"《天演论》问世之后，十多年间再没第二本进化论的书"[③]。

关于日本明治时代进化论的导入，论者意见大抵一致，即整体而言，"与其说是达尔文主义，莫如说斯宾塞主义方面更为显著"[④]。具体而言，又可落实到两点批评上来，一是作为生物学的进化论介绍得晚而且不充分，二是过于偏重斯宾塞主义。就日本思想史而言，这两点或许都是事实，然而，如果放在与中国比较的范围看，那么除了严复在《天演论》里有意强调的"斯宾塞"与日本进化论体现了某种相同的倾向外，在中国近代思想史当中则几乎找不到与日本相类似的进化论导入史。

1877 年 6 月 18 日，美国生物学者摩尔斯（E. S. Morse，1838—1925）乘船抵达日本，在横滨登陆。他访日的目的是调查腕足类动物，而且计划在此后的三年里每年夏天在日本从事调查[⑤]。但自翌日起发生的两件意想不到的事，改变了摩尔斯在日本的计划，也成就了他在日本期间的主要工作。一件事是在 6 月 19 日由横滨往东京途中偶尔发现"大森贝冢"；另一件事是到东京不久，马上被聘为东京大学动物学生理学教授（7 月 12 日就任[⑥]）。摩尔斯在东京大学期间做了很多开创性工作，其中最重要的有

---

① 东尔编：《严复生平、著译大事年表》，《严复研究资料》，第 91 页。

② 周启明：《鲁迅的青年时代》，中国青年出版社，1959 年，第 50 页。

③ 刘柏青：《鲁迅与日本文学》，吉林大学出版社，1985 年，第 51 页。

④ 八杉龍一：「解説・日本思想史における進化論」，ピーター・J・ボウラー著、鈴木善次ほか訳：『進化思想の歴史』（上），朝日新聞社，1987 年，第Ⅶ页。

⑤ E・S・モース著，近藤義郎、佐原真編訳：『大森貝塚』，岩波書店，1983 年，第 192 页。关于摩尔斯在日本的登陆年，八杉龍一著『進化論の歴史』记为"一八七八年"（第 168 页）。

⑥ E・S・モース著，近藤義郎、佐原真編訳：『大森貝塚・解説』，第 192 页。

两项,一项是完成"大森贝冢"的发掘调查报告,另一项是以"连续讲义"①的形式讲授进化论。摩尔斯是公认的向日本系统性介绍进化论的第一人,其连续讲义由其听讲弟子石川千代松(Ishikawa Chiyomatsu,1860—1935)根据课堂笔记整理成书,于 1883 年出版,书名为《动物进化论》。

"石川于一八九一年著《进化新论》,标志着进化论迈进了被日本学者以消化的方式予以介绍或讨论时代的第一步"②。顺附一句,据中岛长文研究,鲁迅在留学时代写做《人间之历史》(1907)时,以该书为"蓝本"处多达 15 条③。

然而,在日本比生物进化论介绍得更早的其实是社会进化论,具体说就是斯宾塞。一般认为,最早在日本讲授斯宾塞和社会进化论的是欧内斯特·弗朗西斯科·费诺罗萨(Ernest Francisco Fenollosa,1853—1908)。此人后来以研究日本美术著称,但在 1878 年受聘东京大学的当时,主要讲授哲学、政治学和经济学。据说其讲义内容是根据斯宾塞《社会学原理》第一卷(1876)讲授社会进化论,而把他介绍给东京大学的又正是讲达尔文进化论的摩尔斯。"费诺罗萨 1878 年继摩尔斯在江木学校的进化论讲演之后,连续三次讲演宗教论,这也是来自斯宾塞"④。

也就是说,继摩尔斯在东京大学讲授生物进化论之后,费诺罗萨又接着讲授了斯宾塞的社会进化论。不过,从现在所知情况来看,对斯宾塞的介绍可能还要更早些。1877 年 12 月庆应义塾出版社就已经出版了尾崎行雄"译述"的"英国斯边销"(即斯宾塞)的《权理提纲》(二卷),而到了"1888 年","斯宾塞的日译本"及其相关介绍,已经远远超过松永

---

① 松永俊男介绍,"是年十月摩尔斯在东大连续讲了三次进化论。这三次课是达尔文进化论首次进入日本的讲义。翌 1878 年,摩尔斯又以一般听众为对象开办了江木学校讲谈会,就达尔文进化论连续做了四场讲演。翌 1879 年,摩尔斯又在东大连续讲授了九次进化论"。松永俊男:『近代進化論の成り立ち―ダーウィンから現代まで―』,創元社,1988 年,第149 页。

② 八杉龍一:『進化論の歴史』,岩波書店,1969 年,第 168 页。

③ 根据中岛长文:「蓝本『人間の歴史』」(下),『滋賀大国文』第 17 号,滋賀大国文会,1979 年,第 52—62 页。该文(上)载于同刊 1978 年第 16 号。

④ 松永俊男:『近代進化論の成り立ち―ダーウィンから現代まで―』,第 151 页。

俊男所指出的"21点"①，而多达31点②。在明治时代导入进化论的过程中，的确有明显的"斯宾塞倾向"。但如果说在同一时期生物进化论的介绍方面只有高津专三郎翻译的三册《人祖论》（1881）③，也不尽然。因为到1888年为止，除《人祖论》外，至少还有前面提到过的《动物进化论》、1879年伊泽修二（Izawa Shiji，1851—1917）《生物原始论》为题翻译的赫胥黎的讲演集（1889年改订版更名为《进化原论》）、山县悌三郎"参酌引用达尔文氏著《人祖论》（*The Descent of Man*）以及海克尔氏《创造史》（*Schöpfungsgeschichte*）"所著《男女淘汰论》④以及仁田桂次郎节译的《人类成来论纲》（一名《人祖论纲》，中近堂，1887年）。1896年，开成馆出版了立花铣三郎的译本，题目为《生物始源》，这是《物种起源》在日本的第一个译本。严复的《天演论》正是从这一年才开始着手翻译的。日本和中国在介绍进化论方面，存在着近20年的时间差。

但是，以上仅仅是从"生物进化论"的角度来概观日本的进化论引进的，事实上进化论在引进的同时就没局限在生物学领域，而同时也是作为"关系到人"的"欧美的进步思想"受到普遍关注和欢迎。正如科学评论家筑波常治所指出的那样："推荐摩斯到东大的，正是社会学者、斯宾塞学说的热烈支持者外山正一。这一事实可以说是一种象征，日本进化论以横跨生物学和社会学的方式普及开来。"和以上所提到的生物学著作相对照，1882年当时任东京大学总长的加藤弘之推出的"私家版"《人权新说》、1883年有贺长雄（Ariga Nagao，1860—1921）的《社会进化论》、1885年高桥义雄（Takahashi Yoshio，1861—1973）的《日本人种改造论》、1893年加藤弘之的《强者之权力之竞争》等都是鼓吹斯宾塞主义的代表作，扮演着进化论在近代日本所充当的社会理论角色。

---

① 松永俊男：『近代進化論の成り立ち—ダーウィンから現代まで—』，第151页。
② 该数字是根据在"国立国会图书馆近代数字图书馆影印本（国会図書館近代デジタルライブラリー）"所做"斯宾塞（スペンサー）"检索结果统计而来。
③ 松永俊男：『近代進化論の成り立ち—ダーウィンから現代まで—』，第152页。该书把译者名写做"高津専三郎"，但影印本为"神津専三郎"。
④ 山縣悌三郎：『男女淘汰論·例言』，普及舍，1887年。

　　总之，生物进化论也好，社会进化论也好，在摩尔斯来日本之后的 10
年内，"进化论"作为近代思想已经名副其实地成为一种"言说"迅速普
及开来。仅以"日本国会图书馆近代数字图书馆影印本"的检索为例，到
1912 年为止，"进化论"相关书 96 点，"达尔文"相关书 22 点，去掉重
复，两者合计 111 点；"斯宾塞"相关书 80 点，如果再把"加藤弘之"（相
关书 75 点，其中著述 34 点）、"有贺长雄"（相关书 97 点，其中著述
71 点）等人加进去，那么相关书数量将更为可观。在这个前提下，说"进
化论"在明治时代已经形成相对完整的知识体系也并非言过其实。《天演
论》之后 10 年，正是中国留学生集中留日时期，在日本"进化论"知识
环境下通过日语来接受"进化论"，或者说通过日语来消化严复的《天演论》
也就是再自然不过的事。汉语言当中的"天演"概念系统被日译的"进化论"
概念系统所取代，正是接受进化论的知识环境发生根本转变的结果。

　　不过有一点需要注意。与"进化论"相关的知识体系和概念的变化，
并非孤立现象，而是跟政治、经济、文化、思想、哲学、宗教等各个领域
的变化相互联动的，如果说这些变化具体体现为留学生们大量翻译日文书，
那么其直接结果就是清末民初大量日本近代所造词汇进入汉语。关于这一
点先行研究已很充分，故这里不做具体展开，要指出的是，就新词语的输
入而言，日本"进化论"的翻译和词语导入，也是一个很重要的途径。

　　此外，以"进化"为代表的日语词语系统，取代以"天演"为代表的"严译"
词语系统，也是作为进化论接受主体的中国知识分子自主选择的结果。毫
无疑问，严译《天演论》在语言上也给当时的"读书人"留下了深刻的印
象：有些词语翻译得"又古雅，又音义双关"[1]。杨荫杭在翻译加藤弘之《强
者之权利之竞争》时几乎没怎么用"严译"概念，但在考虑汉译书名时，
便觉得原作书名"太罗嗦"，最终还是以"严译"之"物竞"为译书取名，
叫做《物竞论》[2]。鲁迅在留学时代的论文里也习惯性地使用过诸如"官品"
（《人间之历史》《破恶声论》）、"性解"（《摩罗诗力说》）等"严译"

---

① 鲁迅：《准风月谈·难得糊涂》，《鲁迅全集》第 5 卷，第 393 页。

② 杨荫杭译：《物竞论·凡例》，译书汇编社，1901 年。

词汇。但这些基本是出自言语习惯的个别现象，更多的情况下，留学生们没有选择严译词汇，而是使用了日语译词。这从一个方面来看，诚如鲁迅所说，是由于"严老先生的这类'字汇'"太古老，"大抵无法复活转来"①，使用起来不方便的缘故；而从当时使用者的主观意图来看，以"进化"代替"天演"则也是追求"进步"的思想意识作用的结果。例如《新世纪》第 20 期（1907 年 11 月 2 日）署名"真"②的《进化与革命》一文便对"进化"与"天演"的"不同"进行一番辨析，由现在的眼光看，这番辨析其实并没讲清楚"进化"与"天演"二者的区别，反倒显示出同时使用这两个词汇所带来的概念混乱③。不过有一点倒是讲得很清楚，那就是强调"进化"与"革命"的并行不悖："进化者，前进而不止，更化而无穷之谓也。无一事一物不进者，此天演之自然。苟其不进，或进而缓者，于人则谓之病，与事则谓之弊。夫病与弊皆人所欲革之者，革病与弊无他，即所谓革命也。革命即革去阻进化者也，故革命亦即求进化而已。"④这种对"革命"与"进化"关系的理解，恰恰是基于将"进化"看作"进步"的这一认识前提。

据松永俊男介绍，evolution 是斯宾塞主张万物进步的哲学用语，如果只看斯宾塞的意思，那么把 evolution 译成"进化"是恰当的，但正像达尔文使用 transmutation（演化）或 descent（由来）所显示的那样，生物演化并非

---

① 鲁迅：《准风月谈·难得糊涂》，《鲁迅全集》第 5 卷，第 393 页。

② 本论日文版推测署名"真"的作者是"吴稚晖"，出版后惠承经武上真理子先生所提供资料，确认作者为李石曾。《李石曾先生文集》（全 2 册）收录该文（中国国民党中央委员会党史委员会编辑出版，"中央文物供应社"，1980 年，第 65—75 页）。

③ 其关于"进化"与"天演"相违之"辨"如次："进化之速力、强力之度数，不以过去者为权衡，而与同时者为比较。于物中若以猿与狗较，则猿似已尽善，不必复进矣。然天演则不然，以猿与猿较，于是有较善较不善之猿之分焉。而后至于人，然人固未已其进化也，必乃时进日进，以至无穷……社会之进化以及一切之进化皆若是。若以共和与王国较，则共和似已尽善，不必复进矣。而天演则不然，故共和仍日进而无政府，而为甲、为乙、为丙、为……总之凡物凡事无尽善者。谓其不能尽善可也，谓其较后来者不善亦可也，一言以蔽之曰'无穷尽'进化之公例也。故知道者，有进而无止，无善而可常，此之谓进化。故进化之理为万变之原，而革命则保守之仇也。"参见张枬、王忍之：《辛亥革命前十年间时论选集》（第 2 卷下册），三联书店，第 1041—1042 页。

④ 张枬、王忍之：《辛亥革命前十年间时论选集》（第 2 卷下册），第 1041 页。

都是"进步"，石川千代松等人当初便把 evolution 翻译成"变迁"。而由于"进化"这个译法，生物"进化"和社会"进步"便轻而易举地发生了连接①。而由上面的《进化与革命》的引文可知，中国知识分子通过日本"进化论"接受"进化"这一词语，也恰恰是看重这一词语中所包含的"进步"乃至"革命"的概念。

鲁迅当然也同样接受了日本"进化论"所包含的"进步"乃至"革命"的暗示。那么除此之外，他在这一从"天演"到"进化"的转换过程中，还具体接触和接受了哪些东西呢？

三、鲁迅与日本的进化论

鲁迅与日本的进化论之关系问题，涉及鲁迅阅读严复《天演论》之后，"除了《天演论》之外"对进化论知识的接触和吸收。

最早明确提出鲁迅与日本进化论关系的问题的是周启明（即周作人，1885—1967）。他在《鲁迅的国学与西学》一文中，就鲁迅对进化论思想的容受指出：

> 鲁迅在这里②看到了《天演论》，这正像国学方面的《神灭论》，对他是有着绝大的影响的。《天演论》原只是赫胥黎的一篇论文，题目是《伦理与进化论》（或者是《进化论与伦理》也未可知），并不是专谈进化论的，所以说的并不清楚，鲁迅看了赫胥黎的《天演论》是在南京，但是一直到了东京，学了日本文之后，这才懂得了达尔文的进化论。因为鲁迅看到丘浅次郎的《进化论讲话》，于是明白进化学说到底是怎么一回事。鲁迅在东京进了弘文学院，读了两年书，科学一方面只是重复那已经学过的东西，归根结蒂所学得的实在只是日本语一项，但这却引导他进

---

① 松永俊男：『近代進化論の成り立ち―ダーウィンから現代まで』，第 152 页。
② 指江南陆师学堂附设的矿务铁路学堂。

到了进化论里去，那么这用处也就不小了。①

周作人为什么会特意提到日本的进化论？这其中恐怕具有某种针对性，那就是他不同意把严复的作用绝对化，不同意将其视为鲁迅进化论的主要的甚至是唯一来源的观点。整理上一段话，有以下几层意思：第一，他承认《天演论》对鲁迅"有着绝大的影响"；第二，但是《天演论》只是谈"进化论与伦理"的一篇论文，并没把进化论谈清楚——反过来说，鲁迅通过《天演论》并没理解进化论；第三，鲁迅理解进化论，即"懂得了达尔文"、"明白进化学说到底是怎么一回事"，是他到东京留学，"学了日本文之后"的事；第四，通过日语学到的进化论，具体而言就是丘浅次郎的《进化论讲话》。这样，鲁迅继《天演论》之后，到达达尔文进化论的路径便可以通过一个链条来概括：留学→日语→丘浅次郎《进化论讲话》。一句话，鲁迅通过日文书理解了进化论。

但是，周作人提起的问题，在中国有很长一段时间并没引起人们的注意，直到1985年才有学者做出认识上的修正，指出："中国人早年认识并掌握进化论思想，严译《天演论》是一条重要渠道，但不是唯一的渠道；日本有关进化论的论述，也是一条渠道。"因此，鲁迅也不例外，其"进化论思想的来源，又不止是赫胥黎和严复，同时也有日本的进化论"②。但是，关于"日本的进化论"当中的丘浅次郎和他的《进化论讲话》却并没展开过研究，至今在鲁迅研究的基本资料当中——包括《鲁迅全集》《鲁迅著译编年全集》《鲁迅年谱》《鲁迅大辞典》在内——仍找不到"丘浅次郎"或"《进化论讲话》"。

在日本学者当中，最早在鲁迅与日本进化论的关系当中涉及丘浅次郎的是中岛长文。这篇《蓝本〈人间之历史〉》虽发表在20多年前，但至今仍不失为关于鲁迅写作《人间之历史》时所依据"蓝本"的最为详实和富有说服力的调查。他在这篇论文中指出，《人间之历史》有90%的内容

---

① 周启明：《鲁迅的青年时代》，第50页。
② 刘柏青：《鲁迅与日本文学》，第49页。

来自日本进化论的三本书，其中来自丘浅次郎《进化论讲话》的有 12 处，来自石川千代松《进化新论》的有 30 处，来自冈上梁、高桥正熊共译《宇宙之谜》30 处，全文"近百分之九十"的内容则分别来自当时日本出版的这三本书：

> 构成其主骨干部分的，诚如已知的那样，是《宇宙之谜》的日语译本。

> 《宇宙之谜》：冈上梁、高桥正熊共译，明治三十九年三月六日，东京本乡·有朋馆发行，加藤弘之、元良勇次郎、石川千代松、渡濑庄三郎序，本文三六二页，附录《生物学说沿革略史》《海克尔小传》《日语·德语对照表》，定价金一元。

> 其中，从第五章"人的种族发生学"引用的部分占原文全部的将近 40%，从全书引用的占 43%—44%。

> ……接下来的诠释部分，也即相当于皮肉的部分，依管见有如下二书。

> 《进化新论》：石川千代松著，明治二十五年十月六日、明治三十年二月十五日订正增补再版，东京敬业社发行（后收入昭和十一年八月东京兴文社《石川千代松全集》）。

> 《进化论讲话》：丘浅次郎著，明治三十七年一月五日，东京开成馆发行（后于昭和四十四年三月作为东京·有精堂《丘浅次郎著作集》第五卷改版发行）①。

而与此同时，文中来自严复的只有两处：

> 生物的增加呈几何级数，这在当时生物学的各种书中都可见到，尤其《天演论》卷上之三《趋异》项的严复按语中有详细说明，丘在《讲话》中将这一点进一步展开在此后出现的"自然界之均衡"的方向上，因与鲁迅的优胜劣败在方向上不一致，在

---

① 中島長文：「藍本『人間の歴史』」（上）。

此或许应该援引与下一节相关的《天演论》。

我认为，该部分是以前节所举《天演论》的如下叙述为底本的。《天演论》在论述了关于生物几何级数的增加后，这样说，"竞而独存，其故虽不可知，然可微拟而论之也。设当群子同入一区之时，其中有一焉，其抽乙独早，虽半日数时之顷，已足以尽收膏液，令余子不复长成，而此抽乙独早之故，或辞枝较先，或苞膜较薄，皆足致然。设以膜薄而早抽，则他日其子，又有薄膜者，因以竞胜，如此则历久之余，此薄膜者传为种矣。此达氏所谓天择也"。①

现在可以明确的是，至少在《人间之历史》这一篇文章的范围内，鲁迅所使用的主要参考资料并非来自严复，而是来自日本的进化论，而且除了本文将要具体探讨的丘浅次郎的《进化论讲话》以外，还有石川千代松的《进化新论》和海克尔的《宇宙之谜》日译本。在与本文相关的意义上，可以说《蓝本〈人间之历史〉》至少在《人间之历史》这一篇之内提供了鲁迅与丘浅次郎关系的充分证据。据笔者的阅读统计，可认为来自《进化论讲话》的部分多达12处。尽管和《宇宙之谜》的近30处②、《进化新论》的15处相比，《进化论讲话》的出现率排在第三位，但却足以构成本文由此出发，再进一步去探讨鲁迅与丘浅次郎关系的前提。中岛长文编《鲁迅目睹书目——日本书之部》也值得注意，其第21页列丘浅次郎著作两种：《进化论讲话》和《从猿群到共和国》。

刘柏青著《鲁迅与日本文学》一书，也是与本课题有关的重要著作。笔者从中获益匪浅。通过该书的介绍不仅获知了中岛长文的研究，亦得到了很重要的提示："中国人早年认识并掌握进化论思想，严译《天演论》是一条重要渠道，但不是唯一的渠道；日本有关进化论的论述，也是一条渠道。"因此，鲁迅也不例外，其"进化论思想的来源，又不止是赫胥黎

---

① 中岛长文：「藍本『人間の歴史』」（下）。

② 附录包括《生物学说沿革略史》《海克尔小传》。据中岛长文所说："这两篇被认为出自译者之手。"

和严复，同时也有日本的进化论"。以笔者之管见，这些看法至今仍是真知灼见。另外，该书甚至还提到"鲁迅到东京弘文学院学习时，还听过丘浅次郎讲授的进化论课"。本来这应该是构成鲁迅与丘浅次郎"接点"的重要线索，但遗憾的是书中没有提供该线索的具体资料来源，以至至今无法判断[①]。

与此相关，北冈正子在《在独逸语专修学校学习的鲁迅》一文中，关于鲁迅在"独逸语专修学校"在学期间的"教师队伍"，加了一条注释。该论文第 31 条注释如下：

> 《（眼观独协）百年》72 页。德语之外的科目中，也可以看到芳贺矢一（国语）、津田左右吉（历史）、东仪铁笛（音乐）、丘浅次郎（生物）、木元平太郎（美术）等人的名字。[②]

由此可以推断，鲁迅可能在丘浅次郎的生物学课堂上出现过。但也只能推断到这种程度，还不能认定鲁迅一定听过丘浅次郎的课。

在关于鲁迅是否受到丘浅次郎影响的问题上，也存在着不同意见，例如伊藤虎丸就是在中日两国在接受进化论时存在差异的意义上，提到丘浅次郎的。他在《鲁迅与日本人》一书中认为，以严复的《天演论》为代表的中国对于进化论的接受是弱者立场，而以加藤弘之为代表的日本对于进化论的接受则是强者立场。

> 斯宾塞的反对救贫法是很出名的。但在明治三十七年初版的丘浅次郎的《进化论讲话》当中的《与其他学科之关系》一章里，也可以看到和斯宾塞相同的观点。作者把国际间（人种间）或社会个人之间发生的生存竞争，肯定为"不得已"，并且提出，"必要的并不是停止竞争，而是改变妨碍自然淘汰的制度，使生存竞争尽可能得以公平地进行"。这和严复的危机感正好相反，

---

① 刘柏青：《鲁迅与日本文学》，第 48—50 页。
② 北冈正子：「独逸語専修学校に学んだ魯迅」，『魯迅研究の現在』，汲古書院，第 39 页。

不妨说是把进化论当成了日本"膨胀"和侵略亚洲的理论根据。正如鲁迅所说,"盖兽性爱国之士,必生于强大之邦,势力盛强,威足以凌天下,则孤尊自国,蔑视异方,执进化留良之言,攻弱小以逞欲……(《破恶声论》)"。[1]

伊藤指出鲁迅与丘浅次郎的上述区别,具有十分重要的意义。但笔者以为这种"区别"也是他们构成相互"联系"的一种形态,而不是相互割裂的一种形态,也就是说相互"联系"构成了相互"区别"的前提。只有充分发掘他们的联系,才能更充分阐释他们的区别。

总之,上述研究构成了本文进一步推进该课题的平台,以下几个问题都将由此而展开。那么,首先遇到的问题是,在鲁迅接受进化论的顺序中,丘浅次郎处在怎样的位置上呢?

也许是吸收了上述研究成果,学习研究社日文版《鲁迅全集》第一卷39页有一条关于丘浅次郎的注释。作为探讨鲁迅与日本的进化论之关系的一个环节,笔者对鲁迅与丘浅次郎的关系进行了调查,发表了研究报告《鲁迅与丘浅次郎(上、下)》[2]。本稿就处在这项研究的延长线上,资料上做了重新整理和部分补充,并就若干问题做了更进一步的阐述。

此外,关于《物竞论》,想在此做一点补充。这是继《天演论》之后,鲁迅在留学日本以前看到的另一本与进化论相关的读物。据当时周作人日记记载,1902年3月,鲁迅在出发往日本前,把一些新书送给周作人,其中就包括"大日本加藤弘之《物竞论》"[3]。周作人得到的"大日本加藤弘之《物竞论》",可认为是1901年在《译书汇编》第4、5、8期连载之后,同年8月由译书汇编社出版的单行本。这里只指出一点,该译本的原书,例如铃木修次《日本汉语与中国》(1981年,第213—214页)、刘柏青《鲁

---

① 伊藤虎丸著,李冬木译:《鲁迅与日本人——亚洲的近代与"个"的思想》,河北教育出版社,2000年,第76—77页。

② 日文版:「鲁迅と丘浅次郎(上、下)」,佛教大学『文学部论集』第87、88号,2003年3月、2004年3月。中文版:李雅娟译:《鲁迅与丘浅次郎(上、下)》,山东社会科学院《东岳论丛》2012年第4期、第7期。

③ 鲁迅博物馆藏:《周作人日记(影印本)》(上),大象出版社,1996年,第317页。

迅与日本文学》（1985 年，第 49—50 页）、潘世圣《鲁迅·明治日本·漱石》
（2002 年，第 49 页）等皆记为加藤弘之的《人权新说》（谷山楼，1882
年 10 月），这是不对的。原书是加藤弘之的另一本著作《强者之权利之竞争》
（东京哲学书院，1893 年 11 月）[1]。该书主张"权利即权力"，以至译者
杨荫杭在序文说不妨译成"强权论"。就内容而言，如果按照上面提到的
周作人的关于进化论的观点来看，那么可以说，其或许对当时中国读书人
加深危机认识有帮助，但却无助于加深对进化论本身的理解。

从严复《天演论》出版发行到到鲁迅结束在日本留学回国的 10 年间，
正是进化论在中国被介绍得最为广泛，从而也是最为"流行"的时期，关
于"进化论"的语汇系统上所发生的从"天演"到"进化"的转变正是发
生在这一时期。根据中岛长文、邹振环的先行研究[2]以及笔者的调查可知，
鲁迅在这一期间至少接触了华蘅芳（1833—1902）笔述《地学浅释》，严
复译述《天演论》，杨荫杭译《物竞论》，石川千代松著《进化新论》，
丘浅次郎著《进化论讲话》《进化与人生》，丘浅次郎校订《种之起原》
以及德国海克尔（独逸ヘッケル博士）原著，冈上梁、高桥正熊共译《宇
宙之谜》等进化论方面的书籍。

1909 年回国以后，鲁迅仍保持着对进化论的关注，并且直到 1930 年
代他逝世前也一直不断地购买日本出版的进化论方面的书籍。倘若把鲁迅
留学当时及其以后与"日本的进化论"的关系做整体比较研究，将是一个
非常有意义而且有兴味的课题，但本论接下来将只把问题集中在鲁迅与丘
浅次郎的关系方面。

---

① 关于这一点，邹振环在《影响中国近代社会的一百种译作》（中国对外翻译出版公司，
1996 年，第 149 页）中指出过刘柏青著《鲁迅与日本文学》将《人权新说》误认为《物竞论》
原书的错误（同书第 10 页注释），本稿在此更追记两种著作的误认。

② 除《地学浅释》《天演论》和《物竞论》之外，其余各书参阅了中岛长文编刊《鲁
迅目睹书目——日本书之部》，1986 年，私版。关于《地学浅释》，参照了邹振环《影响中
国近代社会的一百种译作》，中国对外翻译出版公司，1996 年，第 70—74 页。

四、关于丘浅次郎

关于丘浅次郎的生平，筑波常治作于 1974 年的《解说》和《年谱》最为详细。尽管在 1974 年当时"还没有一本关于丘浅次郎的传记和评传"[①]，但时至今日状况仍无改变。

日本《世界大百科事典》（平凡社，1998 年）收"丘浅次郎"词条，亦出自筑波常治之手。由于一般读者对丘浅次郎这个人物并不怎么熟悉，姑译录如下，以见其一斑：

> 丘　浅次郎　おか　あさじろう　1868—1944　　明治后期至昭和初期的生物学者、文明批评家。一般作为进化论介绍者而为人所知。在东京大学理学部选科攻读动物学，赴德国留学回来后，任东京高等师范学校教授。专攻海鞘类、蛭类等水生动物的比较形态学研究，留下了包括发现许多新品种在内的国际性业绩。《进化论讲话》（1904）是首部面向普通人讲解当时最新学说的书，后来又依据达尔文学说，展开独自的文明批评，认为在生物竞争中有利的形质，会因其过度进化而导致种属的灭亡，阐述了关于人类的悲观的未来观。而其排斥将特定思想绝对化，主张以培养对任何事物都具有怀疑习性为目标的教育改革论，现在仍值得倾听。主要著作除《生物学讲话》（1916）、评论集《进化与人生》（1906）、《烦闷与自由》（1921）、《从猿群到共和国》（1926）之外，有动物学教科书等多种著作，及作为全集的《丘浅次郎著作集》全 6 卷。此外，有一时期署名为浅治郎。[②]

补充一点，我在查阅其他资料时，偶然在《人类学会报告》（后改名为《东京人类学会报告》《东京人类学会杂志》)杂志中看到了"丘浅次郎"，

---

① 筑波常治解说、编集：『近代日本思想大系 9・丘浅次郎集』，筑摩书房，1974 年，第 454 页。

② 世界大百科事典（第 2 版 CD-ROM 版），平凡社，1998 年。

这是到目前为止在相关的生平资料或年谱当中从未出现过的资料。在1886年2月出版的该志"第壹号"上刊登有首批28名"会员姓名",其以"入会顺序登录","丘浅次郎"名列第11位。又从同号《记事》当中的"第十五会"中可知,丘浅次郎亦名列"前会后向本会捐赠物品及捐赠者"名单,记录为"武藏荏原郡峰村贝冢ノ贝、骨、土器 丘浅二郎君、坪井正五郎君",其中的"丘浅二郎"即丘浅次郎。《年谱》记其在兄弟排行中为"次男"①。另据《年谱》,1886年,丘浅次郎19岁,"七月,入东京帝国大学理科大学动物学选科",由此可以知道,丘浅次郎是"人类学会"的首批会员,其早在"东京帝国大学理科大学动物学选科"入学前就已经参与了贝冢调查与发掘,并且有所收获,是在摩尔斯发掘大森贝冢的影响下走上生物学道路的当时众多的学生之一。

又,《东京人类学会报告》第215号(1904年2月20日)刊载有"丘博士著《进化论讲话》"的介绍。但同年《东京人类学会会员宿所姓名簿》(第224号附录)中已经没有了"丘浅次郎"的名字,或许退会也未可知。

目前一般所能见到的丘浅次郎著作及其主要解说文献资料如下:

1. 著作者丘浅治郎、发行者西野虎吉:《进化论讲话》(『进化论讲话』),大阪开成馆,1904年。

2. 著作者丘浅次郎、发行者西野虎吉:《增补进化论讲话》(『增补进化论讲话』),东京开成馆,1904年。1914年修正十一版,著者名中的"治"改为"次",作"浅次郎"。

3.《丘浅次郎著作集》全六卷,有精堂,1968—1969年。各卷书名和解说为:Ⅰ.《进化与人生》(『进化と人生』),筑波常治解说;Ⅱ.《烦闷与自由》(『烦闷と自由』),筑波常治解说;Ⅲ.《从猿群到共和国》(『猿の群れから共和国まで』),鹤见俊辅解说;Ⅳ.《人类的过去、现在与未来》(『人类の过去・现在及び未来』),今西锦司解说;Ⅴ.《进化论讲话》

---

① 筑波常治:「(丘浅次郎)年谱」,『近代日本思想大系9・丘浅次郎集』,第456页。

（『進化論講話』），筑波常治解说；Ⅵ.《生物学讲话》（『生物学講話』）。其中Ⅰ、Ⅲ、Ⅴ的底本不是初版本。

4.《近代日本思想大系9·丘浅次郎集》，筑摩书房，1974年。收入1904年初版《进化论讲话》、大杉荣《论丘博士的生命和社会生物学观》『丘博士の生物学的人生社会観を論ず』以及年谱、参考文献等多种资料。

5.《进化与人生》（上、下），讲谈社，1976年。收入八杉龙一《解说》、丘英通《父亲的回忆》（「父の思い出」）等文献资料。

6.《生物学的人生观》（上、下）【『生物学的人生観』（上、下）】，讲谈社，1981年。收入八杉龙一《一本对日本人的思维方式影响很大的书（上）》【「日本人の物の考え方に大きな影響を及ぼした書」（上）】和《解说·动物行为学先驱的思想》【「解説·動物行動学の先駆的思想（下）」】。

另据该本《凡例》，“本书以丘浅次郎著作集Ⅵ《生物学讲话》（有精堂，1969年）为底本，并根据需要参照了东京开成馆第四版（1926年刊，初版1916年刊）”，“书名由《生物学讲话》改为《生物学的人生观》”。

7.《进化论讲话》（上、下），讲谈社，1976年。渡边正雄解说。

8.广井敏男、富樫裕：《日本对进化论的接受和发展——依丘浅次郎为例》（「日本における進化論の受容と展開—丘浅次郎の場合」），东京经济大学《人文自然科学论集》第129号，2010年。

五、丘浅次郎所处的位置

如上所述，进化论在明治日本作为“达尔文生物学”和作为“斯宾塞社会学”几乎同步展开，都被作为“新学说”来接受，但作为总体倾向，斯宾塞主义占了主流。那么，在这样一种传播过程中，丘浅次郎处在怎样的位置呢？

私以为，单纯以"生物学"或"社会学"来划分丘浅次郎似乎意义不大，因为他是完美的两者兼而有之者，在整个日本近代恐怕还找不到第二个像丘浅次郎这样身兼两种身份而且又拥有巨大影响的进化论言说者。这一点已被进化论史研究者所论及。例如，不论是对达尔文还是对斯宾塞，在对进化论的消化很不充分的当时，"丘浅次郎著《进化论讲话》登场了。本书远远超过了摩尔斯此前原书的水准，再次回归达尔文，具有将达尔文学说本身自原著重新移植的意义。而且又并非单纯翻案，可以说是在活用达尔文学说严谨理论体系要点的同时，通过著者自身充沛的创造力、丰富的例证和充满幽默感的文章，出色地完成了对达尔文学说的重构。本书的出现，使日本的进化论摆脱了至此为止的停留于皮相的介绍。如果说通过本书，当时的绝大多数知识分子得以第一次接触到进化论的精髓也并非言过其实"[①]。而且另一方面，就社会思想的传播而言，"丘的进化论从明治末期到大正时代，在人生论和思想方面其影响也十分巨大"[②]。

若就影响的广度和深度来做横向比较，那么在某种意义上，丘浅次郎倒是和严复在同时期的中国所处位置非常相像。然而正如前面已经指出过的那样，到严复翻译《天演论》为止，中国并不存在明治日本的那种进化论导入史。这里要进一步指出的是，丘浅次郎实际是处在"生物进化论"和"社会思想"相互交汇的位置上，或者说，1904 年《进化论讲话》的登场，实际是对"进化论"导入以来"达尔文"和"斯宾塞"这两股流向的一次有效的整合。至少由当时具有代表性的相关书籍的出版顺序当中可以看到这种"交汇"和"整合"的大致脉络。请参照下表：

---

① 筑波常治：「進化論講話・解説」，『丘浅次郎著作集Ⅴ』，有精堂，1969 年，第 390 页。

② 八杉龍一：「解説・日本思想史における進化論」，第 7 页。

表3　从出版物看明治、大正时期日本进化论的两大流向以及丘浅次郎所处的位置

年份	生物学	社会学
1859 （安政六年）	ダーウィン『種の起源』 （*The Origin of Species*）	
1877 （明治十年）		斯辺銷（ハルバルト・スペンサー） 『権理提綱』
1878 （明治十一年）	モース（E. S. Morse）東大講義	フェノロサ・東大講義
1879 （明治十二年）	伊沢修二『生物原始論』	
1881 （明治十四年）	神津専三郎『人祖論』	斯辺瑣『女権真論』
1882 （明治十五年）		波・斯辺鎖『社会組織論』
		斯辺瑣『商業利害論』
		加藤弘之『人権新説』
1883 （明治十六年）	石川千代松『動物進化論』	『人権新説駁論集』
		ハーバート・スペンサー『社会学』
		スペンサー『代議政体論覆義』
		斯辺鎖『道徳之原理』
		斯辺鎖『政体原論』
1884 （明治十七年）		有賀長雄『社会学』1–3 巻
		高橋義雄『日本人種改良論』
		ハーバート・スペンサー『政法哲学』
		袍巴土・斯辺瑣『社会平権論』
		斯辺瑣『哲学原理』
1885 （明治十八年）		斯辺鎖『教育論講義』
1886 （明治十九年）		斯辺撒『教育論』
		斯辺撒著 松田周平訳『宗教進化論』

续表

年份	生物学	社会学
1887 （明治二十年）	仁田桂次郎抄訳『人類成来論綱』	山県悌三郎『男女淘汰論』
	ハックスレー『通俗進化論』	斯氏『哲学要義』
1891 （明治二十四年）	石川千代松『進化新論』	
	五島清太郎訳『ダーウィン氏自伝』	
1893 （明治二十六年）		加藤弘之『強者之権利之競争』
1896 （明治二十九年）	立花銑三郎訳『生物始源』	
	三宅驥一『ダーウィン』	
1898 （明治三十一年）		〔中国・厳復『天演論』〕
1899 （明治三十二年）	丘浅治郎『近世動物学教科書』	加藤弘之『天則百話』
1900 （明治三十三年）	丘浅次郎『中学動物教科書』	加藤弘之『道徳法律進化の理』
	箕作佳吉『動物学教科書』	
	市村塘『近世動植物学教科書』	
1901 （明治三十四年）	矢沢米三郎『中学新植物教科書』	遠藤隆吉『現今之社会学』
		〔中国・楊蔭杭『物競論』〕
1902 （明治三十五年）		〔中国・梁啓超「進化論革命者頡徳之学説」〕
1904 （明治三十七年）	丘浅治郎（次郎）『進化論講話』	
		田添鉄二『経済進化論』
1905 （明治三十八年）	東京開成館訳『種之起原』（丘校訂）	加藤弘之『自然界の矛盾と進化』
	十時弥『進化論』	博文館『宗教進化論』

续表

年份	生物学	社会学
1906 （明治三十九年）		北輝次郎『国体論及び純正社会主義』
		丘浅次郎『進化と人生』
1907 （明治四十年）		堺利彦（枯川）『社会主義綱要』
1909 （明治四十二年）	田中茂穂『人類の由来及び雌雄淘汰より見たる男女関係』	小山東助『社会進化論』
1911 （明治四十四年）		丘浅次郎『進化と人生』増補改版
1912 （明治四十五年）	沢田順次郎『ダーウヰン言行録』	
	小岩井兼輝『ダーヰン氏世界一周学術探検実記』	
1914 （大正三年）	大杉栄訳『種の起原』	
	丘浅次郎『増補 進化論講話』	
1921（大正十年）		丘浅次郎『進化と人生』増補四版

　　将丘浅次郎的《进化论讲话》排在中间，是由其内容决定的。在进化论传播史上，这是一本具有划时代意义的著作。正如通过前面的介绍所知道的那样，《进化论讲话》并不是日本第一本介绍进化论的著作，甚至在丘浅次郎本人的著作生涯中也并不是第一本书，如《近世生理学教科书》（开成馆，1898）、《近世动物学教科书》（开成馆，1899）、《教育与博物学》（开成馆，1901）等就都是在《进化论讲话》以前的著作，其中的《近世动物学教科书》还是"被广为采用的教科书"①，但是就其作为普及进化论的启蒙书的影响而言，包括丘浅次郎本人的其他著作在内，不论此前还是此后，都没有一本书能和《进化论讲话》相比。《进化论讲话》初版814页，由20章构成。第一、二章为总论，第三章至第八章为达尔文自然

---

① 筑波常治：「（丘浅次郎）年譜」，『近代日本思想大系9・丘浅次郎集』，第457页。

淘汰说,第九章至第十七章从解剖学、发生学、分类学、分布学、古生物学、生态学等方面对生物进化论展开全面介绍,第十八章以下论述人类在自然界中的位置以及进化论与各个学科的关系。由该书构成可知,其主要内容还是介绍进化论,作为"自然科学书",其具有独立价值是不言而喻的;最后三章作为社会思想的阐释,也是在前 17 章的基础上,以"生物进化论"为前提展开的。在这个意义上,周作人说鲁迅通过丘浅次郎理解了进化论,应该是恰当的。1905 年,开成馆翻译达尔文原书《种之起原》,也是经过丘浅次郎校订的。因此可以说丘浅次郎的社会思想展开以及文明批评与其他社会进化论的著作之最大不同,就在于他具有在其他论者身上所看不到的生物进化论的坚实的基础,是个真正懂得生物进化论的社会批评家——在这个意义上,他在《进化论讲话》出版三年后的 1907 年推出的《进化与人生》也就更具在其他同类著作中所看不到的那些思想特色。

关于《进化论讲话》何以会产生巨大的时代影响,至今仍是需要进一步探讨的课题。但最朴素的回答应该是在《进化论讲话》出现以前,还没有一本比《进化论讲话》更好的书。当时的情况以及作者的立意在于:

> 盖进化论是十九世纪中引发人的思想最伟大变化的学问上的原理,是今日受过普通教育的人的必备素养,但我国讲述进化论的书籍少之又少,是一个遗憾。说到现今用日语所著进化论读物,似乎只有石川千代松君所著《进化新论》。该书广泛参考国内外专门学者的著书论文,论述了直到最近的最高深的学说,对学习生物学的人来说是极为贵重的书籍。但惟其高深,一般人理解起来便相当不易。故现在若不依靠外国书而要了解进化论之大要几乎别无他途。杂志等虽时有短小之摘录刊载,但只凭那些"豆腐块"到底不能准确无误地了解进化论的全部。著者目睹如此状况,在深感遗憾之余,决计开笔写作本书。[1]

---

① 丘浅次郎:「進化論講話・序言」,『丘浅次郎著作集Ⅴ』,有精堂,1904 年,第 1—3 页。

依笔者之管见，决定性因素还在于它的内容上。正如以上所述，明治以来，日本进化论介绍中呈现的"生物学"和"社会学"两种流向，到了丘浅次郎这里，实际上是进入了一个历史汇合点：《进化论讲话》以一种"集大成"的形态，高度综合了两种流向的进化论，既不是达尔文的生吞活剥的翻译，也不是斯宾塞主义的简单套用，而是丘浅次郎富有创造性的独家打造。在重新认识丘浅次郎独创性的意义上，笔者非常赞成筑波常治的观点，即认为丘浅次郎以"独创力"和"丰富的例证"以及"充满幽默的文笔"成功地实现了达尔文理论体系的"重构"①，但笔者更注意到《进化论讲话》在把进化论作为自然科学理论"重构"的同时，也是把进化论作为"于社会进步有益"的社会思想来加以提倡的。在初版《卷首语》中，丘浅次郎明确指出，进化论的影响不只局限在生物学，"进化论从根本上改变关于人的思考，因此带来总体思想上的显著变动，于社会的进步、改良方面关系甚大"。而且也正是在这个意义上，丘浅次郎把普及进化论视为生物学者的使命②。

《进化论讲话》作为"生物学"和"社会学"两种意义的"进化论"的兼备体现者，赢得了那个时代。

《进化论讲话》在当年的畅销情况，仅从它的不断再版和改版的记录中就可以确认。如果从1904年初版算起，到10年后的1914年增补版，《进化论讲话》已经出到了第11版，其间的改版情况据作者本人的说明，"明治四十年第七版，把一直延用的四号字改成了五号，减少了纸页，增加了图版，而明治四十四年第十版，则进一步做了订正，并增加了新图"③。四号字改成五号字，减少纸页，意味着降低成本和书价，更意味着由此而产生的普及版将获得更多的读者。事实上，《物种起源》的第三个日译本

---

① 筑波常治：「進化論講話・解説」，『丘浅次郎著作集Ⅴ』，第390页。
② 丘浅次郎：「進化論講話・序言」，『丘浅次郎著作集Ⅴ』，第3—4页。
③ 丘浅次郎：「増補はしがき」，『増補進化論講話』，開成館，1914年，第5页。

（1914）①的译者，著名社会活动家大杉荣，在当"穷学生"的时候，就是这种普及版的热心读者之一。他后来在评价丘浅次郎时，这样追述了当时的情形：

> 没错，那是我十九、二十岁的时候。老早就等不及的《进化论讲话》终于到手了。其实，每买丘博士的书，总有这"终于"的感觉纠缠着让你没辙。若用五号字来印，只要四五十钱或最多七八十钱的一本书，排成四号或三号大字，价码就会贵得吓人，不出二元五十钱或三元五十钱便到不了手。这对出版商和著者来说或许是好事，但对穷书生来说却是承受不起的。但不管怎样，这《进化论讲话》是当时新书当中评价甚高的一本。立马开读，有意思得不得了。每一行里，仿佛都有一个未知的、绚丽的、惊异的世界在眼前展现，令人目不暇接。终于在一个白天和一个晚上之内就读完了。②

笔者认为，这段话和鲁迅描述的初读《天演论》的情形有着异曲同工之妙。从周氏兄弟当时都读丘浅次郎，也都读大杉荣的情况来推测，鲁迅那段关于读《天演论》的话，或许由上面大杉荣这段话引发也未可知。在大杉荣1923年9月16日被宪兵杀害的"甘粕事件"发生不久，周作人还写过沉痛的悼念文章，称大杉荣的死"是日本大地震以后最可惊心的事件"，而大杉荣本人"不能不说是日本的光荣"③。大杉荣是受到丘浅次郎影响的一代中最先向丘浅次郎提出质疑的一个，他并不同意"丘博士的生物学

---

① 据笔者所知，在1914年大杉荣《种的起原》（『種の起原』）译本出版之前，已有1896年立花铣三郎译本《生物始源》（一名『種源論』）和1905年开成馆译本《种之起原》（『種之起原』）。

② 大杉荣：「丘博士の生物学的人生社会観を論ず」，原载『中央公論』1917年5月号，也收录于『近代日本思想大系9・丘浅次郎集』。

③ 《大杉荣之死》，初刊于1923年9月25日《晨报副镌》，署名荆生，现收录于《周作人文类编7・日本管窥》，第630—631页。此外可参考《大杉事件的感想》（初刊于1923年10月17日《晨报副镌》，署名荆生，现收录于《周作人文类编7・日本管窥》，第632—633页。

的社会人生观"①，但他并不否定自己所受到丘氏的影响。在战后成为日本有代表性的进化论学者当中，虽然丘氏的观点可能不被他们认同，但丘氏对普及进化论以及由此而对思想界的巨大贡献则是公认的。比如，德田御稔说："丘浅次郎在日本进化论史上留下的足迹真乃巨大。即便他犯了几多理论上的错误，但进化论在日本的普及，还多仰仗于他。"②

八杉龙一认为，包括《进化论讲话》在内，丘浅次郎的著作"从明治末期，经过大正年代，再到昭和初期，极大影响了日本人对事物的思考方式"③。

筑波常治的评价是："若要找关于进化论的解说书，恐怕还找不到另外一本可以像《进化论讲话》这样，出色地归纳进化论的本质，将复杂的事实通俗易懂地表现出来的书。应该说，本书作为进化论概论，正显示着其空前绝后的存在价值。"④

而据我所知，在战后著名的学者当中，只有今西锦司拒绝承认他受到了丘浅次郎的"影响"，但他承认自己在由高中进大学，并且选择昆虫学，对一般生物学的求知欲最为旺盛的时期，书架上摆着丘氏的三本书，其中就有《进化论讲话》。而且他承认丘浅次郎是"思想家"：

> 在丘浅次郎之后，作为进化论研究者，虽然还可以举出小泉丹、德田御稔、八杉龙一等人，但从进化论立场批评现代文明，而且还不只现代文明，进而又论及人类未来的，不论以后还是以前，除了丘浅次郎之外恐怕还找不到第二个日本人。筑波常治指出丘浅次郎是伟大的思想家，对此我没有异议。⑤

和《进化论讲话》出版以后的二十九年间丘浅次郎所拥有的巨大影响

---

① 丘浅次郎：「増補はしがき」，『増補進化論講話』，第5页。
② 德田御稔：『改稿進化論』，岩波書店，1975年，第9页。
③ 八杉龍一：「对日本人思考事物的方式给予巨大影响的书」，『生物学的人生觀』（上），講談社，1981年，第5页。
④ 筑波常治：「進化論講話・解説」，『丘浅次郎著作集Ⅴ』，第391页。
⑤ 今西錦司：「人類の過去現在及び未来・解説」『丘浅次郎著作集Ⅳ』，有精堂，1968年，第197—198页。

相比，丘浅次郎的消失似乎也快得令人不可思议。他 1944 年病殁，享年 77 岁，但自 1931 年在《中央公论》上发表《再论人类下坡说》（『人類下り坂説再論』）之后便几乎不再发表社会评论，其影响似乎也和他的生命一起退出了历史舞台。现在除了专门研究进化论或生物学的人以外，已经很少有人知道曾经作为思想家的丘浅次郎，甚至在"进化论"这一专有领域似乎也不再被提起了。例如在 1990 年 2 月别册宝岛编集部编《进化论赏阅本》（『進化論を愉しむ本』）中开列"进化论读本 259 种"，内容包括从"生物学内的进化论到文学、哲学、评论"，称"倘若全部读完，你便是位出色的进化论学者"，但 259 种书中竟没有一本是丘浅次郎的，《进化论讲话》也不例外。

今天，只有在重读丘浅次郎的时候，才会发现他的确是一个"被遗忘了的未来思想家"。

丘浅次郎死后被最大规模的一次整理，是 20 世纪 60 年代末纪念明治百年之际，其成果是《丘浅次郎著作集》（全六卷），最近的一次被整理，是 70 年代中期，《丘浅次郎集》被列入筑摩书房出版的 36 卷本《近代日本思想大系》的第 9 卷。筑波常治在编辑整理完该卷，谈到下一步的计划时说，"接下来将在进一步调查的基础上，完成正规的评传、传记"，但到 2002 年为止，在有关丘浅次郎的生平传记的研究方面，还和当初一样，几乎没有什么进展，"至今尚无一本传记和评传被整理出来"。因此，也正是在这个意义上，收录在《丘浅次郎集》当中的筑波常治所做的"解说"和"年谱"，也就成了关于丘浅次郎生平思想的最为详实的研究，此后的评述和解说都并没为此增添任何新的内容。

从本课题的研究角度看，在丘浅次郎作为生物学者、教育者和文明批评家的生平经历中，有以下几点值得注意。

首先，是作为生物学者的贡献。丘浅次郎主要从事水产动物比较解剖学方面的研究，其主题是海鞘类和水蛭类的比较形态学，从大学的毕业论文开始到 1934 年，几乎每年都有这个专业领域的论文发表在各种学术杂志上。另外，从北冈正子的近著得知，1901 年，当东京自来水管道发生水蛭灾害时,当时的报纸上有关于"高等师范学校教授丘浅次郎实地踏查淀桥净水场"的报道①。据丘浅次郎自己介绍,在动物学当中,国际上以他的名字命名的动物有 7 种,而且这些命名"没有一项是廉价的和制,都是地地道道的上等舶来品"②。作为一个卓有成就的生物学者,丘浅次郎的社会思想和一般的社会达尔文主义相比有着更为坚实的作为近代科学的生物学基础。

其次,丘浅次郎能够兼收并蓄,向世人昭示进化论思想之大观,和他得天独厚的外语教育环境和才能有着密不可分的关系。父亲秀兴擅长英语,在丘浅次郎 3 岁时,任大阪造币局"伸金场"负责人。丘浅次郎 5 岁时已开始跟着父亲学 ABC。造币局是个外国技师集中的地方,丘一家由于和外国技师同住在官舍,就使得浅次郎从小就有了接触外语的自然环境。12 岁时,进大阪英语学校,丘浅次郎后来回忆,"该校名副其实以英语为主,地理历史代数几何都采用英语教科书,教师也是外国人多"③,因此在这所学校里接受了非常正规的英语教育。据筑波常治所作《年谱》,丘浅次郎 23 岁时发表的毕业论文是用英文写作的,而几乎在同时他开始热衷发明独家的"国际语"——"Ji·rengo",只是在留学后知道已经有世界语方才作罢,但他也由此成为最早掌握世界语的日本人之一④。从 1891 年到 1894 年,丘浅次郎除了这三年间在德国留学以外,再没在外国生活过,然而他所通晓的外语却在"十二种以上"⑤。这种多数的语言通道,也许象征着明治那个时代,但就丘浅次郎个人而论,则意味着他处在真正融贯东西的位置上。他著述中对西洋文献的自由取舍以及对"我之学说"的自

---

① 北冈正子:『魯迅 日本という異文化のなかで——弘文学院入学から「退学」事件まで』,関西大学出版部,2001 年,第 316 页。

② 丘浅次郎:『猿の群れから共和国まで』,『丘浅次郎著作集Ⅲ』,1968 年,第 169 页。

③ 丘浅次郎:「趣味の語学」,『婦人之友』,1938 年 4 月号。

④ 筑波常治:「(丘浅次郎)年譜」,『近代日本思想大系 9・丘浅次郎集』,第 456 页。

⑤ 筑波常治:「近代日本思想大系 9・丘浅次郎集・解説」,第 436 页。

信——哪怕"发表赞成意见的学者至今一个都没有"① 或"大多被默杀"②
都无所谓；即使有批评者来也不屑与之辩③的自信，都体现着丘浅次郎所
具有的"通"的特点。不过尤其不可思议的是，丘浅次郎恐怕是明治时代
掌握外语最多但又没翻译过一本外国书的著述者④。

　　第三，是丘浅次郎少年时代的不幸遭遇。从年谱中可以得知，在短短
的 5 年间，丘浅次郎先后丧失了全部亲人，包括妹妹、父亲、母亲和哥哥，
年仅 16 岁就成了孤儿。如果说鲁迅少年时代"家道中落"的经历使他"看
清世人的真面目"，那么几乎同样的甚至是更为不幸的经历又给丘浅次郎
带来怎样的际遇呢？这是饶有兴味的问题，但现在几乎已经无从得知。不
过通读了丘浅次郎的著作集以后，笔者非常同意八杉龙一对丘浅次郎思想
特点的概括，即"丘的思想构成之轴，是直面现实。即一切服从现实，不
以美化的方式看待人间社会的所有问题的态度"⑤。笔者认为这一特点拿
到鲁迅身上，便可以置换为"清醒的现实主义"。

　　第四，是丘浅次郎生平资料的一点补充。筑波常治在 1975 年最后一
次《解说》的结尾部分说：

　　　　丘浅次郎隐居的翌年，发生了日中事变，此后就是太平洋
　　战争，其晚年中的数年就是在这样的历程中度过的。关于这些事

　　① 丘浅次郎：「子孫を愍む」，『猿の群れから共和国まで』，『丘浅次郎著作集Ⅲ』，
第 11 页。

　　② 丘浅次郎：「子孫を愍む」，第 30 页。

　　③ 丘浅次郎：「子孫を愍む」，第 30—31 页。该文中对于"批评"做了如下不成答辩的"答
辩"："关于人类的将来，我的学说到现在为止已经片段性地发表数次了。大多遭到默杀，
但对此进行批评、发表反对意见的人也有几个。过去的九月十几日连同另外两人被军人惨杀
的著名的大杉荣氏曾经在本刊上登载批评。还有去年在本刊上，友人小野俊一君发表长文，
几乎体无完肤地击败了我的学说。大杉荣氏我不曾见过，但在阅读我的著书得以知道所有事
的意义上自称为我的弟子，因此之后常常被人问到大杉荣是不是您的弟子。对我而言，称为
弟子之类的人当然一个也没有。若是学问上的事情，我想和无论谁都进行平等的研究。对于
小野君的议论，总之轻松说话的机会也有，这里就什么也不说了。"

　　④ 筑波常治：「近代日本思想大系 9・丘浅次郎集・解説」，第 446 页。

　　⑤ 八杉龍一：「解説・動物行動学の先駆的思想」，『生物学的人生観』（下），講談社，
1981 年，第 332 页。

态，浅次郎是如何看待的呢？这是我想知道的一点。但是，浅次郎与其引退宣言相始终，一直保持着沉默。至少在公开场合没有发表任何意见。①

最近在 1939 年 3 月出版的《第一次满蒙学术调查研究团报告》的"第五部第一区第一编第一辑"上发现有丘浅次郎的一篇研究报告，题目是《热河省产蛭类》（「熱河省産蛭類」）。在丘浅次郎的学术生涯中，这恐怕是唯一的一篇和中国有关的研究，而且是发表在卢沟桥事变以后。那么，丘浅次郎是否去过中国呢？结论似乎是否定的。其理由是，第一，正像在"在来自热河省的采集品中包含以下三种的蛭类"（熱河省ヨリノ採集品ノ中ニハ次の 3 種ノ蛭類ガ含クマレテアッタ）这句话里所能知道的那样，这份报告是对从中国带回的标本的研究；第二，在报告目次页之前插入的《第一次满蒙学术调查研究团员》的名单中没有丘浅次郎的名字。②

那么，在丘浅次郎的广泛影响当中，中国留学生"周树人"即后来的鲁迅受到了怎样的影响呢？ 可以说，鲁迅和《进化论讲话》的相遇，使他获得了那个时代的理论高度；而且通过以下将要展开的一系列专项研究命题还可以看到，这种进化论的理论水准远非严复的《天演论》所能相比。笔者认为，鲁迅后来"不再佩服严复"③，起因盖出于此。《进化论讲话》使他懂得了什么是真正的生物进化论及这一理论的适用范围。这样看来，丘浅次郎的影响也就不止日本，而且要延及中国了。笔者认为，丘浅次郎的影响除了鲁迅这一环节之外，他与中国其他方面的关系，特别是他与中国的生物学具有怎样的关系，都是非常值得探讨的课题。因为从现在已经

---

① 筑波常治：「近代日本思想大系 9・丘浅次郎集・解説」，第 454 页。

② 我所见到的是京都大学图书馆藏《第一次满蒙学术调查研究团报道》的"第五部第一区第一编・第二区第四编"的分册。据其英文名称 "REPORT OF THE FIRST SCIENTIFIC EXPEDITION TO "MANCHOUKUO" UNDER THE LEADERSHIP OF SHIGEYASU TOKUNAGA June—October 1933" 可知，以德永重康为团长的"第一次满蒙学术调查研究团"的活动在 1933 年 6 月至 10 月进行。详细的事情有必要进一步调查。此外，本文相关引用部分，参照分册中的名单和本论。

③ 周启明：《鲁迅的青年时代》，第 77 页。

知道的资料来看，他的主要作品都曾译成过中文①。

另外，作为相关问题，还有一个与表 3 所列达尔文《种之起原》日译本相关的史料问题需要在这里提出。鲁迅在《为翻译辩护》（1933）一文中举"重译"的例子说："达尔文的《物种由来》，日本有两种翻译本，先出的一种颇多错误，后出的一本是好的。中国只有一种马君武博士的翻译，而他所根据的却是日本的坏译本，实有另译的必要。"② 那么，"日本的翻译是哪两种？"——对此，"新版《鲁迅全集》（人民文学出版社，2005 年）"注释者写道："旧版未能注出，甚至连 1981 年后日本学者集体翻译并添改注释的日译本《鲁迅全集》也未能注出来。新版 276 页根据笔者的研究查考，加了如下注释：'先出的一种为明治三十八年（1905）八月东京开成馆出版，开成馆翻译，丘浅次郎校订；后出的一种为大正三年（1914）四月东京新潮社出版，大杉荣翻译。'显然，这条注很有必要，不仅能表明鲁迅对达尔文著作日译本的熟悉程度，而且还提供了进化论在日本、中国流传的重要史料。"③

不过，从表 3 可知，明治、大正年间，达尔文《物种起源》在日本其实有三种译本：

> 1. 立花铣三郎：《生物始源》【『生物始源』（一名『種源論』）】，经济杂志社，1896 年。
>
> 2. 丘浅次郎译文校订、东京开成馆译：《种之起原》（『種之起原』），东京开成馆，1905 年。

---

① 实藤惠秀监修、谭汝谦主编、小川博编辑的《中国译日本书综合目录》（香港中文大学出版社，1980 年）中包含丘浅次郎著作的以下译书：《由猴子到共和国》（马廷英译，上海北新书局，1928 年），《生物学》（薛德焴等译，上海商务印书馆，1926 年），《动物学教科书》〔（日）西师意译，上海广学会，1911 年〕，《进化与人生》（刘文典译，上海商务印书馆，1920 年），《进化论讲话》（刘文典译，上海亚东图书馆，1927 年），《烦闷与自由》（张我军译，上海北新书局，1929 年）。

② 鲁迅：《准风月谈·为翻译辩护》，《鲁迅全集》第 5 卷，第 274 页。

③ 陈福康：《新版〈鲁迅全集〉第 5 卷 修订略论》，《鲁迅研究月刊》，2006 年第 6 期，第 82 页。

3. 大杉荣译:《种的起原》(『種の起原』),新潮社,1914年。

　　丘浅次郎校订本被安上"坏译本"的污名,总让人有种"违和感",因为不论从外语能力还是从文字能力来看,"坏译本"出自丘氏之手是难以想象的。马君武(1882—1939)留学日本是1901—1906年。现在手头虽没有马君武译本《达尔文物种原始》(中华书局,1920年)①用来对照,但见他1919年7月24日就自己翻译《物种原始》所写的"一段小史",则可以知道其《物种原始》第一阶段的翻译出版,与他在日本的留学时期几乎重合。他讲述道:"予最初译本书前之略史一节,载于壬寅年横滨《新民丛报》。次年复译本书之第三章及第四章为单行本,流传甚广。乃续译第一、二、五章,并略史印行之,名《物种由来》第一卷,于一九〇四年春间出版,至一九〇六年再版。次年予游学欧洲,遂无余暇复顾此书……"②由此可以明确,他所参照的不可能是1905年9月出版的丘浅次郎的校订本,而如果有日文版参照的话,那么也只能是立花铣三郎的日译本。马君武上文所言"壬寅年横滨《新民丛报》",即1902年《新民丛报》第8号,同期所载马君武译文把达尔文《物种起源》表记为"种源论"③,这在书名上与立花铣三郎译本《生物始源》完全一致,从而构成马君武译本是据立花铣三郎译本的有力佐证。因此鲁迅所指出的"坏译本",也就并非丘浅次郎的校订本,而是立花铣三郎的日译本,丘浅次郎的污名也便由此得以洗清。不过,前面提到的中岛长文《鲁迅目睹书目——日本书之部》似有误在先,因为作为与鲁迅《为翻译辩护》一文的关联,其中提到的是上

---

①　鲁迅:《准风月谈·为翻译辩护》,《鲁迅全集》第5卷,第276页"马君武"注释。另据叶笃庄《修订后记》,"马君武译本""1918年用文言体翻译"。(《物种起源》,商务印书馆,1997年,第574页。)

②　《〈达尔文物种原始〉译序》,马君武著,莫世祥编:《马君武集》,华中师范大学出版社,1991年,384页。

③　马文的标题为《新派生物学(即天演学)家小史》,其说明是"兹从达氏所著之种源论中一章之所记,译录如下"。

面列出的后两种日译本①，后来者自然会在这"二选一"当中，把丘浅次郎校订本判定为"坏译本"。现在看来，也应该把上记立花铣三郎译本《生物始源》列入"鲁迅目睹书目"了。

此外，关于马君武的《物种原始》，邹振环《五四新文化运动中译出的〈达尔文物种原始〉》②一文也有比较详细的介绍，但似乎没意识到马君武最早的一本其实是基于日译本。

六、关于丘浅次郎与鲁迅

鲁迅从未提到过丘浅次郎，在鲁迅文本中也找不到"丘浅次郎"的名字。不过笔者曾在双方文本当中找出过不下50个例子，证明了二者文本上的密切关联，也证明了鲁迅不仅读过丘浅次郎，而且也深受其影响。这些例子被归纳在如下关键词之下：丘氏谈进化论时所谓"要点"和"眉毛"与鲁迅谈小说时"眼睛"和"头发"；丘氏的"猴子的好奇心"与鲁迅的短篇小说《示众》；丘氏的"寄生蜂""似我蜂"与鲁迅的《春末闲谈》中的"细腰蜂"；丘氏笔下的"奴隶根性"与鲁迅笔下的"奴隶与奴隶主""暴君治下的臣民"，以及庶民的"愚君政策"；丘氏笔下的"伟人""佛教、基督教、伊斯兰教的'宗教鼻祖'"与鲁迅笔下的"孔子、释迦、耶稣基督"；还有两者共同的"新人与旧人""将来""未来""黄金世界"等。

（一）"要点""眉毛"与"眼睛"和"头发"

先来看一下《进化论讲话》初版序言。前面已经介绍过，《进化论讲话》初版于1904年1月，1914年11月又出版增补版。关于初版和增补版的不同，作者有如下说明：

> 此次改版，在整体结构上做了稍许变更，尤其是改写了后

---

① 中島長文：『魯迅目睹書目——日本書之部』，宇治市本幡御藏山，私版，1986年，第21页。

② 邹振环：《影响中国近代社会的一百种译作》，第269—275页。

半部分，简略地加进了最近的研究成果，以力图使之适合于当今之时代。①

关于前后做了怎样的更动，不将两者进行核对并加以彻底调查便很难弄清，不过粗略看去，可知较大的变动至少有三处。第一，增补版中用新写的序替换了初版序言。第二，目录有部分变更。第三，初版附录《与进化论相关的外国书》中所列书目和丘浅次郎的说明有10项，增补版的同名附录中的书目增加到20项。1969年版以增补版为底本，但"旧版卷末附录的参考文献都是现在几乎难以得到的外国书，因而省略了"②。

筑摩书房《近代日本思想大系9·丘浅次郎集》中所收的《进化论讲话》，以初版为底本，但未收初版附录。讲谈文库版《进化论讲话》（上、下）以《初版》为底本，收入了初版序言，但未收附录。初版序言和增补版序言在内容上当然大为不同，但在与本文论题相关的以下引文中，两者所说完全相同。

> 又，应在此加以说明的是，写作本书是想向尽可能多的人传递生物进化论之要点，因此或于琐屑之点统而述之，或出于行文方便而在阐释时忽略少见的例外。然而，正像画人的脸未必要把他的眉毛一根一根地全画出来，点上两个点就算作鼻孔也一向无需措意一样，只现大体即可，并不碍事。把每根眉毛都讲得很细，反倒显现不出全体的要点来。③

丘浅次郎在这里谈的是《进化论讲话》的写作方法。事实证明，这种方法在传达进化论之要点方面获得了巨大的成功。毫无疑问，鲁迅后来创作小说时借鉴这种方法，在凸显人物特征方面也同样获得了成功。鲁迅晚年在谈到自己的创作经验时说：

---

① 丘浅次郎：「増補はしがき」，『増補進化論講話』，第5页。

② 丘英通：「『進化論講話』再刊に際して」，『進化論講話』，有精堂，1969年，第2页。

③ 丘浅次郎：『進化論講話』，開成館，1904年，第6—7页。

> 忘记是谁说的了，总之是，要极省俭的画出一个人的特点，最好是画他的眼睛。我以为这话是极对的，倘若画了全副的头发，即使细得逼真，也毫无意思。我常在学学这一种方法，可惜学不好。①

在涉及鲁迅创作问题时，这段话是被人们经常引用的。关于"忘记是谁说的了"当中的"谁"，《鲁迅全集》的注释为：

> 这是东晋画家顾恺之的话，见南朝宋刘义庆《世说新语·巧艺》："顾长康（按即顾恺之）画人，或数年不点目睛。人问其故，顾曰：'四体妍蚩，本无关于妙处；传神写照，正在阿堵中。'"阿堵，当时俗语，这个。②

这里的"谁"倒是更接近于丘浅次郎。拿东晋顾恺之来做参照未为不可，只是舍近求远了。如果把丘浅次郎说的"要点"，置换为鲁迅话里的"特点"和"眼睛"，再把丘浅次郎说的"眉毛"置换为"头发"，那么两者不论在表达的意思还是表达的方式上都是完全一致的。可以说这已经超过了进化论本身而成为一种写作方法的启发。也就是说，鲁迅受到了丘浅次郎描写方法的启发，并且在小说创作实践中试图学习这种方法。

（二）"猴子的好奇心"与《示众》

另一个例子是《进化论讲话》中介绍的达尔文去动物园的故事。这个故事分别出现于初版第十八章和增补版第十九章中。两章同题，都叫"人在自然界中的位置"，内容也完全相同。

> 动物也有好奇心。达尔文有一天来到伦敦的动物园，把一条小蛇装进纸袋里，然后塞进了猴笼的一个角落。只见马上就有一只猴子走过来，扒开纸袋往里看，然后又突然惊叫着抛开了。猴子生来怕蛇，即使拿着一条做成玩具的假蛇去比划一下，也会

---

① 鲁迅：《南腔北调集·我怎么做起小说来》，《鲁迅全集》第4卷，第527页。
② 鲁迅：《南腔北调集·我怎么做起小说来》，《鲁迅全集》第4卷，第529—530页。

让它大惊小怪地仓皇逃去，但尽管如此，它也还是心痒难挨，总想去感受一下所谓"这东西有多吓人"的滋味，于是过了不久，还要蹭过来，顺着缝儿往口袋里看的；而且笼中的其他猴子也都聚集过来，跟着往缝儿里看，既战战兢兢，又流连忘返。一个车夫如果被拉到巡警的盘查所遭到训斥，那么在他的周围一定会黑压压地聚集着一大群毫不相关的人看热闹，就好奇心的程度而言，这和猴子们聚集在纸袋的周围是不相上下的。①

丘浅次郎否定人是"万物之灵"说，认为人只是动物的一种，除了脑和手略有程度上的优势而外，并不比其他动物更高明，反过来说，人所具有的一般动物也都具有，比如上述这个例子就是讲"动物也有好奇心"的。其实这也是达尔文的主张。从鲁迅后来写下的文字来看，他对达尔文——丘浅次郎的这一主张是接受的。

这里所要强调的是，进化论把人看作"属于猿类"的动物这一观点，事实上成了鲁迅用以观察和揭示中国"看客"的一种尺度，在猴子的好奇心也和看客不相上下的意义上，人并没有进化。丘浅次郎在上面的这段精彩描写，有构成鲁迅"蓝本"的充分理由。由于篇幅的关系不能在这里引用，笔者认为收在《彷徨》集里的《示众》（1925）这篇小说，完全是从上面的"一个车夫如果被拉到巡警的盘查所遭到训斥"这一场景铺陈开来的。当然，在小说里并没有猴子登场，但在小说的背后却有一双达尔文观察猴子的眼，也有一双通过达尔文的观察猴子而观察到人的丘浅次郎的眼。鲁迅就是在进化论的意义上，借助着这种不断延伸的视线，把目光投向了国民，投向了那些最能代表国民的"看客"。只是在这视线的背后投射着更多的焦虑和无奈。

从这些例子当中可以清晰地看到两者"发想"的一致以及丘氏给鲁迅留下的深刻印记，还有鲁迅所做的进一步发挥。总体来讲，这些文本上的关联，就其内容来看，与其说是"进化论"，倒莫如说是相关进化论的某

---

① 丘浅次郎：『進化論講話』，第708—709页。

些例子以及基于"生物学的人生观"所展开的社会批评和文明批评。在这当中，"文艺性"要素或许也发挥着巨大的纽带作用。丘氏在当时就是有定评的文笔家，其文章被文部省"读本和教科书的编纂者"作为"国文模范"推荐给学生[①]。因此，那些既通俗易懂又渗透着对事物的深刻洞悉，既文脉清晰又例证翔实，既逻辑严谨又不失幽默，娓娓道来的文字引起同是文章家鲁迅的兴趣，也就并不奇怪了。另外，丘氏的内容和文笔之好，可以通过刘文典的翻译获得证明。胡适当年看到刘文典翻译的丘浅次郎《进化与人生》之后，曾鼓励他把《进化论讲话》再翻译出来，说"不译书是社会的一大损失"，"其结果就是《进化与人生》出版七八年之后又有这部《进化论讲话》出版"[②]。

（三）"寄生蜂"与"细腰蜂"

丘氏在《进化论讲话》"第十四章　生态学的事实"中曾提到过"寄生蜂"的例子，笔者认为这个例子和鲁迅《春末闲谈》里举的"细腰蜂"的例子是共通的。其实，在《进化与人生》（1906、1911、1921）一书中还有一例说得更加直接：

> 如以上所述，其例子或讲财产专供所有主自身直接之用，或讲拿出一部分供养子女，再就是对贮蓄者自身毫无用处，而只为子女去营造财产的例子。例如在蜂子当中有一种叫"似我蜂"的种类，每天飞到很远的地方搜集蜘蛛或其他小虫，带到蜂巢里，在每一粒卵上都添加若干，这样即便蜂亲死了，从那卵里孵出的幼虫，也会有预备在身旁的食料可吃，而能迅速成长起来。古人观察得很粗疏，看见蜂子把蜘蛛之类逮住搬到蜂巢里去，就想象是蜂子拿蜘蛛当儿子养，命其"似我"，而只要收进巢中，遂可化为蜂类，从此便能承继养亲的家业了，于是便把这种蜂子起名叫"似我蜂"。这场合，就是老子把辛辛苦苦营造的财产悉数留

---

① 丘浅次郎：『落第と退校』，『近代日本思想大系 9·丘浅次郎集』，第 390 页。

② 刘文典：《刘文典文集（第四册）·译者序》，安徽大学出版社，1999 年，第 529 页。

给子辈，而子辈则在老子的如此庇荫之下安全快乐地成长，直到得以独立生活的程度。（1907）[1]

鲁迅在《春末闲谈》里虽然提到了"法国的昆虫学大家发勃耳"[2]，但最早带给他关于"细腰蜂"的知识的则应该是丘浅次郎的上述两个文本。若将鲁迅的文章拿来与上文比较，那么两者之间的文本传承关系则一目了然：以生物学的最新知识来重新审视过去的旧传说，是两者完全一致的知性基因，虽然两者的出发点和动机不同，一个是在介绍某些生物的生存特性，而另一个则借助这种生物学知识展开文明批评。

> 北京正是春末，也许我过于性急之故罢，觉着夏意了，于是突然记起故乡的细腰蜂。那时候大约是盛夏，青蝇密集在凉棚索子上，铁黑色的细腰蜂就在桑树间或墙角的蛛网左近往来飞行，有时衔一支小青虫去了，有时拉一个蜘蛛。青虫或蜘蛛先是抵抗着不肯去，但终于乏力，被衔着腾空而去了，坐了飞机似的。
>
> 老前辈们开导我，那细腰蜂就是书上所说的果蠃，纯雌无雄，必须捉螟蛉去做继子的。她将小青虫封在窠里，自己在外面日日夜夜敲打着，祝道"像我像我"，经过若干日，——我记不清了，大约七七四十九日罢，——那青虫也就成了细腰蜂了，所以《诗经》里说："螟蛉有子，果蠃负之。"螟蛉就是桑上小青虫。蜘蛛呢？他们没有提。我记得有几个考据家曾经立过异说，以为她其实自能生卵；其捉青虫，乃是填在窠里，给孵化出来的幼蜂做食料的。但我所遇见的前辈们都不采用此说，还道是拉去做女儿。我们为存留天地间的美谈起见，倒不如这样好。当长夏无事，遣暑林阴，瞥见二虫一拉一拒的时候，便如睹慈母教女，满怀好意，

---

① 丘浅次郎：「動物の私有財産」，『進化と人生』『丘浅次郎著作集Ⅰ』，有精堂，1968 年，第 162—163 页。

② 鲁迅读到的法布尔《昆虫记》应该是大杉荣译本。アンリィ・ファブル著：『昆虫記』（全 10 册），叢文閣，1924—1931 年。参见鲁迅博物馆《鲁迅藏书目录》和中岛长文『鲁迅目睹書目——日本書之部』。

而青虫的宛转抗拒,则活像一个不识好歹的毛鸦头。

但究竟是夷人可恶,偏要讲什么科学。科学虽然给我们许多惊奇,但也搅坏了我们许多好梦。自从法国的昆虫学大家发勃耳(Fabre)仔细观察之后,给幼蜂做食料的事可就证实了。而且,这细腰蜂不但是普通的凶手,还是一种很残忍的凶手,又是一个学识技术都极高明的解剖学家。她知道青虫的神经构造和作用,用了神奇的毒针,向那运动神经球上只一螫,它便麻痹为不死不活状态,这才在它身上生下蜂卵,封入窠中。青虫因为不死不活,所以不动,但也因为不活不死,所以不烂,直到她的子女孵化出来的时候,这食料还和被捕当日一样的新鲜。[①]

另外关于"细腰蜂"还有两种资料值得注意和探讨。就在笔者完成从"天演"到"进化"这一课题日文版报告之后,同属"翻译概念在近代东亚的展开"研究班的武上真理子准教授(京都大学人文科学研究所)向笔者提供了两种在她的研究领域内所看到的资料。她一直从事孙中山科学思想研究,最近有新著出版[②]。两种资料,一种是日本近代著名博物学家南方熊楠(Minakata Kumagushu,1867—1941)1894 年 5 月 10 日发表在英国《自然》(*Nature*)杂志第 50 卷 1280 号上的论文 *Some Oriental Beliefs about Bees and Wasps*,日文译题为"蜂に関する東洋の俗信"[③],中文直译即"东方关于蜜蜂和黄蜂的一些信仰"。另一种是孙中山《建国方略》之《孙文学说——知难行易》第五章"知行总论"当中的一段话。两种资料都以近代生物学的发现为依据,提到了中国古代文献当中所记载的关于蜾蠃和螟蛉的传说,并予以重新审视和批评。由此可知,在昆虫学上属于膜翅类泥蜂科的"细腰蜂",是从作为生物学的一个名词上升到科学思想进而延及于社会思想的一个实例。孙中山借蜾蠃"创蒙药之术以施之于螟蛉"的新知,

---

① 鲁迅:《坟·春末闲谈》,《鲁迅全集》第 1 卷,第 214—215 页。

② 武上真理子:『科学の人·孫文——思想史の考察』,勁草書房,2014 年。

③ 参见飯倉照平監修、松居滝五、田村義也、中西須美訳:『南方熊楠英文論考「ネイチャー」誌篇』,集英社,2005 年,第 67—70 页。

批评"数千年来之思想见识"的"大谬不然"①；鲁迅则将其作为一种意象进一步运用于自己的社会批评当中（如称细腰蜂不仅是残忍的凶手，而且又是一个学识技术都极高明的解剖学家）。

这就又有了在关于"细腰蜂"的知识方面，除了丘浅次郎之外，是否还存在着一个由南方熊楠到孙文再到鲁迅的路径问题②，待考。不过，"细腰蜂"成为东亚近代知识链和思想当中的一种具有普遍意义的素材这一事实本身，令人充满兴趣。

（四）"奴隶根性""伟人""新人"及其他

在丘浅次郎的著作里，"奴隶根性"这个词，不是一个一般的用语，而是作为一个重要的问题来讨论的。他不仅通过"奴隶根性"这个词来展开他独特的社会批评，而且也通过这个词来分析和解释"人类的过去、现在与将来"，在同时代的思想家和批评家当中，能够像丘浅次郎这样正面论述"奴隶根性"，并且拿出自己独到结论的人还并不多见，因此可以说，在这个词当中，不仅包含了丘浅次郎进化论的许多特征，而且通过丘氏对它的论述，可以看到许多时代特征。

那么，透过这个关键词，能看到丘氏和鲁迅怎样的联系和区别呢？我认为不妨从以下几个方面看。

首先，是两者对什么是"奴隶根性"的这一概念的理解。丘浅次郎为"奴隶根性"所做的定义如下：

> 这里有一点是不能忘的，那就是奴隶根性有表和里两面。
> 对上点头哈腰，不论使自己怎样下贱，也都奉承以您说得对，您是爷的一副笑脸，是奴隶根性的表，这一面在谁眼里看都是明显的奴隶根性。反过来，对下骄横是奴隶根性的里。对上点头哈腰也好，对下骄横不可一世也好，由于是把世间分为若干个等级，所以在精神方式上便没有丝毫的不同。然而世人却总是只把奴隶

---

① 中国社科院近代史所：《孙中山全集》第6卷，中华书局，1981年，第200—201页。
② 武上真理子：《科学の人・孙文——思想史的考察》，第170—174页；第247页注释74。

根性的表认作奴隶根性，而忘却里也是奴隶根性。所谓奴隶根性，是人为看重阶级差别的一种根性，因此也不妨取另一个名称，叫做阶级的精神，如果从这层意思来讲，那么趾高气扬当然也就属于奴隶根性的范围。（1918）[1]

服从性亦可叫做阶级的精神或奴隶根性。（1919）[2]

所谓奴隶根性，是指把社会划分为几个阶级，对哪怕只是上一个阶级绝对服从，对哪怕只是下一个阶级又无限地大耍权威的阶级的精神。（1921）[3]

所谓奴隶根性，就是缺乏独立自尊的精神。（1921）[4]

综合上面这些话可以知道，丘氏认为，所谓"奴隶根性"是建筑在阶级差别基础上的一种精神形态，它的最显著特征是对上卑躬屈膝地服从，对下又骄横跋扈得不可一世，而这种"服从和骄横不过是互为表里的同一种东西"[5]，其本质"就是缺乏独立自尊的精神"。丘氏还同时提醒人们，世人却总是只把前者即"表"的一面认作奴隶根性，而忘却后者，即"里"的一面也是奴隶根性。

由于使用的场合和论述问题的不同，"奴隶根性"这个词，在丘氏语境里还可以互换为"阶级的精神""服从性"乃至"协调一致"等用语。

尽管在《鲁迅全集》里只有一处使用了"奴隶根性"这个词[6]，但从哪怕是单纯地比较中也可以知道，鲁迅在对奴隶根性这一概念的把握和理解上，和丘浅次郎之间，不仅有着"共知"，而且也有着某种程度的"共识"。所谓"共知"，是他们都把握到了"奴隶根性"所具有的为奴为主的两面特征，所谓"共识"，是他们对奴隶根性的具体表现及其危害都有过深入

---

① 丘浅次郎：「新人と舊人」，『煩悶と自由』，『丘浅次郎著作集Ⅱ』，1968年，第55页。

② 丘浅次郎：「自由平等の由來」，『煩悶と自由』，『丘浅次郎著作集Ⅱ』，第44页。

③ 丘浅次郎：「追加二 所謂偉人」，『進化と人生』，『丘浅次郎著作集Ⅰ』，第254页。

④ 丘浅次郎：「追加二 所謂偉人」，『進化と人生』，『丘浅次郎著作集Ⅰ』，第260页。

⑤ 丘浅次郎：「新人と舊人」，『煩悶と自由』，『丘浅次郎著作集Ⅱ』，第64页。

⑥ 鲁迅：《坟·说胡须》，《鲁迅全集》第1卷，第184页。

具体的剖析和论述。

在鲁迅那里有这样一个命题，它被伊藤虎丸先生概括为"奴隶和奴隶主相同的命题"①。这个命题可以通过以下两段话看出来：

> 暴君治下的臣民，大抵比暴君更暴；暴君的暴政，时常还不能餍足暴君治下的臣民的欲望。
>
> 中国不要提了罢。在外国举一个例：小事件则如 Gogol 的剧本《按察使》，众人都禁止他，俄皇却准开演；大事件则如巡抚想放耶稣，众人却要求将他钉上十字架。
>
> 暴君的臣民，只愿暴政暴在他人的头上，他却看着高兴，拿"残酷"做娱乐，拿"他人的苦"做赏玩，做慰安。……（1919）②

> Th. Lipps 在他那《伦理学的根本问题》中，说过这样意思的话。就是凡是人主，也容易变成奴隶，因为他一面既承认可做主人，一面就当然承认可做奴隶，所以威力一坠，就死心塌地，俯首帖耳于新主人之前了。那书可惜我不在手头，只记得一个大意，好在中国已经有了译本，虽然是节译，这些话应该存在的罢。用事实来证明这理论的最显著的例是孙皓，治吴时候，如此骄纵酷虐的暴主，一降晋，却是如此卑劣无耻的奴才。中国常语说，临下骄者事上必谄，也就是看穿了这把戏的话。（1925）③

> 专制者的反面就是奴才，有权时无所不为，失势时即奴性十足……做主子时以一切别人为奴才，则有了主子，一定以奴才自命……（1933）④

如果把这个命题换成丘浅次郎的说法，那么便是上面所说的"服从和骄横不过是互为表里的同一种东西"。笔者认为，"主"与"奴"互为表里，

---

① 伊藤虎丸著，李冬木译：《鲁迅与日本人——亚洲的近代与"个"的思想》，河北教育出版社，2000年，第112—115页。

② 鲁迅：《热风·六十五 暴君的臣民》，《鲁迅全集》第1卷，第384页。

③ 鲁迅：《坟·论照相之类》，《鲁迅全集》第1卷，第193—194页。

④ 鲁迅：《南腔北调集·谚语》，《鲁迅全集》第4卷，第557页。

也是鲁迅思考奴隶根性时的认识前提，有了这一前提，才会进一步有"暴君治下的臣民，大抵比暴君更暴"的提法，才会导入"凡是人主，也容易变成奴隶"的认识，进而才会更有"吃人"与"被吃"的图式，以及"想做奴隶而不得的时代"和"暂时做稳了奴隶的时代"[①]的历史循环。总之，鲁迅结合中国的实际，把"奴隶根性"作了深广的阐发和拓展，但作为其前提的概念基础，即对奴隶根性内涵的把握上，和丘浅次郎是共同的。

然而，正如由上面引文所见，"主"与"奴"可以轻易逆转的想法，是来自李普斯的《伦理学的根本问题》，鲁迅对此也说得很明确。或许"李普斯"是丘浅次郎和鲁迅将"奴隶根性"作为问题论述的共通的背景也未可知。阿部次郎的日译本于1916年在岩波书店出版，但精通德语、比起翻译更重视原文的丘氏，是否读了该译本还是一个疑问。反过来，倒不妨认为鲁迅很可能是通过杨昌济译本而读到了"李普斯"。关于李普斯和《伦理学的根本问题》，《鲁迅全集》第1卷第198页的注释如下：

> **Th . Lipps**　李普斯（1851—1941），德国心理学家、哲学家。
> 他在《伦理学的根本问题》第二章《道德上之根本动机与恶》中
> 说："凡欲使他人为奴隶者，其人即有奴隶根性。好为暴君之专
> 制者，乃缺道德上之自负者也。凡好傲慢之人，遇较己强者恒变
> 为卑屈。"（据杨昌济译文，北京大学出版部出版）

把这段注释和上面引用过的丘氏关于"奴隶根性"的定义相比，笔者倒认为丘氏之言更能为理解鲁迅提供当时的话语背景。而如果再把眼光放开一些，就能在二者的文本之间发现更多精神特征上的相通或相似之处。

其次，从文本上看，丘浅次郎针砭"奴隶根性"时所涉及的许多内容，也出现在鲁迅的文本当中。众所周知，"奴隶根性"的问题可以说是鲁迅改造国民性问题的核心所在，他毕生都在探讨这一问题，这在以《阿Q正传》为代表的文学作品和大量的杂文中都表现得很充分，但这里不可能充分展开，而只能看些与本文相关的例子。例如下面的这段话：

---

① 鲁迅：《坟·灯下漫笔》，《鲁迅全集》第1卷，第225页。

　　而那时的教育也专致力于维持阶级制度和培养作为其根柢
的奴隶根性，以对上一个阶级者的绝对服从为最高道德，把为上
舍命作为善美之极致来赞赏。如为救上者之子，竟代之以我子而
杀之，为给上者报酬，长期含辛茹苦，终于取了仇人的头等等，
都被作为善行的样板来流传，歌里也唱，戏里也演。其余波是家
庭当中的阶级差别也很严重，对一等之上者决不敢抬头，尤其像
女子，被强迫服从，不论是怎样的不合情理，当她们出嫁前，就
已经被引导说“婆婆就是蛮不讲理的人”，而到了自己当婆婆的
时候，又来可劲儿欺负媳妇，把年轻时受的气都撒出来。（1919）①

　　从坂口安吾（Sakaguchi Ango，1906—1946）在《堕落论》里援引替
主人报仇的事例，阐述相同的问题来看②，丘氏对奴隶根性的批判对后来
是很有些影响的，但关于媳妇变成婆婆的例子鲁迅也谈到很多次：

　　人们因为能忘却，所以自己能渐渐地脱离了受过的苦痛，
也因为能忘却，所以往往照样地再犯前人的错误。被虐待的儿
媳做了婆婆，仍然虐待儿媳；嫌恶学生的官吏，每是先前痛骂官
吏的学生；现在压迫子女的，有时也就是十年前的家庭革命者。
（1924）③

　　而许多媳妇儿，就如中国历来的大多数媳妇儿在苦节的婆
婆脚下似的，都决定了暗淡的运命。（1925）④

　　虽然是中国，自然也有一些解放之机，虽然是中国妇女，
自然也有一些自立的倾向；所可怕的是幸而自立之后，又转而凌
虐还未自立的人，正如童养媳一做婆婆，也就像她的恶姑一样毒
辣。（1925）⑤

---

①　丘浅次郎：「新人と舊人」，『煩悶と自由』，『丘浅次郎著作集Ⅱ』，第59页。
②　坂口安吾：『堕落論』，角川文庫，1990年。
③　鲁迅：《坟·娜拉走后怎样》，《鲁迅全集》第1卷，第169页。
④　鲁迅：《华盖集·“碰壁”之后》，《鲁迅全集》第3卷，第76页。
⑤　鲁迅：《坟·寡妇主义》，《鲁迅全集》第1卷，第282页。

丘浅次郎有一段话是通过"制服"来讲"奴隶根性"的：

> 晏子的御者仰仗主人的威光，洋洋得意，是奴隶根性的最
> 无遗憾的暴露，但因晋升一级而换了制服，立刻穿在身上出去张
> 扬的人的根性，以及看了他的张扬而羡慕的人的根性，也与此没
> 有丝毫的两样。（1918）①

这可以使人联想到鲁迅对辛亥革命后绍兴革命党人"皮袍子"的描写：

> 在衙门里的人物，穿布衣来的，不上十天也大概换上皮袍
> 子了，天气还并不冷。（1926）②

类似这种精神相通的例子还可以进一步找到。例如，在上下构成的等
级关系中，讲下对上的"智慧"二者就很一致：

> 尤其在位于指挥者阶级中段的人看来，酋长如果凡庸倒是更
> 好的事情，因此便逐渐产生了一种倾向，世袭酋长便被真正的实
> 权者们扛了起来，一边受到来自被支配阶级的无上尊敬，一边又
> 不过是被部下所利用。当初相信酋长的实力而绝对服从的奴隶根
> 性，就这样变化为对并不伴随实力的虚位人的顶礼膜拜。（1918）③

这种情形，在鲁迅那里就叫做"愚君政策"，他有一篇文章是专门就
此进行描写的，便是《谈皇帝》（1926）。

第三，还可以通过与此相关的所谓"伟人"的问题，来看两者的共通
之处。在丘氏看来，所谓"伟人"或"英雄豪杰"都不过"是弥漫在世间
的绝对服从的奴隶根性"造成的，"而被造就者本身和人的平均程度相比
并未杰出到远不可及"④。

---

① 丘浅次郎：「新人と舊人」，『煩悶と自由』，『丘浅次郎著作集Ⅱ』，第63页。
② 鲁迅：《朝花夕拾·范爱农》，《鲁迅全集》第2卷，第325页。
③ 丘浅次郎：「新人と舊人」，『煩悶と自由』，『丘浅次郎著作集Ⅱ』，第58页。
④ 丘浅次郎：「追加二 所謂偉人」，『進化と人生』，『丘浅次郎著作集Ⅰ』，第
253—254页。

在一个充满了这种根性的社会里，每个人都晓得，把自己的主人弄得了不起就是使自己了不起，也就不断使劲儿把自己头顶阶级的这个人弄大，所以那些出人头地到一定阶级以上的人，总是不断地被下面往上推，便自然成了英雄豪杰。（1921）[①]

丘氏所举的例子是那些诸如佛教、基督教、伊斯兰教的被叫做"宗教之始祖"的人。

宗教之始祖者，都是随着年代的远隔而伟大起来的。我听人们说，把世界各地的当做钉死耶稣的十字架的破片保存起来的木片搜集起来可造几艘巨大的帆船，把那些称做释迦的舍利骨的东西堆集在一起，可装满几个四斗樽，但正由于这些都是后来逐渐增加起来的，所以也和传记一样，是很不容易判断到什么地方是真话，假话又是从什么地方开始的。让信者崇拜始祖，对该宗派的僧侣来说是极为有利的，所以后世的僧侣都不断努力使信者越发崇拜始祖，而越让信者崇拜，始祖也就只能被抬得更高。大凡崇拜他人的场合，是需要那个人和自己有显著的差异的。……要使普通人和教祖之间有大差距，就只能把教祖弄成非常了不起的人，所以吃这个宗派饭的僧侣们也就逐渐把教祖抬成了伟人，不断编出种种故事加在他身上……如果把后世和尚加上的谎言全部去掉，那么始祖也许就和当时的人大同小异罢。现在当有人扎着青黑穗子，留着山羊胡子，再像勋章的锦带那样配上白花花的棉花，走过来说，我是预言者，我是弥赛亚（救世主，耶稣基督），倘若他能获得众多的信者，那么他在千百年后就会被看成和释迦、耶稣基督同样的伟大的人物的罢。（1921）[②]

不妨和鲁迅的一些论述对照一下：

---

① 丘浅次郎：「追加二 所謂偉人」，『進化と人生』，『丘浅次郎著作集Ⅰ』，第254页。
② 丘浅次郎：「追加二 所謂偉人」，『進化と人生』，『丘浅次郎著作集Ⅰ』，第252—253页。

佛教初来时便大被排斥，一到理学先生谈禅，和尚做诗的时候，"三教同源"的机运就成熟了。听说现在悟善社里的神主已经有了五块：孔子，老子，释迦牟尼，耶稣基督，谟哈默德。（1925）①

豫言者，即先觉，每为故国所不容，也每受同时人的迫害，大人物也时常这样。他要得人们的恭维赞叹时，必须死掉，或者沉默，或者不在面前。

……

如果孔丘，释迦，耶稣基督还活着，那些教徒难免要恐慌。对于他们的行为，真不知道教主先生要怎样慨叹。

所以，如果活着，只得迫害他。

待到伟大的人物成为化石，人们都称他伟人时，他已经变了傀儡了。

有一流人之所谓伟大与渺小，是指他可给自己利用的效果的大小而言。（1926）②

耶稣教传入中国，教徒自以为信教，而教外的小百姓却都叫他们是"吃教"的。这两个字，真是提出了教徒的"精神"，也可以包括大多数儒释道教之流的信者，也可以移用于许多"吃革命饭"的老英雄。（1933）③

就是说，关于偶像，尤其是偶像的产生以及如何被人们所利用的认识，鲁迅和丘浅次郎是完全一致的。

第四，还可以从对所谓"新人"和"旧人"的看法上看到两者的一致。例如，丘氏用是否有"奴隶根性"来区别"新人"和"旧人"，他指出：

没有奴隶根性的人，既无法忍受在自己头上拥戴他人，也

---

① 鲁迅：《华盖集·补白》，《鲁迅全集》第3卷，第109—110页。
② 鲁迅：《华盖集续编·无花的蔷薇》，《鲁迅全集》第3卷，第272—273页。
③ 鲁迅：《准风月谈·吃教》，《鲁迅全集》第5卷，第328页。

当然讨厌他人匍匐在自己脚下。一言以蔽之,骄横和允许骄横,都是有奴隶根性的旧人的性质,而自己不骄横,也不允许别人骄横,则应是失了奴隶根性的新人的特征。(1918)[1]

　　旧人承威于上,凌威于下,而自己既不逞威,也不许他人施威,则是真正新人的特性。(1918)[2]

而尤其值得注意的是,丘氏对貌似"新人"的警惕:

　　旧人不一定是生在天保年间的老人,在那些穿着新式洋服,抱着洋文书走来的年轻人当中,也有很多是很旧的人。(1918)[3]

　　那些只是现买现卖新思想的人,说的和写的都只是表面上新,其实质是非常旧的。例如把世间分成同等的多数和特等的少数,而总把自己当作特等去专横跋扈的人便属于这种情形。在多数人聚集当中,只有自己鹤立鸡群,受人尊敬,在谁都不会有坏心情,但这是由于心里藏着阶级精神的缘故。因此,倘若多有这种精神发生的人,那么便的确应当作旧人看的。就像俳句上也说"民主、大鼓我也有"一样,在讲新事儿流行的时节,谁都争先恐后地来说新,但只要心里的阶级精神不消失,他们便都不过是镀了金的新人。(1918)[4]

在这一点上,鲁迅的看法也没有什么不同,他也以是否有"奴隶根性"来看人,尤其看待那些表面上新而骨子里旧的人,这在"革命文学"论争和"左联"内部的论争当中都有充分的体现。当"革命文学家"们把马克思主义理论当作权威,用来拉大旗作虎皮,骄横不可一世时,鲁迅看到的也正是他们身上没有蜕尽的奴隶根性。因篇幅所限,不能引用了,这一点

---

① 丘浅次郎:「新人と舊人」,『煩悶と自由』,『丘浅次郎著作集Ⅱ』,第 55 页。
② 丘浅次郎:「新人と舊人」,『煩悶と自由』,『丘浅次郎著作集Ⅱ』,第 67 页。
③ 丘浅次郎:「新人と舊人」,『煩悶と自由』,『丘浅次郎著作集Ⅱ』,第 55 页。
④ 丘浅次郎:「新人と舊人」,『煩悶と自由』,『丘浅次郎著作集Ⅱ』,第 66—67 页。

只要参看《上海文艺之一瞥》（1931）[1]和《答徐懋庸并关于抗日统一战线问题》（1936）[2]等篇便会一目了然。

总之，在关于"奴隶根性"的问题上，鲁迅和丘浅次郎不过是又呈现出了更多的相通或相似，我认为仅仅是以"同时代性"或者"偶然巧合"是不足以解释它们所呈现的丰富而具体的关联的。前面说过，"奴隶根性"的问题是鲁迅改造国民性思想的重要内容，也是他终生都在探索的一个主题，读过丘氏《进化论讲话》的鲁迅，在同一个问题上借鉴丘氏的观点是再自然不过的事了。当然，这里还要顺便提到，即使在"奴隶根性"这一问题上，鲁迅和丘氏也并不完全一致，上面所说的"某种程度的共识"，其含义就是这层意思。

在丘氏那里，"奴隶根性"是一个从生物学的自然史观导引到社会批评当中的概念，他认为，包括人在内的过团体生活的动物，出于团体竞争的需要，"服从性""协调一致""奴隶根性"是生存竞争不可缺少的伦理要求，因此所谓"奴隶根性"也是伴随着人类历史的发展而被培养起来的，到了近代，随着在竞争中团体灭亡系数的减小，"奴隶根性"便开始退化，而逐渐被自由思想所取代。因此，在价值判断上，"奴隶根性"就是一个相对的概念。一方面，丘氏明确指出，"奴隶根性"的退化和消灭，是不可避免的"自然大势"，是"一度前进之后便不再后退的历史潮流之一"[3]。他在强调独立自尊时，对"奴隶根性"的有力针砭上面已经介绍过了。但另一方面，他的批判又是有所保留的，"说到奴隶根性，听上去或许会有非常卑劣下贱之感，但对阶级型的团体来说，却是生存上的最重要的东西，其越是发达的团体，和敌人竞争获胜的可能性也就越大"[4]。因此，"在这样的团体当中，奴隶根性实应尊为最高的道德"[5]。我认为这是丘氏的

---

[1] 鲁迅：《鲁迅全集》第4卷，第298页。

[2] 鲁迅：《鲁迅全集》第6卷，第546页。

[3] 丘浅次郎：「一代後を標準とせよ」，『煩悶と自由』，『丘浅次郎著作集Ⅱ』，第188页。

[4] 丘浅次郎：「新人と舊人」，『煩悶と自由』，『丘浅次郎著作集Ⅱ』，第57页。

[5] 丘浅次郎：「新人と舊人」，『煩悶と自由』，『丘浅次郎著作集Ⅱ』，第59页。

矛盾之处。

很显然,"奴隶根性"在鲁迅那里不具备这种相对的特征,而是个彻底否定的概念,因此鲁迅对其攻击程度的深广和不遗余力,都是丘氏所不能比拟的。由此可以看到鲁迅对丘氏的取舍。

（五）"黄金世界"

丘浅次郎有一个显著的特点,那就是在他的论说当中有很多内容是涉及"未来"的。如从《进化与人生》当中的《战争与和平》（1904）、《人类的生存竞争》（1905）、《人类的将来》（1910）开始,到《烦闷与自由》里的《战后人类的竞争》（1918）、《烦闷的时代》（1920）、《现代文明批评》（1920）,再到他把在写文章中的关于未来的某些观点完整扩展到《人类的过去、现在及将来》（1914）和《从猿群到共和国》（1926）这两本书中,可以说丘浅次郎问题的指向性都是针对未来的,说他是个"未来论者"也不为过。而且从社会批评的角度看,诚如前文提及今西锦司对其所做评价:

> 在丘浅次郎之后,作为进化论研究者,虽然还可以举出小泉丹、德田御稔、八杉龙一等人,但从进化论立场批评现代文明,而且还不只现代文明,进而又论及人类未来的,不论以后还是以前,除了丘浅次郎之外恐怕还找不到第二个日本人。筑波常治指出丘浅次郎是伟大的思想家,对此我没有异议。

那么丘氏关于"未来"的看法是怎样的呢?关于这个问题,由于不能在此作充分的展开,所以笔者准备暂借筑波常治的观点来做一个收束。筑波常治指出:

> 在丘浅次郎对未来的预测当中,会让人感到他有浓厚的厌世思想的阴影。这个阴影在达尔文身上原本就有。从把进化论作为人生观的这一观点来看,进化论可分为乐天和厌世两股潮流。前者视进化近乎于进步,期待人类的将来会有更加辉煌的发展。后者则相反,重视那些在生存竞争中,处于因弱肉强食而繁荣的

种属之阴影下的灭亡的种属和个体。可以说，达尔文代表着后一种倾向。[①]

又指出：

> 由思想史的见地来观察进化论，可以大别为两股潮流。一股是把进化大致等同于进步，认为包括人在内的生物会自行朝着好的方向变化，因此是以蔷薇色描画未来的乐天立场。另一股潮流与之相反，关注这变化过程中反复出现的生存竞争，以为弱肉强食的角斗场是生物不可避免的宿命，采取的是厌世立场。丘浅次郎——在日本人中很少见地——以后者的立场来批判代表前者的斯宾塞主义。[②]

笔者认为，筑波常治从思想史的角度对丘氏关于未来的看法的概括是很准确的。在丘氏的"未来"概念里，几乎找不到任何乐观的内容，的确可以说是悲观的或者厌世的。不过，通读完丘氏的全部著作，重新再做平心静气的思考以后，笔者又觉得在丘氏关于未来的"厌世"或"悲观"的预测背后，似乎还有更深一层的含义，由于篇幅所限，笔者想另找机会进行讨论，这里只做一个备忘的笔记。笔者认为，在丘氏的预测中，有置之死地而后生的含义，他是在通过强调未来的危机，来迫使人们作出现实的抉择。用鲁迅所说的"绝望之为虚妄，正与希望相同"[③]的话来解释丘浅次郎似乎并无大碍。

和丘浅次郎的积极讨论未来相比，鲁迅给人的感觉似乎很不相同，他更重视的是现在，而对讨论将来好像没什么兴趣。人们都知道，在他看来，不拯救现在也就无所谓将来，因为"杀了'现在'，也便杀了'将来'"[④]。不过，这也都是对鲁迅的印象而已，仔细一查也会有出人意料之处。比如

---

① 筑波常治：「近代日本思想大系 9・丘浅次郎集・解説」，第 447—448 页。
② 筑波常治：「進化と人生・解説」，『丘浅次郎著作集 I』，第 309—310 页。
③ 鲁迅：《野草·希望》，《鲁迅全集》第 2 卷，第 182 页。
④ 鲁迅：《热风·五十七　现在的屠杀者》，《鲁迅全集》第 1 卷，第 366 页。

说，据笔者的近似统计，在《鲁迅全集》里"将来"这个词共出现过595次，再加上意思几乎相同的"未来"出现的74次，其频度也就将近有700次，这个数字虽然远远低于"现在"（出现3455次，"目前"出现112次）的出现次数，但是比"过去"（出现268次，"从前"出现96次）要高出近一倍。就是说鲁迅言及"未来"的地方实际上还是很多的。那么鲁迅的"未来观"是怎样的呢？

总的来讲，是悲观的预测远远多于乐观的憧憬，对未来的担忧和警告也远远多于期盼。当然，鲁迅的"未来"观是有变化的，在不同的历史时期内所表现的内容也不尽相同，但从总的趋势上讲，不仅是悲观大于乐观，而且亦由青年时代的乐观转向悲观。说鲁迅在本质上是悲观的，那倒不一定，但至少在言论上看是如此。

如鲁迅在留学时代，由于"未来"连接着梦想，所以大抵是憧憬和乐观的，可用"吾未绝大冀于方来"①和"意者文化常进于幽深，人心不安于固定，二十世纪之文明，当必沉邃庄严，至与十九世纪之文明异趣"②这样的话来概括。

到了五四时期，虽再度对"未来"产生热情，但已经不那么自信，说"没有吃过人的孩子，或者还有？"③也罢，说"杀了'现在'，也便杀了'将来'。——将来是子孙的时代"④也罢，"未来"已经变得空疏无力了。虽然，在晚年还有过关于"未来"的热情，说"惟新兴的无产者才有将来"⑤，但是这种乐观的表述实在是太少了，只能看作个例。

然而，悲观多于乐观，绝望多于希望，和鲁迅所处的现实有关，他不可能从眼前的黑暗中推导出未来的光明。因此，在对"未来"的看法以及悲观结论的推导方式上，鲁迅和丘浅次郎也没有什么本质上的不同。唯一的区别是后者对"未来"多做正面的阐述，鲁迅则很少专门正面来谈"未来"。

---

① 鲁迅：《集外集拾遗补编·破恶声论》，《鲁迅全集》第8卷，第25页。
② 鲁迅：《坟·文化偏至论》，《鲁迅全集》第1卷，第56页。
③ 鲁迅：《呐喊·狂人日记》，《鲁迅全集》第1卷，第454页。
④ 鲁迅：《热风·五十七 现在的屠杀者》，《鲁迅全集》第1卷，第366页。
⑤ 鲁迅：《二心集·序言》，《鲁迅全集》第4卷，第195页。

笔者认为，在对"未来"的悲观看法，或者说是拒绝对"未来"的美好承诺中，丘浅次郎和鲁迅之间可以用一个关键词来衔接，这个词就是"黄金世界"。

首先，在丘氏那里，所谓"黄金"总是和乌托邦世界里令人鄙视的"黄金"，以及"理想"联系在一起，因此所谓"黄金世界"亦不过是乌托邦世界或幻想的代名词。

> 大凡为推动世间进步，理想固然重要，但理想有能够实现的理想和不能实现的理想。单单作为理想，像乌托邦中写的那样，用黄金来打造夜壶和罪人的枷锁，让世人养成鄙视黄金的习惯，这种想法固然不妨，但倘若是实际上做不到的理想便什么用处都没有。（1904）[1]

因此，在表现有幻想色彩的事物时，丘氏便经常使用"黄金世界"，比如，他不认为会有真正的人道或和平：

> 想想看，人道这种东西实际上存在吗？或者像幽灵那样只是止于传说，实际上并不存在？如果每个人都去实行人道的话，那么世上将会丝毫无所争，当会是一个真正的和平极乐的黄金世界了。（1906）[2]

> 人情风俗固不会因为物质文明的进步而变好。根据我等的一个想法，今后距万民丰衣足食，毫无不平的理想黄金世界会越来越远吧。（1904）[3]

又比如，对于社会革命，丘氏也是怀疑的：

> 历史上多有因不满社会现状而发动大革命的例子，由于总是归罪于社会制度，而忘记人是怎么回事，以为只要制度改了就

---

① 丘浅次郎：「人類の誇大狂」，『進化と人生』，『丘浅次郎著作集Ⅰ』，第 7 页。
② 丘浅次郎：「人道の正体」，『進化と人生』，『丘浅次郎著作集Ⅰ』，第 55 页。
③ 丘浅次郎：「戦争と平和」，『進化と人生』，『丘浅次郎著作集Ⅰ』，第 96 页。

会变成黄金世界，因此在革命之后，除了看到过去扬威耀武者的衰败，暂时略感愉快之外，并无任何有趣可言，世间浇漓依旧，竞争激烈依如往昔。①

因此，丘氏也通过这个词来无情批判人们对未来的不切实际的想象。再请看下面的两段话：

> 什么彼世，什么未来，什么天国，什么灵魂世界，名称不尽相同，这看不见的宇宙，要而言之，便是可见宇宙的上面的一层。有趣的是，这二楼的客厅总是跟楼下的客厅非常相似。人即便可以根据想象对已知事物进行各种组合，但却想不出完全不同的别一种东西。不论在哪国，天国都只由下界之物来建造，只是把下界之物理想化。有个农夫说，要是他当上国王，就一定要用黄金给粪桶做个金箍。天国亦是如此。在爱斯基摩人的天国里，一定游着织锦般的海豹；在印度的天国里，也一定盛开着车轮一样大小的莲花；在非洲的天国里，猩猩和狮子大概都很温顺；而在南洋的天国里，天空中怕是要挂满香蕉的吧。如此这般，灵魂世界的材料，皆由自己身边的这个可见的宇宙中取来。这情形，无异于低能的作者无论怎样努力都写不出低能小说以外的作品来。（1921）②

> 为了让自己身居的社会好起来，当然谁都得努力，大家都努力的话，便一定会有那份努力的效果，不过，倘拿不出一个更好的妙法来，就会像阿尔志跋绥夫小说里的那个工人绥惠略夫所说的那样，只能看到这样一个结果，即"新的世界会来的吧……却决不是一个更好的世界"。（1919）③

---

① 丘浅次郎：『進化論講話』，开成馆，1904 年，第 601 页。

② 丘浅次郎：「追加三　我らの哲学」，『進化と人生』，『丘浅次郎著作集Ⅰ』，第 291—292 页。

③ 丘浅次郎：「自由平等の由來」，『煩悶と自由』，『丘浅次郎著作集Ⅱ』，第 53 页。

我认为，在"黄金世界"的问题上，可以更多地看到鲁迅与丘浅次郎思想上的一致之处。在中文版《鲁迅全集》（2005）中，鲁迅本人使用"黄金世界"一词的文章有《娜拉走后怎样》《春末闲谈》《影的告别》《忽然想到（七至九）》，以及《两地书》（四）。在相同的意义上使用"黄金世界"一词的文章为《头发的故事》《这回是"多数"的把戏》。关于"黄金世界"一词的由来，正如北冈正子所指出的，可认为是来自鲁迅从德语翻译的阿尔志跋绥夫的小说《工人绥惠略夫》[①]。令人感兴趣的是，或许偶然巧合，当把鲁迅的文章拿来与上面所引丘浅次郎的文章相比较，则二者对阿尔志跋绥夫的理解一致。

> 但是，万不可做将来的梦。阿尔志跋绥夫曾经借了他所做的小说，质问过梦想将来的黄金世界的理想家，因为要造那世界，先唤起许多人们来受苦。他说，"你们将黄金世界预约给他们的子孙了，可是有什么给他们自己呢？"有是有的，就是将来的希望。但代价也太大了，为了这希望，要使人练敏了感觉来更深切地感到自己的苦痛，叫起灵魂来目睹他自己的腐烂的尸骸。惟有说谎和做梦，这些时候便见得伟大。所以我想，假使寻不出路，我们所要的就是梦；但不要将来的梦，只要目前的梦。（1924）[②]

而且，如同丘氏否定"黄金世界"一样，鲁迅也断然拒绝，说：

> 有我所不乐意的在天堂里，我不愿去；有我所不乐意的在地狱里，我不愿去；有我所不乐意的在你们将来的黄金世界里，我不愿去。（1924）[③]

又比如，上面引用了丘氏的关于人们对未来的想象的论述，实际上同样的意思鲁迅也说过。农夫想象国王的"粪桶的箍"是用黄金来打造，可

---

① 参照日译本《娜拉走后怎样》译注。「ノラは家を出てからどうなったのか」訳注（一），『鲁迅全集Ⅰ』，学習研究社，1984年，228页。
② 鲁迅：《坟·娜拉走后怎样》，《鲁迅全集》第1卷，第167页。
③ 鲁迅：《野草·影的告别》，《鲁迅全集》第2卷，第169页。

用来对照鲁迅讲述的浙江西部"嘲笑乡下女人无知的那个笑话":

> "是大热天的正午,一个农妇做事做得正苦,忽而叹道:'皇后娘娘真不知道多么快活。这时还不是在床上睡午觉,醒过来的时候,就叫道:太监,拿个柿饼来!'"(1933)①

与丘氏所说的"二楼客厅"的意思相对应,在鲁迅那里,也有几个非常相似的例子:

> 我们有一个传说。大约二千年之前,有一个刘先生,积了许多苦功,修成神仙,可以和他的夫人一同飞上天去了,然而他的太太不愿意。为什么呢?她舍不得住着的老房子,养着的鸡和狗。刘先生只好去恳求上帝,设法连老房子,鸡,狗,和他们俩全都弄到天上去,这才做成了神仙。也就是大大的变化了,其实却等于并没有变化。(1934)②

> 天才们无论怎样说大话,归根结蒂,还是不能凭空创造。描神画鬼,毫无对证,本可以专靠了神思,所谓"天马行空"似的挥写了,然而他们写出来的,也不过是三只眼,长颈子,就是在常见的人体上,增加了眼睛一只,增长了颈子二三尺而已。这算什么本领,这算什么创造?(1935)③

> 我曾经爱管闲事,知道过许多人,这些人物,都怀着一个大愿。大愿,原是每个人都有的,不过有些人却模模胡胡,自己抓不住,说不出。他们中最特别的有两位:一位是愿天下的人都死掉,只剩下他自己和一个好看的姑娘,还有一个卖大饼的;另一位是愿秋天薄暮,吐半口血,两个侍儿扶着,恹恹的到阶前去看秋海棠。这种志向,一看好像离奇,其实却照顾得很周到。(1934)④

---

① 鲁迅:《伪自由书·"人话"》,《鲁迅全集》第5卷,第80页。
② 鲁迅:《且介亭杂文·中国文坛上的鬼魅》,《鲁迅全集》第6卷,第156页。
③ 鲁迅:《且介亭杂文二集·叶紫作〈丰收〉序》,《鲁迅全集》第6卷,第227页。
④ 鲁迅:《且介亭杂文·病后杂谈》,《鲁迅全集》第6卷,第167页。

（六）关于"途中"与"中间"

不过，丘氏进化论思想本身与鲁迅是否相关呢？回答也是肯定的。私以为至少在两个问题上鲁迅通过丘氏展开的进化论理解并且接受了他的"哲学"。第一点是接受了丘氏所阐释的"途中"和"中间"概念，并化作自己的历史观；第二点是理解和消化了丘氏的"无界限之区别"（「境界なき差別」）之说。

"途中"和"中间"是丘浅次郎在阐释进化论和他关于人的"生物学看法"时所经常使用的重要概念。在表示"相对的"意义上，这两个概念意思接近，但"途中"主要在"进化"或"退化"的纵向坐标上使用，表示某一经过点，而"中间"虽有时也用于"纵向"描述，却主要在描述物与物之间的"区别"时使用。

首先，"途中"的概念诞生于对生物进化过程的描述，例如，"在现在生存的数十万种生物当中，处在上述的变迁顺序途中位置的不胜枚举"[1]；"人类属于猿类，不仅在解剖学和发生学上很明确，亦可由血清实验所明确证实。如果说人类也和其他猿类一样由猿类共同祖先逐渐分歧而产生出来，那么从祖先到今天的人类的途中的化石，似乎还会少许残存于地层当中"[2]。

其次，尤其用于人在自然界所处位置的描述——在这一点上，丘浅次郎显然继承了达尔文、赫胥黎和海克尔的观点[3]，却又在此基础上有更进一步的发挥，用他的话说，就是以"生物学的看法"来看待人。所谓"生物学的看法"，是丘浅次郎独创的名称，"一言以蔽之，这是把人作为生物的一种来看待"。他接着说——

> 也就是说，不是把人作为与其他生物完全乖离的一种特别的东西，而只是单纯地作为生物的一种来看待，把人类社会的现

---

① 丘浅次郎：「追加一 生存競争と相互扶助」,『進化と人生』,『丘浅次郎著作集Ⅰ』,第 241 页。

② 丘浅次郎：『進化論講話』，第 573 页。

③ 参见丘浅次郎：『進化論講話』「第十五章 ダーウィン以後の進化論」。

象也看作生物界现象的一部分来加以观察，想象着把从诸如细菌那样简单的微生物到猴子和人那样的高等动物都集合在一起的情形，统观全部而不是只去看人。如果将此比作看戏，那么就好比把所有生物——从细菌、阿米巴到猴子、猩猩都摆成一排当作舞台背景，再把人拉到到前面来上演浮世狂言，然后自己再迅速从舞台上离开跑到看客的席上来观赏，只有在这样的心情之下，才会有公平的观察。在人类当中，有很多部分是通过这样的观察才弄清楚意思的。[①]

在这样的看法之下，也就明白了"什么是人"以及人所处的位置，同时也发现此前关于"人"的看法和学问——哲学、伦理学、教育学、社会学和宗教学等有多么荒诞。这就是《进化论讲话》在讲完进化论后，分别以第十九章"人在自然当中的位置"和第二十章"进化论给予思想界的影响"所阐述的内容。其归结为一点，就是"如现今所见，有数十万种动植物，人只是其中的一种，是和其他动物完全遵从同一法则，完全基于同一进化原理发达起来的，今天也正处在变迁的途中"[②]。

丘浅次郎以"途中"这一概念将进化论否定"人是万物之灵"从而将人彻底相对化的观念告诉给他的读者：

> 生物学进步的结果，是使人们清楚地知道人也是兽类的一种，这和天文学进步的结果是使人知道地球是太阳系中的一颗行星非常相似。在天文学不发达的时代，不论是相隔不到四十万公里的月亮，还是相隔一亿五千万公里的太阳，或者比太阳更远几千倍、几万倍的星星都被汇集到一处，把那所在命名为"天"，用以和"地"相对，不知道我们居住的地球在动，而只以为日月星辰在旋转。伴随着天文学的发展，才逐渐知道月亮围绕地球转，地球和其他行星围绕太阳转，而天上能够看见的其他星星几乎都

---

① 丘浅次郎：「生物学的の見方」，『進化と人生』，『丘浅次郎著作集Ⅰ』，第40页。
② 丘浅次郎：「人類の誇大狂」，『進化と人生』，『丘浅次郎著作集Ⅰ』，第5页。

和太阳具有同样的性质,地球在宇宙中所处位置也多少弄清楚了。地动说刚出现那会儿,在耶稣教徒当中引起的骚乱煞是了得,教会极尽各种手段,以不使这种异端之说传播,不知为此杀了多少人。然而真理到底不可永久压服,现在就连上小学的孩子也知道是地球围绕太阳转了。

关于人类在自然界所处位置,也多少与此有些相像。最初认为人是一种灵妙特别之物,觉得天、地、人可以对等,取名为"三才",不论是几乎没有任何构造的下等生物,还是和人一样拥有相同构造的猴子和猩猩等都一概归属于这地,这种情形与把距地球不到一秒半光速距离的月亮和八分多光距的太阳,乃至相距几或几十光年的星星都同等看待没有任何区别。然而随着生物学的进步,先是把人放在动物界看作兽类当中特别的一种,然后再编入猿类的同目,进而在猿类当中只以人类和东半球的猿类设一亚类,起名"狭鼻类",而得知人是在比较近的一个时期从猿类分化而来的,人类在自然界中的位置由此才弄明白。这种情形,与由地动说而明确地球的位置毫无二致。①

而在《进化论讲话》出版以后,他又在上述基础上展开了独特的思想批判,明确了作为生物的人的思想和精神界限:

看今天的哲学、伦理、教育、宗教等书籍,几乎没有一册不呈现夸大狂的症候。尤其叫做哲学的,仅仅凭借自己只有三斤重而且尚处在进化途中的脑髓的活动,就想来解释宇宙万物,即便是在夸大狂当中,也算得上是非常严重的一种了。②

哲学家似乎从一开始就认定只有自己的脑力是完美无缺的,转动一下脖子,仅凭思辨就想看破宇宙真理,而对大脑的发育变迁之类却完全不放在心上。然而,比较各种动物的大脑,探索人

---

① 丘浅次郎:「第十八章 自然における人類の位置」,『進化論講話』,第723—725页。
② 丘浅次郎:「人類の誇大狂」,『進化と人生』,『丘浅次郎著作集Ⅰ』,第5—6页。

类大脑的进化路径，在将其与其他动物相对照来总体考虑人类的全体，则无论是无智的迷信者还是著名的哲学家，其实都是五十步和百步之别，这其间虽有非常大的差别是肯定的，但正因为是发生于同一个祖先，朝着同一个方向演进，而且又都尚处于今后可进一步进化的途中，则在并非绝对完美这一点上是相同的。①

笔者认为这是丘浅次郎思想当中最为精彩的部分，他在"进化"的维度上，把人在宇宙和自然界中的位置彻底相对化，同时也把人的精神和思想彻底相对化，在否定任何"绝对"和"权威"的意义上把人与"人间之历史"拉回到现实本身，体现了以科学实验为前提的近代现实主义精神，是具有划时代意义的革命思想。这种思想的革命性，恰好与同一时期被介绍到日本又同样对鲁迅构成重大影响的尼采有着异曲同工之妙。"尼采氏的哲学"在当时是被作为"哲学史上第三期之怀疑论"来介绍的，介绍者这样转述了尼采对既往哲学的挑战：

> 尼采所到之处，把古今哲学家骂得人仰马翻，主张哲学家身上存在着遗传性谬误。他们所说的绝对，他们所说的真理，以为是不可动摇的，盖可笑之极！把人类有限的部分拿来，仅以区区四千多年的事迹，而老早作为断案的根基，树立为普遍的原理，还有比这更不靠谱的吗？正如同过去的哲学家不承认人类是无始无限的转化中的一个点一样，若承认了这一点，那么人类所具有的认识能力，也就会被看成是在这转变漩涡中的一个泡沫。然而那些哲学家却凭借如此的认识力，说真理，唱绝对，何其愚不可及也？他们相信这种认识力吗？他们会以区区四千多年而以为永久吗？我们在无始无终的转化当中其实只占一个点，又如何能凭借这一个点而求得真理呢？我们之所谓绝对者如何呢？夫能得以

---

① 丘浅次郎：「脳髄の進化」，『進化と人生』，『丘浅次郎著作集 I 』，第21页。

绝对乎？①

正是在这个前提下，在留学过程中已经理解了近代科学精神，即"学则构思验实，必与时代之进而俱升"②的鲁迅也就顺理成章地接受了丘浅次郎的"途中"和"中间"的概念，并且将其化作自己的语言：

> 我想种族的延长，——便是生命的连续，——的确是生物界事业里的一大部分。何以要延长呢？不消说是想进化了。但进化的途中总须新陈代谢。所以新的应该欢天喜地的向前走去，这便是壮，旧的也应该欢天喜地的向前走去，这便是死；各各如此走去，便是进化的路。③

> （我）以为一切事物，在转变中，是总有多少中间物的。动植之间，无脊椎和脊椎动物之间，都有中间物；或者简直可以说，在进化的链子上，一切都是中间物。④

关于鲁迅的"中间物"观念，中国学者已阐述得很多，读者亦很熟悉，这里不做展开。而相关的丘氏"中间"一词的用例，将在以下展开的问题中看到。

七、关于"无界限之区别"

"中间"一词虽常与"途中"一词连用，但更多的是用于表示"物界"之别——即丘浅次郎所说的"境界"。例如：

---

① 吉田静致：「ニーチユエ氏の哲学（哲学史上第三期の懐疑論）」，原载『哲学雑誌』1899 年 1 月，收入高松敏男、西尾幹二：『日本人のニーチェ研究譜　ニーチェ全集別卷』，白水社，1982 年，第 308—309 页。关于日本的"尼采"与鲁迅的关系问题，请参阅拙论《留学生周树人身边的"尼采"及其周边》。

② 鲁迅：《坟·科学史教篇》，《鲁迅全集》第 1 卷，第 26 页。

③ 鲁迅：《热风·随感录四十九》，《鲁迅全集》第 1 卷，第 354—355 页。

④ 鲁迅：《坟·写在〈坟〉后面》，《鲁迅全集》第 1 卷，第 301—302 页。

早年在属于荷兰领地的印度，发现了一种猿人（Pithecanthropus），这是一种处在猴子和人中间位置的动物，其盛装脑髓的头盖骨腔所的大小宽窄，也正好介乎于猴子和人中间。①

不论什么学科，都需要有不能通过实验所马上证明出来的假说，这恰如处在灯火可以照亮之处，和灯火全然照耀不到的黑暗之处中间的半明半暗一带，只能一半靠想象加以说明一样。当然其不完全是肯定的，却会是将来制定研究方针时很大的参考，因此对加速学术的进步是相当有效的。②

如果让我如实讲出我所想的，那么自然当中既有美的，也有丑的，既有介乎于美与丑中间的东西，也有美与丑以外的东西。所以在谈论自然时，只去说很自然的美是极为偏颇的，决谈不上正当。③

很显然，"中间"也是表示"相对的"的概念，但与"途中"表示进化链条上的"相对"不同，主要用于表示物与物之间区别时的"相对"，甚至用来否定"境"或"界"所划分的"界限"。这是丘浅次郎的一种独特的认识论，用他的话来概括，就叫做"无界限之区别"（「境界なき差別」）。"在这两种之间似乎有一条界限判然可见，但只要把很多实物汇集到一起，就会发现有很多东西具有两者之中间性质"④；"即使是在差别极为明显的种类之间，只要去仔细调查就会知道，在这之间必有中间性质之物，而最终又无法界定它们"⑤。

"无界限之区别"的认识，最早是在《进化论讲话》中体现出来的，其第11章"分类学上的事实"（「分類学上の事實」）开篇就讲述"种

---

① 丘浅次郎：「脑髓の进化」，『进化と人生』，『丘浅次郎著作集Ⅰ』，第19页。
② 丘浅次郎：「脑髓の进化」，『进化と人生』，『丘浅次郎著作集Ⅰ』，第25—26页。
③ 丘浅次郎：「所謂自然の美と自然の愛」，『进化と人生』，『丘浅次郎著作集Ⅰ』，第139—140页。
④ 丘浅次郎：「境界なき差別」，『煩悶と自由』，『丘浅次郎著作集Ⅱ』，第139页。
⑤ 丘浅次郎：「境界なき差別」，『煩悶と自由』，『丘浅次郎著作集Ⅱ』，第140页。

之界限无法明确区分"。后来又专门撰文做进一步阐发，题目就叫做"无界限之区别"：

> 看到这题目，或许有人会认为很变态。倘若是有区别，那么中间就一定会有界限，因为没有界限，就不会有两边的区别，所以或许会有人认为，这无界限之区别这个题目当中已经包含了矛盾。然而对于在此所要讲述的事情，只要一句"有区别而无界限"便可全都说尽了，再也加不上一个更合适的题目。①

丘浅次郎首先从生物学举例来说明他的这一观点。"关于实物，从事自然物研究的人会不断遭遇到无界限之区别"，他列举了"蛭与蛭""蛭与蚯蚓""鱼类与兽类""脊椎动物与无脊椎动物""动物与植物"的例子，以说明它们之间的"有差别而无界限"，然后再谈到日常生活中那些"有差别而无界限"的例子："晴天和雨天""彩虹之七色""春夏秋冬""昼与夜""固体和液体""醒与眠""有意识和无意识""聪明与愚蠢""健康与疾病""年老与年轻""新与旧""大与小""轻与重"，"这些加上相对名称的事物，只要拿两端相比较，便会区别立判，却又很难在它们之间划出一道界限来"②。

在丘浅次郎看来，"有区别而无界限是宇宙的真相"。在这个前提下，他指出了人类认识存在的误区，即"把有区别看作无区别之误，把无界限看作有界限之误"。"因此，不论议论什么，都不要忘记一个根本的事实，那就是有区别而无界限，如果不注意两个方面，就免不了要陷入到一方的误区里去"③。

那么，人类为什么会产生上述认识上的误区呢？在丘浅次郎看来，其原因完全在于人类所使用的语言。

---

① 丘浅次郎：「境界なき差別」，『煩悶と自由』，『丘浅次郎著作集Ⅱ』，第139页。
② 丘浅次郎：「境界なき差別」，『煩悶と自由』，『丘浅次郎著作集Ⅱ』，第140—143页。
③ 丘浅次郎：「境界なき差別」，『煩悶と自由』，『丘浅次郎著作集Ⅱ』，第147页。

本来，事物的名称都是为了和其他事物相区别而起的，所以完全是基于相互间的差别而命名，一时并不怎么在意这个中间的变化。彩虹的七色名称便是最合适的例子，除了特征格外明显的部分之外并不去命名。避免明显高出来的地方就起名叫什么山，地面明显宽阔的地方就起名叫什么原，其界限的漠然一时并不怎么看重。看见自己的身体，也给各个部分加上名字，什么手啦胳膊啦肩膀啦脖子啦，但它们之间并无严格的界定。然而，即便不定下界限，只要给各个部分安了名字，便不耽误日常会话，什么胳膊受伤了，脖子鼓包了之类。把实物摆在眼前从事调查研究的人，不必担心会忘却事物的名称与所有具备该性质之物的关系。然而那些离开实物只靠语言从事思考的人们，就会为语言一一下定义，确定其内容范围，划定与相邻语词的界限，似乎不这样做便无法整理思想，在所到之处制造界限，后来便会产生想法上的弊端，以为这样的界限从一开始就有，遂到了认为物与物之间非必有界限不可的地步。①

对于人来说，语言有多么重要不必特意论述，不论是理科还是文学、宗教、艺术，离开语言便终究发达不起来，但反过来说被语言误导，因语言而产生无谓的烦恼，这种事也绝不在少数。所谓被语言所误导，就是深信没有界限的地方有界限，而迄今为止，有多少大学者不知因此而打了多少无用的口水仗。②

丘浅次郎的这种强调相对化，强调从整体看待事物的认识论，也可以在后来的鲁迅身上清晰地看到。例如，丘指出，"人们总是忍不住要在除夕和元旦之间划上一条判然可分的界限"是人们通常的思考习惯，鲁迅关于"过年"也便多次说过"过年本来没有什么深意义，随便那天都好"③；

① 丘浅次郎：「境界なき差別」，『煩悶と自由』，『丘浅次郎著作集Ⅱ』，第147—148 页。
② 丘浅次郎：「境界なき差別」，『煩悶と自由』，『丘浅次郎著作集Ⅱ』，第150 页。
③ 鲁迅：《且介亭杂文二集·序言》，《鲁迅全集》第6卷，第225页。

丘氏如上着重指出了人被"语言所误",鲁迅则借苏轼"人生识字忧患始"的成句,干脆提出"人生识字胡涂始":"自以为通文了,其实却没有通,自以为识字了,其实也没有识。……然而无论怎样的胡涂文作者,听他讲话,却大抵清楚,不至于令人听不懂的——除了故意大显本领的讲演之外。因此我想,这'胡涂'的来源,是在识字和读书。"①

又如,丘氏强调从不同角度看问题会有不同的认识结果:

> 所有事物会因看法的不同而被看成各种不同的东西,即使是看同一种事物,看法一变,几乎会变成全然不同的另一种事物。例如在这里摆上一只水杯,从上面看是圆的,从旁边看就是长方形的。对待世界每天发生的事物,有的人从道德方面看,有的人从政治方面看,有的人从教育方面看,有的人从卫生方面看,凡此种种,所看的方面各不相同,而只有把从所有方面看到的结果综合起来才会了解事物的真相。只从一方去看,而忘了从其他方面看,便决不会获得正确的观念。②

同样的认识论也体现在鲁迅关于人们对《红楼梦》的评价中:

> 《红楼梦》是中国许多人所知道,至少,是知道这名目的书。谁是作者和续者姑且勿论,单是命意,就因读者的眼光而有种种:经学家看见《易》,道学家看见淫,才子看见缠绵,革命家看见排满,流言家看见宫闱秘事……。
>
> 在我的眼下的宝玉,却看见他看见许多死亡;证成多所爱者,当大苦恼,因为世上,不幸人多。……
>
> 现在,陈君梦韶以此书作社会家庭问题剧,自然也无所不可的。③

---

① 鲁迅:《且介亭杂文二集·人生识字胡涂始》,《鲁迅全集》第6卷,第306页。
② 丘浅次郎:「生物学的の见方」,『進化と人生』,『丘浅次郎著作集Ⅰ』,第39页。
③ 鲁迅:《集外集拾遗补编·〈绛洞花主〉小引》,《鲁迅全集》第8卷,第179页。

而毫无疑问，在上述前提下，丘氏和鲁迅在主张应该完整地看人看事这一点上也是完全一致的。

另外，在丘浅次郎与鲁迅的关系当中还有重要的一点应该提到，那就是在关于"退化"问题上两者的关联与差异。不过由于篇幅关系再次从略，待另找机会发表。至此，可以对本论做一小结。

结语：东亚近代的"知层"

本论确认了在中国接受进化论思想的过程中，作为其概念载体的语词由严复《天演论》所代表的"天演"系统向加藤弘之所代表的"进化"系统的转变，并在这一背景下，探讨了进化论在鲁迅那里的容受过程，即由严复以《天演论》翻译赫胥黎到杨荫杭以《物竞论》翻译加藤弘之，再到他通过日语直接阅读日本的进化论。在日本的进化论与鲁迅的关系当中，本论重点探讨了丘浅次郎与鲁迅的关系。

在鲁迅对进化论的接受过程当中，"严复以外"的进化论对其构成的作用和影响是不可无视的存在，在这个意义上提出"日本的进化论与鲁迅"的问题本身，也许意味着对既往研究框架的某种补充和修正，因为这项研究的展开还为时日浅，此后还当假以时日，做更进一步的深入研究。当然这并不意味着严复的影响和作用可以无视或贬低，而是意味着严复及其《天演论》将被纳入一个新的关于进化论的知识背景下来认识和评估，而关于严复的重新认识或许就包含在今后新的探讨当中。

笔者认为，与丘浅次郎的关系，承载着鲁迅与日本进化论关系的主要内容。从文本调查的结果来看，与丘浅次郎的关系还不只是吉田富夫指出的那个留学生"周树人"[1]，而更延及后来的文豪"鲁迅"。换句话说，鲁迅留学以后对丘浅次郎的关注、阅读和思考仍在继续。能在鲁迅文本中

---

① 李冬木译：《周树人的选择——"幻灯事件"前后》，《鲁迅研究月刊》2006 年第 2 期。原文请参见吉田富夫：『周樹人の選択——「幻燈事件」前後』，『佛教大学総合研究所紀要』第 2 号，1995 年。

留下大量"断片"或"痕迹"的日本著述者及其著作,除了丘浅次郎以外恐怕还找不出第二个来。正如前引周作人所言,鲁迅通过丘浅次郎真正理解了进化论。《进化论讲话》中译本译者刘文典也说,读该书"不费事就把进化论的梗概都懂得了"①。鲁迅通过《进化论讲话》理解进化论当是确凿无疑的。然而还不仅仅如此。通过丘浅次郎,鲁迅还获知了基于进化论的关于"人生",关于"人类的过去现在及未来",关于思想,关于社会,关于伦理等方面的具体发想,不仅借鉴了丘氏的表达方式,也借鉴甚至使用了丘氏所使用过的例证。条理清晰的进化论思想和作为出色随笔的高度的文章表现,在丘氏著作中是互为和统一的,也许正因为这一点,鲁迅才与之产生深刻的关系。然而,本论在最后两章,即(六)和(七)里重点探讨的是他们在"相对化"认识论方面的关联,这恐怕是丘氏进化论给予鲁迅的作为"近代科学哲学"的最大影响。

那么对于"丘浅次郎"这个研究课题来说,最后一个问题或许就是如何"统合"严复和丘浅次郎——具体说,就是两者在鲁迅那里构成怎样的关系呢?

前面已经介绍过,关于鲁迅与严复《天演论》关系的研究,张梦阳《中国鲁迅学通史》介绍得很详细,就目前最新到达点而言,或许当首推北冈正子的《鲁迅 救亡之梦的去向:从恶魔派诗人到〈狂人日记〉》一书。其对照英文原版、严复译本、日译本及鲁迅文本之后做结道:

> 如果极简单地来谈《天演论》的主旨,那么就是把清末所处的亡国状况把握为天之所为(天行),而解决这危机,就在于人能动地展开行动去战胜天,即"胜天为治"。……鲁迅受严复《天演论》最大的影响,就是这部书告诉他,人作为启动社会的要因,其作用如何重要,从而使他认识到,人应该是主动的行动者,这样才会战胜天。②

---

① 刘文典:《刘文典文集(第四册)·译者序》,安徽大学出版社,1999年,第529页。
② 北冈正子著,李冬木译:《鲁迅 救亡之梦的去向:从恶魔派诗人到〈狂人日记〉》,生活·读书·新知三联书店,第92—93页。

　　而这也是此前许多研究者的结论，北冈正子再次通过实证研究将其证实。然而，如果以此为前提来看待丘浅次郎，那么同样是进化论而且是在相同的意义上，丘浅次郎教给鲁迅的恐怕正好相反。如果说严复具有一种胜天为治、人定胜天、无所不能的张力，那么丘氏则更具有在人类"夸大狂"的状态中提醒人什么不能、什么做不到、什么是界限的清醒甚至由此而来的悲观。现在已知两者都作用于鲁迅，那么应该怎样看待呢？这的确是个问题。如果先在此拿出一个不成熟的结论的话，那么从鲁迅思想的发展走向上则大抵可以认为，严复在《天演论》中所诉诸的"胜天为治"的精神，即强调人的主观能动作用，在鲁迅留学后延长到了那些他所认为的"具有绝大意力之士"①和"摩罗诗人"②身上，从而不仅帮他找到崭新的精神载体，更由此赋予了他"争天抗俗"的浪漫激情；而丘浅次郎提供的则不仅是关于进化论的知识体系，还更是一种以科学实验为前提的认识方法，其对鲁迅此后发挥本领的现实主义具有积极的促成作用，而这一点又体现两者极其近似的气质：清醒和绝不相信没有"现在"的"将来"乃至"黄金世界"。而就作用的时期而言，前者主要在留学时期，后者则潜移默化到发表《狂人日记》以后并且凸显了鲁迅的主要特征。

　　而在此还有一点需要说明。丘氏认为，只要是生物，竞争便不可避免，这是自然界的"天"——如果用"天"的概念来表述丘氏之言——在这个意义上，丘氏的"天"也就与严复的"天"有所不同，前者认为"天"是不可打破的。因为生物离不开生存竞争，生存竞争是生物的存在方式，现存的生物都是历史上竞争中的获胜者。到这里为止，丘氏进化论与其他进化论也没有什么不同。然而分歧点也由此开始，那就是丘氏认为，人类通过过去的生存竞争而到达生物界的顶点，而此后人类以团体方式过度竞争便会导致人类走下坡路乃至毁灭，因此过去作为生存手段的竞争发展到极致之后便会演化为自行毁灭的手段，这是丘氏的辩证法，也是他的独特之处，而他的悲戚也正由此而来。

---

① 鲁迅：《坟·文化偏至论》，《鲁迅全集》第 1 卷，第 56 页。
② 鲁迅：《坟·摩罗诗力说》，《鲁迅全集》第 1 卷，第 65—120 页。

　　笔者同意既往关于鲁迅与《天演论》的基本看法，那就是鲁迅实际接受的是赫胥黎的"二元论"——即把自然界和人类社会区别开来，并分别命名为"宇宙过程"（Cosmic Process）和"伦理过程"（Ethical Process）。鲁迅承认前者，同时更追求人在"伦理过程"当中的确立，以到达严复所说的"胜天"＝"图强"的目的。这一点，在鲁迅留学日本以后，不仅没有改变或被冲淡，反倒更加强化。当包括丘浅次郎在内的占日本进化论主流的一元化的"有机体说"主张"国与国之竞争不可避免"，只能是"优胜劣败"的"进化伦理"时，鲁迅则对这种强者逻辑"说不"："嗜杀戮攻夺，思廓其国威于天下者，兽性之爱国也，人欲超禽虫，则不当慕其思。"① 很显然，在这一根本之点上，由"天演"到"进化"的进化论语汇系统的转换乃至"丘浅次郎"都并没造成《天演论》所赋予鲁迅的那种在"宇宙过程"强调"伦理过程"的基本内核——即关于人的伦理"概念"的改变。

　　这的确是鲁迅与丘浅次郎的最大的不同。不论丘浅次郎怎样影响了鲁迅，也不论鲁迅怎样接受了丘浅次郎，在这一"概念"上，两者之间的确画着一条明确的"分界线"。而这也正是在进化论容受当中"强者立场"与"弱者立场"的不同所致。丘浅次郎置身于在"日清""日俄"两场战争中获胜，而开始步入"文明国"行列的日本，当然要肯定"竞争"的"合理性"，并且强调"竞争"的不可避免和"优胜劣败"的必然性，只是在他身上完全看不到当时日本一般"国民"当中普遍存在的那种对于"战胜"的狂热，相反却表现出某种忧虑。他不仅担心日本这个国家（团体）能否在下一场战争中获胜，更对在以往的"生存竞争"中获胜的人类本身是否会自毁怀有恐惧，因为正如上面所述，在他看来，人类会在今后的竞争中因为自己的强大而像过去的"恐龙"和"猛犸象"那样，从一个"上坡的时代"跌落到"下坡的时代"，进而走向毁灭② 。这是丘浅次郎建构在"生

----

　　① 鲁迅：《集外集拾遗补编·破恶声论》，《鲁迅全集》第8卷，第34页。

　　② 参见丘浅次郎：「人間だけ別か」，『猿の群れから共和国まで』，『丘浅次郎著作集Ⅲ』。

物学的人生观"之上的"文明论"。那么鲁迅的情形又是怎样呢?他接触丘浅次郎的时候,正是中国被列强瓜分最为严重的时期,因此他也和那个时代觉醒了的许多中国读书人一样,在"优胜劣败"的"生存竞争"的现实中苦恼、烦闷、焦虑,却又难以接受眼前竞争的合理性,更无法甘愿接受竞争失败的结果。

鲁迅对强权进化论有很明确的批判,即"执进化留良之言,攻小弱以逞欲"①。然而他所想象的救国,却不同于主张"制造商估立宪国会"的所谓文明论,而是主张"立人":"是故将生存两间,角逐列国是务,其首在立人,人立而后凡事举;若其道术,乃必尊个性而张精神。"②因此他强调的是人的"伦理"和"精神",寄此探索打破现实的可能性。

然而,以上所述两者的区别,在更多的意义上意味着他们所面对的状况不同。正是环绕两人状况的相异,才导致了丘浅次郎与鲁迅对进化论取舍的相违。从这一点来看,便不应该把两者的区别绝对化,使两者完全对立起来。因为无论从哪一方的立场来接受进化论,都并未超越"图存"和"求强"这一大的历史框架。在这个意义上也可以说,丘浅次郎与鲁迅之间的"分界线",同时也是衔接两者的"结合线"。例如仅就进化的伦理而言,丘浅次郎最为重视的是团体内部成员的服从性与协调一致。在他看来,团体(民族或国家)的竞争,是竞争的最高形式,"在团体之间的竞争当中,为战胜敌人而最必要的性质,便是协调一致。团体之强就在于这里团体当中的个体能否都能个个协调一致,因此在这一点上,只要稍稍有那么一点赶不上敌人,就不会在竞争中获胜"③。"协调一致,说到实处,就只能是服从性"④。当然,这一伦理不可能被鲁迅所接受。鲁迅在"勾萌绝朕"⑤的现实当中期待着有"精神界之战士"⑥的出现,以此来打破"污

① 鲁迅:《集外集拾遗补编·破恶声论》,《鲁迅全集》第 8 卷,第 35 页。
② 鲁迅:《坟·文化偏至论》,《鲁迅全集》第 1 卷,第 58 页。
③ 丘浅次郎:「自由平等の由来」,『煩悶と自由』,第 32 页。
④ 丘浅次郎:「自由平等の由来」,『煩悶と自由』,第 40 页。
⑤ 鲁迅:《坟·摩罗诗力说》,《鲁迅全集》第 1 卷,第 65 页。
⑥ 鲁迅:《坟·摩罗诗力说》,《鲁迅全集》第 1 卷,第 87、102 页。

浊之平和"①。为此，他强调"任个人而排众数"②。如果仅从这一点上看，那么丘浅次郎和鲁迅便似乎正好相反，但他们之间却并非伦理本身的对立，而是伦理所面对的状况不同而已。丘浅次郎在近代国民国家这一团体的前提下图存求强，鲁迅是在革命的前提下追求同一种目标，在两者都强调伦理这一点上并没有根本上的区别。在这个意义上，虽然丘浅次郎的进化论并没能最终改变鲁迅进化论的伦理内核本身，却可以说在关于伦理的知识构造本身及其某种认识论方面，极大地充实和丰富了鲁迅的进化论。

在包括中国和日本在内的东亚近代思想文化的交流当中，的确存在着狭间直树所指出的所谓"知层"③现象，"翻译词语"和"翻译概念"就在这"知层"当中流动。通过制造者、接受者、使用者的主体筛选，有些作为某种概念被接受，有些概念又被新的词汇所表达，从而至今仍然影响到东亚的语言和思想。即使只以"进化论"这一根"涵管"向历史纵深探索，亦可获知东亚"知层"所曾有过的丰富的思想流动。这并非像某些学者所描述的那样，是对"西方殖民主义"的被动接受，而恰恰体现着来自不同主体的知性创造。鲁迅作为这样一根"涵管"，不仅把我们带向东亚近代"知层"生成的生动的历史现场，丰富我们关于东亚近代的知识，同时也会由那里的反射而加深我们对鲁迅本身的理解和认识。

---

① 鲁迅：《坟·摩罗诗力说》，《鲁迅全集》第 1 卷，第 70 页。
② 鲁迅：《坟·文化偏至论》，《鲁迅全集》第 1 卷，第 47 页。
③ 狭间直树：《东亚近代文明史上的梁启超》，在清华大学国学研究院的讲义（2012 年 10 月 18 日—12 月 6 日）。其所说的"知层"指潜在的"知识地层"。

《七死刑囚物语》与阿 Q 的 "大团圆"

一、"望买一本来，勿忘为要"

  1919 年 4 月 18 日—5 月 17 日，周作人赴日本探亲。人前脚在上海登船，"树"兄便在 4 月 19 日夜里给他写信，20 日早又特意在信尾加笔"又及"："安特来夫之《七死刑囚物语》日译本如尚可得，望买一本来，勿忘为要。"①那么，鲁迅读到了这本他格外叮嘱"勿忘为要"的书吗？中岛长文编《鲁迅目睹书目——日本书之部》列该书书目，提示"是否看到不明"②。笔者愿在此作一假设：鲁迅不仅读到了，而且在创作《阿 Q 正传》时还参考了这部小说。

  从 4 月 23 日早晨到 5 月 12 日傍晚，周作人在东京滞留 20 天③。根据其日记记载，他抵达的第二天就"至丸善、中西屋买书十七册"④，到 5 月 9 日为止，共在东京购书 75 册，其中也包括为"叔平""君默"等朋友代购的图书。其购书处、册数及所见若干书名统计如下：

---

① 鲁迅：《书信·190419 致周作人》，《鲁迅全集》第 11 卷，第 373 页。
② 中岛长文：『鲁迅目睹書目——日本書之部』，宇治市木幡御藏山，私版，1986 年，第 78 页。
③ 参见鲁迅博物馆藏：《周作人日记（影印本）》（中），大象出版社，1996 年，第 23—26 页。
④ 鲁迅博物馆藏：《周作人日记（影印本）》（中），第 24 页。

表 1　周作人 4 月 23 日—5 月 12 日买书情况统计

日期	书店名	册数（书名）
4 月 24 日	丸善、中西屋	17 册
4 月 25 日	神田	4 册
4 月 26 日	神田	4 册
4 月 28 日	神田、本乡	6 册、8 册
4 月 29 日	本乡	9 册（《科学之文法》）
5 月 3 日	丸善、南洋堂	5 册、2 册、1 册（5 月份《新潮》）
5 月 5 日	古本屋	1 册《走向民主》（『民主々主义方へ』）
5 月 6 日	丸善、勉强堂	5 册、1 册（《世界年谱》）
5 月 7 日	古本书	3 册、2 册
5 月 8 日	中西屋、古本屋	1 册（《犹大》）、1 册（《本能之奇异》）
5 月 9 日	本乡	4 册、1 册（《流行歌变迁史》）

5 月 14 日船中阅读《珊瑚树》《第二独步集》，5 月 16 日读"エレサエフ著《战记》"，5 月 18 日收到"丸善寄书二包，内《欧洲文学史纲》11 册，《蜘蛛》《蜜蜂》各一册"①。

由以上所列可知，周作人此行所购 75 册书，绝大多数未记书名，其中也包括"树"兄叮嘱代购的两种——其实，除"又及"中提到的《七死刑囚物语》外，信中还更有另一册购书的托付，在最后一段：

博文馆所出《西洋文芸丛书》，有ズーデルマン所著之《罪》一本，我想看看，汝回时如从汽船，则行李当不嫌略重，望买一本来。

此外无甚事，我当不必再寄信于东京。汝何时从东京出发，望定后函知也。②

托付之后的"此外无甚事"一句，亦反衬所托之重要。关于引文中所见博文馆出版的《罪》一书，《鲁迅全集》所给出的注释不确。注释内容如下：

① 鲁迅博物馆藏：《周作人日记（影印本）》（中），第 26—27 页。
② 鲁迅：《书信·190419 致周作人》，《鲁迅全集》第 11 卷，第 373 页。

（14）博文馆 东京的一家印刷局。

（15）ズーデルマン 苏德曼（H.Sudermann，1857—1928），德国剧作家，小说家。著有剧本《荣誉》《故乡》和小说《忧愁夫人》等。《罪》，疑指《萨多姆城（罪恶之都）的结局》。[1]

博文馆是日本近代史上最著名的出版社之一，由大桥佐平（Ohashi Sahei，1835—1901）于1887年在东京本乡创办，1947年休业[2]。在60年的历史中，博文馆以出版发行大量图书杂志和所形成的巨大影响，在日本近代出版界，构筑了被《日本大百科全书》称为"博文馆时代"[3]的一段历史。博文馆出版的很多出版物都是留学生周树人当年的阅读对象[4]。《罪》的原本不是注释所"疑指"的"《萨多姆城（罪恶之都）的结局》"，而是 Der Katzensteg（可直译为"猫桥"）。该书是苏德曼1889年出版的长篇小说，小宫丰隆（Komiya Toyotaka，1884—1966）在日译时最初拟题"亲之罪（親の罪）"，又觉得"挖苦得太狠"，遂只以"罪"字为标题[5]。日文版1914年由博文馆出版，列为"近代西洋文艺丛书"之第8册。

鲁迅当然知道这本书，而且也非常想读。但这本书到目前为止并没列入鲁迅的"目睹书目"——如上所述，《七死刑囚物语》被列入了，虽然"是否看到不明"。事实上，周作人是否购得这两本书，而鲁迅最终是否读到，完全是处在同一层面的问题，皆有必要分别深入探讨。既然在周树人的购书记录里看不到这两本书的书名，那么也就只能从已知的记录里进行推测。4月"廿七日""得北京廿一日函"，该函系鲁迅"十九日夜"写完，"二十日又及"，"二十一日晨"补笔之函应该确定无疑，周作人

---

① 《鲁迅全集》第11卷，第375页。

② 今东京尚存"博文館新社"和"博友社"，号称直系或旁系，但已都不具备1947年解散以前的博文馆的性格。

③ 小学館：『日本大百科書』，1996年，SONY DATA Discman DD‐2001。

④ 相关研究请参阅本书《"国民性"话语的建构——以鲁迅与〈支那人气质〉之关系为中心》。

⑤ 参见译者《序》，ズウダアマン著，小宫豊隆訳：『罪』，博文馆，1914年，第1页。

"廿八日"也就是第二天马上行动,"上午至神田买书六册,下午又至本乡买书八册",据此是不是可以推测为这是周作人遵嘱购书的记录?倘若此推测可以成立,那么《罪》和《七死刑囚物语》便有无限大的可能就包含在上午的"六册"或下午的"八册"当中。这是目前所能做到的最大程度的推导。当然,证实关联,莫过于文本。文本交涉与否,才是关联性的最强有力的证明。关于《罪》,兹暂时放下,择日另行探讨。本论接下来,拟从人物塑造的角度,进一步考察《七死刑囚物语》与鲁迅的关联。

二、伊万·扬松

《七死刑囚物语》今汉译题目为《七个被绞死的人》[①],但《鲁迅全集》(2005)对该作品版本和内容无注释。安特莱夫该作日译,最早见于报纸和杂志的部分刊载。1910年3月17、18、19日《读卖新闻》第五版以"到达刑场"为题,刊载了草野柴二翻译的最后一章[②],11月13日星期日版再刊牢狱中的一节[③]。相马御风的《七死刑囚物语》,系日本首个全译本,初刊1911年4月1日发行的《早稻田文学》第六十五号,1913年5月海外文艺社将其列入"海外文艺丛书"出版单行本。单行本去掉了《早稻田文学》版中的后记,增加了"绪言"。此即鲁迅叮嘱购买的《七死刑囚物语》日译本。版本信息如次:

アンドレーエフ作　相馬御風(昌治)[④] 訳　七死刑囚物語
海外文芸社

---

① 本文参考的版本如下:列·安德烈耶夫著,陆义年、张业民译,王庚年校:《七个被绞死的人》,漓江出版社,1981年;靳戈译:『七个被绞死者的故事』,《外国文艺》编辑部编,靳戈、顾用中等译《安德利耶夫中短篇小说集》,上海译文出版社,1984年。

② 草野柴二訳:「刑場到着(アンドレーエフ『七死刑囚』最後の一章)」(上、中、下),『読売新聞』第11790、11791、11792号,1910年3月17、18、19日。

③ アンドレエエフ作,白露生訳:「時の進行(七死刑囚物語の一節)」,『読売新聞』(日曜日)第12031号,1910年11月13日。

④ 书题页署"相馬御風",版权页署"昌治"。

大正二年五月十四日印刷　五月十七日発行　二三四頁。

本文以此单行本作为对照文本。大正二年即 1913 年。此后该日译本多次再版。1921 年 5 月 15 日，佐藤出版亦以《七死刑囚》为题推出宫原晃一郎译单行本，该本此后亦有再版——这些都是后话。还是回到相马御风译单行本。据译者绪言介绍，该作俄文原本系安特莱夫 "Рассказ о семи повешенных"，日译本是以英文版 *The seven who were hanged* 为底本的"重译"，译者在题名上"特加'物语'二字"①。

安特莱夫之于鲁迅，研究者多有探讨，似无需在此赘述，较周全的有藤井省三教授的著述②，最近拙稿亦有关于文本与创作交涉方面的新的发现和探讨③。这里要指出的是，在《狂人日记》和《药》等"留着安特莱夫（L.Andreev）式的阴冷"④的作品问世后，鲁迅似乎主动进入安特莱夫的"反刍"期。十多年前在日本留学期间开始的对安特莱夫的搜集、阅读和翻译，经过回国后的漫长中断后再次重启。"勿忘为要"！——1919 年 4 月 20 日索求《七死刑囚物语》便具有标志性意义。1920 年 3 月 20 日为上海群益书社重印《域外小说集》作序（署周作人名，翌年出版），这意味着他通过此前的《谩》《默》《血笑记》与"安特莱夫"重逢；1921 年 9 月 8 日译完安特莱夫短篇《黯澹的烟霞里》并作《译后记》；三天后的 9 月 11 日译完安特莱夫的短篇小说《书籍》并作《译后附记》，此后直到 1935 年 3 月作《〈中国新文学大系〉小说二集序》，或文章或书信，关于安特莱夫一直保持着很高的话题频率。

鲁迅在致周作人信中的"勿忘为要"的求购叮嘱，体现了他对《七死刑囚物语》的关注程度，这一点，从他藏书里有 10 年之后出版的该作汉

---

①　アンドレーエフ作，相马御风訳：《七死刑囚物语》，第 1 页。

②　参阅藤井省三：『ロシアの影——夏目漱石と鲁迅』，平凡社，1985 年。

③　参阅本书《狂人"的越境之旅——从周树人与"狂人"相遇到他的〈狂人日记〉》。

④　鲁迅：《且介亭杂文二集·〈中国新文学大系〉小说二集序》，《鲁迅全集》第 6 卷，第 247 页。

译本也可获得佐证①。安特莱夫同以往一样，通过这篇作品再次给世界带来冲击。

　　人被判了死刑，在临刑前会是怎样的一种心理状态呢？就出色的艺术呈现而言，在世界文学史上，安特莱夫的《七死刑囚物语》无疑处在代表作的位置。全书 12 章，写了 7 个死刑犯，其中包括三男二女——5 个革命者，1 个杀人强盗和 1 个一时兴起杀了自己主人的雇农，他们都被判处绞刑，而且将在 17 天后的星期五一同走上绞刑台。面对死刑，这 7 个人有着不同的对应和心理表现，有的像一个纯洁的殉教者，想象着自己美丽的死；有的充满母爱，惦记着同志面对死刑会不会感到害怕；有的通过体操确认自己肉体面临的生死之境；有的感到苦闷和恐怖，整天蜷缩在角落里瑟瑟发抖；有的则完全淡然处之，保持着最大的内心自由，在生死交汇之处，仿佛看到了美丽而辽阔的大海并放声讴歌；有的想着如何越狱回到从前，至少希望绞死他的人别是个新手，应该给他来个痛快……总之，这些人对死刑都有明确的意识，也都理解死的意味，只有一个在宣判时弄不清楚眼前发生了什么。

　　"他目光呆望着宏伟的大厅，用布满裂纹的手指抠着鼻子。"② 当被宣判处以绞刑时，他冲着审判长说了一句：

译文：

　　　　"她说要杀了俺，那女的。"

　　　　"那女的？你说的是谁？"审判长粗哑的嗓音问道。

　　　　扬松指着审判长，眼睛觑着另一方，气愤地答道：

　　　　"就说你呢！"

　　　　"原来如此！"

　　　　这回扬松把目光转向一个审判官，越说越来劲儿，重复着

---

　　① 该译本为俄国安特列夫著，袁家骅译：《七个绞死的人》，上海北新书局，1929 年，初版。参见北京鲁迅博物馆编：《鲁迅手迹和藏书目录》，内部资料，1959 年，"一 哲学、宗教"，第 42 页。

　　② アンドレーエフ作，相馬御風訳：『七死刑囚物語』，第 44 页。

刚才的话：

　　"那个女的说要掐死俺。俺咋能让她掐死呢！"

　　"把被告带出去！"

　　扬松仍无动于衷，梗着脖子说着同样的硬话：

　　"俺咋能被她弄死呢！"① （笔者译自日文版，原文请参照
本篇附录）

　　这便是雇农 "伊万·扬松（イワン·ヤンソン）"②。他的与众不同，
与其说面对死亡无所畏惧，倒莫如说完全出于精神麻木。他的出身很模糊，
不会俄语，也没人懂得他的爱沙尼亚语，而他也很少跟人说话。老家曾来
过一封信，但他不认字，随手丢掉了。他从一个农场到另一个农场给人当
雇农，和别的雇农没有什么不同，只是爱在酗酒之后虐待牲口。他也想过
找老婆，看上了农场主雇佣的女工，无奈自己五短身材、一脸雀斑，被 "怼"
了回来。一个冬夜，他忽然想起雇主曾经骂过他的话，便从背后用芬兰刀
狂捅了雇主，又就势对女主人起了邪念，欲行非礼时遭到反抗，反被掐了
脖子，吓得落荒而逃，最后被抓③。但他很健忘，判决入牢后，他吃得好，
睡得香，还欣赏窗外的雪景，过得很惬意，甚至脸上露出了有生以来从未
有过的笑。直到死期临近，他才开始感到害怕，嘴上却仍嘟囔着那句话："咋
会弄死俺？" "俺不会被弄死！"虽然浑浑噩噩如旧，但死的恐怖却步步
逼近，终于在押赴刑场的途中达到了高潮。先是自己走出牢房，然后死活
不肯下马车，两手死死抓住门把手，被拉下来之后又紧紧抓住车轮不放，
接下来就是被架着了："起初两只脚的脚心还紧贴在地上，随后膝盖便弯
了下来，全身的重量都压在巡警的胳膊上，就像醉汉一样，两个脚尖儿擦

---

　　① アンドレーエフ作，相馬御風訳：『七死刑囚物語』，第 45—46 页。笔者译自日文版，
篇幅所限，兹略原文。

　　② 关于该人物名，陆义年、张业民译做 "杨逊"，靳戈译做 "扬松"，本论姑取发音
与日文版接近的 "扬松"。

　　③ 关于入狱前的扬松，参见アンドレーエフ作，相馬御風訳：『七死刑囚物語』，第
36—44 页。

着地，被拖上了木制的站台。"① 最后，在被革命者牵着手，走上绞刑台的瞬间，他终于胆怯而清晰地意识到："俺这是要被弄死了！"②

三、"杂取种种人"中的一个

"阿Q的影像，在我心目中似乎确已有了好几年"③。在周作人从东京购书回来的两年半后，鲁迅以"巴人"的笔名在北京《晨报副刊》上开始连载《阿Q正传》（1921年12月4日—1922年2月12日）。

既然"阿Q"酝酿了很久，又是"杂取种种人""合成一个"④的创作手法，那么在"伊万·扬松"身上再次读取安特莱夫的"阴冷"之后，把这个人物身上的某些要素化解到阿Q身上也就再自然不过。例如，来路含混，雇农身份，浑浑噩噩，不会读写，健忘而轻易释然，向女人求爱而遭拒，不理解死刑为何物，一时心里释然，最后又在临刑前顿悟死亡的恐惧，尤其是"站不住，身不由己的蹲了下去，而且终于趁势改为跪下了……"⑤笔者认为，阿Q的这些特征均与安特莱夫笔下的"伊万·扬松"有某种相关性。这里本应出具业已完成的详细的文本对照和检证结果予以说明，但由于篇幅的限制，这部分实证作业的内容请参阅文后所附文本及其提示。在此，敬请读者谅解。当然，诚如鲁迅所言，向他者学习，"好像吃牛肉一样，决不会吃了牛肉自己也即变成牛肉的"⑥。阿Q的"大团圆"完全是他自身的性格和中国社会所赋予他的特有结局，是鲁迅无可取代的艺术创造。阿Q一定要被杀，由不得他自己，但他一定要把圆圈儿画圆，而且能够想到"过了二十年又是一个……"⑦，则使他把"精神胜利法"进行到底，

---

① アンドレーエフ作，相馬御風訳：『七死刑囚物語』，第196—197頁。

② アンドレーエフ作，相馬御風訳：『七死刑囚物語』，第230頁。

③ 鲁迅：《华盖集续编的续编·〈阿Q正传〉的成因》，《鲁迅全集》第3卷，第396页。

④ 鲁迅：《且介亭杂文末编·〈出关〉的"关"》，《鲁迅全集》第6卷，第538页。

⑤ 鲁迅：《呐喊·阿Q正传》，《鲁迅全集》第1卷，第548页。

⑥ 鲁迅：《集外集拾遗补编·关于知识阶级》，《鲁迅全集》第8卷，第228页。

⑦ 鲁迅：《呐喊·阿Q正传》，《鲁迅全集》第1卷，第551页。

是属于他的性格结局。正因为如此，和"伊万·扬松"相比，阿 Q 对死亡的恐怖——也就是对生的自觉——来得太晚了，他刚想喊"救命"便没命了。然而"这刹那中"①的醒悟，是来自围观他的看客们的眼睛，就比"伊万·扬松"在旷野中无人知晓地被绞死更加可怕：阿 Q 在看客们的眼神中感到害怕了，然而看客们却并不知道阿 Q 在害怕。这便是鲁迅所说的"连自己的手也几乎不懂自己的足"②的悲剧。

通过以上分析不难看出，鲁迅在创作《阿 Q 正传》时，参照日文版《七死刑囚物语》的确概率极高。可谓心有灵犀，化解无缝，另有新造，体现了自觉、自信和高超的"拿来主义"③的能力。构成《阿 Q 正传》素材来源的成分很复杂，并非三言两语所能说清，也绝不会只有《七死刑囚物语》一篇，但"イワン・ヤンソン"（"伊万·扬松"）的人生经历和性格要素却可视为被积极采撷之处，而正是这一点，在今天重新思考《阿 Q 正传》的创作机制时，也就显得格外重要。

四、鲁迅读取该作品的着眼点

不论在俄罗斯还是在日本，安特莱夫《七死刑囚物语》的解读重点，几乎都倾斜在五个"革命者"身上，折射着现实当中关于"革命""死亡""司法"等政治问题和社会问题。日文版译者相马御风（Soma Gyofu，1883—1950）在谈他的翻译动机时说："作者的目的在于展示死刑不论在怎样的条件下都是恐怖和不公平的，然而我们作为读者所获得的印象却不仅仅是死刑问题，而是具有更深广意义的人生暗示。倘若这本书只是写了作者自己作为目的的死刑问题，我恐怕也不会费这么大劲来翻译了。"④很显然，

① 鲁迅：《呐喊·阿 Q 正传》，《鲁迅全集》第 1 卷，第 551 页。
② 鲁迅：《集外集·俄文译本〈阿 Q 正传〉序及著者自叙传略》，《鲁迅全集》第 7 卷，第 84 页。
③ 鲁迅：《且介亭杂文·拿来主义》，《鲁迅全集》第 6 卷，第 39—42 页。
④ アンドレーエフ作，相馬御風訳：『七死刑囚物語·緒言』，第 1 页。

作者另有目的，他是想以安特莱夫笔下的 7 个面临绞刑的死刑囚的故事来重叠同年一月在所谓"大逆事件"中被绞死的幸德秋水（Kotoku Shusui，1871—1911）等 12 名死刑犯。正如先行研究所指出的那样："（日译本）《七死刑囚物语》成了写透和告发大逆事件不当刑死的唯一的文学。"①

那么在俄罗斯，这篇作品又是怎样被解读的呢？其侧重点还是革命者如何面对死亡的"考验"问题，例如《俄国文学史》是这样记载的：

> 在《七个绞刑犯的故事》中，安德列耶夫让革命恐怖分子、刑事犯和准备暗杀的达官显贵们遭受了他所惯用的"死亡"考验。只有那些对他人充满爱心的人才能经得住这种考验。一些读者觉得，面临死刑的革命者应该想到为民众服务、自己的革命责任和未来的胜利。安德烈耶夫的小说没有在这一层面让他们满意，但是，在作者朗读小说时最初的一批有名望的听众——当时已被判处死刑的施吕瑟尔堡犯人，却发现了对死刑犯感情与思想的描写是真实的。……安德列耶夫总是害怕劝世论。他笔下的革命者一般不直接思考自己的"事业"。一切已成定局。但是在等待死刑的恐怖时刻，他们中的每个人对待生命和他人的态度都显示出，那些把他们变成功勋之人的人们，也帮助他们克服了死亡的恐惧。
>
> 小说使同时代人产生了强烈的印象。它在三年期间多次出版，并立即被翻译到国外。没有哪一位俄国作家曾对死刑发出过如此有力的艺术抗议。在论战激烈时低估了这部作品的卢那察尔斯基和高尔基，后来也指出了它的崇高社会意义。②

① 田村钦一：『「七死刑囚物語」をめぐって』，日本文学協会编集、発行『日本文学』第 29 卷，1980 年第 10 号，第 30 页。又，关于"大逆事件"与安特莱夫的关系，请参阅前出藤井省三：『ロシアの影—夏目漱石と鲁迅—』，「第二章大逆事件とアンドレーエフの受容」。

② 尼·伊·普鲁茨科夫主编：《俄国文学史》，科学出版社列宁格勒分社，1983 年，第 357—358 页。原文为俄文，在此谨向特为本论提供该资料和译文的南京师范大学汪介之教授致以衷心的感谢。

日本关于相马御风日译本的最早评论，是本间久雄（Honma Hisao，1886—1981）所作《读〈七死刑囚物语〉》一文。该书评着眼人物的分类，认为扬松与高尔基作品中出现的"放浪者"为"相同典型"，那个强盗也带着高尔基笔下主人公的"野蛮性"，但评论者"更有兴趣"之处却并不是这两个人物，而是那"五个恐怖分子"的教养和命运，并将他们具体划分为"唐吉诃德型"和"哈姆雷特型"①。中国学者则着眼于"革命"的方面，甚至还按照"革命"度为他们划分了由低向高的三个"阶梯"，"农民扬逊"（扬松）自然是站在最低的"第一阶梯"上②。

相比之下，鲁迅读取该作品的着眼点完全不同。他关注的不是人们通常所关注的那5个革命者，而是其中最不革命的"伊万·扬松"，并且从这个人物身上找到了他要找的东西。这与他对最不革命的"阿Q"的关注乃至形象的构想完全一致（由此也可以联想到，《药》里对华老栓一家的关注远远超过革命者夏瑜）。或者说，也正因为鲁迅心里一直有阿Q晃动的"影像"，才会有他对《七死刑囚物语》的独特解读视角和汲取。因此，从这个意义上讲，《阿Q正传》的独特性也与鲁迅对《七死刑囚物语》的独特的阅读着眼点密切相关。也就是说，作品的独特性建构，在观察和取材阶段就已经开始了，而在鲁迅的阅读史当中，探讨如何观察和处理素材，或许不失为解析鲁迅创作机制的一个途径。这是为纪念《阿Q正传》诞生百年执笔此文之际，笔者的一点感想。

2021年8月22日星期日于京都紫野
2022年10月15日星期六修改于京都紫野

---

① 本间久雄：「『七死刑囚物語』を読む」，『読売新聞』（日曜日）第12974号，1913年6月15日。

② 参阅周启超：《〈七个绞刑犯的故事〉艺术特色管见》，《外国文学研究》，1986年第3期。

附录　日译本《七死刑囚物语》与本篇相关部分

所据文本：

アンドレーエフ作　相馬御風（昌治）訳『七死刑囚物語』海外文芸社　大正二年五月十四日印刷　五月十七日発行

1. 注釈 23

たゞぼんやりとして大きなすばらしい部屋を眺め廻し汚ないともなんとも思はずに皺だらけの指で鼻をほじくつて居たと云ふ事だ。（第44頁）

2. 注釈 24

「私を殺すやうに云つたなアあの女だつぺえ」

「あの女? 誰の事かな」裁判長は深い胴間聲で訊ねた。

ヤンソンは裁判長を指さして、偸目にその方を見ながら、腹立たしさうに答へた。

「汝様さ」

「成程」

と今度は他の裁判官の一人に目をくれて、いかにも加勢を求めるやうな様子で先刻と同じ事を云つた。

「あの女が私を絞め殺すと云つたゞ。俺ア殺される訳がねえぞ」

「被告を連れ出せ!」

それでも相變らずヤンソンはビクとも動かぬと云つた風な威張つた調子で同じ言葉を繰り返した。

「俺ア殺される訳がねえだ」（第45—46頁）

3. 注釈 26

「俺は殺される訳はねえぞ」

テロリスト事件のあつた二週間前のこと、裁判官は違つて居たが同じ法廷で、百姓イワン・ヤンソンが審問され、死刑を宣告された。イワン・ヤンソンは或る有福な百姓の作代に雇はれて居た男でどう見ても同じ階級の他の奴等と比べて少しも異った所はなかった。生れはエッソニヤのウェーゼンベルグで、數年間此處の農場、彼處の農場と渡り渡って、次第に都の方へ近づいて來た。彼は殆んどロシヤ語は知らなかった。近くに一人として同郷人の住んで居るのにも遇はず、主人は主人でラザレフと云ふロシヤ人であったから、殆んど二年と云ふもの、ヤンソンは無言のまゝで通した。人間にも獸にも一言も口を利かなかった。馬を洗ひに連れて行くにも、又それに鞍を置くにも一言も口を利くでなく、たゞもう小股のおどおどした足取でのそりそりとついて歩いた。馬が駈け出しても、ヤンソンは一言も口を利かなかった。その代り例のすばらしい鞭でたゞ無茶苦茶にぶんなぐった。酒を飲むと、鈍くて而も性の悪い強情な性質が憤怒となって現れるのが常であった。彼のピシピシ云ふ鞭の音と小舍の板の間を踏む間の合った、厭な木靴の音とは、母屋までも聞えた。あまり馬をいぢめるので、主人はその罰として始めはヤンソンを打ったが、とても利目がないので、それも止めてしまった。

　月に一二度は、きまってヤンソンは醉拂った。殊に主人を停車場へ送って行く時は、それがお定まりだった。主人が汽車へ乗り込むとヤンソンは、馬をいくらか驅り戻して置いて、汽車の出るのを待って居た。やがてその後を見送って、再び停車場へ戻って、そこの酒場でたらふく引っかける。さうした揚句、今度は七里の間を驅けつづけに馬を驅けさせて歸って来る。みじめな、獸を情容赦もなく打ち叩き、手綱も取らずに、何の事か訳のわからぬエッソニヤ語の文句を歌ひつゝ、わめきながら歸って来る。時には口をつぐんだまゝ、云ふに云はれぬ腹立たしさと、苦しさと、のぼせ心とに驅られて、まるで狂気じみた滅盲法は所行を演ずる。往来人には眼もくれず、其代り別に悪口をつくでもなく、上りでも下りでも關はずたゞもう無暗とやけな歩みをつづけるのだ。

　主人は彼を追ひ出したがつては居たが、何分にもヤンソンは別に高い給金をねだるではなく、おまけに他の雇人仲間と比べてさまで劣ると云ふでもなかったので、矢張りそのまいにして居た。

　或日彼の許へエッソニヤ語で書いた手紙が来た。が、元来当人たる彼は読み書きは知らないし、それに誰一人としてエッソニヤ語を解する者は居ないと来て居るので、その手紙が故郷からの消息をもたらして居るなど〻云ふ事は一向気もつかぬと云った風に、ヤンソンは味も素気もなくそれを掃溜へ放り投げてしまった。多分女が欲しかったのだらう。彼は又農場に雇はれた娘に縁談を持ちかけて見た。所が手もなく肘を喰ってしまった。無理もない、元来が丈低のしなびた小男な上に、見るも恐ろしい雀斑が一面にこびりついて居ると云ふ御面相なのだから。でとうとうそれもあきらめてしまった。

　一體彼は口は利かなかったが、その代りいつも何物にか耳を傾けて居た。雪を積み上げた塚の列かなぞのやうに凍てついた肥鳰の點在する、荒涼たる雪の野に耳を傾けた。一面に藍色をぼかしたやうな澄み渡った空の彼方に耳を傾けた。鳴り響く電柱に耳を傾けた。野原や電柱の云ふ事は、ひとり彼のみ知って居た。彼は又人々の話人殺や掻浚や放火などの噂にも耳を欹てた。

　或夜、村では、寺の小さい鐘が絶え入りさうな、物哀れな音で、鳴り出した。火熖があちらにもこちらにも見えた。近くの農場を荒して居るのにも拘らず、誰一人犯人らしい者は知れなかった。彼等は主人を殺し、妻を殺し、家に火をつけた。ヤンソンの居た農場の人々も、その為めにひどく不安に感じ出した。畫となく夜となく犬は鎖から放され、主人は寝床の手近に鐵砲を置いた。主人はヤンソンにも、とある古い武器を持たせたく思ったが、ヤンソンは一寸それをひねくって見て首を振って突き戻した。それでも主人はヤンソンがこんな錆だらけの古臭い機械よりも自分の持ってたフィンランド刀の切味をどれ程多く信用して居たか知らなかったのだ。

　「こんな物が何になる、却て此方が打殺されるだけだ」
　と云ふイワンの言葉に答へて。

「イワン！ おぬしや間抜けた事ばっか云ふだ」と主人は云った。

　所がある冬の夜の事、他の作代が停車場へ行って居ない間に、その鐵砲を見てびくついた事のあるイワン・ヤンソンが、殺人と強姦未遂と云ふ大罪を犯すやうな事になった。おまけに彼はそれ等の大罪を何の苦もなくやっつけたのだ。先づ死人のやうにいぎたなく眠り込んで居る下男を臺所へ閉ぢ籠めて置いて、蔭の方から主人へと近寄って、脊中から滅多衝に衝き刺した。主人が気を失ってパッタリ倒れると、女房は泣きわめいて部屋中を驅けづり出した。歯を剥き出し、刀を逆手に持って、ヤンソンは鞄や抽斗を引掻き廻した。で、いくらかの有金を見つけ出すと、今度は初めて女房に眼が付いたと云ふ風にくわっとなって前後不覺に、手込めにしやうと突かゝった。と、其拍子にふと手に持った刀を落した。所が女の方が強かったので、抵抗どころか、ひどくヤンソンを絞め上げた。時も時主人は息を吹き返し、下男は臺所の戸を破って出て来た。ヤンソンは逃げた。それから一時間程して、小舎の隅にちゞこまって、擦るとは消え擦るとは消えするマッチをやけに引擦って居る所を、とうとう家の人に見つけられて捉まってしまった。屋敷に火をかけやうとして居たのだ。（第36—44頁）

　　4. 注釈27

　皆は何の苦もなく列車の方へ歩いて行った。ヤンソン一人だけ連れられて行った。初めは足を突張ってプラットホームに足の裏を粘り付けて居たが、とうとう膝を曲げてしまった。全身の重味が巡査の腕にかゝって、酔漢のやうに足を引き擦り靴の先を木造のプラットホームに引き擦った。（第196—197頁）

　　5. 注釈28

　「俺ア殺されるだかなア」と微かな聲でヤンソンが又しても云った。
　それをも構はずウエルネルはその手を攫んで、二三歩ヤンソンを引き出した。（第230頁）

6. 注释 37

　　此の作に於ける作者自身の目的は「死刑と云ふ事が如何なる、條件の下に於ても怖ろしく且不公平なものだと云ふ事を示さうとする」にあるとの事である。併し讀者たる私達の此の作から受ける印象は、單に死刑問題と云ふ以上にもっともっと廣い深い人生の意義の暗示である。もし此の書が單に作者自身の目的とした死刑問題だけしか書いてないのであったら、私はおそらく飜訳するやうな骨折はしなかったであらう。(「緒言」第 1 頁)

国民性：词语及其话语建构

前言

　　"国民性"（nationality）问题意识及其话语，在东亚首先肇始于明治日本，并在"日清"（1894—1895）、"日俄"（1904—1905）两场战争期间，伴随着民族主义（nationalism）的高涨，衍生并固定为今日之所见汉字形态的"国民性"（kokuminsei）一词。几乎在同一时期的 20 世纪初，伴随着中国留日学生译介和著述的活跃，该词也被引入到汉语中来，从而成为现今中文里的"国民性"（guómínxìng）一词。该词在 20 世纪中国"国民性"话语建构中发挥了重要作用。

　　之所以把"国民性"这个词作为研究的题目，是因为这个词语深深地介入到 20 世纪中国的"国民性"话语建构中来，并且成为思想史当中的一个不可回避的词语和概念。例如，在鲁迅研究当中，就有一个人们早已耳熟能详的重要命题，即"改造国民性"。那么这种问题意识是怎么来的？回溯鲁迅研究史，你也会看到很多学者都在追踪，而这种思想史的探讨，也自然会涉及词汇史和概念史问题。比如说，"国民性"一词是怎么来的？这个概念是从什么时候开始有的？它是如何转到鲁迅那里去的？此后又是怎样传播的？在当代的话语中又是怎样被使用的？这些都是绕不过去的问题。然而，有一个奇怪的现象，那就是人们在使用"国民性"一词的时候，似乎并不认为上述问题是问题，或者说干脆没把它们作为问题。因此，当把它们逐个立项，去寻求答案的时候，就会发现这些问题几乎都没有现成的答案，即便有，也大多是笼统的、含糊的，不能令人满意。这便是笔者展开这项研究的缘起所在。

也就是说，"国民性"一词涉及词汇史、概念史、思想史乃至其在现今的言说状况，却又从未由这些方面被系统探讨过，故本文在分别从上述不同侧面对该词语加以梳理的同时，也尝试综合呈现该词语在延续至今的20世纪"国民性"话语和思想建构方面的作用和意义。本文将从四个大的方面来呈现这些内容。

一、国民性一词之现状

（一）辞书里的"国民性"

既然"国民性"是现今仍然存活的一个词语，那么首先就有必要对这个词语在现实当中的存在状态加以确认。不过一旦去做确认，便或许会发出这样的疑惑："国民性"是一个消失了的词汇吗？

因为对于现在生活在国内的中国人来说，要想在词典里找到这个词是不容易的。笔者意外发现，在一般的书店里或者图书馆、阅览室比较容易找到的各种最通用的词典当中，竟没有"国民性"这个词。比如在《现代汉语词典》（1998）、《新华词典》（2001 年修订版）、《应用汉语词典》（2000）中就都找不到。这三种词典都是中国出版语言工具书的核心出版社——商务印书馆出版的中型词典，除了最后一种是 2000 年才进入词典家族的新出词典[①]以外，前两种都是 20 世纪七八十年代以来的"修订本"[②]。就它们被使用的范围而言，应该说在一般的有中学生等级以上的学生家庭中，拥有其中的哪一本词典都不奇怪。仅以中国语言学的权威机构中国社

---

① 商务印书馆辞书研究中心编：《应用汉语词典》，商务印书馆，2000 年，发行 5 万册。

② 中国社会科学院语言研究所：《现代汉语词典》，据 1998 年 6 月第 218 次印刷的版权页所记，该词典此前有"1978 年 12 月第 1 版""1983 年 1 月第 2 版"、"1996 年 7 月修订第 3 版"。1998 年以后的情形不详。又，商务印书馆辞书研究中心修订：《新华词典》，2001 年，第 36 次印刷，发行 3 万册。据版权页，有"1980 年 8 月第 1 版""1989 年 9 月第 2 版""2001 年 1 月修订第 3 版"。2001 年以后的情形不详。

会科学院语言研究所编《现代汉语词典》为例，自1978年12月第1版以来，经过1983年1月第2版和1996年7月修订第3版之后，在1998年北京第218次印刷时，仅一次就印了10万册。另据新华社2004年8月5日报道，《现代汉语词典》是"我国现代汉语规范使用和推广普通话历程中最重要的一部工具书"，"三十年来，创造三十五个版本、三百二十多个印次、发行四千多万册的辉煌成绩"。一本累计发行量达到4000万册以上的词典，也不可不谓之"国民词典"了。然而，就是在这样一本"国民词典"当中，而且在这一词典的任何版本当中，都找不到"国民性"一词。

顺便还应该提到《新华字典》，这是另一本几乎普及每个中国小学生的更为"国民"的汉语言工具书。当然这是"字典"，以"字"为主，但因其毕竟有着"以字带词"的词典功能，所以也不妨附带看一下。当商务印书馆在2004年出版《新华字典》的第10个修订版时，据说这本字典自1953年出版以来，已重印过200多次，"累计发行突破四亿册，是目前世界上发行量最大的词典"。但情形与上述词典也没有什么不同，其中与"国"字相组合的词有"国家""国货""国歌"，没有"国民"，当然也就更没有"国民性"了。

也许有的读者会说，上面提到的都是中、小型语言工具书，可能不收这个词，那些大型的、专业的辞书会是怎样呢？那么，就先来看看《辞海》吧。《辞海》号称是"以字带词，兼有字典、语文词典和百科辞典功能的大型综合性辞典"。这里有两种辞海编辑委员会编《辞海》，一种是1989年版缩印本，另一种是1999年彩图版——如果把作为"1989年版缩印本"底本的1979年版3卷本也考虑进去，那么就是间隔20年的有着直接承接关系的3个版本，都没收"国民性"一词。

还有另一种词典，即彭克宏主编，1989年10月由中国国际广播出版社出版的《社会科学大词典》。该词典按照"中国图书分类法"的排列顺序，将词条按照哲学、逻辑学、伦理学等二十二个学科进行分类和排列，收词条 8000 余条，320 万字[①]，作为人文社会科学研究方面的专业工具书，这本词典不仅"大"，而且也很"专业"，然而，从中却仍然找不到"国民性"这个词。

查辞书查到这一步，是不是可以部分得出结论了？即在目前中国所能看到的小型、中型、大型乃至大型专业的汉语言字典和辞书当中，都没有"国民性"这个词；而这种情况实际上意味着"国民性"一词在目前现代汉语标准工具书中的不存在。

那么，是不是可以说这个在汉语词典中从来就没有过呢？并不是。以中华书局 1936 年发行的《辞海》[②]为例，其中收录有"国民性"这一词条：

> 【国民性】（Nationality）谓一国国民共有之性质，在国人为共相，对外人为特质。[③]

如果再进一步回溯的话，或许还可以在其他更早的汉语词典中发现。这就意味着在过去的词典里曾经有过这个词，只是在后来的辞书里消失了。

那么，是不是在当今的汉语言中已经不使用"国民性"这个词了？或者说即便使用却又在现今出版的所有辞书中都找不到呢？也不是。关于第一个问题，将放在下一个题目里去谈，这里先来说后一个问题。据笔者所知，在两种现在的辞书中，还可以查到"国民性"这个词。一种是 1993 年出版的《汉语大词典》[④]，一种是 1994 年出版的《中国大百科全书》。前者全 12 卷，外加"附录·检索"卷，收词语 375000 余条，5000 余万字，即

---

① 参见该词典中"《社会科学大词典》撰写人员名单"和"《社会科学大词典》编辑委员会《前言》"。辞海编辑委员会编：《辞海》，上海辞书出版社，1999 年。该版本系根据《辞海》（1979 版）三卷本，1980 年 2 月第 2 次印刷本缩制。除个别条目、图文略有补查，均未作改动。

② 舒新城、沈颐、徐元诰、张相主编，分甲乙丙丁戊种版式。

③ 此处引自《辞海戊种（全 2 册）》，1938 年 10 月发行，1939 年 5 月再版。中华书局 1981、1987 年曾影印这一版本，该词条没有变动。

④ 据汉语大词典工作委员会、汉语大词典编辑委员会《后记》：《汉语大词典》，汉语大词典编辑委员会编，1986 年由上海辞书出版社出版第 1 卷，从第 2 卷起改由汉语大词典出版社出版，到 1993 年出齐，正文 12 卷，另有《附录·检索》1 卷。此据"缩印本"《汉语大词典（全三册）》，1997 年 4 月第 1 版。

使后来出版的"缩印本"，也有厚厚的3大卷，达7923页；后者74卷，1.29亿字①，与前面介绍过的那些小型、中型、大型的字典或辞书相比，这两种都可谓"超大型"，不仅个人很难"插架"，就是一般的学校或公共图书馆也不易购置和存放。因此，尽管这两种辞书中收录了"国民性"一词，也并不意味它们同时拥有普及和传播该词语的实用功能。也就是说，"国民性"词条虽没在现今汉语言工具书中彻底消失，但也并没通过工具书而有效地成为记忆、构筑和传播相关知识的词语工具。查找"国民性"这个词，实在不容易！

（二）"国民性"一词的记忆与鲁迅——收录"国民性"词条的工具书

辞书是对词语及其所表达的相关知识的整理和记忆。一个在词典里不存在或者近乎"束之高阁"的词汇，还会在人们的言语生活中保留并且延续吗？如果存在这种情形的话，那么又是靠什么来记忆和维持记忆的呢？"国民性"一词适用于上述假说。

这里想以上面提到的两种大型工具书为例。一是因为现在的读者一般不容易见到汉语言工具书对这一词条的解释，二是因为下文要通过这两种辞书的解释来说明问题，故不厌略为冗长，分别抄录如下：

> 【国民性】谓一国国民所特有的气质。鲁迅《华盖集·忽然想到（四）》："幸而谁也不敢十分决定说：国民性是决不会改变的。"朱自清《〈老张的哲学〉与〈赵子曰〉》："将阿Q当作'一个'人看，这部书确是夸饰，但将他当作我们国民性的化身看，便只觉得亲切可味了。"
>
> ——《汉语大词典》

---

① 见《中国大百科全书》出版说明。中国大百科全书总编辑委员会编：《中国大百科全书》，中国大百科全书出版社。自1982年出版《体育》和《外国文学》卷起，到1994年出版《总检索》，共出74卷。

guómínxìng

【国 民 性】

national character

用来表示文化精神和心理结构的集合概念。指一个民族多数成员共有的、反复起作用的文化精神、心理特质和性格特点。又称民族性格。不过,国民性通常是以国家为单位考察国民特点时使用;民族性格则相对于人格概念。中国学者庄泽宣在《民族性与教育》(1938)一书中说,"民族性系一个民族中各个人相互影响所产生之通有的思想、感情和意志,对个人深具压迫敦促之势力"。美国社会学家 A. 英克尔斯[①] 在《民族性格》(1969)一文中把民族性格定义为成年人中最频繁出现的比较持续的人格特点或方式,并称之为"众趋人格"。

民族是一个结构体,由生物的、地理的、文化的和心理等要素构成。民族性格是各种心理要素的组合系列。构成民族的其他要素直接或间接地影响民族性格的形成和发展。这些要素主要有:①生物要素。如种族的血统、身体基准、人口的生殖和生长的能力等,它们是民族存在和延续的生理基础,同时又影响民族心理功能的发挥和心理活动的特点。②地理要素。如疆域、气候、地形、物产等。生物要素和地理要素是影响民族性格的天然因素。③文化要素。这是影响民族性格的社会因素。中国学者梁漱溟在《中国文化要义》一书中认为,文化是维系民族统一而不破灭所必需的内在纽带,是体现民族特点的东西,民族性格是根植于人的内心的文化模式。

对中国人民族性格或国民性最早进行直接研究的,是美国传教士 A.H. 史密斯。他于一八九四年出版《中国人的气质》(或译《中国人的性格》)一书,列举了中国人爱面子、勤俭、保守、孝顺、慈善等二十六种性格特点。中国近代学者梁启超曾对中国

---

① 即艾利克斯·英格尔斯(Alex Inkeles,1920—2010)。

人的国民性做过颇为深刻地研究。中国社会学家孙本文在《我国民族的特性与其他民族的比较》一文中，认为中国民族有重人伦、法自然、重中庸、求实际、尚情谊、崇德化六种特点，而这六种特点有优点也有缺点。（沙莲香）

——《中国大百科全书·社会学》

上面这两条对"国民性"的解释，可以说是目前中国知识界通过辞书所能获得的（当然是理论上的，实际上未必都能看到）关于这一概念的仅有的知识支撑。尽管由此可以想象到建立一个有关这一概念的知识平台是多么遥远，但它们却毕竟有着象征意义，即意味着"国民性"这一词语终于没有在汉语言的规范记忆中彻底消失。

作为一种概念的解释，既然提供的是关于这一概念的知识，那么就有必要从知识体系上对解释的内容加以评价，以观其就这一概念所能支撑的程度。但笔者却想把这一工作暂时放下，而指出另一点更为重要的事实，即这两个词条在内容上都直接或间接与鲁迅有关。首先，从《汉语大词典》的解释中可以看到，说明这一词条的有两个例子，一个是鲁迅的文章《忽然想到（四）》的例子，另一个虽然是朱自清谈老舍作品的例子，但是作为"例中之例"，鲁迅作品中的"阿Q"还是在后一个例子中出现了。也就是说，支撑这一词条内容的实际上是鲁迅。其次，在《中国大百科全书》"社会学"卷的词条中，虽然鲁迅并没出现，而且从字面上也看不出与鲁迅有什么关系，但其第三段提到的"对中国人民族性格或国民性最早进行直接研究的""美国传教士A.H.史密斯"以及他在1894年出版的《中国人的气质》一书，却与鲁迅有着密切的关系。第三，虽然现在无法知道《汉语大词典》的词条出自谁人之手，但在本文下面的内容中将会看到《中国大百科全书》词条的作者沙莲香教授对当时鲁迅研究界成果的吸收。

就目前辞书中"国民性"这一词条与鲁迅的关系而言，现在可否这样说呢？——从目前的知识系统上来讲，现代汉语规范"记忆"当中的"国民性"一词的内涵，实际是靠鲁迅来支撑的。

如果把上面分别讲到的1936年《辞海》中对"国民性"的解释和在

相距半个多世纪后的 20 世纪 90 年代出现的两种解释加以对照，将会有不少有趣的发现，但这里的问题是，后来，这一词语在《辞海》中消失了，而且直到今天也没恢复过来。

那么，"国民性"为什么会在包括《辞海》在内的一般辞书中消失呢？

一般说来，吐故纳新，去掉那些陈旧的或成为死语的旧词，增添融入和代表新知的新词，是任何字典、词典的再版和修订都要做的工作，是知识的积累和更新所必须履行的基本手续。然而，"国民性"这个词的消失，是属于这种单纯的词语上的吐故纳新吗？回答是否定的。笔者注意到，2006 年 5 月在中国很具言论代表性的网站——新华网上还在展开关于"国民性"的讨论①。而正像下面所要讨论的那样，"国民性"一词在现实中并没成为死语的事实，还会在更广泛的范围内看到。比如说，即使在 1949 年以后，其在中国的主流媒体《人民日报》当中也还不是一个死语。这个词汇在作为语言规范和知识记忆的词典中的消失，与其说是因为这个词自身内容的陈旧而被淘汰，倒不如说是一种人为的删除，是国家意识形态所主导的对这一词语的有意识的遗忘。顺便还要提到，在很长一段时间里，"人民"几乎取代了"国民"，而且人们现在也终于意识到，前者是政治概念，后者是法律概念。

然而，有遗忘也就有记忆。正像上面所说，就在国家意识形态有意识地遗忘"国民性"这一词语的同时，在最体现国家意志的主流媒体上，却延续着对这一词语的记忆。

（三）《人民日报》上的"国民性"及其相关事情

《人民日报》创刊于 1946 年 5 月 15 日，号称"中国第一大报，也是

---

① 许博渊在新华网上以"国民性思考之一"至"国民性思考之六"为题连续发表探讨"国民性"问题的文章，引起讨论。这些文章发表的日期、篇名如下：《中国人的"家国观念"要改一改》（2006-05-23）、《增强民主意识是全民族的事情》（2006-05-24）、《先有鸡还是先有蛋》（2006-05-25）、《谈谈国人继承的劣质遗产》（2006-05-29）、《国民性是什么？》（2006-05-30）、《入芝兰之室，久而不闻其香》（2006-06-01）、《国人何时才会不在卑与亢之间走极端》（2006-06-01）、《从中、日两位女士"窥看"外国谈起》（2006-06-09）。对此，有艾琳的回应文章：《对许博渊先生国民性思考的再思考》（2006-05-26）、《对许博渊先生国民性思考的再认识》（2006-06-02）。

世界'十大'报纸之一"①，在半个多世纪里，堪称中国政治经济文化的
晴雨表。从中调查一下"国民性"一词的使用状况，或许会在某种程度上
看到这一词语所包含的意味以及在半个多世纪的中国的言语生活中的消长
变化。

　　调查的范围是1946—2004年的《人民日报》②，调查设计和操作方式
是：（1）找出每一年出现"国民性"这一词语的文章篇数；（2）分析这
一词语是在怎样的语境下被具体使用的；（3）按照不同的使用语境，把
出现"国民性"一词的文章篇数进行分类，具体分类为"鲁迅""国际""文
化""文学"和"社会"5项；（4）获得以下这张"《人民日报》中的'国
民性'一词出现情况"表格，由此可以看到，使用"国民性"一词的文章
篇数及其内容分布，即"表1"；（5）"表2"是根据"表1"的数据所
做出的曲线表，用以标示出现"国民性"一词的总篇数与"鲁迅语境"篇
数的关系；（6）出现"国民性"一词的文章的基本信息，包括日期、版号、
标题、作者等，编为"附录一　《人民日报》中出现"国民性"一词的文
章的基本信息"，但限于篇幅，从略。

表1　《人民日报》中的"国民性"一词出现情况

年度	篇数	鲁迅	国际	文化	文学	社会
1949	1	1				
1954	1	1				
1956	2	2				
1959	1	1				
1961	2	2				
1962	1		1			
1963	1	1				

---

　　① 　《〈人民日报〉五十年光盘版简介》，北京博利群电子信息有限责任公司制作《人
民日报图文数据光盘检索系统》。

　　② 　这次调查所使用的工具是佛教大学图书馆馆藏《人民日报图文数据光盘检索系统》。
又，2001—2004年的《人民日报》，惠蒙 China Daily 张毅君先生的帮助，得以检索，特在
此致谢。

续表

年度	篇数	鲁迅	国际	文化	文学	社会
1967	1	1				
1979	1		1			
1980	1	1				
1981	10	8	2			
1984	2		1	1		
1985	4	2			1	1
1986	10	6			3	1
1987	4	1		1	1	1
1988	18	5	3	6		4
1989	9	3		3	2	1
1991	2	1			1	1
1992	1				1	
1994	4					4
1995	6	2	1	2		1
1996	4	1	1	1		1
1997	10	4	2	4		
1998	1				1	
1999	3	2			1	
2001	5	3	1	1		
2003	7	3		2	2	
2004	3	1			2	
合计	115	52	13	21	15	15

表2 《人民日报》中的"国民性"与鲁迅语境

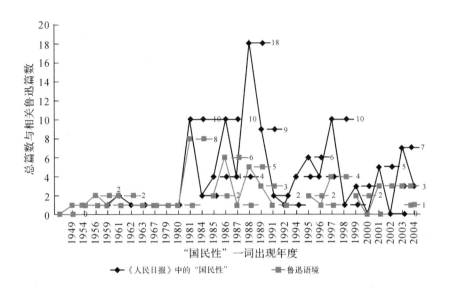

　　从以上两张表中可以看到什么并且由此可以联想到哪些相关的事情呢？

　　首先，1946—2004 年的 58 年间，"国民性"一词在《人民日报》中不是持续出现的，在其中的 1946、1947、1948、1951、1952、1953、1958、1964、1965、1966、1968、1969、1970、1971、1972、1973、1974、1975、1976、1977、1978、1990、1993、2000、2002 年就完全没有出现过，这些年头累加起来有 25 年，尤其从 1968—1978 年，整整 11 年间没有出现过。而再比如，从 1949 年首次出现"国民性"这个词到 1980 年有"国民性"这个词出现的年份，累计起来只有 10 年，出现的篇数也只有 12 篇，如果只看这种情况，那么说"国民性"是个几乎被废弃不用的"死语"也并不过分。然而，就整体而言，在 58 年间里，有"国民性"一词出现的年头累计为 33 年，在数字上多于没有出现过的 25 年，而且出现这一词语的文章的总篇数也达到了 115 篇，因此，即使在中国最占主导性地位的意识形态话语当中，"国民性"这个词，也还仍是一个废而未能尽弃、死而并不气绝的词语。而且到今天还似乎更有一般化的趋势。

笔者未对其他媒体做过统计，所以不敢妄下结论，不过从有些学者在探讨"国民性"问题时因"国民性"这个词及其相关言说出现过多而流露的某种无奈——曰："国民性，一个挥之不去的话题"[①]。曰："已是被千百遍地谈论过的老话题"[②] 来看，也可以想象这个词的使用依然被密切关注。就是说，"国民性"至少还是一个在对这一词语的集体忘却中被记忆下来的词语。

其次，是鲁迅在不停地唤醒着这一忘却中的记忆。根据上面"表1"整理出的"表2"，可以明示这一点。例如在115篇使用"国民性"的文章中，除去涉及国际关系的13篇（可以断定其语境与鲁迅无关）外，剩下的这102篇当中，直接或间接在涉及鲁迅的语境下使用"国民性"一词的文章有52篇[③]，在剩下的内容上涉及"文学""文化""社会"等方面的文章中，使用"国民性"的语境又多是鲁迅"国民性"母题的延伸[④]。因此，从"表2"上能清楚地看到，到20世纪80年代中期为止，使用"国民性"一词文章的总篇数的曲线，与在涉及鲁迅的语境下使用"国民性"一词的文章篇数的曲线，其升降起伏，几乎是重叠的；而在那以后，虽然两条几乎一直重

---

① 刘禾：《语际书写——现代思想史写作批判纲要》，上海三联书店，1999年，第67页。刘禾著，宋伟杰等译：《跨语际实践——文学、民族文化与被译介的现代性（中国，1900—1937）》，生活·读书·新知三联书店，2002年，第75页。

② 潘世圣：《关于鲁迅的早期论文及改造国民性思想》，《鲁迅研究月刊》，2002年第4期。

③ 所谓"涉及鲁迅的语境"，其基本标志是，在文章中使用"国民性"一词的同时，也有"鲁迅"一词出现。但也有个别例外，即1949年的一篇和1967年的一篇。前者是报道周扬讲话的文章，标题是《周扬同志在文代大会报告解放区文艺运动》，文中出现了"新的国民性"的提法，"他说中国人民经过了三十年的斗争，已经开始挣脱了帝国主义封建主义加在他们身上的精神枷锁，发展了中国民族固有的勤劳英勇及其他一切优良品性，新的国民性正在形成之中；我们的作品就反映着并推进着新的国民性的成长的过程"。这篇报道中虽然没出现"鲁迅"，但所谓"新的国民性"的提法，显然是从鲁迅所批判的"旧的""国民性"而来的，因此，也视为"涉及鲁迅的语境"。

④ 与姚文元《评反革命两面派周扬》类似，1984年7月2日张琢的《改革与开放——读书琐记》说："中国资产阶级革命民主派和五四文化运动的领袖都很注重总结这血的教训，从而对改造中国、改造国民性、振兴中华的政治革命和思想革命的必要性和艰巨性，有了更清醒的认识。"这两篇文章虽然没提鲁迅，但所使用的"国民性"一词又显然都是从鲁迅那里延伸过来的，诸如此类。

合的曲线产生了间隔，但升降起伏还是基本一致的。因此，所谓忘却中的记忆，实际是人们通过鲁迅来对这一词语产生记忆，这种情形正好与上面所谈辞书的情况相一致。可以说，在半个多世纪以来的中国，鲁迅实际成了"国民性"这一话语的事实上的载体。

第三，从 1981 年起，"国民性"的词频突然增加，1981 年出现这一词语的文章的篇数达 10 篇（其中有 8 篇涉及鲁迅语境），就数量上来讲，这几乎相当于过去三十四年《人民日报》出现这一词语文章篇数的总和（12篇）。这种突然变化，原因可能很复杂，非在此所能尽述，但笔者认为，与那一年"为纪念鲁迅百年诞辰，由天津社会科学院文学研究所和天津语文学会发起，天津市于五月二十日至二十九日，举行了关于鲁迅改造国民性思想学术讨论会"① 这一事情也许不无关系。"来自北京、上海和十四个省区的专家，鲁迅研究工作者参加了会议"（第 1 页），而会议的成果便是翌年 8 月由天津人民出版社出版的鲍晶编《鲁迅"国民性思想"讨论集》。关于这本讨论集，今后还要具体涉及，这里只谈给人留下印象至深的一点，即很多发言者都对讨论鲁迅"国民性思想"感慨万分，以为"值得大书特书"（第 13 页），"值得庆幸"（第 346 页），因为"国民性"问题，一直"是鲁迅研究的禁区"（第 22、29 页），人们对此"不敢越雷池一步"（第170 页），在 30 多年的时间里，鲁迅研究界"有意无意地忽视或回避了"（第 66 页）这一问题——其中，"回避"一词出现的次数之多（第 17、66、146、415 页）②，也恰可以表明在对"国民性"这一词语的忘却中，学界所做出的自主疏远。疏远到了什么程度了呢？在 1981 年这一时间点上，"现在来谈'国民性'思想，也就像欣赏'出土文物'……未免将信将疑"（第 118 页）。而在大会闭幕词中，也留下了令人"心有余悸"的话，说"如果没有党的十一届三中全会"，这个会"即使勉强召开，也会变成'黑会'"（第68 页）。这种情形，恰好为在上一个题目中讲的中国的辞书里为什么没有

① 参阅鲍晶编：《鲁迅"国民性思想"讨论集·前言》，天津人民出版社，1982 年 8月，第 1 页。本段落中出现的引文均出自此讨论集，后文仅括注页码。

② 这只是笔者在一般性浏览所目击之处。

"国民性"这一词条提供了有力的注释。1981 年，在《人民日报》中"国民性"这一词频的突增，实际上意味着一个宣告，借用十几年之后一位日本学者对本次讨论会的评价之言，便是"关于所谓鲁迅'国民性思想'的讨论，终于获得了市民权"[1]！

第四，鲁迅研究界在 1981 年对鲁迅"国民性思想"问题的集中提起，不仅意味着在专业学术研究领域内对"国民性"这一词语的记忆的恢复，而且也意味着在思想和社会文化方面对"国民性"问题的全面提起。正如当年讨论会的一篇论文所说："'国民的弱点'可以说仍然是'四化'的一种阻力。因此重新认识鲁迅对国民性的研究，总结其经验，就不仅仅是一个学术问题，而是有现实意义的。"[2]鲁迅研究史家后来在评价这一现象时指出，这是"文革"以后中国知识分子思想状态的反映："痛定思痛、反思封建专制主义的危害、痛感反封建思想革命的必要性。"[3]这无疑是正确的，不过现在看，反省"文革"也还只是问题的一面，事实上，关于鲁迅"国民性思想"的讨论在当时所要面对的不仅是"文革"中暴露的"国民性"问题，更是改革开放以后所将面临的"国民性"问题，其所导致的客观结果是，把"文革"中暴露的"国民性"问题，通过鲁迅重新提起，由此而引发出现实中的中国"人"的问题，即精神文化问题。

因此，从上面的图表中也可以清楚地看出，尽管在 1982、1983 两年没有出现"国民性"一词，但从 1980—1989 年的 9 年（实际是 8 年）间，《人民日报》出现"国民性"一词的文章篇数共有 58 篇，比此外 49 年间出现的篇数总和（57 篇）还要多。而且，出现的情形也发生了变化，到 1980 年为止，"国民性"一词的出现，几乎与"鲁迅"一词的出现相伴随，而在此后的文章里，"国民性"一词由鲁迅的"专属词汇"，开始向社会生活的其他领域延伸使用范围。仅以 1986 和 1988 两年为例，1986 年出现"国

---

① 北冈正子：『鲁迅 日本という異文化のなかで─弘文学院入学から「退学」事件まで』，関西大学出版部，2001 年，第 291 页。

② 邵伯周：《试论鲁迅关于"国民性"问题的见解》，《鲁迅"国民性思想"讨论集》，第 168 页。

③ 张梦阳：《中国鲁迅学通史》上卷，广东教育出版社，2002 年，第 543 页。

民性"词语的文章为 10 篇，有 6 篇是在语涉"鲁迅"的情况下出现，有 3 篇是"文学"，有一篇是"社会"。1988 年有 18 篇，是《人民日报》上出现"国民性"史上最高的一年，但其中只有 5 篇在语境上与鲁迅直接有关，其余分散到"国际"（3 篇）、"文化"（6 篇）、"社会"（4 篇）方面，明显地表现出这一词语正在扩大使用范围。"表 2"中这两年"总篇数曲线"和"相关鲁迅篇数曲线"之间产生的"间差"，表明的正是这种情况。由此，人们可能联想到 20 世纪 80 年代中后期许许多多的政治、思想乃至社会文化现象，比如文学或文化上的"寻根热"等等。

（四）20 世纪 80 年代两部关于"国民性"的书

20 世纪 80 年代中后期，"国民性"开始在《人民日报》上激增的现象，虽然可以在一般的意义上说明这一词语在时代言语中的力度，以及它作用于社会生活的深度和广度，但到底有多少报纸杂志，有多少文章或作品，有多少本书使用了"国民性"一词或者涉及"国民性"问题，现在却无法统计。这里以当时出版的两部书为例，来具体看一下"国民性"（这一词语和问题）在当时的意识形态当中究竟处在怎样的位置。

一部是温元凯、倪端著《中国国民性改造》，1988 年 8 月由香港曙光图书公司出版，另一部是沙莲香主编《中国民族性（一）》、著《中国民族性（二）》，由中国人民大学出版社分别于 1989 年 3 月和 1990 年 7 月出版。这两部书的立意都很明确，那就是通过对中国国民性的研究和分析，找出中国国民性的特点（主要是弱点），唤起人们的注意，以减轻改革开放所遇到的来自国民心理和传统文化的阻碍[①]。

前一部书的作者之一温元凯，是 20 世纪 80 年代中国改革的样板式人物，他的最初由科技领域发出的一系列关于体制改革的主张和所从事的实

---

① 如《中国国民性改造》前言："改革的实践，使人深切地体会到了旧的文化——心理的羁绊。"（第 1 页）"在我们民族走向现代化的时候，我们更多地感受到了表现在我们民族旧文化上的国民的劣根性对改革的阻碍……对于国民劣根性的改造，是当前不应忽视的一个重要问题。"（第 2 页）《中国民族性（一）》编后记："随着我国改革与开放的不断发展，终于在八十年代中期酿成了中国'文化热'。人们清楚地意识到，对中国文化及中国人的研究是中国社会改革的需要，势在必行。"（第 341 页）

践，经常是全国媒体关注和报道的焦点^①，当时被香港媒体称为"中国学术界四大金刚之一"^②。《中国国民性改造》可以说是温氏改革主张的理论归结，从中可见当时中国改革所关注问题以及改革诉求所达到的深度。

后一部书实际是一个国家重点课题的成果形式。该课题的名称是"中国人民族性格和中国社会改革"。"（课题）于 1986 年 10 月经国家社会科学基金会评审通过，被纳入国家第七个五年计划期间重点研究项目，受国家社会科学基金资助"^③。此项课题研究，前后有几十人直接或间接参与，"用去大约四年功夫"，其成果是出版了两本书^④。

课题申请人，即该部书的编著者沙莲香教授，后来是《中国大百科全书》社会学分卷中"国民性"词条——这一词条前面已经引用过了——的作者，看来也并非偶然，大百科全书中的词条，可以说是"中国人民族性格和中国社会改革"这一"七五"期间国家重点研究课题所带来的直接结果，其

---

① 温元凯是中国科技大学从事量子化学研究和教学的青年教师，1980 年于中国科学院晋升为副教授。自新华社报道的这一消息在 1980 年 1 月 5 日的《人民日报》上发表后，在整个 20 世纪 80 年代，"温元凯"这个名字不断地出现在从中央到地方的各级领导人的讲话中，也出现在包括《人民日报》在内的诸多媒体上。由于温本人的对科技体制改革的呼吁和所从事的实践活动，使他成为那个时代中国改革的代言者之一。据笔者对《人民日报》的调查统计，在 1980—1989 年的 10 年间，这个名字总共有 60 篇文章里出现过。

② 参见温元凯、倪端：《中国国民性改造》封底，香港曙光图书公司，1988 年 8 月。

③ 参见沙莲香：《中国民族性（二）》，中国人民大学出版社，1990 年，前言（第 1 页）；沙莲香：《中国民族性（一）》，中国人民大学出版社，1989 年，第 337—338 页。

④ 在《中国民族性（一）》前言和《中国民族性（二）》后记中提到的直接参加课题研究以及对课题给予协助的中外专家学者的名字有 30 多位。课题申请人沙莲香亦坦言，课题完成，"绝非我个人力量所致"［《中国民族性（二）》第 362 页］。课题成果是由《中国民族性（一）》和《中国民族性（二）》构成的著作，其中（一）是历史上对中国民族性认识的主要观点的资料汇编，从 71 个人物的著述中，抽取出 500 多个观点，用编者的话说，实际上是一张"历史上有关研究中国人的主要观点及其主要论据"的详细图表，即"历史量表"（参见该卷前言）；（二）是以前者的"历史量表"为参照，对生活在 20 世纪 80 年代现实中的中国人展开的问卷调查、统计及比较和分析。据作者说，课题的研究对象是"作为一个整体的中国人"，而所谓"'整体'是包括了历史上和现在甚至将来相当长时期的中国人。研究的入手点是 20 世纪 80 年代的中国人，即通过 80 年代的人把握贯通古今、背负民族文化的中国人"（第 52 页）。现在应该指出的是，不论是前者的"历史量表"，还是后者的对 80 年代中国人性格特征的量化研究，在中国本国的国民性研究方面都属首次尝试，具有划时代意义。

对"国民性"的解释，既体现了当时对国民性问题的整体认识所达到的理论水准，也记录了当时的研究所存在的学理上的缺点，比如说关于"国民性"这一词汇的语源问题几乎没有涉及，这就使这一概念的理论背景显得暧昧模糊（详细情形后述）等等。

总之，两部书的出版和当时《人民日报》上频繁出现"国民性"一词的情况相互印证，可使人推知"国民性"一词在 20 世纪 80 年代中后期中国的政治、文化乃至学术领域当中的地位。如果说那时所谓"文化寻根热"，其本质是中国人对自身的反省、认识和研究，那么"国民性"一词就是这一意识活动中的一个最重要的概念工具，它是中国人在主体意识当中把自身作为一个"整体"，作为一个"客观对象"来加以认识（亦即"客观对象化"）时的关键词语。从这个意义上可以说，"文化寻根热"，实际上就是"国民性研究热"。而在 20 世纪 90 年代出齐的《汉语大词典》（1993）和《中国大百科全书》（1994）中相继有"国民性"词条出现，也正是"八十年代'热'"的结果，标志着这一词语自 1949 年以来首次被官方正式认可。

然而这里还仍然要强调的是"鲁迅"在这一"关键词语"中所发挥的关键作用。就以上两部书为例，它们都不是"鲁迅研究"领域的著作，却又都从鲁迅"改造国民性"的立意上起步，并把鲁迅的许多观点纳入自己的内容①。可以说，作为一般现象，"鲁迅"已经在事实上渗透到了中国关于"国民性"讨论的任何一种语境当中。

此外，从"国民性"在《人民日报》上的消长曲线上似乎还可以看到更多发人深思的内容，比如这一词语的波动与政治风波以及意识形态的变化的关系等。笔者相信，如果去做深入的调查和探讨，将不无许多有趣的

---

① 比如《中国国民性改造》的标题就是鲁迅的题目。该书开篇劝诫国人要勇于面对自己的短处："一个民族只有心服口服地承认自己确有差距之处，才能自立自强起来。……鲁迅先生曾对我们的人民'哀其不幸，怒其不争'，他的一生对'国民的劣根性'作了种种深刻、形象的刻画和揭露。然而，正是他，才真正无愧于'民族魂'的称号。"（第2页）在第四章"改造国民性的诸因素"标题下，有第三节标题曰"文艺——'引导国民精神的前途的灯火'"，这话也是鲁迅的，出自《论睁了眼看》（《坟》，《鲁迅全集》第1卷，第254页）。又如，在《中国民族性（一）》中，鲁迅被列为一家之言，而这一课题本身也有鲁迅研究学者的参与，《中国民族性（二）》后记有言："张琢和张梦阳先生为资料集提供了有关鲁迅研究的成果。"

发现。总之,"国民性"一词似乎与中国的文化和政治构成着一种密切的联动关系,它在中国主流话语中的多寡,似不妨可以看作政治与文化的晴雨表,其详细情形虽有必要做进一步的探讨,但因为是已经超越本书范围的问题,所以在此"割爱"。

(五)"国民性":一个记忆与遗忘的故事

以上通过两项调查,即辞书与《人民日报》,对"国民性"这一词语70年间在现代汉语中的存在方式,进行一次近乎纯粹语言学意义的考察。毫无疑问,这并不是一次全面的考察,或者说充其量也只能叫做关于一个词汇的"抽样调查",然而即便如此,也足以使人充分感知到"国民性"这个词语本身所具有的思想文化内涵以及这个词语所涉及的许多重大问题。

"国民性"不是单纯的语言学意义上的词语问题,而是和20世纪中国精神史有着重大关联的思想问题、文化问题、社会问题。折射在这一词语上的问题,如在上面所看到的关于这一词语的"忘却与记忆"的问题,其本质不过是20世纪中国思想史问题的一种外化形式。

在本文所设定的这几个题目当中,实际上都分别包含着两种截然相反的结论,即"国民性"这个词的"非存在",和"国民性"这个词的"存在"。词典中没有这个词,词典中有这个词;主流媒体,例如《人民日报》上不大使用这个词,却又有力传播这个词;作为一个概念,这个词几乎没有一个经过系统整理的、成体系的知识(如除了这一词语内涵的解释外,它的发生、发展和演变及其意义等)环节来支撑,却又在现实中被广泛地当作一种思想来介绍,来接受,来运用。"国民性"一词在传播过程中所出现的这两种截然相反的现象,反映出来的实际是思想史上两种主观意志的相反作用,一种是拒绝和排斥这一词语及其思想,另一种则是认同和接受,如果说前者的主体意识行为对其所承担的是"忘却"的职能,那么后者的主体意识行为所承担的就是对其加以"记忆"的职能。因此,在现代汉语词汇史上,在20世纪中国精神史上,再没有哪一个词汇更能像"国民性"这个词汇那样,编织着如此丰富的忘却与记忆的内容。

现在，这场忘却与记忆的角逐还在继续，而鲁迅作为"国民性"这一词语的最重要的承载者的角色却始终未变。由于鲁迅的存在，使"国民性"的记忆被从忘却中唤醒，并在抹杀中至今仍顽强地保持着话语权。事实上，排斥和否定"国民性"的意识行为本身，也构成了对"国民性"的记忆，因为无论肯定或否定，记忆或遗忘，似乎都要从"鲁迅"那里开始，而"鲁迅"也几乎渗透到了关于这一话题讨论的所有层面。鲁迅并没为"国民性"下过定义，却为词典中的定义提供了思想内涵；而尤为重要的是，他不光使"国民性"只是作为一个概念留在辞书中，还更使"国民性"作为一种富有实践精神的思想"活"在了辞书以及官制的思想之外。"国民性"因鲁迅而成为中国人反观自身的转换性概念，亦因鲁迅而成为反观自身之后如何去"想"，如何去"做"的思想。到目前为止，关于这一思想的知识体系的平台，事实上还仍然是由"鲁迅"来构筑的。竹内好在 20 世纪 40 年代谈到鲁迅的死时说，"鲁迅的死，不是历史人物的死，而是现役文学者的死"①。就鲁迅与"国民性"这一词语的关系而言，这一评价还仍然没有过时，因为他至今还不是一个"历史人物"，而是一个"现役"的"国民性"问题的论者。可以说，鲁迅在很大程度上是以"国民性"问题进入并且不断参与着现代中国的文学史和思想史的。作为一种话语关系，在上面的两项调查中所偶然看到的"鲁迅"与"国民性"这两个词的关联，也恰好呈现了鲁迅的"国民性"问题意识与现代中国思想史的不可分割的内在关系。"国民性"问题是中国现代思想史上仍未解决的一个重大课题。人们可以无视这个问题，就像从《辞海》中把这个词条删除一样，也可以否定这一思想的价值，然而，"国民性"问题又总是以各种方式表现出来，使人们要不断地面对它，由于每当这时总有"鲁迅"出现，因此也就不可回避地要遇到一系列与鲁迅相关的重要问题，如鲁迅的"国民性"思想本身的形态究竟是怎样的？它在"鲁迅"当中究竟占有怎样的位置？今天应该如何来评价？——这些问题虽然都并不是新问题，但围绕它们的探讨和争论至今还

---

① 竹内好：『魯迅』，日本評論社，1944 年。参见竹内好著，李冬木、赵京华、孙歌译：《近代的超克》，生活·读书·新知三联书店，2005 年，第 10 页。

在继续，它们在事实上构成了"鲁迅"在现代思想史当中的某种参与和存在的方式。

二、肇始之地："国民性"一词在日本

（一）认识的模糊性：关于词源问题

纵观以上所述，我们已经非常深地介入到"国民性"这一问题中来，至少已经知道这一问题与语言、思想的关系以及鲁迅在这一问题的背后所发挥的作用。然而，这些还仅仅是问题展开的基本背景。就词语本身而言，接下来的问题就自然是"国民性"这一词语在鲁迅文本中到底是怎样的，鲁迅在中国是否是第一个使用"国民性"一词的人等等。

通过笔者此前调查[①]和现在从北京鲁迅博物馆提供的"在线检索系统"[②]核实可以知道，鲁迅文本中共有17篇20次使用"国民性"一词。首次使用是在《摩罗诗力说》里[③]，这是篇作于1907年留日时期的文艺评论，而且在后来也确有"改革国民性"[④]或"国民性可改造"[⑤]的提法。但一般认为，鲁迅在中国并不是第一个提出"国民性"问题的人，与此相关，亦可推断他也不会是第一个使用"国民性"一词的人，人们就此往往要提到鲁迅之前的梁启超、严复、章太炎等人。但问题是，如果是这样的话，那么这些人当中又是谁最早提出"国民性"问题，至少是谁最先使用"国民性"一词的呢？

这个问题很长时间没有答案。不过就"国民性"这个词汇本身而言，

① 笔者曾以人民文学出版社1981年版16卷本《鲁迅全集》为底本进行调查统计。参见拙文《"国民性"一词在中国》，佛教大学《文学部论集》第91号，2007年3月1日。

② 北京鲁迅博物馆（北京新文化运动纪念馆）检索地址：http://www.luxunmuseum. com.cn/cx/。

③ 鲁迅：《坟·摩罗诗力说》，《鲁迅全集》第1卷，第83页："裴伦大愤，极诋彼国民性之陋劣。"第90页："或谓国民性之不同。"

④ 鲁迅：《两地书·八》，《鲁迅全集》第11卷，第32页；《书信·250331致许广平》，《鲁迅全集》第11卷，第470页。

⑤ 鲁迅：《译文序跋集·〈出了象牙之塔〉后记》，《鲁迅全集》第10卷，第270页。

似无人认为是中国人原创而将目光投向了近代日本。在上面提到的 1981
年在天津召开的"关于鲁迅改造国民性思想学术讨论会"上，就已经涉及
"国民性"的词源和概念特指，尽管今日看来不无可商榷之处，但却具有
将讨论引向深入的可能性。如陈鸣树和鲍晶都明确指出"国民性"这个词
来自日语①，虽然缺少具体论证，但在客观上已经深入到中日近代词汇交
流史的问题——鲍晶"词侨归国"的提法是个饶有兴味的比喻——其问题
的引申指向必然是，可否将"国民性"思想作为外来思想来考虑？然而遗
憾的是"可能性"并未变成可能，当时隔 20 多年的 2002 年 4 月 6 日，《鲁
迅研究月刊》编辑部邀集学者再次召开"鲁迅改造中国国民性思想研讨会"
时，中国鲁迅研究界几乎仍在原地踏步地就此思想进行"探源"，至少，
自此以后几乎没有进步，人们并未在已知这个概念是来自日语的一个"外
来语"的基础上向前走出得更远，甚至还倒退了，例如有学者甚至断言："绝
不是某种外来思潮的移植。"②

　　此后，在汉语圈内，唯一值得注意的发言是刘禾的关于"国民性"一
词的"考源"③。"'国民性'一词（或译为民族性或国民的品格等），
最早来自日本明治维新时期的现代民族国家理论，是英语 national character
或 national characteristic 的日译，正如现代汉语中的其他许多复合词来自
明治维新之后的日语一样……有关国民性的概念最初由梁启超等晚清知
识分子从日本引入中国时，是用来发展中国的现代民族国家理论的。"④
刘禾将该解释（词汇）填入她作为自著"附录 B"所编制的《现代汉语
的中—日—欧外来词》之中，而呈"national character　kokuminsei　国民

---

　　① 陈鸣树《论国民性问题在鲁迅思想中的地位》："（国民性）首先是从日语'国民
性'传入中国的。"（《鲁迅"国民性思想"讨论集》，第 169 页）鲍晶《鲁迅早期的"立
人"思想》："'国民'和'国民性'，是从日语中引进。日语中'国民'的语源来自中国，
它算是'词侨归国'。"（《鲁迅"国民性思想"讨论集》，第 223 页）

　　② 参见《鲁迅研究月刊》，2002 年第 5 期讨论会纪要。引文为钱理群发言，见该刊第
14 页。

　　③ 刘禾：《"国民性"一词考源》，《鲁迅研究月刊》，1995 年第 8 期。

　　④ 刘禾著，宋伟杰等译：《跨语际实践——文学、民族文化与被译介的现代性（中国，
1900—1937）》，第 76 页。

性 guominxing"①之形态。但很遗憾,虽然这是作者在自著中特设一章来
"着重考察"的"一个特殊的外来词",却并未给出推导上述结论的任何
检证过程和根据,因此并不意味在有关"国民性"词源的看法上有了实质
性的推进。问题还是模糊和不确定的。例如,明治时代有 45 年,倘若不
把"明治维新时期"理解为这整个期间,那么当是一般常识所指的 1867—
1868 年前后的"王政复古""大政奉还",或者再扩大一点说,可以延
及明治宪法颁布的明治二十二年(1889)前后了。"国民性"一词果真
是这一时期翻译的吗?它又是怎样从"英语 national character 或 national
characteristic"变成日语汉字词汇"国民性(kokuminsei)"的呢?"梁启
超等晚清知识分子"是怎样"最初"把这一词汇"引入中国"的呢?很显
然,已做的"探源"对此并没做出回答,在问题的模糊和不确定这一点上,
较之 20 世纪 80 年代的讨论并无改变。

看来,"国民性"的"词源"的确成为问题。"词源"不明,不仅是
词语来路问题,而且是思想链条的衔接问题,由于不能通过"词源"找到
上一个思想环节,那么概念本身或思想也就容易成为一个脱离具体的历史
过程而被任意解释的对象。在这个意义上,"词"与知识和思想"同源",
"词源"即"知识源""思想源"。正确把握"国民性"这一词语的"词源",
也许就是走进包括梁启超和鲁迅在内的中国"国民性"思想过程的一个
关键。

"词源"在日本。那么日本的情形又是怎样的呢?"海客谈瀛洲,烟
涛微茫信难求。"对于当年的李白来说,日本当是自《史记》以来所谓海上"三
神山"②的"微茫"境界,对于现在的中国人来说,肇始于近代日本的"国
民性"一词,其"词源"问题又何尝不是如此?只要不实际走到明治时代
具体的语境中去寻找,便永远不会摆脱"烟涛微茫"的模糊之境。在这个

---

① 刘禾著,宋伟杰等译:《跨语际实践——文学、民族文化与被译介的现代性(中国,
1900—1937)》,第 396 页。

② 《史记》卷 6:"齐人徐市等上书言海中有三神山,名曰蓬莱、方丈、瀛洲。"司马
迁:《史记》第 1 册,中华书局,1982 年,第 247 页。

意义上，"国民性"的"词源"问题，又是涉及中日间相互认识的大问题了。

（二）日本通用辞书里的"国民性"及其"语史""语志"

日语辞书里有这个词，这与一般现代汉语辞书里不收这个词形成鲜明对照。小学馆与商务印书馆合编的《日中辞典》（小学馆，1987）和《中日辞典》（小学馆，1992）是目前日本最为通用的日中、中日辞典，但就"国民性"一词而言，两者并不对应。前者收该词条，后者无该词条，即使是现在的第2版，这一点也无改变。此外，20世纪80年代中国最为畅销的商务印书馆《日汉辞典》（1959年初版，1979年重印）收"国民性"一词，但吉林大学编《汉日辞典》（吉林人民出版社，1982年）却并无该词。可见"国民性"在日中和中日辞书中的有与无是泾渭分明的。

那么，这个词在日本通常的辞典中是怎样的呢？请看以下几种：

【国民性】その国の国民一般に共通した性質。（其国国民一般共有之性质）

——金田一京助、柴田武、山田明雄、山田忠雄編：『新明解国語辞典』，第4版，三省堂，1989年

（1）こくみんせい【国民性】その国の国民が共通してもっている特有の性質・感情（其国国民共同具备的特有的性质、感情）

——金田一春彦、池田弥三郎編：『学研国語大辞典』，第2版，学習研究社，1988年

（2）こくみんせい【国民性】価値観・行動様式・思考方法・気質などに関して、ある国民に共通して見られる特徴。（见于某国国民的关系到价值观、行动方式、思考方法、气质等方面的共通特征）

——松村明編：『大辞林』，第22刷，三省堂，1992年

（3）こくみんせい【国民性】（nationality）ある国民一般に共通する性質。その国民特有の価値観や行動様式・気質などについていう。（某国国民普遍共有之性质。就其国民特有的价

值观、行动方式和气质等方面而言）

──新村出编：『広辞苑』，第 5 版，岩波书店，1998 年

除此之外，更大的辞书还有《大汉和辞典》（修订版，诸桥辙次著，大修馆书店，第 7 刷，1986 年）和《日本国语大辞典》（日本国语大辞典刊行会编，小学馆，1972—1976 年第 1 版、2000—2002 年第 2 版）两种，因后面还要涉及，此处暂时省略该词条的解释。

总之，尽管在说法上各有不同，但在指一国国民所共同具有（日语作"共通"）的特性上是一致的，而这种特性又可具体落实到价值观、行动方式、思考方法和气质等方面。这是由日语辞书中所看到的通常的解释。

然而，即使在日本，关于该词的"语史"或"语志"其实也不存在。就是说，该词即使在"近代词汇"的研究方兴未艾的语言学或词汇学领域，也从未成为被专门研究的对象。不仅如此，在专门探讨"国民性"问题的思想领域，作为表述（命名）这一思想的词汇，"国民性"的词语问题实际也被搁置，或者说被忽视。可以确认这两点的证据能够找出很多，这里只通过两种较为易寻的资料来说明问题。一种是由佐藤喜代治等 7 名日本当代著名的词汇学家合编的《汉字百科大事典》（明治书院，1996），该书 16 开本，1703 页，是日本第一本也是迄今为止最权威的一本关于"汉字和汉语"的大型专业百科事典。其"资料编"中作为"汉字文献研究目录"的第二种而收录的"字别"即"逐词"排列的目录里未见"国民性"这一词条；飞田良文编"和制汉语一览"的"近代"部分，收词 519 个，其中虽有"国民性"，但"注记等"栏目却是空白，按照词表《凡例》的说明，这便意味着该词作为"译语"的"源词"、它的"造语者"以及形成的过程都是未知的。

另一种是南博著《日本人论──从明治时代到今天》（『日本人論──明治から今日まで』）（岩波书店，1994）。由于日本近代关于"国民性"问题的讨论主要集中在所谓"日本人论"当中，因此，南博关于"日本人论系谱"的研究目前便处在关于国民性问题这一专项研究的具有代表性的位置上。南博的这本书主要以日本近代以来思想史上的国民性讨论作为问

题，对其脉络走向整理和阐释得都相当清楚，仅明治时代就列专著和文章不下百种，但由于其着眼点是"思想"内容本身而非表述思想的名词，因此词汇本身也就不构成问题。可以说，在该系统中这是一种普遍现象，并非只是南博的著作，同类著作一般都不涉及词源及其生成与演变过程等问题。

由此可知，不论词汇研究还是思想研究，都没把"国民性"这一词汇本身作为问题提出，也许这并不妨碍在日语语境下对各自领域的问题加以探讨，但既然是要寻找现代汉语中"国民性"一词的词源，那么就与这两方面都构成关系。在本书的问题框架内，思想和词汇问题是一个有机整体的两个侧面，只是出于描述的方便，才将两者相对分开探讨。

（三）"国民性"一词不见于明治时代出版的各类辞书

从上文可知，"国民性"一词在现在日语辞书里的一般存在形态及辞义。接下来的问题便是：在日语当中这个词汇是从何时开始使用又是怎样形成的？与其伴随的思想过程又是怎样的？等等。为着手解决这些问题，有必要再确认一下在中国的"国民性"话语中已知的关于这个词汇的知识，以此为出发点来求证未知。如前所述，已知的"探源"研究并未找到词源。不过，既然有"明治维新时期"的提法，那么查一查明治时代的辞书也是应该的。只是从查找结果来看，似乎不妨说得武断一些，"国民性"作为一个词条，不见于明治时代出版的各类辞书。尽管这在词汇研究者中有一条人所共知的常识，即断定一个词的存在比较容易，断定一个词的不存在却很难，而且笔者也愿引以为戒，但还是忍不住试做以上结论。其基本根据是查遍目前大抵可以找到的、明治时代出版的分属于三个系统的主要辞书，没有发现有这个词条。三个系统的辞书，是指汉语辞书、英学辞书、国语辞书。

甲、汉语辞书，主要参照的是 65 卷本《明治期汉语辞书大系》（松井荣一、松井利彦、土屋信一监修、编集，东京大空社，1995—1997），该大系收载至 1906 年为止、日本在 40 年间出版的各类"汉语辞书"140 种。

乙、英学辞书，并不止于"英和"或"和英"，也包括部分被认为对前者构成影响的"英华"和"华英"在内，虽并非明治时代"英学辞书"的全部，似也占了绝大部分，有包括被视为基本英学辞书的"日本近代英学资料"和"近代英华·华英辞书集成"在内的1867—1911年间的29种辞书。

丙、本国语辞书，主要参照《明治期国语辞书大系》（飞田良文、松井荣一、境田稔信编，东京大空社，1997—1999）所收1871—1902年间的23种辞书以及同大系"别卷"之《书志和研究》。

众所周知，就其来源而言，现代日语词汇出自三个语言系统：一个是日语固有词汇，一个是来自汉语的词汇，一个是来自西语的词汇。它们在日本语言学领域分别被称为"和语""汉语"和"外来语"。严格说来，"汉语"也应算做"外来语"，但由于有着悠久漫长的语汇融合历史，习惯上也就不把"汉语"放在"外来语"之内。日语中所谓的"外来语"一般是指西语中进入日语中的词汇；而所谓"汉语"，译成中文应该叫做"汉语词汇"。不过有一点需要注意，日语中的"汉语"即"汉语词汇"，除了出自中国本土汉文典籍的词汇之外，还有大量的是日本人在习读和使用汉语的过程中自己创造的，由于后者不是来自中国本土，所以人们通常把后者称为"和制汉语"。"和制汉语"一般可以理解为在日本被创造和使用的汉语词汇。包括"和制汉语"在内，在日语中"汉语"自古就有，而且不断增加，特别是到了明治时代，有了暴发性的增加，"并非只是过去就已经使用过的那些词汇，有很多是新造或被赋予新意的，还有很多是为翻译外语而产生出来的"，从而进入了一个被专家称为"汉语大众化"的时代[①]，上面介绍过的《明治期汉语辞书大系》所收各类"汉语辞书"140种就是最好的证明。

虽然迄今为止"和制汉语"的定义和词汇范畴仍是一个颇有争议的问题[②]，但即使按照最严格的规定，"国民性"这个汉语词汇也应该属于"和

---

① 松井栄一、松井利彦、土屋信一：『明治期漢語辞書大系·刊行のことば』，東京大空社，1995—1997年。

② 参见陈力卫：『和製漢語の形成とその展開』，汲古書院，2001年。该书《序章》用47页的篇幅来讨论"和制汉语的概念与问题点"。

制汉语"，即它是一个在日本产生的汉语词汇。假设这个词汇是日本人在明治时期用汉字创造出来，用以翻译某个西语词汇（例如 nationality）并使之"归化"为"国语"的话，那么它作为词条或作为对词条解释的用语而最有可能被收藏的形态，就是上述甲、乙、丙三类辞书。这三类辞书可谓明治时期的基本语料库，是日语"近代语成立"过程中的语汇素材，并构成现代日本国语的词汇基础。但由以上调查结果可知，"国民性"一词不见于明治时期的由甲、乙、丙三类辞书构成的这一基本语料库中。另外，《明治辞典》（『明治のことば辞典』，东京堂出版，1968）也未收"国民性"这一词条。

（四）"国民性"一词见于大正以后出版的辞典

那么，接下来的问题是，"国民性"这一词条是从什么时候起被收入辞典的呢？在笔者的调查范围之内，目前首次见到该词条的辞典是时代研究会所编《现代新语辞典》，此次所见版本为耕文堂 1919 年的第 7 次印刷，版权页表示，该词典的第一次印刷为 1918 年。不过这已经是属于"明治以后"的辞典。《近代用语的辞典集成》（松井荣一、曾根博义、大屋幸世监修，东京大空社，1994—1996）收 1912—1922 年的"近代用语"辞典复刻版 42 种，《现代新语辞典》为其中之一。事实上，在这本辞典中该词条除了"こくみんせい国民性"这一平假名加汉字形态外，还有以片假名来标注的"外来语"形态，即"ナショナリティー"。后者是英语 nationality 的日语音译，其词条解释是"国民性"。就是说，"こくみんせい国民性"和"ナショナリティー"都作为"新语"词条而并存于同一辞典当中。像如此"一词两收"，两种形态并存的辞典，在"集成"中占 9 种。

那么，两者在时间上有先有后吗？就"集成"收录辞典所见，初见"ナショナリティー"一词的辞典是《文学新语小辞典》，出版时间为 1913 年，在时间上比"国民性"一词的汉字形态早 6 年。而且，就存续状态而言，在"集成"的 42 种辞典里，除了上述"一词两收"的 9 种之外，还另有 13 种单收"ナショナリティー"（或作"ナショナリチー"），一种单收"国民性"，前者总数为 22 种，后者总数为 10 种，这意味着在大正到昭和初期的"新语"

辞典中，外来语形态的"ナショナリティー"词条，比汉语形态的"国民性"词条被更早和更多地采用，而收入"国民性"词条的辞典也主要集中在大正年间。（参见"附表一"）

从表面上看，几乎可以断定"国民性"是日语对译英语 nationality 一词的"汉语"形态。那么，它与"ナショナリティー"这一音译的"外来语"形态具有怎样的关系呢？后者是它与英语原词之间所存在的中间环节吗？仅看上述列表，回答似乎是肯定的，词汇的衍生顺序似可推定为英语"nationality"→日语外来语"ナショナリティー"→日语汉语词汇"国民性"。即体现为一个从音译到意译的过程。

另外《外来语的语源》（吉泽典男、石绵敏雄著，1979 年初版）收"ナショナリティー"词条，并将该词的"借入期"确定在大正年间（1912—1926）。按照上述衍生关系，汉语形态则稍晚于前者，但也同样出现在大正年间，就像在附表一中已经看到的那样。

然而，请注意，这只是就对辞典调查而言，所以现在只能判断"国民性"这一词条同"ナショナリティー"一样，最早出现在大正时代的辞典中。不过，仅此还不能断定它究竟是不是这个时代所创造的词语。

（五）"国民性"一词之诞生：《太阳》杂志、高山樗牛、纲岛梁川、芳贺矢一

看来要解决这个问题，仅靠排查辞书有很大局限。因为其中显然存在着该词的实际使用与被收入辞典的"时间差"问题——尽管就一般意义而言，辞书总是那个时代实际使用的语言的记录。最好、最精确的调查办法，当然是能够有一个可供全文检索的囊括明治时代所有文献的数据库。但在目前还不具备这一条件的情况下，只能根据已有的资料和线索来推断。

《明治大正新语俗语辞典》（东京堂，1984）把"国民性"一词提出的最早用例确定为 1906 年[①]。但《日本国语大辞典》较前者将用例的时间

---

① 例文：『早稲田文学』彙報（1906 年第 1 号）："一部の社会には国家主義は唯一の真理の如く認められ、国体と国民性とは不易の標準の如く仰がれた。"（国家主义被社会上一部分人认作唯一之真理，国体和国民性被仰承为不动之标准）

提前了 8 年 ①。

通过目前最完备的相关语料库《太阳语料库》（『太陽コーパス』，博文馆新社，2005）查检，可以把"国民性"的使用时间再提早 3 年，即确定为 1895 年。《太阳》杂志同年 2 月 5 日发行的 1 卷 2 号续载坪内逍遥的"论说"《战争与文学》使用了"国民性"一词：

原文：

しかしながら国民其の者が性の罪にして、文学其のものゝ科にあらざるや勿論なり、以て国民性の涵養の極めて大切なるを見るべし。

译文：

然则此乃国民自身性质之罪，非可怪罪文学自不待言，以是可见国民性之涵养至关重要。

这是本文此次调查所发现的最早的用例。《太阳》系明治时代的出版重镇东京博文馆出版的每期 200 页的大型综合月刊，1895 年 1 月创刊，1928 年 2 月停刊，在三十三年零两个月的时间里，包括临时增刊在内，共出 34 卷 53 册，纸页合计 175000 页 ②，可谓"倾博文馆之全力""令全国读书人哑然"的杂志 ③。不过《太阳语料库》也有明显的"缺欠"，它只提供了 5 年（1895、1901、1907、1917、1925）60 册杂志的数据，所以从中只能获得"抽检"结果，而不能获得"国民性"一词从诞生到使用的衍

---

① 其对"国民性"词条的解释，第 1 版与第 2 版完全相同。例文：如是放语（1898）〈内田鲁庵〉"卿等が燃犀の眼を以て細に今の社会を觀察し所謂我が国民性（コクミンセイ）を發揮するに勉めよや"（卿等当以慧眼仔细观察今日社会，努力发挥所谓我国民性）。另外，还需补充一点，上记用例中标记的"一八九八"这一时间，似来自内田鲁庵《如是放语》文末所标记"明治三十一年六月"，因此可视为写作时间。内田鲁庵《如是放语》收入《文艺小品》一书，于翌年即 1899 年由博文馆出版，作者署名"不知庵"（封面）和"内田贡"（版权页）。

② 该数值根据电子复刻版。近代文学馆：『太陽』，八木书店。

③ 坪谷善四郎：『博文館五十年史』，博文馆，1937 年，第 94 页。

生形态。例如 1895 年只有上见 1 例，1901 年 3 例，而在此期间的状况不详。

笔者以"手工"查到的使用"国民性"的两篇文章，刚好同《日本国语大辞典》里的用例一样，都出在 1898 年，一篇是纲岛梁川（Tsunashima Ryosen，1873—1907）的《国民性与文学》，该文初出《早稻田文学》1898 年 5 月 3 日第 7 年第 8 号[①]；另一篇文章是高山林次郎的《论沃尔特·惠特曼》（「ワルト・ポイットマンを論ず」），该文初刊 1898 年 6 月 5 日发行的《太阳》杂志第 4 卷第 12 号[②]。两篇文章的发表时间接近，两位论者当时探讨的问题也互有联系。就是说，他们几乎同时在各自的文章里使用"国民性"一词并非偶然，这一现象的背后似乎就隐藏着这个词汇诞生的瞬间形态。

高山樗牛是引领明治三十年代的英年早逝的著名评论家，从 1895 年 4 月到 1902 年 11 月，仅在当时最具有影响力的《太阳》杂志上就发表了近 70 篇文章。《论沃尔特·惠特曼》是其中的一篇。他在该文里的用例为：

原文：

终りに彼はげに一個の亜米利加人として其国民性を最も明晰に、最も忠實に唱へたる詩人なり。

译文：

最后，作为一个美国人，他是最明晰，最忠实地讴歌其国民性的诗人。

在高山樗牛同时期的文章里，虽然用例只找到这一个，但仍不妨把他看作是"国民性"一词的催生者之一。正像他评惠特曼时所体现的那样，

---

① 即所谓"第一次第三期第八号《早稻田文学》"。此次参阅底本除该期外还有武田清子、吉田久一编：『明治文学全集 46·新岛襄·植村正久·清泽满之·纲岛梁川集』，筑摩书房，1977 年。

② 此次参阅底本为该期和濑沼茂树编：『明治文学全集 40·高山樗牛·斋藤野の人·姉崎嘲風·登張竹風集』，筑摩书房，1970 年。

他是一个主张"日本主义"和文学应该表现"国民性情"的人，不仅以自己的批评躬身实践，还以这一标准来要求文学批评家，即"国民的見地に據りて一国の文芸を批判する（据国民性之见地，批评一国之文艺）"①。他在一系列文章里的用词，不仅在形态上极其接近，而且词义表达上也就是"国民性"的意思。试举下列例子：

甲、《论道德理想》（『道徳の理想を論ず』，1895 年 6—9 月《哲学杂志》），出现"国民性情"4 次，"国民の性情"5 次。

乙、《批评家在我国现今文艺界的根本任务》（『我邦现今の文芸界に於ける批評家の本務』，1897 年 6 月 5 日《太阳》第 3 卷第 11 号），出现"国民性情"6 次，"国民の性質"4 次。

丙、《赞日本主义》（『日本主義を讃す』，1897 年 6 月 20 日《太阳》第 3 卷第 13 号），出现"国民的特性"4 次，"国民の特性"1 次，"国民的性情"2 次，"国民の性情"3 次，"国民性情"1 次，"国民的意識"1 次。

丁、《驳难非国民性小说》（『非国民的小説を難ず』，1898 年 4 月 5 日《太阳》第 4 卷第 7 号），出现"国民的性情"5 次，"国民性情"6 次。

翻阅同时期的代表性文学评论，强调所谓"国民的"似并非始于高山樗牛，但像上面所见到的那样，把"国民"一词与"性情""性质""特性"或者"意识"相组合并加以反复强调的却无人居高山樗牛之上。上述词组表达的意思基本相同，而且，不论是否有"の"或"的"联接，其最终都有发展为"国民性"一词的可能。就是说，把"国民の性情（特性）""国民の性質""国民的性情（特性）""国民性情"这几种形态视为"国民性"一词在高山樗牛那里成熟的胚胎似乎并无大错。事实上，正是在这些文章

---

① 高山林次郎：「我邦现今の文芸界に於ける批評家の本務」，1897 年 5 月『太陽』第 3 卷第 2 号。此文收入吉田精一、浅井清、稻垣達郎、佐藤勝、和田謹吾編：『近代文学評論大系 2・明治期Ⅱ』，角川书店，1985 年。

之后，高山樗牛才如上所见，首次在《论沃尔特·惠特曼》中使用"国民性"一词。

然而，高山樗牛本人似乎并没按照自己的观点由上述用词形态中最终提取出"国民性"一词来。代替他做这项工作的是其论敌纲岛梁川，梁川的《国民性与文学》一文正是为反驳高山樗牛的文学应表现"国民性情"的观点而作。开篇这样提出问题：

原文：

> 今日の文学、就中小説に対する世間の要求の主なるものを挙ぐれば、現社会に密接して時事時潮を描けといふもの其の一にして、国民性を描寫して国民的性情の満足を與へよといふもの其の二なり。前者は姑く措く、後者の要求に対しては吾人頗る惑ふ。則ち問うて曰はく、国民性とは何ぞや、国民的性情の満足とは何ぞや、そもそも又此の要求に是認せらるべき點ありとせば、そは果して如何程の意味にて是認せらるべきかと。

译文：

> 世间对今日之文学特别是小说之要求，举其要者，其一为紧密联系现实社会，描写时事时潮；其二为描写国民性，以满足国民的性情。前者可姑且不论，对后者之要求，吾人却颇感困惑。则问曰，何谓国民性？何谓满足国民的性情？若此要求有应是认之点，那么究竟又应在何种意义上予以是认？

包括标题在内，纲岛梁川在该文中一气用了48次"国民性"，使用频度之高在同时期的文章中绝无仅有。这篇文章是针对高山樗牛而写，所谓"描写国民性，以满足国民的性情"正是对高山观点的概括，因此，也就足以成为"国民性"一词诞生时期在文脉上留下的轨迹。正像上面介绍的，到了高山樗牛在此后的《论沃尔特·惠特曼》中称惠特曼是"最明晰，最忠实地讴歌其国民性的诗人"时，就说明他已经接受了由他的论敌在他此前的表述中所"提炼"的这个词。联想到《日本国语大辞典》里所举的内田鲁庵文章的例子刚巧也是出现在同一个时期，而且也是论述的同样的问题，就不是偶然的了。不妨暂时把纲岛梁川假设为继坪内逍遥之后第一个自觉使用"国民性"一词的人。

做此假设还有另外一层因素，即在纲岛梁川之后的 10 年间，把"国民性"一词用于行文中的恐怕不乏其人，但用于文章或书籍标题的尚极为罕见，这不仅意味着纲岛梁川在自觉提炼和运用词语上的先驱性，而且也意味着"国民性"一词在使用上经历了一个普及的过程。这种情况至少可以通过《太阳》的文章标题获得佐证。该杂志使用"国民"一词的文章标题，几乎在所有期号中都有，而相关的表述"国民性"意思的词汇是渐次出现的。（参见"附表二"）

再进一步将"附表二"的结果做"提取"和"分类"处理，似不难看到从明治后半到整个大正期结束时的 30 年间"国民性"一词的浮现轨迹。由纵向来看，"国民性"一词在《太阳》杂志的文章标题中首次出现是1909 年 9 月 1 日的第 15 卷 15 号[①]，这比纲岛梁川在文章标题里使用该词晚 11 年多。由横向来看，可获得三类词组：第一类是"国民的"，第二类是"国民"＋"元气""心悬""特质""气象""特性""思想""性格""气质""精神""性情""道德""心理"等词语组成的词组（是否有"の"忽略不计），第三类即"国民性"。由此可知，在"国民性"一词普及开来之前，表达相同或近似意思的主要是"一"和"二"两类词组，而这种情形又和上面所见高山樗牛个人文章里的使用状况大抵一致。也就是说，由"高山樗牛"到"纲岛梁川"的过程，实际上又在《太阳》杂志上重复了一回，只不过规模更大、时间更长而已。笔者认为，正是在这一过程中，"国民性"逐渐演变为一个普通的词汇。

事实上，到 1907 年 12 月东京富山房出版芳贺矢一的《国民性十论》

---

① 在文章中出现当然要比标题更早，据"太阳语料库"所做"国民性"抽检结果为1901 年用例 3 个，1907 年用例 96 个，1917 年用例 27 个，1925 年用例 37 个。可知《太阳》杂志上出现带"国民性"字样的文章标题是 1907 年用例激增以后的事。

时，"国民性"一词在日语语境里不仅已使用得相当普遍，而且正如本文前面所示，"国体和国民性被仰承为不动之标准"了。如果说坪内逍遥以及稍后的高山樗牛和纲岛梁川文章的直接历史背景是甲午战争，那么芳贺矢一出书的直接背景则是日俄战争，日本在相距10年的这两场战争中获胜，"国家主义"或"国权主义"便因此而高涨起来。"国民性"由纲岛梁川的篇名变成芳贺矢一的书名，也许就是这一过程的最为"点睛"的注解。《国民性十论》出版后反响强烈，一年多以后《太阳》杂志上出现拿"国民性"做题目的文章，似亦与此不无关系。《国民性十论》的出版对"国民性"一词的普及既是一种推动也是一种标志，标志着该词在日俄战争之后已被普遍使用，其进入大正时代的辞典只是时间问题。

（六）"国民性"问题意识及其翻译：《明六杂志》与英学辞书

面对西方的明治思想界，从一开始便似乎并未只着眼西方的物质文明，同时也注意西方的精神文明，而能把人的精神、意识、思想、气质、性质、风气等作为问题提出并加以深入思考，亦可谓这种观照意识的反映。这一点可以由明六社的机关刊物《明六杂志》看出。该杂志因传播启蒙思想著称。明六社为明治初期著名的思想启蒙团体，由1873年从美国回国的森有礼（Mori Arinori，1847—1889）倡导而成立，主要成员有福泽谕吉（Fukuzawa Yukichi，1834—1901）、西周（Nishi Amane，1829—1897）、加藤弘之（Kato Hiroyuki，1836—1916）、西村茂树（Nishimura Shigeki，1828—1902）、中村正直（Nakamura Masanao，1832—1891）等十多人，皆为当时日本著名学者和文化人，也都是《明六杂志》撰稿人。1873年为明治六年，故团体和杂志都取名"明六"。

杂志从1873年3月创刊到1874年11月被迫停刊，共出43号，发表文章150多篇，其中不少讨论人的"性质""气风"和"精神"。例如《改造人民之性质说》（中村正直，第30号）、《国民气风论》（西周，第31号）、《养精神一说》（阪谷素，第40号）、《养精神一说》（二）（阪谷素，第41号）等。至于福泽谕吉则更是阐释"国民性"问题的名人。正像南博所指出的，福泽谕吉在《驳西先生之内地旅行说》（第 26 号）里"称人民的'气质'就相当于国民性所表达的内容，也和同年发表的《文明论之概略》中所使用的'人民的风气''人心'一样，都是指国民性"①。由以上可知，当时表达后来"国民性"意思的有种种词汇。那么，作为一种"问题意识"，这些词汇又是来自哪里？可以考虑的一个途径是对西文概念的翻译。例如，上面提到的西周《国民气风论》一文，标题旁边明确标注西文词汇的发音而呈"国民気風論"（竖排）之观，以日文片假名标注的所谓"ナシオナルケレクトル"，即英文 National Character 而今译为"国民性"的这个词。如果说 National Character 是一个词组而非一个词，那么还可以考虑对一个单独词语的翻译，这个词便是 Nationality。

笔者在调查中查阅明治时代的"英学辞书"有 29 种，其中收"Nationality"词条并做出解释的辞书有 24 种，释义形态参见"附表三"。

由"附表三"可知，在 29 种英学辞书中最早以汉语对应 Nationality 词条的是 1873 年出版的《附音插图英和字汇》（『附音挿図英和字彙』）。根据森冈健二从"译语"角度对明治时期英和辞书的划分，该辞书及其增订第 2 版应该是明治"第二期（1873—1887）"最重要的辞书②。仅以表中所见，其关于 Nationality 的对译和解释，即"5. 民情、民性、国"和"9. 民情。民性。国。国體。国風国二依テ、国ノ為ニ"对后来的"英和辞书"有着显而易见的影响。但就分类而言，上表中还存在着"英华"系统的辞书，它们与"英日"系统构成怎样的关系，似须略作讨论。

明治以前，日本主要通过荷兰语（所谓"兰学"）学习西方，后逐渐由"兰学"转向"英学"。"英和辞书自文化十一年（1814）的《谙厄利亚语林大成》以来，多至无以数计。"③尤其在明治维新以后，英和辞书与翻译实践互动，形成了通过英语学习西方的新的知识体系。但所谓"英和辞书"系统并非一开始就自成一体，而是受到当时已有的"英华字典"

---

① 南博：『日本人論──明治から今日まで』，岩波書店，1994 年，第 15 页。
② 森冈健二：『近代語の成立・語彙編』，明治書院，1991 年，第 2—3 页。
③ 森冈健二：『近代語の成立・語彙編』，第 2 页。

的影响。"英学在中国比在日本早起一步,已先有了辞书的编撰和圣经的翻译,日本的英学起步略晚,自然要蒙受这些中国业绩的恩惠。"① 因此,专门研究日语近代语汇的学者一般也把对"英和辞书"系统构成影响的"英华字典"看作前者的有机组成部分。森冈健二列举了 14 种《英华字典》,其中罗布存德《英华字典》(W. Lobscheid, *English and Chinese Dictionary*, Hongkong, 1866—1869)的影响最大,后来中村敬宇校正,津田仙、柳泽信大、大井镰吉在 1879 年翻译的《英华和译字典》(即表中的"6")和井上哲次郎于 1883、1884 年的《增订英华字典》(即表中的"10")均以罗布存德的《英华字典》为底本。这样,在去查找有关词语的时候,"英华"和"英和"辞书便构成一个可以互为参照的系统。

仅以 Nation、National、Nationality 这三个相关词的条目为例,它们在罗布存德《英华字典》中形态为:

> Nation,n. 民,国,邦,邦国;
>
> all nations,萬民,萬邦,萬国
>
> National,a. 国的,国;
>
> national affairs,国事;
>
> national character,国人之性情;
>
> national seal,国印,国璽;
>
> public,公;
>
> the national flag,国旗
>
> Nationality,n. 国之性情,好本国者②

如果去掉那些无关项,来看由中村正直校正的日译本《英华和译字典》对前者的翻译,将会获得一些有趣的发现。其中的片假名是日语释义,后面的罗马字标注片假名的发音,倘若将日语释义部分直接转换为汉字,那

---

① 森冈健二:『近代語の成立・語彙編』,第 55—56 页。

② 笔者所见非 1866—1869 年香港原版,而是 29 种辞书中的"6",即 1879 年出版的"敬宇中村正直校正"本《英华和译字典》。

么便会依次呈现出以下情形：

英华字典	英华和译字典	转换为汉字
Nation, n. 民，国，邦，邦国	タミ tami, クニ, kuni, ジンミン jin-min, コクミン, koku-min	民，国，人民，国民
National, a. 国的，国	クニノ, kuni no; ジンミンノ, jin-min no	国的，人民的
national character, 国人之性情	ジンミンノセイシツ, jin-min no sei-shitsu	人民之性质
Nationality, n. 国之性情，好本国者	コクフウ, koku-fu, ミンプウ, minpu, ジンミンノセイシツ, jin-minn no sei-shitsu	国风，民风，人民之性质

显而易见，在"Nation"词条内，日译版保留了原典中的"民，国"，去掉了与"国"字字义相同的"邦，邦国"，代之以新增的"ジンミン jin-min，コクミン，koku-min"即"人民，国民"这两个词。也就是说，"人民""国民"这两个词是对原辞书创造性翻译的产物——尽管标示它们的还不是汉字，而是日语片假名。

不仅如此，接下来的对"National, a. 国的，国"的派生词组——"national character，国人之性情"和对"Nationality, n. 国之性情，好本国者"的翻译，更是使用了与原典不同的"汉语"，即分别译成"人民之性质"和"国风，民风，人民之性质"。这会令人想到上面提到的中村正直发表在《明六杂志》第 30 号上的文章，他在做《改造人民之性质说》时，脑海里恐怕一定会浮现出 Nationality 或 National character 这类词吧。如果说现在日语辞典中一般以"国民性（こくみんせい）"一词来对应 nationality 或 the national character 的话，那么，《英华和译字典》中所做的日语释义"ジンミンノセイシツ，jin-min no sei-shitsu"即"人民之性质"便可视为"国民性"一词 1879 年在日语中的一种使用形态。

总之，明治时代的英和辞书在翻译 nationality（national character）概念的过程中产生了相当丰富的对译词语，仅归纳"附表三"便可获得 16 个，它们依次是：国风、民风、人民之性质、民情、民性、国、国体、民生、爱国、人民、人种、本国、国粹、国民主义、建国、国籍。

这和从罗布存德《英华字典》到"附表三"26《新增英华字典》关于该词条的无变化恰好形成鲜明对照。就是说，"英华"系统的辞书几十年间除了"国之性情，好本国者"之外，并没为对译 Nationality 创造新词汇，直至1903年的《华英音韵字典集成》（"附表三"27）将该词译成"国风""民情"——不过这显然已是反过来受了英和辞书的影响了。应该说，日语所体现的丰富对译，显然与自明治初期以来的明确的"国民性"意识有关，而汉译的贫乏亦与对此问题认识的滞后密切相关。对于20世纪初的中国人来说，"国民性"还是一种崭新的知识，代表着当时的"现代意识"。

（七）关于"国民性"的构词问题

上面由英和辞书中归纳出来的16个词语，虽然与"国民性"构成词义上的关联，甚至不妨看作"国民性"诞生之前的汉语形态，但毕竟还不是"国民性"一词本身。正像本文第二节指出的，"国民性"词语形态亦不见于明治时代的英学辞书。这就产生了一个问题："国民性"与上述那些词语是否具有结构或形态上的关联？

从构造上来讲，"国民性"属于典型的近代"和制汉语"中所常见的"～＋性"的组词结构，因此应该是"国民"＋"性"。本文也是根据这一结构着手调查的。例如先查"国民"及其相关概念"民""臣民""人民""民人""国人""邦人"等①，然后再去查"性"及其相关概念"性质""特性""气质""人心""气风""风气""精神""品性"……最后再由前后两类的组合中来看"国民"＋"性"的生产过程。但如上所见，英和辞书中的对译主要不是词组而是词，倘若以"国民"＋"性"这种结构来看那些对译词语，那么在构造上只有一个词比较接近，那就是"民性"。

---

① 相关研究参阅大原康男：『翻訳語からみた「国体」の意味—「国体」の多義性に関する一考察として—』，国学院大学：『日本文化研究所概要』第47輯，1981年3月；京極興一：「"人民""国民""臣民"の消長」，松村明先生喜寿記念会編集：『国語研究』，明治書院，1993年。

换句话说，在"国民"＋"性"的形态之前，实际是存在着"民"＋"性"这一形态的。《日本国语大辞典》"民性"词条如下：

> みんせい【民性】〔名〕人民の性質や性格。※ 真善美日本人〈三宅雪嶺〉日本人の能力「民性の発揚を図る者」※ 礼記—王制「司徒脩六礼，以節民性」

可知"民性"为古词，到明治时代专因翻译 Nationality 而新用。第二节提到的《明治期汉语辞书大系》所收明治年间出版的 140 种"汉语辞书"中并无"民性"一词，但该词却大量出现在"英和辞书"里便足以反证这一点。顺附一句，"汉语辞书"中常见"民情"一词，被解释为"民心"（タミノココロ）或"庶民之心"（下々ノココロモチ）等。因此，即使"民情"和"民性"同被用来对译 Nationality，"民性"也当是在对译中产生的一个更新了的汉语词汇。

从这个意义上来讲，笔者认为在"国民"＋"性"这一结构成立之前，似应把"民性"的要素考虑进来，而成"国民"＋"民性"的重叠形态：

还有一个有趣的例子。1886 年出版的井波他次郎编译的《新撰英和字典》，即附表三"16"在印刷上所呈之观，也几乎"以假乱真"，竟使笔者一时觉得在明治时代的辞书里莫非存在着"国民性"这个词。"立此存照"，请见附图 Nationality 词条。如果去掉"国"与"民性"之间的"."，就是"国民性"了。那么，"国"＋"民性"这种结构的可能性会是零吗？

Nation, n.
National, a.
Nationality, n.
Nationalization, n.
Nationally, adv.

人民(哲)國、國民
國ノ、國民ノ。民間ノ。
一般ノ
國、民性。國風(哲)民
情國休
(哲)建國
國ノ公メ二、國風二依
リ

三、“国民性”一词在清末民初中国的使用

如前所述，进入 20 世纪的第一个 10 年，“国民性”一词虽然尚未被正式收进日本的辞书，但在日语的语境里已经是一个相对成熟和稳定的概念。那么，在这种背景下，它是怎样进入汉语中的呢？——这是个复杂的问题，在此只按本书的思路归纳要点如下。

（一）鲁迅之外：梁启超、严复、章太炎、《新尔雅》

在中国提到“国民性”问题，除了鲁迅，人们还会想到鲁迅之前的梁启超。梁启超无疑是中国把“民”或“国民”作为问题提出并对所谓“国民性”问题大加阐发的第一人，因此人们总是自觉不自觉地把“国民性”一词的使用首先与梁启超联系在一起。但这里有两点需要注意：第一，问题离不开梁启超与日本的关系，梁的“国民”思想显然来自日本。正如狭间直树指出的：“‘国民’的用法在《时务报》时期的《变法通议》中只出现过一次，而在到日本后经常使用。”[1]第二，“国民性”作为一种问题意识

---

① 狭间直树：《〈新民说〉略论》，见狭间直树编《梁启超·明治日本·西方——日本京都大学人文科学研究所共同研究报告》，北京社会科学文献出版社，2001 年，第 71 页。

和作为一个词语的使用并不同步。正如上面所见，"Nationality"或"National character"作为概念早在明治初期就为日本的启蒙者所接受并且开始作为问题思考，但作为一个词汇，"国民性"在明治三十年代才开始使用，而直至明治时代结束仍没被收进辞书。同理，梁启超的"国民性"问题意识与他对这个词语的使用似乎并不构成直接关联。具体地说，梁启超似并没在他阐释"国民国家"思想最鼎盛的时期使用"国民性"这个词。

在笔者调查范围内，梁启超第一次使用"国民"一词是1896年，《学校总论》云："夫人才者，国民之本。学校者，人才之本，兴学所以安国而长民也。"① 此后，"国民"在他那里逐渐成为一个普通词。但除了不太多见的"岂非……拂国民之性而逆大局之势乎"（《论变法必自平满汉之界始》）、"吾国民之性质"（《新民说》第四节）、"吾观我祖国民性之缺点"（《新民说》第十五节）的用法外，在1911年以前似并无"国民性"独立用例。其实，作为"同义词"，梁使用最多的是"民气"。这个词大量出现在他最活跃时期的主要文章里②，也许是这个缘故，"民气"的话语一直影响到20世纪30年代，以致鲁迅在《非攻》里造了个"曹公子"来挖苦，让他对众人大叫道："我们给他们看看宋国的民气！我们都去死！"③ 此外，梁在使用"国民性"前后还并用过"国风""国性"的

① 新会梁启超撰：《论学校二·变法通议三之二·科举》，《时务报》第7册，光绪二十二年（1896）九月初一日，见《中国近代期刊汇刊·强学报·时务报1》，中华书局，2010年，第418页；《饮冰室合集·文集之一》，中华书局，1989年，第25页。

② 例如，1896年的《波兰灭亡记》《论中国积弱由于防弊》《变法通议》（一），1897年的《变法通议》（二）、《致伍秩庸星使书》，1898年的《清议报叙例》，1899年的《论中国与欧洲国体异同》《论支那独立之实力与日本东方政策》，1900年的《论今日各国待中国之善法》，1901年的《灭国新法论》《难乎为民上者（自由书）》《清议报一百册祝辞并论报馆之责任及本馆之经历》《中国积弱溯源论》《中国四十年来大事记》，1902年的《新民说》《近世第一女杰罗兰夫人传》《匈加利爱国者噶苏士传》《论教育当定宗旨》《新史学》《新罗马传奇》《新中国未来记》《意大利建国三杰传》，1903年的《新英国巨人克林威尔传》，1905年的《俄京聚众事件与上海聚众事件》《德育鉴》《祖国大航海家郑和传》《代五大臣考察宪政报告》，1906年的《申论种族革命与政治革命之得失》等。

③ 鲁迅：《故事新编·非攻》，《鲁迅全集》第2卷，第471页。

概念[①]。梁启超使用“国民性”一词最早似见于《中国前途之希望与国民责任》，该文作于1911年，发表在同年3—5月《国风报》第5、7、10期，以明确独立的“国民性”词语形式使用该词不下三十几处[②]。1914年“欧洲大战”爆发后，梁作《〈丽韩十家文钞〉序》，就“国民性”给出明确定义：“国民性何物？一国之人，千数百年来受诸其祖若宗，而因以自觉其卓然别成一合同而化之团体以示异于他国民者是已。”[③]梁此后才开始多用“国民性”，但皆为1918年以后的文字了[④]。由此可以断定，汉语中“国民性”一词非自梁启超始。

再看看严复的情况。作为“国民性”的同义词，严复除了一例“国民性习”[⑤]和两例“国民精神”外[⑥]，一般多使用“民性”或“民气”，前者不见于梁启超，但在上面所见的英和辞书中却是一般用法之一，后者则与梁启超多用“民气”相一致（实际用例略）。严复还有一点与梁启超相似，那就是使用“国民性”一词较晚，到1914年的《建议提倡国民性案》（《宗圣汇志》第1卷第10期）才开始使用，就时间而言晚于梁启超。而此时不论在中国还是在日本，“国民性”已成了一个普通词。

还有一个大家是章太炎。未及全面调查，不好妄下结论，但至少在《民报》（1905年12月—1908年10月，共出26期）里未发现“国民性”一

---

① 参见1910年的《〈国风报〉叙例》（《饮冰室合集·文集之二十五》上）《说国风》（《饮冰室合集·文集之二十五》下），1912年的《国性篇》（《饮冰室合集·文集之二十九》）。

② 参见《饮冰室合集·文集之二十六》。

③ 梁启超：《〈丽韩十家文钞〉序》，《饮冰室合集·文集之三十二》，第35页。

④ 如《纪夏殷王业》《春秋载记》《欧游心影录》《佛典之翻译》《历史上中华国民事业之成败及今后革进之机运》《清代学术概论》《教育与政治》《敬业与乐业》《复刘勉己书论对俄问题》《佛陀时代及原始佛教教理纲要》《墨子学案》《国产之保护及奖励》等。

⑤ 《群学肄言》，严复1898—1902年译，上海文明编译书局，1903年。《严复全集》卷3：“特所欲为国人正告者，当知群之衰盛，视国民性习之何如。”（福建教育出版社，2014年，第226页）

⑥ 《法意》，严复1903—1908年译，商务印书馆，1904—1909年。《严复全集》卷3《法意》第8卷第11章：“复案：……虽然，是于觇国则然，见国民精神之至重耳，非曰创业垂统可以是自宽，抑明知其弊而不除不救也。”“第十九卷 论关于国民精神、行谊、风俗之法典。”（福建教育出版社，2014年，第136页，第319页）

词的用例[①]。

由此似乎可以得出一个结论：清末民初最具影响力的梁启超、严复和章太炎均非"国民性"一词在中国的传播者。

究竟是谁在何时使用了"国民性"一词？有两项研究成果值得参考。一是羽白就"清末国民性问题的讨论"所做的研究。该研究把梁启勋《国民心理学与教育之关系》推定为"极可能是中国近代史上第一篇使用了'国民性'一词并且为之下定义的著述"[②]。梁启勋为梁启超胞弟，该文发表在 1903 年 3 月 21 日发行的《新民丛报》第 25 号。笔者据《新民丛报》影印本[③]确认内容如下：

> 确然有所谓公共之心理特性者存，取族中各人之心理特征而综合之，即所谓国民性也。即一民族之平均模型也。（该号第53 页）

> 夫统属个人而指挥其行为者，凡有三事，一曰祖先之影响，二曰直接两亲之影响，三曰周围境遇之影响，以此三者，而国民性乃成。（该号第 54 页）

笔者认为，从调查词源的意义上讲，羽白的这一发现恐怕是 1981 年"鲁迅改造国民性思想学术讨论会"以来相关讨论的最富有实际意义的成果之一。不过，也存在着明显的缺点，那就是把国民性问题的讨论仅仅限制在"清末思想界"，而未涉及（或注意到）这个思想界与周边尤其是与日本思想界在话语上的直接联系。例如，梁启勋在开篇"著者识"里讲得很明白，"本篇据英人的尔西 Dilthey 译法儒李般 Le bon 氏所著国民心理学 The Psychology of people 为蓝本"（该号第 49 页），也就是说，该文及其"国

---

① 小野川秀美编：『「民报」索引』（上、下），京都大学人文科学研究所，1970、1972 年。从中未检索到"国民性"一词。

② 参见羽白：《清末国民性问题的讨论》，《鲁迅研究月刊》，1987 年第 8 期；《就鲁迅"国民性"思想致函林非先生——读〈鲁迅对"国民性"问题的理论探讨〉》，《鲁迅研究月刊》，1991 年第 1 期。

③ 《中国近代期刊汇刊第二辑·梁启超主编新民丛报》，中华书局，2008 年。

民性"一语的定义均非他原创。在这个意义上，沈国威对东京都立中央图书馆"实藤文库"藏本《新尔雅》所作的研究便更具语汇传播学上的意义。《新尔雅》"是留日中国学生编纂出版的中国第一本解释西方人文和自然科学新概念的用语集"①，由汪荣宝和叶澜编纂，上海明权社 1903 年出版。其"第四篇 释群理"下的"释人群之成立"项里有如下解释：

> 各群所固有诸性质。谓之群性。群变为国。则群性亦变为国性。或曰国粹。或曰国民性。②

这意味着"国民性"一词被正式载入用语集（也可以说是某种意义上的辞书）和梁启勋在文章里的使用都是在同一年。在还没有找到更早的用例之前，不妨把 1903 年定为"国民性"一词进入中文文献的元年。所谓"进入"是就该词的传播而言。沈国威的研究提供了这方面的重要启示。首先，作为近代语汇的背景，明治日本"经过 30 余年的努力，在 1903 年的当时，以新汉语和汉译语为代表的近代语汇已呈完成之观"③。其次，编纂者汪荣宝、叶澜都是"到日本之前来，就已对西方学问具有相当知识"④的留学生，"《新尔雅》也和其他中国留日学生的译书、杂志等出版物一样，是在日本完成写作和印刷之后，再通过国内书店销售的"⑤；而且，从对语汇的考察结果来看，"几乎可断定"该用语集的语汇是"日本书的翻译或翻案"（虽然现在还无法确定出自哪一底本）⑥。这虽然是就《新尔雅》语汇整体而言，但"国民性"一词的传播就包含在这条大的"路径"当中，也就是说，比起梁启超、严复、章太炎等那些大家来，当时的留日学生很可能是这一词汇的更为积极的使用者从而也是传播者。鲁迅（当时还叫周

① 沈国威：『「新尔雅」とその語彙　研究・索引・影印本付』，白帝社，1995 年，第 1 页。

② 沈国威：『「新尔雅」とその語彙　研究・索引・影印本付』，第 211 页。标点和重点号皆照影印版原样。

③ 沈国威：『「新尔雅」とその語彙　研究・索引・影印本付』，第 2 页。

④ 沈国威：『「新尔雅」とその語彙　研究・索引・影印本付』，第 5 页。

⑤ 沈国威：『「新尔雅」とその語彙　研究・索引・影印本付』，第 1 页。

⑥ 沈国威：『「新尔雅」とその語彙　研究・索引・影印本付』，第 2 页。

树人）亦为其中之一，前面介绍过，其1907年所作《摩罗诗力说》中便有"裴伦大愤，极诋彼国民性之陋劣"和"或谓国民性之不同"的用法。从这个意义而言，在当时的留学生杂志中或许还会找到更多的"国民性"用例也未可知。

（二）作为"国民性"同义词的"国粹"

从上面对"国民性"的解释来看，《新尔雅》编纂者是将"国性、国粹、国民性"作为同义词看待的。"国性"一词较为少见，《康熙字典》《明治期汉语辞书大系》以及上面所见明治时期英和辞书均无该词，疑为造语；民国之后，除了梁启超在《国性篇》（1912），严复在《思古谈》（1913）、《读经当积极提倡》（1913）、《导扬中华民国立国精神议》（1914）[1] 等文中正式使用外，至今几乎不传。

问题是"国粹"。在《新尔雅》中虽作为同义词与"国民性"同时出现，但笔者以为，这个词应略早于"国民性"进入中文。"国粹"也是明治时代的新词，前出《明治辞典》取该词的最早用例是北村透谷作于1889年的文章，沈国威在做"国粹"语志时沿袭了这一看法[2]，不过，以笔者的阅读所见，该词的用例还要早些，至少在1888年就已经有了。例如，志贺重昂（Shiga Shigetaka，1863—1927）在他为《日本人》杂志第2号撰写的社论中，不仅提出"国粹"的概念，而且还明示这一概念译自英语Nationality[3]。1897年中泽澄男等编《英和字典》（东京大仓书店，国会图书馆）作为译语收入该词并与其他对译词语排列在一起："Nationality ① 爱国；②民情，国风；③人民，人种，④本国；国体；国粹。"岩波书店1998年出版的《广辞苑》第5版"其国家、国民固有的精神上和物质上的长处或优点"（"国粹こくすい その国家・国民に固有の、精神上・物質上の長所や美点"），可代表现在一般的解释。

---

① 参见《严复全集》卷7。

② 沈国威：『近代日中語彙交流史』，笠間書院，1994年，第298页。

③ 「が懷抱する処の旨義を告白す」，『日本人』第2号社説，1888年4月18日。原文"大和民族をして瞑々隱約の間に一種特殊なる国粹（Nationality）を珸成発達せしめたる"。此据『日本人』複刻版第1卷。

《日本人》由志贺重昂、三宅雪岭（Miyake Setsurei，1860—1945）、杉浦重刚（Sugiura Shigetake，1885—1924）等政教社成员创办，与陆羯南（Kuga Katsunan，1857—1907）等翌年由《东京电报》（1888年4月9日创刊）改名为《日本》（1889年2月11日）的报纸一道，因鼓吹保存"国粹"（kokusui）而有名，从第2号起发行量就跃升至12212份①，仅半年便被当时媒体报道为"在杂志中有数一数二之评"②的杂志，从而成为明治中期以后的重要杂志之一。在中国，正如沈国威所指出的那样，这个词因"保存国粹"的主张而得以广为人知③。不过，有一点需要指出，《日本人》和《日本》所主张的"保存国粹"，即所谓国粹主义，虽然是对过度欧化主义倾向的反弹，但也并不是为本国护短的保守主义，具有一种鲜明的取长补短，从而发展自身的面对西方文明的主体性态度。例如志贺重昂"告白"保存国粹的"旨义"道："并非彻头彻尾保存日本固有之旧分子，维持旧元素，而只欲输入泰西之开化，以日本国粹之胃器官咀嚼之，消化之，使之同化于日本之身体者也。"④而三宅雪岭也强调："余辈倡导国粹论，发扬日本特有之元气，振兴日本固有之秀质，以维持国家之独立开达，其理由自明，同时亦在于警戒所谓欧洲主义人士，徒见他国之美，而忘自家之国，自家之身，以力挽今日既已盛行之流弊。"⑤因此，明治二十年代初开始的以《日本人》和《日本》为中心展开的所谓"国粹主义"，不仅不同于后来高山樗牛等人的"日本主义"乃至更加走向极端的"国家主义"，而且也与作为文化之反动而出现的中国的"保存国粹"尤其是"五四"前后话语中的"国粹"有着性质上的区别。换言之，"国粹"这个诞生在明治日本的新词进入中文之后，在语感甚至是意思上发生了不

---

① 「新聞・雑誌の発行数」，『官報』，1889 年 2 月 14 日。此据明治ニュース编集委员会编：『明治ニュース』（毎日コミュニケーションズ），1984 年，第 4 卷第 312 页。

② 「発刊以来盛業・祝宴を開く」，『東京日日新聞』，1889 年 1 月 9 日。此据《明治ニュース》第 4 卷第 588 页。

③ 沈国威：『近代日中語彙交流史』，第 299 页。

④ 「が懐抱する処の旨義を告白す」，『日本人』第 2 号社説。

⑤ 三宅雪嶺：「余輩国粹主義を唱道する豈偶然ならんや」，『日本人』第 25 号，1889 年 5 月 18 日。

小的扭曲和改变。

不过，至少在《新尔雅》中，基本还是按照原义来把握的。例如，"以发挥本国固有特性者。谓之国粹主义"[1]。而在此之前，梁启超已开始使用"国粹"，如 1901 年《南海康先生传》："其于中国思想界也，谆谆以保存国粹为言"[2]；《中国史叙论》："以中国民族固守国粹之性质，欲强使改用耶稣纪年，终属空言耳"[3] 等。虽有语义上的微妙变化，但"国粹"一词仍具有非常明显的"日本"背景。例如 1902 年梁启超致信康有为解释他为何反对康有为"保教"（即所谓"保存国粹"）主张时说："即如日本当明治初元，亦以破坏为事，至近年，然后保存国粹之议起。国粹说在今日固大善，然使二十年前而昌之，则民智终不可得开而已。"[4] 这"国粹说"显然是指上面提到的以《日本人》杂志为核心的"国粹主义"。又，黄公度同年 8 月在致梁的关于"国粹"的信里，谈的也是同一件事："公谓养成国民，当以保国粹为主义，取旧学磨洗而光大之。至哉斯言，恃此足以立国矣。虽然，持中国与日本校，规模稍有不同。日本无日本学，中古之慕隋、唐，举国趋而东，近世之拜欧、美，举国又趋而西。当其东奔西逐，神影并驰，如醉如梦，及立足稍稳，乃自觉己身在亡何有之乡，于是乎国粹之说起。若中国旧习，病在尊大，病在固蔽，非病在不能保守也。"[5] 或许，正是由于有黄遵宪指出的中国国情的区别，才导致了"国粹"之语义在汉语里发生变化。此外，在同时期的严复著译和《民报》里也有很多"国粹"的用例。

总之，"国粹"与"国民性"是日语在不同时期对 Nationality 的翻译，它们以同样的先后顺序进入中国后还并行了很长一段时期，并分化为两个彼此不同的词语。

---

① "释人群之理想"，沈国威：『近代日中語彙交流史』，第 213 页。

② 参见《中国近代期刊汇刊·清议报六》，中华书局，第 6341 页。《饮冰室合集·文集之六》，第 88 页。

③ 梁启超：《饮冰室合集·文集之六》，第 8 页。

④ 丁文江、赵丰田：《梁启超年谱长编》，上海人民出版社，1893 年，第 279 页。

⑤ 丁文江、赵丰田：《梁启超年谱长编》，第 292 页。

（三）"国民性"一词调查之小结

在中国提到"国民性"问题，除了鲁迅，人们还会想到他的师辈梁启超、严复和章太炎。他们都无疑是把"民"或"国民"作为问题提出并对所谓"国民性"问题大加阐发者。然而，他们都并非"国民性"一词的最早使用者。梁启超首次使用"国民"一词是1896年，首次使用"国民性"一词是1911年，在这个期间他使用更多的是"民气"这个词。同一时期的严复也多用"民气"，直到1914年才第一次使用"国民性"。至于章太炎，虽然不好彻底下断语，但至少在《民报》里未发现"国民性"一词的用例①。

"国民性"在日语中作为一个词语的出现，远远滞后于这个词语所表达的意识（概念），是日语对英语 Nationality（或 National character）长期翻译（消化吸收）的结果——这种翻译直到大正时期，即 20 世纪第一个 10 年以后该词被正式收入各种"现代"辞典仍未结束，并且为现在留下了汉语和外来语两种形态，即"国民性"和"ナショナリティー"。本文确认该词在日语中的最早使用时间为甲午战争后的 1895 年，并把从"日清战争"到"日俄战争"之后的十几年间看作该词的滥觞和普及期，其标志分别是《国民性与文学》（1898）和《国民性十论》（1907）。战争进一步强化了明治以来的"国家""国粹""国权""民族"即所谓 Nationalism 意识，从而催生了"国民性"一词。反过来说，后来人们以"国民性"这个词所描述的明治以来的"国民性思想"，有相当长的一段时间其实都并不是以"国民性"这个词而是以其他方式来表述的。从形态而言，其可分为两类：一类是行文中大量使用的描述性词组，就像在《明六杂志》或高山樗牛等人的文章里所看到的那样；另一类是单词，就像在英学辞书中所看到的那样。这意味着"国民性"一词在诞生和被人们广泛使用以前，曾有过大量而丰富的表达该词词义的词语形态。这里要强调的是，"国民性"一词的定型，意味着对此前词语形态的整合，但不能作为"诞生思想"或"把握思想"的标志。

---

① 最近又补查了《章太炎全集》，最终没有发现"国民性"用例，2021 年 8 月 25 日补记。所据版本：沈延国、汤志钧点校：《章太炎全集》（全 8 卷），上海人民出版社，2014 年。

在这个前提下，清末以来中国关于"国民性"问题的讨论和该词语的使用也就容易理解和整理了。如上所述，20世纪的第一个10年，正是"国民性"这个词所代表的话语在日语中急剧膨胀的时期，思想鲜活的留日学生成为将该词积极带入汉语的传播者。然而，使用"国民性"一词与否并不完全等同是否具有"国民性"问题意识。梁启超和严复等人使用该词的时间不仅晚于《新尔雅》，也晚于鲁迅，但不能因此说他们在对这个问题的认识上滞后于后者。事实上他们都是更早的先觉者，只是不用"国民性"这个词而用别的词罢了。对外来词汇的不同择取倾向也是值得探讨的现象。现在已知，他们在使用"国民性"以前更愿意使用带有古典意味的词语，诸如"民风""国粹""民性""国风"等。而这些词语不论在《新尔雅》还是在"鲁迅"当中都与"国民性"一词的使用并行不悖。这就是说，新一代学子在受上一代启蒙的同时或者之后，已开始通过留学获取新知，用鲁迅的话说，就是"别求新声于异邦"①。这"别求"并不意味着对先行者的否定与抛弃，而是意味着后者在"世界识见"方面比他们的先辈更加"广博"②，在冲破古典言语的桎梏方面走得更远。汉语就是在近代以来这海纳百川、博采外来词汇的过程中进化为"现代汉语"。

至于"国粹"或"国民性"在日语中关于本国多肯定倾向（至少也是中性），而在汉语中多否定或批判倾向的问题，与近代以来日本的崛起和中国的衰败这个大背景有关。日本"崛起"的标志是日清、日俄两场战争，而同一时期也正是中国被瓜分的危机最为严峻的时期，所以同是在讲"国民性"，强者胜者的"国民性"语义自然与弱者败者的有很大不同。事实上，在明治时代日本论者所做的国民性讨论中有多少语涉"支那国民性"，这种议论与日本的国民性讨论有怎样的关系，对中国的国民性问题讨论又产生怎样的影响等问题，也一直是笔者关注的课题，打算另找机会予以探讨。

最后，话题还要再次回到汉语中的"国民性"上来。这个在清末民初经有识之士前赴后继的努力导入的词汇，1949年以后实际上遭到了有意识

---

① 鲁迅：《坟·摩罗诗力说》，《鲁迅全集》第1卷，第68页。
② 鲁迅：《坟·摩罗诗力说》，《鲁迅全集》第1卷，第67页。

地遗忘，详细内容请参阅本文"一"当中的内容。"国民性"话语权的恢复，在 20 世纪 80 年代。但至今在几乎所有能为"国民"所看到的辞典中还都找不到这个词。这不仅是一个词的中断，也意味着在"近代"与"现在"之间存在着意识断层。隔断不意味着对近代的超越。如果说 20 世纪 80 年代曾有过一次"拨乱反正"，那么笔者愿将本书看作自那时以来所提问题的一次承接。

下面将以留学时期的周树人，也就是后来的鲁迅为例，来看一下"国民性"话语是如何建构的，当初实践层面的情形又是怎样的。

四、关于"国民性"话语的建构

（一）鲁迅何以关键？——许寿裳的贡献

我们在第一个大问题里说过，在传承"国民性"话语的意义上，鲁迅至今仍是一个现役作家。那么，鲁迅为什么会成为"国民性"话语建构和传承的关键人物呢？这当然首先是由鲁迅的思想深度和他的文学成就所决定的，但是作为鲁迅国民性意识的最早阐释者和话语延续契机创造者，许寿裳（1883—1948）贡献巨大，功不可没。

> 鲁迅在弘文时，课余喜欢看哲学文学的书。他对我常常谈到三个相联的问题：一，怎样才是理想的人性？二，中国国民性中最缺乏的是什么？三，它的病根何在？①

那么，是什么促使当年的鲁迅和许寿裳展开"国民性"问题的讨论呢？在此方向上，北冈正子调查发现，两人的国民性话题，实际是他们在学期间，校长嘉纳治五郎（Kankou Jigoro，1860—1938）和当时同在弘文学院留学、年长而又是"贡生"的杨度（1875—1931）关于"支那教育问题"的讨论

---

① 许寿裳：《亡友鲁迅印象记》，见鲁迅博物馆、鲁迅研究室、《鲁迅研究月刊》选编《鲁迅回忆录（专著）》，北京出版社，1999 年，第 255 页。

之"波动"的结果①。这是首次将"鲁、许"二人的讨论还原到历史现场的作业，从而为鲁迅国民性问题意识的产生提供了一个具体的环境上的衔接。

嘉纳治五郎和杨度的讨论，以《支那教育问题》为题，刊载在《新民丛报》第 23 号和 24 号（1902 年 12 月 30 日、1903 年 1 月 13 日）上，这也从另一侧面佐证了梁启超和《新民丛报》的影响力。总而言之，当年的留学生周树人的"国民"意识便是在这样的言说环境中获得了促发和培养。这就涉及鲁迅自身的国民性意识及其话语的建构。对于鲁迅来说，国民性话语的建构既是理论问题，也是实践问题。上述的讨论范畴，皆处于理论层面。在这个方面有一个人的影响不容忽视，那就是梁启超。

（二）梁启超之影响

周树人在出国之前，作为大清子民并无所谓"国民"（nation）的概念。他的关于"民"的意识，在自我认知的维度上是一介"平民"。"会稽山下之平民，日出国中之游子"②，这是他到达日本后不久，在一封家书中对自己的定位。他并未以"大清国"来平等对仗后面的"日出国"，而是以故乡的"会稽山"来代表自己的出身，说明在他的"民"观念中没有或有意剥离了清国之"国"的维度。因此"国民"的概念也就不能成立。他就是这样作为一个"平民""游子"在"日出国中"首次与"国民"相遇。这个"国民"，对他来说，与其说是作为一个词语或作为 nation 之概念而被认知，倒莫如说是在异国之"国"的境遇下，对包括自己在内的现实之"民"的重新审视与发现。"比较既周，爱生自觉"③，从客观上讲是一个比较的环境，一比较就比较出了"奴隶"与"国民"的区别。

> 日国民，日奴隶，国民强，奴隶亡；国民独立，奴隶服从。

---

① 北冈正子：「もう一つの国民性論議——魯迅・許寿裳の国民性論議への波動」，『関西大学中国文学会紀要』第 10 号，1989 年 3 月。

② 周作人：1902 年 6 月 16 日（农历五月十一日）日记，鲁迅博物馆藏《周作人日记（影印本）》（上），大象出版社，1996 年，第 335 页。

③ 鲁迅：《坟·摩罗诗力说》，《鲁迅全集》第 1 卷，第 67 页。

中国黄龙旗之下，有一种若国民非国民，若奴隶非奴隶，杂糅不一，以组织成一大种。谓其为国民乎？吾敢谓群四万万人而居者，即具有完全之奴颜妾面，国民乎何有？尊之以国民，其污秽此优美之名词也孰甚？若然，则以奴隶界之，吾敢拍手叫绝曰：奴隶者，为中国人不雷同、不普通、独一无二之徽号。

……

奴隶者，与国民相对待，而不耻于人类之贱称也。国民者，有自治之才力，有独立之性质，有参政之公权，有自由之幸福，无论所执何业，而皆得为完全无缺之人。曰奴隶也，则既无自治之力，亦无独立之心，举凡饮食、男女、衣服、居处，莫不待命于主人，而天赋之人权，应享之幸福，亦莫不奉之主人之手。①

这是 1903 年出版的邹容《革命军》第五章"革命必先去奴隶之根性"中的两段。邹容几乎与周树人同时赴日留学，他的"国民"发现代表着同时代的认知水平。他发现的是中国没有"国民"，只有"奴隶"，而且是"奴隶之奴隶"②。因为"满人"已沦为列强的"奴隶"，故"举一国之人，无一不为奴隶之奴隶"③。因此他的革命目标便是唤醒"国民"意识："吾先以一言叫起我同胞曰：国民！吾愿我同胞，万众一心，支体努力，以砥以砺，拔去奴隶之根性，以进为中国之国民。"④

这一呼声也让周树人大为感动，直到晚年还清晰地记得并且赞叹不已："倘说影响，则别的千言万语，大概都抵不过浅近直截的'革命军马前卒邹容'所做的《革命军》。"⑤ 这应该是"扑满""打清"，即种族革命维度上的"国民"认知的开始。

在这一延长线上，也很容易使人联想到为《革命军》作序的章太炎，

---

① 邹容著，冯小琴评注：《革命军》，华夏出版社，2002 年，第 47—48 页。
② 邹容著，冯小琴评注：《革命军》，第 13 页。
③ 邹容著，冯小琴评注：《革命军》，第 50 页。
④ 邹容著，冯小琴评注：《革命军》，第 51 页。
⑤ 鲁迅：《坟·杂忆》，《鲁迅全集》第 1 卷，第 234 页。

他因《苏报》案入狱，出狱后编辑《民报》，反清排满、驳斥康有为、主张革命等，其立场之坚定，影响之巨大，都是众所周知的事实，而周树人等又从他学小学，听讲《说文解字》亦自不待话下。然而就彼时"国民"话语和批判国民"奴性"而言，影响力最大的还属梁启超。1898年秋，戊戌变法失败，梁启超亡命日本后，开始通过日文文献进一步接触西学，自言"脑质为之改易，思想言论，与前者若出两人"①。而"国民国家"意识的确立和思想建构，则可谓最明显的变化。正如狭间直树所指出的那样："梁之所谓'思想一变'的核心部分，即在于在理解国家的基础上确立国家主义。"②梁意识到，要想"将中国改造成类似于欧美和日本那样的近代民族国家"③，就必须从"国民"的确立开始，即所谓"欲维新吾国，当先维新吾民"④，为此，"梁确立了他的实践方向，即通过改造国民性来促进祖国的革新"⑤。而梁的"维新吾民"的工作又正是从批评国民的"奴性"开始的，因为奴隶之国无法建成独立之国。"吾中国所以不成为独立国者，以国民乏独立之德而已。"⑥"独立者何？不藉他力之扶助，而屹然自立于世界者也。人而不能独立，时曰奴隶，于民法上不认为公民，国而不能独立，时曰附庸，于公法上不认为公国。"⑦"呜呼，吾不知我中国此种畜根奴性，何时始能划除之而化易之也。"⑧"今之论者，动曰西人将以我为牛马为奴隶，吾以为特患同胞之自为牛马，自为奴隶而已。苟

① 梁启超：《附录二 夏威夷游记（旧题汗漫录，又名半九十录）己亥》，《饮冰室合集·专集之二十二》，第186页。
② 狭间直树：『梁啓超 東アジア文明史の転換』，岩波書店，2016年，第10页。
③ 狭间直树主讲，张勇评议，清华大学国学研究院主编：《东亚近代文明史上的梁启超》，上海人民出版社，2016年，第222页。
④ 《本报告曰》，《新民丛报》第1号。
⑤ 狭间直树：《东亚近代文明史上的梁启超》，第223页。
⑥ 梁启超：《十种德性相反相成义》，《清议报》第82、84册，《饮冰室合集·文集之五》，第44页。
⑦ 梁启超：《国民十大元气论（一名《文明之精神》）·独立论》，《清议报》第33册，见《饮冰室合集·文集之三》，第62页。
⑧ 梁启超：《国民十大元气论·独立论》，《饮冰室合集·文集之三》，第65页。

不尔，则必无人能牛马之奴隶之者。"① 他在《中国积弱溯源论》里甚至
把"奴性"列为"积弱之源于风俗者"的首条：

> 一曰奴性。数千年民贼之以奴隶视吾民，夫既言之矣。虽然，
> 彼之以奴隶视吾民，犹可言也，吾民之以奴隶自居，不可言也。
> 孟子曰，人必自侮，然后人侮之。故使我诚不甘为奴隶，则必无
> 能奴隶我者。嗟乎，吾不解吾国民之秉奴隶性者何其多也！②

梁启超立志把"奴性"的"劣国民"变为"独立"的"良国民"③：
前者是着眼点，后者是追求实现的目标。可以说，梁启超的这种关于"国民"
和批判"奴性"的话语，构成了邹容《革命军》的先声，而后者又恰恰是
对这一话语的强有力的回应。至于此后在《新民丛报》上刊载的《新民说》，
则更是梁启超国民话语的集大成者，被当今专业学者誉为"是近代中国的
国民精神形成史上闪耀着光辉的重要篇章"④，而在世界史的坐标里，梁
启超亦在相同的意义上被视为"近代中国民族主义最大的贡献者"⑤。改
变国民的"脑质"，也就是后来通常所说的"改造国民性"，是梁启超"国
家主义"当中的重要组成部分。他批判"陋儒"，"由于陋儒误解经义，
煽扬奴性也"⑥，他赞美哥白尼和培根，只因"此二派行，将数千年来学
界之奴性，犁庭扫穴，靡有孑遗"⑦；而"倍（培根）氏笛（笛卡尔）氏
之学派虽殊，至其所以有大功于世界者，则惟一而已，曰破学界之奴性是

---

① 梁启超：《国民十大元气论·独立论》，《饮冰室合集·文集之三》，第 65 页。
② 梁启超：《中国近十年史论·积弱溯源论》，后改题为"中国积弱溯源论"，《清议报》
第 77—84 册，《饮冰室合集·文集之五》，第 18 页。
③ "劣国民"与"良国民"是梁启超特有的用法。参见《中国积弱溯源论》，第 18 页。
④ 狭间直树：《〈新民说〉略论》，见《东亚近代文明史上的梁启超》，第 220 页。关于"新
民说"，该文有详细、透彻的论述。
⑤ 平野聪：『興亡の世界史·大清帝国と中華の混迷』，講談社，2018 年，第 331 页。
⑥ 梁启超：《新史学》，《新民丛报》第 11 号，《饮冰室合集·文集之九》，第 24 页。
⑦ 梁启超：《论学术之势力左右世界》，《新民丛报》第 1 号，《饮冰室合集·文集之六》，
第 112 页。

也"①。进而，在"新史学""教育""译印政治小说"和"新小说"等
方面的提倡，皆意在塑造"新民"，因此在改造国民性的意义上，梁启超
是名副其实的那个时代的引领者。毛泽东在长沙创办的"新民学会"即是
对梁启超的响应。胡适在 40 岁写"自述"时，仍然能清晰地记得《新民说》
中那些令他激动的句子：

> 梁先生自号"中国之新民"，又号"新民子"，他的杂志
> 也叫做《新民丛报》，可见他的全副心思贯注在这一点。"新民"
> 的意义是要改造中国的民族，要把这老大的病夫民族改造成一个
> 新鲜活泼的民族。他说：未有四肢已断，五脏已瘵，筋脉已伤，
> 血轮已涸，而身犹能存者；则亦未有其民愚陋怯弱涣散混浊而国
> 犹能立者……苟有新民，何患无新制度，无新政府，无新国家！
> （《新民说·叙论》）②

这里之所以再次确认梁启超"国民"话语建构的意义及其影响力，是
想明确一个基本事实并纠正某种认识的偏颇。即，刚到日本不久的周树人
也是深受梁启超影响的一个，不能因为他此后在政治立场上与梁启超的分
道扬镳而抹杀或割裂这种关系。周作人在谈到"豫才的求学"时，有一段
关于受到"梁任公"影响的话说得很清楚："末了是梁任公所编刊的《新
小说》。《清议报》与《新民丛报》的确都读过，也很受影响，但是《新
小说》的影响总是只有更大不会更小。梁任公的《论小说与群治之关系》
当初读了的确很有影响，虽然对于小说的性质与种类，后来意见稍稍改变，
大抵由科学或政治的小说渐转到更纯粹的文艺作品上去了。不过这只是不
侧重文学之直接的教训作用，本意还没有什么变更，即仍主张以文学来感
化社会，振兴民族精神，用后来的熟语来说，可说是属于为人生的艺术这

---

① 梁启超：《近世文明初祖二大家之学说》，《新民丛报》第 2 号，《饮冰室合集·文
集之十三》，第 11 页。

② 胡适：《四十自述》，《胡适全集》第 18 卷，安徽教育出版社，2003 年 9 月，第 59 页。

一派的。"①周树人后来在仙台的弃医从文,在动机上和梁启超是完全一致的。

很显然,周树人和许寿裳在弘文学院关于国民性的话题,就是在这样的"国民性"话语的环绕下产生的,可以说是与梁启超为代表的"周边"自觉互动的结果。前面已经介绍过,作为"波动"源的嘉纳和杨度的讨论,后来以《支那教育问题》为题,刊载在《新民丛报》上,这本身又意味着"国民性"话语的互动与扩散。

然而,国民性话语的建构还不仅仅是观念问题、理论问题,还更是一个实践问题。在梁启超"译印政治小说""新小说"等主张和实践的引领下,周树人在建构自己的国民性话语时,从一开始就具有明显的向"文艺"方面的倾斜,并且伴随着鲜明的人物形象。

通过前面的调查已经知道,1903 年是"国民性"一词进入汉语的元年。1902 年 4 月到达日本的周树人,迎来了在弘文学院留学的第二年。在同学眼里,他是个"涉猎欧美和日本的书籍,边学习日语,边翻译"的勤奋的人,"平日顽强苦学,毅力惊人,每每工作到深夜才睡"②。作为与"近代"联系起来的各种新知,便在这样的努力下急速扩充起来,周树人走进了崭新的知性世界。

这一年,他过得非常繁忙,在学习日语的同时,还留下了一串可观的著译成绩:

> 1.《斯巴达之魂》(小说),6 月 15 日、11 月 8 日,载《浙
> 江潮》第 5 期、第 9 期,署名自树。
>
> 2.《哀尘》(法国嚣俄著,小说),6 月 15 日,载《浙江潮》
> 第 5 期,署名庚辰。
>
> 3.《月界旅行》(法国凡尔纳著,小说),1903 年 10 月,

---

① 知堂:《鲁迅之二》,钟叔河编订:《周作人散文全集》第 7 卷,广西师范大学出版社,2009 年,第 447 页。

② 沈瓞民:《回忆鲁迅早年在弘文学院的片段》,《鲁迅回忆录(散篇)》,北京出版社,1999 年,第 45 页。

东京进化社初版。

4.《说钼》（论文），10 月 10 日，载《浙江潮》第 8 期，署名自树。

5.《中国地质略论》（论文），10 月 10 日，载《浙江潮》第 8 期，署名索子。

6.《地底旅行》（法国凡尔纳著，小说）首二回，12 月 8 日，载《浙江潮》第 10 期，署名索士。

7.《中国矿产志》（与顾琅合编），普及书店，1906 年 7 月出版，署名周树人。

这些成绩标志着留学生周树人当时以文字步入言论界的开始，也意味着此后那个"鲁迅"文学生涯的起点。尤其令人瞩目的是排在首篇的《斯巴达之魂》和第二篇《哀尘》。在文章方面，与周围相比，周树人的的确确要胜出一筹。"上国文光异地开"①不仅是来自朋友的赞美，也是他自己的气魄与自信。而"嗟尔诸士，彼虽无墓，彼终有斯巴达武士之魂！"②——《斯巴达之魂》的如此"气场"足以佐证。

不过，在讨论周树人的文采之前，笔者首先认为《斯巴达之魂》和《哀尘》是周树人最早的国民性话语建构之作。尤其是作为文学创作的前者，这一特征就更加明显。下篇文章笔者将具体分析这一案例。

2021 年 8 月 31 日于京都紫野

---

① 周遐寿：《鲁迅的故家·胡韵仙》，《鲁迅回忆录（专著）》，北京出版社，1999 年，第 1020 页。

② 鲁迅：《集外集·斯巴达之魂》，《鲁迅全集》第 7 卷，第 16 页。

附表一 《近代用語の辞典集成》中 "国民性" 与 "ナショナリティー" 一览表

序号	时间	辞典名	汉字形态	外来语形态	卷次
1	1913年	文字新語小辞典		ナショナリティー	26
2	1914年	外来語辞典		ナショナリチー（Nationality）［英］	25
3	1918年	現代新語辞典	こくみんせい国民性	ナショナリティー	1
4	1919年	模範新語通語大辞典	［国民性］	［ナショナリティー］Nationality	4
5	1920年	新らしい言葉の字引：訂正増補		［ナショナリティー］Nationality	2
6	1920年	現代日用新語辞典	こくみんせい：［国民性］	なしょなりてぃー［Nationality英］	5
7	1920年	新聞語辞典：再増補十一版	［国民性］Nationality		35
8	1923年	新しき言葉の泉	コクミンセイ［国民性］	［ナショナリティー］Nationality	6
9	1925年	新しい言葉の字引：大増補改版	［国民性］Nationality	［ナショナリティー］Nationality	3
11	1926年	最新現代用語辞典	コクミンセイ（国民性）	［ナショナリティー］英 Nationality	8
12	1928年	音引正解近代新用語辞典	コクミンセイ（国民性 Nationality英）	ナショナリティー（Nationality 英）	9
13	1930年	時勢に後れぬ新時代用語辞典		［ナショナリティー］Nationality(英)	11
14	1930年	モダン辞典		［ナショナリティー］（政）	12
15	1930年	アルス新辞典		ナショナリティー（英 Nationality）	14
16	1931年	現代新語辞典		［ナショナリティー］（Nationality）	15
17	1931年	尖端語百科辞典		ナショナリティー（Nationality）	16

续表

序号	时间	辞典名	汉字形态	外来语形态	卷次
18	1931 年	これ一つで何でも分かる現代新語集成		ナショナリチー（英 Nationality）	17
19	1931 年	モダン語漫画辞典		ナショナリティー（英 Nationality）	19
20	1932 年	新文学辞典		ナショナリティー [Nationality]	27
21	1932 年	最新百科社会語辞典		ナショナリティー（英 Nationality）	34
22	1933 年	常用モダン語辞典	コクミンセイ [国民性]	【ナショナリティー】Nationality（英）	23
23	1933 年	新聞新語辞典	[国民性] Nationality	ナショナリチー（Nationality）○英	36
24	1933 年	新聞語辞典		ナショナリティー（Nationality 英）	37
		合计	10	22	

附表二　《太阳》杂志标题中所见 "国民性" 一词诞生的轨迹

序号	卷次	出版日期	栏目	标题	作者
1	11	1895 年 11 月 5 日	政治	国民の元気	吉村銀次郎
2	2	1896 年 1 月 20 日	教育	国民の心懸	福羽美静
2	9	1896 年 5 月 5 日	教育［時事］	国民の特質	
2	11	1896 年 5 月 20 日	教育［時事］	西園寺文相の国民的気象論	
2	13	1896 年 6 月 20 日	文学［時事］	国民的詩人とは何にぞ	
4	11	1898 年 5 月 20 日	時事論評　文芸界	非国民的小説	
4	11	1898 年 5 月 20 日	海内彙報　文学美術	国民的小説に就ての評論	
4	19	1898 年 9 月 20 日	時事論評　宗教界	国民の特性と宗教（神仏二派の態度）	
4	24	1898 年 12 月 5 日	時事論評　文芸界	国民の哲学／本邦に於ける国民的哲学	
5	1	1899 年 1 月 1 日	時事論評　文芸界	過去一年の国民思想	
5	6	1899 年 3 月 20 日	時事評論　文芸界	殖民的国民に於ける国民思想　高山林次郎	
7	3	1901 年 3 月 5 日	輿論一斑	国民性格の教養	
7	14	1901 年 12 月 5 日	経済時評	国民的膨張＝移民	
8	10	1902 年 8 月 5 日	論説	偉大なる国民の特性	浮田和民
9	6	1903 年 6 月 1 日	文芸時評	美術国としての日本の国民の気質	
9	10	1903 年 9 月 1 日	評論之評論	国民的実力	
9	14	1903 年 12 月 1 日	時事評論	国民的意思の発表	

续表

序号	卷次	出版日期	栏目	标题	作者
11	11	1905 年 8 月 1 日	論説	戦争と国民の精神	
11	16	1905 年 12 月 1 日	論説	国民的精神の一頓挫	
13	6	1907 年 5 月 1 日	論説	国字問題と国民の性情（上）	姉崎正治
13	8	1907 年 6 月 1 日	論説	国字問題と国民の性情（下）	姉崎正治
14	2	1908 年 2 月 1 日	文芸	何故に現代我国の文芸は国民的ならざる乎	斉藤信策
14	8	1908 年 6 月 1 日	論説	朝野両派之大論戦 勃裏的国民の元気	江原素六
15	12	1909 年 9 月 1 日	論説	対清外交批評 国民的外交	寺尾亨
15	12	1909 年 9 月 1 日	雑纂	名士の伊太利観 イタリアの国民性	姉崎正治
16	15	1910 年 11 月 10 日		国土の膨張と国民性の将来	黒田鵬心
17	10	1911 年 7 月 1 日		資本の国民性	服部文四郎
18	6	1912 年 5 月 1 日		支那の国民性及社会性	大鳥居古城
19	2	1913 年 2 月 1 日	時評	国民的大決戦の期	城西耕夫
19	2	1913 年 2 月 1 日	書斎の窓より	国民精神の椎移を證する実例／日本の畸形的文明	魯庵生
19	5	1913 年 4 月 1 日	近著二種	江木博士の『国民道徳論』と樋口氏の『近代思想の解剖』	金子築水
19	15	1913 年 11 月 15 日		支那の南方と北方との比較 支那の国民性	長江生
19	16	1913 年 12 月 1 日	時評	国民精神の統一策	
20	12	1914 年 10 月 1 日		強逸国民性	織田万

续表

序号	卷次	出版日期	栏目	标题	作者
21	8	1915 年 6 月 15 日		御大礼と国民性	三浦周行
24	1	1918 年 1/1 日	新刊紹介	我国民性としての海国魂	山崎米三郎
24	7	1918 年 6/1 日	新刊紹介	国民道徳と日蓮主義	本多日生
24	9	1918 年 7/1 日	教育時言	国民思想善導	兆水漁史
24	9	1918 年 7/1 日		国民性と法律制度	清水澄
25	2	1919 年 2/1 日		国民道徳と宗教	帆足理一郎
25	4	1919 年 4/1 日	新刊紹介	国民の精神的基礎	加藤咄堂
25	7	1919 年 6/1 日	案頭三尺	国民心理の根本的改造＝国民的シヨーヴヰニズムは日本の国禍＝内田魯庵	
25	10	1919 年 8/1 日	新刊紹介	国民思想の将来＝民本主義より人格主義へ	稲毛詛風
28	12	1922 年 10/1 日		金子彦二郎著「死生の境に発揮せられたる日本国民性」	
29	1	1923 年 1/1 日		観たまゝの支那国民性	津田宝城
30	1	1924 年 1/1 日		震災に因って暴露された国民性の短所―国民の反省と自覚	下田次郎
30	1	1924 年 1/1 日		米国国民性の短所	
30	11	1924 年 9/1 日		国民精神弛緩	今村力三郎

附表三 明治时代英学辞书中所见 "Nationality" 一词之释义

序号	时间	释义	辞书信息	出版信息	所参来源
1	庆应三年（1867）	无独立解释	和語林集成	ヘボン（J.C.Hepburn）著，横浜・上海美華書院印刷	飛田良文，李漢燮編：『和英語林集成：初版・再版・三版索引』，2000年
2	明治二年（1869）		英華字彙	斯維尔士維廉士著，清衛三畏鑑定，日本柳澤信大校正訓点	『近代日本英学資料1』，東京ゆまに書房，1995年
3	明治四年（1871）		漢英字典	W.ロプシャイト著	那須雅之監修：『近代英華・華英辞書集成』9，東京大空社，1999年
4	明治五年（1872）	Kuni, koku（即"国"字的音读和训读）	和語林集成（再版）	ヘボン著，横浜・上海美華書院	飛田良文，李漢燮編：『和英語林集成：初版・再版・三版索引』，2000年
5	明治六年（1873）	民情、民性、国	附音挿図英和字彙	柴田昌吉、子安峻編，横浜日就社	国会図書館
6	明治十二年（1879）	国之性情，好本国者，コクフウ，koku-fu，ミンプウ，minpu，ジンミンセイシツ，jin-min no sei-shitsu.（国风、民风、人民之性质）	英華和訳字典（山内摧出版二巻）	ロプシャイト原著，中村敬宇校正，津田仙、柳澤信大、大井鎌吉著	那須雅之監修：『近代英華・華英辞書集成』1-6，東京大空社，1998年

续表

序号	时间	释义	辞书信息	出版信息	所参来源
7	明治十四年（1881）	民情，国体	哲学字彙（初版）	井上哲次郎著，東京大学三学部	飛田良文編：『哲学字彙訳語総索引』，東京笠間書院，1979年
8	明治十四年		華英字典	永峰秀樹訓訳，東京竹雲書屋	国会図書館
9	明治十五年（1882）	民情。民性。国。国體。国風国二依テ，国ノ為ニ	附音挿図英和字彙（増補訂正改訂二版）	柴田昌吉、子安峻著，東京日就社	国会図書館
10	明治十八年（1885）	国之性情，好本国者	増訂英華字典	羅布存徳原著，井上哲次郎増訂	『近代日本英学資料8』，東京ゆまに書房，1995年
11	明治十八年	民情，国体	改訂補哲学字彙	井上哲次郎、有賀長雄増補，東洋館書店	国会図書館
12	明治十八年	民情（ミンジャウ）。民性（ミンセイ）。国体（クニ）。国風（コクフウ）	英和双解字典	P.A.Nuttall原著，棚橋一郎、丸善商社書店	『近代日本英学資料2』，東京ゆまに書房，1995年
13	明治十八年	国體。国風	学校用英和字典	小山篤叙纂訳，東京小山篤叙	国会図書館
14	明治十九年（1886）	Kunino, koku（国的，国）	改正増補和英英和語林集成（第3版）	ヘボン著，丸善商社書店	飛田良文、李漢燮編：『和英語林集成：初版・再版・三版対照総索引』，2000年

续表

序号	时间	释义	辞书信息	出版信息	所参来源
15	明治十九年（1886）	国。性。国風。（哲）民情。国体	和訳英文熟語叢	斎藤恒太郎纂述、攻玉社蔵版、共益社書店	『近代日本英学資料 3』，東京ゆまに書房，1995年
16	明治十九年		新撰英和字典	井波他次郎編訳、金澤雲根堂	国会図書館
17	明治十九年	民情。民性。国。/What is his nationality？彼レハ何国ノ人ナルヤ。	英和和英字彙大全	市川義夫編、島田三郎校、横浜如雲閣	国会図書館
18	明治二十年（1887）	民性（セイ）、民情（ジヤウ）、民生（セイ）、国	英和字海	棚橋一郎、鈴木重陽編、東京文学社	国会図書館
19	明治二十一年（1888）	愛国；民情、国風、人民、本国。国体.	附音插図和英字彙	島田豊纂訳、大倉書店	国会図書館
20	明治二十一年	民性、民情	新訳英和字彙	岩貫謙吉編訳、大阪積善館	国会図書館
21	明治二十一年	ミンシヤウ、ミンセイ、クニ、コクタイ(民情、民性、国、国体)	袖珍新選英和字府	木村良平編訳、東京伯楽圀	国会図書館
22	明治二十二年（1889）	愛国○民情。国風○人民。人種。本国○国体	明治英和字典	尺振八訳編、六合館蔵版	『近代日本英学資料 5』，東京ゆまに書房，1995年
23	明治三十年（1897）	①愛国；②民情、国風；③人民、人種、④本国；国体；国粋	英和字典	中澤澄男等編、東京大倉書店	国会図書館

续表

序号	时间	释义	辞书信息	出版信息	所参来源
24	明治三十年	国之性情，好本国者	新増英華字典	ロブシャイト著・F.キシングゼル増訂	那須雅之監修：『近代英華英辞書集成』7、8，東京大空社，1998年
25	明治三十一年（1898）	国民主義，愛国；国民，人民，国体，建国	学生用英和字典	エフ・ダブリュー・イーストレーキ（Eastlake, Frank Warrington），島田豊編，博文館	国会図書館
26	明治三十二年（1899）	国之性情，好本国者	新増英華字典	W.ロブシャイト著、F.キシングゼル増訂	那須雅之監修：『近代英華英辞書集成』14、15，東京大空社，1999年
27	明治三十五年（1902）	国風，民情	華英音韻字典集成	W.ロブシャイト著、企英訳書館増訂，商務印書館	那須雅之監修：『近代英華英辞書集成』10—13，東京大空社，1999年
28	明治三十九年（1906）		中学英和字書	野間正穠著，東京東雲堂	国会図書館
29	明治四十五年（1912）	民情，国体，国粋，国籍	英独佛和哲字彙（三版）	井上哲次郎，元良勇次郎，中島力造共著，東京丸善株式会社	

从"斯巴达"到"斯巴达之魂"——"斯巴达"话语建构中的梁启超与周树人

引子

周树人在 1903 年 6 月 15 日出版的浙江留学生同乡会杂志《浙江潮》第 5 期"小说"栏发表《斯巴达之魂》前一半,在同年 11 月 8 日出版的第 9 期刊发后一半,署名"自树"。31 年后,当有人向上海大名鼎鼎的鲁迅先生求证当年他在《浙江潮》上都写了什么东西时,他还隐约记得该篇篇名,而"《浙江潮》中所用笔名,连自己也忘记了"①。不久,鲁迅与当年的"少作"们重逢,虽然他觉得"多么古怪,尤其是那一篇《斯巴达之魂》,现在看起来,自己也不免耳朵发热"②,但最后还是决定把这篇久违的少作集入 1935 年底编好的《集外集》里。作为事实,这意味着鲁迅自己也承认,他做小说的起点,并非 1918 年在北京创作的《狂人日记》,而是 1903 年在东京所作的《斯巴达之魂》。当然,那时距"鲁迅"诞生还远,作者是清国留学生周树人。诚如该篇署名"自树"之所示,《斯巴达之魂》是彼时周树人自我确立的起点之作。

本论以此为引子,首次尝试从近代知识传播的维度,对《斯巴达之魂》的知识背景和创作机制展开两个层面的考察,以探讨该作何以成立和周树人怎样"自树"以及在此基础上的关于该作历史定位的问题。当然,这只

---

① 鲁迅:《书信·340506 致杨霁云》,《鲁迅全集》第 13 卷,第 93 页。
② 鲁迅:《集外集·序言》,《鲁迅全集》第 7 卷,第 4 页。

是做一个到达点来设定，目的是借此来考察"斯巴达"知识在近代的传播以及其如何被纳入"国民性"话语的建构过程。

近代思想和文学的确立离不开知识传播。那么关于"斯巴达"的知识是怎样到了周树人那里？这是第一个层面的问题。《斯巴达之魂》写的是发生在公元前480年斯巴达人抵抗波斯人的一场战役。关于"斯巴达"和这场战役，《鲁迅全集》注释如下：

> 斯巴达（Sparta） 古希腊城邦之一。斯巴达王梨河尼佗（Leonidas）应希腊同盟军的请求，率军赶赴希腊北部的德尔摩比勒（Thermopylas）山隘，阻挡波斯军队的进攻，在众寡悬殊下激战两天，第三天因叛徒爱飞得（Ephialtes）引波斯军由山间小道偷袭后路，斯巴达军受到两面夹攻，全体阵亡。①

注释呈现的是今人所掌握的知识，读者可以通过这样的知识了解到"斯巴达"并接近"德尔摩比勒"。那么，彼时的周树人在写这件事的时候，是如何获得这些知识的呢？这首先需要对环绕他的知识环境加以考察。笔者认为，既往关于《斯巴达之魂》的研究，缺乏上述视域下的探讨，既没能给出《斯巴达之魂》在"斯巴达"知识传播史上的定位，也没能明确其"近代"意义之所在。本论由此着手，首次对梁启超的"斯巴达摄取史"加以考察，其中包括渐进的知识积累、与明治日本的思想互动以及其《斯巴达小志》的写作材源，不仅确认了梁启超是中国近代最积极的"斯巴达"导入者和最强有力的传播者，还由此揭示出《斯巴达小志》与《斯巴达之魂》在知识和思想上的内在关联。

另一个层面的考察是在上述前提下，周树人又进一步获得了关于"斯巴达"的哪些知识？这些累加的知识又如何经过筛选、剪裁和重构，汇入《斯巴达之魂》？其中的关键，当然是查找和核对素材来源。因为材源清楚了，也就会比较容易看清楚哪些是在此基础上的创作"发挥"。关于《斯巴达之魂》，长期以来一直存在着究竟是"创作"还是"翻译"的不同看

---

① 鲁迅：《集外集·斯巴达之魂》注释（3），《鲁迅全集》第7卷，第17页。

法①，并且波及"鲁迅的第一篇译作"是哪篇②和近代写作文体③方面的讨论。笔者同意这样一种意见，即查清材源是一个前提，"没有资料，就不能参与是创作还是翻译的讨论"④。同时也认为，既往的各种讨论都具有积极意义，尤其是在材源的调查方面取得了某些阶段性成果⑤。不过，在关于《斯巴达之魂》文体如何的问题上，笔者认为暂时放下观念论层面的讨论，或许更有建设性意义。因为既然素材本身的探究构成进一步讨论的前提，那么这一前提也就自然包含在关于"斯巴达"知识来源的探索中。

如果需要把结论先摆出来的话，那么笔者认为，署名"自树"的《斯巴达之魂》，是一篇小说，是出自周树人之手的创作，标志着周树人在思想和文学方面的"自树"之始。以下，本论将把这一看法落实为实证基础上的结论。

一、1903 年的周树人及其周边

1903 年是周树人东渡日本，在弘文学院留学的第二年。如果以《斯巴达之魂》的发表日期计算，那么 6 月 15 日刚好是他留学的第 14 个半月。

---

① 参见以下各篇：李昌玉：《鲁迅创作的第一篇小说应是〈斯巴达之魂〉》，《东岳论丛》，1987 年第 6 期；吴作桥：《鲁迅的第一篇小说应是〈斯巴达之魂〉》，《上海鲁迅研究》第 4 辑，1991 年 6 月；蒋荷贞：《〈斯巴达之魂〉是鲁迅创作的第一篇小说》，《鲁迅研究月刊》，1992 年第 9 期；樽本照雄著，岳新译：《关于鲁迅的〈斯巴达之魂〉》，《鲁迅研究月刊》，2001 年第 6 期；吴作桥、周晓莉：《再论〈斯巴达之魂〉是创作小说》，《鲁迅研究月刊》，2003 年第 6 期。

② 关于"鲁迅的第一篇译作"的讨论整理，参见蒋骁华：《鲁迅的第一篇译作：是〈哀尘〉还是〈斯巴达之魂〉》，《中国外语研究》第 5 卷第 1 期，2018 年 6 月。

③ 关于写作文体方面的讨论，参见森冈优纪：《明治杂志与鲁迅的〈斯巴达之魂〉》，森时彦主编、袁广泉译：《二十世纪的中国社会》（下卷），社会科学文献出版社，2011 年；符杰祥：《鲁迅早期文章的译 / 作问题与近代翻译的文学政治——从〈斯巴达之魂〉"第一篇"疑案说起》，《文艺争鸣》，2020 年第 11 期。

④ 樽本照雄著，岳新译：《关于鲁迅的〈斯巴达之魂〉》，《鲁迅研究月刊》，2001 年第 6 期。

⑤ 在《斯巴达之魂》的材源调查方面，前出樽本照雄、森冈优纪的论文标志着本论之前的到达点，为本论文的调查提供了参照。

其实在同期《浙江潮》第 5 期"小说"栏里,与《斯巴达之魂》页码紧连,还有另一篇小说《哀尘》,署"法国嚣俄著 庚辰译"。现在知道,"庚辰"也和"自树"一样,是周树人的笔名。随后,又陆续发表了论文《说钼》和《中国地质略论》、翻译小说《月界旅行》和《地底旅行》,还与人合编了《中国矿产志》。这些都是在弘文学院紧张的学习课余所为,从工作量上来看,可以说周树人这一年过得相当繁忙。在同学眼里,他涉猎广泛而且勤奋:"有很多时间,鲁迅已涉猎欧美和日本的书籍,边学习日语,边翻译","平日顽强苦学,毅力惊人,每每工作到深夜才睡"。①而各种作为与"近代"连接点的新知便在这样的努力下急速扩充起来,周树人走进了崭新的知性世界。

虚岁 23 岁的周树人恐怕不会忘记前一年他动身"跨向东瀛做远游"时,同窗好友为他题写的"英雄大志"的诗句②,而他也正以"断发"行动和"我以我血荐轩辕"的诗句作为回应。就思想状态而言,正如学者考察其在弘文学院一年的学习所做的结论:"这一时期的他,不过是经过日本这一异文化的触媒而接连不断诞生的大批'爱国青年'当中的一个。"③"中国者"之情怀洋溢全身:"中国者,中国人之中国。可容外族之研究,不容外族之探捡;可容外族之赞叹,不容外族之觊觎者也。"④这样的他,当看到外人"相率而谈分割,血眼欲裂,直瞷炭田"⑤时,当然会充满愤怒和焦虑。那么,该怎么办?"非左操刃右握算,吾不知将何以生活也。"⑥这或许也代表着当时青年的普遍精神状况:危机中找对策,焦虑中少办法,而只能想到"左操刃右握算",以牙还牙。

---

① 沈瓞民:《回忆鲁迅早年在弘文学院的片段》,《鲁迅回忆录(散篇)》,北京出版社,1999 年,第 45 页。

② 周遐寿:《鲁迅的故家·胡韵仙》,《鲁迅回忆录(专著)》,北京出版社,1999 年,第 1020 页。

③ 北冈正子:『鲁迅 日本という異文化のなかで一弘文学院入学から「退学」事件まで一』,关西大学出版部,2001 年,第 2 页。

④ 鲁迅:《集外集拾遗补编·中国地质略论》,《鲁迅全集》第 8 卷,第 6 页。

⑤ 鲁迅:《集外集拾遗补编·中国地质略论》,《鲁迅全集》第 8 卷,第 18 页。

⑥ 鲁迅:《集外集拾遗补编·中国地质略论》,《鲁迅全集》第 8 卷,第 6 页。

从"斯巴达"到"斯巴达之魂"——"斯巴达"话语建构中的梁启超与周树人

　　彼时，正值日俄开战的前一年，日本各界舆论鼎沸，自然也影响到留学界。《浙江潮》第4期上发表的《留学界纪事·（二）拒俄事件》及其其中提到的"希腊""德摩比勒"（注意：与"自树"使用的"德尔摩比勒"有一字之差）之战，是目前公认的《斯巴达之魂》写作的直接背景，已经写进全集注释[①]。不难想象，周树人也是这些行动和言论的参与者，或许还是议论时慷慨激昂的一个。关于围绕"斯巴达"周树人与周围的文本比较和互动关系，不妨放到后面去讨论，这里要回到开篇提出的问题：留学生们为什么会提到"德摩比勒"？周树人为什么会紧接着就写出《斯巴达之魂》？他们是怎么知道的？一般首先会联想到他们从日本舆论界直接获取立论素材，而事实上过去的材源探讨也基本是按照这个思路来进行的。本论并不否认这一点，只是对留学生们当时究竟有多大程度的直接读取资料的能力抱有疑问，30年后的鲁迅自己也承认，他当时日文能力和历史知识都没有那么高的程度。因此，本论确立一个假说，即设想在留学生和日文材源之间还存在着一个发挥导向作用的环节：既传播知识也引导思想，那么，这个中间环节是什么呢？

　　本论锁定的对象是《新民丛报》及其主宰者梁启超。顺附一句，在这一思路中，也曾有学者提到梁启超，却未展开具体调查[②]。

　　虽然大量事实可以证明当时的周树人还是梁启超和《新民丛报》《新小说》的热心读者，但在"革命"与"保皇"的思维定势里，不少学者的最为用力之处，是把"梁启超"从鲁迅身边切割。这是"立场"压倒"事实"

---

　　① 鲁迅：《集外集·斯巴达之魂》注释〔1〕，《鲁迅全集》第7卷，第17页。
　　② 陈漱渝：《〈斯巴达之魂〉与梁启超》，《鲁迅研究月刊》，1993年第10期。虽然该文只有一页，却提出一个调查命题，即"鲁迅的《斯巴达之魂》不仅立意上受到梁启超的启发，文中的一些佳句也与《斯巴达小志》相类"。森冈复述这一点，但同样没进一步展开调查。又，近年对两者之关系的涉及虽略有拓展，但除了个别语句的引用外，都并无具体深入的展开。例如，笔者最近读到的有：高旭东：《鲁迅：从〈斯巴达之魂〉到民族魂——〈斯巴达之魂〉的命意、文体及注释研究》，《文学评论》2015年5期；符杰祥：《〈斯巴达之魂〉材源考辨》，《东方论坛——青岛大学学报（社会科学版）》2021年第3期；齐金鑫、李德超：《鲁迅小说〈斯巴达之魂〉的伪译解读》，《浙江外国语学院学报》2021年6期；周丽华、曾攀：《论〈浙江潮〉与鲁迅"向左转"之渊源——以〈斯巴达之魂〉为例》，《广西民族师范学院学报》2022年第2期。

的典型案例,在此无需多辩。而彼时两者的关系亦可有由"斯巴达"这一知识传播和思想引领环节的检证所获得。

下面,首先来看一下梁启超那里的"斯巴达"。

二、《时务报》《清议报》上的"希腊罗马"

1890 年,17 岁的梁启超在上海坊间"购得《瀛寰志略》读之,始知有五大洲各国"[①]。倘若他能读得仔细,或许会看到该书"希腊国"之下的"斯巴尔达"字样[②]。不过,至少在《强学报》和《时务报》里还看不到他聚焦此国的迹象。也就是说对"斯巴达"的关注和认知要经历一个过程。由于"斯巴达"是古希腊城邦国之一,所以笔者最初就把调查范围设定在"希腊罗马"。经过调查,基本把握到了梁启超那里的由"希腊罗马"而逐渐聚焦到斯巴达的知识脉络。《强学报》持续时间短,内容少,没找到关于"希腊罗马"的记载。

目前所见,"希腊罗马"的字眼,最早见于《时务报》时期。由于《时务报》有几乎一半的内容是译自外报、外电,故与"希腊罗马"相关的资讯,大多出自"域外报译"和"路透电音"等栏目里。诸如"法外务大臣吓诺铎,在议院倡言政府决意封禁革雷得,如不得已,并封希腊,并逼令希人由革撤回"[③];"西三月十六日,希腊全军,除太子所督之队,均已驰赴边界"[④];"当千八百二十一年,希腊不堪其本国土耳其之虐政,兴兵独立,与土国相斗者累年……"[⑤]"斯氏又论及希腊之事云,或谓俄国怀义侠之心,

---

① 梁启超:《三十自述》,《饮冰室合集·文集之十一》,中华书局,1989 年,第 16 页。

② 参见徐继畬著:《瀛寰志略》,上海书店出版社"近代文献丛刊",2001 年,第 174—182 页。

③ 《时务报》光绪二十三年(1897)三月初一日第廿二册"路透电音",《中国近代期刊汇刊·强学报·时务报》,中华书局,1991 年,第 2 册,第 1490 页。

④ 《时务报》光绪二十三年三月初一日第廿二册"路透电音"。

⑤ 《时务报》光绪二十三年三月十一日第廿三册"革雷得交涉情形 译国民杂志 西三月十三日",《中国近代期刊汇刊·强学报·时务报》,第 2 册,第 1576 页。

勇于保护希腊,呜呼斯言何误之甚也"①之类。

由于 1897 年围绕克里特岛的归属问题,爆发希腊与奥斯曼土耳其的战争,所以与"希腊"相关的还主要是外媒所传递的时事消息。梁启超作为截止到第 55 册的《时务报》编者和撰稿人,这些资讯当然也是他接触"希腊"的渠道,却又不囿于时事报道中的"希腊",因为从"新会梁启超撰"的文章中可以知道,他对"希腊"的关注,已经开始有了涉及"历史"和"政体"的维度。梁启超在《学校余论》一文中认为:"今日欲储人才,必以通习六经经世之义⋯⋯而参合之于西政",学问上既要"求之古人",也要"求之西域","以公理公法之书为经,以希腊罗马古史为纬"。这是梁启超首次提到"希腊罗马古史",刊载时间是 1897 年 8 月 18 日。②在此后的《论君政民政相嬗之理》(1897 年 10 月 6 日)一文中,梁启超在谈"议院"时,再次提到"欧洲自希腊列国时已有议政院",由此而议及"俄国议事会":"俄史称俄本有议事会,由贵爵主之,颇有权势,诸事皆可酌定。一千六百九十九年,大彼得废之,更立新会,损益其规,俾权操于己(见《俄史辑译》卷二)。俄之旧会,殆犹夫希腊、罗马诸国之议院也,犹多君之政也,俄之变多君而为一君,则自大彼得始也。"③由此可知,《时务报》时期的梁启超,对于"希腊",还处在通过外媒的时事报道和史书译本,初步接触和学习的时期。

梁启超多言"希腊罗马",始于他亡命日本之后,创办《清议报》的时期。这一时期也是他汲取"西方",知识猛增,视野和见识大为扩充的时期。《清议报》1898 年 12 月 23 日创刊于横滨,旬刊,1901 年 12 月 21 日停刊,三年间共出 100 册。《清议报》中的"希腊",亦多出自译载或转载的中外书报资讯,但与《时务报》时期不同的是,除了时事报道中大

---

① 《时务报》光绪二十三年七月(1897)十一日第三十五册"俄人论各国外交政策 译中央新报 西七月初四日",《中国近代期刊汇刊·强学报·时务报》,第 3 册,第 2386 页。

② 《时务报》光绪二十三年七月二十一日第三十六册"学校余论 变法通议三之余论 新会梁启超撰",《中国近代期刊汇刊·强学报·时务报》,第 3 册,第 2417 页。

③ 《时务报》光绪二十三年九月十一日第四十一册"论君民政相嬗之理 新会梁启超撰",《中国近代期刊汇刊·强学报·时务报》,第 3 册,第 2775 页。

量出现的"希腊"之外，"希腊"越来越多地介入各种议题。这个"希腊"已经不单是一个现实当中发生纷争区域的关注和报道的对象，而是一个深深介入涉及历史、文化、思想和现实政治等方面的讨论的对象，是一个涉及世界史和文明史的不可或缺的维度。例如，《清议报》自第 11 册（1899年 4 月 10 日）起开始连载的《国家论》，开篇即言"以学理解释国家之意义，实自希腊人之始也"①，其中多引证"希腊"，自第 49 册（1900年 6 月 27 日—10 月 23 日）起开始连载的《埃及近世史》，"希腊"亦伴随行文，深深交涉其间，这两种在《清议报》册内皆归"译书附录"栏，在此后《清议报》全编中皆入"新书译丛"之属②，都不是梁启超的原译、原创，却是他当时阅读和编辑的对象，也是他学习和吸收的内容，而且都在他身上留下了深刻的印痕。前者之于梁启超"国家主义"，学界已有定论③，后者令他慨叹古国之衰败："吾读埃及近世史，不禁股栗焉耳。"④——1904 年广智书局出版《中国国债史》时，又特"采译日本柴四郎《埃及近世史》第十二章"作为附录⑤。两书虽并非专门讨论"希腊"，但"希腊"却是作为不可或缺的要素浸润其间，由此亦可推知各种译本是梁启超扩大知识范围，深入了解"希腊"的重要途径。

---

① 德国伯伦知理著：《国家论》，见《清议报 一》，中华书局，2006 年，第 679 页。

② 参见横滨新民社辑印：《清议报全编》卷九"新书译丛"第一至第五，见沈云龙主编：《近代中国史料丛刊·清议报全编》（第 3 卷），文海出版社，1986 年。

③ 关于梁启超与《国家论》、伯伦知理，请参阅巴斯蒂：《中国近代国家观念溯源——关于伯伦知理〈国家论〉的翻译》，《近代史研究》，1997 年第 4 期。狭间直树《〈新民说〉略论》、土屋英雄：《梁启超的"西洋"摄取与权利—自由论》，均见狭间直树编：《梁启超·明治日本·西方——日本京都大学人文科学研究所共同研究报告》，社会科学文献出版社，2001 年。

④ 梁启超：《灭国新法论》，1910 年 7 月 26 日，原载《清议报》第 86 册，《清议报五》，中华书局，第 5391 页。

⑤ 梁启超：《中国国债史》，1901 年 12 月 22 日成书，光绪三十年（1904）广智书局出版单行本。《饮冰室合集·专集之二十五》，附《埃及国债史》。

三、"译印政治小说"与"希腊"话语之展开

当然，梁启超这一时期"希腊"知识大增，与他"译印政治小说"有着更为直接的关系。梁启超大力推举并在《清议报》上连载的《佳人奇遇》和《经国美谈》所产生的巨大影响和历史意义，已多有论及，兹不赘述。前者多涉希腊人物、典故和历史遗迹，后者则简直就是矢野龙溪病中悉心研读希腊历史[①]，并以公元前382—前366年的"希腊"，即"底比斯"和"斯巴达"为舞台精心创作的历史演义。可以说这两部长篇小说中的希腊历史和文化含量，对梁启超来说，都要远远超过同时期的任何一部著作。梁启超曾经评价这两部书说："其浸润于国民脑质，最有效力者，则《经国美谈》《佳人奇遇》，两书为最。"[②] 其实，他本人才正是被"浸润"的第一人。《清议报》第1册就开始连载他执笔翻译的《佳人奇遇》，并附序言，即著名的《译印政治小说序》[③]；《经国美谈》是他在《清议报》上继《佳人奇遇》之后隆重推出的译作[④]，号称"在日本实仅见之奇书，在中国则政治小说之嚆矢也"[⑤]。伴随着二作的相继连载，梁启超编织进自己话语中的"希腊"，亦呈色彩纷呈之观，出现在各种讨论当中。

例如，讨论"纪元"："东汉以后，孔制渐昌矣。欧洲希腊诸国，各自改元，千余年前，犹沿此制，后乃定于一。以耶稣降生为纪，与孔子精

---

① 矢野龙溪年谱："明治十五年（一八八二）三十三岁。……晚春，数十日病卧，在此期间，读希腊史，涌出执笔小说之意欲，锤炼出《齐武名士经国美谈》腹稿。"福岛玉编：「年譜」，『明治文学全集15·矢野龍渓集』，筑摩书房，1970年，第417页。

② 梁启超：《自由书·传播文明三利器》，《饮冰室合集·专集之二》，第41—44页。

③ 梁启超：《译印政治小说序》，署名任公；《政治小说佳人奇遇卷一》，署名东海散士。见《清议报》第1册。

④ 丸山升、伊藤虎丸、新村徹编：『中国现代文学事典』，東京堂，1985—1991。其中认为《经国美谈》之汉译亦出自梁启超之手，参见第17、149、303页，同此说之叙述颇多，兹取"译者为周宏业"说，参见邹振环《〈经国美谈〉的汉译及其在清末民初的影响》，《东方翻译》，2013年第5期。

⑤ 《〈经国美谈〉广告》，1901年3月1日—5月18日，《清议报》第70—79册封底。

意暗合，盖由繁而简，乃自然之理，人心所必至者也。"① "在今西历纪元前七百四十七年希腊人初时，以执政官或大祭司在位之时按年纪之，其后改以和灵比亚之大祭为纪元。"②

讨论"思想"："我支那当周秦之间，思想勃兴，才智云涌，不让西方之希腊。而自汉以后二千余年，每下愈况，至于今日，而衰萎愈甚，远出西国之下者。"③

讨论"国体"："中国周代国体，与欧洲希腊国体，其相同之点最多，封建时代与贵族政治是也。""以希腊诸国比例之，大约近于斯巴达之政体最多。其国权上不在君，下不在民，而在国中之一部，此一部之权，实有伟大可惊者。"④

讨论"自由"："古代希腊罗马。则统治者与贵族得有自由。今日之文明国。则一切人民皆得有自由。"⑤

讨论"国家"与"爱国"："欧人爱国之心，所以独盛者，彼其自希腊以来，即已诸国并立，此后虽有变迁，而其为列国也依然，互比较而不肯相下，互争竞而各求自存。故人人脑中之理想，常有一国字浮于其间，其爱国也，不教而自能，不约而自同。我中国则不然，四万万同胞，自数千年来，同处于一小天下之中，视吾国之外，无他国焉。缘此理想，遂生二蔽，一则骄傲而不愿与他国交通，二则怯懦而不欲与他国争竞，以此而处于今日交通自由竞争最烈之世界，安往而不窒碍耶？故此为中国受病之

---

① 梁启超：《纪年公理》，1899 年 5 月 30 日，《清议报》第 16 册，《饮冰室合集·文集之三》，第 35 页。

② 梁启超：《中国史叙论·纪年》，1901 年 9 月 13 日，《清议报》第 91 册，《饮冰室合集·文集之六》，第 7 页。

③ 梁启超：《论支那宗教改革》，1899 年 6 月 28 日、7 月 8 日，《清议报》第 19、20 册，《饮冰室合集·文集之三》，第 55 页。

④ 梁启超：《论中国与欧洲国体异同》，1899 年 6 月 8 日、9 月 5 日，《清议报》第 17、26 册，《饮冰室合集·文集之四》，第 62 页。

⑤ 梁启超：《论强权》，1899 年 10 月 25 日，《清议报》第 31 册，《饮冰室合集·专集之二》，第 31 页。

第一根源。虽然,近年以来,此理想有迫之使不得不变更消灭者矣。"①

讨论"学案":"卢梭曰:'民约中有第一紧要之条款曰,各人尽举其所有之诸权,而纳诸邦国是也。'由此观之,则其所谓民约者,宛然'共有政体'。盖卢梭浸淫于古者柏拉图之说,以邦国为全体,以各人为肢节,而因祖述其义者也。夫邦国之与人民,其关系诚有如全体之于肢节者。盖人在邦国相待而为用,又有诸种之职各分任之。犹人之一身,手、足、头、目、肺、肠,各司其职以为荣养。是说也,古昔民主国往往实行之,而斯巴达(希腊之一国)、罗马二国其尤著者也。彼其重邦国而轻各人,惟实行此主义之故。"②

讨论"中央集权":"盖由英国以弹丸之地,僻在海隅,兼并之祸不烈,而所谓英吉利撒逊人种之初入英国也。即有所谓撒逊七王国者,相峙并立,均势以保和平。故于自由主义,所存独多焉。犹古代希腊半岛,小国林立,而于自由之发达保存大有利也。由此观之,则凡在大陆之地者,其竞争必愈烈,其兼并必愈盛。兼并盛则小国不能自存,而必成一大帝国。既为一大帝国,则必厚集中央政府之权力,而原初之自由权。遂至绝迹而无遗类。"③

甚至在为康有为作传时,也罩上了"希腊""斯巴达"的滤镜:"先生之哲学,社会主义派哲学也。泰西社会主义,原于希腊之柏拉图,有共产之论,及十八世纪,桑士蒙、康德之徒大倡之,其组织渐完备,隐然为政治上一潜势力。先生未尝读诸氏之书,而其理想与之暗合者甚多。"④"(甲)理想之国家。先生谓所贵乎有政府者,谓其为人民谋公益之一公局也。故苟背此目的者,则不得认为政府;苟不尽此责任者,亦

---

① 梁启超:《中国积弱溯源论》,1901年4月29日—7月6日,《清议报》第77—84册,《饮冰室合集·文集之五》,第15页。

② 梁启超:《政治学案第九·卢梭学案》,1901年11—12月,《清议报》第98—100册,1902年7月载《新民丛报》第11、12号,《饮冰室合集·文集之六》,第102页。

③ 梁启超:《尧舜为中国中央君权滥觞考》,1901年12月23日,《清议报》第100册,《饮冰室合集·文集之六》,第26页。

④ 梁启超:《南海康先生传》,1901年12月21日,《清议报》第100册,《饮冰室合集·文集之六》,第73页。

不得认为政府。虽然，先生所谓政府责任者，其范围颇广大，主张干涉主义，以为民间一切教养之事务，政府不可不经理之指导之。（其详见下社会节）其外形乃有似希腊之斯巴达国政体，但其选任政府，则一由人民公举，采万国制度而改良焉。"①

　　值得注意的是，在刊行《清议报》期间，梁启超开始使用"斯巴达"一词。首个用例见于《论中国与欧洲国体异同》一文，在谈到"贵族政治"时举例说："以希腊诸国比例之，大约近于斯巴达之政体最多，其国权上不在君，下不在民，而在国中之一部，此一部之权，实有伟大可惊者。"②该文分两次刊载于《清议报》第17、26册，时间是1899年6月8日和9月5日。但之后在很长的一段时间内不再使用，直到在1901年底《清议报》最终号第100册上再次出现。该号如上引《卢梭学案》中"斯巴达（希腊之一国）、罗马二国其尤著者"和《南海康先生传》中"其外形乃有似希腊之斯巴达国政体"之言，是此后"斯巴达"用例密集出现的开始，标志着该译词在梁启超文本中的确立。

　　如前所述，梁启超知"希腊罗马"当始于《时务报》时期。但他何时由"希腊"而知作为"希腊之一国"的"斯巴达"则不得而知。就目前已知的接触范围而言，梁启超与"斯巴达"相遇，最迟不会晚于他从天津乘坐日本军舰亡命的途中。年谱记载："戊戌八月，先生脱险赴日本，在彼国军舰中，一身以外无文物，舰长以《佳人之奇遇》一书俾先生遣闷。先生随阅随译，其后登诸《清议报》，翻译之始，即在舰中也。"③如前所述，《佳人奇遇》多涉希腊人物、典故和历史遗迹，其中当然少不了"斯巴达"。只是彼时不谙日语的梁启超，在阅读的过程中对"斯巴达"有多大程度的理解，还是一个疑问。例如，书中第八回，东海散士在做"美人之不限以年龄"的长篇辩言当中，举的第一个例子就是"斯破流多王之皇妃"。"斯破流多"即东海散士在原著中用以表示"斯巴达"的汉字词语，译本将其直接挪用：

①　梁启超：《南海康先生传》，《饮冰室合集・文集之六》，第76页。
②　梁启超：《饮冰室合集・文集之四》，第62页。
③　丁文江、赵丰田编：《梁启超年谱长编》，上海人民出版社，1983年，第158页。

"往古希腊,有绝代美人,望月而月失光,观花而花羞艳。上帝见之,忽生恋慕,化为白鸟,相与戏谑,遂产一女,名曰妃莲,秀丽绝伦,优过其母。既而为斯破流多王之皇妃,年逾四十,其婵婀之容,娇娜之色,犹使见者心醉魂惑。"① 梁启超当时会想到"斯破流多"即他后来专作《斯巴达小志》中的"斯巴达"吗? 有趣的是,原著写着写着就把"斯破流多"改写成了"斯发多",而译文用词也跟着变化,只是不再原样直用,而更改中间一字,写作"斯波多"。例如第十三回:"遥望见势留茂平里之古战场,因而追想斯波多王感慨不迭。"② 究其原因,恐怕大抵是受了《经国美谈》影响,因为不论在原作还是在译文里,"斯巴达"在《经国美谈》中都写作"斯波多"。由此可以推测,至少在他读、译、编政治小说阶段,"斯巴达"不论作为知识还是作为词语,都还是一个尚未被充分把握的对象,正处在被汲取和学习的过程中。同样的情形,在关于"雅典"的译词上也可以看得到。"雅典",在《经国美谈》原作中以汉字写作"阿善(アゼン)",汉译本亦原字照录:"列国并立无所统一(当时周室亦仅在于列国地位,无统一之势力),故常有盟主以联合之。晋楚争霸,狎主夏盟,略如阿善与斯巴达同立于希腊世界之中心,迭为雄长。"③ 到了此后办《新民丛报》时,梁启超才将"阿善与斯巴达"明确为"雅典与斯巴达":"希腊有市府而无国家,如雅典斯巴达诸邦,垂大名于历史者,实不过一都会而已。"④ 就词语的变化而言,呈现了一个学习、吸收和定型的过程。顺附一句,在《雪中梅》原作中,雅典以汉字标作"阿真",梁未采用。

---

① 梁启超:《佳人奇遇》第八回,《饮冰室合集·专集之八十八》,第 96 页。

② 梁启超:《佳人奇遇》第十三回,《饮冰室合集·专集之八十八》,第 181—182 页。

③ 梁启超:《论中国与欧洲国体异同》,《清议报》第 25、26 册,《饮冰室合集·文集之三》,第 63 页。又,北京出版社 1999 年版《梁启超全集》将"阿善"改为"雅典",已非原本形态,见第 1 册第 313 页。

④ 《论中国学术思想变迁之大势·总论·第四节先秦学派与希腊印度学派比较》,《新民丛报》第 7 号,1902 年 5 月 8 日,《饮冰室合集·文集之七》,第 31 页。

四、《新民丛报》与《斯巴达小志》及梁启超之"招魂"

　　1901 年 12 月 21 日，《清议报》刊出第 100 册，但报馆随后失火，《清议报》终刊。两个多月后的 1902 年 2 月 8 日，梁启超又在横滨创办《新民丛报》。这份半月刊，在此后的 6 年间共出 96 号，"是梁启超主持的报刊中历时最久、影响最大的刊物"①。查阅《新民丛报》可以发现，1902、1903 和 1904 年，这三年间是梁启超著述生涯中言及"希腊"和"斯巴达"最多的年份，尤其是前两年，更是格外集中，不仅几乎每期都会出现，还更有《斯巴达小志》和《雅典小史》的专文刊载。"希腊"和"斯巴达"不仅是相关文脉中所涉及的词语，而直接成为一个关注和描述的对象。

　　这一时期，梁启超乃至整个《新民丛报》对"希腊"尤其是对"斯巴达"的关注和介绍主要体现在对其历史、文化、政治制度、国民教育和尚武精神的借鉴上，从而采纳进来，用以补强自说。他在溯源"西洋史"，尤其是在探讨"阿利安族之特性"的过程中发现，"阿利安族之所长，在贵自由，重考验，务进步"，从而也就明确了"希腊""斯巴达"所处的位置："阿利安族所以亘数千年至今常执全世界之牛耳者，皆此之由，而希腊人其最初之登场者也。希腊之代表，惟雅典与斯巴达。雅典右文，斯巴达尚武，两者虽不调和，而皆足以发挥阿利安族之特性。故史家或以今世欧罗巴，为古代希腊之放影，以古代希腊，为今世欧罗巴之缩图，非过言也。"②就这样，梁启超在"新史学"的视域下找到了"希腊""雅典"和"斯巴达"的定位，并用以作为对于现实的一种参照。例如，当以"教育宗旨"立论，"斯巴达"便是其中的一种具有代表性的类型："吾欲为吾国民定一教育宗旨，请先胪列他国之成案，以待吾人参考而自择焉。凡代表古代者三，曰雅典，

---

　　①　《新民丛报 1·影印说明》，中华书局，2008 年，第 1 页。以下简称"丛报"，引用皆出自该影印本。

　　②　梁启超：《新史学·历史与人种之关系》，1902 年 8 月 18 日，丛报第 14 号，《新民丛报 1》，第 25—26 页。

曰斯巴达,曰耶苏教;代表现世者三,曰英吉利,曰德意志,曰日本。"①

再如,作为"国家之意志"的"立法","泰西政治之优于中国者不一端,而求其本原,则立法部早发达,实为最著要矣";而溯本求源,当然少不了"希腊""雅典""斯巴达"和"罗马":"……又有所谓国民议会(An Assembly of the Gentes),凡君主贵族所定法律,必报告于此会,使民各出其意以可否之,然后施行。其后雅典之拔伦,斯巴达之来喀格士,皆以大立法家为国之桢,罗马亦然。"②

在介绍"天演学初祖达尔文之学说",言及"人事淘汰之功"时,亦以"斯巴达"作为人类的代表:"此不徒于物为然也,即人类亦有之。古希腊之斯巴达人,常用此法,以淘汰其民。凡子女之初生也,验其体格,若有尪弱残废者,辄弃之杀之,无俾传种,惟留壮健者使长子孙,以故斯巴达之人,以强武名于时,至今历史上犹可见其遗迹焉。此皆所谓人事淘汰之功也,自达尔文此说昌明,各国教育事业大有影响。"从此类用例可知,梁启超对"斯巴达"的了解,已深入到某些具体层面。

《新民丛报》从第 8 号(1902 年 5 月 22 日)起开始连载《中国专制政体进化史论》③,其第三章"贵族政治之消灭"(1902 年 10 月 2 日)虽仍以"斯巴达"为"贵族政治"的代表④,但梁启超看待"斯巴达"眼光,已经不囿于仅仅将其看作"泰西"的一种政体模型,而是拓展为一个包括思想、文化和国民性等要素在内的文明实体。这个"斯巴达",不仅是"泰西文明"的本源,更是梁描绘未来蓝图的重要参照。因此,他也想把这个令他多感而梦中萦回的"斯巴达"分享给国人。其代表作,便是《斯巴达小志》。

《斯巴达小志》分两期连载于《新民丛报》第 12、13 号(1902 年 7 月 9 日、8 月 4 日),全文 11000 多字,由 10 个部分构成:发端、第一节至第八节、

① 梁启超:《论教育当定宗旨》,1902 年 2 月 8 日,丛报第 1 号,《新民丛报 1》,第 86 页。
② 梁启超:《论立法权》,1902 年 2 月 22 日,丛报第 2 号,《新民丛报 1》,第 43—44 页。
③ 该文连载于丛报第 8、9、17 和 49 号,集入《饮冰室合集·文集之九》。
④ 丛报第 17 号。

结论。"发端"和"结论"是梁启超的评述,第八节"斯巴达之缺点"亦性质相同,除此之外,在第二节至第七节之间,还插入了 14 段"案语"。因此,总体而言,与其说是"斯巴达"之"小志",还不如说是梁启超以夹叙夹议的形式对他的"斯巴达"心像所做的描绘。

要而言之,(一)这是一个处在西方历史原点,为西方各文明国留下基因的"斯巴达":"古代历史,国别虽多,要其中心点不外希腊罗马。希腊历史,建国不鲜,要其中心点不外斯巴达雅典"①;(二)这是作为理想"立宪君主"政体的"斯巴达":"立宪君主","此诚过渡时代绝妙之法门也,而其精神其体例实自斯巴达启之。斯巴达实今日全世界十数强国文明国之祖师也"②;(三)这是一个作为楷模的"斯巴达":"尚武精神,为立国第一基础","非取军国民主义者,则其国必不足以立于天地","故雅典为十九世纪之模范,斯巴达为二十世纪之模范"③;(四)而作为"君主专制"的"法治国","斯巴达实今日中国之第一良药也"④。

这个"斯巴达",已经不仅仅是作为知识的传递对象,而上升为感情诉诸的对象。梁启超后来总结说,《新民丛报》时期的他,写文章"笔锋常带感情"⑤。倘若要挑选一篇例文,则《斯巴达小志》一定入选。因为"斯巴达"已令他心潮澎湃,夜不能寐:"吾惟读斯巴达史,而若有物焉,怦怦而来袭余心,使吾噎,使吾汗,使吾呹,使吾栗,使吾笑,使吾啼,吾不知果何祥欤。"⑥"斯巴达而雅典,雅典而斯巴达者遍满于大地,于是乎,不斯巴达不雅典者遂无所容。吾昨夜无寐而梦何梦,梦啜黑羹,吾不知果何祥欤?"⑦若以此后不久写作的《雅典小史》⑧拿来做对比,则感情投放

① 丛报第 12 号,《新民丛报 1》,第 27 页。

② 丛报第 12 号,《新民丛报 1》,第 28 页。

③ 丛报第 12 号,《新民丛报 1》,第 28 页。

④ 丛报第 12 号,《新民丛报 1》,第 29 页。

⑤ 梁启超:《清代学术概论(原题"前清一代思想界之蜕变")》,《饮冰室合集·专集之三十四》,第 62 页。

⑥ 丛报第 13 号,《新民丛报 1》,第 41 页。

⑦ 丛报第 13 号,《新民丛报 1》,第 42 页。

⑧ 丛报第 19 号,1902 年 10 月 31 日。

的温度之差判然可感。其何以如此呢？是因为梁启超看到了"斯巴达"在现实世界上的"还魂"力量："顾吾窃睨夫眈眈逐逐于吾旁者，为斯巴达还魂者若干国，为雅典还魂者若干国。"① 这就是说，在他看来，西方列国之强大，是有"雅典"尤其是"斯巴达"被"还魂"于今日的缘故。这是对"斯巴达之魂"的发现，也是梁启超对西方的新发现，标志着他对西方的认识，已从制度层面上升到了精神层面。由此借"斯巴达之魂"而还"中国之魂"便是一个激动人心并且符合逻辑的选项。

《斯巴达小志》处在梁启超关于"灵魂"思考的延长线上。《时务报》上既已在"论幼学"中涉及："人之生也，有大脑有小脑（即魂魄也。西人为全体学者，魂译言大脑，魄译言小脑），大脑主悟性者也。"② 而早婚之害即在于"年十七八"而"疲精敝魂"③；"家庭之间，终日不安"之氛围，其害即在于"损人灵魂，短人志气"④。这些皆可谓他着眼于精神层面的问题之始。亡命日本以后，他更是集中地讨论"灵魂"问题，而且涉及面之广前所未有，关联到国家、历史、宗教、哲学、教育、文学等各个方面。总体而言，梁启超言论中的"灵魂"问题，即国民精神问题。如果说甲午一役，是"四千余年大梦之唤醒"⑤，那么梦醒之后，则是"魂悸胆裂"之不安，"官之接西官，如鼠遇虎，商之媚西商，如蚁附膻"⑥。此后又有百日维新失败、庚子之乱和各国前来"瓜分"，便更是令人"惊魂未定"⑦。梁启超系经历变法、失败、同伴被杀和自己出逃海外的当事

---

① 丛报第 12 号，《新民丛报 1》，第 29 页。

② 梁启超：《变法通议·论幼学》，《变法通议》原载 1897 年 1 月 3 日—3 月 30 日《时务报》第 16—19 册，《饮冰室合集·文集之一》，第 49 页。

③ 梁启超：《变法通议·论幼学》，《饮冰室合集·文集之一》，第 59 页。

④ 梁启超：《变法通议·论幼学》，《饮冰室合集·文集之一》，第 40 页。

⑤ 梁启超：《戊戌政变记·改革实情·康有为向用始末》，1898 年 12 月 23 日，《清议报》第 1 册，《饮冰室合集·专集之一》，第 1 页。

⑥ 梁启超：《论译书》，1897 年 5 月 22 日、6 月 10 日、7 月 20 日，《时务报》第 27、29、33 册，《饮冰室合集·文集之一》，第 64 页。

⑦ 梁启超：《瓜分危言文》，1899 年 5—8 月，《清议报》第 15、16、17、23 册，署名哀时客，《饮冰室合集·文集之四》，第 19 页。

者，其梦醒惊魂的体味当比他人更深，"戊戌在天津，大梦正惊寤"①，虽然是录蒋观云诗句，却可看作其自况之言。因此梁启超的"魂魄"之论，大抵有两种面向：一种是面向"丧灵魂，尸躯壳"②的"吾士夫"，借"提耳以唤魂兮"③来唤醒他们；一种是面向醒来以后而惊魂未定的人们——这也包括他自己在内，借以找回业已丧失的定力和自信，即"中国魂"。

"中国魂安在乎"？④"吾中国魂果安在乎？吾欲请帝遣巫阳而招之。"⑤他就是这样在不停地呼唤，并为此编辑出版《中国魂》⑥一书。那么，在梁启超看来，这个"魂"是什么呢？他最早是借谭嗣同之言予以回答："谭复生之言曰，魂当为厉，以助杀贼！所谓魂者何物哉？即百千万亿继起者之怒气与其热力而已。"⑦他那时所希冀的是谭嗣同所能唤醒并带动起来的"民气"。在世纪交替之际，也就是办《清议报》以及《新民丛报》的前两年，是梁启超致力于招魂和铸魂的时期，不论是对康有为"孔子之道""六义"当中"重魂主义"⑧的阐释，还是对"有宗教思想者""吾

---

① 梁启超：《诗话·锡兰岛卧佛》，《饮冰室合集·文集之四十五》（上），第 17 页。

② 梁启超：《说动》，1898 年 2 月 11 日，《知新报》第 43 册，《饮冰室合集·文集之三》，第 40 页。

③ 梁启超：《过渡时代论》，1901 年 6 月 26 日，《清议报》第 83 册，《饮冰室合集·文集之六》，第 29 页。

④ 梁启超：《饮冰室自由书·中国魂安在乎？》，1899 年 12 月 23 日，《清议报》第 33 册，《饮冰室合集·专集之二》，第 37—39 页。

⑤ 梁启超：《中国积弱溯源论》，1901 年 5 月 28 日，原题"中国近十年史论"，《清议报》第 80 册，《饮冰室合集·文集之五》，第 26 页。

⑥ 笔者确认版本：饮冰室主人编辑：《中国魂》（上、下），上海广智书局印，1902 年 11 月 19 日再版，12 月 4 日发行。

⑦ 梁启超：《上粤督李傅相书》，1900 年 3 月 31 日，《清议报》第 40 册，《饮冰室合集·文集之五》，第 58 页。

⑧ 参见梁启超：《论支那宗教改革》，1899 年 6 月 28 日、7 月 8 日，《清议报》第 19、20 册，《饮冰室合集·文集之三》；梁启超：《南海康先生传》，1901 年 12 月 21 日，《清议报》第 100 册，《饮冰室合集·文集之六》。

自有不死者存,曰灵魂"①的精神定力的强调,不论是"小说为国民之魂"②
的主张,还是"以诗界革命之神魂","别辟新土"③,皆是这项工作的
一部分。也正因为如此,他才敢把《清议报》"譬之幼儿,虽其肤革未充,
其肢干未成,然有灵魂莹然湛然"④,以有别于其他诸报。

　　当然,也正像有学者早已指出的那样,"日本在康梁的变法运动中是
被学习和仿效的先例"⑤,梁启超实际是"以'日本魂'为范本来唤回'中
国魂'"⑥,"祈战死"的壮行场面使梁启超注意到"尚武"精神,并使"他
由此发现'欧日尚武,中国右文'"⑦。而这种发现与前面介绍的他对"雅
典右文,斯巴达尚武"⑧发现是相辅相成的。这就涉及在梁启超招魂的过
程当中,尤其是取范日本"武士道"的过程当中,"斯巴达"所处位置及
其《斯巴达小志》知识来源的问题。

五、明治日本的"斯巴达"言说与《斯巴达小志》

　　如前所述,梁启超接触"斯巴达",最迟不会晚于他亡命途中。正像
他对"武士道"的真正了解是到日本以后才开始的那样,关于"斯巴达"
的知识,也是到了日本以后,才真正扩充起来的。

　　明治日本从何时起导入"斯巴达"以及详细过程,须精查所有文献方

---

　　①　参见梁启超:《论宗教家与哲学家之长短得失》,1902 年 10 月 31 日,丛报第 19 号,
《饮冰室合集·文集之九》。又,梁启超:《余之死生观》,1904 年 12 月 21 日、1905 年 1
月 6 日,丛报第 59、60 号,《饮冰室合集·文集之十七》。

　　②　梁启超:《译印政治小说序》,1898 年 12 月 23 日,《清议报》第 1 册,《饮冰室
合集·文集之三》,第 34 页。

　　③　梁启超:《清议报一百册祝辞并论报馆之责任及本馆之经历》,1901 年 12 月 21 日,
《清议报》第 100 册,《饮冰室合集·文集之六》,第 55 页。

　　④　梁启超:《清议报一百册祝辞并论报馆之责任及本馆之经历》。

　　⑤　狭间直树:《〈新民说〉略论》,见狭间直树编《梁启超·明治日本·西方》,社
会科学文献出版社,2001 年,第 82 页。

　　⑥　狭间直树编:《梁启超·明治日本·西方》,第 71 页。

　　⑦　狭间直树编:《梁启超·明治日本·西方》,第 82 页。

　　⑧　梁启超:《新史学·历史与人种之关系》,《饮冰室合集·文集之九》,第 16 页。

可确切得知，非本论所能完成。在此仅述其大概。据语言学者介绍，在目前可确认的范围内，“Sparta”的最早汉字表记为“斯巴尔达”，见于徐继畬《瀛寰志略》（1848），随后被《海国图志》（1852）引用，传教士袆理哲（Way, R. Q.1819—1895）《地球说略》中文版（1856）也沿用。这三个版本均有“和刻本”即日文版，1872年收入村田文夫编《洋语音译筌》小词典中，同年文部省出版译著《希腊史略1》中使用了该汉字音译[①]。根据这一线索查阅此版《希腊史略》，判明该书即伊丽莎白·米幸·休厄尔（Elizabeth Missing Sewell，1815—1906）所著 *A first history of Greece* 的日文版，“原书西历1869年于美国纽约付梓刊行，为其国人息乞尔[②]（セウエール）所著，题为“ホルスト、ヒストリー、ヲフ、ギリーシ”（笔者按，即以日文假名做标注的英语发音），为开导儿童之希腊史也。著人之意亦惟在便蒙”[③]。目前日本国会图书馆所公开的数码版卷1—9，各卷封面所标出版年不同，卷1、卷2为“1872初冬刊行”，卷3、4、5为“1875年5月”，卷6为“1880年12月”，卷7为“1876年9月”，卷8为“1880年12月”，日本国会图书馆的“书志情报”一律标注为“1872年”出版。“斯巴尔达”汉字表记在书中并不统一，卷一开篇“希腊国及属地其他上代地志略表”记为“斯巴尔达”，而书中又记为“士巴尔达”。不过，即便如此，也大抵可了解“斯巴尔达”这一汉字音译词语，最早由中国传至日本，并进入日本希腊史之表记的轨迹。而且还更可以由此确认，早在明治初期日本就已经译印了比较完整的希腊史，“斯巴尔达”也借此载入日本关于世界史的启蒙话语中。

西周在《百一新论》讨论“教”与“法”的区别时，举例当中包括“斯巴达尔”：

---

① 承蒙日本成城大学陈力卫先生指教并提供图版，笔者确认了“斯巴尔达”这一汉字音译词，最早由中国传至日本并在日本的希腊史表记中沿用的过程，在此谨对陈力卫先生致以衷心感谢。

② 日本国立国会图书馆数字馆藏“书志情报”记作“息宄尔”，误矣。

③ 息尔著，楢冈良知等訳：「希臘史略·凡例」，文部省，1872年。以下如不做特殊说明，引文皆为笔者所译。

从"斯巴达"到"斯巴达之魂"——"斯巴达"话语建构中的梁启超与周树人

原文：

併シ是レハ教ト法トノ理論上デノ┐デ法ヲ以テ国ヲ治メ
人ヲ治メルト申ス┐ハ古ク摩西ガ伊色列ヲ治メ利古尔尼ガ斯巴
尔達ヲ治メ梭倫ガ雅典ヲ治メタ時ヨリノ事デ皆紀元前□□□□
年ニ當リ東方デハ周公ガ禮ヲ制シ本邦デ聖德太子ガ憲法ヲ作ラ
レタナドヽ並ヘ称シテ宜シカラウカト存スル①

译文：

而且这在教与法的理论上，叫做以法治国、治人，是自往
昔摩西治以色列，吕库古治斯巴尔达，梭伦治雅典时就有之事，
皆相当于纪元前□□□□年，可与东方的周公制礼，本邦的圣德
太子制定宪法相媲美。

西村茂树编纂《校正万国史略》②沿袭了息乞尔《希腊史略》记述内
容和表记方式，使用了"士巴尔达"这四个汉字。

不过，由于明治启蒙的先驱者们可以直接以西文阅读西史，所以更多
的人并不像西周和西村茂树那样沿用既有的汉译词语，而是多用假名或干
脆另起炉灶，用其他汉字来代替。例如，《明六杂志》上箕作麟祥讨论"自
由"："希腊夙行人民自由之说，如斯巴达国……（希臘においては人民
自由の説夙に行われ、スパルタ国のごときは……）"；杉亨二讨论"铸
铁钱，废银钱"："邻国嘲笑斯巴达之倡导恶铁（隣国ではスパルタの悪
鉄と唱えて嘲り笑う）"③，皆用片假名标音斯巴达。还有前面已经提到的，
广末铁肠《经国美谈》记作"斯波多"，东海柴四郎《佳人之奇遇》记作"斯
破留多"或"斯泼多"。

① 西周：『百一新論』（卷之下），1874 年，第 1—2 页。
② 西村茂樹编纂：『校正萬国史略』（全 10 卷），1873 年新镌，1875 年 10 月 15 日
版権免許。
③ 杉亨二：「想像鎖国説」，『明六雑誌』第 34 号，1875 年 4 月，『山室信一 中野
目徹 校注 明六雑誌 下』，岩波书店，2009 年，第 149—157 页。

在西村茂树之后出版的涉及希腊史的史书当中，绝大多不再使用汉字而基本使用假名"スパルタ"来表记。目前已经确认的有永田方正编辑《画入万国史略字引》（1878）[①]，辰巳小次郎《万国小史》（1888）[②]，渡边虎太郎《泰西名士盖世伟谈》(1887)[③]，涩江保《希腊罗马文学史》(1891)[④]，桑原启一纂译《新编希腊历史》（1893）[⑤]，木村鹰太郎《西洋小史》(1898)[⑥]，浮田和民《西洋上古史》（1900）[⑦]、《稿本希腊史》（1902）[⑧]。只有经涩江保之手的博文馆二十四册"万国战史"系列中的《希腊独立战史》《历山大王一统战史》和《希腊波斯战史》（1896）[⑨]承袭了《希腊史略》中的汉字表记"斯巴尔达"。光绪二十八年十一月初五日，即 1902 年 12 月 4 日，上海广智书局出版发行"著者日本柳井纲斋，译者灵川秦嗣宗"的《希腊独立史》，通过文本对照可以确认，该书即博文馆《希腊独立战史》的汉译本。该译本原字照录了原书中的"斯巴尔达"一词。然而，不论是"斯巴尔达"或"士巴尔达"抑或"スパルタ"，都并不仅仅是单纯的词语表记问题，而是在明治时期所谓世界史、西洋史、希腊史等话语当中，"斯巴达"作为一个对象不断被聚焦，被关注，被提取，被强化，被凸显呈现的结果。接下来我们会看到这一过程的某些具体侧面。这里只提示两个要点：一点是对斯巴达政体和教育制度的关注，另一点是对作为前者之培养

---

① 永田方正编辑：『畫入萬国史略字引』，大阪府岡田茂兵衛出版，1878 年。

② 文学士辰巳小次郎编：『萬国小史』，吉岡商店，1888 年。

③ 渡邊虎太郎：『泰西名士蓋世偉談』，東雲堂，1887 年。日本国会图书馆"书志情报"编者名标作"渡部虎次郎"，误。

④ 澁江保：『希臘羅馬文学史』，博文館，1891 年。

⑤ 桑原啓一：『新編希臘歷史』，経済雑誌社，1893 年。

⑥ 木村鷹太郎：『西洋小史』，1898 年。

⑦ 浮田和民：『西洋上古史』，『東京專門学校文学科第五回第一部講義録』，東京專門学校出版部，1900 年。

⑧ 浮田和民：『稿本希臘史』，早稲田大学出版部，1902 年。

⑨ 柳井綱斎：『希臘独立戦史』，『萬国戦史第十六編』，博文館，1896 年。渋江羽化：『歷山大王一統戦史』，『萬国戦史第二十三編』，博文館，1896 年。渋江保：『希臘波斯戦史』，『萬国戦史第二十四編』，博文館，1896 年。又，『希臘独立戦史』实出自渋江保之手，参见山本勉「明治時代の著述者渋江保の著述活動：出版物『万国戦史』を中心に」，『佛教大学大学院紀要（文学研究科篇）』，第 43 号，2015 年。笔者亦对照文本予以确认。

结果的"斯巴达尚武精神"的关注。从接近甲午战争的那个时期开始,后者被自然纳入"日本武士道"的阐释中来。在这个过程中,关于斯巴达、关于希腊、关于罗马,乃至整个西洋史的知识在日本各阶层有了广泛的普及,日本知识界通过来自西方"世界史"的阅读、翻译和吸收,建构了新型知识体系,并在此基础上确立了近代新型世界观。梁启超也是在这个知识体系当中,获取了关于希腊罗马,尤其是关于斯巴达的知识,并且找到了他认为可以足资中国借鉴的"斯巴达"。"斯破留多"→"斯波多"→"斯巴达",他在关于"斯巴达"词语表述上的变化,体现的正是这一学习、吸收、深化认识和择取借鉴对象的过程。就词语演化规律而言,"斯巴达"应该是"斯巴尔达"的缩减书写形态。在目前笔者阅读所及的范围内,梁启超即便不是第一个在汉语中使用"斯巴达"这个用语的人,也是最早使用的人之一。由此可以断言,梁启超作为近代思想的启蒙者,和在其他方面的表现一样,在关于"斯巴达"的命名、知识传播和认知引导上已然处在先驱者的地位。继梁启超之后,中国言论界才开始有了关于"斯巴达"的言说。

六、《斯巴达小志》的取材与梁启超的"斯巴达"心像

如前所述,《斯巴达小志》是梁启超把"斯巴达"本身作为对象,最为集中地讨论的一篇,既是他关于斯巴达的知识、认识的系统体现,也是他的"斯巴达"心像在诉诸情感方面的一次升华。从取材的角度看,该文也是梁启超与日本知识界所提供文本的积极互动的结果。

笔者对《斯巴达小志》的材源首次展开调查,确认其基本来自两本书。一本是浮田和民(Ukita Kazumi,1859—1946)的《西洋上古史》[①],另一

---

① 笔者所见版本为日本国会图书馆电子扫描版:『東京專門學校文学科第五回第一部講義・西洋上古史・浮田和民』,书内未标出版年,日本国会图书馆"书志情报"所标"出版年月日"为"1900"。石川祯浩《梁启超与文明的视点》一文中注释该书的出版年为"1898",见狭间直树编:《梁启超・明治日本・西方——日本京都大学人文科学研究所共同研究报告》,第117页。本书暂取后说。

本是中西副松（？—1905）的《斯巴达武士道》[1]，前者出版于 1898 年，应该是梁启超一直在阅读的一本书，后者几乎与刊载《斯巴达小志》前半部分（发端和前四节）的《新民丛报》第 12 号（1902 年 7 月 9 日）同时出版（7 月 10 日），也就是说，梁启超在《新民丛报》第 13 号（1902 年 8 月 4 日）发表《斯巴达小志》后半部分之前，阅读了《斯巴达武士道》，并把其中的内容剪裁到第五节到第八节以及结论当中。详细情形，请参照本篇"附录　〈斯巴达小志〉与浮田和民、中西副松之文本对照"。

浮田和民是日本明治时代思想家、法学者。1879 年毕业于同志社大学，1886 年在同志社大学任教，1892 年赴美，在耶鲁大学留学，1894 年回国。1897 年任东京专门学校（早稻田大学前身）教员，翌年任同校教授并成为该校政治学的主要奠基者之一。1909 年以后任大型综合杂志《太阳》主干，从立宪主义立场出发，展开评论活动，是同时代的知名学者。

关于浮田和民与梁启超的关系，已有先行研究做出过深入探讨，并且获得了文本层面的坚实佐证。例如，有学者明确指出："梁启超发表在《新民丛报》创刊号上的《地理与文明之关系》（《新民丛报》第 1、2 号，1902 年 2 月）正是浮田《历史与地理》的翻版"[2]，"撰写《论民族竞争之大势》时"，"仅浮田的两篇文章和独醒居士文章的直接翻译部分就几乎占了一半篇幅"——"浮田的两篇文章"系梁启超自述之"日本浮田和民氏所著《日本帝国主义》《帝国主义之理想》"[3]，并同时在注释中提示"梁启超还在《斯巴达小志》里引用了浮田和民的《西洋上古史》"[4]；而也有学者提到梁启超《〈子墨子学说〉附言》中对浮田和民的引用[5]。笔者在此前提下，具体展开对《斯巴达小志》和《西洋上古史》的文本对照、

---

[1]　笔者所见版本为日本国会图书馆电子扫描版：中西副松：『スパルタの武士道』，金港堂書籍株式会社，1902 年 7 月。

[2]　石川祯浩：《梁启超与文明的视点》，狭间直树编《梁启超·明治日本·西方》，第 108 页。

[3]　石川祯浩：《梁启超与文明的视点》，《梁启超·明治日本·西方》，第 116—118 页。

[4]　石川祯浩：《梁启超与文明的视点》，《梁启超·明治日本·西方》，第 117 页。

[5]　末冈宏：《梁启超与日本的中国哲学研究》，《梁启超·明治日本·西方》，第 172 页。

检证，从而坐实了两者文本层面的关联[①]。

《斯巴达武士道》，1902 年 7 月由东京金港堂书籍株式会社出版，序文署 "寺家村和介识"，自序署 "蕨山生识"。关于作者，目前无更多资料。据相关调查，该作者在出版《斯巴达武士道》的同时，还在东京兵林馆出版了另一本书，题为《军事教育之本领》，其头衔为 "参谋本部出仕陆军步兵大尉"，时任参谋本部次长的陆军中将寺内正毅为该书作序，又，《明治过去账——物故人名词典》记载，作者出身广岛县深安郡福山町字锻冶屋町平民家庭，1895 年以陆中尉军衔担任步兵第十一连队旗手，出仕参谋本部后，于 1902 年 11 月 15 日补步兵第十一连队中队长，29 日赐勋五等瑞宝章，1905 年 3 月 8 日在田义屯附近战死，叙正六位（特）勋四等功并赐旭日小绶章云[②]。

如上所见，"中西副松" 属于 "过去账" 里记载的人名，其人其事早已被时代所遗忘，在过去的梁启超研究中并无人提及。此次发现，当然首

---

① 此处附记发现及求证过程。为探寻自树《斯巴达之魂》的材源，笔者较早注意到的是浮田和民的《稿本希腊史》。该书关于温泉门战役过程的记述，与《斯巴达之魂》不乏重合之处。但相比之下，该书关于斯巴达的整体描述，在内容上与梁启超的《斯巴达小志》有着更多的重合——以此为契机，笔者意识到在《斯巴达之魂》与日文材源之间作为中介环节而存在的梁启超。不过，笔者随后又否定了《稿本希腊史》与《斯巴达小志》之间相互关联的推测，因为在时间上对不上：《稿本希腊史》的版本信息是 "早稻田大学出版部，明治三十五年十月二十七日发行"，即发行于 1902 年 10 月 27 日，而《斯巴达小志》则于 1902 年 7、8 月间已经刊行了，时间上早于前者。内容一致，只是时间对不上。会不会还有其他版本？——这样，在继续查找的过程中又找到了浮田和民的《西洋上古史》。该书是浮田和民为东京专门学校所做的讲义录之一，日本国会图书馆记载版本信息为 1900 年。该书对斯巴达的记述与后出的《稿本希腊史》完全一致。这便解决了时间上的冲突问题，从而使《西洋上古史》与《斯巴达小志》之间文本关联的探讨得以持续。就在查阅关于梁启超与浮田和民之关系的先行研究时，幸运遇到援军，那是石川祯浩注释里的一条信息："除《史学通论》《地理学（完）》之外，梁启超还在《斯巴达小志》（《新民丛报》第 12、13 号，1902 年 7—8 月）、《雅典小志》（《新民丛报》第 19 号，1902 年 10 月）里引用了浮田和民的《西洋上古史（完）》（东京专门学校讲义录，1898）和《稿本希腊史》（东京专门学校出版部，1901 年）。"（前出《梁启超与文明的视点》，第 117 页）。尽管版本信息与笔者所看到的不完全一致，但可以断言《西洋上古史》是《斯巴达小志》的材源无疑。

② 铃木円：「日本における "スパルタ教育" 理解」，『学苑・人间社会学部纪要』，第 892 号，2015 年 2 月，第 83—95 页。

先要仰仗国会图书馆提供文本的这一物理性条件，同时也借助了关于"梁启超'斯巴达'知识的择取、构建和传播脉络"的这一预设调查范围，在复数文本的比对、筛选当中，中西副松的《斯巴达武士道》浮出水面，而通过检证，又在文本层面首次确认《斯巴达武士道》也和《西洋上古史》一样，是《斯巴达小志》的主要材源之一。

　　具体而言，《斯巴达小志》取自《西洋上古史》的材料主要是该书"第二编　希腊史"当中的"第一章　土地及人民""第二章　德利安人之移住及斯巴达之兴起"和"第七章　伯罗奔尼撒战争"。《斯巴达武士道》无章节之分，自该书的直接取材范围主要集中在第16—17页、第26—28页、第35—36页、第37—43页——这是就原书内容的编排顺序而言，在《斯巴达小志》中并不一定按照这个顺序使用材料。又，所谓"直接取材"，是指除此之外还有立论方面的参考。

　　关于《斯巴达小志》与《西洋上古史》之文本对应关系，兹标出材源所处位置及对应页码如下：

表 1　《斯巴达小志》材源

章节名		材源
发端		无直接材源，但梁启超"尚武精神，为立国第一基础"的主张，是中西副松"武士道之衰败带来国运之衰败"论旨的反向阐发
第一节　斯巴达立国起源		种族起源（《西洋上古史》，第一章，第 201 页）
		多利安移民（《西洋上古史》，第二章，第 221 页）
		斯巴达的崛起（《西洋上古史》，第二章，第 225—226 页）
第二节　来喀瓦士之立法		来喀瓦士之立法（《西洋上古史》，第二章，第 227—228 页）
第三节 斯巴达之政体	（一）王	斯巴达政体（《西洋上古史》，第二章，第 230—232 页）
	（二）元老议会	元老会议（《西洋上古史》，第二章，第 233—234 页）
	（三）国民议会	人民会议（《西洋上古史》，第二章，第 234—235 页）
	（四）执政官	五人执政（《西洋上古史》，第二章，第 235—236 页）
第四节　斯巴达民族之阶级		人民与阶级（《西洋上古史》，第二章，第 237—240 页）

章节名	材源
第五节　斯巴达之国民教育	社会制度（《西洋上古史》，第二章，第240—245页）
	两个妇女的例子（《斯巴达武士道》，第26—28页）
第六节　斯巴达行政琐纪	（《西洋上古史》，第二章，第240、241、242、245页）
第七节　来喀瓦士以后斯巴达之国势	第二次征伐（《西洋上古史》，第四章，第349—350页）；社会制度（《西洋上古史》，第二章，第246页）
	"众志成城""君胡不射"（《斯巴达武士道》，第35—36页）
	"得陇望蜀"，领土扩张（《斯巴达武士道》，第37—40页）
	波斯人来侵，雅典与斯巴达"阋墙之争立解"。（《斯巴达武士道》，第40—43页）
第八节　斯巴达之缺点	斯巴达人缺乏知识，"暗于大局"（《斯巴达武士道》，第16页）
	哥灵士委员痛斥斯巴达人保守，不知进取。（《斯巴达武士道》，第16—17页）
	斯巴达之同盟合议（《西洋上古史》，第七章，第458—360页）

从以上对应关系可知，梁启超使用《斯巴达武士道》的材料开始于第五节之后，而且呈比重加大的趋势。这是由于《斯巴达小志》在《新民丛报》第12号（1902年7月9日）刊载发端和前四节，与《斯巴达武士道》的出版日期（1902年7月10日）几乎重叠，梁启超在写前四节的内容时没能看到后者的缘故。也就是说在写作《新民丛报》第13号（8月4日）上连载的后半部分内容之前，梁启超不仅细读了刚刚出版的《斯巴达武士道》，而且还将其大量裁剪到自己正在写作的文章中来。

就取材的处理而言，还有一些材料没有用在《斯巴达小志》里，而是用在了其他文章当中。如《西洋上古史》第250页："麦西尼亚勇将阿里斯托美尼斯能征善战，一时令斯巴达人心惊胆寒。斯巴达人求德尔斐之神谕，告曰：需向雅典求将一人。雅典人不想帮助斯巴达人，却又担心有违神谕，就派了一个跛脚的学校教师齐尔泰奥斯过去。这虽是传说，但齐尔泰奥斯是著名诗人，他到了斯巴达就创作军歌，鼓舞士气，使人心一致却是事实。"这个故事就被梁启超用在了《诗话》里："中国人无尚武精神，其原因甚多，而音乐靡曼亦其一端，此近世识者所同道也。昔斯巴达人被围，乞援于雅典，雅典人以一眇目跛足之学校教师应之，斯巴达人惑焉。及临阵，此教师为作军歌，斯巴达人诵之，勇气百倍，遂以获胜。甚矣，声音之道感人深矣！"①

同时，也存在另外一种情况，即把从其他文本中获取的材料纳入《斯巴达小志》中来。例如，第五节"又案史记斯巴达女子爱国美谈甚多"当中所举的三个例子，即母亲劝儿子退兵的例子就并非来自浮田和民和中西副松，而是取自其他文本。

前面说过，竭力凸显斯巴达人"尚武爱国之热情"，"以军国主义雄视千古"，是《斯巴达小志》的主要目的之一，故文中采用的最能代表"武德"和"军国民精神"的事例也就格外引人注目。第五节"斯巴达之国民教育"除了讲述筛选健康婴儿和男子自幼开始的严酷训练以及他们奔赴战场时的视死如归外，还重点介绍了"斯巴达妇人以爱国心激励男子"的事迹，其中就包括从《西洋上古史》文本中摘取的著名的两段②：

其一："有他邦一贵族妇尝语斯巴达王黎阿尼他之后曰：'惟斯巴达妇人能支配男儿。'后答曰：'惟斯巴达妇人能生男儿。'"

其二："斯巴达妇人爱国之心最重，妻之送其夫、母之送其子以临战场也，辄祝之曰：'愿汝携盾而归来，不然，则乘盾而归来。'有一母生八子者，蔑士尼亚之战，悉死于国难，而斯巴达卒以大胜，及奏凯招魂，其母不溅一滴之泪，乃高声而祝曰：'斯巴达乎，斯巴达乎，吾以爱汝之故，生彼八人也。'当时以

① 梁启超：《诗话》，《饮冰室合集·文集之四十五》（上），第 34 页。
② 梁启超：《斯巴达小志》，《饮冰室合集·专集之十五》，第 11 页。

此名语，被诸诗歌，传为美谈。"

"生男儿"和"乘盾而归"的用例也出现在《斯巴达武士道》里，这说明中西副松与梁启超使用了相同的材料①，并且同样有以此来凸显斯巴达"尚武"精神的想法。而这也恰恰是梁启超在材源上可以突然由《西洋上古史》而转借到《斯巴达武士道》的原因所在。也就是说，在《西洋上古史》长达718页的历史叙述中，梁启超感受到了其中的"斯巴达"之可用。他首先看中的是体制方面，否则便不会有那么大篇幅的对斯巴达政治制度和社会构成的介绍。他是想以此为依托来构想中国未来的某种体制模式。甚至《西洋上古史》中关于"人民"与"政府"关系的论述，即"政府为人民而存，而不是人民为政府而存在"（《西洋上古史》第246页）也被原封不动地纳入到小志最后的"新史氏曰"中来："吾闻之前世纪之哲学家曰，政府者，为人民而立者也，人民者非为政府而生者也。"②其次，他通过《西洋上古史》关于斯巴达教育和战争表现方面的叙述，也强烈感受到了"尚武"和"爱国"。这是他要从自己所读到的"斯巴达"那里提取"制度"与"精神"的动机。就在进行这一作业的过程中，中西副松的《斯巴达武士道》为他提供了一个立意相同因而也是求之不得的关于"斯巴达武士道"的文本。这使得梁启超在《斯巴达小志》中毫无违和感地实现了前后不同材源的无缝对接。人们甚至会不知不觉地跟着梁启超把对"武士"的关注转移到对"武士之母"的关注上来。

梁启超对前引斯巴达"妇人"的例子"其一"评论道："夫妇人亦孰不产男儿，而后之为此言也。盖以必如斯巴达之男儿，乃真男儿也。又以斯巴达之男儿，无一人而非男儿也，故其妇人皆以代一国产育勇壮之国民，为修身大事业。"（第11页）

对"其二"亦"案"道："读斯巴达史而不勃然生尚武爱国之热情者，

---

① 铃木円指出，中西副松使用的蓝本是浮田和民的《西洋上古史》，参见『日本における「スパルタ教育」理解』。这意味着梁和中西在写作时使用了相同的参考文本。

② 梁启超：《斯巴达小志》，《饮冰室合集·专集之十五》，第18页。本部分后文所标页码均出自此书。

吾必谓其无人心矣。吾尝读杜诗曰：'爷娘妻子走相送，尘埃不见咸阳桥。牵衣顿足拦道哭，哭声直上干云霄。'……读之未尝不嗒然气结，黯然魂伤也。夫同一送子也，同一死难也，而此斯巴达妇人之言，何其悲壮淋漓，使千载下读之犹凛凛有生气也。呜呼，以二万万堂堂须眉，其见地曾无一人能比斯巴达之弱女耶！呜呼！"（第11—12页）而且还嫌不足，接着又"案"了三个斯巴达女子的"爱国美谈"（第12页）。这样就使"斯巴达之弱女"一跃而成为小志中的主角，其以"巾帼"唤起"须眉"的用意昭然若揭。"尚武"的重心，"不徒在男子也，而尤在妇人"（第11页），这种切换发生在第五节之后，也就是发生在读到了《斯巴达武士道》之后。很显然，梁受到了后者的影响。中西把斯巴达武士道作为"他山之石"，欲"以他山之石磨玉"（自序），却并不从斯巴达武士的"勇武谈"起笔，而是从他们败绩起笔，也就是采用了欲扬先抑的笔法。因此读者首先看到的是从"皮罗般尼梭战争"（前432—前404年）第七年所截取的一个场面：斯巴达败给雅典，那些理应在战场上殉国的武士，竟有292人向雅典人投降，第二天早晨，作为俘虏的他们被押送到雅典。

> 不是说"斯巴达女人生斯巴达勇士"吗？忠勇义烈的斯巴达妇人，尤其是那些名门贵妇，她们是以何等慷慨激昂的态度听取这可耻的投降消息？史家并未详细告知吾人，然而想象的自由仍不能不让吾人在事隔数千年的今天，为斯巴达妇人当时的心境，洒下一抔同情的热泪！"热泪溅此何人许，青史永垂不朽名"，此即会津藩旧主镌刻在少年白虎队墓碣上之铭文，岂非无限之哀歌乎？"世间多全瓦，玉碎玉乃玉。"虽死犹荣，生则无辱，东西异其域，古今不同时，然则士人归途则一。思此而及彼，吾人争而慨然，斯巴达妇人之心境，岂不哀乎哉！斯巴达之武名将由九天之上而沉没于九地之下。①

---

① 中西副松：『スパルタの武士道』，金港堂书籍株式会社，1902年，第4—5页。以下引文若无特殊说明，皆为笔者翻译。

中西是想借此说明武士道的衰败给国运带来的影响。但他又说："吾人不想谈斯巴达的黑暗面，愿读者跟着吾人把眼睛转向他们的光明面。"①于是在他"想象的自由"当中，便走出了"光明面"的"斯巴达妇人"，以至成为"斯巴达武士道"的主人公。她们是"尚武"的灵魂，是造就武士之母。这种笔法具有强烈的塑造性和诉诸力。前面提到，关于"斯巴达"，中西与梁启超共享内容相同的底本。上述场面出现在《西洋上古史》的第486—487页。梁启超没有使用这个材料，但接受并沿袭了中西的"巾帼不让须眉"的文脉。正可谓心有灵犀。顺附一句，《斯巴达小志》第八节对斯巴达"缺点"的概括，也几乎来自中西，尤其是不重视智力培养，轻蔑知识和文学，导致保守和暗于大局等，完全沿袭了中西对斯巴达的批评。说得极端些，如果没有《斯巴达武士道》，也就真不知《斯巴达小志》该如何收尾了。

最后，还有一个疑问。梁启超和中西副松都以斯巴达"尚武"和"武士道"为主题，却都没有把公认的最能体现这种精神的著名的"德尔摩比勒"战役纳进来，而几乎在所有关于希腊史的记载中都有这场战役的记述，包括作为他们共同底本的《西洋上古史》（第372—376页）。梁启超在小志中提到了许多战役，却唯对"德尔摩比勒"（或"温泉门"）未着一字，中西副松也只以"梨河尼佗麾下仅三百健儿，却视如云霞般之大军为无物，在德尔摩比勒成就最后的辉煌"②一句带过，完全没做正面描述。这是为什么？他们为什么都把"德尔摩比勒"之战作为舍项？答案或许是该故事在当时已家喻户晓，不提也罢，也或许是出于凸显"巾帼"主题的需要——因为在所有正史记载当中都没有妇女出现在武士们战斗第一线的"温泉门—德尔摩比勒"，故详写德尔摩比勒之战会有淡化巾帼之虞。总之，对读到他们的文章和书的人来说，对割舍"德尔摩比勒"之战抱有某种遗憾甚至不满也不是不能想象的。留学生周树人便是其中之一。他既被"斯巴达妇人"的"爱国"故事感动，也被"温泉门"三百武士战至最后的壮

---

① 中西副松：『スパルタの武士道』，第6页。

② 中西副松：『スパルタの武士道』，第3页。

烈牺牲感动，当他获得某种契机去写"德尔摩比勒"时，首先面临的问题，便是如何把梁启超和中西副松所极力渲染从而令他格外感动的"巾帼"故事"糅"进"巾帼"们不可能出现的这场战役中去。就这样，从构思开始，周树人进入了他的创作。从这个意义上讲，即使按照今天的标准，《斯巴达之魂》也是小说，是名副其实的创作。

七、从《斯巴达小志》到《斯巴达之魂》

1902 年 4 月初到日本的周树人，显然读到了连载于同年 7、8 月份《新民丛报》上的《斯巴达小志》。甚至不妨说，对于不谙日语和缺乏历史知识的他来说，前面介绍过的"政治小说"和《斯巴达小志》都可能是他了解斯巴达的最早教材，不过相比之下，后者在同时期确切的知识来源方面具有排他性。在《斯巴达小志》发表之前，在《新民丛报》上提到斯巴达的只有两个人，一个是"中国之新民"即梁启超，另一个是奋翮生，前者撰文《论教育当定宗旨》（第 1、2 号），后者作《军国民篇》（第 1、3、7 号），不过都是零星的"斯巴达"，到了《斯巴达小志》发表，情形大变，"斯巴达"一词仅在这一篇文章的两期连载中就出现 190 次，不仅一举在汉语中固定了"斯巴达"这一词语，也在汉语中首次以史论的形式塑造了"斯巴达"形象。可以说，就中国近代导入"斯巴达"而言，《新民丛报》是最大的知识源，而梁启超更是无出其右的第一人。梁启超之后，汉语圈才有"斯巴达"一词和"斯巴达"话语。"斯巴达"在《申报》上首次出现，是 10 月 17 日；上海广智书局译本《希腊独立史》出版于同年 12 月 4 日，而且仍沿用了日文原书的字样 "斯巴尔达"，两者都晚于梁启超和《新民丛报》。值得注意的是周树人此后的用语选择，他使用了源自梁启超的"斯巴达"，而并没使用"斯巴尔达"或其他。事实上，除了"德尔摩比勒战役"之外，《斯巴达小志》几乎包含了在当时汉语圈所可以议论的关于"尚武"和"巾帼"的所有要素，这些要素也被初到日本的周树人所阅读所理解所吸收，并且完整地反映到第二年创作的《斯巴达之魂》当中。到了执笔写作的时期，周树人到弘文学院留学已一年有余，不仅初通日语，还有着手进行翻译——虽然他后来介绍说"那时初学日文，文法并未了然，就急于看书，看书并不很懂，就急于翻译"①。也就是说，在汲取关于"斯巴达"的知识方面，周树人在执笔时已经并不囿于梁启超，而是有了范围更广的涉猎，并且也具有了一定程度的读解能力。

如开篇所述，《斯巴达之魂》连载于《浙江潮》月刊第 5 期、第 9 期，发行时间分别是 1903 年 6 月 15 日、11 月 8 日。与《斯巴达小志》的内容相比，《斯巴达之魂》在关于"斯巴达"的知识拓展和话语传递方面又前进了一大步。这个主要体现在两个方面：一个方面是正面讲述了梁启超文本所完全没有涉及的"德尔摩比勒"战役，从而使梁启超所阐释的"尚武精神"有了更具体和更充分的诠释；另一个方面是把关于这场战役的记载中不曾出现的斯巴达女性塑造为战役的主人公。

这里有若干问题需要辨析。首先是梁启超所发挥的知识"引信"的作用。不难推察，在梁启超《斯巴达小志》的"点燃"下，留学生们会去进一步寻找和阅读，从而引发某种共鸣性的话题。例如，在人们所熟悉的"拒俄义勇队"事件中留学生们打给袁世凯电文里的一段话：

> 昔波斯王泽耳士以十万之众，图吞希腊，而留尼达士亲率丁壮数百扼险拒守，突阵死战，全军歼焉。至今德摩比勒之役，荣名震于列国，泰西三尺之童无不知之。夫以区区半岛之希腊，犹有义不辱国之士，可以我数百万万里之帝国而无之乎？②

最后一句"夫以区区半岛之希腊"的对比性修辞法，可看作是对《斯巴达小志》"若斯巴达者，以此区区之众……"的摹写，《浙江潮》第 1 期《国魂篇》以"导源于希腊而盛行于今"的"武士魂"和"大和魂"等为"铸

---

① 鲁迅：《集外集·序言》，《鲁迅全集》第 7 卷，第 4 页。

② 《留学界纪事·（二）拒俄事件》，《浙江潮》第 4 期，第 135 页。参见鲁迅博物馆编：《鲁迅年谱》（增订本）第 1 卷，人民文学出版社，2000 年，第 100—101 页，第 107—108 页。

国魂之法"①，第 5 期《浙风篇》"日本以武士道骄于人"② 等论调，都与同一时期的梁启超和《新民丛报》完全一致。唯一不同的，是以"德摩比勒之役"作为话题。不过，在当时的留学生当中，对"斯巴达"和"德摩比勒"究竟有多大程度的认知也的确是个问题。虽然《新民丛报》上有"军国民主义昔滥觞于希腊之斯巴达，汪洋于近世诸大强国，欧西人士，即妇孺之脑质中，亦莫不深受此义"③ 的说法，而上引电文里也模仿这种口吻说"泰西三尺之童无不知之"，但其实也不难从中看出他们关于斯巴达的知识是多少有些模糊的。第一，以笼统的"希腊"代替具体的"斯巴达"，说明他们还缺乏聚焦"斯巴达"这一具体对象的意识和视点，事实上，除"自树"的《斯巴达之魂》一篇之外，在全部 10 期《浙江潮》上竟没有出现"斯巴达"字样。第二，也暴露出他们去了解"德摩比勒"时所据材源有限——基本局限于以汉字作为固有名词表记的那些文献。例如，上文中的固有名词"泽耳士""德摩比勒"的汉字表记见于文部省编《希腊史略》卷 3（1875），"留尼达士"见于西村茂树编《万国史略》（标作"留尼达"，1875）和冈本监辅著《万国史记》卷 6（标作"留尼达"，1879）。通过这些读物，不难看到"德摩比勒之役"的主角其实是同一本书中表记的"斯巴尔达王"或"士巴尔达王""留尼达士"及其麾下的武士，但电文中"德摩比勒之役"的主角却并没能由广角的"希腊"而聚焦到"斯巴达"上来。而反过来也可以说，在《浙江潮》，在东京的中国留学生界，甚至在整个华文言论圈当中，《斯巴达之魂》不仅是第一篇以斯巴达武士为题材创作的小说，也是当时以汉语详细讲述"德尔摩比勒"战役的唯一传播媒介，是对梁启超《斯巴达小志》中并未讲述的该战役的完整补叙，当然也是对前者所强调的斯巴达人尚武精神的强有力凸显和艺术升华。就这样，周树人一出手就做了件独一无二的事。

如前所述，不论是"温泉门勇士"还是"斯巴达女子"，都令周树人

---

① 《浙江潮》第 1 期，1903 年 2 月 17 日，《鲁迅年谱》，第 8—9 页。

② 《浙江潮》第 5 期，1903 年 6 月 15 日，《鲁迅年谱》，第 19 页。

③ 奋翮生：《军国民篇》，丛报第 1 号，《新民丛报 1》，第 80 页。

大为感动。他更要将两者合二为一，从而去感动更多的人。这便是《斯巴达之魂》的序言所强烈表达的写作抱负：

> 西历纪元前四百八十年，波斯王泽耳士大举侵希腊。斯巴达王黎河尼佗将市民三百，同盟军数千，扼温泉门（德尔摩比勒）。敌由间道至。斯巴达将士殊死战，全军歼焉。兵气萧森，鬼雄昼啸，迨浦累皆之役，大仇斯复，迄今读史，犹懔懔有生气也。我今掇其逸事，贻我青年。呜呼！世有不甘自下于巾帼之男子乎？必有掷笔而起者矣。译者无文，不足摸拟其万一。噫，吾辱读者，吾辱斯巴达之魂！①

也就是说，这篇为斯巴达的招魂之作，是明写"斯巴达军队之精神"而暗颂"巾帼"之刚烈。所谓"迄今读史，犹懔懔有生气也"，也恰恰是梁启超在小志中赞美"斯巴达妇人之言，何其悲壮淋漓，使千载下读之犹凛凛有生气也"的复唱之音②。

关于温泉门之战的素材及其创作发挥，将放在后面讨论。这里首先看作品中登场的女主人公"涘烈娜"。正如先行研究③已经指出过的那样，这完全是周树人杜撰出来的人物。当丈夫因患眼疾从战场生还回家时，她大为惊讶和愤怒，有以下两段话：

> 少妇惊且疑。久之久之乃言曰："何则……生还……污妾耳矣！我夫既战死，生还者非我夫，意其鬼雄欤。告母国以吉占兮，归者其鬼雄，愿归者其鬼雄。"
>
> ……
>
> 少妇曰："君非斯巴达之武士乎？何故其然，不甘徒死，

---

① 鲁迅：《集外集·斯巴达之魂》，原载《浙江潮》第 1 期，署名自树，《鲁迅全集》第 7 卷，第 9 页。

② 梁启超：《斯巴达小志》，《饮冰室合集·专集之十五》，第 10—12 页。

③ 樽本照雄著，岳新译：《关于鲁迅的〈斯巴达之魂〉》，《鲁迅研究月刊》，2001 年第 6 期。

而遽生还。则彼三百人者，奚为而死？噫嘻君乎！不胜则死，忘斯巴达之国法耶？以目疾而遂忘斯巴达之国法耶？'愿汝持盾而归来，不然则乘盾而归来。'君习闻之……而目疾乃更重于斯巴达武士之荣光乎？来日之行葬式也，妾为君妻，得参其列。国民思君，友朋思君，父母妻子，无不思君。呜呼，而君乃生还矣！"[①]

最后，"涘烈娜""伏剑于君侧"，拔剑自刿，以死谏其夫君重返战场。"惟斯巴达女子能支配男儿，惟斯巴达女子能生男儿"（《斯巴达小志》："惟斯巴达妇人能支配男儿"，"惟斯巴达妇人能生男儿"），"愿汝持盾而归来，不然则乘盾而归来"，（《斯巴达小志》："愿汝携盾而归来，不然，则乘盾而归来。"）不妨说，"涘烈娜"就是为说这两句话或演绎这两句话而登场的，用以呼唤那些"不甘自下于巾帼之男子"，而这也正是《斯巴达小志》中"呜呼，以二万万堂堂须眉，其见地曾无一人能比斯巴达之弱女耶！呜呼！"之召唤的来自"德尔摩比勒"战场的回声。同时，也是在"想象的自由"里，对前述中西副松关于"斯巴达妇人之心境"之间的现实版补充：这回不是仅仅听到斯巴达武士被俘的消息，而是从战场逃亡回来的武士直接出现在了"斯巴达妇人"面前。

八、周树人的"斯巴达"取材

就这样，周树人在《斯巴达小志》的基础上创作了他的《斯巴达之魂》。与《斯巴达小志》相比，周树人做了两项前者没做的工作，一项是阅读关于"德尔摩比勒之战"的记载，并收集相关逸事，另一项是把梁启超"心像"中的"斯巴达妇人"打造成代表"斯巴达"的巾帼形象。周树人以此完成了他对斯巴达的重构。这一点可以从他的阅读取材和创作发挥之间清楚地看到。

关于《斯巴达之魂》的创作取材问题，这里要略作一点说明。在研究

---

① 鲁迅：《集外集·斯巴达之魂》，《鲁迅全集》第7卷，第13、14页。

者当中，历来存在着该作品是"创作"还是"翻译"的争论。这一问题的解决，当然首先需要弄清素材的来源。因为只有弄清什么是素材，才有可能从中辨析出哪些地方是周树人的创作。过去材源调查的着眼点，基本按照这个思路来进行，也取得了某些阶段性成果，即除了提示某种调查范围和调查线索外，还出示了某些疑似性材源。这方面的研究主要以樽本照雄[1]和森冈优纪[2]的调查论文为代表。不过，笔者认为，仅仅以"鲁迅"为核心展开平行对比式的材源调查，似乎已经走到了极限。因为仅仅拘泥于单篇作品框架内的文本比较，会有大量的"相似性"或"近似性"的文本出现，哪种看上去都会令人觉得或许有关联，却又无法坐实，到底是哪种确实有关联。在此前提下，笔者提出了一种不同维度上的调查构想和设计。即不把"斯巴达"仅仅看作周树人《斯巴达之魂》单篇作品中的孤立现象，而是将其作为整个近代知识和思想传播中的一个环节来看待。在这一观察维度下，《斯巴达之魂》不再是"鲁迅研究"中的一篇早期习作，而呈现为一个精神史过程的到达点，其既是对此前知识和思想传播的承接和反馈，也是对周围诸种言说的凝聚，多重文本交叉之大观，亦由此而清晰地浮出水面。笔者在解读的过程中，使用文本或与先行研究所使用文本有某些交叉，但由于解读维度和读取方法的不同，所获得的结果也就大不一样。

首先，从取材来看，周树人自言其所做的是"读史"和"掇其逸事"，这两项或许会有重叠和交叉，但基本是不同的取材层面，一种是正规的史书，一种是关于"逸事"的记载。事实上，《斯巴达之魂》也的确是在关于"德尔摩比勒"正规历史记述框架下补充以相关逸事完成的。

其次，既然已经厘清梁启超的《斯巴达小志》是周树人获取关于"斯巴达"知识的最早和主要来源，那么作为梁启超写作蓝本的日文文献也都非常有可能进入周树人的取材范围，而就具体文本来说，至少应该包括浮

---

[1]　樽本照雄著，岳新译：《关于鲁迅的〈斯巴达之魂〉》。

[2]　森冈优纪：《明治杂志与鲁迅的〈斯巴达之魂〉》，森时彦主编，袁广泉译：《二十世纪的中国社会》下卷，社会科学文献出版社，2011 年。

田和民的《西洋上古史》《稿本希腊史》①和中西副松的《斯巴达武士道》。

第三，在作品主题的确立上，与上一点密切关联，周树人实际是把中西副松和梁启超所极力推崇和赞美的"斯巴达妇人"做了进一步的提升和推进，直至在作品的最后为代表"斯巴达妇人"的"涅烈娜"树起一座堂堂的纪念碑。反过来说，没有中西副松和梁启超也就不可能有《斯巴达之魂》的如此立意和人物形象。从创作的意义上来讲，梁和中西都属于更高次元的材源。

第四，与上述第二点相关。关于斯巴达人把不健康的婴儿投弃于山中的素材，出现在"涅烈娜"与丈夫的对话里："妾将娩矣，设为男子，弱也则弃之泰噶托士之谷……"《斯巴达小志》仅以"委弃诸山中"来处理，但周树人却明确标出地名"泰噶托士之谷"。这个地名不是随便编的，而是有底本依据，即浮田和民的《西洋上古史》或《稿本希腊史》当中的至少一种，因为两书记载相同："スパルタ人の生るゝや、検察官先づ其の體格を精察し、不可とするときは之をタイーゲトスの山中に委棄せしめたり。"②（斯巴达人出生，检察官会首先精察其体格，判断为不合格者会被委弃于泰噶托士山中）"泰噶托士"是"タイーゲトス"的正确音译。在目前已经比对的十几种文献中，除了尺秀三郎的《新编实用教育学》提到该地名"タイゲトス（Taygetos）"③外，没有发现其他文献有关于该地名的记载，因此在材源上具有排他性，即周树人也同样阅读了梁启超曾以之作为蓝本的浮田和民的著作。浮田和民以上两书对"セルモピリーの戦"（即德尔摩比勒之战）有内容相同的记载，因此也就可以断定，浮田和民关于这场战役的记述及其在记述的末尾所交代的因"眼病"而生还于"德尔摩比勒"后来又战死在"浦累皆"的"亚里士多德"，是《斯巴达之魂》的材源之一。"德尔摩比勒"之战的材源是通过"读史"，即通过正史的

---

① 浮田和民：『稿本希臘史』，早稲田大学出版部，1902 年。

② 浮田和民：『西洋上古史』，第 240 页；『稿本希臘史』，第 53 页。两书记载完全相同。

③ 尺秀三郎：『新编實用教育学』，大日本図書株式会社，1896 年，第 75 页。

记载所得。

第五，除了浮田和民的"希腊史"之外，在周树人所阅读的正史资料当中至少还应包括桑原启一编译的《新编希腊历史》①。与浮田和民相比，这部希腊史对"德尔摩比勒"的记载更加详细。可以说很多关于战场的素材都是从这个文本中剪裁下来并且重组的。例如，波斯人走"间道"抄了斯巴达人后路的消息，在《斯巴达之魂》里是被这样送来的："而果也斥候于不及防之地，赍不及防之警报至。"（第 10 页）关于"斥候"一词，《鲁迅大辞典》解释为"侦察敌情的士兵"，并从《尚书》等典籍里查找词源②，都并不错，不过周树人直接看到的应该是日文里所出现的"斥候"：

原文：

レヲニダスは其の夜ペルシヤの陣中より逃がれ來りし者及び自分が山上に派出したる斥候の報に由りて早くもペルシヤの分遣隊間道を踰ゆることを知れり③

译文：

当天晚上，梨河尼佗接到从波斯阵中逃来的人和自己派到山上的侦察兵的报告，获悉波斯分遣队早已越过了间道。

又如，就在这是撤还是战的紧急时刻：

梨河尼佗爰集同盟将校，以议去留，佥谓守地既失，留亦徒然，不若退温泉门以为保护希腊将来计。梨河尼佗不复言，而徐告诸将曰，"希腊存亡，系此一战，有为保护将来计而思退者，其速去此。惟斯巴达人有'一履战地，不胜则死'之国法，今惟决死！今惟决死战！余者其留意"。④

---

① 桑原啓一編訳：『新編希臘歴史』，経済雑誌社，1893 年。
② 《鲁迅大辞典》编委会：《鲁迅大辞典》，人民文学出版社，2009 年，第 299 页。
③ 桑原啓一編訳：『新編希臘歴史』，第 120 页。
④ 鲁迅：《集外集·斯巴达之魂》，《鲁迅全集》第 7 卷，第 10 页。

原文：

レヲニダスは諸將を会して軍議を聞きしに、多數の論は前後に敵を受けては、最早之を防ぎ難たければ、若かず此所を退き、希臘將來の安全の為めに生命を保存せんにはと云ふにありき、然れどもレヲニダスは退くことを辭めり、スパルタの国法はスパルタ人敵に勝たざる時は其場に戦死すべきことを令せり故にレヲニダスは国法を遵奉し三百のスパルタ人と共に踏止まりて戦死せんと決心し。①

译文：

梨河尼佗召集众将领开军事会议。多数人认为，前后受敌很难防卫，莫如从这里撤退，为希腊将来之安全保存生命。然而梨河尼佗未纳此议。斯巴达国法命令斯巴达人在不能战胜敌人时，必须战死沙场。故梨河尼佗决心尊奉国法，和三百斯巴达人一同留下战死。

通过比较不难发现，《斯巴达之魂》不仅完整保留了这段历史资料，还以"今惟决死！今惟决死战！"递进句凸显梨河尼佗的气概。不仅如此，所谓"为保护将来计而思退"的议论在留学生中似颇有共识，甚至在成立"拒俄义勇队"的会场上就有"待我学成归国，再议办法"②的建议，周树人使用这段素材时有意两次提到"为将来计"，想必是有感而为之的操作。由于"为将来计"的讨论不见于其他文本，所以哪怕仅凭这一点也可以确定《新编希腊历史》是用以作为史实参照的另一"读史"文本。

---

① 桑原啓一编訳：『新编希臘歷史』，第120页。
② 《留学界纪事·（二）拒俄事件》，《浙江潮》第4期，《鲁迅年谱》，第131页。

九、"史实"与"逸事"

第六，关于"德尔摩比勒之战"，周树人的取材态度是严谨的，取材范围分别见于《西洋上古史》第 372—376 页、《稿本希腊史》第 185—189 页、《新编希腊历史》第 112—122 页，可以说，这些是《斯巴达之魂》所依托的基本史实框架。在这个框架内取材，首先遇到的是译名的处理问题。由于这三种资料的地名和人名的绝大部分都采用片假名表记，所以周树人便只能以音译来对应。兹按作品中出现的译名顺序，排列如下：

表 2　三种资料地名、人名对应关系

《西洋上古史》《稿本希腊史》	《新编希腊历史》	音译
波斯	ペルシヤ	波斯
ザークシース	ゼルクゼス	泽耳士（王）
セルモピリー	セルモピリー	德尔摩比勒
スパルタ	スパルタ	斯巴达
レオニダス	レオニダス	梨河尼佗（王）
プラテーエー	プラチヤ	浦累皆（之役）
エーギーナ島	エジヤイナ島	依格那（海上）
	マリス	摩利逊（之湾）
不死隊	不滅軍	不死军
セッサリー、独テッサリエン	（マリス）	奢刹利（人）
	エフヒアルテス	爱飞得（人名）
イータ「オイタ」		衣狋（山）
		佛雪（守兵）
ペロポン子サス	ペロポンニーソス	胚罗蓬（诸洲）
フォーキス	フォーキス	访嘻斯（人）
ロークリス	ロクリス	螺克烈（人）
セスピエー	セスピエ	刹司骇（人）
	シープス	西蒲斯（人）
		息每卡（预言者）

续表

《西洋上古史》《稿本希腊史》	《新编希腊历史》	音译
		爱尔俾尼（之邑）
タイーゲトス		泰噶托士（之谷）
アリストデーモス	アリスデマス	亚里士多德
	ボーサニアス	柏撒纽（将军）
ユーロータス（河）	ユーロタス（の谷）	侑洛佗士（之谷）

由上表可见，在《斯巴达之魂》中出现的 24 个名词中，可与浮田文本对得上的有 17 个，可与桑原文本对得上有 19 个，两者交叉可对应 21 个，整体对应率为 87.5%。如此之高的固有名词对译覆盖率，在同时期的其他文本中是见不到的，所以以上三书，在所有材源中所处史实框架位置确定无疑。周树人的"斯巴达"故事，就是在严格遵守"德尔摩比勒之战"史实框架的基础上重构的。

第七，既然还存在着名词对应不上的空白，那么也就意味着周树人除了前面三个史实主干文本之外还有其他材源。这就是来自他所说的"掇其逸事"层面的材源。"读史"和"逸事"之于周树人孰先孰后抑或同时，今天已无从得知，不过，从一些词语的处理上也不难发现周树人的阅读面和取材面之广。

"逸事"方面的取材，主要来自文部省编译《希腊史略》，而也有可能参阅了诸如《少年园》等少年杂志上登载的故事，以及涩江保的《希腊波斯战史》。森冈优纪认为，"《斯巴达之魂》是鲁迅在数篇少年杂志'史传'栏文章的基础上，参照有关历史文献写成的"[①]。对此笔者不敢苟同，认为少年杂志之类，只能算作边缘参照物，就如同涩江保的《希腊波斯战史》或许提供了用作补丁的"温泉门"等知识那样。总之，关于这些问题，以下将通过若干文本实例来加以辨析。

例如，波斯王"泽耳士"和"德尔摩比勒"地名表记，都并非周树人

---

① 森冈优纪：《明治杂志与鲁迅的〈斯巴达之魂〉》，《二十世纪的中国社会》下卷，第 427 页。

原创,而是采用了现成的译名。较早见于 1873 年出版的西村茂树编纂《校正万国史略》卷 2[①],1879 年出版的冈本监辅用汉文写作的《万国史记》卷 6[②] 原样沿袭了这两个译名,而两者中间的 1875 年文部省编《希腊史略》卷 3 里也有"德摩比勒"字样,这说明周树人与前述起草电报的同乡留学生共有某些材源,只是他读到的比其他人更多并将"德尔摩比勒"截取、重构和再现出来。由于周树人同样使用了这两个译词,说明上面的三种书中至少有一种是他看过的。

接下来需要讨论前表中的三个对应空白名词:"佛雪(守兵)""息每卡(预言者)"和"爱尔俾尼"。它们来自哪里呢?找到了它们的出处,也就意味着找到了相关材源。

> 有奢刹利人曰爱飞得者,以衣驮山中峰有他间道告敌;故敌军万余,乘夜进击,败佛雪守兵,而攻我军背。[③]

这一段写得言简意赅,浓缩了一大段史实记载:有人为得赏钱向波斯王泽耳士告密山上有间道可过,于是泽耳士派兵上山,击败了斯巴达王梨河尼佗派去的守兵,径直翻过山去,迂回到斯巴达人背后,从而成为斯巴达人败局的关键。所谓"佛雪守兵"的"佛雪",其实就是史实中梨河尼佗派去守卫山中"间道"的"访嘻斯人"。为什么同一伙人《斯巴达之魂》里会有"佛雪"和"访嘻斯"两种不同的写法?樽本认为:"从这一事实可以推测,鲁迅至少参照了两种资料也未可知。"[④]森冈又进一步列出了 7 种出版物上的标音[⑤],据其所列,笔者认为,"佛雪"与《少年园》杂志所标"フオーシア(fuosia)"[⑥]在读音上最为接近(除此之外,据笔者所

---

① 西村茂樹編纂:『校正萬国史略』卷 2,第 20 页。

② 阿波岡本監輔著,東京中村正直閲:『萬国史記』卷 6,1879 年,第 9 页。樽本照雄(2001)提到过该书,并记 1897 年上海六先书局有同名译本。森冈优纪亦有提及,但把"希腊史"标入"第 5 册"不确,或许看到的是不同版本也未可知。

③ 鲁迅:《集外集·斯巴达之魂》,《鲁迅全集》第 7 卷,第 10 页。

④ 樽本照雄:《关于鲁迅的〈斯巴达之魂〉》,第 41 页。

⑤ 森冈优纪:《二十世纪的中国社会》下卷,参见文后附录,第 431 页。

⑥ 无署名:「セルモピレーの大戦」,『少年園』,第 8 卷第 92 号,1892 年 8 月,第 14 页。

做该刊译名检证，"エータ山"与"衣驮山"，"不死队"与"不死军"，"エフヒアルテス"与"爱飞得"，"斥候"与"斥候"等也都显示着贴切的对应关系），所以在这个意义上可以考虑《少年园》也是取材对象之一。另外，文部省《希腊史略》写作"ホシス"（hoshisu），在读音上也接近，并非完全没有译成"佛雪"的可能。但不论怎样，大概率是周树人未能把"フオーシア"或"ホシス"统合到他在正史中所看到的"フオーキス"即他所创译名"访嘻斯"之下，以为他们不是一伙人，故多出了"佛雪"这个译名。

关于"息每卡（预言者）"，笔者部分同意樽本的看法，认为是"鲁迅"字序写错了，"如将汉字颠倒一下，作'每卡息'，那就与梅吉斯提阿斯相近了"①。不过笔者认为，如果写作"每息卡"倒跟"梅吉斯提阿斯"更加接近。这个"梅吉斯提阿斯"在上面已知的《西洋上古史》《稿本希腊史》《新编希腊史》三书和《少年园》里都没出现过，其人名和事见于1875年文部省《希腊史略》"メギスチアス"②、1891年《日本之少年》"メジスチアス"③和1896年《希腊波斯战史》"メジスチアス（Megistias）"④，均与"每息卡"的读音近似，而这意味着三者都有成为周树人材源的可能。不过，经过仔细比对和检证，笔者认为取材于文部省《希腊史略》的可能性最大。先看以下两段对比：

原文：

> レヲニダスハ此總軍ノ中ニ就テ強メテ三者ノ命ヲ全セント欲ス其二人ハ己ノ戚屬ニシテ一人ハ往時高名ナル讖言者ノ後ニシテ其名ヲ<u>メギスチアス</u>ト稱スル者ナリメギスチアスモ亦占者ニシテ讖言ヲ善クセシト云フ〇然レ圧<u>メギスチアス</u>ハ自ラ去

---

① 樽本照雄：《关于鲁迅的〈斯巴达之魂〉》，第40页。
② 文部省：『希臘史略』3，第29—30页。
③ 菜花園主人訳：「せれもびれいの大戦争 第三回」，『日本之少年』第3巻第3号，1891年2月1日，第35页。
④ 渋江保：『希臘波斯戦史』，『萬国戦史』第24編，博文館，1896年，第168页。

ルコヲ欲セス我ト共ニ名家ノ絶エンヲ悲シミ其子ヲ揮シテ去ラ
シメ独リ留リ国ノ亡フルヲ見テ生ンヨリハ寧ロ之ニ死セント決
心セリ

　　レヲニダスノ親屬モ亦脱去スルヲ屑トセス是ニ由リレヲ
ニダスハ此二人ニ命スルニ書信ヲ士巴尔達ニ遞シ且語言ヲ傳フ
ルヲ以テス其一人之ニ應シテ曰ク我ハ兵器ヲ執テ敵ニ抵シ為此
ニ來レリ書信ヲ士巴尔達ニ達スル為メ來ルニアラスト又一人ノ
曰ク書信ヲ以テスル勿レ士巴尔達ノ人我カ為ス所ヲ見ハ其聞カ
ント欲スル所ハ自ラ之ヲ知ランノミト

译文：

　　在全军当中，梨河尼佗最想保全三人性命。其中二人是他
的亲属，一人是往时著名预言者之后裔，名字叫息每卡（每息卡，
メギスチアス）。息每卡也是占卜者，善神诚云。然而息每卡不
愿自己离去，却又为名门血统将随自己一同断绝而悲伤，遂把自
己的儿子打发回去而自己留下来，决心与其亡国而生，莫如以死
殉国。

　　梨河尼佗的亲属也不屑撤离，于是梨河尼佗命令二人把信
函送抵斯巴达并传递口信。其中一人回答道："我执兵器为抗敌
而来，不为给斯巴达送信而来。"另一人说："没必要送信过去，
如果斯巴达人想知道我们在做什么，他们自己会知道。"

这段记载进入《斯巴达之魂》后。虽然增添了大量文学渲染，但还是
清晰地留下了底本的痕迹。

　　呜呼全军，惟待战死。然有三人焉，王欲生之者也，其二
为王戚，一则古名祭司之裔，曰豫言者息每卡而向以神诚告王者
也。息每卡故侍王侧，王窃语之，彼固有家，然彼有子，彼不欲
亡国而生，誓愿殉国以死，遂侃然谢王命。其二王戚……厉声答

> 王曰，"王欲生我乎？臣以执盾至，不作寄书邮。"志决矣，示
> 必死矣，不可夺矣。而王犹欲遣甲，而甲不奉诏；欲遣乙，而乙
> 不奉诏。曰，"今日之战，即所以报国人也。"[1]

这样通过"息每卡"可以确知，"王之二戚"和"豫言者"的材源来自《希腊史略》卷3，周树人在写作时查阅了这套30多年前出版的书。

关联证据还有另外一个，那就是接下来所要讨论的"爱尔俾尼"这个译名。在《斯巴达之魂》里，这是因患眼病而未去参战的两个斯巴达武士的疗养之地。有研究者指出这个地名"只在"涩江保《希腊波斯战史》中出现过，却未做具体讨论[2]。其实该地名在《希腊史略》里也出现了。笔者并不排除"鲁迅"读过《希腊波斯战史》的可能性，不过经过对比基本可以确证，《希腊史略》里出现的"爱尔俾尼"与《斯巴达之魂》有着无限接近的距离。

原文：

> 士巴尔達人ノ軍中二人の者アリ眼病ヲ患ルニ因テアルベ
> ニ二赴キ此戦鬥ノ時陣二在ラス波斯兵ノ來侵スルヲ聞キ其一人
> ハ從者二命シテ戦場二誘導セシメ其地二來リ国ノ殘兵卜死ヲ共
> ニセリ他ノ一人ハ怯心ヲ生シテ逃走ス然レ圧士巴尔達二歸ルニ
> 及ヒ国人之ヲ視ル傳染時疫二染ミタル人ノ如ク皆之ヲ避ケテ敢
> テ辭ヲ交ヘス又竈ヲ共ニセズ恇怯ノ名ヲ負フ後日事アルニ當リ
> 前罪ヲ償フニ足ル行狀ヲ顯ハスニ至ル迠ハ決シテ復国人ノ親愛
> ヲ得ル能ハサリシナリ[3]

---

① 鲁迅：《集外集·斯巴达之魂》，《鲁迅全集》第7卷，第11页。

② 森冈优纪：《二十世纪的中国社会》下卷，第418页注释："另外，亚里士多德疗养眼疾之地'爱尔俾尼'，只在涩江保《希腊波斯战史》中曾经出现，鲁迅有可能读过这本书。"

③ 息究尔著，楯冈良知等訳：『希臘史略』2，第32页。

译文:

> 斯巴达人之军中有二人因患眼病而赴爱尔俾尼(アルベニ),此战斗之时,不在阵中。闻波斯兵来侵,其一人命从者诱导至战场,在那里与同国残兵一同战死。另一人因心生胆怯而逃走。但当他回到斯巴达,国人视他如同染上传染病之人,皆避之不迭,不交一语,不共一灶,令其背负胆怯之名,而不能复得国人之亲近,直到日后其足以彰显抵消前罪之行状为止。

这段记述,到了《斯巴达之魂》里,淡化了胆怯,强化了英勇,有着强烈的文学效果。

> 然未与此战者,犹有斯巴达武士二人存也;以罹目疾故,远送之爱尔俾尼之邑。于郁郁闲居中,忽得战报。其一欲止,其一遂行。偕一仆以赴战场,登高远瞩,呐喊盈耳,踊跃三百,勇魂早浮动盘旋于战云黯淡处。然日光益烈,目不得瞬,徒促仆而问战状。①

就此,有研究者根据"赫罗德托斯"(希罗多德)《历史》记载,认为"鲁迅只记述了那个投身战场"者的事迹,"而省略了他的名字",言外之意是出于"鲁迅的创作"②,其实也倒未必。因为如上所见,原素材里原本就没有二人的名字。而对于这段素材的处理,"鲁迅的创作"不在于写不写当事者的名字,甚至也不在于那个命令仆人带领自己奔赴战场的武士,而是体现在对仆人的处理上:接下来,仆人回答目疾主人对于战况的询问,而作品也以此把仆人推升到与主人同等的"连袂"位置。

> 刃碎矣!镞尽矣!壮士歼矣!王战死矣!敌军猬集,欲劫王尸,而我军殊死战,咄咄……然危哉,危哉!其仆之言盖如是。嗟此壮士,热血滴沥于将盲之目,攘臂大跃,直趋战垒;其仆欲

---

① 鲁迅:《集外集·斯巴达之魂》,《鲁迅全集》第7卷,第12页。
② 樽本照雄:《关于鲁迅的〈斯巴达之魂〉》,第42页。

> 劝止，欲代死，而不可，而终不可。今也主仆连袂，大呼"我亦
> 斯巴达武士"一声，以闯入层层乱军里。①

"我亦斯巴达武士"！——这样，连仆人都如此"斯巴达"的效果就出来了。这种笔法，与后面登场的比男人"更男人"的"涘烈娜"的形象塑造，完全一脉相承。在涩江保《希腊波斯战史》中，有"爱尔俾尼"地名的记载，而且两个眼病患者也有名有姓，一个叫"尤里塔司"[ユーリタス（Eurytus）]，一个叫"亚里斯多德"［アリストデマス（Aristodemus）］，两个人的事迹记载比《希腊史略》稍详，但内容基本相同，最大的不同点是涩江保特意为那个"从仆"加了一个括号作为注释："（但シ従僕ハ逃レ歸レリ）（但仆人逃回去了）。"② 这就与周树人的创作意图完全相反了。不过，这样说并不意味着否定"鲁迅也可能读过"《希腊波斯战史》，而是认为与《西洋上古史》《稿本希腊史》《新编希腊历史》三书和《希腊史略》等的基本依托相比，在记述方面繁杂而多歧的《希腊波斯战史》作为"掇其逸事"层面的材源的可能性更大。诸如关于"温泉门"的详细说明（第142—143页）和"不死军队"（第164页）也都可能是周树人的知识来源。

十、"柏撒纽"将军和"涘烈娜"

就是在诸如上述的铺垫下，"柏撒纽"将军在作品的最后登场了，他是最终决定为女主人公"涘烈娜"树碑的关键人物。关于这个人物是否有材源，到目前为止没有讨论③。事实上，此人非凭空杜撰，而是有史料依据。该译名是"ボーサニアス"的音译，出自《新编希腊历史》第150页。文中记述了他对双方战死者的处理，也交代了"亚里士多德"：

---

① 鲁迅：《集外集·斯巴达之魂》，《鲁迅全集》第7卷，第12页。
② 渋江保：《希臘波斯戦史》，第175页。
③ 樽本照雄在《关于鲁迅的〈斯巴达之魂〉》中讨论了此人言动如何不符合常理，而没有讨论是否有材源。参见该书第43页。

原文：

　　ポーサニヤスの大量

　　希臘軍今や戦争の残務として死骸の取片附と分捕物の分配に着手せり或人ポーサニヤスに対してゼルクゼス曩にセルモビリに於てスパルタ王レオニダスの死骸に侮辱を加へたれば、復讐としてアルドニアスの死骸を串に貫きて辱かしめよと勧告せしに、ポーサニヤスは戦死したるペルシヤ人を犠牲としてレオニダス外戦死せし諸勇士の靈を慰むるに餘りありとて其言を斥けしかば、人々ポーサニヤスの大量に感服したりき、

　　アリストデマスの戦死

　　又スパルタの戦死者中セルモピリーの戦争に同国人と共に戦死せずして逃歸りたるアリストデマスと云ふ者ありき、スパルタ人は憶病者を以て彼を呼び共に歯する者あらざりしば、彼は、プラチヤの一戦に恥辱を雪がんと独り隊伍を離れて敵中に進入し花々しく戦って陣歿せり、然るに嚴格なるスパルタ人は戦後其の戦死者を葬るに當り、アリストデマスが軍律に背き抜けがけして戦死せしことは彼が前罪を償ふに足らずとて他の戦死者と同一の名誉を與へざりしと云ふ①

译文：

柏撒纽之宽宏大量

　　今也，作为战争余下的事务，希腊军着手掩埋尸体和分发缴获物。有人向柏撒纽进言，泽耳士在德尔摩比勒曾对梨河尼佗的尸骸加以侮辱，所以也应该复仇，把马尔德尼亚斯的尸体串起来羞辱。柏撒纽斥责道，战死的波斯人作为牺牲，已足以慰藉梨河尼佗及其诸位勇士之灵。众人都对柏撒纽的宽宏大量感到佩服。

---

　　① 桑原啓一：『新編希臘歷史』，第149—150页

亚里士多德之战死

又，在斯巴达战死者中，有在德尔摩比勒战争中没跟国人一同战死而逃回来的人，名字叫亚里士多德。斯巴达人称他胆小鬼，深为不齿。他想在浦累皆一战中雪清耻辱，只身离队，冲入敌阵，英勇作战，殁于阵中。然而，当严格的斯巴达人在战后埋葬其战死者之际，认为亚里士多德违反军纪，其战死不足以抵偿前罪，故并不赋予他与其他战死者同样的名誉。

但是到了《斯巴达之魂》里，这两段内容合二为一，做了文学处理，"柏撒纽之宽宏大量"被移植到如何对待"亚里斯多德之战死"上来：

将军欲葬之，以询全军；而全军哗然，甚咎亚里士多德。将军乃演说于军中曰：

"然则从斯巴达军人之公言，令彼无墓。然吾见无墓者之战死，益令我感，令我喜，吾益见斯巴达武德之卓绝。夫子勖哉，不见夫杀国人媚异族之奴隶国乎，为谍为伥又奚论？而我国则宁弃不义之余生，以偿既破之国法。嗟尔诸士，彼虽无墓，彼终有斯巴达武士之魂！"①

即便有此前"德尔摩比勒"之战的生还之耻，那么"浦累皆"之战的壮烈殉国还不足以抵消吗？战死者不足以被原谅吗？战死者没有资格被纪念吗？作者实际是借"柏撒纽"将军之口发出了自己"读史"的感慨和评价："彼虽无墓，彼终有斯巴达武士之魂！"同时也展开了其后终生以之为业的"国民性批判"："夫子勖哉，不见夫杀国人媚异族之奴隶国乎，为谍为伥又奚论？"

因为有了这段文学性处理才会有作品最后为"巾帼"主人公"涘烈娜"树立纪念碑的可能。或者说为升华"涘烈娜"才有了上面一段出自原典而效果胜于原典的铺垫。

---

① 鲁迅：《集外集·斯巴达之魂》，《鲁迅全集》第7卷，第16页。

笔者非常同意"涘烈娜""不是斯巴达女性，而只能说是一个地道的中国女性的看法"①，但是不赞同以现今所能看到诸如《历史》《英雄传》《希腊史》《道德丛书》等的完整史料为判断基准去衡量作品的做法。这倒并不仅仅出于"史实"与"文学"有别的常识，而是由于很多讨论既脱离了作为"事实"的"史实"，也脱离了作为"事实"的"文学"。为什么这样说呢？因为在创作《斯巴达之魂》的那个历史时间段，日本还没有作为斯巴达史记原典的《历史》和《英雄传》等书的译本，人们当时见到的"史实"几乎百分之百不是直接取自原典，而是来自欧美"二手货"的日译。这是基本事实。所以用当时所见不到的原典去衡量便脱离了这一基本事实，其使用的已不再是作为事实的"史实"。而本论所提供的恰恰是与对象文本直接相关的，那些作为事实的史实。常见研究者对"涘烈娜"这个人物甚至整篇作品颇有微词，"改写""豪杰译""连译带作""与斯巴达国风不符""成就不高"等等，这些议论都很有道理，而且倘若能够去掉这之间的百年间隔，或许更加正确也未可知。不过，在厘清作为事实和史实的文本关系之前，这些议论或许都还尚早，因为它们脱离了本该坚守的历史现场。

"斯巴达"的"尚武"也好，"武士道"也好，从一开始传播就被编制进"爱国"的话语里。"爱国"是"斯巴达"传播过程中的关键词，是所谓"尚武"和"武士道"的终极目的，因此被加以本土化的改造不可避免并随处可见。例如，曰：元帅"仁义"，从军者不取独子之门，以防绝后②。曰：平时国民都从事生产劳动，一旦有事情，勤劳善良的市民便执"干牙"（干戈？）而战③。曰：在"三百将士"出征前夜，戈尔哥王后已经提前为他们举行了葬礼，以绝生还之心④。甚至斯巴达王梨河尼佗战至最

① 樽本照雄：《关于鲁迅的〈斯巴达之魂〉》，第44页。
② 鲤渊懋：「熱門決戰」（中），『尚武雜誌』第2号，1891年9月19日，第20页。
③ 鲤渊懋：「熱門決戰」（中），第19页。
④ 鲤渊懋：「熱門決戰」（中），第20页。无署名：「セルモピレーの大戦」，第13页。
米溪：「サーモピレーの戦」，『婦人と子とも』第3卷第6号，1903年6月5日，第37页。

后，也是"先屠腹而作自杀之俑"①，即以日本式的切腹了结自己。以上皆非当时所能见到的史籍中的史实，而是在演绎过程中改写或添加的"逸事"。更何况还有"激昂慷慨，顿挫抑扬"②的文风。例如：

原文：

> 悽惋の気、国内に充ち満ちて、惨憺たる光景、天日暗からんとするも、以てレヲニダスの魄を侵すに足らず。以て其の部兵の気を奪ふに足らず。嗚呼又烈ならずや。
>
> 況んや、彼のレヲニダスの妻の如きに於てをや国滅びんとして、四境悲風満つ、起つて、此の難を濟するものなくんば、蒼生を如何んせん。是の時に當りて、此の夫あるを知る、何為ぞ、紅閨夢裡の涙にむせびて、其の前途を阻止するが如く怯ならんや。③

译文：

> 凄惋之气，遍布国内，惨淡光景，暗无天日，却不足以侵蚀梨河尼佗之胆魄，更不足以夺其麾下之兵气。嗚呼，岂不烈哉！
>
> 而况之于梨河尼佗之妻乎？国将灭而悲风四起，若无济此难者，苍生亦将如何？当是之时，知夫君者莫如妻，怎能以红闺梦泪相示，以呈欲阻夫君前往之怯。

又，关于"斯巴达的女子教育"，中西副松是这样本土化衔接的：

原文：

> 素行子は、其の武教小学中に、武門に於ける女子の教育の、

---

① 米溪：「サーモピレーの戦」，『婦人と子とも』第 3 卷第 11 号，第 41 页。
② 鲁迅：《集外集·序言》，第 7 卷，第 4 页。
③ 米溪：「サーモピレーの戦」，第 37 页。

殊に慎まさるへからさることを説きて曰く……素行子は女子の
軟弱に陥る弊を矯めんか為め、源氏物語や伊勢物語の類を讀む
ことを禁したり。誰か知らん、二千幾百年を隔つる大昔に於て、
斯の如き立派なる趣旨の女子教育が、スパルタの土地に實施さ
れつゝありしならんとは。①

译文：

  "素行子"在其武教小学中，强调武门女子教育，要慎之
又慎。……（中略）……为矫正陷女子于软弱之弊，禁止读《源
氏物语》《伊势物语》之类。谁知在二千数百年前之大往昔，有
如此出色之趣的女子教育，已经在斯巴达的土地上实施了。

而在当时政治小说里登场的那些希腊人物也就更不用说了。要而言之，
与日本本土化同样，以日本本土化了的"斯巴达"为材料的梁启超，也以
杜甫《兵车行》的对比来做中国的本土化处理，也就是试图把"斯巴达"
树立为中国的榜样，而周树人不过是在同样的文脉当中做了同样的事。他
不过是把自己看到的、收集到的，并且令自己大为感动的那些关于"斯巴
达妇人"的材料凝聚升华为"涘烈娜"这个形象而已。那时他还只是个有
21年多都生活在中国的23岁的青年，因此他的"涘烈娜"只能是个中国
女人，而不可能是斯巴达女人，哪怕用的都是"斯巴达"材料。在这个青
年的心目中，"斯巴达之魂"的丰碑属于这个叫做"涘烈娜"的女人。

  将军推案起曰，
  "猗欤女丈夫……为此无墓者之妻立纪念碑则何如？"
  军容益庄，惟呼欢殷殷若春雷起。
  斯巴达府之北，侑洛佗士之谷，行人指一翼然倚天者走相
告曰，"此涘烈娜之碑也，亦即斯巴达之国！"②

---

① 中西副松：『スパルタの武士道』，第24页。
② 鲁迅：《集外集·斯巴达之魂》，《鲁迅全集》第7卷，第16页。

至此，梁启超的"斯巴达心像"，终于幻化出一个叫做"涘烈娜"的巾帼形象。这是树立在东亚的"斯巴达妇人"的一座文学雕像，虽然是周树人的书桌之作，却大有严复移译赫胥黎时的那种"悬想二千年前"，"历历如在机下"的境界①。"斯巴达""德尔摩比勒""涘烈娜"从遥远的"古希腊"被带到了国人面前，"使千载以下的读者如见其人"②。

事实上，周树人获得了成功。作品发表后，在同学中引起了很大反响——"'世有不甘自下于巾帼之男子乎？必有掷笔而起者矣！'一段，公认为是妙句，用笔加上密圈，传诵一时。有的各抒己见，有的手执日文书，一边说，一边补充。"③他当时的同窗，在事隔五十年后还这样记得。

结论：步入"近代"与周树人的"自树"之始

就周树人的知性成长而言，东渡日本留学是他在物理性的空间步入"近代"的开始。当然这个"近代"只是 1902 年的日本所呈现的"近代"，周树人和其他弘文学院留学生一样，在这个空间里接受所谓"代行教育"④的同时，也参与了共处同一空间的华语舆论圈的建构，在与周围的多层互动当中步入了知性意义的"近代"。

本文所考察的"斯巴达"，在近代东亚，不仅体现为知识和思想方面的一个节点，也意味着其传播本身是呈现着多重交叉的复杂的流动过程。对于处在这一过程中的相关个人来说，"斯巴达"作为其"近代"知识链中的一个环节，构成了其精神史上迈向"近代"的一个台阶。正像本论开

---

① 参见《朝花夕拾·琐记》，这是鲁迅文中引严复《天演论》的句子，《鲁迅全集》第 2 卷，第 306 页。

② 许寿裳：《〈浙江潮〉撰文》，《亡友鲁迅印象记》，人民文学出版社，1953 年。本文引自《鲁迅生平史料汇编》第 2 辑，天津人民出版社，1982 年，第 37 页。

③ 沈瓞民：《回忆鲁迅早年在弘文学院的片段》，原载 1961 年 9 月 23 日《文汇报》，《鲁迅回忆录（散篇）》，第 48 页。

④ 关于"代行教育"，参见北冈正子：『魯迅 日本という異文化のなかで——弘文学院入学から「退学」事件まで』，「まえがき」「六 嘉納治五郎 第一回卒業生に与える講話の波紋」「あとがき」。

篇所介绍过的那样,梁启超17岁时由《瀛寰志略》而"始知有五大洲各国"。他此后对"世界史"的学习主要借助来自日文的资料,而且他在学习中也逐步意识到:"日本人所谓世界史万国史者,实皆西洋史耳。"①在这样的历史框架下,他不可回避地要与作为世界文明之源的"希腊罗马"相遇,即"希腊罗马之文明,为近世全世界之文明所自出"②是也。因此在关于"希腊罗马"的话语中,也就自然包含着"文明论"的认识层面。通过考察《时务报》《清议报》和《新民丛报》可以清晰地看到,梁启超对"希腊罗马"乃至"斯巴达"的学习和认识过程,也恰恰伴随着他的近代历史观和文明观的建构过程。其中,《斯巴达小志》具有标志性意义,也更具有可资剖析怎样获得"近代"的标本意义。从浮田和民、中西副松等与梁启超的交叉文本关系,可以了解到梁启超如何撷取知识,同时也可以看到他正把这些知识上升到他的关于未来国家设计和"新民"塑造的层面。《斯巴达小志》的发表,不仅标志着"斯巴达"一词在现代汉语中的定型,也标志着近代中国在认知世界的精神史上所留下的一个脚印。而梁启超在东亚文明史转换期的先驱意义③,亦由此而再次获得证明。

在"斯巴达"传播链中,周树人的《斯巴达之魂》是一个到达点。彼时的周树人与梁启超具有同构性。不同之处是周树人只用很短时间便几乎走完了先驱者经年累月的探求之路。通过《斯巴达小志》,他不仅一举获得了知识的制高点和立意,同时也被梁启超那饱含感情的文笔所打动。如前所述,《斯巴达小志》所展现的作为人格形象的"斯巴达",并不是正面作战的武士,而是孕育了武士的"妇人"。这一笔深深打动了周树人并给他留下深刻印象。周树人以"妇人"为中心所建立的关于"斯巴达"的心像,应该是形成于他读梁文的那个时期。当身边的"德摩比勒"话题为他提供将此心像付诸有形的写作契机时,周树人自身的"自树"之路也便

---

① 梁启超:《东籍月旦》,《饮冰室合集·文集之四》,第91页。

② 梁启超:《东籍月旦》,《饮冰室合集·文集之四》,第94页。

③ 这是狭间直树对梁启超的定位。参见清华大学国学研究院主编、〔日〕狭间直树主讲:《东亚近代文明史上的梁启超》,上海人民出版社,2016年。

同时开启了。《斯巴达之魂》是 15 年后发表《狂人日记》的那个"鲁迅"的写作起点，意味着在"周树人"和"鲁迅"之间还有一段漫长的自我确立之路要走。

作为"自树"之标志，首先，《斯巴达之魂》虽然在知识和立意上最早蒙惠于梁启超，但在素材的选取上并没囿于梁启超。从材源调查的结果来看，梁启超读过的周树人读了，梁启超没读过的周树人也读了。他们之间相互交叉的材源是浮田和民和中西副松，除此之外的来自桑原启一、西村茂树、文部省、冈本监辅以及"少年杂志"乃至涩江保等，皆标志着周树人的阅读所及。事实上，周树人是通过一个梁启超从未讲述过的故事，重塑了他从梁启超那里接过的母题。这与在其他方面所看到的来自梁却不囿于梁的情景完全一样。

其次，在梁的基础上，塑造了"涘烈娜"这一主题形象。这个人物是彼时周树人"斯巴达"心像的高度凝聚。甚至"德尔摩比勒"战役乃至"梨河尼佗"以下三百壮士的牺牲都是为"涘烈娜"的出场而设置的，因此对素材的选取、剪切和重组，跟通常所说的"译"和"编"并不处在同一次元，拿"译"和"编"来讨论不符合该对象的特质。借助他人的材料，表达自己所要表达的主题，这一点在五年后的《摩罗诗力说》等篇当中体现得淋漓尽致，而同样的处理方法，业已在这个"自树"之始的起点上，娴熟地展露出来。有学者由此联想到后来《故事新编》的取材与创作 ①，也不是没有道理的。通过这种手法，周树人继梁启超之后也确立起了属于自己的"斯巴达"知识链中的制高点，不仅首次向国人完整讲述"德尔摩比勒"始末，也把一个虚构的女性打造为处在这场战役最高层级的主人公。也就是说，他把这场战役做成了文学。

第三，所谓"最高层级"，是有"低"来作为比较的。"低"，不是贬低的低，而是指作者取材和塑造人物的着眼点。不知道周树人是有意还是无意，他对英雄之魂的讴歌，并不以高大上的人物为着力点，而是以相

---

① 参见吴作桥、周晓莉：《再论〈斯巴达之魂〉是创作小说》，《鲁迅研究月刊》，2003 年第 6 期。

比之下低层级的人物为着眼点，从而实现由低向高的升华，获得"连谁谁，都能做到这一步"的艺术表达效果。例如仆人，本来是给主人带路的，结果竟"主仆联袂"，投入战斗并以死证明"我亦斯巴达武士"！又如，"亚里士多德"是唯一被聚焦的"温泉门"武士，却是个逃回来的人，作者从这个起点来写他最后的英勇战死。而以死逼他重返战场的妻子"涘烈娜"，在作者的认知当中也似并非处于斯巴达社会平等地位的妇女，而是以"妾"自称的中国或东亚妇女，然而最后却以她为斯巴达荣誉的总代表。就连想跟"涘烈娜"偷情而遭"投梭之拒"的"克力泰士"，也因"不忍没女丈夫之轶事"而战胜自己，"乃述颠末"，实现人格升华。或曰这就是过去小说中常见的"欲扬先抑"的笔法，并不稀奇。但其实不然。这里讨论的是作者的着眼点。他把期待的目光，投向几乎无法期待的对象身上，从而从中探索着某种可能。18 年后发表的《阿 Q 正传》正是这种着眼点的集中体现，只是作者再没有办法使其升华而只能以"大团圆"了之。

第四，从《斯巴达之魂》文内译名的准确和切实程度来看，周树人对材料的择取和处理相当谨慎、认真。如本文所列，除"佛雪守兵"那样的个例外，几乎都能直接与蓝本原词对接。虽说是小说，但译名处理的严谨程度超过《斯巴达小志》。梁启超在使用材料时通常会略去很多人名、地名，周树人却把材料原有的人名、地名都老老实实地对译出来。每个名词都代表着相关的知识点，将其一一对译意味着精准的知识捕捉，不仅可以由此看到周树人获取新知的态度和方法，同时也可以证明《斯巴达之魂》与当时盛行的所谓"豪杰译"或"豪杰文"之类丝毫不搭边际。而后来不论写作《中国小说史略》还是创作《故事新编》，其材料的处理方式，也都可以远溯到这个"自树"阶段。

最后，通过"柏撒纽"将军最后的讲话，可以确认作者当时已有了明确的国民性批判意识，所以"改造国民性"的想法是从一开始就实践了的，并不一定要等到在仙台医专的解剖学教室里看幻灯片。这里要指出的是，《斯巴达之魂》之于"斯巴达"式的英雄塑造，既是一个很高的起点，同时也是一个终点。从此周树人乃至鲁迅笔下再无这类人物，也再没参加关于"斯巴达"的任何讨论。众所周知，后来的"鲁迅"，不论在精神上还是美学上都对在关键的时刻将女人推出顶事却又把坏事的责任都推给女人的做法表现出极大的憎恶和反感，不相信"什么木兰从军，缇萦救父"①，认为"以脚报国"②之类更是无厘头的扯淡，"雄兵解甲而密斯托枪，是富于戏剧性的而已"③，甚至将那些人们津津乐道的所谓"巾帼"美谈和女人亡国论和盘托出，一网打尽："我一向不相信昭君出塞会安汉，木兰从军就可以保隋；也不信妲己亡殷，西施沼吴，杨妃乱唐的那些古老话。"④这些都距他彼时对"涘烈娜"的讴歌越来越远，甚至可谓分道扬镳。但这种变化之远因却并非发生在周树人成为"鲁迅"之后，而是发生在他发表《斯巴达之魂》之后不久的"弃医从文"之后。那是因为周树人关于"人"的理想发生了激剧变化的缘故。如果说"斯巴达之魂"更符合梁启超"国民国家"框架下的"新民"之理想，那么离开仙台医专后，正式投身"文艺运动"的周树人，已经摆脱了作为"国家有机体"当中之"国民"的思想羁绊，而逐步在自身当中树立起了关于人的新的价值体系，即在"人各有己"⑤的基础上建立"人国"⑥。《摩罗诗力说》《文化偏至论》《破恶声论》等文是这种价值观的最为集中的体现。即便是相同的"爱国"与"抗敌"主题，他崇拜的已不再是作为"国法"之象征的"斯巴达"和"涘烈娜"，而是不为国家、不为皇帝、只为自己的理想而战死的诗人"台陀开纳"（柯尔纳）⑦和为希腊之独立而牺牲的诗人"裴伦"（拜伦）⑧。这是以《斯巴达之魂》开始"自树"的周树人自身所发生的拐点。这个拐点并不是对既

---

① 鲁迅：《华盖集·补白》，《鲁迅全集》第 3 卷，第 112 页。

② 鲁迅：《二心集·以脚报国》，《鲁迅全集》第 4 卷，第 335 页。

③ 鲁迅：《二心集·新的"女将"》，《鲁迅全集》第 4 卷，第 344 页。

④ 鲁迅：《且介亭杂文·阿金》，《鲁迅全集》第 6 卷，第 208 页。

⑤ 鲁迅：《集外集拾遗补编·破恶声论》，《鲁迅全集》第 8 卷，第 26 页。

⑥ 鲁迅：《坟·文化偏至论》，《鲁迅全集》第 1 卷，第 57 页。

⑦ 鲁迅：《坟·摩罗诗力说》，《鲁迅全集》第 1 卷，第 72—73 页。文中"台陀开纳"今译"柯尔纳"。

⑧ 鲁迅：《坟·摩罗诗力说》，《鲁迅全集》第 1 卷，第 68—85 页。文中"裴伦"今译"拜伦"。

往的切割，而是意味着他在自我确立的过程中，跨越了一个叫做 "斯巴达" 的台阶。

　　鲁迅晚年同意把这篇他久违了的 "少作" 编入《集外集》，大概也包含着这一层意思。所以 "作" 也好，"译" 也好，"抄译" 也好，"译述" 也好，连他自己都不记得了，但他认为这是自己的一篇作品。而今人看到，这恰是他国民性话语建构之始。

附录一　梁启超《斯巴达小志》与浮田和民、中西副松之文本对照

梁启超《斯巴达小志》	浮田和民『西洋上古史』
	第二編　希臘史（希腊史）（p208）
	第一章　土地及び人民（土地及人民）（p208）
	希臘の地形（希腊地形）（p208）
	北部希臘（北部希腊）（p209）
	中部希臘（中部希腊）（p210）
	南部希臘（南部希腊）（p211）
	周囲の諸島（周围诸岛）（p213）
	地形の影響（地形影响）（p214）
	人種の起原（人种之起源）（P218）
	人種の一致（人种之一致）（p222）
	東方文明の西漸（东方文明之西渐）（p226）
	第二章　ドリヤン人の移住及びスパルタの興起（德利安人之移住及斯巴达之兴起）（p228）
第一节　斯巴达立国起源	ホーマーの時代（荷马时代）（p228）
【李冬木按，第一节主要根据右记四个标题之下的内容简述斯巴达人种、地理位置、尚武之习以及制霸全希腊】	当時の社会（当时的社会）（p231）
	希臘初代の国家（希腊初代国家）（p236）
	ドリヤン人の移住（德利安人的移住）（p238）
	小亜細亜植民の起原（小亚细亚殖民的起源）（p242）
	スパルタの興起（斯巴达之兴起）（p245）
提要：	
◎又其地土人势甚猖獗，全州皆为渥奇安旧裔所分布，斯巴达人如以军队屯营于敌	◎スパルタ人は恰かも敵国に屯営したる軍隊の如く、全州無数のアキヤン人あ

国中，刻苦稍驰，则灭亡相随，其所以不能不实行专制政治者以此，其所以能养成尚武之习以霸全希者亦以此。	りて之を圍繞したり。然るにこの少数のスパルタ人を基礎として遂にレコニアを統一し、漸次その版図を擴張し、スパタルを以て希臘の霸国たらしめたるは所謂ライカーガスの制度即ち是なり。（P227）
第二节　来喀瓦士之立法 【李冬木按，第二节介绍"斯巴达有大立法家来喀瓦士 Lycurgus（今译吕库古）者起"，统合六族，改革国政，制定法案，引导国家走向强盛。材源来自左记标题之下的内容，顺序上有所调整，并附有两条"案语"】 提要： ◎而斯巴达人遵其教不敢紊易者五百年，遂使斯巴达为世界空前绝后第一完备之军国，常执全希腊之牛耳。噫嘻，哲人之功在社稷，不亦伟乎？	ライカーガスの立法（来喀瓦士之立法）（Pp247-249） ◎スパルタ人は五百年間その誓約を守りて古今無比の精練なる軍国を建設し、希臘列国の中に在りて第一等の位置を維持することを得たり。（p228） 国家幾んど危殆なりし時偉人ライカーガス出現して国家を救濟せしものなる。（p229）
第三节　斯巴达政体 【李冬木按，第三节是小志中其次长的一节，详细介绍了斯巴达政体构成，并附加四条案语。材源全部来自左记四个标题之下的内容，对应关系如下】 （一）王 （二）元老议会 （三）国民议会 （四）执政官	スパルタの政體（斯巴达之政体）（Pp230-233） 　　スパルタの政體（Pp230-233） 　　元老会議（Pp 233-234） 　　人民会議（Pp 234-235） 　　五人の執政（Pp 235-236）
第四节　斯巴达民族之阶级 【李冬木按，第四节材源完整取自右记标	人民と階級（Pp 237-240）

题下的内容】 提要： ◎凡区国民为三阶级，第一级曰"斯巴忒亚泰"Spartiatai；第二级曰"巴里阿以概"Perioeci；第三级曰"黑垆士"Helots。	◎レコニアの人口は三種の階級に區別せられたり。第一をスパルチアティ（Spartiatai）と云ひ第二をペリヲイコイ（Perioikoi）と云ひ第三をヘロット（Helots）と云へり。
第五节　斯巴达之国民教育 【李冬木按，第五节是小志中最长的一节，着重介绍斯巴达教育及其培养出的尚武国民性，并附加四条案语。正文材源主要取自左记标题之下的内容】 提要： ◎来喀瓦士之立法，其重且要者，不在政体，而在人民之日用饮食及其教育也。	社会制度（Pp 260-261） ◎ライカーガスの立法中その最も重要なるものはスパルタの政體に關せずして寧ろスパルタ人の生活及び教育に存したり。（p260）
◎凡"斯巴忒亚泰"人之初生也，先由官检察其体格，不及格者，则委弃诸山中。故身体稍弱之婴儿，非死则亦夷于第二第三级之列而已。其意以为凡公民者，生而有护国之责任，苟不堪此责任者，而犹煦育之，是危国之道也。其及格者，复以葡萄酒浴之，是亦赢弱之婴所不能受者也。儿童生六年，受家庭教育，及至七岁，则使离家以入所谓幼年队者，有特别官吏。保傅指挥，而受元老议会之监督焉。其教育专重体育，剪发使短，跣足裸体，以为游戏，睡则叠芦为榻，衣则冬夏同服，食则赋以最薄之廪，使游猎山林以自给补，务养其耐寒暑耐饥渴之习惯。其有过失，则施以极严酷之鞭挞，以验其能受与否，往往扎缚于神坛之前，集其父母宗族而笞	◎スパルタ人の生るゝや檢察官先づ其の體格を精察し、不可とするときは之をタイゲートスの山中に委棄せしめたり。身體微弱なるものは斯くして直に死するか或はベリオイコイの間に生長するより外なかりしなり。蓋しスパルタ人は各領地に附帯したる護国の義務あるを以て生來此の義務に堪えざる者を發育せしむるは国家の存存を危険ならしむればなり。生れて幸に檢閲に及第する者は水に浴せしめずして之を葡萄酒に浴せしめたり。是れ赢弱なる嬰兒は之を葡萄酒に浴せしむれば気絶を為すべしと思惟せられたるが故なり。是の如くして健全なる小兒は六年の間家庭の教育を受け七歳にして父母の家を離

楚之，虽血溅祭坛，而颜色自若，从未有一发呻吟之声者。盖以流血为荣，以流泪为耻也，所以教之者使然也。

れ、青年の隊伍に入りて特別官吏の指揮を受け元老の監督に附せられたり。其の教育は専ら體育にして其髪は短かく剪り跣足裸體にして遊戯を為し其の眠るやユーロータス河の蘆を採りて其上に臥したり。夏冬同一の服を着し、寒暑饑渇に耐ゆるの修行を為し、特に少量の食を供せられ山林に獵し或は窃取して其の不足を補充したり。……（中略）……又た最苛酷の習練往々少年をして女神アルテミスの壇前に出で父母及び人民の環視の中にありて鞭撻の試験を受けしめたること是なり。数多の少年は鞭撻の下に鮮血迸りて祭壇に濺ぐも一片の苦聲を發せす中には顔色自若として死に就きたるものありと云ふ。【Pp 260-262】

◎年三十始为成人，则使之结婚，得参与国民会议，可被举为官吏。虽结婚后，仍不许食息于家中，日则就公共食场以会食，夜则入营帐以就寝。其夫妇得相合并者，常不过一两刻间耳，其妻常为男装，然后得见夫于兵营。史家布特尝言，斯巴达人往往有既举子二三，而夫妇未尝相见于日光之下者，非过言也。虽然，既成年者，毋许不结婚，盖以为结婚者，对于国家之义务也，护国之要图也。或有因人地之宜，而兄弟共娶一妻者。又既婚后若干年而不育，则国家例得使其离婚。凡此皆所以为“斯巴忒亚泰”人种计也。自七岁以上至六十岁以下，皆依此严格以训练之。

◎スパルタ人は年三十にしてはじめて成年に達し結婚を為し、人民会議に参與し、又た官吏に選舉せらるゝの資格を有したり。婚後といえども家庭に於て自由に眠食するを許さず公共の食卓に就きて会食し又た夜間は兵營に入りて睡眠したり。スパルタの男子は婚後初年の間は数分時間若くは内密にあらざれば屢々妻を見るの自由なく、妻は往々男装を為して夫を兵營に見ることを得たり。プルータルクの言によれは二三人の子を舉げたる夫婦にして日光に相見ることを得ざりしものありと云ふ。結婚は国家に対するの義務にして護国の要務を目的となしたり。
領地の都合によりては兄弟にして妻を共同することあり、又た婚して子を産ま

	ざるときは即ち国家の命令によりて夫婦の縁を解かしめたり。男子は六十歳に至るまでライカーガス制度の訓練及び兵役の義務に服したり。（p262）
◎斯巴达人，虽在平时，一如战时，虽在乡里，一如临阵。凡男子皆须会食于公共食桌Syssitia，每桌额定十五人，有新来者，必须得全桌员之同意，乃许加入。一国人除"埃科亚士"之外，皆有会食之义务，虽国王亦不得自别异。各员每月须纳一定之食物，与些少之货币，以为食场之费。其不纳者，则剥夺其Spartiatai之公民权。惟国王之食费，则以国帑支办之。在食桌时，纵谈国事，颇极自由，少年子弟，每从此得政治上之智识焉。	◎スパルタ人は平時に於ても戦時の生活を為し郷里に在るも尚ほ外陣にあるが如く男子は皆公共の食卓（Syssitia）に就くの義務を有したり。一食卓十五人の制にして新来者は食卓総一致の同意を得るに非ざれば加入することを許さず。エフオルスの外、国王と雖ども之に食するの義務あり、而して各人は毎月之に一定の食物及び僅少の貨幣を出すの規定なりき。此の規定に従ふ能はざる者はスパルテアティたるの公権を失ひたり。独り国王の食費は国家の負担に属したり。此の食卓に於ては公共の事を談ずること頗ぶる自由にして幾分か人民議会に於ける束縛を補へり。少年は緘黙して敬聽し公事に関する知識を養成することを得たり。文事上の教育は甚だ微々たるものなりき。文学は勇士に不適当なりとして之を輕賤し、辯説及哲学は特に蔑視せられたり。長演説はスパルタ人の最も悪む所にして簡潔に意義を盡すを以て其の理想となし、今に是の如き言を称してレコニク風といふに至れり。然れども詩歌は全く彼等の排斥する所に非ざりしかばホーマーの詩は凤にスパルタに行はれたり。スパルタ人の愛吟したる楽歌は軍歌若くは讃歌にして其他
◎文学者，斯巴达人所最蔑视也。彼以此为武士道之蠹贼。故演说雄辩，亦斯巴达人所不喜。其发言也，惟以简洁词达而已。今日欧西称此种论辩，为黎哥匿派，【斯巴达所在地总名黎哥亚尼故】虽然，彼等未尝吐弃诗歌。荷马之诗，斯巴达人所常讽诵者也。此外复有侑神乐歌，军中铙歌，日夕高吟，以为娱乐。若夫词赋戏曲则视为下等社会行乐之具，无屑意也。农事则委诸"黑埒士"，工商则委之"巴里阿	

以概",其斯巴达公民,专从事于武艺及田猎。其赴战场也,服深紫之马褂,卷勇壮之美髯,携笛及弦,鼓勇前进。其临敌也,恰如赴宴,盛装美饰,和乐融融,同食桌之友相提携以共生死焉。

戯曲の類は下等社会の快楽に過ぎざりき。農事はヘロットに委ぬ、商工業はベリオイコイに任せ、スパルタ市民は専ら武芸及び猟獣を事としたり。其戦場に赴くや、紫色の上衣を着し、長髪を垂れ、勇壮なる鬚髯を蓄へ笛及び絃器を以て勇を鼓し、戦前には恰かも盛筵に出る者の如く其身を装飾し、而して食卓の同友は戦場に於ても相提携して死生を共にしたり。【Pp 263-264】

◎斯巴达教育制度。不徒在男子也,而尤在妇人。其于女子也,不视为家族之一部分,而视为国家之一部分。故男子之尊重妇人,有非自余各国所能及者。而妇人亦深自重,自知其责任之所在。史称有他邦一贵族妇尝语斯巴达王黎阿尼他之后曰:"惟斯巴达妇人能支配男儿。"后答曰:"惟斯巴达妇人能生男儿。"夫妇人亦孰不产男儿,而后之为此言也。盖以必如斯巴达之男儿,乃真男儿也。又以斯巴达之男儿,无一人而非男儿也,故其妇人皆以代一国产育勇壮之国民,为修身大事业。至如女红烹饪之事,非其所厝意也。凡女子皆与男子同受严格之教育,专以踯躅角抵斗拳各种体操术,使之相竞争。少女之体操场,使少男圈堵而观焉,少男之体操场,使少女圈堵而观焉。其技术之高下优劣,则互相赞美而指摘之,以是为激劝,以是为训练,虽然,其男女之别,肃肃如也。妇女人格之高尚纯洁,举希腊诸国,未有能斯巴达人若者也。斯巴达妇人爱国之心最重,妻之送其夫,母之送其子以临战场也,辄祝之曰:"愿汝携盾而归来,

◎婦人も青年の間は男子同様の教育を受け、殆んど裸體にて競走、相撲、打合等を為し青年男子、国王及び人民は之を觀て獎勵し又た女子は男子の操練を見て之を勵ますことを許されたり。スパルタの婦人は国家に属して家庭に属せず、家内に坐して糸を紡ぎ衣を織ることは奴隷の女子にて可なり。スパルタ人の妻たり又た母たる者の職務に非ずとはライカーガスの理想なりき。

婦人は二十歳にして結婚し、尓後は公共的訓練を受けず、又た婚後良人と共に居ること稀なりしも、良人に敬愛せられて其の自由も品格も他の希臘諸国に比すれば大に優れる所ありき。故に婦人も亦た其の任務の重大なるを自覺して国家の光榮を最大の目的となしたり。他邦の婦人スパルタ王レヲニダスの妻ゴルゴーに謂て曰く「唯だスパルタの婦人のみ能く男子を支配す」と。ゴルゴー答へて曰く「唯だスパルタの婦人のみ能く男子を生むなり」と。其子戦に臨むや母は「汝の楯を携へて歸れ然らずんば其上に」と

不然，则乘盾而归来。"有一母生八子者，
蔑士尼亚之战，悉死于国难，而斯巴达卒
以大胜，及奏凯招魂，其母不减一滴之泪，
乃高声而祝曰：'斯巴达乎，斯巴达乎，
吾以爱汝之故，生彼八人也。'当时以此
名语，被诸诗歌，传为美谈。即此亦可见
斯巴达妇人以爱国心激励男子，而其所以
立国之精神，亦于此可见矣。

案，读斯巴达史而不勃然生尚武爱国之
热情者。吾必谓其无人心矣。……呜呼，
以二万万堂堂须眉，其见地曾无一人能比
斯巴达之弱女耶！呜呼！

【李冬木按，接下来，梁启超以"又案"
补充了两个斯巴达妇女的故事：（1）少
女劝父王不要接受敌国的贿赂；（2）儿
子率领敌国来侵，母亲和儿媳代替国家前
往劝阻，以凸显斯巴达妇女的爱国精神】

又案，史记斯巴达女子爱国美谈甚多，录
其一二：波斯之役，敌帅尝遣说客贿赂斯
巴达王格黎阿迷尼。王将许之。王有八
岁之女在侧，厉声曰：父王乎，父王乎，
岂可以五十打灵【打灵约当中国一千两，
盖当时敌将以此数赂王也】之阿堵物而易
斯巴达乎？王乃悚然谢来使。又有波里
尼亚者，尝谋反，败逃入某神庙之一室，
国人围之，其母憎其不忠也，率众人运石
堵其门，以致捕焉，皆历史上之佳话也。

戒めたり。一母八子を戦場に送りて悉
く討死したるに、母一滴の涙を流さず、
大聲を舉て勝利を祝し「スパルタよ、余
は汝の為に死せしめんが為に、彼等を生
みたり」とはスパルタ人が愛誦したる名
高き古詩の一なりしなり。是の如くスパ
ルタの婦人は勇壯活潑にして国を愛し、
能く男子を鼓舞したり。【Pp 264-265】

中西副松『スパルタの武士道』【第二六
至二八頁】

吾人はスパルタ婦人に就いて、多く聞く
所あらず。去れどスパルタ婦人が、独り
勇壯なりしのみにあらず、又實に心を国
事に注ぎ、極めて愛国の熱情に富みしこ
とは、吾人之れを想像するに難からず。
ペルシヤ戦役間の事なりき、アリスタゴ
ラスは、敵国軍隊の來襲に先ち、母国希
臘の援兵をからんとて、希臘に渡航し、
先つ當時の最強国たるスパルタに來り、
其の王クレオメ子スに謁見して、進軍を
請ひしも王は遠路渡航に便ならすとて、
之か要求を拒絶せしかば、アリスタゴラ
スは尋常の手段を以て、其の目的を達し
難きを察し、王の私邸に就いて竊に謁を
請ひ、十「ダーレント」〔一ダーレント

は日本の金貨一千二百十八圓餘〕の贈遺を申出てしも、王之に應せず。乃ち次第に其の贈遺の額を増加し、遂に五十「ダーレント」にまで進めたり。由來貪慾はスパルタ人の常にして、其の掩ふへからさる缺點なりければ、王は今や將に賄賂の為め、罪惡の深渦に誘引せられんとせしに、此時其の席に在りし、年齡僅に八歲なる王の少女は、急に叫んで、『逃けよ父、否らすんば、此の客人は、御身を惑はさん。』と曰ひければ、王は頑是なき此の少女の言に動され、翻然として自覺し、即座に談判を謝絶し、アリスタゴラスは餘義なくスパルタを去れりといふ。ポーリニヤスは反を謀りて成らず。逃れて「アセナ」神廟の一室に入るや、彼れの老母が、其の不忠を憎んで、入口を封鎖せんか為め、眾に先ちて、自ら石を運搬せりと云ふ傳説の如きは、所謂『大義親を滅す。』てふ、我か東洋の格言の、遠き西なる希臘に於て、現實にせられたるものにして、スパタル婦人が国を愛することの如何に深かりしかを、察するに餘りあらすや。

第六节　斯巴达行政琐纪
◎来喀瓦士所行善政不一端，于前节所举之外，其最著者，曰均田法。盖来喀以前，斯巴达国情，棼乱无纪，而其原因率起于财产之不均。国中土地，皆归少数富人之掌握，其余多数无立锥地。来喀瓦士乃分斯巴达所属之土地为九千区，凡“斯巴戍

浮田和民『西洋上古史』
◎傳説によればライカーガスは国亂の基たる財産の不平均を改めんがために、スパルタに属する領地を九千分して各々其の一をスパルタ人に與へ、其の餘の土地を三萬分して各々其の一をベリオイコイに與へたりと云ふ。ヘロドトス

亚泰"人,人占一区焉。来喀时代斯巴忒亚泰凡九千人分斯巴达属以外之黎阿尼亚土地为三万区,凡"巴里阿以概"人,人占一区焉。无大小,无贵贱,一切平等。案,近世哲学家论自由平等两义,如狼狈之相依而不可离。然来喀瓦士之制度,其不自由,千古无两也,其平等亦千古无两也。斯巴达之治,无一不奇,此亦其一端。斯巴达之土地财产,皆公物也。人民不有私财,故法律不禁盗窃。非惟不禁,且奖励之,盖将以此练其术智云。但盗窃而为人所觉,则责其不智,而严罚之。尝有一少年窃一狐,隐诸怀中,至被狐抓破其脏腑,终不肯放露之使人见,泰西至今传为谈柄。

案,此等法律,真非异邦人言思拟议之所能及,然其人重名誉尊法律之心,亦可见一班矣。

◎斯巴达所行用之货币,皆以铁钱,其金银一切禁之。或曰,是亦来喀瓦士所制定,或曰,不然,来喀以前,固未尝一用金银也。

懋迁居奇以求赢利者,斯巴达人所最贱也。故此等事业,一委诸"巴里阿以概"人。当时斯巴忒亚泰之所以强在此,后此斯巴忒亚泰之所以衰亦未始不在此。来喀瓦士为欲保存其质朴武勇之国风也,故严禁内外交通之事,凡"斯巴忒亚泰"人,不许移住他地,移住者处以死刑。盖彼之政体,军政也,移住者视之与逃营无异,亦固其所,又不惟移住而已,即游历国外,亦非得政府之许可,不能妄行,其游历有大不易者,盖国币之外,不许携

の時［紀元前第五世紀］スパルテアテイは八千人に減しアリストートルの時［紀元前第四世紀］には一千人に減し、アギス四世の時［紀元前第三世紀］には七百人に減しと共にスパルタの勢力も亦た衰亡したり。【Pp 259-260】

◎私有財産の制度判然たらずして皆な悉く国有の性質を有したるが故に窃取といふも今日の意義を以て解釋す可きに非ず。但しスパタル政府は青年に奇計を行ふの術を習はしむるの一端として窃取を許可し、而して發覺に遭ふときは其の不智を責めて之に嚴罰を加へたり。一少年狐を窃んで之を懷に隠し其の臟腑を裂かるゝに至るも遂に之を露さゞりしとはプルータルクの傳へたる名話なり。【p261】

◎スパルタ人は移住するを許さず。移住者は死に處せられたり。スパルタの政體に於て移住は軍人の脱兵に異ならざればなり。政府の許可なくして国外に旅行するを許さず、而して国外に旅行せんとするも容易の事に非ず、何となれば、国貨の外携帯するを許さず、而して国貨は鐵貨にして国外に通用せざればなり。凡て金銀を携帯する者は死に處せられたり。外人は固より特別の許可なくしてスパルタに滞在することを得ざりき。其の結果は全く外国交通及び外国貿易を禁遏し、スパルタの諸港には外船の入津することなく、其の諸邑には外客の到来することなかりき。【p265】

带，而其国币则铁币也，不能行于国外。凡携带金银者，处以死刑。要之皆以限制国民之他适而已。其他国人亦非受政府之许可，不得入境，逮其后也。斯巴达之诸港，无外船之帆，斯巴达之诸邑，无外客之迹，皆来喀瓦士制度之结果也。

第七节　来喀瓦士以后斯巴达之国势
◎当波斯王德雷亚士之再举以伐希腊也，【纪元前四九〇】拥十余万之精兵，泛数百艘之战船，先遣使风谕希腊列邦，使献水土以纳降。列邦皆望风而靡，及至斯巴达，斯巴达人则责其无礼，縶使者投之于井曰：汝欲我水土，吾今以与汝。嘻，何其壮也！以常理论之，此岂非所谓以卵御石，以螳当车者耶？而彼毅然行之而不惮者，有所恃也。所恃者何？曰军国民之精神是矣。
案，波斯遣雅典之使者，雅典人亦投诸深沟，盖亦针对其水土之言也。当时有敌忾之气魄者，惟此两国耳。其犹主希盟，盖亦宜哉。

◎斯巴达之国都，不设城堡【至纪元后四百年顷，马士德尼亚时代始设之，盖其时来喀瓦士之精神已丧失矣】，惟以斯巴达人之爱国心以为之防。古语曰，众志成城，其能实行之者，惟斯巴达人耳。【近世各国之无城堡不在此论。盖非以为不必恃，实以城为不可恃而设防之具有较城为尤优胜者耳】斯巴达人常挑战于其敌曰："君胡不射？吾正苦炎热。愿于君等万矢如雨之下，稍杀烈日之威，以得一酣战。君胡不射？"此非客气也，非大言也。盖

◎第二回の征伐　[紀元前四九〇年]
デライオスは先づ使者を希臘列国に遣して水土を献し降服を表せんとを要求したり。列国はアイオニヤの征服以来大にペルシヤの勢威を怖れたれば其の要求に服従したるもの多かりしがアセンス人は使者を深溝に投じ又たスパルタは之を井に投して其の欲する所の水土を取れと命じたり。【Pp 369-370】

◎ライカーガスの制度は全く其目的を達したり。全スパルタを以て一大陣営となし。スパルタ国の生存中一人の文学者美術家を生ぜずして悉く武将勇士のみを造成したり。希臘の文学史上ドリアン人の貢献したる部分は皆なレコニア外のドリアン人より出でたるものなりき。而してスパルタはマセドニヤ時代［紀元後第四世紀］に至るまで城壁なく、単にスパルタ人の勇力を以て之を防衛したり。蓋しスパルタの制度は其の貨幣に似

以斯巴达人之眼睨其敌，无所谓众，无所谓寡，无所谓弱，无所谓强，一与相遇，则所向无前。盖斯巴达人之尚武，习也，而几于性也，器械的也，而几于理想的也。吾无以名之，名之曰武德。

【李冬木按，梁启超在“结论”中援引了右边段落的最后一句：新史氏又曰，吾闻之前世纪之哲学家曰，政府者，为人民而立者也，人民者非为政府而生者也】

て鋼鉄の如くなりき。政府は人民の為に存し、人民は政府の為に存するに非ず。身體は精神の為に存し、精神は身體の為に存するに非ず。【Pp 265-266】

中西副松【スパルタの武士道】【第三五至三六頁】

◎『スパルタ人は武勇なり。』若し夫れ、スパルタ人の武勇談に至りては、今更特に之を詳述するの要なかるべし。『願くは尔曹の射出す、雨の如き其の矢の下に、日光の炎熱を避けて、一快戦を交ゆることを得ん。』とは是れスパルタ人が、其の敵の脅喝に対して、吐き出せる真摯の答辞にして、大言にもあらされば、又壮語にもあらず。スパルタ人の眼中には、敵の寡もなく衆もなく、向ふ所前無からんことは、彼等の理想なりき。而して彼等は其の卓越したる、武徳の力を以て克く此の理想を現實にしたりき。彼等は其の府に城壁を設けず。全く之を開放の檻に委ね、其の防禦は單に之を自己の武勇に托し、『衆志成城』『在徳不在険』の金言を實地に遂行したりき。是れ一にはラコニヤ四境地形の険、彼等をして安して自ら然るとを得せしむるに足るものありしならんと雖も、武勇にして而して後始めて地形の険も恃むに足るなり。彼のセルモビリーの健闘ブラチヤの奮戦の如きは、世界歴史の中にも稀に見る所にして、スパルタ人の武勇に富むは、誰か之を疑ふものあらんや。

中西副松【スパルタの武士道】【第三七至四〇頁】

◎ライカルガスの制度は、全體のスパルタ人を駆りて、専門の軍人となし、他の希臘諸国に在っては、未た軍事の教練を行はさりし時代に於て、既に之を百練の精鋭となしたり。其の結果は忽ち顕はれてスパルタを強盛ならしめ、四隣諸国を征服するに至らしめぬ。ライカルガスの時代に、スパルタ人の領有せし土地は、僅にラコニヤの一小部分に過きすして、當時彼等第一の目的は、ラコニヤ一般を征畧するに在りしか、激烈なる戦争の後、遂に其の目的を達して、之を併吞するに至れり。去れとライカルガス制度の為めに養成せらたる、尚武好戦の気象は、彼等を駆りて更に新征服地を求めしめたり。蛟龍豈に遂に池中のものならんや。

ラコニヤの北隣にアルゴスと云ふ国在り。国王フハイドンは有為の君主にして、其威名ペロポン子サスの全半島を壓せしが、オリムビヤ祭禮の監督権に就き、エリス府の人民とビサ（所在詳ならず）府の人民との間に、争端を開くや、フハイドンはビサ府の人民を援け、軍を出してエリス府の人民を、オリムビヤより駆逐せり。然るにスパルタ人は、エリス府の人民を援け、フハイドンと戦ひ大に之を破り、王の領土の大部分を奪取し、アルゴスに代りて、ペロポン子サスの覇権を握れり。

◎当来喀瓦士时代，斯巴达之领土，不过黎哥尼亚之一小部分，恰如屯营于敌国之中央，然藉此训练之成绩，未几遂并吞全土，【黎哥尼亚全土】其势如旭日升天，更不可遏，复求新地于他方。于是黎哥尼亚之北，有亚尔哥士一国者，其国王富海顿，威名素著，握皮罗般尼梭半岛之霸权。其后因祭典之争，两国开战端，斯巴达人大破之，略其地之大半。于是始定霸于皮罗南北岸。时纪元前八百年顷也。

◎得陇望蜀，人情之常。斯巴达既振威于皮罗，犹以为未足，窥其西邻蔑士尼亚国之饶沃也，乃以疆场民妇争哄事借口开战端。自纪元前七百四十三年至七百二十四年，凡亘二十年间，蔑士尼亚人，知斯巴达之志，不灭国不休也，故出死力以抵抗，而卒不能敌，遂举国以入斯巴达之版。此后蔑人潜谋独立再血战者四年，遂无成功【纪元前六八五年】。亚尔哥士亦一度谋恢复，亦为斯巴达所败【纪元前五四七年】。于是斯巴达遂为南希腊最强之国，执牛耳以盟诸侯。

◎当时与斯巴达并起，其势力各蒸蒸日上，为两平行线形者，则雅典也。雅典为遏狄加（Attica）之首府，自梭伦（Solon）克里士的尼（Clisthenes）制定宪法，实行自由平等政体，鼓舞国民爱国精神，骏

◎壮心身を躍して虎に騎す、中途にして下るへからず。スパルタ人は今既にペロポン子サスの覇権を握れり。隴を得たるもの焉んそ蜀を望まざらんや。彼等が其の眼を隣邦メツセニヤの豊饒なる土地に注くに至れるは、自然の結果なり。スパルタ人は乃ち之を征畧せんとて、其の計畫をささ怠りしか、戦争は終に紀元前七百四十三年に始まり、七百二十四年まで持続せり。此の役メツセニヤ人は、スパルタ人の意其の国を取らんとするにあることを知りけれは、死を決して之と戦ひ、雙方互に勝敗ありしも、終にスパルタ百練の精鋭に敵し難く、二十年間苦戦の結果は、イソメ堡塞の開放と共に、全国を挙げてスパルタの有に帰せしむるに終りぬ。此の後紀元前六百八十五年に至り、メツセニヤ人反旗を挙けしも、事遂に成らす。其の反亂は四年の後全く終を告け、メツセニヤ全国再びスパルタの有に復せり。尋てスパルタ人はアルカヂヤを征して、其の南部を畧せり。……（中略）……而してコリンス地峡以北の諸国中にも、スパルタに敵すへきものあるなく、スパルタは遂に希臘列国中最強の国となれり。

中西副松【スパルタの武士道】【第四〇至四三頁】

◎以上は即ちライカルガスの制度か、スパルタに寄与せる功績の顕著なるものとす。是時に當りスパルタの勃興と相平行して、アゼンスの国力も亦日々に増大し来れり。アゼンスはアツチカの首府な

骎乎为中希腊之主盟。两雄相遇，其冲突安可得免？当雅典人之得志于比阿西亚也【纪元前五六〇年】，斯巴达会合同盟军，欲问其罪，战云惨淡，殆将破裂。忽有波斯人来侵之警，阋墙之争立解，同仇之念旋兴，遂各捐私嫌，组织大同盟以拒强敌。时雅典以海军著，斯巴达以陆军名，两者势力，不相上下。然以令出两途，兵家所忌，乃推斯巴达为盟主，海陆总督之权，悉归其手。此虽由雅典能让之美德，而斯巴达人浴来喀瓦士之遗泽，实力震于殊俗，亦可概见矣。是役也，波斯人于撒拉迷士、布拉的亚、迷茄儿诸地，三战三北，自兹以往，不能复引兵而西。斯巴达国势之盛，至是达于极点。

案，读此可以见当时希腊人公益之心矣。对于内而甲团与乙团之争，寸毫不肯让，一旦异种大敌起，则忽弃小忿，握手同胞，文明国民，不当如是耶？使希腊而能永保持此精神也，则希腊虽至今存可也。末叶不悟，自相携贰，以取灭亡，悲夫。

り。クリスゼ子スの制度新に布かれて、純然たる民主政治の国となるや、自由平等の確定は、大に国民愛国の精神を鼓舞し、其の結果は忽ち顕はれて、アゼンスを中央希臘の重要国となすに至れり。

是れより先き、雅、士両国は将に衝突せんとしたる場合少からず。即ちスパルタの王クレオメ子スが、同盟軍を挙げてアッチカに入り、エリウシスまで進みたるか如き、或はアゼンス人かビオシス及ユービヤに大勝を得るや、スパルタ人か同盟諸国の委員を会して、アゼンス征討の事を議したるか如き、両国の衝突は到底免るへからさる命数なりしに、ペルシヤ人の襲来は希臘列国の関係を一變し、彼等をして平生の怨恨を捨て、協心戮力其の共同の強敵に當るに至らしめたり。此の戦役の結果は、ペルシヤ人をして、サラミス、ブラチヤ及ミケール（小亜細亜の西岸にある希臘殖民地）の三戦に大敗を取り、全く希臘併呑の志を断ち、尓来再ひ希臘を襲ふこと能はさるに至らしめたり。史家往々其の結果を観察して、之を希臘人の智勇に帰するよりも、寧ろペルシヤ将師の過失に帰するを當然とすると、論するものあれと、此は戦勝の原因を以て悉く消極的のもののみに帰するの説にして、餘りの酷論と評するの外なし。吾人は希臘人の智と勇とか、克く此の強敵に対し、其の国の独立を保持せしめたるに、与りて大なる力あるを疑ふ能はす。何となれはペルシヤ戦争の如き永き戦役に於て、消極的原因のみに依り、彼の如き赫々たる勝利を博し

	得んとは、是れ吾人の想像し能はさる所なれはなり。此の役や、其の好果を得たる所以のもの、アゼンス人の力實に之が多きに居る、去れと吾人はスパルタ人の勢力の、當時に於て尚ほ大なるものありしことを見遁す能はさるなり。アゼンス人の智力は夐にスパルタ人の其れに優れり。其の海軍力は固よりスパルタの企及すへき所にあらす。野戦こそスパルタ人に比して劣手なれ、堡塞の防守や陣地の攻撃は、アゼンス人夐にスパルタ人の其れに優れり。然るに彼のゼルクセス来襲の報希臘に達し列国愈連衡して、之に當らんとするに際し、アゼンスが強大なる艦隊を擁し、其の勢力スパルタと伯仲の間に在りしに拘はらす、命令二途に出て出て、陸海軍の指揮統一を缺かんことを憂ひ、自ら一歩を譲り、スパルタを盟主に推し、之に陸海軍総督の権を托したるか如き、其の一面より觀れは、アゼンス人の希臘全體の利害を打算するに急にして、自家の権勢を張るに汲々たらさるの美徳を称揚するに足るものあるへしと雖も、他の一面より之れを觀察せは、スパルタか尚ほライカルガス制度の恩澤に依りて、能くアゼンスの上に立ち、兎にも角にも、聯合列国の牛耳を握るに足るへき、勢力を具備しありたるの事實を認め得へからすや。
第八節　斯巴达之缺点	【スパルタの武士道】【第一六頁、第一八頁】
◎（第一）重体力而轻智力。德育、智育、	◎吾人はスパルタの教育法が、克く當時

体育三者为教育上缺一不可之物。彼斯巴达人自有斯巴达之道德，今勿深论。至其蔑视智育太过，则立法人有不得辞其咎者。彼恐文学为武事之累也，虽然，即以武事而论，非有达观之智识，则其武功亦不可终。不观夫纪元前四百七十九年，马德尼亚人率波斯以陷雅典之役乎？斯巴达人背盟约而不相救，惟握哥灵士海峡以求自固吾圉。彼非畏敌也，实其暗于大局，昧于战略使然也。而斯巴达自兹以后，遂不振矣。此不过其现象之一端，偶然表见者。实则其受病早自数百年以来，而末流特其敝而已。

（第二）务内治而忌外通。

（第三）善保守而乏变通。

◎以上三者，其弊同源。当波治的亚之役之起也【纪元前四三二年】，皮罗般尼梭诸邦，迫斯巴达人使开联邦总会于其都城。哥灵士之总代人起席而责之曰："雅

の機宜に合し、其の時代の精神に適應したるものなるへきことを疑ふへき一の理由を有せず。去れと茲に吾人の為め頗る注意を値することあり。开は他なし、我が東洋に於ては、『文武は鳥の両翼の如く、又車の両輪の如し。』との諺もありて、文事は武人に缺くへからさる必須の課業として考へられしに、此の事か其の隣国に、文運隆盛を来せる邦国（アゼンス）の勃興するあるに拘はらず、スパルタに於て、殆んと全く等閒に附せられたること是れなり。学問は知識を与ふ。学問の缺乏は即ち智識の缺乏なり。知らす智識の缺乏は、スパルタ人に如何なる弱點を生かすに至りしか、是れ頗る價値ある研究問題なるへし。……（略）……彼の紀元前四百七十九年の五月に、マルドニアスが、ペルシヤ及ペルシヤに与せる希臘諸国の兵を率ゐて、アゼンス府を陥ることを得しは、スパルタ人か盟約に背きて援兵を出さす、只管コリンスの地峡を固めて、自国の安全を謀るに汲々たる、近視的、消極的の戦略を執りしか為めなり。而してスパルタ人が斯の如き戦略を執るに至りたるは、恐らく彼等の敵を畏怖する怯懦より然るにあらすして、適當に情況を判断するの明なかりしに因ることは、吾人かスパルタ人の為めに、諒とせんと欲する所なり。

【スパルタの武士道】【第一六至一七頁】

◎紀元前四百三十二年の夏、ボチデヤの役起るや、ペロポン子サスの諸国は、スパルタに迫り、聯邦の総会をスパルタ府に開かしめぬ。此総会の席上に於て、

典人果断敏捷，天然具改革家之资格。而卿等【指斯巴达人】反之，惟务保守既得之事物，遂至其应尽之责任，必不可缺之事业，弃而不为。雅典人有学识以佐其胆略，虽至危险之事业，毅然赴之，处非常之逆境，无所干挠。而卿等反之，以尺寸之事业自画，遭遇艰巨，失望落胆，不知所为。雅典人决不退转，卿等决不前进。雅典人常欲驰域外之观，卿等惟知有阃内之略。雅典人常思以新运动得新利益，卿等常恐以新运动失旧利益"云云。此实可为当时斯巴达人当头一棒之言也。夫斯巴达人昔时之意气，何以雄杰如彼，今也何以销沉如此，毋亦世运进地位进，而群治之实力不能与之俱进，故优胜劣败之公例，终不可逃。而九跳十掷之乳虎，遂不免于蹶毙而无从复振也，虽然，此岂来喀瓦士之罪哉。

聯邦の委員代わる代わる其の意見を吐露せしが、最後にコリンスの委員雄辯を振ふて、アゼンスの大望壮図に比較し、スパルタの因循姑息を責め、左の如く絶叫せり。

アゼンス人は、果断敏捷にして、天然の改革家たる資格を有せり。之に反し卿等（スパルタ人を指す）は既得の事物を保守することをのみ思ひ、甚たしきは實際の必要か要する丈けの事業をも為さ為さるなり。アゼンス人の大膽なるや、其の實力よりも更に大なる事業を企て、其の判断の許さゞる危険なる事業をも敢てせり。而して非常の逆運に際会するも、毫も屈撓する所なきなり。之に反して卿等は卿等の為し得へきより少しの事業を為む、自分の判断を信せず、而して艱難に遭ふ時は、失望落膽為す所を知らさるなり。アゼンス人は決して退轉せず。卿等は決して前進せず。アゼンス人は外国に功を建つることを愛し、卿等は国内に固着す。アゼンス人は新運動を為す毎に新利益を得ると信じ。卿等は新運動は既得の事物を危くすと思意す（下略）。

と、スパルタ人の弱點を指摘して、殆んと餘力を留めず。アゼンスとスパルタと、如何に進取、保守其の主義を異にし、積極、其の方針を違へることぞ。夫れ實にスパルタ人か、学問を賤しみ、智識を軽んじ、心の明鏡を磨くことを怠りたる自然の結果に外ならず。【第一八頁】是れ学問せさるの報なり。是れ智識を輕んするの罪なり。是れ智力を重んせさる

	の科なり。勇敢の民必すしも世界の主人公たること能はず。【第一九頁】
《斯巴达小志》之外的文本对照： 【李冬木按，除了《斯巴达小志》之外，梁启超在其他文章中也使用了浮田和民《西洋上古史》的材料。例如，纳入《诗话》中的右见记事】 ◎中国人无尚武精神，其原因甚多，而音乐靡曼亦其一端，此近世识者所同道也。昔斯巴达人被围，乞援于雅典，雅典人以一眇目跛足之学校教师应之，斯巴达人惑焉。及临阵，此教师为作军歌，斯巴达人诵之，勇气百倍，遂以获胜。甚矣，声音之道感人深矣！吾中国向无军歌，其有一二，若杜工部之前后《出塞》，盖不多见，然于发扬蹈厉之气尤缺。 （见中华书局版《饮冰室合集》第五卷所收《饮冰室文集之四十五》(上)，第34页）	浮田和民『西洋上古史』 ◎メッセニヤの勇将アリストメニース能く戦ひ、一時スパルタ人の心胆を寒からしめたり。スパルタ人はデルフアイの神託を請ひたりしが一将をアセンスに求めよと有りたり。アセンス人はスパルタを助くるを欲せず、然かも神慮に反せんことを恐れて跛足の学校教師チルテーヲスを遣はしたりと云ふ。是れ伝説なりといえども、チルテーヲスは名高き詩人にして其のスパルタに行くや軍歌を作りて士気を鼓舞し、勝利を得せしめたるは事実なりとす。【Pp249-250】

＊对照所用原始文献：

中国之新民（梁启超）《斯巴达小志》，《新民丛报》第 12、13 号（1902 年 7 月 9 日、8 月 4 日）。

浮田和民講述『西洋上古史』，〔早稲田大学卅六年度史学科第一学年講義録〕，早稲田大学出版部，明治三十六年（1903）。

中西副松『スパルタの武士道』，東京金港堂書籍株式会社，明治三十五年（1902）七月。

＊凡例：

《斯巴达小志》，省略页码标注。

『西洋上古史』，以数字标记页码，例如，"p350"。

『スパルタの武士道』，以汉字数字标记页码，例如，"第一六至一七頁"。

附录二　与《斯巴达之魂》创作相关的德尔摩比勒资料四种（1875—1898）

一　文部省編『希臘史略』巻之三，東京：文部省，明治八年（1875）5 月

第十二篇

次ニ希人何レノ地ニ敵ヲ待テ最モ可ナランカヲ商議シ希人ハ初メ徳沙利亜中テンベノ隘路ヲ以テ敵ヲ防ク要地ト定メタレモ後チ前議ヲ措キ徳摩比勒ハ徳沙利亜国ホシス国ノ間ニアル隘路ニシヲエタ山ノ岬一方ニ斗出シテ其上ニ峙チ他ノ一方ハ海涛汨没タリ此道路長サ五六里ニシ両端甚夕狭ク車行軌ヲ並フル能ハスト然レモ中間ニ在テハ稍廣ク路旁ノ厳足ヨリ熱泉湧出シ横ニ道路ヲ貫テ渙々トシテ流ル是レ則此道ヲ名付テ徳摩比勒トスル所以ナリ徳摩比勒ハ即チ熱門ノ義ナリ○（ママ）現今徳摩比勒ノ道路ハ澤耳士王ノ時代ト大イニ其形勢ヲ異ニセリ盖シ海潮ハ遠ク退キ山河ハ淤泥ヲ流出シ漸次ニ凝結シテ遂ヒニ今ノ平原寛地ヲ成スニ至リシナリ然レモ希人波斯軍ヲ防拒スルニ此地ヲ撰ミシ頃ハ僅カ百人兵ヲ以テ容易ニ数千人ヲ防クニ足レリ而シ士巴尔達王レヲニダスノ三百ノ邦兵一隊ノヘロット人及ヒ他国ノ援兵少許ヲ率ヒ此険ニ拠テ以テ波斯ノ侵襲ヲ防キシハ亦必ス之ヲ察セシナリ

レヲニダスノ徳摩比勒ニ進発スルニ當テ方サニオレンピック（大祭ノ遊期詳ニ第二篇ニ見ユ）遊期の准備ヲ為セリ然レモ誰アッテ之ヲ停メサルノミナラス又其期ヲ延ヘン丁ヲ云フ者ナシ其故ハ希人此祭ヲ以テ霊会ト為シ其終リニ至ル（二二至二三頁）

……（中略）……

今徳摩比勒ノ事態ニ転シ復ヒ解説スヘシ○（ママ）希人ハ徳摩比勒ノ険ヲ扼守セン為レヲニダスヲ僅ノ兵卒ニ将トシ彼ニ送リシ頃ハ未タ甚タ危懼ニ迫ラス易々事情ヲ看過シ以為ラク士巴尔達人ノ勁ヲ以テセハヲレンピックノ会畢リ希兵ノ聚ルニ及フ迄少許ノ兵ヲ以テ此険ヲ守ル可シ

ト而シ希人ノ忖リシ如ク唯徳摩比勒ノミ波斯人必ス由ル處ノ道ナラシメ
ハ則其謀ル所違ハサリシナル可シ

　　然ルニ此山中ニ嶮絶ナル一條ノ別路アリ山路ヲ熟諳スル者ノ外諸人
ノ多ク知ラサル處ナリト雖モ尚波斯軍ノ一部ヲシ麓ヲ繞ルニ代テ山上ヲ
踰エシムルニ足レリ此路ハ山脈ニ沿ヒタル細徑ニシ其南抄ハアルベニノ
市邑ニ出ツレヲ二ダス徳摩比勒ニ到テ初メテ此山路アルヲ聞キ直ニホシ
ス人ノ兵隊ヲ分派シテ其険ヲ扼セシメ且ツホシス人曽テ徳沙利亜人ノ侵
掠ヲ防ク為メ此徑ノ北端ニ築キシ頽敗セル舊壁ヲ修築セシム

　　去ル程ニ波斯軍進ミ近ツクニ及ヒ伯羅奔尼撒ヨリ来リシ兵ハ大半恇
怯ヲ懐キ軍ヲ退ン丁ヲ欲ス然レモ其他同盟ノ軍ハレヲ二ダスニ説テ之ヲ
抑留セン丁ヲ奨厲ス独リ士巴尓達人ハ毫モ危懼スル色ナク澤耳士王ハ一
候騎ヲ発シテ希軍ノ情勢ヲ探偵セシメシニ候者反報シテ曰ク士巴尓達ノ
兵ハ出テ壁外ニ陳シ士皆其長髪ヲ続延シ身體ヲ錬リカヲ角シ技ヲ競ヒ激
揚跳盪スト王之ヲ聞キ希人ノ此ノ如キ状ヲ為スハ何ノ謂レタルヲ問フ軍
中希国ノ習俗ヲ知ル者アリ其人曰ク希兵ノ毛髪ヲ続結スルハ死ニ至ル迄
仍戦ント欲スルヲ表スルナリト然リト雖モ此大軍ヲ引率セシ王ハ之ヲ以
テ意ト為サス只独リ大軍ノ勢熖ヲ以テ希人ヲ脅喝スルニ足ルト為シ希兵
ノ自ラ退避スルヲ俟十四日間空シク進撃モ為サ丶リケル第五日ニ至リ遂
ニ令ヲ出シ波斯軍中ノ選兵ニ命シ頑梗ナル此敵ヲ撃破シ之ヲ虜致シテ大
兵ノ戦勝ヲ必トナシ泰然トシテ待ル、王ノ高椅前ニ効スヘシト然ルニ其
勝算王ノ期スル如クナラス此日ノミナラス明朝ニ至ルノ間波斯ノ軍連リ
ニ希兵ノ為ニ追郤セラレ親衛ノ選兵不朽隊スラ尚進ムコ能ハス王ハ敵兵
勁ク我カ兵ノ競ハサルヲ望見シテ奮怒ト失望ノ情ニ堪ヘス三四迄凳子ヲ
離ル丶ニ至ル

　　王ノ倨傲ト雖モ是カ為メ心中鬱悒トシテ為ス可キ所ヲ知ラス戦争ノ
首メ遇フ所既ニ此ノ如クナレハ結末ノ艱難實ニ測リ知ル可ラス王此等ノ
事ヲ思フテ焦思スル間忽チ憂慮ヲ拂テ前志ヲ振起スル所ノ一密計ヲ聞キ
得タリイピアルデスト云ヘル希人アリ陰カニ志ヲ波斯ニ通シ徳摩比勒ニ

間道アルヲ密告ス此事最モ王ノ望ム所ナリケレハ王直チニ其一分隊ヲシ
テイピアルデスノ引誘ニ従ヒ進マシム此隊兵ハ日暮ニ及ンテ巉屼タル山
道ニ登リ敵ノ為ニ察覚セラル、コナクシテ行クコ数時旭日海面ニ升ル頃
ヒニ始メテ山頂ニ達ス〇（ママ）此地ヲ把守スル所ノホシス人ハ危険ノ
迫ルヲ知ラスシテ安眠シタリ然レモ波斯人ハ落葉ノ埋メレ山間ヲ蹈ミ登
ルヲ以テホシス人ハ夏日ノ時爽寂寥ノ内ニ其響ヲ聴得転瞬ノ間敵兵ノ近
キシヲ知リケレハ気ヲ励シ器械ヲ執テ直前拒戦ス波斯兵一時ハ敗退スル
ト雖モ直ニ弓手ヲ以テ敵ニ當リ箭下ル雨ノ如シ希人支フル能ハス軍ヲ山
ノ最【第二八頁】高頂ニ退ケ殊死戦ス波斯兵ハ険岨ニ屈セス希兵ニ跟シ
テ山上ニ登リ遂ニ進シテ其南趾ニ降ントス希兵之ヲ見速カニ敵ノ迫近セ
シヲレヲニダスニ報シ報聞忽チ陣中ニ布満ス危急斯クノ如キニ至テハ逃
走ノ外之ヲ免ル、ノ道ナシ然レモレヲニダス及ヒ其麾下ノ士巴尔達人ニ
至リテハ縦令ヒ退避セント欲スルモ得ヘカラス蓋シレヲニダス以下ハ其
国人ノ托ヲ受テ此地ヲ守リ一朝逃避スルカ如キアラハ永ク汚名ヲ蒙ラン
然ルニ他ノ同盟人ニ至テハ進退拘束セラル、コナシレヲニダスハ前途死
地ニ臨ムニ當リ遁逃者ヲ強テ留ルコ能ハス是ニ由テ兵卒漸クニ引去リ餘
ル所ノ者ハ只士巴尔達ト死生榮譽ヲ共ニセント欲スル白阿西亞国ノゼス
ピヤ（市邑ノ名）ヨリ來リタル一隊ノ兵ト德巴斯人四百人ノミ德巴斯人
ハレヲニダス其叛志アルヲ知リテ其罪ヲ正サン為ニ拘留セシ者ナリレヲ
ニダスハ此總軍ノ中ニ就テ強メテ三者ノ命ヲ全セント欲ス其二人ハ己ノ
戚属ニシテ一人ハ往時高名ナル讖言者ノ後ニシテ其名ヲメギスチアスト
稱スル者ナリメギスチアスモ亦占者ニシテ讖言ヲ善クセシト云フ〇（マ
マ）然レモメギスチアスハ自ラ去ルコヲ欲セス我ト共ニ名家ノ絶エンヲ
悲シミ其子ヲ揮シテ去ラシメ独リ留リ国ノ亡フルヲ見テ生ンヨリハ寧ロ
之ニ死セント決心セリ

　レヲニダスノ親屬モ亦脱去スルヲ屑トセス是ニ由リレヲニダスハ此
二人ニ命スルニ書信ヲ士巴尔達ニ遞シ且語言ヲ傳フルヲ以テス其一人之
ニ應シテ曰ク我ハ兵器ヲ執テ敵ニ抵シ為此ニ來レリ書信ヲ士巴尔達ニ達

スル為メ來ルニアラスト又一人ノ曰ク書信ヲ以テスル勿レ士巴尓達ノ人
我カ為ス所ヲ見ハ其聞カント欲スル所ハ自ラ之ヲ知ランノミト

此日午ニ至テ希ノ同盟部署始メテ整ヒ波斯兵一万既ニ山ヲ踰テ此道
ノ南端ニ在リ而シレヲニダス及ヒ其朋友ハ殊死シテ戦ハント擬ス既ニシ
蕃卒其指揮官ニ鞭撻セラレ希人ニ近ツキタリ蕃卒ハ當時希人ノ波人ヲ目
スル語ナリ士巴尓達人ハ勇気胸ヲ衝テ固ヨリ鞭笞ノ駆ルヲ用ヒス波兵ヲ
撃退スル四面ニ及フト雖モ士巴尓達ハ寡兵ナルヲ以テ瞬間戦死スル者多
ク而シレヲニダス先ツ死スル者ノ中ニ在リ希兵ハ主将ノ尸骸ヲ敵ニ奪レ
ンヲ恐レ之ヲ環リテ扞戦シ奮勇ヲ極ルト雖モ槍折レ刀鈍リ遂ニ敵兵ノ正
ニ道ヲ奪テ進入セシヲ看ケレハ道ノ北端ナル壁外ニ退キ残兵丘陵上ニ集
マリ最後ノ一戦ヲ待チタリ

徳巴斯人ハ常ニ恇怯ニシ叛シ易キ性ナレハ此時兵ヲ投シ降ヲ乞ヒ其
死ヲ免レタリ然ルニ僅カニ生キ残リタル士巴尓達人ハ僅カニ数ロノ劔ヲ
執テ敵ノ飛箭投槍ニ向ヒ立テ国ノ為ニ死ヲ致シテ永ク栄名ヲ残シタリト
テ怡然トシ戦死セリ此念邪教ノ中ニ在テハ人ノ思慮ヲ決セシムルノ最良
心ナリ〇（ママ）此役死スル者ハ其所ニ就テ之ヲ葬リ後数年ヲ歴其墓面
ニ鑴シテ曰ク「行旅ニ請フ此徒能ク国法ニ遵テ事ニ死タルヲ敢テ士巴尓
達人ニ告ヨ」ト〇（ママ）レヲニダスノ遺骸ハ波斯人ノ取リ去ル所トナ
レトモ此丘陵上ニ就テ大理石ノ獅子ヲ奠シ以テ其跡ヲ記スト云フ

士巴尓達人ノ軍中ニ人ノ者アリ眼病ヲ患ルニ因テアルベニニ赴キ此
戦闘ノ時陣ニ在ラス波斯兵ノ来侵スルヲ聞キ其一人ハ従者ニ命シテ戦場
ニ誘導セシメ其地ニ来リ国ノ残兵ト死ヲ共ニセリ他ノ一人ハ怯心ヲ生シ
テ逃走ス然レモ士巴尓達ニ帰ルニ及ヒ国人之ヲ視ルヿ傳染時疫ニ染ミタ
ル人ノ如ク皆之ヲ避ケテ敢テ辞ヲ交ヘス又灶ヲ共ニセス恇怯ノ名ヲ負フ
後日事アルニ當リ前罪ヲ償フニ足ル行状ヲ顕ハスニ足リ迠ハ決シテ復国
人ノ親愛ヲ得ル能ハサリシナリ。·（第二五至三二頁）

文部省編『希臘史略』巻之四，明治八年（1875）5月

第十四篇

巨大ノ墳塚ヲ築造セリ而シ時人之ヲ以テ死者ヲ栄スルノ最良法ト為シ戦争ニ死亡ナカリシ市府ニ至ルマテモ此戦勝ニ與カリタルコヲ不朽ニセン為皆其築造ニ従事セリ

徳摩比勒ノ戦争ニ遁逃シテプラテヤニテ戦死シタル士巴尔達人某ハ勇ヲ奮テ闘ヒ過日ノ柔懦ヲ償ハント欲シ遂ニ戦歿シタリシニ士巴尔達人其死ハ嘗テ身命ヲ過愛セシコアルヲ以テナリトテ敢テ其名ヲ崇敬セス（第二一至二頁）

二 西村茂樹編纂『校正萬国史略』巻二, 東京: 西村茂樹出版, 明治八年（1875）

是ニ於テ希臘ノ諸国盡ク哥林多ニ会レ、士巴尔達ヲ推シテ盟主ト為シ、力ヲ協セテ、波斯人ヲ禦ガシト欲ス。澤耳士使ヲ希臘ニ遣ハレ、其帰降ヲ勧ム、徳沙利、羅格里、白阿西、共ニ波斯ニ降レ、波斯ノ軍、徳沙利ニ上陸シ、進ンテ徳尔摩比勒ノ山隘ニ至ル、士巴尔達王留尼達希臘ノ兵六千ヲ率テ此要地ヲ守ル、澤耳士ハ敵ノ心ヲ解散セシムルガ為ニ、此所ニ至リ故ニ、其行ヲ徐ニテ、使ヲ遣ハシテ、其降ヲ勧ム、留尼達奮ヲ曰ク、波斯王能タ来ラバ来レ、我力能ク汝カ衆ヲ擒ニスルニ足レリト、澤耳士大ニ怒リ、急ニ其衆ヲ鼓シ、一挙ニ此地ヲ奪ハンー欲ス、両軍奮戦スルコ両日、死傷山谷ヲ蔽フ、然レモ希臘人ノ防守益堅ク、波斯ノ兵屢擊退セラル、然ルニ希臘ノ陣中ニ徳沙利ノ人アリテ陰ニ敵ニ通ジ、徳尔摩比勒ノ間道ヲ告グ、是ニ於テ澤耳士其軍ヲ分チ、夜ニ乗ジテ此間道ヲ踰エ、以テ希臘人ノ背後ニ出ヅ、留尼達ハ腹背敵ヲ受ケ、其免カルベカラザルコヲ知リ、盡ク他部ノ兵ヲ散ジ去ラシメ、綕ニ士巴尔達人三百ヲ留メ、波斯人ト快戦シテ盡ク戦死ス、其生テ還ル者ハ、本国ニ凶信ヲ報ズルノ兵一人ノミ、国人ハ猶此兵ノ生テ還リシヲ賎ミシトイヘリ、其後詩人施摩尼迪石ヲ此戦場ニ建テ其面ニ勒シテ曰ク、嗚呼他国ノ人能ク之ヲ識レ、此地ハ拉塞特蒙人（即士巴尔達人）其国律ヲ守リテ忠死セル所ナリト。（第二十至二一頁）

三　桑原啓一編訳『新編希臘歴史』，東京：經濟雜誌社，明治二十六年（1893）

第三編　ペルシヤ戦争

第四章　セルモピリー及びアルテミジアムの戦争

セルモピリーの戦争

　　希臘同盟軍は防戦の方法に付き協議せしが、敵は非常の大軍なれば、平地にて戦ふ時は味方は敵に圍まるゝの恐れあれば、或る要害の地に據り敵を防がんと決せり。セッサリーの南、マリス湾の頭にセルモピリーの險あり、セルモピリーは一方は山を負ひ一方は海に臨める險隘の峽路にして所謂一夫之を守れば萬夫も破る能はざる屈強の要害なり、スパルタの王レオニダスはペロポン子サス諸国の兵を率ゐてセルモピリーに出張し、ペルシヤ人を防ぐの任に當れり、然るに此の時恰もオリムビヤの祭禮に際せしが、スパルタを初めペロポン子サスの諸国は斯る危急の時に臨みても猶ほ此祭禮を停止するの決心なく、此祭禮には各国人民盡く加はる慣例なれば、先づ祭禮の終るまで少数の兵を遣はし置くも、セルモピリーは要害の地なれば、敵軍に破らるゝ憂なからんとて、スパルタより三百人の兵士及び兵士の従者として千人の「ヒーロット」を派出し、他のペロポン子サス諸国より凡そ三千人の兵士を派出せり、此等の兵を率ゐてレオにダスピオシヤに到りし時、七百人のセスピヱ人と四百人のシーブス人軍に加はれり、セスピヱは希臘の独立に熱心なりけれども、シーブスは之に反してペルシヤに従はんとするの意を有したり、レオニダス即ち之を知り、四百人の兵をば人質として其軍に加へたるなり、斯くてセルモピリーに到着するやフオーキス及びロクリスの兵士来りて軍に合せり、此等の兵士を合せて総勢殆ど七千人なりしと云ふ、之と同時にペルシヤ艦隊がユービヤ海峽を越えてセルモピリーの後に上陸し背後より希臘軍を衝くことを防がんとスパルタの将ユーリバイヤデス同盟諸国の艦隊二百七十一艘を率ゐてユービヤ島のアルラミジアム港に屯集せり、レオニダスはセルモピリーに到着後山上に間道ありて、ペルシヤ人は此間道を踰えて希臘軍の背後に出づるを得ることを発見せり、仍てフオーキスの兵を派遣して山上の間道を守らしめ、自分は他の兵を率ゐて山下の道路を守れり、やがてペルシヤ軍勢はセルモピリーの峽路に差掛りしに、少数なる希臘軍勢此所を守ると聞き其大胆なるに驚きしが、彼等はスパルタ人が雲霞の如き敵を前に見て敢て恐るゝ色もなく塁壁の外にて躰操の遊戯をなし、又は其髪を梳りつゝありしを見て更に一驚を喫したり、盖し死を決して戦に臨む前に其髪を理するはスパルタ人の習慣なりしなり、左れどペルシヤ人は猶ほ希臘軍勢が自ら衆寡敵せざるを悟りて退散せんとを望み、四日間進撃を猶豫せり然れどもなかなか退散すべき様子なきにぞ、ゼルクゼスは使を遣はして「其武器を渡すべし」と謂はしめしにレオニダスは之に向て彼のラコニヤ躰の簡約なる語法を以て傲然答て曰く「来て自ら之を取れ」と、第五日に至り、ゼルクゼス進撃の令を発し、先づメヂヤの精兵をして攻撃の任に當らしめたり、メヂヤ人は勇を鼓して奮闘せしが、希臘人の長槍に突き立てられて退けり、次にゼルクゼスは一萬の不滅軍と称する近衛兵を遣はして攻撃せしめたれども、不滅軍も同く撃破せられて退けり、次日もまた進撃したれども、前日と同じく功なかりしかば、ゼルクゼス今や漸く望を失ひし

　　ペルシヤの分道隊山上の間道な踰ゆ

　　に、此時マリスの土人エフヒアルテスと云ふ者、ペルシヤ王に山上の間道を告げたり、ペルシヤ王は之を聞きて大に喜び、別に強勇なる軍隊を派出し深夜エフヒアルテスを案内者として間道を踰えて希臘人の背後に出でしむ、ペルシヤの分遣隊は乃ち間道を登り、天明の頃、山の頂上に達せり、レオニダスの命を奉じて此所を守りしフホーキス人は此時未だ眠り居たりしが此の分遣隊の跫者に眠を醒し、狼狽して甲冑よ、鎗よと騒ぎしが、遂に一戦をも試みず衛所を捨てゝ山脊に逃がれぬ、分遣隊はフホーキス人の北ぐるを追はず、一刻も早く希臘軍の背後に出でんと只管間道を進めり、レオニダスは其の夜ペルシヤの陣中より逃がれ来りし者及び自分が山上に派出したる斥候の報に由りて早くもペルシヤの

分遣隊間道を踰ゆることを知れり、仍てレオニダスは諸将を会して軍議を開きしに、多数の論は前後に敵を受けては、最早之を防ぎ難たければ、若かず此所を退き、希臘将来の安全の為めに生命を保存せんにはと云ふにありき、然れどもレオニダスは退くことを辞めり、スパルタの国法はスパルタ人敵に勝たざる時は其場に戦死すべきことを令せり故にレオニダスは国法を遵奉し三百のスパルタ人と共に踏止まりて戦死せんと決心し、シーブスの兵四百人を除き他の同盟諸国の兵に向て敵軍に囲まれざる前に速に退去すべきことを命せり、是に於て同盟諸国の兵は皆退去せしが、独り七百のセスピエ人は健気にも踏み止まりてレオニダスと共に戦死せんと決心せり、レオニダスを始め一千人の兵士は成るべく高価に其生命を買らんと欲し、敵軍の来り攻むるを待たず、我より陣前に突出し、死奮の勢を顕はし正面の敵兵を目がけ掣電の如く殺到せり、ペルシヤ兵の死する者数を知らず、或は近傍の海に追落されて死する者あり、或は崩れかゝりたる味方の大軍に踏まれて命を殞する者あり、ペルシヤの将校等は此有様を見て大に怒り、笞を挙げて味方の兵士を打ちつゝ声を限りに号令すれども、希臘決死の勇士には当り難く唯た逡巡退歩するのみなりしが、数度の血戦に希臘人の鎗折れて用をなさゝるに至りければ、ペルシヤ人はこれに気を得て希臘

レオニダスの戦死

人を目がけ突進し来れり、レオニダスは此時斃れたり、レオニダスの死體の周囲にて両軍の間大激戦あり、ペルシヤ人はレオニダスの死體を奪はんとして四たび希臘人に撃退せられ夥しく其兵を損せり、斯くて後ち希臘人は次第に討死して其数残り少なとなり、戦と負傷の為めに疲れしかば、塁壁の内に退き、小丘上に立ち死に至るまで血戦せんと用意せり、此時山上の間道を踰えたるペルシヤの分遣隊は既にセルモピリーの峡路に入来りぬ、之を見るやシーブス人は卑怯にもスパルタ人に脅迫せられて餘儀なく出陣したる旨を述べて此の分遣隊に向って助命を乞へり、分遣隊はシーブス人を赦し、直に小丘上の希臘人を望んで攻め来れ

り、希臘人は今や四方に敵を受け、雨雹の如く飛び来る箭の為めに盡く戦死せり、セルモピリーの戦争は実に紀元前四百八十年七月の出来事なり、此役ペルシヤ軍勢は二萬人の兵士を損せりと云ふ、

セルモピリーの記念碑

後年希臘人は此時戦死者が最後に立ちし小丘上に鐵製の獅子を安置してレオニダスの紀念となせり、其近傍に猶二箇の紀念碑を建てたり、其一は戦死したる三百のスパルタ人の紀念の為めに建てしものなるが、左の銘あり、

此所を通過する者は往てスパルタ人に告げよ、我々が彼等の国法を奉じてこゝに斃れしことを、

"Go tell the spartans，thou that passest by，that here obedient to their laws we lie."（第一一七至一二二頁）

第六章　プラチヤの戦争

ポーサニヤスの大量

希臘軍今や戦争の残務として死骸の取片附と分捕物の分配に着手せり、或人ポーサニヤスに対し、ゼルクゼス曩にセルモピリーに於てスパルタ王レオニダスの死骸に侮辱を加へたれば、復讐としてマルドニアスの死骸を串に貫きて辱かしめよと勧告せしにポーサ

アリストデマスの戦死

ニヤスは戦死したるペルシヤ人を犠牲としてレオニダス外戦せし諸勇士の霊を慰むるに餘りありとて其言を斥けしかば、人々ポーサニヤスの大量に感服したりき、又スパルタの戦死者中セルモピリーの戦争に同国人と共に戦死せずして逃帰りたるアリストデマスと云ふ者ありき、スパルタ人は臆病者を以て彼を呼び共に歯する者あらざりしかば、彼は、プラチヤの一戦に耻辱を雪がんと独り隊伍を離れて敵中に進入し花々しく戦って陣歿せり、然るに厳格なるスパルタ人は戦後其の戦死者を葬るに当り、アリストデマスが軍律に背き抜けがけして戦死せしことは彼が前罪を償ふに足らずとて他の戦死者と同一の名誉を與へざりと云ふ、（第

一四九至一五〇頁）

四　浮田和民講述『西洋上古史』，東京専門学校，明治三十一年（1898）

第二編　第五章　ペルシヤの戦争

セルモピリーの戦　初めコリンスの大会は防禦の策を講じ野戦は無益なれば険により防ぐの外なきを知り、北部希臘の咽喉たるテムピーの険に據りて波斯の大軍を防がんと欲し、一万の兵をセッサリーに送りたり。此険はオリムポス山中の渓谷にしてベニーオス河の海に入る處なり。両側は峨々たる山岳にして道路狭隘固より小兵を以て大軍を防ぐの要地と思はれたり。希臘の兵既にテムピーに到りしが波斯の軍は其背後に上陸すること容易なるのみならず、又たテムピーの西に當りて更にオリムポス山を通過すべき他の道路ありてテムピーを扼するの無益なるとを発見したり。是に於てコリンスの大会は更に謀議を為して遂にセッサリーを抛棄し中部希臘の關門たるセルモピリー（テルモピレー）の険を防守せしむることに決したり。此険はイータ（オイタ）山と海中の大澤との間にありて長さ凡そ一哩其の最も狭き處は僅かに一車を通ずるに過ぎず而してユービーヤの海峡は水軍を以て防禦するに適したり。セルモピリーの険も今は時世の推移と共に変化し海水退去して陸地となり古代に於ける海中の沼澤もなく、又た其の狭隘なる険路も消失したり。紀元前四百八十年七月スパルタ王レオニダスはスパルタの精兵三百、従卒一千及びペロポンニーソスの兵三千、セスピエーの兵七百、フオーキスの兵一千、又た之にロクリスの兵を加へ、凡そ七千に近き総勢を以て此険を扼したり。時正にヲリムピヤ大祭の期に近かりしが故にスパルタ及び南部半島の諸国は僅かに小兵を送りて大祭の終るまで之を防守することを命じたり。

然るにレオニダスはセルモピリーに至りて始めて山上に間道あることを知りたり。是に於てフオーキス人をして之を守らしめ、自から其餘の兵を率ゐて山下の険を扼し、険路の北口に壁を築きて更に其の防備を厳にし、波斯の大軍の来るを待ちたり。ザークシースの大軍来るに及びて希臘の兵多くは恐怖に堪へずして此険を捨てゝコリンスの地峡を防がんと欲したりしがレオニダス毅然として一歩も退くことを肯んぜず、フオーキス及びロクリスの兵も亦た抗議して漸やく自餘の同盟軍こゝに防戦することに決したり。ザークシースは希臘軍の寡小なるを見て其の果して真に防戦の意あるかを疑ひ、且つ一騎兵を遣はして之を偵察せしめたり。然るにスパルタ人は壁外に出でゝ體操を為し、又た長髪を櫛りて悠然たりとの報に接し王は大に驚きてスパルタの廃王デマラトスを召して彼等何事を為しつゝあるかを質問せり。デマラトス答へて是れスパルタ人が死を決して戦はんとする時の習慣なることを語げたりしが、ザークシース猶ほ之を信ぜずして四日間開戦を延期し、希臘軍の自から解散せんことを待望したり。第五日に至りてザークシースはミデヤの精兵に命じて前路の希臘兵を捕へ来れよと命じたり。彼等は亜細亜に於ける武功と前役マラソンに於ける失敗とを記憶して勇敢に戦ひたれども、何分狭隘の土地なれば多数も何の効なく空しく希臘人の長槍に支へられて進むに由なかりしかば、更に波斯の不死隊をして進撃せしめたり。是れ亦た希臘兵の為に逆撃せられて失敗したりしかばザークシースは三たび地を踏んで大に憤怒したりと云ふ。翌日も前日と同様の形勢にしてザークシース稍ゝ失望の躰なりしが開戦後第三日一土人ありてザークシースに山上の間道を語げたり。されば波斯の兵は夜間山を登りて早暁フオーキス人の不意を襲ひ、次第に山を下りてレオニダスの軍後に近づきたり。レオニダスは前夜既に危急の報に接し、直に軍議を開きたりしが多数は此険を去りて身を存し他日の戦に備へんとの意見を開陳したり。レオニダス固より此處を退かざれば前後波斯の兵に囲まれて死地に入るの外なきを知れり。然れどもスパルタの法律は兵士が其の守る可き地を捨てゝ去るを禁じ、而して王も亦た死を見て恐るゝの人に非ざりしなり。是に於てレオニダスはスパルタ人三百と共に留戦して一死国家の為に報ひんと欲し、従兵及び同盟の兵に退去を命じたり。セスピエーの兵七百その義気に励まされレオニダスと共に死せんことを希へり。レオニダスは背後の山上より波斯軍の襲ひ来らざるに先ち、一千の兵と共に進んて前面の敵に攻め懸れり。固より決死の勇戦にして一以て百に當るの勢ありしかば波斯の兵殺さるゝもの数を知らず、或は海中に落ちて死するもあり、或は背後より進み来る軍馬の為に蹂躙せらるゝもあり、流石の大軍も散々の躰に見へたりしかども何分目に餘る大軍なりしが故にレオニダスの兵、既に槍も挫け劔を抜て接戦したりしが波斯の軍は之を包囲して前後左右より攻め立てたり。レオニダス先づ戦死し、残兵猶ほ奮闘して四たび波斯の兵を追ひ退け壁後の小丘に據りて休息したり。此時山上の波斯軍漸く到着し、戦ひ疲れたる残兵は四方より囲まれ、悉く奮戦して死したり。スパルタ人アリストデーモスは戦争に際して病に罹り、遂にスパルタに帰りしが其友一人として彼に語を交ふるものなく、一年間苦辱を忍び、遂にブラテーエーの戦に激闘して死したりと云ふ。（第三七二至三七六頁）

"国民性"话语的建构——以鲁迅与《支那人气质》之关系为中心

前言

关于"国民性"一词的现状、词源以及中日近代思想相关问题，前文已有探讨。就中国的"国民性"话语和思想建构而言，清末主要来自日本的"西学"和思想先驱者们的影响都是探讨的基本前提和精神史背景。就像在既往的关于"国民性"问题的研究当中所看到的那样。在此前提下，本论试对围绕鲁迅的"国民性"话语建构历程做出解析，并以羽化涩江保日译本《支那人气质》为中心，尝试在具体文本关联的语境当中，探讨"国民性"作为一种思想，其在"鲁迅"当中的生成机制问题。这既是个例，也与清末以来的"国民性"话语建构构成整体关联。至少在现实语言生活当中，"鲁迅"几乎是现今"国民性"话语的唯一承载者，也是把这一思想从清末民初传递到现在的最重要的传播者。在衔接历史的意义上，鲁迅仍是一个讲述"国民性"的现役作家。

所以，这里首先有必要对与鲁迅相关的"国民性"话语建构进行一番整理。

一、"国民性"话语建构当中的"许寿裳问题"

（一）从"弃医从文"的自述到许寿裳的回忆

在鲁迅与"国民性"关联的话语中，最著名的是他在《〈呐喊〉自序》（1922）、《俄文译本〈阿 Q 正传〉序及著者自叙传略》（1925）和《藤野先生》（1926）里关于自己因何"弃医从文"的自述。他在仙台医专解剖学的教室里，通过幻灯片，看到了在日俄战争中给俄国人做侦探的中国人被日军抓去处刑示众，而赶来围观的又同样是一群中国人。同胞的麻木令他感到震惊，于是，"我的意见却变化了"①，与其通过医学拯救肉体，"我们的第一要著，是在改变他们的精神，而善于改变精神的是，我那时以为当然要推文艺，于是想提倡文艺运动了"②。——这便是众所周知的鲁迅"弃医从文"的动机。由于鲁迅此后的文笔生涯多与"改变精神"相关，故人们后来就把鲁迅"国民性思想"冠以"改造"二字，即以"改造国民性"来概括。把"国民性"问题作为鲁迅"文艺运动"之根本原点并作出最强有力阐释的是许寿裳（1883—1948）。他与鲁迅是同乡，也是留日时期的同窗，在教育部工作时期的同事，亦是鲁迅密切交往到最后的终生挚友，他在鲁迅逝世后所写下的有关鲁迅的文章，被鲁迅研究史家称为"中国鲁迅学史上一部经典性的鲁迅回忆录"③，是中外鲁迅研究者所公认的必读文献。而且，"即使在经过了半个世纪的今天，鲁迅研究的必读文献数量有增，但许寿裳文章所具有的第一等价值却没有改变"④。

在探讨和研究鲁迅思想，特别是鲁迅的"国民性"思想时，许寿裳在回忆中提到的他和鲁迅在日本东京弘文学院留学期间关于中国"国民性"问题所进行的讨论，几乎是所有论文和专著的必引文献。在 20 世纪 70 年

① 鲁迅：《朝花夕拾·藤野先生》，《鲁迅全集》第 2 卷，第 317 页。
② 鲁迅：《呐喊·自序》，《鲁迅全集》第 1 卷，第 439 页。
③ 张梦阳：《中国鲁迅学通史》上卷，广东教育出版社，2002 年，第 433 页。
④ 北冈正子：「『我所認識的鲁迅』に異議あり」，『関西大学中国文学会紀要』第 17 号，1996 年 3 月，第 17 页。

代末和 80 年代初开始的对鲁迅"国民性思想"展开的较大规模的集中讨论中，已经有研究者注意到了相关文献中来自许寿裳的 3 篇文章。例如，吴奔星在当时发表的论文中即已指出：

> 许寿裳是宣讲鲁迅"国民性"思想的第一人。鲁迅逝世后，他曾三次回忆鲁迅与他讨论国民性问题：一次是一九三六年十一月八日鲁迅逝世后十九天，他写了《怀亡友鲁迅》一文；另一次是一九四四年十月鲁迅逝世八周年前夕，他写了《回忆鲁迅》一文；第三次大概是一九四五——一九四六年，可能是鲁迅逝世十周年，他写了《办杂志、译小说》一文。这三篇回忆录，都介绍了鲁迅与他经常讨论的关于国民性的三个互相关联的问题。不同的是，第二篇文章把第二个问题"中国国民性中最缺乏的是什么"中的"中国国民性"改成了"中国民族"。①

然而，从文献的角度来讲，对此还应有进一步的补充，那就是这 3 篇文章来自"许寿裳"名下的两本书，即《亡友鲁迅印象记》和《我所认识的鲁迅》。前者 1947 年 10 月由上海峨眉出版社出版，成书于作者生前，人民出版社 1953 年再版；后者成书于作者死后，由人民文学出版社编辑并于 1952 年出版，经 1953 年再版之后，到 1978 年又出了第 3 版。关于这两本书，自 20 世纪 80 年代以来至今，几乎每一个讨论问题的引用者所最有可能实际面对的文本，《亡友鲁迅印象记》恐怕是人民出版社 1953 年的再版本，而《我所认识的鲁迅》则应该是人民文学出版社的 1952 年、1953 年和 1978 年这三个版本中的一本或者全部。

作为与鲁迅思想，尤其是与鲁迅"国民性思想"密切相关的"经典"文献，上述两本书中的许多相关内容在被无数次引用的过程当中，从未产生过异议，直到北冈正子对其中的一本，即《我所认识的鲁迅》提出了自己的"异议"。

---

① 吴奔星：《论鲁迅的"国民性"思想》，鲍晶编《鲁迅"国民性思想"讨论集》，天津人民出版社，1982 年，第 104 页。

（二）北冈正子的"异议"

1996 年 3 月，北冈正子发表了《我对〈我所认识的鲁迅〉的异议》（「『我所認識の魯迅』に異議あり」）一文，中文版（黄英哲译）发表在北京鲁迅博物馆《鲁迅研究月刊》1997 年第 4 期①。在上面提到的两本书当中，北冈正子并没把前者，即《亡友鲁迅印象记》作为问题，因为从许寿裳"写在（他）遗留下来的原发表文章的订正和日记所记可以窥知"，"他平时对行文是很注意的"，这个版本的各篇文章，"可以说都是经许寿裳最终校阅过的文章"（参见《纪要》，第 18 页）。笔者也在现在可能做到的范围内，依据手头有的《民主》杂志（上海），把许寿裳原发表在上面的 4 篇文章与人民出版社 1953 年再版本《亡友鲁迅印象记》进行了比较，结论是，至少在这 4 篇文章的范围内，没找到 1953 年再版本与原发表文章有不同之处②。由此可知，不把这本书作为问题似乎是无妨的。

问题出在后者，即《我所认识的鲁迅》一书。北冈正子在详细调查了该书的构成内容（例如把"不易见到"的台湾文化协进会 1947 年出版的，亦"经许寿裳最终校阅过"的《鲁迅的思想与生活》整书收入，"以至约占了全书页数的一半"的情况等）和三个版本的变动状况后，指出了以下问题：该书是许寿裳死后出版的，"因此，是九泉之下的许寿裳所并不知道的书"。"这次把《我所认识的鲁迅》里所收的文章，和原载刊物（报纸和书）以及收录这些文章的书籍进行对照比较，发现在内容上是有删除

---

① 但由于存在着对原文的理解和用语习惯的微妙差别，笔者以下对该篇论文的引用没有采用现成的中文版，而是直接译自日语原文，凡引文后标注页码，均为上记《关西大学中国文学会纪要》页码。

② 《民主》杂志为周刊，1945 年 10 月 13 日创刊，郑振铎主编，发行人王丰年，发行所为"上海九江路民主周刊社"，1946 年 10 月 31 日出至 54 期停刊。此次用来比较的杂志为笔者私藏。许寿裳 5 篇文章的标题、发表期号和时间为：1.《亡友鲁迅印象记（一）》，内容为"小引""一 剪辫""二 鲁迅和屈原"，第 35 期，1946 年 6 月 15 日；2.《亡友鲁迅印象记（二）》，"三 杂谈名人"，第 36 期，同年 6 月 22 日；3.《亡友鲁迅印象记（三）》，"四《浙江潮》撰文"，但是该期目录上没有本篇的标题和作者；4.《亡友鲁迅印象记（四）》，"六 办杂志，译小说""七 从章先生学"，第 38 期，同年 7 月 6 日；5.《亡友鲁迅印象记（五）》，"八 西片町住屋"，"九 归国在杭州教书"，第 2 卷第 1、2 期（总 51·2 期）合刊，同年 10 月 10 日。

和改变的，其中有些部分被删除多达数十行。而这些当然都是经他人之手所为，并不反映著者的意志自无需赘言。"而"本稿的目的，就在于查清这其中的异同"。（《纪要》，第18页）

北冈正子为查清异同的"对照比较"作业付出了艰辛的劳动，亦取得显著成果，终于把《我所认识的鲁迅》里所收的文章和原载刊物之间所见"异同"制成一张完整的表格 ①，并对这些"异同"做出了基本概括：

> 此表中所见异同，有的是词汇和短句修辞的变更，有的是省略删除，少则短至词汇，多则长达数十行。前者在变更的结果上，多数场合没给表现的内容带来怎样的变化，但后者却在结果上招致了著者想要传递信息的消失或变化。……信息改变之所见，可大抵分为以下三点：一、与改造国民性问题相关之处；二、与体制所期待的鲁迅形象或鲁迅评价发生抵触之处；三、其他。（《纪要》，第35—36页）

在北冈正子所指出的"著者想要传递信息的消失或变化"的情况中，与本书讨论的问题直接相关的是"一、与改造国民性问题相关之处"。这也是笔者着重介绍这篇论文的主要理由。因为这已不是个别学者所遇到的个别问题，也不只是基本文献当中的个别词语的龃龉问题，而是涉及构成研究和立论前提的史实的真伪问题。因此，了解在"与改造国民性问题相关之处"，许寿裳到底在哪些地方"经他人之手"被作了"并不反映著者的意志"的删改，正是本书的一道不可缺少的手续。北冈正子对此的说明和调查结论如下：

> 早已有人指出，鲁迅自日本留学时期开始就认为改造中国的国民性是救国的紧急课题，而指出这一点的不是别人，正是许寿裳。这一点后来成了构成鲁迅文学思想的核心课题，倘读过他的著作，便都会对此有所感悟。许寿裳在回忆中谈到的他们二人

---

① 『関西大学中国文学会紀要』第 17 号，1996 年 3 月，第 22—35 页。

在弘文学院学习期间经常在一起讨论改造国民性时的情形，作为许寿裳自身难以忘怀的记忆，不，是这个问题规定了他们二人此后的人生，而作为其起始，鲜明地留在了他的记忆里。鲁迅死后，许寿裳讲述的这一回忆，也是对他自身仍在持续进行的现在的问题的讲述。这是许寿裳在谈到鲁迅的文章里经常出现改造国民性问题的缘由所在。（《纪要》，第36页）

在与这一内容相关的范围内，北冈正子的调查所明示出的重要的“删除变更”有5处：

甲、《〈民元前的鲁迅先生〉序》

原来：他深切地知道革命要先革心，医精神更重于医身体，

删改后：他深切地知道医精神更重于医身体，

乙、《回忆鲁迅》

原来：对于（二）的探索，便觉到我们民族最缺乏的东西是诚和爱，

删改后：对于（二）的探索，当时我们觉得我们民族最缺乏的东西是诚和爱，

丙、《鲁迅的精神》

原来：鲁迅提炼了中国民族一切传统的结晶，创造出这个阿Q典型。

删改后：鲁迅提炼了中国民族传统中的病态方面，创造出这个阿Q典型。

丁、《鲁迅的精神》

原来：因为阿Q本身是一个无知无告的人，承受了数千年来封建制度的遗产，

删改后：因为阿Q本身是一个无知无告的人，承受了数千年封建制度的压迫，

戊、《鲁迅和青年》

原来：，义无反顾的。他在《出了象牙之塔后记》一文中说道："历史说过去的陈述，国民性可改造于将来，在改革者的眼里，以往和目前的东西是等于无物的。"

删改后：，义无反顾的。

对于这 5 处"删除变更"，北冈正子指出：

"甲"会使人想起鲁迅在《〈呐喊〉自序》里讲述的那个使他弃医从文的理由，即眼下第一要著是要改变只能做毫无意义的示众的材料和看客的"愚弱的国民"的精神。被删除的"革命要先革心"，显示着在鲁迅思考的"革命"当中，国民之"心"的"革命"才是中心课题，如果将此删除而衔接前后，便消灭了放在此处的强调。

"乙"是讲述二人在弘文学院讨论国民性时，对第二点（中国民族缺乏的是什么）理由的思考。"便觉到……"被改为"当时我们觉得"。在中国的鲁迅研究中，有相当长的一段时期，鲁迅所提出的国民性问题被视为缺乏阶级观点，这一问题的研究作为"禁区"令人噤若寒蝉。插入"当时……"这一句，是否暗示着这是鲁迅青年时代的事，而并未持续到后来呢？

"丙"和"丁"说的是对《阿Q正传》这篇小说的评价。这篇小说通过阿Q这个典型形象表现了改造国民性问题。把鲁迅从"中国民族一切传统的结晶"中创造出阿Q这一典型，改为从"传统中的病态方面'创造出这一典型；又，把阿Q承受了数千年来封建制度的"遗产"，改为承受了封建制度的"压迫"，经这一操作，在前者限定了阿Q这一形象的创造基础，而在后者，又只把被害者的一面附与阿Q，其结果使许寿裳关于《阿Q正传》的评价发生了改变。

"戊"在于鲁迅说的要不断改造国民性这一文脉当中。被省

略的是，引厨川白村《出了象牙之塔》之"译后记"，明确传递
鲁迅的将来也不应放弃改造国民性之希望的这一层意思的部分。
（《纪要》，第36—37页）

由于篇幅的限制，关于北冈正子的论文只能介绍以上这些，详细内容
还有劳读者去直接阅读原论文或者参看前面已经介绍过的中文译文。以上
这5处"删除变更"的地方，都是与鲁迅的"国民性思想"有着直接关系
的内容，笔者通过北冈正子耐心细致的阅读和周密的比较分析，获得了许
寿裳回忆中有关这一问题言论的原始文本，以下关于许寿裳的问题提起和
探讨都将以在此获得的原始文本为基础。

作为与此相关的一点，还另有几句话想要补充。既然北冈正子的工作
其意义和价值在于还历史以本来面目的"正本清源"，那么至少在北冈正
子工作的基础上，编辑和出版部门重新校订1978年版《我所认识的鲁迅》
一书，将不难获得一个比较完整[①]的按照原始文本形态编辑起来的可以反
映著者意志的许寿裳回忆录。然而，令人遗憾的是，这项工作仍然做得很
草率。笔者书架上有一套由鲁迅博物馆、鲁迅研究室、《鲁迅研究月刊》
选编的六卷本《鲁迅回忆录》（分为"专著"上、下册和"文章"上、中、
下册），1999年由北京出版社出版。许寿裳名下的两本书，收在其中的第
一本，即"专著上"里。在第437页的"我所认识的鲁迅"的书名下，有
加了括号的说明："据人民文学出版社1952年6月初版、1978年6月增
订本排印。书中有几篇文章的内容经原编者删节，重要的删节现均据原文
补足，用楷体字排出。"但笔者把这里所说的"用楷体字排出"的"重要
的删节"和北冈正子论文里的"异同"表初步对照一下，发现有些地方是
据原文补足了，而仍留下很多地方，特别是那些细微的地方并没有补足。
例如，北冈正子指出的对《忆亡友鲁迅》一文的两大段删节（1500字左右），

① 北冈正子说，据她所知，许寿裳在鲁迅逝世后所写的关于鲁迅的文章，除《亡友鲁
迅印象记》之外有24篇，而最终收在1978年版《我所认识的鲁迅》当中的有19篇（参见《纪
要》，第20页）。在这19篇当中，有一篇，即《鲁迅与民族研究》因未见原载杂志而没能
进行对照（参见《纪要》，第23页）。

第一段是完整地补上了（第 446—448 页），但是第二段仍省略了最后一段不短的"附记"，有编者曰："此文后附录许丹（许季上）悼鲁迅诗一首《哭周豫才兄》，从略——编者。"（第 451 页）由此可知，应该"补足"的地方还是没有补足的。再对照上面详列的与"国民性思想"相关的 5 处，虽然甲、丙、丁和戊做了补足或改正，但是"乙"却没改正，仍作"当时我们觉得"（第 487 页）。由此可知，应该改正的地方也并没都被改正过来。笔者不理解现在的编者所认为的"重要的删节"其标准是什么，难道原编者所做的那些"重要的删节"之外的其他删节和更改就不重要吗？既然还存在着没补足和没改正过来的地方，那么也就不能说"均据原文"了。或许《鲁迅回忆录》的编者没有看到北冈正子的论文（尽管这篇论文正像上面所介绍的那样，其中文版曾在《鲁迅研究月刊》上发表过），或者看到了却并没细读，也没把细读的结果彻底落实在文本的订正上，致使《我所认识的鲁迅》在收录于《鲁迅回忆录》的这最新一次的出版处理中，成为一个订正得不彻底的草率的版本。换句话说，这个版本在还原原始文本面貌这一点上，仍不是一个值得信赖的版本。

（三）"许寿裳"的可能性及其界限

在许寿裳回忆录的文本问题被澄清之后，便可以进入下一个讨论了。这里要提出的问题是，许寿裳的回忆在既往鲁迅"国民性思想""探源"的研究中是怎样被解读的？具有怎样的意义？而与本书又将构成怎样的关系？笔者想通过对这一经典文献的再认识的作业，力图把握这一具体历史文献在解释历史时的可能性及其界限。

首先，要来看一下许寿裳在回忆中关于鲁迅和他的"国民性"问题讨论到底谈了些什么。前面已经介绍过，许寿裳在三篇文章中谈到过这件事。根据北冈正子的研究，可以获得其中两篇文章的原始文本，它们是收在《我所认识的鲁迅》当中的《怀亡友鲁迅》和《回忆鲁迅》，这在前边已经介绍过了，见下面"1"和"2"；另一篇文章是收在《亡友鲁迅印象记》里的"办杂志、译小说"，经笔者直接查对原发表杂志，确认与收集后的文章同，故也获得了原始文本，见下面"3"。三篇文章里的相关部分，按照发表的时间顺序排列，便呈现以下形态：

1.《怀亡友鲁迅》(《新苗》第 11 期，1936 年 11 月 16 日) 中的相关部分

鲁迅在弘文时，课余喜欢看哲学文学的书。他对我常常谈到三个相联的问题：一，怎样才是理想的人性？二，中国国民性中最缺乏的是什么？三，它的病根何在？这可见当时他的思想已经超出于常人。后来，他又谈到志愿学医，要从科学入手，达到解决这三个问题的境界。我从此就非常钦佩：一个矿学毕业的人，理想如此高远，而下手工夫又如此切实，真不是肤浅凡庸之辈所能梦见的。学医以后，成绩又非常之好，为教师们所器重。可是到了第二学年春假的时候，他照例回到东京，忽而"转变"了。

"我退学了。"他对我说。

"为什么？"我听了出惊问道，心中有点怀疑他的见异思迁。"你不是学得正有兴趣么？为什么要中断……"

"是的，"他踌躇一下，终于说，"我决计要学文艺了。中国的呆子，坏呆子，岂是医学所能治疗的么？"

我们相对一苦笑，因为呆子、坏呆子这两大类，本是我们日常谈话的资料。

2.《回忆鲁迅》(《新华日报》，1944 年 10 月 25 日)

一九〇二年我和鲁迅同在东京弘文学院预备日语，却是不同班，也不同自修室，他首先来看我，初见时谈些什么，现在已经记不清了。有一天，谈到历史上中国人的生命太不值钱，尤其是做异族奴隶的时候，我们相对凄然。从此以后，<u>我就更加亲近</u>，见面时每每谈中国民族性的缺点。因为身在异国，刺激多端……我们又常常谈着三个相联的问题：（一）怎样才是理想的人性？（二）中国民族中最缺乏的是什么？（三）它的病根何在？对于（一），因为古今中外哲人所孜孜追求的，其说浩瀚，我们尽可择善而从，并不多说。对于（二）的探索，<u>便觉到我们民族最缺</u>

乏的东西是诚和爱，——换句话说：便是深中了诈伪无耻和猜疑相贼的毛病。口号只管很好听，标语和宣言只管很好看，书本上只管说得冠冕堂皇，天花乱坠，但按之实际，却完全不是这回事。至于（三）的症结，当然要在历史上去探究，因缘虽多，而两次奴于异族，认为是最大最深的病根。做奴隶的人还有什么地方可以说诚说爱呢？……唯一的救济方法是革命。我们两人聚谈每每忘了时刻。

3.《亡友鲁迅印象记 办杂志、译小说》（《民主》第38期，1946年7月6日）

鲁迅在弘文学院的时候，常常和我讨论下列三个相关的大问题：

一　怎样才是最理想的人性？

二　中国国民性中最缺乏的是什么？

三　它的病根何在？

他对这三大问题的研究，毕生孜孜不懈，后来所以毅然决然放弃学医而从事于文艺运动，其目标之一，就是想解决这些问题，他知道即使不能骤然得到全部解决，也求于逐渐解决上有所贡献。因之，办杂志、译小说，主旨重在此；后半生的创作数百万言，主旨也重在此。

从时间上来说，《怀亡友鲁迅》作于"一九三六年十一月八日鲁迅逝世后十九日"[①]，与《回忆鲁迅》的作于"一九四四年十月"[②]相距8年，而与《亡友鲁迅印象记 办杂志、译小说》的发表日期（写作日期不详）1946年7月6日相距近10年。如果要在这有近10年时间跨度的三篇文章里，寻找一个"最大公约项"，那么便是鲁迅和许寿裳"在弘文学院的时候"，关于"国民性"话题里的三个问题。可以说，这是许寿裳记忆最深而且也

---

① 许寿裳：《我所认识的鲁迅》（第2版），人民文学出版社，1953年，第17页。
② 许寿裳：《我所认识的鲁迅》（第2版），人民文学出版社，1953年，第23页。

是最想强调的部分。尽管因时间的推衍记忆总会发生一些微妙的变化,但正如以上所见,不论事情经过30多年还是40多年,这个"公约项"的内容却几乎毫无改变,唯一的不同之处,仅仅是"2"当中的第二条,把"1"和"3"里的"中国国民性"替换成了"中国民族",而"3"里第一条,在"理想"之前加了一个"最"字而已。

在笔者所查阅的相关论文和研究专著中,对许寿裳回忆里上述材料的处理,几乎都采取了接受"最大公约项"的方式,即只抽取话题的时间和地点以及话题的内容,作为一个单纯的史实来使用[①]。因此,在材料的引用上显得十分方便,几乎用不着进行相互间的比较和对照,随便抓到哪一种便都可以证明相同的问题:鲁迅早在弘文学院期间就已开始思考"国民性"问题。至于"最大公约项"当中的诸如"中国国民性"与"中国民族"之类的细微差别,开始还有人注意,如在前引吴奔星的论文中就用来作为"国民性"与"民族性"意思相同的证据[②],但到后来乃至现在,这种细微的不同则已经被完全无视了。就是说,"最大公约项"已经变成不必再去思考的一种"常识"。

笔者不是说这一"最大公约项"作为史实值得怀疑,也不是说引用这一史实并且作为一种常识来对待不对,而是要指出,这一史实在引用者那里也同样没获得相应的"过滤"处理,以至于使"常识"在专业刊物上也

---

① 关于笔者所查阅的引用许寿裳回忆的论文和专著,这里只列作为主要出处的书刊页码。参见鲍晶编《鲁迅"国民性思想"讨论集》,天津人民出版社1982年版,该讨论集中提到或引用许寿裳的篇目有20篇,页码分别为第21、24、27、41、56、65、84、104、128、146、176—177、193—194、221、239、250、273、292、321、346、359—360页; 上海文艺出版社编《鲁迅研究集刊》,上海文艺出版社1979年版,第91—92页;西北大学鲁迅研究室编《鲁迅研究年刊(1981)》,第157页;鲁迅研究学会《鲁迅研究》编辑部编《鲁迅研究》第3辑,中国社会科学院出版社1981年版,第136、140页;鲁迅研究学会《鲁迅研究》编辑部编:《鲁迅研究》第10辑,中国社会科学院出版社1987年版,第44页;北京鲁迅博物馆编《鲁迅研究月刊》2002年第2期,第70页;北京鲁迅博物馆编《鲁迅研究月刊》2002年第5期,第15页;北京鲁迅博物馆编《鲁迅研究月刊》2002年第9期,第6页;北京鲁迅博物馆编《鲁迅研究月刊》2003年第12期,第32页。

② 参见吴奔星:《论鲁迅的"国民性"思想》,鲍晶编《鲁迅"国民性思想"讨论集》,第104页。

变成"非常识"。笔者看到一篇关于鲁迅国民性思想"探源"的文章,其中有惊人之笔:"在仙台学医时,他和友人许寿裳讨论过'怎样才是理想的人性?中国国民性中最缺乏的是什么?它的病根何在?'等三个问题。"[①]这里所见到的对许寿裳原话的不规范引用以及更为严重的作为史实的时间和地点的错误,也恰恰说明许寿裳所提供的这一史实,在被引用的过程中已经变得无关紧要,它只是史实的一种机械的复制,是一种抽象的符号,论者不再认真面对作为自己立论前提的构成史实的材料。

笔者几乎找不到把许寿裳的话作为一个对象来加以讨论的论文,在这个意义上,北冈正子的论文是一个例外。正像上面所介绍过的那样,这篇论文不仅根据原载文章订正了《我所认识的鲁迅》一书中被删改的文本,亦进一步指出了改造"国民性"也正是许寿裳在回忆时所讲述的他自己现在正继续坚持的问题[②]。这是颇具洞见之言。在继承这一点的前提下,笔者还想进一步分析许寿裳的言论并提出自己的看法。

就整体而言,上面所列的三段文字,除了作为"最大公约项"的部分之外,在接下来的内容里,文字变动较大,因此,所谈事情,侧重点以及所传递的整体信息都是不尽相同的。

第一,从事情的角度看,"1"接下来所谈的是鲁迅从东京去仙台学医,又从仙台返回的经过,注重史实过程的回顾;而"2"和"3"则是对在弘文学院时所讨论问题的看法和议论,表明的是许寿裳所正在思考的问题。

第二,从问题的侧重点来看,"1"所强调的解决方法是"科学",即"要从科学入手,达到解决这三个问题的境界";"2"所强调的方法是"革命",即"唯一的救济方法是革命";"3"所强调的方法是文艺,即"办杂志,译小说"。笔者以为,这三者可能都是鲁迅在同一时期考虑到的,但它们在许寿裳的回忆里却化解为侧重有所不同的强调。

第三,"三个相联的问题"是两个人之间的话题这一点不成问题,但是拥有方式却不一样。"1"是"他对我常常谈到三个相联的问题",也

---

① 程致中:《鲁迅国民性批判探源》,《鲁迅研究月刊》2002年第10期,第5页。
② 参见前出北冈正子对问题的说明(《纪要》,第36页)。

就是说，话题是由鲁迅提起的，而且"常常"提起，回忆者许寿裳当时还主要是这个话题的听者；在"2"里，这种话题的提起者和参与者的关系，虽然有了一些淡化，如"有一天，谈到……"这样的主语不明的修辞方式，但在被删改以前，还是可以感受到两个人相对话题的主次位置的，如"从此以后，我就更加亲近"便说明许寿裳在听到这一话题后受到了鲁迅的吸引以及他对鲁迅的态度。后来，这句话被改为"从此以后，我们就更加接近，见面时每每谈中国民族性的缺点"，就在客观上改变了两者对这一话题的持有方式。到了"3"时，是"常常和我讨论"，从中已经看不到话题的提起者和参与者的主次关系了。笔者以为，这是研究者认为鲁迅和许寿裳在进行"讨论"的由来。但笔者对此有不同的看法，认为是先到日本半年的周树人把自己对这个话题的所感所想对后来者说，引起后来者的兴趣并且也参与进这个话题里，但这个话题成了后来鲁迅的终生实践课题，而对许寿裳来说，是到鲁迅死后，重新来看鲁迅时，才再次重新认识到的重要问题，是结合现实对鲁迅的一种理解和解释。

第四，与上一点相关，三段话的后半部分所传递的整体信息大不相同。"1"重在讲述鲁迅的思想在当时"已经超出于常人"——这也可以证明许寿裳对当时"周树人"的话题不大懂，或者至少是感觉到新鲜的，因此周树人处处令他感到惊讶：一个矿学毕业的人，能够想到这些问题，能够想到科学，能因此而去学医，又能够因此而弃医从文……"2"是重提 8 年前在回忆中谈到的那些话题，重点在于对话题中的三个问题本身进行补充和讨论，其中谈到的缺乏"诚和爱"以及"两次奴于异族"的原因，都是在"1"和"2"里见不到的内容。"3"是许寿裳最后一次提到这个话题，也是在缺少资料的情况下，应许广平的"回忆之文，非师莫属"的邀请写作的[①]，但在某种意义上，也可以说是从鲁迅整个生平的角度对前两次所提到的这个话题的意义进行概括，即"后半生的创作数百万言，主旨也重

---

① 许寿裳：《亡友鲁迅印象记》（一）"小引"，除许广平的邀请之言外，还说："可惜现在身边没有《鲁迅全集》，有时想找点引证，多不可得，这是无可奈何的！"《民主》，第 35 期，1946 年 6 月 15 日，第 885 页。

在此"。

那么，上述差异在人们接受许寿裳，或者说通过许寿裳去思考鲁迅时具有怎样的意义呢？笔者认为，要完全回答这一问题可能还需要一段时间，但至少从目前已知的情况看，这些差异之处甚至比"鲁迅在弘文学院期间常常谈论有关国民性的三个相关的问题"这一相同的事实本身更加重要。因为除了在细节上更有助于具体层面的思考——就像张琢把"许寿裳"中的"科学"这一细节纳入自己的分析过程后所思考的那样："不过，学医从科学入手来解决三个问题，这在当时又是很独特的。"①——之外，这些差异，实际是通过不同的细节，不同的角度以及微妙的变化，把对"国民性"问题的提起，纳入了对鲁迅一生工作的整体评价中来：

> 他对于这文艺运动，——也就是对于国民性劣点的研究，揭发，攻击，肃清，终身不懈，三十年如一日，真可谓"鞠躬尽瘁，死而后已"。这是使我始终钦佩的原因之一。（《怀亡友鲁迅》1936）②
>
> 他的舍弃医学，改习文艺，不做成一位诊治肉体诸病的医师，却做成了一位针砭民族性的国手。他的创作和翻译约共六百万字，便是他针砭民族性所开的方剂。（《鲁迅与民族性研究》，1945）③
>
> 他对这三大问题的研究，毕生孜孜不懈，后来所以毅然决然放弃学医而从事于文艺运动，其目标之一，就是想解决这些问题，他知道即使不能骤然得到全部解决，也求于逐渐解决上有所贡献。因之，办杂志、译小说，主旨重在此；后半生的创作数百万言，主旨也重在此。（《办杂志、译小说》，1946）④

这些才是许寿裳最想说的话。应该说，许寿裳这种独特的"国民性"

---

① 张琢：《中国文明与鲁迅的批评》，桂冠图书股份有限公司，1993 年，第 162 页。
② 许寿裳：《我所认识的鲁迅》（第 2 版），人民文学出版社，1953 年，第 10 页。
③ 许寿裳：《我所认识的鲁迅》（第 2 版），第 50 页。
④ 《民主》第 38 期，1946 年 7 月 6 日，第 966 页。

论的鲁迅观,可谓知心之论,他指出了鲁迅的真正价值所在,亦为展示和发掘这种价值留下了一个巨大的充满可能性的课题,即鲁迅究竟怎样有了关于"国民性"这种想法,他为这一想法一生都做了哪些?而20世纪80年代以来对这一课题的探讨,堪称"鲁迅"的再发现,使一直被纳入在体制内解释的"鲁迅",再次存在于从那时起不得不进行改革的体制之外;而且,当改革一旦停止,"鲁迅"便再回不到体制中去。不过,这已是另外的话题了。

因此,只有在接受许寿裳上述话语的前提下,弘文学院时的三个相关的问题才具有实际意义,那就是,"国民性"是鲁迅"毕生孜孜不懈"的课题,而对这一课题的探讨和研究,早在弘文学院时代就开始了。换而言之,在一个"终身不懈,三十年如一日"的课题持续过程中,弘文学院时的三个相关的问题只是一个开端,一个起点,一个时间的符号和一种问题意识的标签。作为问题,它们还都很抽象,很狭窄,还承载不下人们在后来的"鲁迅"身上所理解和把握到的那些内容,所以,也就理所当然地不能当作完成形态的"鲁迅"来解读。否则,起点即终点。这就是笔者认为的"许寿裳"文献在解释历史时的界限所在。

(四)许寿裳问题之后的研究进展

以许寿裳的回忆为前提探讨鲁迅"国民性"的问题文章很多,但绝大多数文章处于重复状态,而且又大多把这一关于"国民性"思考当中的"起点"问题混同于国民性思想本身,故缺少实质性推进。例如,倘若进一步追问,是什么促使了当年的鲁迅和许寿裳展开"国民性"问题的讨论呢?便是这样一个基本问题,却始终见不到有成果的探讨。故北冈正子在通过"异议"正本清源之后所作的对"鲁迅、许寿裳国民性讨论"之"引发"的探讨便是一项引人注目的研究。北冈正子经过常年细致调查研究发现,鲁迅和许寿裳当年在弘文学院就国民性问题所作的讨论,实际是他们在学期间,校长嘉纳治五郎(Kanou Jigoro, 1860—1938)和当时同在弘文学院留学、年长而又是"贡生"的杨度(1875—1931)关于"支那教育问题"

的讨论之"波动"的结果①。这是首次将"鲁、许"二人的讨论还原到历史现场的作业，从而为鲁迅国民性问题意识的产生提供了一个具体的环境衔接。这是许寿裳问题之后的重要成果之一。

"国民性"问题意识，在当时有着很大的时代共有性，在一个人思想当中，其能升华为一种理念，当然还会有很多复杂的促成要素，例如梁启超的"新民说"及其由此带动起来的思想界与鲁迅改造国民性思想生成之关系就是一个很大的问题。不过，问题意识和理念是一个方面，要将它们落实到操作层面，即熔铸到创作当中，就非得有具体的现实体验和丰富的阅读不可。那么，这就涉及另一个引申问题，即是什么培养了对"国民性"的观察意识，促使鲁迅进一步思考，并为他的思考提供可资借助的观察视角和创作素材呢？

鲁迅在《阿Q正传》成功后谈自己的体会时说："要画出这样沉默的国民的魂灵来，在中国实在算一件难事，因为，已经说过，我们究竟还是未经革新的古国的人民，所以也还是各不相通，并且连自己的手也几乎不懂自己的足。我虽然竭力想摸索人们的魂灵，但时时总自憾有些隔膜。"②这段话里流露的苦衷向来不大为研究者所注意。人们以为，因为鲁迅是中国人，对中国人自然了解，再加上因为是"鲁迅"，所以写出像《阿Q正传》那样的剖析国民灵魂的作品，便是理所当然的，就像他们认为，"吃人"的故事，在中国众所周知，更何况还是"鲁迅"，因而无需"乃悟"的激活一样。鲁迅这段话直言他与作为自己同胞的"古国人民"的"隔膜"，并把自己的创作视为"摸索人们的魂灵"，寻求了解和沟通"手"与"足"的实践行为。在如此思考和观照的视域下，关于中国国民性的记述引起阅

---

① 北冈正子：『もう一つの国民性論議——魯迅·許寿裳の国民性論議への波動』，『関西大学中国文学会紀要』第10号，1989年3月。后以「六　嘉納治五郎　第一回生に与える講話の波紋」为题，集入同作者『魯迅　日本という異文化なかで——弘文学院入学から「退学」事件まで』一书。该文中文译文，参见北冈正子：《另一种国民性的讨论——鲁迅、许寿裳国民性讨论之引发》，李冬木译，《吉林大学社会科学学报》，1998年第1期。

② 鲁迅：《集外集·俄文译本〈阿Q正传〉序及著者自叙传略》，《鲁迅全集》第7卷，第84页。

读兴趣并成为一种观察对象，便是顺理成章的事。

例如，美国传教士阿瑟·亨德森·史密斯所著《中国人气质》(*Chinese Characteristics*) 一书，便是其中的一种。鲁迅文本中有 4 处提到该书，按照时间顺序排列，它们分别是：

> 1. 1926 年 7 月，《华盖集续编·马上支日记（七月二日）》
>
> 2. 1933 年 10 月 27 日，《致陶亢德信》
>
> 3. 1935 年 3 月，《且介亭杂文二集·内山完造作〈活中国的姿态〉序》
>
> 4. 1936 年 10 月，《且介亭杂文末编·"立此存照"（三）》

如果综述一下鲁迅的意见，那么他认为这本书对中国人的特性抓得准，也影响到了明治以来的日本人的中国观，在攻击中国的弱点方面，"亦较日本人所作者为佳"，只得翻译出来给中国人看。尤其是最后一次谈到这本书时，是在他死前一个星期左右，他仍然不忘向中国人推荐这本书，说："我至今还在希望有人翻出斯密斯的《支那人气质》来。"可见此书与鲁迅的关系之深。不过研究者注意到鲁迅与史密斯的关系并作为问题展开研究，则是鲁迅死去 40 多年以后的事。

最早提到鲁迅论史密斯的是孙玉石 1979 年发表的论文，题为《鲁迅改造国民性思想问题的考察》，却只有一句话："如鲁迅曾多次提到的美国传教士斯密士（A. H. Smith），曾留居中国五十年，写了《中国人的气质》一书，极力污蔑中国的'民族性'，产生了极为恶劣的影响。"[①] 而真正把"鲁迅与斯密斯"的关系作为问题提出并且展开探讨的，是翌年发表的张梦阳《鲁迅与斯密斯的〈中国人气质〉》一文[②]。该论文的修改版又于 1983 年 1 月发表在《鲁迅研究资料》第 11 期[③] 上。十几年后的 1995 年，敦煌文艺出版社出版了张梦阳、王丽娟合译自史密斯英文原著的中译本，书名叫做

---

① 上海文艺出版社编：《鲁迅研究集刊》第 1 辑，1979 年 4 月，第 88 页。

② 参见西北大学鲁迅研究室编：《鲁迅研究年刊（1980）》，第 208—217 页。

③ 北京鲁迅博物馆鲁迅研究室编：《鲁迅研究资料》第 11 期，1983 年 1 月，第 316—351 页。

《中国人气质》^①。书前有唐弢的序，书后有张梦阳做的两万多字的《译后评析》——这是在此前论文的基础上，结合译本进一步细化和充实的产物，并且从中可以知道，这项研究曾得到了一些知名学者的支持。

张梦阳的研究和翻译，在肯定鲁迅的"改造国民性"思想所具有的现实意义的前提下，明确了与这种思想的形成密切相关的"借鉴"问题，即鲁迅"关于改造中国国民性的许多重要思想都与《中国人气质》有着密切的关系"，"鲁迅从20世纪初叶在日本留学时就认真阅读了这本书……从中借鉴了许多正确的意见"。这项研究对此后相关研究具有引领之功，是承接许寿裳问题的又一项实质性推进。据笔者截止到2018年的不完全统计，光是后来发行的《中国人气质》中译本，就有近50种之多，参与到"国民性"问题讨论中来的论文和书籍就更多。鉴于张梦阳的研究论文、翻译以及长篇《译后评析》在当时和后来在鲁迅研究领域所具有的开创意义和影响，笔者愿意在此将其作为一种"范式"看待，以作为研究史上的一种标记。

（五）涩江保日译本问题的提出

张梦阳正式提出了"史密斯与鲁迅"的关系问题，并且通过将史密斯的英文原著译成中文而进行"史密斯与鲁迅"的文本比较，确立了一种"史密斯与鲁迅"的认知范式，而这种认知范式一旦摆到以东西方关系为主轴的近代文化论的层面来时，便很自然地拓展为所谓"西方与东方"的认知结构。继张梦阳之后，张所提出的这种"史密斯与鲁迅"＝"西方与东方"的认知结构，被无条件地复制下来，成为该课题探讨的一种范式。请看以下几个例子：

甲、孙郁《鲁迅与周作人》："一个外国传教士，一个中国启蒙者，对同一客体所进行的相近的精神凝视，无疑是人类文明史上动人的一页。洋人启示了我们的先驱者，使他从域外的火把中，窥清了几千年历史漫长的黑洞，他又不畏苦难之途，自抉其心，孤独地前行着，仿佛一个天使，

---

① 2005年又由新世界出版社重印修订版，改名为《中国人的德行》。

在苦海里、荆丛里，毫不犹豫地挣扎、搏击着，心头的信念从未消失过。这是文明史上何等激动人心的图景！读过了史密斯与鲁迅的作品，你便会感动于文化殉道者的伟大。东西方智者的仁爱与慈悲之心，便于这样的交汇中，凝固成一种不朽与永恒。"①

乙、刘禾著作二种："虽然斯密思的书只是国民性理论在中国人中传播的众多渠道之一，这恰巧是鲁迅国民性思想的主要来源。"②

丙、冯骥才《鲁迅的功"过"》：鲁迅改造国民性思想＝西方殖民主义话语③。冯文发表后引起学术界的激烈论争，作为鲁迅研究界的一次"事件"，这场论争中的一些主要发言，都已经被分别收进"世纪末"和"世纪初"的两本论争集里④。这不属于学术研究，至多只属于"社会舆论"，但却是"国民性"问题、"鲁迅与斯密斯"的问题、萨义德"东方主义"等问题的外化形式。

丁、范伯群、泽谷敏行《鲁迅与斯密斯、安冈秀夫关于中国国民性的言论之比较》⑤，这篇论文虽也以张梦阳论文及其译本为起点，但涉及文本比较的范围及其影响关系的延伸上都超过了前者，因此，也被载入鲁迅研究史当中⑥。其实，这篇论文还有一点更大的贡献没被史家所发现，那就是涉及安冈秀夫的"言论"部分都首次直接来自日文原文，不仅通过原

---

① 孙郁：《鲁迅与周作人》，河北人民出版社，1997年，第118页。

② 刘禾著，宋伟杰等译：《跨语际实践——文学、民族文化与被译介的现代性（中国，1900—1937）》，生活·读书·新知三联书店，2002年，第73页。又，同样的内容也收在另一本书中，刘禾：《语际书写——现代思想史写作批判纲要》，上海三联书店，1999年，第三章。

③ 冯骥才：《鲁迅的功"过"》，《收获》，2000年第2期。

④ 高旭东编：《世纪末的鲁迅论争》，东方出版社，2001年。陈漱渝主编：《谁挑战鲁迅？——新时期关于鲁迅的论争》，四川文艺出版社，2002年。

⑤ 范伯群、泽谷敏行：《鲁迅与斯密斯、安冈秀夫关于中国国民性的言论之比较》，北京鲁迅博物馆编《鲁迅研究月刊》，1997年第4期。

⑥ 张梦阳：《中国鲁学学通史》（上卷一），广东教育出版社，2001年，第十一章"90年代鲁迅研究学理精神的反思与升华"，第646页。其评价的主要之点是"着重对斯密斯的《中国人气质》、安冈秀夫的《从小说看来的支那民族性》及鲁迅的有关言论与作品，进行了细密的文本对照和比较分析"。

文重新审视了安冈秀夫原作的内容，也在此基础上，重新检证了鲁迅对安冈秀夫的评价，并且指出"中国《鲁迅全集》注释者"把安冈秀夫的《从小说看来的支那民族性》注释为"'是一本诬蔑中国民族的书'（《全集》三卷338页，1991年人民文学版）。'书中对中国民族肆意进行诬蔑。'（《全集》十二卷246页）"——"不符合鲁迅的原意"①。然而，也正是在文本操作上，这篇论文亦同样留下了遗憾，即无条件地接受了张梦阳论文所设定的"鲁迅与斯密斯"这一框架下的文本范式②，致使本来可以到手并且极有可能获得过滤处理的日译本"《支那人气质》"这一史实再次被遗漏——据作者之一的泽谷敏行在他稍早些时候的硕士论文的"后记"里说，他本来可以找到1896年涩江保翻译的《支那人气质》，但因为语言老化，理解上费时间，所以就用了1940年白神彻的译本；但当看到张梦阳、王丽娟的译本出版后，受到了一个打击，自认"那个填补空白的愿望被大大缩小了"③，于是，读者也就看到，当论文公开发表时，"斯密斯"名下的文本，已经换成中译本了。

由此可见作为一种研究范式的巨大影响力。尽管张梦阳已经注意到在

---

① 范伯群、泽谷敏行：《鲁迅与斯密斯、安冈秀夫关于中国国民性的言论之比较》，《鲁迅研究月刊》，1997年第4期，第42页。

② 范伯群、泽谷敏行：《鲁迅与斯密斯、安冈秀夫关于中国国民性的言论之比较》，《鲁迅研究月刊》，1997年第4期，第48页。附记："关于斯密斯《中国人气质》的译文，引用张梦阳、王丽娟的译作，敦煌1995年版。关于安冈秀夫的《从小说看来的支那民族性》的译文，是由本文作者之一——泽谷敏行翻译的。"

③ 承蒙泽谷敏行先生的惠赠，笔者得到了他1996年8月在苏州大学时的硕士论文《鲁迅与斯密斯、安冈秀夫等人关于中国国民性的言论之比较》（『鲁迅とスミス、安冈秀夫等との中国民族性についての语录比较』）。论文是中日文两种文本的合订本，在导师范伯群指导下做成，又在此基础上，经导师整合润色，联名发表在《鲁迅研究月刊》1997年第4期上。关于论文中所涉及的比较文本，中文版后记（第25页）写道："1896年羽化涩江保翻译的斯密斯的《支那人气质》虽然能够找到，但因为语言老化［日文版后记（第38页）里，此处还有'理解に手间取る'一句，即'理解上费时间'之意——笔者注］，所以就用了1940年白神彻的译本。在那以后，1995年12月张梦阳、王丽娟翻译的中译本出版了。这对我来说是一个打击。因为那个填补空白的愿望被大大缩小了。"由此可以清楚地看到，在文本的选择上，作者是如何由1896年涩江保的日译本到"1940年白神彻的译本"，再到张梦阳、王丽娟译本的过程的。

史密斯与鲁迅之间有日译本的存在，并且强调鲁迅当年读到的，"当然是涩江保的日译本，而非英文原本"①，但由于实际用于比较的是英文版或基于英文版的汉译，就使得日译本没有进入探讨范围，以至在同一范式下的研究都没将日译本作为讨论的对象。例如刘禾在哈佛大学燕京图书馆"意外发现"1903 年作新社出版的汉译本《支那人之气质》——作为史料发掘，这在研究史上是了不起的贡献——并且知道该译本是来自涩江保的日译本《支那人气质》，却并没有深究这两个文本与鲁迅的关联，而仍然持续了"史密斯与鲁迅"的范式。

笔者并不否认在近代文化方面的"东方与西方"的认知范式，但主张在应用这一普遍原理之前，应以基本史实为前提。鲁迅当年所阅读的并非史密斯的英文原著，而是涩江保的日译本，这一基本史实在上述研究中几乎没有经过思考的过滤。换句话说，所谓"史密斯与鲁迅"的关系，是通过涩江保的日译本来构筑的，在走向"史密斯与鲁迅"，进而是"东方与西方"这种宏伟的殿堂之前，涩江保的日译本就是一道必须要履行的基本手续。这是笔者把《支那人气质》一书作为问题提出的主要理由。另外，正如上面所提到的那样，既然已知作新社的中译本的底本乃是涩江保的日译本而非英文本，这就更增加了日译本所具有的历史分量②。

笔者关于涩江保日译《支那人气质》的研究开始于 1997 年，是以张梦阳的研究为契机所做的进一步思考和探索。重心从英文本转移到日译本，通过对后者出版机构、时代背景和时代氛围的调查和对译者涩江保的身世的追踪，还原周树人当年所置身的历史现场，并通过这一现场来寻找他与

---

① 亚瑟·亨·史密斯著，张梦阳、王丽娟译：《中国人气质》，敦煌文艺出版社，1995 年。

② 笔者最早是通过刘禾的《语际书写——现代思想史写作批判纲要》（上海三联书店，1999 年版）一书获知作新社译本的，2005 年夏天从哈佛燕京图书馆购得该书缩微胶片。2007 年 9 月又于北京喜得黄兴涛校注本《中国人的气质》（中华书局，2006 年）。但笔者对黄的校注本有两点保留，1. 既然是校本而非重译，那么称《中国人的气质》便不确，应用原名《支那人之气质》（或扉页书名《支那人气质》）；2. 版权页标"书名原文"为"Chinese Characteristics"亦不确，因为该中译本非直接译自英文版，而是译自日文版，故"书名原文"应叫做《支那人氣質》才准确。笔者认为，这两点也能说明校注者亦是在"史密斯与鲁迅"＝"西方与东方"的认知结构中来思考问题的。

"史密斯"的真实关联；最后是聚焦到日译本文本本身，通过与鲁迅文本的对照，实证两者的胶结，由此来见证鲁迅如何建构他的国民性话语，以及涩江保的"史密斯"在这个过程当中所发挥的作用和所具有的意义。

（六）版本问题：原作、日语版、中文版

2008 年笔者在哈佛大学燕京学社做访问学者期间，基于自己的调查，就 *Chinese Characteristics* 穿越于东西之间的版本问题，做了一个报告，题为"美国、日本、中国——一本书的旅行和一个认知空间的建立"（中国文化研讨会第二十三届年会"文化空间与族裔认同"，2008 年 12 月 7 日）。2019 年我在吉林大学又以"一本书的百年旅行"（"鲁迅精神史探源"系列讲座之二，2019 年 9 月 12 日）为题，对版本问题做了进一步的补充。兹归纳如下：

原作者 Arthur Henderson Smith，中文通常翻译成"阿瑟·亨德森·史密斯"，系美国公理会派遣到中国的第 8 位传教士，中文名叫明恩溥、明恩浦、明恩普。1872 年来华，先后居住过天津、枣庄、庞家庄等地，从事传教、慈善、医疗、教育等方面的活动，同时也不断在上海《字林西报》（*North-China Daily News*）及其附赠版《北华捷报》（*North-China Herald*）上发表文章。1905 年辞去教职，留居通州写作。1926 年返回美国，1932 年在加利福尼亚去世。他在华生活 54 年，熟悉下层人民生活，热爱中国，是最早向美国总统老罗斯福建议退还中国庚子赔款的人。著有多种关于中国的书籍，《中国人的性格》（*Chinese Characteristics*）是其中之一，1890 年首次在上海出版，系他来华第 18 个年头的作品。

以下按时间顺序，简列各已知版本问题如下：

1. Chinese Characteristics，SHANGHAI："NORTH-CHINA HERALD" OFFICE，1890.

此系初版，是作者将自己发表在《字林西报》和《北华捷报》若干文章整理后的结集。

2. Chinese Characteristics，NEW YORK：FLEMING H.

REVELL COMPANY，1894.

此系第二版（second edition），即"修订插图版"（revised with illustrations）。由于初版后来很难见到，所以不少研究者误将此认作初版。此后在世界各地的流转传播，主要是这个纽约版。

3. 米国アーサー、エチ、スミス著，日本羽化渋江保訳：『支那人気質』，博文館，1896 年 12 月。

4. 美国斯密斯著，作新社译兼发行：《支那人之气质（支那人气质）》，作新社，1903 年 8 月。

书版权页表记"著者"为"美国斯密斯"，但底本却是博物馆的涩江保日译本。关于该书，我们将放在后面讨论。

5. 大日本文明協会編輯兼發行：『欧米人の極東研究』，大日本文明協会事務所，1912 年 10 月，非賣品。

这是笔者近来的最新发现。该书编著者实为思想史学者烟山专太郎。全书由"第一篇"8 章和"第二篇"4 章构成，548 页。其第八章"支那人の性格"当中的第三节"スミスの支那国民性研究"以 29 个标题，几乎全译了纽约版 Chinese Characteristics，因此，可认为是史密斯在日本的第二个译本。

6. 潘光旦著：《民族特性与民族卫生》，商务印书馆，1937 年 7 月。

全书由 5 篇构成，其第二篇《中国人的特性》标题之下，以 15 个分标题选译了史密斯纽约版 27 章当中的 15 章。这也是首次译自英文原书的中文版。

7. A·H·スミス著，白神徹訳：『支那的性格』，中央公論社，1940 年 3 月。

这是第三个日译本。全书471页。据"译者前言",该译本是"阿瑟·亨·史密斯 *Chinese Characteristics* 的全译本,底本采用一八九四年的增订本";在译出之际,"参照了德译本 Chinesische Karakterzüge von A.H.Smith, 22 Jahre Mitglied der Amerikanischen Mission in China, Deutsch frei bearbeitet von F.C.Dürbig.Würzburg.1900,以及1896年博文馆发行的羽化·涩江保译《支那人气质》"①。

※ カール・クーロ著,関浩輔訳:『支那人気質』,東京教材社,1940 年

该书与上记白神彻的日译本同年出版,或许因为书名的缘故,不断被研究者误以为是史密斯原作的另一种日译本②。但该书与史密斯及其原著完全无关,是另一原作者的另一本书,正如封面日文所标,作者名"カール・クーロ",即卡尔·库罗(Carl Crow)。另据顶端横排英文:

Carl Crow

AUTHOR OF "400 MILLIONG CUSTOMERS"

可知卡尔·库罗是《四亿顾客》一书的作者。又,在该译本的版权页之后,有东京教材社出版的 400 MILLIONG CUSTOMERS 日译本广告,书名为《支那的四亿顾客》,译者神保民八。另据高岛俊男调查,关浩辅译成日文的《支那人气质》,其原书有英国版和美国版,而且书名不同,前者为 *My Friends*,*the Chinese*,后者为 *The Chinese are like that*,两者均于1938年出版③。

---

① 参见「訳者まえがき」,A.H. スミス著,白神徹訳:『支那の気質』,中央公論社,1940 年 3 月,第 1、4 页。

② 王国绶:《〈中国人的特性〉百年掠影》,北京鲁迅博物馆编:《鲁迅研究月刊》1998 年第 12 期,第 53 页;黄兴涛:《美国传教士明恩溥及其〈中国人的气质〉——部他者之书的传播史与清末民国"国民性"改造话语》,见明恩溥著、黄兴涛校注《中国人的气质》,中华书局,2006 年,第 24 页。

③ 高岛俊男:『独断! 中国関係名著案内』,東方書店,1991 年,第 74 页。

8.（美）亚瑟·亨·史密斯（Arthur H. Smith）著，张梦阳、王丽娟译：《中国人气质》（附《译后评析》），敦煌文艺出版社，1995 年。

正如前面所介绍过的那样，该译本出版后带动了"外国人眼中的中国人"出版热和研究热，到目前为止，据笔者的不完全统计，仅 Chinese Characteristics 一书就有近 50 种中译本。2006 年中华书局出版了以作新社 1903 年《支那人之气质》为底本的校注版，即：

9.（美）明恩溥（Arthur H. Smith）著，黄兴涛校注：《中国人的气质（Chinese Characteristics）》，中华书局，2006 年。

最后，作为相关信息，还应该提到最新出版的日译本《中国人的性格》：

Arthur Henderson Smith，石井宗晧、岩崎菜子訳，Chinese Characteristics，Revell，1894　日本語全訳 中公叢書，中央公論新社，2015 年 8 月 25 日。

本体 373 頁（題名·目次·凡例·27 章·18 枚原書写真），訳注 354 条，36 頁；訳者解説·訳者あとがき·その注記（9 条）62 頁；索引 6 頁；合計 478 頁。

由于该译本是在吸收了近 20 年间中日两国翻译和研究成果基础上制作的，因此也可以说是日本学界与中国学界研究互动的结果。

二、明治时代的博文馆

（一）博文馆在明治时代的出版业绩

在谈日译本的文本情况之前，有必要对与《支那人气质》出版有关的情况做一个简单的介绍。

1896 年 12 月，博文馆在史密斯原著出版两年后，出版了涩江保的日译本。博文馆是日本近代史上最著名的出版社之一，由大桥佐平（Ohashi Sahei，1835—1901）于1887年在东京本乡创办，1947年休业①。在60年的历史中，博文馆以出版发行大量图书杂志和所形成的巨大影响，在日本近代出版界，构筑了被《日本大百科全书》称为"博文馆时代"②的一段历史。

从坪谷善四郎（Tsuboya Zenshiro，1862—1949）《博文馆五十年史》③提供的资料可以看出，博文馆最辉煌的时期乃是它的前半期，即明治启蒙时代。当初，创出"博文馆"这块牌子的还仅仅是一本叫做《日本大家论集》④的杂志，其性质和20世纪80年代以来在中国大量发行的"报刊文摘"很相似，专门在当时广泛发行的各种学术、时事评论以及大众杂志上网罗各个领域的言论大家的文章和各种轶闻趣事。这本杂志不仅因赢得众多的读者而使博文馆3年后在出版界一举跨入"跃进时代"⑤，而且也奠定了博文馆在未来出版事业上的基本性格。正像《日本大家论集》创刊号上所提示的内容范围那样，博文馆此后在涉及"政学、法学、经济、文学、理学、医学、史学、哲学、工学、宗教、教育、卫生、劝业、技艺"等广阔的领域内，接二连三地创办发行了大量杂志，也出版了包括各种单行本、丛书、百科在内的大量书籍。笔者据《博文馆出版年表》⑥所做统计，到明治时代结束时的1912年（明治四十五年）7月末为止，博文馆在创立后仅仅25年的时间里，共发行杂志70种⑦，出版图书单行本1685种⑧，出

① 今东京尚存"博文馆新社"和"博友社"，号称直系或旁系，但已都不具备1947年解散以前的博文馆的性格。

② 小学馆：『日本大百科全書』，1996年，SONY DATA Discman DD - 2001。

③ 坪谷善四郎：『博文館五十年史』，博文馆，1937年。非公开出售之出版物。

④ 《日本大家论集》"第一编"即创刊号，1887年6月15日发行，有英文刊名 The Collection of Essays by Eminent in Japan。

⑤ 参见坪谷善四郎：『博文館五十年史』，第二编「出版界躍進時代」。

⑥ 坪谷善四郎：「博文館出版年表」，『博文館五十年史』，第1—128页。

⑦ 包括明治时代委托发行的6种杂志。而1887—1937年50年间，博文馆共出版杂志82种。

⑧ 近似值，不包括每一种当中的实有册数。1887年8月—1936年3月博文馆共出版单行本2569种，其中明治年间（1887年8月—1912年7月）为1680种，大正年间（1912年8月—1926年12月）为635种，昭和年间（1927年1月—1936年3月）为254种，可见绝大多数单行本是在明治年间出版的。

版各种"丛书""全书""百科"等系列 130 套，2376 本^①，前后两项合计，共出版书籍 4061 种。即使把一部分单行本在丛书中重复出版的情况考虑在内，其数量仍是相当可观的。顺便应该提到，这个仅在明治年间出版书籍的数字，已经远远超过了日本小学馆《日本大百科全书》（1996）所介绍的 1887—1947 年博文馆共出版图书"约三千点"^②的数字。

在如此大量的出版物当中，留下了许多不仅在当时风靡一时，而且亦为后来提供了有关明治、大正、昭和时代资料的许多著名杂志和图书。如在明治年间发行的 70 种杂志中，发行年限长达 24 年以上的大型杂志就有 7 种。这 7 种杂志是——《太阳》，1895 年 1 月—1928 年 2 月，持续 33 年 2 个月；《文艺俱乐部》，1895 年 1 月—1933 年 1 月，持续 38 年 1 个月；《少年世界》，1895 年 1 月—1933 年 1 月，持续 38 年 1 个月；《中学世界》，1898 年 9 月—1928 年 5 月，持续 29 年 9 个月；《女学世界》，1901 年 1 月—1925 年 6 月，持续 24 年 6 个月；《幼年画报》，1906 年 1 月—1935 年 12 月，持续 30 年整；《少女世界》，1906 年 9 月—1931 年 10 月，持续 25 年 2 个月。其中，《太阳》和《文艺俱乐部》都是明治时代最具有社会影响力的著名杂志，前者为大型综合月刊，每期 200 页，包括临时增刊在内，共出 34 卷 531 册，17 万 5 千页^③，先后有坪谷善四郎、高山樗牛、鸟谷部春汀（Toyabe Shuntei，1865—1908）、浮田和民、长谷川天溪等人担任主笔，并网罗各个领域的知名人士或执笔或协赞，诚如博文馆史作者所言，该杂志"倾博文馆之全力，其创出世也，令全国读书人哑然"^④；后者为大型文艺月刊，每期 250 页，包括临时增刊在内，共出 607 册，创刊当初得到

---

① 1889 年 6 月—1933 年 9 月，博文馆共出版各种"丛书""全书""百科"等 183 套，3092 本（种），其中明治年间 130 套，2396 本（种），大正年间 40 套，566 本（种），昭和年间 13 套，130 本（种）。

② 小学館：『日本大百科全書』，1996 年，SONY DATA Discman DD - 2001。

③ 该数值根据 CD-ROM 版近代文学馆电子复刻版《太阳》（八木书店）。

④ 坪谷善四郎：『博文館五十年史』，第 94 页。

了以尾崎红叶（Ozaki Koyo 1867—1903）为首的著名文学团体"砚友社"①
同人作家岩谷小波（Iwaya Sazanami，1870—1933）、川上眉山（Kawakami
Bizan，1869—1908）、江见水荫（Emi Suiin，1869—1934）、石桥思案（Ishibashi
Shian，1867—1927）、大桥乙羽（Ohashi Otowa，1869—1901）、广津
柳浪（Hirotsu Ryuro，1861—1928）、山田美妙（Yamada Bimyo，1868—
1910）等人的支持②，刊载过许多可堪称明治时代代表作的作品。

除了《太阳》和《文艺俱乐部》以外，上列7种长期发行的杂志中的
其余5种都是面向幼儿和青少年的杂志，可以从中窥知明治二三十年代以
后日本在幼儿、青少年以及女子启蒙教育方面的普及程度和持续力度。在
这些面向幼儿和青少年的杂志中，最著名的是童话作家岩谷小波担任主笔
和编辑的《少年世界》。这本杂志连同不久以后创刊，亦同样由岩谷小波
任主编的《幼年世界》（1900）、《幼年画报》、《少女世界》可谓日本
近代童话，进而是日本近代儿童文学的摇篮。可能由于岩谷小波是"砚友
社"成员的缘故，所以上述"砚友社"同人作家的名字也多见于早期的《少
年世界》，但真正把这个世界支撑到底，并成为明治时代日本"少年读物
之权威"③的则是岩谷小波本人。除了杂志以外，仅在岩谷小波名下的出
版物就有《日本民间传说》（1891）20册、《日本童话》（1891）24册、

---

① 砚友社，日本近代最早的文学社团。1885年由尚在东京大学预备校就读的尾崎红叶、
石桥思案、山田美妙和在高等商业学校就读的丸冈九华等人组成，发行《我乐多文库》杂志，
针对当时政治小说的盛行，强调自己"艺术主义"。后来又有岩谷小波、川上眉山、江见水荫、
大桥乙羽、广津柳浪等人加入，成为以尾崎红叶为核心的影响明治文坛和舆论界的一大势力。

② 关于博文馆与砚友社的关系，《博文馆五十年史》第101—102页有如下说明：其
顷之创作界，虽有坪内逍遥、幸田露伴、福地樱痴等诸大家各雄视一方，但以团体而风靡文
坛者，却是以尾崎红叶为盟主的砚友社。其社友有岩谷涟山人（岩谷小波）、川上眉山人（川
上眉山）、江见水荫、石桥思案、渡部乙羽（大桥乙羽）、广津柳浪、山田美妙（此人后独立）、
武内桂舟等诸氏。而广津柳浪氏在博文馆创业当时入馆，后转入中央新闻，但依然持续寄稿；
江见水荫氏不仅是创业以来的寄稿家，亦和武内桂舟氏同是准馆员；渡边乙羽氏因尾崎红叶
氏之媒妁而为大桥家之养子；岩谷涟山人亦入为馆员；殊因乙羽氏为博文馆与砚友社间之连
锁，不断斡旋故，砚友社员之全体殆寄好意于本馆，给予直接间接之援助，使博文馆在发展
上获得至大之便利。

③ 坪谷善四郎：『博文館五十年史』，第101页。

《世界童话》（1899）100 册、《世界童话文库》（1908）50 册。

包括岩谷小波这样的多套多卷本系列童话在内，就像前面所提到的那样，博文馆在明治时代出版的各种"丛书"和"文库"等有 130 种，它们不仅是日本后来出现的各种所谓"大系"的大型系列出版物的先河，亦在当时就与各种杂志遥相呼应，构成了近代图书的出版奇观。如《通俗教育全书》（1890）100 册、《帝国文库》（1893）50 册、《续帝国文库》（1898）50 册、《帝国百科全书》（1898）200 册等都是非常著名的，说这些大型系列图书构成了明治时代的关于"近代"的知识基础亦毫无过分之虞。

（二）明治书生记忆里的博文馆

生方敏郎（Ubukata Toshiro，1882—1969）的《明治大正见闻史》①，在通过一个民间人士的视角来记录明治、大正史的意义上，可谓日本近代文学史上一本不可多得的随笔名著，具有任何一本正史都无法取代的价值，至今在例如东京都"江户东京博物馆"的解说词里仍经常出现《明治大正见闻史》里的内容，以作为亲历者的证词②。在这本书略带讥讽的口吻里毫不经意地映射出的"博文馆"，也许更能说明博文馆在当时的一个青年书生眼里是怎样的一种存在。例如在谈到"日清战争"后的都会时，浮现在"都会"和"乡下"之间的，便正是由博文馆的出版物所构筑的一座"桥梁"："都会里，荣光赫赫的军人们使镶着金镙带的礼服灿烂夺目。都会里，暴发户在增加。企业勃兴，经济界生龙活虎，新的文明正从横滨码头上陆。我们虽住在乡下，但也能通过报纸（时事和国民）和博文馆的杂志读到战后新气运新文明的消息，被都会文明弄得头晕目眩，憧憬向往着都会的天空。"③

---

① 生方敏郎：『明治大正見聞史』，春秋社，1926 年。本书所用文本为中央公论社文库本，1978 年。

② 例如在笔者写作该章之际所见的"东京都江户东京博物館第 2 企画展 '都市与骚乱的记忆——日比谷烧打事件'"（2004 年 11 月 9 日—2005 年 1 月 10 日）展览，其中就日俄战争后数万民众聚集在东京日比谷公园，为反对批准日俄媾和条约而发生暴动一事所作的介绍，便直接引用了生方敏郎的见闻。

③ 生方敏郎：「憲法発布と日清戦争」，『明治大正見聞史』，第 54—55 页。

而那些因为读了"博文馆的杂志"而向往的都会年轻人，当他们在20世纪初陆续从日本各地的乡下来到东京读书时，便迅速融入了一种与后来迥然有别的时代氛围中来。

> 记得是明治三十四年（1901）的事，那时发生了一场骚乱，在日比谷的空地上，法学院的学生和济生学舍的学生双方各出上百人，拉开架势要打群架，闹得警察也大为棘手。但即使是在这种时候，我记得好像也没什么人受伤。总之是没死一个人。在刚好是夹在日清战役和日俄战役之间的这一时代的学生当中，有很强的义勇奉公的国家观念，拿他们和今天的学生相比，虽有天壤之别，但他们在私斗方面却没有胆量，性格淳朴天真，脸皮薄而情感脆弱。也许是那时还没有电影这类东西以实物来传授不良行为的缘故。我们梦想着自己成为汉尼拔、梦想着成为纳尔逊，梦想着成为拿破仑或华盛顿，也梦想着成为成吉思汗，但恐怕没有一个人梦想自己去充当恶汉去和侦探较量。如此想来，亦可省察今天的电影和帝国议会在青年之风教上有怎样的毒害。①

这里讲述是的20世纪初东京的学生，按照年代来论，就是明治三十年代的学生，他们是在与后来的大正年代的学生进行对比的行文中出现的，作者的用意是要用他们的"义勇奉公"来批评眼下大正时代的世风日下自不待言，不过却可以从中清楚地获知明治三十年代的学生梦想中的英雄具体都有哪些人物。拿破仑（Napoleon Bonaparte，1769—1821）、华盛顿（George Washington 1732—1799）、成吉思汗（1162—1227）亦为今人所熟知，不必多说，汉尼拔（Hannibal，约前247—前183或182）是迦太基（Carthage）名将，在公元前218年开始的对罗马战争（第二次布匿战争）中，于各地连破罗马军团，并在意大利南部的康奈（Canne）战役中创造了以少胜多的著名战例。这个人物在西方的典籍里很有名，但与近年人们所熟知的雷德利·斯科特（Ridley Scott）导演的美国同名电影《汉尼

① 生方敏郎：「明治時代の学生生活」，『明治大正見聞史』，第74—75页。

325

拔》（*Hannibal*，2001）的主人公没有直接关系。霍雷肖·纳尔逊（Horatio Nelson，1759—1805）是英国海军史上的著名上将，至今在伦敦的特拉法尔加广场（Traflgar square）上有他的纪念碑，1793 年以后，在与法军的作战中，先后失去右眼和右臂，1798 年全歼法国舰队，1805 年全歼法国、西班牙联合舰队，本人也在后一战役中阵亡。这个人物近年来在中国，也像在明治时代的日本那样，正在受到喜欢军事的爱国青年们的欢迎——就像上面所记述的那样，这些明治学生梦想中的英雄，留在了生方敏郎的个人记忆史中，而赋予他们梦想并且又化为他们记忆的那些共同底本，则可认为是博文馆同时代的出版物。明治二十三年，也就是博文馆成立第 4 个年头的 1890 年 3 月到 4 月，博文馆出版了一套大型人物系列丛书，叫做"世界百杰传"，从第一编到第十二编，共 12 卷，每卷约 300 页，定价为当时日元 12 钱[①]，作者北村三郎（Kitamura Saburo），即川崎紫山（Kawasaki Sisan，1864—1943），上述的那些英雄便都收录在这套丛书当中，成吉思汗（铁木真）在第一编，拿破仑和纳尔逊在第三编，汉尼拔在第八编，华盛顿在第十一编[②]。而在 1899 年 1 月出版的 36 卷本"世界历史谭"系列丛书里，这些人物又都分别以单卷的形式排列其中，其顺序为：大町芳卫（Omachi Yoshie，1869—1925）著《汉尼拔》（ハンニバル，第 5 册）、岛田文之助（Shimada Bunnoshuke，生卒年不详）著《纳尔逊》（第 8 册）、福山义春（Fukuyama Yoshiharu，生卒年不详）著《华盛顿》（第 13 册）、土井晚翠（Doi Bansui，1871—1952）著《拿破仑》（ナポレオン，第 22 册）、大田三郎（Oda Saburo，生卒年不详）著《成吉思汗》（第 24 册）。由此几乎可以断定，明治三十年代年轻学生关于世界杰出人物的知识基础，与

---

① 参见坪谷善四郎：『博文館五十年史』，第 58 页。

② 据「博文館出版年表」，相关各编内容如次：「第一編　鉄木真・釋迦牟尼・コロンブス・ヂスレリー・グラドストンヘーゲル・老子・武田信玄・上杉謙信・張騫」「第三編　拿破崙一世（拿破仑）・ネルソン（纳尔逊）」「第八編　漢武帝・フレデリッキ・宇文泰・メヘメットアリー・カプール・施耐庵・曲亭馬琴・ダンチアリゲーリ・韓信・ハンニバル（汉尼拔）・白楽天・シエクスピア」「第十一編　ワシントン（华盛顿）・織田信長・ウキリヤム大帝・親鸞・マホメット二世・陸放・芭蕉翁桃青・トルストイ・ダーウヰン」。

博文馆的上述出版物有着直接的关系，是博文馆提供了可以让一个时代产生梦想的那些英雄的素材。生方敏郎在叙述当年梦想中的那些英雄时，并没有提到博文馆，但惟其如此，也就更能说明博文馆的渗透之深，影响之远了。

另一个关于"冰激淋"的有趣的例子，更在无意间透露出博文馆名人在当时的公众中是怎样的话题人物。生方敏郎专有一节来谈明治学生的饮食以及明治学生对于"吃"的执著："学生最大的快乐，当然是吃。"[①]——在如此谈吃的文脉中，自然少不了关于饮食的种类、季节以及今昔对比的介绍。

> ……到了夏天，便常喝冰水。特别是因那时还没有电车，不论上哪儿都要靠两脚一步一步地走，所以走到口干舌燥，总要进几回路旁的冰屋的。不过，像冰激凌那种东西，几乎是没有学生见过的。虽然冰激淋那时已经被介绍到了上流社会的一少部分人当中，但一般人却对此一无所知。文学家大桥乙羽，是个作了博文馆女婿的人，在一次于红叶馆举办的宴席上，把西餐用的调味汁浇到冰激淋上吃，这种失策谈，现在听起来是笑话，可当时岂止乙羽氏，放上谁这类现眼的事都会是稀松平常的吧。[②]

在上一节里介绍《太阳》杂志和"砚友社"时，"大桥乙羽"这个名字曾经出现过。因该人亦与周树人、周作人兄弟读书有关（后面将要具体涉及），故记录其简历如次——该人是明治时代的小说家，杂志编辑，也兼做出版业界的生意。旧姓渡部，本名又太郎，羽前国（今日本山形县）人，因喜爱文学来到东京，成为砚友社同人，名渡部乙羽，1893 年 8 月开始在博文馆出版作品，列同年出版的"短篇小说·明治文库"十八编当中的第九编，1894 年经尾崎红叶做媒娶了博文馆馆主大桥佐平的女儿，做了女婿兼养子，改姓大桥，其在博文馆出版的单行本有 17 种，其中最有名的是

---

① 生方敏郎：「明治時代の学生生活」，『明治大正見聞史』，第 79 页。
② 生方敏郎：「明治時代の学生生活」，『明治大正見聞史』，第 80—81 页。

政治小说《累卵之东洋》（1898）和纪行文集《千山万水》（1899）、《续千山万水》（1900）。《博文馆五十年史》有"乙羽、大桥又太郎氏之入馆""大桥乙羽氏之出洋旅行与'乙羽十著'""大桥乙羽氏之死去"各节，记其事迹较为详细。

（三）生方敏郎的《明治大正见闻史》与鲁迅的留学时代

回过头来，还要说到一直在引述的生方敏郎和他的《明治大正见闻史》。由本章开始导入这个人和这本书，除了要以此来说明"博文馆"而外，更重要的是想为当年的清国留学生周树人与《支那人气质》的相遇，进而是与"近代"的相遇找到一种可以触摸并且相对完整的背景。正如书名所示，人们几乎可以从这部个人的见闻史当中读到日本明治大正时代的所有标志性事项，可以看成是近代日本一个特定转换期的历史经历和记忆的个体化表现形式。生方敏郎和鲁迅一样，是文学家，做过多年的报社记者之后，开始发表小说，其报道写作的最大的特点是用口语写新闻，是近代新闻口语体的首创者之一，其小说的特点是诙谐幽默，体现着一个知识分子对文明的基本批评精神。《明治大正见闻史》虽不是小说，却是关于日本近代文明的随笔名著，生方敏郎以这本书充当了历史的叙述者，并且出色地完成了自己的使命。而对于笔者来说，这部见闻史的特殊含义，就在于它使笔者认为终于找到了一种可以客观描述鲁迅留学环境乃至时代氛围的最佳文本。

历史的悬隔，时间的久远，致使今天任何史料的发掘都无法使人获得研究对象所曾经有过的那种历史实感。关于留学时代，鲁迅除了《藤野先生》（1926）之外没有什么完整的篇章，虽也不时忆及却笔墨有限；相比之下，周作人当年的日记和后来写的关于留学生活的回忆便成了不可多得的记录；在日本，自 20 世纪 70 年代中期以来，对鲁迅留学时代相关资料曾有过大规模的调查①，一些中日学者的调查研究也相当细致和深入②，不过就整体而言，上述三个方面的资料还都是片段的，其相互之间的关联均需要凭借后人的想象来充填，因此不易使人确立关于一个时代的完整性，尤其是那种被称之为"氛围"的实感。鲁迅笔墨的有限自无需多言，周作人晚长兄 4 年留学日本，经历上有不相重叠之处，日本学者的调查发掘，虽然所获甚丰，但包括需要翻译在内，消化这些资料尚需要一段时间，更何况要将它们勾连成一个有机化的历史整体了。在这个意义上，生方敏郎作为一个参照系便显得难能可贵。他 1882 年生于日本群马县，年龄小鲁迅一岁，是鲁迅同时代人，1898 年投奔东京的一个亲戚，开始在相当于中学的明治学院读书，4 年以后的 1902 年入早稻田大学英文科，专攻英法文学——据说"因当时是德意志万能时代，故选修法国文学者甚少"③——众所周知，周树人这一年留学到东京，进的是弘文学院。生方敏郎于明治三十九年即 1906 年毕业，用他的话说在东京度过了整整 8 年的学生生活④，至少在时间的规定上，可以说是个伊藤虎丸所说意义上的最为标准的"明治三十年

---

① 参见鲁迅在仙台的记录调查会编的《鲁迅在仙台的记录》（『仙台における鲁迅の記録』，平凡社，1978 年）。据该书"后记"中介绍，该调查会于 1973 年 10 月 2 日成立，主要围绕四项内容展开调查活动：（一）寻找同班生遗族之所在；（二）调查明治时期当地的报纸；（三）调查仙台医学专门学校的旧公文；（四）在荒町、土樋地区查找周树人第二寄宿处之所在（第 415 页）。又据该"后记"当中所附个人和团体名单可以知道，实际参与调查或协助调查的个人有 600 多人（调查会成员有 162 人，资料提供者 22 人，支援协助者 425 人，总计 609 人），团体有 40 多个（提供资料的团体有 7 家，支援协助的团体 36 家，总计 43 家）。

② 笔者作为这一方面基本参考文献的有以下数种：伊藤虎丸著，李冬木译：《鲁迅与日本人——亚洲的近代与"个"的思想》，河北教育出版社，1999 年；刘柏青著：《鲁迅与日本文学》，吉林大学出版社，1985 年；中岛长文：『鲁迅目睹書目——日本書之部』，1986 年；中岛长文：『ふくろうの声 鲁迅の近代』，平凡社，2001 年，第 20 页；北冈正子：《〈摩罗诗力说〉材源考》（系列），《野草》1972 年 10 月—1994 年 2 月，中国文艺研究会；北冈正子：『鲁迅 日本という異文化のなかで——弘文学院入学から「退学」事件まで』，関西大学出版部，2001 年；阿部兼也：『鲁迅の仙台时代』，東北大学出版会，1999 年等等。

③ ねずまさし（Nezu Masashi）：「解説」，『明治大正見聞史』，第 355 页。

④ 生方敏郎：『明治大正見聞史』，第 75 页。

代"的学生①。这一点，不仅决定了生方敏郎与"明治三十年代"的同时代性，也决定了他与留学时代的周树人之间存在着无数个衔接点。周树人从21岁到28岁，即1902年4月—1909年7月作为留学生，在日本度过了7年多的时光，除了当中约有一年半（1904年9月—1906年3月）是在仙台医学专门学校学习外，其余都是在东京度过的。也就是说，他们作为"明治三十年代"的学生，在生活和读书经历方面，都是非常接近的。他们可能彼此并非相知，但恰恰是彼此之间那些偶然出现的共性，标志着他们属于同一个时代，具有同一个时代的教养和内涵。笔者以为，这种同代书生的共性，比什么都能够更好地说明后来的鲁迅与日本明治三十年代的关联。

比如说，前面通过生方敏郎的介绍，指出了明治三十年代学生心目中共有的英雄实际上来自博文馆的出版物。这里可以说，周树人也并不在这一知识基础之外。《摩罗诗力说》（1908年2、3月）②谈到"裴伦"（拜伦）时，也是把他当作"拿坡仑"（拿破仑）和华盛顿那样的英雄来看待的，"裴伦既喜拿坡仑之毁世界，亦爱华盛顿之争自由"③之说法是也。由于生方敏郎记录的历史当中也有一段是鲁迅当年亲历却又没有记录下来的历

① 参见伊藤虎丸著，李冬木译：《鲁迅与日本人——亚洲的近代与"个"的思想》，第4—5页。伊藤虎丸指出中日两国近代文学当中存在着一种对应结构关系，并做出了精彩的划分：关于日中两国近代文学的血肉关系，如果做一个粗线条的勾勒的话，大致可以这样来划分：（一）在鲁迅那一代人与明治文学之间；（二）在10年后由郭沫若、郁达夫等留学生组成的文学社团"创造社"与大正文学之间；（三）在兴起于1927—1928年前后的"革命文学"派与大正末期、昭和初期的无产阶级文学之间，不单单具有世界性文艺思潮的变迁，而且还可以看出共同具有的"时代教养"以及人性观和社会观。而这些又都和他们的留学时期不无关系。他认为鲁迅与"明治三十年代文学"之间，具有"同时代性"（第11页）。更为详细的分析和论述请参看该书第一章"鲁迅与明治文学"，第二章"鲁迅与西方近代的相遇"。

② 连载于《河南》杂志第2号——《鲁迅全集》第1卷第101页注释作"第二期"，误——和第3号，署名"令飞"，第2号封面日期不详，版权页出版日期为"西历一月卅一日印刷／中历十二月廿九日印刷／西历二月一日发行／中历二月三十日发行"，刊载《摩罗诗力说》一至四的内容；第3号封面日期为"明治四十一年三月五日 光绪三十四年二月三日发行"，版权页出版日期为"西历三月二日印刷／中历正月月三十日印刷／西历三月月五日发行／中历二月三日发行"，刊载《摩罗诗力说》五至九的内容。

③ 鲁迅：《坟·摩罗诗力说》，《鲁迅全集》第1卷，第81页。

史，因此在他们之间共有着各种大小关键词也就不是偶然。他们共有着"日清战争"（甲午战争）和"日俄战争"，共有着"博文馆"和"丸善"书店，共有着"二十世纪"这个充满憧憬与希望的话语，他们共有着同样的学生装，共有着"牛奶屋"和同一种牌子的点心和香烟，他们还共有当时风靡一时的政治小说和科幻小说以及后来在文学史上留名的那些作家和作品……这些共有性，决定了本书在接下来的行文中，随时都将引用生方敏郎来用作关于鲁迅的参照。

但是，这里却要重返博文馆。

（四）甲午战争时期的博文馆出版物

博文馆的出版事业在明治时代的迅速发展，当然是顺应了时代启蒙要求的结果。探讨它的出版物以及制造这些出版物的为数众多的启蒙思想家、评论家、学者、文学家、翻译家和遍布各个领域各个层次的著述者与明治启蒙时代的关系，将是一个饶有兴味的课题，不过却不是此时的三言两语所能道尽的。这里只做两点提示，一是《支那人气质》一书，作为当时博文馆出版物的一种，和同时代所具有的关联；另一个是，至少在本书的视野之内，博文馆的一些具有时代教科书性质的启蒙读物，也同步影响到了中国。

众所周知，明治时代，日本经历了两场大规模的对外战争，一场是1894—1895 年的"日清战争"（甲午战争），一场是 1904—1905 年的日俄战争，其中，前一场战争对中国和日本两国的近代史都产生了深远的影响：中国的知识界在战败的冲击下觉醒，意识到实行变法维新的必要，开始学习一向被称为"蕞尔小国"的日本；而日本则通过这场号称"赌着国运"[①]的战争增强了近代国家的实力，从而在军国主义的道路上向前迈出了一大步。

这场战争对中国知识界冲击之巨大，因于今犹痛而不难想象当年。周作人在回忆中曾经写过他们的父辈面带忧虑地谈论这场战争动向的情

---

① 坪谷善四郎：『博文館五十年史』，第 88 页。

况^①，从中可以窥知当时中国一般读书人对战争的关心程度。不过，中国近代知识界的先觉者们，还并非只是"愤"而不作，而是放下了 4000 年的架子，以甲午战败为契机，开始"屈尊"学习"枪击我们的洋鬼子"^②，于是有了戊戌变法，有了甲午之役以后大规模向日本派遣留学生^③；梁启超"唤起吾国四千年之大梦，实自甲午一役始也"^④的名言，讲的就是这般道理。战争催生了清末的变革，也导致了中国对日本前所未有的接近，中国看到了一个明治维新以后近代化了的日本。笔者认为，这是中国国内一般舆论所不大注意的关于甲午战争的另一面。"周树人"这个名字是鲁迅外出求学时开始使用的，那时，他是留学生之一。

对于战争的同样的，甚至是更为强烈的关心也出现在日本。这一点可以通过博文馆的出版物看到。仅以战争爆发当年的 8 月 25 日博文馆创刊的《日清战争实记》为例，史家记载云："适合当时敌忾心达最高潮之全国民之要求，本志一出，即风靡杂志界……贩路之盛，真乃杂志界前所未有。"^⑤而当时只有 13 岁，长在乡下的少年生方敏郎，虽觉得当时最有趣的读物是《平壤包围攻击》，但并不妨碍他记得"博文馆为这场战争新出版了一种叫做《日清战争实记》的杂志"^⑥。可见《日清战争实记》在当时的影响。这是一本专门报道战事及其相关事态的杂志，平均月出 3 期，出到明治二十九年（1896）1 月为止，共出 50 期。事实上，也正是"日清战役，助长了博文馆的一大跃进"^⑦，从而使"日清战役前后"的 4 年间，即明治二十七至三十年（1894—1897）被列为博文馆发展的一段重要时期^⑧。不仅上一节提到的几种史上留名的杂志都是在这一期间创刊的，而且包括像《日清战争实记》这样的与战争和中国有关的出版物也开始增

---

① 周遐寿：《鲁迅的故家》，人民文学出版社，1981 年，第 40 页。

② 鲁迅：《华盖集·忽然想到》，《鲁迅全集》第 3 卷，第 102 页。

③ 参见实藤惠秀：『中国人日本留学史』，東京くろしお出版，1970 年。

④ 梁启超：《戊戌政变记·附录一 改革起原》，第 113 页，《饮冰室合集·专集第 1 册》。

⑤ 坪谷善四郎：『博文館五十年史』，第 88 页。

⑥ 生方敏郎：『明治大正見聞史』，第 38 页。

⑦ 坪谷善四郎：『博文館五十年史』，第 93 页。

⑧ 参见坪谷善四郎：『博文館五十年史』，第三編「日清戦役前後」，第 81—123 页。

加。《博文馆五十年史》作为"战史及战争读物"^①提到的，除了发行量很大的战争纪实杂志外，还有由 24 册组成的"万国战史"丛书，自 1894 年 10 月起开始发行，每月出版 1 本，到 1896 年 9 月出齐。这套丛书在当时的出版界被誉为战史读物的"白眉"^②，即"杰作"。24 册的排列顺序及书名如下：

> 第一编『独佛戦史』、第二编『英清鴉片戦史』、第三编『拿波侖戦史』、第四编『英佛聯合征清戦史』、第五编『トラファルガー海戦史』、第六编『露土戦史』、第七编『米国南北戦史』、第八编『普墺戦史』、第九编『ナイル海戦史』（附コーベンヘーゲン海戦史、セントプインセント海戦史）、第十编『波蘭衰亡戦史』、第十一编『クリミヤ戦史』、第十二编『印度蠶食戦史』、第十三编『伊太利独立戦史』、第十四编『米国独立戦史』、第十五编『希臘独立戦史』、第十六编『英米海戦史』、第十七编『英国革命史』、第十八编『佛国革命史』、第十九编『フレデリック大王七年戦史』、第二十编『三十年戦史』、第二十一编『シーサルボンベー羅馬戦史』、第二十二编『羅馬加達格尔ピュニック戦史』、第二十三编『歴山大王一統戦史』、第二十四编『希臘波斯戦史』

除了丛书之外，单行本的情况也可以作为一个参考。

1894 年共出单行本 61 种，与中国有关的 4 种：《唐宋四大家文撰欧苏手简》《新撰汉语字引》《续唐宋八大家文读本》（《唐宋八大家文读本》上一年出版）。

1895 年共出单行本 21 种，有一半是和战争及中国有关的：《支那处分案》《支那近世史》《清征海军军歌》《海军兵器说明》《台湾》《征

---

① 坪谷善四郎：『博文館五十年史』，第 111—112 页。

② 坪谷善四郎：『博文館五十年史』，第 112 页。原文作"白眉"，即白色的眉毛，典出《三国志》蜀志中的马良传，马氏兄弟五人皆才华过人，而其眉中有白毛的马良更是出色，故后来用以形容同类中的出类拔萃者。

清诗集》《支那南部会话》《速射炮》《今世海军》《水雷艇》《米国南北战史》（丛书以外的单行本）。

1896 年共出单行本 50 种,和战争及中国有关的:《日清战话军人龟鉴》、《空中军舰》、《支那文明史论》、《历山大王一统战史》（丛书以外的单行本）、《三十年战史》（丛书以外的单行本）、<u>《支那人气质》</u>、《金鸥勋章》（战争小说）、《罗马、迦太基、布匿克战史》（丛书以外的单行本）。

1897 年共出单行本 76 种,除了 13 种包括《千字文》在内的各种字帖外,和中国有关的只有《黄海大海战》《日清战史》（7 册）两种。

（五）《日清战争实记》与《支那人气质》的互为载体及以后的译本

介绍上述出版状况有两个目的,一是要对《支那人气质》的出版背景做出具体的说明,二是笔者在调查中发现,不仅在上述出版物之间有着相应的内在联系,而且它们与周氏兄弟当年的阅读,乃至与中国的读书人之间亦构成一种延伸的关联。

不难推测,《支那人气质》在明治二十九年（1896）出版,有着明显的战争背景。这不仅是因为这本书明显地排列在与战争及中国有关的出版物当中,更重要的是,在作为单行本出版之前,它就已经在博文馆的畅销杂志上以"支那人气质"为总题部分连载过;而连载杂志,就是上面已经介绍过的《日清战争实记》。译者署名"绚斋主人",可知与后来在单行本上署名"羽化涩江保"者为同一人。连载标题、期号、发行日期及各编杂志内页码如下:

> 《支那人气质》（一）,"译者识""支那人之无神经"（「支那人の無神經の事」）,第 31 编,1895 年 6 月 27 日发行,第 63—66 页。

> 《支那人气质》（二）,"支那人之保守主义"（「支那人の保守主義」）,第 32 编,1895 年 7 月 7 日发行,第 65—67 页。

> 《支那人气质》（三）,"缺乏同情心"（「同感の缺乏せる

事」），第 33 编，1895 年 7 月 17 日发行，第 72—76 页。

《支那人气质》（四），"相互猜疑"（「互の猜疑」），

第 35 编，1895 年 8 月 7 日发行，第 72—76 页。

由上面可以知道，连载从 1895 年 6 月 27 日发行的第 31 编开始。也正是从这一期起，杂志发生了变化。其卷首广告的标题是《本志之一大改良》，称"本志自本编起纪事面目一新；本志以第五十编告其完成"。除了预告这本杂志将出至第五十编终刊外，其所谓"一大改良"的部分内容便反映在一些栏目的变化上：

> "战争实记"本栏依过去之惯例，亦更加战事通信；次设"勋功美谈"之栏，网罗过去之史传及军人逸话二栏；次曰"战争文学"，此栏过去为"文苑"，亦将渐次收入各种有关古今战争的文章诗歌；次曰"东洋风土"，虽为踏袭过去"地理"之后继者，然更扩大其局面，日清韩三国自不在话下，亦将详叙北起俄国领土之符拉迪沃斯托克①，南至南洋诸岛之地理、风土、人情、国势，以期一目之下而知晓东洋之状态……②

这种"改良"实际上意味着仗已经打完，以"战争实记"为本业的杂志，将面临着内容上的调整，一些战场之外的内容将要填充到杂志中来。因此可以说，《支那人气质》的 4 次连载，便是适应这种调整性"改良"的需要而出现的。因为在这 4 期当中，其登载的位置都处在"东洋风土"这一新设的栏目之下，是这一栏目所带来的新的内容。

不过，就《日清战争实记》与《支那人气质》两者的承载关系而言，也存在着相反的情况，即《日清战争实记》中一些关于中国的记事内容，也作为注释，被采纳到后来出版的《支那人气质》单行本中。关于这部分内容，我准备放在后面的"非原本内容"部分集中整理，这里只做简单交

---

① 原文用汉字标作"浦鹽斯德"，日语假名表注为"ウラジチストック"，即今汉译名"符拉迪沃斯托克"的音读。

② 『日清戰爭實記』第 31 编，博文館，1895 年 6 月 27 日。第 1—2 页。着重号为原文所带。

待,即被采纳到单行本中用作注释的部分有 4 处,它们在杂志中也都是"东洋风土"这一栏目下的内容,皆与战事无直接关联,而是诸如宫廷传闻、生活习俗、市街建筑等方面的事项,总体来讲,是与单行本译本的关于性格气质的主题融为一体的。能有这些内容"入注"于单行本,当然和上面提到的《日清战争实记》在内容上的调整直接有关。顾名思义,这本杂志的诞生机运和主题就是"战争","战争"是该杂志的"本栏",但随着战事的变化,除了"本栏"中的那些剑拔弩张的内容之外,杂志的重心也由对战事的关注与报道而逐渐转向对交战国的"地理、风土、人情、国势"等方面的注意,因此在后期的《日清战争实记》中也就相应地增加了一些有关"支那"的风俗文化和生活动态方面的内容。事实上,这些内容也都在某种程度上反映了当时日本媒体(即当时的一般知识界)对交战对象的大清国的生活和文化现状的认知程度,并影响日本一般国民的中国观。

在《支那人气质》与这些内容同质的意义上,也可以说《支那人气质》的出版虽有着明显的战争背景,但在内容上却并非一般追随时尚的"战史及战争读物",而是具有更深一层的文化性格。它讲述的是"支那人"是具有怎样精神特征的"国民"的问题,这是其他战争读物所不可能广泛涉及、也无法深抵的内容。笔者认为,正是这个原因才使它能够成为鲁迅日后思考国民性问题时的参考书。至于张梦阳在中译本《译后评析》中提到的《支那人气质》在日本"出版后立刻风行一时"①的情况,笔者还尚未看到可资证实的材料;虽然鲁迅指出安冈秀夫写作《从小说看来的支那民族性》,"似乎很相信 Smith 的 *Chinese Characteristics*,常常引为典据"②,但那是后来的事,当时人们的主要注意力都集中在战争本身的时候,日译本究竟能够拥有多少读者也许还是一个疑问。

(六)鲁迅与涩江保之接点

那么,鲁迅究竟是什么时候读到的涩江保的《支那人气质》呢?

---

① 亚瑟·亨·史密斯著,张梦阳、王丽娟译:《中国人气质》,第 282 页。
② 鲁迅:《华盖集续编·马上支日记(七月二日)》,《鲁迅全集》第 3 卷,第 344 页。

唐弢用了一个比较宽范的时间概念，即"年轻时"①，张梦阳则根据许寿裳在回忆录中提到的他和鲁迅所进行的关于国民性的讨论断定："鲁迅1902年在东京弘文学院学习期间就已经细读了史密斯的《中国人气质》，当然是涩江保的日译本，而非英文原版。"②或许两者说得都有道理罢，因为即使按1902年计算，距离涩江保译本的出版已近6年的时间，在假设此书没有重印的情况下，倘若再把阅读的时间后移，恐怕就要发生购书的障碍了。不过，考虑到1902年刚到日本不久的鲁迅的日文程度，阅读《支那人气质》恐怕也有不好克服的困难。我个人的推测是，鲁迅能够细读并且能够深入理解这本书，恐怕要推迟到1906年，即他"弃医从文"，从仙台返回到东京之后。因为这时鲁迅的日文程度已经不成问题，而且更为重要的是，在鲁迅此后写下的几篇文章中，已呈现出一些与日译本内容相同或近似的表述，将此视为对前者的吸收亦并非不可。关于这个问题，笔者打算放在后面的文本比较中来具体展开。这里想对与鲁迅阅读日译本密切相关的一个问题进行一下辨析，即笔者认为不妨把鲁迅阅读日译本的具体时间问题同他的"国民性的发想"的生成契机，暂时分别当作不同的问题来考虑，这样或许能更容易把问题讲清楚。探讨涩江保的日译本与鲁迅"国民性的发想"的深刻的内在联系，是本论的核心课题之一，在这个大前提下，也就不一定把日译本的全部或最大意义定位在促成鲁迅去思考国民性这种想法产生的契机上（尽管也不排除这种可能），因为在日译本与鲁迅之间，存在着远远大于"契机"的更为深广的关联。事实上，促使鲁迅产生"改造国民性"这一想法的因素应该是多方面的，用他在《〈呐喊〉自序》和《藤野先生》等篇中的表白，那最直接的契机是在仙台所经历的"幻灯事件"；但在想到要"改造"之前，首先是需要有作为"知识"的"国民性"的概念系统这一前提的，这就是本论所谓的"国民性的发想"的问题。在众多的促成这一发想的契机要素中，涩江保的译本并不是唯一而只能当作其中之一来考虑。因为相比之下，还存在着另外一些更为直接的要素。

---

① 唐弢：《序》，亚瑟·亨·史密斯著，张梦阳、王丽娟译《中国人气质》，第4页。
② 亚瑟·亨·史密斯著，张梦阳、王丽娟译：《中国人气质》，第283—284页。

例如，前面介绍过的北冈正子就当年弘文学院"听讲生"杨度和嘉纳治五郎校长的关于国民性与教育关系的讨论对鲁迅和许寿裳之影响的调查，便是很好的"契机"研究，很有说服力。因此，笔者认为，鲁迅阅读《支那人气质》的时间问题，在"契机"的层面上并不那么重要，不妨暂时放下，而倒是应先来看一下可寻找到的鲁迅与《支那人气质》相遇的关联情况。

在周作人早期日记中记载的读书内容里，新书、外国书，特别是日本书的频繁出现，始于 1902 年，即鲁迅动身去日本留学前后。这种情况和中国当时读书界大量翻译日本书的风气是一致的。仅以保存得相对完整的 1902 年 1 月到 1903 年 4 月的日记来看，在周作人所记录他当时阅读的为数不少且反复阅读的日本书里，至少有两本可以确定为博文馆的出版物：一是《累卵东洋》（『累卵の東洋』），二是《波兰衰亡战史》。前者系政治小说，作者即在"明治书生记忆里的博文馆"中介绍过的大桥乙羽。本书有两种版本，一是博文馆 1898 年 10 月出版的单行本[①]，一是东京堂同年 11 月出版的单行本。东京堂原是博文馆主大桥佐平在 1890 年开办的零售店，后来转入代理经销和图书出版，因为是博文馆的分店，故不发生版权纠纷。周作人阅读的并非日文原作，而是当时出版的中译本，现在知道，这个译本 1901 年 5 月由"印刷所爱善社"出版，译者是优亚子[②]。周作人在鲁迅去日本后不久购入此书，又花了很长时间来断断续续地读，并且认为叫做"优亚子"的译者翻译得不好，"可见译书非易事也"[③]。而后一本《波兰衰亡战史》的情况则有所不同。

---

① 据坪谷善四郎：「博文館出版年表」。

② 实藤惠秀监修，谭汝谦主编，小川博编辑：《中国译日本书综合目录》，香港中文大学出版社，1980 年，第 615 页。又，樽本照雄编：《新编增补清末民初小说目录》（齐鲁书社，2002 年）："1 0375*"记：累卵東洋 乙羽生（大橋乙羽）著 憂亞子（大房元太郎）訳 印刷所愛善社 1901.5.20 大橋乙羽『累卵の東洋』東京堂 1898.11（藤元直樹）［阿英 144］［現代 893］［大典 35］［實藤 577］［中日 860.411］徐維則［小説書錄］。由此可知，到目前为止，小说史家是都把东京堂版的『累卵の東洋』作为中译本（上）的底本的。东京堂的原本现在还找得到，却没有出现目睹博文馆原本的报告，所以中文版究竟依据哪种原本似尚待考。

③ 1902 年八月初一（9 月 17 日）条，见鲁迅博物馆藏：《周作人日记（影印本）》，大象出版社，1996 年，第 348 页。在农历二月廿一日至八月一日之间，此书在日记中多次出现。

周作人 1902 年农历"正月卅日"（3 月 9 日）记：

> ……上午叔祖、升叔忽至，欣喜过望，收到祖父示并《三国志》《前汉书》《癸巳类稿》等书。又大哥函并小棉袄一件，大篓一个、盐一瓶。外又书一缚。内系大日本加藤弘之《物竞论》、涩江保《波兰衰亡战史》各一册，皆洋装，可喜之至。斯密亚丹《原富》甲、乙、丙三本，亦佳，皆新得者……①

这里出现了涩江保的名字和他编著的《波兰衰亡战史》。临行日本而回绍兴探亲的鲁迅，在动身的半个月前，把这本书连同《物竞论》和《原富》一起送给了周作人。那么，这就是说，鲁迅在留学以前就已经接触到了"涩江保"，而《波兰衰亡战史》（并加藤弘之的《物竞论》）也理应列入"鲁迅目睹书目"当中②。另外，还有必要附带提到，上面日记中记录的《原富》可断定是严复译本之一无疑；《物竞论》是加藤弘之一书的中译本，译者杨荫杭，最初连载在《译书汇编》1901 年第 4 期、第 5 期、第 8 期，周氏兄弟当年所见的"洋装"本，当是译书汇编社 1901 年出版的单行本的第一版或者第二版。

鲁迅读到《波兰衰亡战史》时有怎样的感想现在已无从得知，仅从他后来和周作人着力介绍包括波兰在内的东欧弱小国家和民族的文学这一情况来看，也许和这本书不无关系。周作人读此书的情况亦可作为参考，同年农历二月"初七日"（3 月 16 日）记："上午阅大日本涩江氏保《波兰衰亡战史》竣。"③农历三月"十九日"（4 月 26 日）记："下午看《波兰衰亡战史》，读竟不觉三叹。"④

一本读后能够令人马上再读的书，恐怕也一定有着使人"读竟不觉三叹"的内容。是否可以作这样的推想，会不会是这本书的内容使鲁迅记得

---

① 鲁迅博物馆藏：《周作人日记（影印本）》（上），第 317 页。
② 在中岛长文编《鲁迅目睹书目——日本书之部》当中，没有提到加藤弘之的《物竞论》和涩江保的《波兰衰亡战史》。
③ 鲁迅博物馆藏：《周作人日记（影印本）》（上），第 319 页。
④ 鲁迅博物馆藏：《周作人日记（影印本）》（上），第 329 页。

了"涩江保"这个名字，同时也将在日本猎书的视野投向了和这个名字相关联的其他书籍上？如果不排除这种可能，那么，涩江保本人和他的著述情况也就是一个不可回避的问题了。

（七）"万国战史"丛书当中的"印度"与"波兰"

还有一点，应当顺便补充并提请注意，正如在上面列示的博文馆"万国战史"丛书全 24 册的书目所见，除了中译本《波兰衰亡战史》（『波蘭衰亡戰史』）外，《印度蚕食战史》（『印度蠶食戰史』）也列目其中，前者作为丛书的第十编出版于 1895 年 7 月，后者作为第十二编出版于 1895 年 9 月。周作人日记所记的《波兰衰亡战史》应当是东京译书汇编社 1901 年出版的单行本——这是在鲁迅留学以前就已有的中译本；《印度蚕食战史》的中译本虽不见于周作人日记，其版本也是存在的，即杭州译林馆出版的单行本[①]。虽然具体出版年和鲁迅留学以前是否也读了《印度蚕食战史》，不好直接断言，但是"印度""波兰"这两个词汇反复出现在鲁迅留学时期的论文里却是不争的事实。这不是普通的两个词汇，而是两个被他严重关注的对象，在这两个对象身上，投射着年轻的周树人对与"印度""波兰"同命相连的祖国的命运的担忧，也浓缩着他对中国的"众庶"们对于"印度""波兰"之命运无所同感的愤慨与焦虑。

> 今试履中国之大衢，当有见军人蹀躞而过市者，张口作军歌，痛斥印度波阑之奴性；有漫为国歌者亦然。盖中国今日，亦颇思历举前有之耿光，特未能言，则姑曰左邻已奴，右邻且死，择亡国而较量之，冀自显其佳胜。（《摩罗诗力说》，《河南》第 2 号，1908 年 2 月）[②]

> 有新国林起于西，以其殊异之方术来向，一施吹拂，块然踣傹，人心始自危，而轻才小慧之徒，于是竞言武事。后有学于殊域者，近不知中国之情，远复不察欧美之实，以所拾尘芥，罗

---

① 实藤惠秀监修，谭汝谦主编，小川博编辑：《中国译日本书综合目录》，第 514 页、第 500 页。

② 《鲁迅全集》第 1 卷，第 67 页。

列人前，谓钩爪锯牙，为国家首事，又引文明之语，用以自文，征印度波兰，作之前鉴。（《文化偏至论》，《河南》第7号，1908年8月）①

至于波兰印度，乃华土同病之邦矣，波兰虽素不相往来，顾其民多情愫，爱自繇，凡人之有情愫宝自繇者，胥爱其国为二事征象，盖人不乐为皂隶，则孰能不眷慕悲悼之。印度则交通自古，贻我大祥，思想信仰道德艺文，无不蒙贶，虽兄弟眷属，何以加之。使二国而危者，吾当为之抑郁，二国而陨，吾当为之号咷，无祸则上祷于天，俾与吾华土同其无极。今志士奈何独不念之，谓自取其殃而加之谤，岂其屡蒙兵火，久匍伏于强暴者之足下，则旧性失，同情漓，灵台之中，满以势利，因迷谬亡识而为此与！故总度今日佳兵之士，自屈于强暴久，因渐成奴子之性，忘本来而崇侵略者最下；人云亦云，不持自见者上也。（《破恶声论》，《河南》第8期，1908年12月）②

而自作这些文字起，对于"印度""波兰"在10年后亦不能忘怀，作"随感录"曰：

近日看到几篇某国志士做的说被异族虐待的文章，突然记起了自己从前的事情。

那时候不知道因为境遇和时势或年龄的关系呢，还是别的原因，总最愿听世上爱国者的声音，以及探究他们国里的情状。波兰印度，文籍较多；中国人说起他的也最多；我也留心最早，却很替他们抱着希望。其时中国才征新军，在路上时常遇着几个军士，一面走，一面唱道："印度波兰马牛奴隶性，……"我便觉得脸上和耳轮同时发热，背上渗出了许多汗。……（《随感录》，

---

① 《鲁迅全集》第1卷，第45—46页。
② 《鲁迅全集》第8卷，第35—36页。

1918 年 4 月—1919 年 4 月间）①

很显然，对于"印度"与"波兰"的看法，周树人与他同时代的中国"志士"有着很大的不同，但这并不妨碍两个词汇是他们共同关注的一种意向和话题，也并不妨碍他们共同拥有着一个关于这两个国家的"文籍较多"的知识基础。如果把中译本《波兰衰亡战史》和《印度蚕食战史》也放在"文籍较多"的出版物之内予以考虑，那么也就可以说，中文语境下的"印度""波兰"之"文籍"虽然直接来自中国的译者或作者，反映的是中国的现实危机感，但从本源的意义上讲，它们最终还都是来自明治日本的出版物，并且"移植"了这些出版物所体现的危机意识。

> 明治三十年（1897），是中学校在日本全国猛增的一年。我所在的乡下也有了第一所中学，而我也被轰赶出来，转眼之间成了一名中学生。不过校长是个非常热心的尊王攘夷主义者，所以我们也就经常在教室里听他讲俄罗斯怎样可怖，英吉利又是如何吓人。而那时的日本文学很幼稚，杂志之类差不多都以中学生程度的读者为对象，他们的投稿也颇多，看那内容，几乎每号都有以慷慨激昂的汉文调子写下的文字："熟察宇内之大势，北有俄鹫，西有英狮，虎视眈眈，常窥我后，先有波兰之被分割，近有印度之被吞并。"这些或许都是在模仿大人的口吻也未可知，总之，那时的少年是当不成社会活动家或棒球迷的，不论是我还是他，大家都觉得自己是个忧国志士。②

生方敏郎的这段话，从一个侧面或许可以反证出"印度""波兰"这两个词汇所具有的原初意向，即它们都是立此以为"前车之鉴"的时代忧患意识的产物。上面提到的博文馆 1895 年出版的关于"波兰"和"印度"的两本书，虽不一定是少年读物，却曾几何时变为可供少年模仿的"大人

---

① 《鲁迅全集》第 8 卷，第 94 页。
② 生方敏郎：『明治大正見聞史』，第 139—140 页。

的口吻"似无须质疑。前者"乃俄（国）、奥（地利）、普（鲁士）三国借友谊之名，窥波兰之间隙，遂灭而分取之之颠末记……忧国之士以为殷鉴者历然存于纸上"；后者叙述英国 300 年间吞并印度的历史，"读之而可知国家之所以衰亡，国民之所以萎靡，今日之所以振势威于东洋，关注东洋问题之志士必精读矣"①。这两书都是为当时日本的"忧国之士"或"志士"写的，从结果而言，它们也的确通过"士"而化作了泛表于诸物之上的时代精神意识。待到"北清事件②以来，"支那"成了列国问题的中心。德意志租借了胶州湾，英吉利弄到手了威海卫，俄罗斯占了旅顺口，法国侵入了广东，只剩下日本含着拇指在束手旁观"③的时候，"波兰"和"印度"这两个词便在中国将要被"瓜分"的现实中开始转换成中国"志士"表达危机意识的话语。至于说到具体的转换过程是怎样的，则是一个非常复杂的问题，值得单独撰文探讨，这里只做一点提示，即当时谈及"波兰"和"印度"最多，且影响最大的应该是梁启超。梁早在 1896 年就写过《波兰灭亡记》④，自亡命日本以后，在很多篇文章中更是大谈"波兰"和"印度"，其宗旨如他在《论不变法之害》中引《礼记》之所言："曰：'前车覆，后车戒。'"⑤这恰和日本作者的以为"殷鉴"是一致的。正如在上面所引周树人的话中所见，周树人对此也是有很大程度的同感的，但与中国的某些"志士"们不再思同情与变革，而只是拿"波兰""印度"来自我满足，"择亡国而较量之，冀自显其佳胜"的没出息势不两立，在周树人看来，在"奴子之性"十足，"忘本来而崇侵略"的"志士"口中，"波兰"和"印度"定已变味儿无疑了。

话题还是回到涩江保这里来。现在已经知道，不仅《波兰衰亡战史》是他作的，而且《印度蚕食战史》也是他作的，进而在博文馆出版的被史家称为"杰作"的全 24 册"万国战史"丛书当中，竟有 18 册皆出自他一

---

① 渋江保：《希臘波斯戦史（全）》，博文館，1896 年。书后广告第 5 页。

② 指八国联军占领北京。

③ 生方敏郎：『明治大正見聞史』，第 141 页。

④ 原载《时务报》1896 年 3 期，集入《饮冰室合集·专集之四》。

⑤ 梁启超：《变法通议》，《饮冰室合集·文集之一》，第 2 页。

个人之手①。而且，就在这套丛书于 1896 年 9 月出齐后不久，涩江保翻译的《支那人气质》也于同年 12 月出版了。

那么，"涩江保"是怎样一个人物呢？

三、关于涩江保

（一）《博文馆出版年表》中所见到的涩江保

"涩江保"是个被历史所淹没了的名字，不见于日本现在通用的《明治时代著述者人名辞典》（20 卷），在讲谈社出版的六卷本《日本近代文学大事典》中虽有三处可见"涩江保"，但都是在其他词条内闪现，而非作为词条本身②，就是说，它们并没告诉读者"涩江保"这个人是谁。从下面的注释中可以看到，这三个词条都是与日本的"英学"有关的，但即使在同领域的学者当中，也很难见到涩江保的名字。某位学者慨叹道："昭和女子大学近代文化研究所的近代文学研究丛书，已经出到第七十六卷，合加起来已介绍了三九四人，涩江保不仅没被介绍，而且据说今后也没有介绍的计划。即使去翻古今人名辞典之类，也不见涩江保的名字。"③笔者认为，这位学者遇到了与笔者同样的问题，可以说，对于现今任何一个

---

① 前揭"（四）日清战争"时期的博文馆出版物" 24 册"万国战史"当中，"涩江保"名下有 10 册，为第 8、10、12、15、17、18、20、22、23、24 册。而从山本勉后来的调查可知，另有署名他人的 8 册，事实上也是出自涩江保之手，即第 2、4、6、7、11、14、16、21 册。详细内容请参阅山本勉：「明治時代の著述者 渋江保の著述活動：出版物『万国戦史』を中心に」，『佛教大学大学院紀要（文学研究科篇）』第 43 号，2015 年。

② 日本近代文学館編：『日本近代文学大事典』第 116 卷，講談社，1977 年。其第 4 卷第 44 页 a「ギリシャ、ローマ古典文学の日本近代文学への移入」词条下，作为初步启蒙解说书，提到了「渋江保《希臘羅馬文学史》（明二六）」。在同卷第 327 页 b.「日本近代文学とエマソン（Ralph Waldo Emerson，1803—1882）」词条下，提到「渋江保《英国文学史》（明二四・十一・博文館）」。在同卷第 379 页 b.「日本近代文学とマコーリ（Thomas Babington Macaulay，1800—1859）」词条的最后说，"还有像涩江保那样的从自由民权论（改进党系）的立场来接受和介绍马格里的"（また渋江保のように自由民権論（改進党系）の立場からマコーリを受容紹介するものもある）。

③ 外山敏雄：《日本英学史と渋江保》，《学鐙》，第 95 卷第 9 期，1998 年 9 月。

要找"涩江保"的人来说，都不能不面临与此相同的处境。

说来也难怪，何尝现在难找，即使在1937年出版的《博文馆五十年史》的正文当中，也没有出现过涩江保的名字以及有关他著译情况的记事。倒是在附于书后的《博文馆出版年表》中，保留着和博文馆相关的涩江保的一部分著译篇目。以下整理的是在该年表中所见到的涩江保。

《博文馆出版年表》由三个部分组成：一、"单行之部"（即单行本）；二、"丛书之部"；三、"杂志之部"，各部当中的书名刊名，按照日本年号所标出版年月排列。涩江保著译出现在第一、第二部当中：

表1　"单行之部"所见涩江保著译

编号	书名	署名	出版年月
1	国民錦嚢	渋江保	明治二十四年（1891）5月
2	少年龜鑒 神童	渋江保	明治二十四年（1891）12月
3	小学講話材料 西洋妖怪奇談	渋江保	明治二十四年（1891）12月
4	高等小学 萬国地理	渋江保	明治二十五年（1892）12月
5	西洋秘傳 魔術	渋江保	明治二十六年（1893）11月
6	羅馬加尔達額 ピュニック戦史	渋江保	明治二十九年（1896）12月
7	歴山大王一統戦史	渋江保	明治二十九年（1896）12月
8	支那人気質	渋江保	明治二十九年（1896）12月
9	世界格言大全	渋江保	明治三十年（1897）3月

表2　"丛书之部"所见涩江保著译

编号	书名	署名	时间
10	通俗教育全書（21）：小論理書	渋江保	明治二十三年（1890）1月
11	通俗教育全書（22）：小心理書	渋江保	明治二十三年（1890）1月
12	通俗教育全書（23）：小天文書	渋江保	明治二十三年（1890）1月
13	通俗教育全書（25）：小倫理書	渋江保	明治二十三年（1890）1月
14	通俗教育全書（28）：小地質学	渋江保	明治二十三年（1890）1月
15	通俗教育全書（30）：普通教育学	渋江保	明治二十三年（1890）1月
16	通俗教育全書（36）：簡易体操法	渋江保	明治二十三年（1890）1月
17	通俗教育全書（39）：代数一千題	渋江保	明治二十三年（1890）1月

续表

编号	书名	署名	时间
18	通俗教育全書（40）：幾何一千題	渋江保	明治二十三年（1890）1月
19	通俗教育全書（47）：簡易手工学	渋江保	明治二十三年（1890）1月
20	通俗教育全書（48）：算術五千題・上	渋江保	明治二十三年（1890）1月
21	通俗教育全書（49）：算術五千題・下	渋江保	明治二十三年（1890）1月
22	通俗教育全書（56）：希臘羅馬文学史	渋江保	明治二十三年（1890）1月
23	通俗教育全書（57）：独佛文学史	渋江保	明治二十三年（1890）1月
24	通俗教育全書（58）：英国文学史	渋江保	明治二十三年（1890）1月
25	通俗教育全書（60）：初等三角術	渋江保	明治二十三年（1890）1月
26	通俗教育全書（72）：処世活法	渋江保	明治二十三年（1890）1月
27	通俗教育全書（73）：幸福要訣	渋江保	明治二十三年（1890）1月
28	通俗教育全書（74）：福の神	渋江保	明治二十三年（1890）1月
29	通俗教育全書（78）：通俗教育演説	渋江保	明治二十三年（1890）1月
30	通俗教育全書（81）：雄辯法	渋江保	明治二十三年（1890）1月
31	通俗教育全書（89）：社会学	渋江保	明治二十三年（1890）1月
32	通俗教育全書（91）：哲学大意	渋江保	明治二十三年（1890）1月
33	通俗教育全書（95）：歷史研究法・上	渋江保	明治二十三年（1890）1月
34	通俗教育全書（96）：歷史研究法・下	渋江保	明治二十三年（1890）1月
35	通俗教育全書（97）：人類学	渋江保	明治二十三年（1890）1月
36	通俗教育全書（100）：電気世界	渋江保	明治二十三年（1890）1月
37	女学全書（全12冊）：泰西婦女龜鑒	渋江保	明治二十五年（1892）1月
38	寸珍百種（8）：萬国發明家列傳	渋江保	明治二十五年（1892）7月
39	寸珍百種（28）：支那哲学者・歐洲巡遊通信・上	羽化仙人	明治二十五年（1892）7月

续表

编号	书名	署名	时间
40	寸珍百種（29）：支那哲学者・歐洲巡遊通信・下	羽化仙人	明治二十五年（1892）7 月
41	寸珍百種（41）：生活指針　日々のおきて	渋江保	明治二十五年（1892）7 月
42	寸珍百種（42）：生活指針　日々のおきて	渋江保	明治二十五年（1892）7 月
43	寸珍百種（46）：西洋事物起原	渋江保	明治二十五年（1892）7 月
44	寸珍百種（48）：記憶術	渋江保	明治二十五年（1892）7 月
45	寸珍百種（50）：催眠術	渋江保	明治二十五年（1892）7 月
46	萬国戦史（8）：普墺戦史	渋江保	明治二十七年（1894）9 月
47	萬国戦史（10）：波蘭衰亡戦史	渋江保	明治二十七年（1894）9 月
48	萬国戦史（12）：印度蠶食戦史	渋江保	明治二十七年（1894）9 月
49	萬国戦史（14）：米国独立戦史	渋江保	明治二十七年（1894）9 月
50	萬国戦史（17）：英国革命史	渋江保	明治二十七年（1894）9 月
51	萬国戦史（18）：佛国革命史	渋江保	明治二十七年（1894）9 月
52	萬国戦史（19）：フレデリック大王七年戦史	渋江保	明治二十七年（1894）9 月
53	萬国戦史（22）：羅馬加達額尔ピュニック戦史	渋江保	明治二十七年（1894）9 月
54	萬国戦史（23）：歴山大王一統戦史	渋江保	明治二十七年（1894）9 月
55	萬国戦史（24）：希臘波斯戦史	渋江保	明治二十七年（1894）9 月
56	英学全書：ロングマンス第一讀本註釋	渋江保	明治三十年（1897）12 月
57	英学全書：ロングマンス第二讀本註釋	渋江保	明治三十年（1897）12 月
58	英学全書：ロングマンス第三讀本註釋	渋江保	明治三十年（1897）12 月
59	英学全書：ロングマンス第四讀本註釋	渋江保	明治三十年（1897）12 月

续表

编号	书名	署名	时间
60	通俗百科全書（19）：通俗世界地理	渋江保	明治三十一年（1898）1 月

注：『通俗教育全書』全 100 册；『寸珍百種』全 52 册；『萬国戦史』全 24 册；『英学全書』（ロングマン讀本註釋）全 4 册。

涩江保的这份著译清单从出版年表中初步整理出来之后，不禁让人为之瞠目结舌。首先是数目的庞大。除掉第 6 和第 53、第 7 和第 54 重合外，1890 年 1 月—1898 年 1 月的短短 8 年间，仅博文馆一家出版社就出版了涩江保 58 本书，以最保守的估计，平均不到 50 天就有一本书出版，而且有许多都是像《支那人气质》这样的大部头。是著作也好，翻译也好，编纂也好，注释也好，真难以想象涩江保除了读书和"爬格子"外，生活里是否还会有别的。其次是执笔领域的广泛。从历史到地理，从人类学到电气世界，从文学到催眠术再到几何算数、体操、妖怪、幸福要诀、手工学，跨度之大，简直令人头脑生乱。不过，有一点是清楚的，那就是这些书按其性质来划分，也正应合了当时博文馆的学术、启蒙、实技百工的出版特点，而其中特别值得注意的是包括翻译、编译和著述在内的对西方思想、历史和文学的介绍占了很大比重。广泛介绍和传播西方的学术和思想，是启蒙时代一项不可缺少的内容，在这个意义上，把涩江保列入东方近代启蒙者的行列里，也许是并不过分的评价。

今天，日本对博文馆之于近代启蒙的贡献有着高度的评价，而且也记忆着许多当时列名于博文馆的著述者，像中江兆民（Nakae Chomin, 1847—1901），久保天随（Kubo Tenzui, 1875—1934），国木田独步（Kunikida Dobbo, 1871—1908），岛崎藤村（Shimazaki Toson, 1872—1943），与谢野铁干（Yosano Tekkan, 1873—1935）、与谢野晶子（Yosano Akiko, 1878—1942）夫妇，木村鹰太郎（Kimura Takataro, 1870—1931），田山花袋（Tayama katai, 1871—1930），长谷川天溪（Hasegawa Tenkei, 1876—1940），幸田露伴（Koda Rohan, 1867—1947）以及前面提到的高山樗牛、尾崎红叶等人，这些大人物，可以任意列出很多，然而唯有对博

文馆以及对明治时代的日本和中国近代启蒙都做出过重要贡献的涩江保却在人们的记忆里消失了。甚至在约 70 年前出版的《博文馆五十年史》中就已经不记得涩江保了。如坪谷善四郎介绍说,二十四册"万国战史"丛书在当时的出版界被盛赞为战史读物的"白眉",也提到了其他作者和书目①,可就是偏偏没提涩江保以及那些该丛书中绝大多数是涩江保名下的著作。真的,这是为什么?

(二)涩江保的线索

包括这个问题在内,在了解到涩江保的业绩之后,笔者觉得涩江保本人就是一个很值得探讨的问题,当然也产生了要了解这个人的强烈兴趣。可是,到哪里去找呢?在 1997 年的当时,几乎无从下手。

这里应该感谢佛教大学的辻田正雄先生,他也在帮我寻找线索,有一天他提醒说,会不会和"涩江抽斋"有关。涩江抽斋是日本近代史上赫赫有名的人物,关于他的生平,日本小学馆《日本大百科全书》有简明的介绍。

涩江抽斋(Shibue Chusai,1805—1858),江户(1603—1867)末期儒医。生于江户(今东京)神田。幼名恒吉,后改名全善。字道纯,又称子良,号抽斋。家族世代为弘前(今青森县弘前市)藩医,抽斋亦师从既是医生又是儒学者的伊泽兰轩学医,继承家业而为弘前藩医,住江户。又从狩谷易斋、市野迷庵学儒学,精通考证学,与森立之(枳园)共著《经籍访古志》。此书为中国古典解题书之白眉。1844 年为官立医学馆讲师,后为德康家庆所召,奉禄"十五人扶持"。医书著作有《素问识小灵枢讲义》《护痘要法》等。森鸥外小说《涩江抽斋》为取材其生平之作。②

但这里并没出现涩江保,而且接着去查同百科全书当中关于森鸥外小

---

① 坪谷善四郎:『博文馆五十年史』,第 112 页。坪谷善四郎开列了丛书中第一本到第五本的作者名和书名。

② 小学館:『日本大百科全書』,1996 年,SONY DATA Discman DD-2001。

说《涩江抽斋》的词条，也找不到有关涩江保的蛛丝马迹。倒是在平凡社的《世界大百科事典》的解释这篇小说的“《涩江抽斋》”词条下，出现了一些线索。

> 《涩江抽斋》 森鸥外的史传。大正五年（1916）连载于《东京日日新闻》和《大阪每日新闻》。津轻藩时医，作为考证学者亦很知名的涩江抽斋（道纯，1805—1858）的传记。森鸥外结合自己的经历，以充满共感与憧憬的笔触，描写了医而遗文业，在幕藩体制内率性而居的抽斋的一生。资料的大部分是抽斋的三男保提供的，填补了史传的空白，并且与传并行描写了调查考证的过程，从而开辟了史传的新领域。以汉文文脉为基调的文体，也具有很高的格调，古朴而不生涩。虽自始至终贯穿着尊重事实的态度，却也有小说意义上的润色之处，妻子五百等形象，栩栩如生，增光添彩。鸥外之关心延及亲戚、子孙，记述一直持续到抽斋殁后 57 年。①

如果把以上资料作一下整理，那么首要的一点，便是可以断定“涩江保”是“涩江抽斋”的三男。从这条线索来看，就有两点值得注意：一个是涩江保家族世代为侍医，其父涩江抽斋，不仅是儒医，也是精通考古学的汉学者，这意味着涩江保在中医和汉学方面，有着良好的教养环境，可谓书香门第。事实上，他的汉学功底，在《支那人气质》的翻译中也有着很好的发挥。另一点是森鸥外的同名小说是写涩江抽斋及其亲戚、子孙的传记作品。

森鸥外（Mori Ogai，1862—1922）是中国读者并不陌生的日本近代著名作家，在文学史上，多把他与夏目漱石（Nattsume Soseki，1867—1916）并称，以作为体现明治时代精神与伦理的代表作家。他的主要成就之一，是开辟了近代历史小说创作的新领域，其忠实于史实，按照历史的本来面目（“歴史其儘”）来写历史小说和超脱史实的束缚，自由地驰骋

---

① 『世界大百科事典』（第 2 版 CD-ROM 版），日立デジタル，平凡社，1998。

主观想象（"歴史離れ"）的两种创作方法，不仅对日本，而且通过鲁迅、郭沫若等人的历史小说创作，对中国也产生了深远的影响[①]。鲁迅曾翻译过他的《沉默之塔》，收入他与周作人合译的《现代日本小说集》[②]。《涩江抽斋》（1916）是森鸥外晚年的最重要作品，被文学史家誉为开拓了历史传记文学的新领域而享有很高的声誉。其方法是完全根据考证和各种实际调查所获得的材料，按时间顺序来展示历史人物的一生。其结果，是使本来默默无闻的一个江户末期的儒医青史留名。

（三）《涩江抽斋》里的涩江保

而对本文的调查极有帮助的是，这篇"歴史其儘"的小说，不仅"资料的大部分是抽斋的三男保提供的"，而且也有不少笔墨写了涩江家族，特别是后半有很大的篇幅追踪了涩江抽斋死后其家族成员下落的内容。这样，"涩江保"就在"涩江抽斋"的巨大覆盖下出现了。

在《涩江抽斋》"百十二"中，森鸥外这样介绍了涩江保：

> 抽斋之后裔今存者，如上所记，当屈指首数牛込的涩江氏。主人保为抽斋第七子，亦为继嗣之人，从渔村、竹径之海保氏父子、岛田篁村、兼松石居、根本羽岳读经，随多云纪从学中医，又于师范学校被培养成教育家，在公立学舍、庆应义塾研究英语，又于浜松、静冈或做校长，或当教头，并兼做报纸记者论说政治。然而耗费精力最大者，乃为书肆博文馆所做著作翻译，其刊行书籍，通计约达百五十部之多。其书尽管有随时启发世人之功，概皆应追崇时尚书估之诛求而运笔者。不可不谓徒费了保之精力，且保自知此项。毕竟文士与书估之关系，本该为"共栖"，而实则反为"寄生"。保做了生物学上的养家糊口、独当一面的汉子。
>
> 保欲作之书，今犹作为计划而在保之意中。曰《日本私刑史》，曰《支那刑法史》，曰《经子一家言》，曰《周易一家言》，曰

---

① 关于中国近代历史小说创作和日本近代文学的关系问题很值得另行撰文讨论。

② 原著题"沈黙の塔"，发表于 1910 年。本文参阅上海商务印书馆 1923 年 6 月版。

《读书五十年》，此五部书即是。就中如《读书五十年》，并非只为计划，其稿本既已成堆，此为文献目录，足可窥保博涉之一面。著者之所志，乃廓大严君之《经籍访古志》，纵言其纵贯古今，勾连东西，或未为不可。保果能善成其志乎？世间果能使保成其志乎？

保今年大正五年六十岁，妻佐野氏松，四十八岁，女乙女十七岁。乙女明治四十一年以降，从镝木清方学画，又，大正三年以还，为迹见女学校学生。①

这里除了说涩江保为博文馆译著书籍达"百五十部之多"和上面的统计有较大的出入外，基本概述了涩江保的主要经历和志向。其中有对涩江保为博文馆著译书籍颇不以为然的话，似由"文士与书估"之间的不睦而来，笔者以为或许是这个原因，才使博文馆主干坪谷善四郎在撰写五十年史时，有意避而不道为博文馆做出过重大贡献的涩江保。不过，这已经是另外的话题了。

其实，从这篇小说的"其六"起，涩江保就出现了，森鸥外为寻找涩江抽斋的线索，经许多辗转周折，找到了在宫内省供职且精通史学的外崎觉，并且从外崎觉那里知道了涩江抽斋有子嗣名字叫涩江保（"其六"）；又经过一番曲折的调查和追踪，森鸥外终于见到了涩江保。"气候虽已变冷，却还未到生火取暖的季节，所以在无火气的官衙的一室里，隔着一张桌子，保和我面对面地坐下了。而且谈起抽斋的事来不知疲倦。"② 森鸥外由这次谈话开始了解到涩江抽斋其人的生平事迹及其后人，他委托涩江保把记忆中关于父亲的事写下来，涩江保马上就答应了，并且和他约好，把过去在《独立评论》上连载的自己的回忆谈也拿出来。这次会面后不久，森鸥外去京都出差，就在出差期间，涩江保已把森鸥外所托整理成文，森鸥外回到东京后马上登门拜访，得到涩江保的笔稿并同时借回了那些回忆文章，

---

① 译自森林太郎:『鸥外選集』第 6 卷（全 21 卷），岩波書店，1979 年，第 225—226 页。
② 森林太郎:『鸥外選集』第 6 卷，第 22 页。

因此，森鸥外明确说："我在这里所说，主要依据从保那里获得的材料。"①（"其九"）由此可以知道，在《涩江抽斋》这部史传中，"涩江保"首先是作为素材的提供者出现的。

由于作品基本是以编年体的方式演进的，所以"涩江保"的再次出现已是"其五十一"，但此后直到全篇结束的"其百一九"，便几乎再没消失过。因此从中还可以进一步找到有关涩江保的更为详细的情况。

如"其五一"记录了涩江保的出生："安政四年（1857）抽斋七男成善七月二十六日生，小字三吉，通称道陆，即今之保，父五十三岁，母四十二岁时之子。"②此外，还可以知道抽斋前后有4个妻子和很多个孩子，涩江保为第四个妻子五百所生，是家中最小的一个（"其五三"），在抽斋死后的第二年，仅2岁便成了涩江家业的继承人（"其六五"）。涩江抽斋留下的藏书据说约有"三万五千部"（"其七十"），其和枳园共著的传世之作《经籍访古志》（8卷），明治十八年（1885）由清国使馆刻刊（"其百八"，又见"其二"，记录此事甚详）。而涩江保自幼好读书，4岁便开始师从多人学儒学（"其六七"），"喜爱书籍胜过米饭"（"其七十三"），到森鸥外来采访涩江的家世时，已号称"读书五十年"。母亲五百在涩江保的教育中亦起关键作用，她不仅支撑了拥有众多子女的家庭生活，也热心地督促子女读书，而尤其重要的是，她常年不断讲述的涩江家世，均由涩江保一一记录保存了下来（"其九"），以至作家松本清张（Matsumoto Seicho，1909—1992）认为，森鸥外在调查采访时得到了涩江保提供的关于家世的笔稿后，只是稍做文字上的加工润色，就几乎原封不动地再现到了《涩江抽斋》当中③。这似乎涉及这部受到高度评价的历史小说的原创性问题，对此今后亦可能仁者见仁，智者见智，不过此处也无外说明涩江保的家教环境和他文笔的功力所至罢了。

---

① 森林太郎：『鸥外选集』第6卷，第24页。

② 森林太郎：『鸥外选集』第6卷，第108页。

③ 松本清张：「作家の日記——森鸥外と乃木将军の死、白桦派のことなど（連載5）」，『新潮45』，第8卷第5期，第195页。

另外一点，就是关于涩江保的英文。在明治时代的翻译家中，涩江保是那些少数没有留学经历者之一。这既是他作为翻译家的一大特色，也很可能是他的诸多译作不大为后人所重视的原因之一（此外，上面讲到的博文馆史中不提涩江保，也不能不是涩江保本人以及他的著译消失在历史当中的原因）。1871 年 3 月，15 岁的涩江保只身前往东京。5 月，为学英语，进了公立学校。其间，以操读英语为己志的涩江保翻译了《小美国史》并由万卷楼出版社出版。一年多以后，为学资所迫，不得不改进师范学校，经历多次辗转波折后，为学英语，又于 1879 年 11 月进了庆应义塾，"此后，保欲深穷英语，而未遂其志"[①]。近两年后的 1881 年 9 月，为养家糊口，24 岁的涩江保又去做了爱知中学的校长。这就是森鸥外在上文所记的"在公立学舍、庆应义塾研究英语"的经历。由此可以推知，涩江保的英语主要是靠他"深穷英语"之志的自学和实践而得，至于程度如何，还尚需要实际对照英文检阅其译文方可得知。不过，有两点似可供参考，一是母亲五百在涩江保的指导下，60 岁起开始学英文，并且达到了可读关于西方历史和经济学原著的程度[②]；另一点是将要在下面提到的一些学者的意见。

（四）涩江保之研究

在本论的问题范围内，作为对日译本《支那人气质》译者的调查，做到现在这一步似乎可以告一段落了，但不知为什么，笔者却有一种意犹未尽的感觉。这并不完全出自眷恋那种有所发现时的砰然心动的感觉，而是因为涩江保在历史的淹没中并未清晰而完整地呈现出来，哪怕是作为一个抽象的概括。因此，打算在此通过对涩江保研究的整理而对涩江保做一个小结。

如前所述，笔者在最初的两篇论文[③]发表之后，便一直注意收集有关资料，而且发现，情形也并非当初曾使自己几近绝望的那种白茫茫一片的

---

① 森林太郎：『鸥外选集』第 6 卷，第 203 页。

② 森林太郎：『鸥外选集』第 6 卷，"其百六"，第 214—215 页。

③ 李冬木：《关于羽化涩江保译〈支那人气质〉（上）》（1998 年 2 月），《关于羽化涩江保译〈支那人气质〉（下）》（1998 年 8 月），分别发表于《鲁迅研究月刊》1999 年第 4、第 5 期。

状态，如果仔细找还是有所得的，哪怕是差不多平均每 10 年才有一篇论文。随着近年来日本学术机构检索系统的完善，查找的方便和所获都在同步前进。不过，越搜集也就越有一种感觉，那就是涩江保似乎是为《涩江抽斋》这部作品而存在的。

森鸥外是文学大家，《涩江抽斋》是日本近代文学史上的名著，前面说过，这部大家的名著使本来默默无闻的一介江户儒医青史留名，而且关于涩江保的许多材料也的确在客观上因这部名著而被保存下来，从而使后来要寻找他的人最终可以在这部作品中找到他。但是，就像"涩江保"在这部作品中的最初登场是作为该作品素材的提供者一样，他后来断断续续在一些研究论文和专著里的出现，绝大多数场合仍扮演着同一种角色，即对涩江保的最大评价是他为一个名家提供了一部名著的素材，换句话说，"涩江保"是被隐藏在对作家森鸥外及其作品《涩江抽斋》的研究和评论系统当中的。没有涩江保也就没有《涩江抽斋》，但没有《涩江抽斋》也就没有涩江保。涩江保处在这种宿命当中。于是，只能在有关森鸥外和《涩江抽斋》的研究资料中检出那些最能体现涩江保的材料来看。

在"森鸥外＝《涩江抽斋》"这一系统中，最早对涩江保有重大发现并且给予高度评价的是一户务（Ichinohe Tsutomu）的《鸥外作〈涩江抽斋〉的资料》，这篇论文发表在 1933 年《文学》第 8 号上①。一户务调查《涩江抽斋》的材源时，在东京大学图书馆收藏的森鸥外的 1.5 万册藏书中，意外地发现了以下稿本：

甲、《涩江家乘》，写本，美浓半纸（约 24cm×32cm）62 页。

乙、《抽斋年谱》，写本，四百页原稿纸 18 页。

丙、《抽斋的亲戚并门人》，写本，四百页原稿纸 72 页。

丁、《抽斋殁后》，写本，四百页原稿纸大约 24 页。

其中，"甲"为森鸥外自笔写本，推定是"鸥外晚年的杰作《涩江抽斋》

---

① 一户务：「鸥外作『渋江抽斎』の资料」，『文学』1933 年第 8 号，第 84—96 页。以下引译均出自该篇论文。

的初案稿本",当中插有"保氏自笔的《涩江家系图》";后三册皆为涩江保的笔稿。经过对照比较研究,一户务认为,《涩江抽斋》的材源基本来自这四册稿本并涩江保借给森鸥外的他当时发表在《独立评论》上的系列回忆文章。"把现存的涩江保草稿同这部作品来进行比较,保所倾心的人物,在鸥外笔下也栩栩如生,保不甚介意的人物,在鸥外的作品中便是不成样子的死人。《涩江抽斋》由素材上来考察,鸥外之研究仅花费了很少的力气,而只因保的文学才能才跃然纸上。""如果说,在《涩江抽斋》中对人物性格有文学上的表现的话,那么其并非鸥外之力,而是涩江保之力。"一户务说他感受到涩江保"提供材料的功之伟大",作此文以慰劳绩。

在这部名著的创作当中,涩江保的功绩越大,便越容易发生上面提到的有关作品原创性的质疑。但这个问题即使在森鸥外研究的专门领域也似乎并没充分展开过,否则,涩江保也不会一直被埋没,哪怕只是由于这一部作品的讨论,"涩江保"也会与"涩江抽斋"齐名。就连一户务本人也没有把论文的结论自然延伸到这一问题的提起上来,而是由对素材的处理而充分肯定了森鸥外的"史眼"和"智脑"。他认为,"史传中有史实之铁则,几乎不留有可供艺术或想象处理的余地,除了采取客观的叙述方法之外而别无办法。不过在《涩江抽斋》中,鸥外充分委身于保的文学才能。鸥外以透彻得令人惊愕的史眼分析整理了记述着保的片段回忆的草稿,并以科学的智脑予以分析"。

后来有些学者根据一户务的发现,在谈到《涩江抽斋》时也言及涩江保,但直到半个多世纪后,一户务所发现的那些稿本才终于得以出版。松本明知编《森鸥外〈涩江抽斋〉基础资料》①收前面提到的《抽斋年谱》《抽斋亲戚并门人 付抽斋之学说》《涩江家乘》《抽斋殁后》以及后来发现的《明治元年同三年涩江保日记》,是现今出版物中保存下来的关于涩江保的第

---

① 『森鸥外「渋江抽斎」基礎資料』[第八十六回日本医学史学会(会長松木明知),1988年6月30日発行,限定300部]其目次为「まえがき」「収録資料解題」「参考文献」「抽斎年譜」「抽斎親戚並門人 付抽斎の学説」「渋江家乗」「抽斎殁後」「明治元年全三年渋江保日記」。

一手资料，只可惜印数太少，"限定 300 部"，仍不容易寻找到。

也有学者不囿于《涩江抽斋》，要为涩江保单独立传的，不过据我所知，只有一个人写了《涩江保传》上下篇，而且也只写到他要外出闯世界的时候为止[①]。因此，在缺乏整体把握的前提下，到目前为止，任何对涩江保发掘的尝试，从起步到结果，都只能是片段的和偏重某个侧面的。

就像在这一节的开头提到的《日本近代文学大事典》所呈现的那样，后来有学者注意到涩江保与日本近代"英学"的关系，并做出了较为深入的调查和发掘；也有汉学者因涩江保翻译《支那人气质》而从"中国学"的角度提到涩江保的贡献。前者如经济思想史学者杉原四郎（Sugihara Shiro）的论文《涩江保与英国思想的导入》，后者如高岛俊男（Takashima Toshio）对"中国关系名著"的介绍。而尤其值得一提的是，他们都不约而同地涉及了涩江保的英语水平和翻译能力的问题。杉原四郎强调了涩江保作为翻译者和介绍者对导入西方近代文化所做出的启蒙贡献，不仅提到由英文转译黑格尔《历史哲学》，而且也认为涩江保的英语有相当高的程度[②]。高岛俊男通过两段文本比较，认为白神彻 1940 年译本不是一个好译本，其译得"是否忠实不得而知，有很多地方干脆没变成日语"，而相比之下，涩江保译本要胜过"数等"[③]。笔者对两位学者所言颇有同感，若将第二十四章"相互猜疑（Mutual Suspicion）"里的一首诗的汉译拿来对照，可知与后来出现的中译本的译文（1—4，这是笔者随意抽取的）相比，涩江保的译文不仅理解到位，言辞也很整饬得体。

> The serpent's mouth in the green bamboo,
>
> The yellow hornet's caudal dart;
>
> Little the injury these can do;

---

① 稲田雅洋：「渋江保伝」（上）（下），『境』創刊号，1983 年；『境』第 2 号，1984 年。

② 杉原四郎：「渋江保とイギリス思想の導入」，『読書颯颯』，未来社，1987 年，第 125 页。

③ 高岛俊男：『独断! 中国関係名著案内』，東方書店，1991 年，第 64—67 页。

More venomous far in a woman's heart.[①]

1. 绿竹中的毒蛇口，黄蜂尾上的刺儿，这些伤害不足提，狠毒莫过妇人心。

2. 竹林蛇口，赤蜂尾上，狠毒莫若，妇人心肠。

3. 竹叶青蛇嘴，黄蜂尾部针，二者不足惧，最毒妇人心。

4. 青竹蛇儿口，黄蜂尾上针，两般犹为可，最毒妇人心。

涩江保译文：

5. 竹径蝮出舌，花荫蜂藏针。岂云含毒少，孰若妇人心。[②]

最近在旧书店偶尔得到《朝日月刊》"创刊三周年特大号"，1992 年第 7 期。这一期里收"永久保存版·特大集"，叫做"将要继续讲述到 21 世纪的 20 世纪日本的异能·伟才 100 人"，其第 52 页把涩江保也列为其中之一，然而却是被当作"SF 作家"来介绍的。SF 为 Science Fiction 的缩写，即"科学幻想"，那么这个涩江保即为"科幻作家"了。选者是日本当代科幻作家兼明治文化评论家横田顺弥（Yokota Junya），他以"涩江抽斋之子是宇宙 SF 和易学的先驱"为题介绍了涩江保：

> 明治三十八年（1905）一退出博文馆，便以和当时冒险小说界的巨匠押川春浪相对抗的形式，用羽化仙史、涩江不鸣等四种笔名，在博文馆竞争对手的出版社出版冒险小说、SF 和怪奇小说（包括翻案），今所判明的就有五十三册。作品风格较之押川春浪平易柔和。虽有不考虑故事的下一步展开、信笔随意之感，但相比之下，押川虽为日本 SF 祖师，却几乎没能描写宇宙，而涩江保虽稚拙，却根据自己的研究所获得的知识写出了《月世界探检》《空中电器旅行》等宇宙 SF 小说，就这一点而言，理应

---

① Arthur Henderson Smith, *Chinese Characteristics*, New York: Fleming H. Revell Company, 1894, Mutual Suspicion, p. 245.

② アーサー・エチ・スミス（Arthur Henderson Smith）：『支那人気質』，渋江保訳，博文館，1896 年，第 346 页。

受到稍高一些的评价。之后，其远离小说，而热衷于反魂术、电气、动物磁气等属于"神秘科学"（occult science）的问题。在易学方面也有著作，在易学界作为先驱研究家也受到很高的评价。①

《朝日月刊》上介绍的这 100 人，几乎都是被历史所淹没的人物，至少就横田顺弥负责执笔的包括涩江保在内的 13 个人物来说是这种情形。"他们在自己的时代，都是无不知晓的存在，现在几乎被忘得一干二净"，"不论在哪个领域，即使成就了相当的伟业，能够史上留名的伟人（未必都是伟人）也并不多见，他们与时代同被遗忘是世间之常情，无法可想。但是，笔者认为，其伟业只因不是纯学术的而被忘却，却并不是历史的本来面目。创造历史的不正是这些无名的伟人吗？"② 横田顺弥对涩江保的发掘并不是一个全面的发掘，然而却是一个非常出人意外的发掘③。过去只有松本清张说过涩江保"是个通俗小说家"④，但写了怎样的通俗小说却并没有具体的说明，横田说今判明在涩江保名下还有 53 部科幻作品，那么当是指在博文馆出书近 60 种以外的成绩了。顺便还应提及，上文作为"日本 SF 祖师"提到的押川春浪（Oshikawa Shunro，1876—1914），在博文馆出书自署名 3 种，与人合作 5 种，担任过博文馆杂志《冒险世界》的主笔⑤。

关于涩江保的著作，在笔者所看到的知识传承意义上的正规记录当

---

① 「20世紀日本の異能・偉才100人」，朝日新聞社：『月刊Asahi』创刊3周年特大号（第4卷第7期），1992年7月，第52页。

② 横田順彌：「無名人たちの精神史」，朝日新聞社《月刊Asahi》创刊3周年特大号（第4卷第7期），第44页。

③ 在后来出版的横田顺弥《近代日本奇想小说史（明治编）》（ピラールプルス，2011年）当中，对涩江保在 SF 小说创作方面的贡献有更多的介绍。

④ 松本清張：「作家の日記——森鴎外と乃木将軍の死、白樺派のことなど（連載5）」，《新潮45》第8卷第5期，第195页。

⑤ 据《博文馆出版年表》，押川春浪自署名的3种著作是：『壮快遊戯　室内猛獣射撃』，1909年5月；『中村春吉自轉車　世界無銭旅行』，1909年8月；『破天荒』，1911年10月；与中村春吉合作"五大洲探検記"5种：『亜細亜大陸横行』『南洋印度奇觀』『鉄脚縦横』『亜弗利加一周』『歐洲無銭旅行』；『冒険世界』，1908年1月—1919年12月。

中，似乎只有《近世汉学者传记著作大事典》（关义一郎编，井田书店，1943年出版），其"涩江羽化"的词条为："抽斋之子，名保，羽化，其号也。受业于海保渔村、岛田篁村，尤善《易》。昭和五年四月七日殁，年七十四。"之后，并记涩江保的汉学著作9部[1]。这当然是一个作为"近世汉学者"的"涩江保"了。

那么，涩江保到底有多少种著作呢？到目前为止没有完整的统计。1963年，太田兼雄（Oda Kaneo）曾主要根据涩江保女儿乙女提供的《羽化著作概表》，辅以《博文馆五十年史》和搜集所得一部分原书，作《羽化涩江保的著作》一文，但是并没提出可以落实的统计数字，根据其文中涉及的篇名做粗略计算，涩江保著译有八十余种九十几册[2]。近年有人根据日本国会图书馆所藏再做统计，获知涩江保著译在国会图书馆实藏109种，又根据相关资料查漏补缺，获知现在国会图书馆所未收藏的涩江保著译有51种。该项调查，见于村冈功（Muraoka Isao）的论文《涩江保的事迹》[3]。若把前后两项数字合加，那么涩江保名下的书目就达到160种了。笔者以为，尽管如此，这个数字仍小于实际所存在过的册数。森鸥外在《涩江抽斋》里说"为书肆博文馆所做著作翻译，其刊行书籍，通计约达百五十部之多"，如果说只为博文馆所作，那么便未免夸张之辞，但看上面的统计数字，则可知其更接近涩江保的全部著译成绩。

然而，"涩江保"还仍然是森鸥外和《涩江抽斋》的附属材料，包括上面提到的最近这篇统计了涩江保著作的论文在内，就像其发表杂志是森

---

① 関義一郎編：「近世漢学者傳記著作大事典」，收涩江保的著作：「易斷真法」「周易象議」「周易史傳」「韓非子神髓」「五行易活斷一冊刊」「象卜考」「梅花新易即座考」「繋辭新釋」「説卦新釋」。

② 近似值。参见太田兼雄：「羽化渋江保の著作」，「日本古書通信」第233号，1963年9月15日，第11—12页。

③ 村冈功：「渋江保の事蹟」，森鸥外記念会編「鸥外」第72号，2003年1月，第1—35页。参见该文后附「渋江保年代顺著作一覧（一）国立国会図書館蔵書」和「渋江保年代顺著作一覧（二）国立国会図書館未所蔵分」。从该文所做的统计来看，继博文馆之后，涩江保又先后在东京东海堂、东京文明堂、东京东亚堂、三才社以及大学馆等出版社出书。其中，大学馆出版最多，至少有73种，而其中又有五十几种是所谓"怪奇"和"冒险"小说。

鸥外纪念会编辑的杂志，其名称叫做《鸥外》所具有的象征性一样，所谓"涩江保的事迹"，其实还是围绕森鸥外及其《涩江抽斋》展开的，尽管涩江抽斋作为考证学家只有一部与人合作的《经籍访古志》，而涩江保却拥有着引领一个时代的160部以上的著译。笔者以为，只要不去具体详读已知的160部当中的任何一部，便不会有真正的涩江保研究，因为那还是一个几乎人所未踏的陌生的世界。尽管几乎可以凭直觉意识到这个陌生的世界与东亚的"近代"乃至今日有着千丝万缕的联系，但只要这个世界还在沉睡，便仍然无法找到我们今日某些思想的历史渊源。《涩江抽斋》最终体现的是森鸥外的价值，但却可以帮助人们寻找和发掘涩江保的价值，涩江保的价值不仅仅是提供了《涩江抽斋》的素材，而更是他自身的创造。涩江保的价值只能在他本人的著译作品中被唤醒，并由此而使他独立于森鸥外的作品之外。

但是在此之前，亦不妨根据上述已知的材料为涩江保做一个小结。

（五）涩江保小结及"日译汉"当中所见到的涩江保

涩江保（Shibue Tamotsu），安政四年（1857）7月26日生，昭和五年（1930）4月7日殁。明治时代的翻译者、著作者、科幻小说家、启蒙主义者、汉学家、易学研究家。本名成善，小字三吉，通称道陆，号羽化或羽化生。明治四年（1871）6月，由成善改名为保。涩江抽斋之七男，其母为涩江抽斋第四任妻子五百。森鸥外的史传名著《涩江抽斋》记载其事迹甚详。曾以涩江保、羽化仙史、乾坤独步、涩江易轩、涩江羽化等笔名出版各种著译、小说、启蒙读物、易学研究著作等一百六十余部，不仅是日本近代启蒙时期的先驱者，其著作亦影响到同时代的中国。

这就又出现了一个重要问题，即除了被有日文阅读能力的中国读者直接阅读的日文原作外，涩江保的著译究竟有哪些被译成汉语介绍到了中国？以下数字为统排编号。据《中国译日本书综合目录》所载，在"涩江保"名下，有以下8种著作，照录如下：

1.《波兰衰亡战史》（第1册），译书汇编社，1901年。（第514页）

2. 薛公侠译:《波兰衰亡史》,镜今书局,1904年。(第514页)

3. 汪郁年译:《印度蚕食战史》,杭州译林馆,1911年前。(第500页)

4. 东京留学生译:《美国独立战史》,商务印书馆,1911年前。(第525页)

5. 人演社译:《佛国革命史》,人演社,1911年前。(第513页)

6. 全鸣鸾译:《社会学》,开明书店,1945年前。(第317页)

7. 付运森译补:《泰西事物起原》(全5册),文明书局,1945年前。(第477页)

8. 何震彝译:《罗马文学史》,开明书店,1945年前。(第644页)

但这些书目显然是不完整的,即使在同一本目录中,其实至少还应有两本非"涩江保"名下的属于涩江保的书目,即:

9. 羽化生著,赵天骥译:《普奥战史》(战史丛书第一集),上海商务印书馆,1902年。(第433页)

10. 美史密夫著,不著日译者、不著中译者:《支那人之气质》*Chinese Characteristics*(1894),作新社,1903年。(第305页)

另,樽本照雄编《新编增补清末民初小说目录》记自涩江保而汉译书目3种,编号并原文照录如下:

11. s0751* 食人国 (日)羽化仙人著 觉生訳 河北粹文书社 光緒33(1907)。

羽化仙史(渋江保)『冒険小説 食人国探険』大学館,1906か?[阿英176]。

12. s0752* 食人国 (日)羽化仙人著 觉生社訳 河北雜文书社 1907。

羽化仙史(渋江保)『冒険小説 食人国探険』大学館,

1906 か？［大典 142］。

　　13. s0856*　世界發展俱樂部（冒険小説）　孟文翰訳。

北京法政同志研究会『法政学報』2 巻 4—7 号　1914.4.

25-8.15。

　　［史索二 146］は創作とする。（藤元直樹）乾坤独歩（渋

江保）『世界發展俱樂部』大学館，1906.9 か。

这三种书的中译本可能不易找到了，但日文原本在日本国立国会图书馆还可见到，因此可确定关于日文原本的不确定信息。《食人国》的日文原书有两册，版本信息为：

　　［冒険小説　食人国探険］（第一冊）/［冒険小説　續

食人国探険］（第二冊）/ 羽化仙史著 / 冒険怪奇文庫第 11，

12 編 / 東京大学館，明治三十九年（1906）

《世界发展俱乐部》的原书版本信息为：

　　［冒険小説　世界發展俱樂部］/ 乾坤独歩生著 / 世界統

一冒険譚第二編 / 東京大学館，明治三十九年（1906）

以上所见，都是后人编辑的"日译汉"目录里的涩江保，没收进去的恐怕还有不少，只是不易查找罢了。比如，在几乎不为人所知的《东亚报》里，也能见到涩江保。《东亚报》作为"在日本最早创刊的中文报纸"而被重新发现，是在它消失 100 年以后。尽管"这项发现可以说是在日华人报刊出版史研究方面的一个突破"，但是新华社关于这项发现的报道，仍有多处错误和遗漏，比如创刊的时间、地点和撰述人、翻译者、内容等项①。这里的重点是《东亚报》里所见的"涩江保"。《东亚报》1898 年5 月 11 日在日本神户创刊，与其说是"报"，倒更像一本书或杂志，近似

----

　　①　补记：关于《东亚报》，近年的研究论文有蒋海波：「『東亜報』に関する初步的研究：近代日中"思想連鎖"の先陣として」，『現代中国研究』第 32 号，（日本）中国现代史研究会，2013 年 3 月 31 日。

于大32开本，旬刊，每期实际页数在70页左右，终止于第几期不详，京都大学人文科学研究所现存第1—9册合订本。内容设"论说""宗教""政治""法律""商务""艺学""图像""经世文选""新书译录""路透社电""本馆布告"等栏目，"涩江保"就出现在"新书译录"当中。从第1册至第9册，该栏目连载译录新书为：《社会学新义》、《美国宪法》、《万国公司新法》（截至第6册）、《法国议院选举法》（始于第4册，其在第7册的题目为《法国议院章程》）、《欧美异闻记》（始于第8册），其中只有《社会学新义》和《美国宪法》一直在连载。

14. 英国斯配查原著，日本涩江保编纂，番禺韩昙首译述：《社会学新义》。（每期两页，9册共18页）

从内容上看，日文原书应当是"涩江保著『社会学』"，该书为博文馆"通俗教育全书"第八十九编，1894年1月出版。比较而言，今所见汉译只相当于到原书第一卷第四编的部分，大体接近为全书三卷十五编内容的三分之一。这是迄今为止，不见于任何记载的涩江保被汉译的著作。《中国译日本书综合目录》所见由上海开明出版的全鸣鸾译本《社会学》，当是后来的重译了吧。顺便还要提及，《美国宪法》也是每期两页，9册共18页，为"日本坪谷善四郎编著／南海康同文译述"。

此外，在《东亚报》第8册和第9册最后的"本书局翻译书目列后"中，列有《催眠术》一书，其原书极有可能是博文馆"寸珍百种"丛书中的第50本（全52本），1892年7月出版。但具体是怎样的译本不详。检《民国时期总书目》，在"自然科学"分册中有"催眠术"书目的记载，只不过比《东亚报》要晚得多，可认为是重译。

15.（日）涩江易轩著，汪惕予译：《德国最近各病治疗催眠术》，上海民国编译书局，1913年5月初版。

本书120页，25开，精装，全书分19章。书前有作者序。封面及版权页题：各病治疗催眠术。该译本藏于中国图家图书馆、上海图书馆[①]。

说到"催眠术"，便不免要想起鲁迅后来多次提到的"以革命为事的陶焕卿"[②]，在讲到陶焕卿革命的时候，鲁迅也总是忘不掉他的"催眠术"，幽默里透着寂寞。"徐锡麟刺杀恩铭之后，大捕党人，陶成章君是其中之一，罪状曰：'著《中国权力史》，学日本催眠术。'（何以学催眠术就有罪，殊觉费解。）于是连他在家的父亲也大受痛苦；待到革命兴旺，这才被尊称为'老太爷'；有人给'孙少爷'去说媒。可惜陶君不久就遭人暗杀了，神主入祠的时候，捧香恭送的士绅和商人尚有五六百。直到袁世凯打倒二次革命之后，这才冷落起来。"[③]若陶成章也读过涩江保的《催眠术》，那么也不一定非得译成中文，或许直接读日文原书也未可知。

以上是笔者在既往的调查中所看到的汉译本中的涩江保，根据山本勉的最新研究成果，那么源自涩江保的汉译本，至少还可增加以下 20 种版本[④]：

  16. 涩江保著，汤睿译：《英人强卖鸦片记》，大同译书局，1898 年。

  17. 涩江保著，汤睿译：《露土战纪》，大同译书局，1897 年。

  18. 涩江保著，袁嘉谷译：《俄土战史》，京师五道庙售书处，1908 年。

  19. 涩江保著，译者不详：《美国南北战史》，大同译书局，时间不详。

① 此信息系 2009 年在哈佛大学客座时与复旦大学图书馆龙向洋先生交谈时所获，在此谨向龙向阳先生致以衷心感谢。

② 鲁迅：《华盖集续编·为半农题记〈何典〉后，作》，《鲁迅全集》第 3 卷，第 322 页。

③ 鲁迅：《华盖集·补白》，《鲁迅全集》第 3 卷，第 109 页。另，关于陶焕卿，参见同卷第 115 页注释："陶成章（1878—1912），字希道，号焕卿，别署会稽山人，浙江绍兴人，清末革命家，光复会领袖之一。1912 年 1 月 14 日被沪军都督陈其美派蒋介石暗杀于上海广慈医院。著有《中国民族权力消长史》《浙案纪略》及《催眠术讲义》等。"

④ 参见山本勉：「清末に漢訳万国戦史が翻訳出版された背景と万国戦史の意義」"別表 3"，佛教大学『中国言語文化研究会』第 20 号，2020 年 10 月。

20. 涩江保著，汪郁年译：《印度蚕食战史》，苏州励学社，1901 年。

21. 涩江保著，陈澹然译：《波兰遗史》，江西官报社，1902 年。

22. 涩江保著，译者不详：《义大利独立战史》，作新社图书局，1903 年。

23. 涩江保著，张仁普译：《伊太利独立战史》，广智书局，1911 年前。

24. 涩江保著，译者不详：《义太利独立战史》，商务印书馆，出版年不详。

25. 涩江保著，作新社图书局译：《美国独立战史》，作新社，1903 年。

26. 涩江保著：《希腊自主战史》，大同译书局，出版年不详。

27. 涩江保著，秦嗣宗译：《希腊独立史》，广智书局，1911 年前。

28. 涩江保著，中国东京留学生译：《美国独立战史二卷》，商务印书馆，出版年不详。

29. 涩江保著，译者不详：《英国革命战史》，作新社，出版年不详。

30. 涩江保著，中国国民丛书社译：《佛国革命战史》，商务印书馆，1903 年。

31. 涩江保著，译者不详：《佛国革命战史》，湖北学生界社，出版年不详。

32. 涩江保著，萨忧敌译：《英国革命战史》，支那翻译会社，1903 年。

33. 涩江保著，萨夏厂编译：《英国革命战史》，开明书店，1903 年。

34. 涩江保著，陈澹然译：《波兰衰亡遗史一卷》，出版社不详，1916 年。

35. 涩江保著，萨忱敌译：《英国革命战史》，支那翻译会社，1940 年。

最后，还想重提一下在《中国译日本书综合目录》所看到的作新社1903 年出版的《支那人之气质》，该书虽未署日译者和中译者名，但目前已知，其底本是 1896 年博文馆出版的涩江保译本①。关于这个译本以及鲁迅当年是否读过的问题，笔者打算另行撰文予以讨论。不过可以肯定的是，在作新社译本出版之前，涩江保的日译本，早已引起了中国读书人的关注，并在他们当中流传。例如，在蔡元培（1868—1940）和他的周围便是这样。戊戌变法失败后，蔡元培开始学习日文并开始大量阅读日文书，到了 1901年（也就是鲁迅留学的前一年），不仅能够阅读，而且还翻译了井上圆了的《妖怪学讲义》六册②。是年"十月七日"（西历 11 月 17 日）日记里有借阅日文书的记载："于白振民许借阅《社会平权论》《支那人气质》。于张菊生许借阅《哲学史》《哲学泛论》及《东西洋伦理学史》。"③由此可知，涩江保译《支那人气质》也是蔡元培和他周围的人当时阅读到的一册。

那么，涩江保的日译本《支那人气质》到底是怎样一本书呢？——笔者认为，这已经并不完全是走入尚未开启的涩江保世界的问题，而将是钻探到历史深层，以期获得中日近代思想和文化交流所形成的历史岩层的样品的问题了。

【追记】以上是笔者截止到 2006 年为止的，关于涩江保著述和身世之调查研究的到达点，后续工作由佛教大学函授硕士研究生山本勉在学期间和毕业以后继续展开，并且取得了一系列重要成果。这些成果主要体现在：（一）过去从未被涉及的涩江保的政治思想方面，由此可以知道不论自由民权运动兴盛还是衰退，涩江保都一直保持着坚定不移的民权思想；

---

① 参见本篇第二部分"（五）涩江保日译本问题的提出"。
② 据蔡元培 1901 年"九月三十日"日记。王世儒编：《蔡元培日记》（上），北京大学出版社，2010 年，第 187 页。
③ 王世儒编：《蔡元培日记》（上），第 187 页。

（二）森鸥外没能具体展开的涩江保在报社当记者和"欲穷英语"方面，从中不仅可以了解到涩江保通过报纸对政治活动的参与，还更可以知道他在三所私立学校和自己的私塾里教授汉文、英文和数学的经历，而在他所教授的弟子中，既有像山路爱山（1865—1917）和上田敏（1874—1916）那样的大家，还有松本龟次郎（1866—1945）——鲁迅的日语是在弘文学院跟他学的；（三）以"万国战史"为中心的涩江保著述活动的进一步深入调查和研究，从中可知，被称为"战史"读物之"白眉"的 24 册"万国战史"，其中有 18 册居然出自涩江保一人之手。①

四、涩江保译《支那人气质》

（一）《支那人气质》概貌

1. 版权页、广告页、封面、页数及目次

前面已经提到，在史密斯原著的纽约版 *Chinese Characteristics* 出版两年后的 1896 年 12 月，涩江保的日译本便由博文馆出版了。如果把翻译的时间考虑进去，应该说日译本的出版速度是相当快的。还要补充一句，这一年，涩江保 39 岁，在博文馆至少出版了 10 本书，包括万国战史丛书中的 6 册（前一年 4 册）和《支那人气质》。

笔者当初见到的《支那人气质》是关西大学图书馆馆藏的第 1 版，2004 年夏，又在神户的一家旧书店购得了保存状态完好的同一种版本。版权页竖排，有"明治廿九年十二月八日印刷／明治廿九年十二月十一日發行／定價金六拾錢／版権所有／訳者　渋江保／發行者　大橋新太郎／印刷者　多田榮次／印刷所　愛善社／發兌元　東京市日本橋區本町三丁目

---

① 请参见山本勉以下论文：「明治時代の著述者渋江保の著述活動」，佛教大学学術委员会、文学部编集委员会『佛教大学大学院紀要（文学研究科篇）』第 43 号，2015 年 3 月；「静岡黎明期の英語教育と渋江保」，佛教大学中国言語文化研究会『中国言語文化研究』第 17 号，2017 年 8 月；「渋江保思想の原点を探る　自由民権運動期を中心に」，『中国言語文化研究』第 18 号，2018 年 8 月；「清末に漢訳万国戦史が翻訳出版された背景と万国戦史の意義」，『中国言語文化研究』第 20 号，2020 年 10 月。

博文館"等字样。大32开本，正文446页，小引2页，目录2页，目录后附照片8页21张，博文馆版权页1页，博文馆图书出版广告7页（所列19种书均与中国有关①），共计468页。纽约1894版原本中置于书前的孔子、"欧·文·霍尔姆斯"、卡莱尔格言②，移至书后，涩江保译为：

> 四海之内皆兄弟也（子夏之语）。——《论语第十二卷·颜渊篇》
>
> 由科学上来研究人，乃诸学中之最难者也。——欧·文·霍尔姆斯（O.W.Holmes）
>
> 凡欲就人或事物做出正确判断，当先察其善性，然后论其恶性，吾人对此金言确信不疑。——卡莱尔（Carlyle）

扉页文字为：

> 米国　アーサー、エチ、スミス著 / 日本　羽化渋江保訳 /
>
> 支那人気質　全 / 東京博文館藏版

下面再来看一下日译本的目录情况。除第十二、十三和二十七章外，各章正文日语标题下附有英语原文，这里也一并附录于目录标题之后，以便于对照。

> 支那人気質目次

---

① 这些书的作者和书名是：中西牛郎著『支那文明史論』，中川忠英辑（密畫數百個人）『清俗紀聞』，支那漫游者安東不二雄著（石版密畫插入）『支那漫遊實記』，栗田寬題辞、文科大学卒業生熊田子之四郎著『支那近世史』，谷口正徳著『支那小歷史』，三島中洲校閲、山名善讓訓点『資治通鑒』，大槻東陽校订『春秋左氏傳校本』，石川鴻斎校『注點五代史』，錦山矢土勝之訓点『廿二史言行略』，安藤定格纂修『校訂史記讀本』，近藤城評註『萬国史標十八史略評註』，紫山川崎三郎著『新撰支那国史』，增田岳陽校、藤田言梁編『中等教育支那史』，松井廣吉著『英清鴉片戰史』，松井廣吉著『英佛聯合征清戰史』，尾崎行雄著『支那處分案』，荒尾精著『对清意見』，松井廣吉著『支那三国時代（新撰支那全図）』。

② 英文原文为：Within the Four Seas all are brethren. ——Confucian Analects, XII.,y.4. The scientific study of Man is the most difficult of all branches of knowledge. ——O. W. Holmes. We are firm believers in the maxim that for all right judgment of any man or thing it is useful-nay, essential——to see his good qualities before pronouncing on his bad. ——Carlyle.

緒言

第一章　體面（Face）

第二章　節儉（Economy）

第三章　力行（Industry）

第四章　禮儀（Politeness）

第五章　時間に頓着なきこと（The Disregard of Time）

第六章　不精確に頓着なきこと（The Disregard of Accuracy）

第七章　誤解の才（The Talent for Misunderstanding）

第八章　暗示の才（The Talent for Indirection）

第九章　柔軟の強硬（Flexible Inflexibility）

第十章　愚蒙［直訳語、智力的混濁］（Intellectual Turbidity）

第十一章　無神經（The Absence of Nerves）

第十二章　外人を輕視すること（Contempt for Foreigners）

第十三章　公共心の缺乏（The Absence of Public Spirit）

第十四章　保守主義（Conservatism）

第十五章　安樂、便利を度外視すること（Indifference to Comfort and Convenience）

第十六章　活力の強壯なること（Physical Vitality）

第十七章　堅忍不拔（Patience and Perseverance）

第十八章　澹然自逸（Content and Cheerfulness）

第十九章　孝心（Filial Piety）

第二十章　仁惠（Benevolence）

第二十一章　同情の欠乏（The Absence of Sympathy）

第二十二章　社会の颶風（Social Typhoons）

第二十三章　相互乃責任、並に法律を遵奉すること（Mutual Responsibility and Respect for Law）

第二十四章　互相の猜疑（Mutual Suspicion）

第二十五章　信實の欠乏（The Absence of Sincerity）

第二十六章　多神論、萬有教、無神論（Polytheism，Pantheism，Atheism）

第二十七章　支那の現狀並に現時の必要（The Real Condition of China and Her Present）

2. 日译本图片与原本图片

目录后所插附的 21 张照片，都不是史密斯原书里的插照，而是日译本另选的。每页所收照片和每幅照片的说明如下：

第 1 页：支那風俗（圍碁）、卜筮

第 2 页：清国西湖勝景（杭州市街、崇文書院前、靈隱寺、靈隱寺前冷泉亭、穀山島離宮庭前）

第 3 页：清国上海市中公園音樂堂、上海開港五十年祭

第 4 页：清国北京内廟、北京宮殿の前階

第 5 页：支那美人、滿洲旗人の少女、滿洲旗人の兒女

第 6 页：支那鎮江市街、廈門港

第 7 页：清国罪人首枷、同立会裁判の光景、同罪人笞刑

第 8 页：清国武昌漢陽兩府揚子江対岸の景、漢江居留地の沿岸

就日译本图片的整体内容来说，因取风景照较多，或许比史密斯原本当中收录的图片所显现的"中国形象"要"体面"（？）一些，不过第 7 页的三张照片，即"清国罪人首枷""同立会裁判の光景""同罪人笞刑"还是相当有刺激性的（参看下图）：三个女囚站在镜头的正面，她们被枷在一个有着三个颈孔的大木枷里连为一体；第二幅是定罪的情形；第三幅标注说明虽然是"笞刑"，但分明是众人在围观一个人被砍头。笔者认为，这在当时是最能刺激鲁迅的场面，鲁迅笔下的"看客"形象，也许正是由像这幅照片所记录的相当普遍存在的围观受难者而又"無神經"（麻木不仁）

的大量映像叠加而成的。

关于史密斯1894年纽约版原本收录的图片,也需要附带说明,张梦阳在中译本《译后评析》中介绍的内容有:北京附近的东周宝塔、纪念牌坊、中国农村的孩子在庭院里、乌龟驮碑、中国农村的一个厨房、中国人是这样做饭的、木匠锯大木板、中国的戏剧表演、北京的马车、中国的赌徒、中国的理发匠、汉阳机车厂、穿冬服的中产阶级一家、伊斯兰寺院内景、民间妇女的缝纫和编织、四代人、一个中国私塾①。

查对笔者所见到的1894年版史密斯原书,发现内容上略有出入,亦不排除虽同是1894年出版却有所收图片不同的可能,故根据第5版(Fifth Edition,Revised,with Illustrations),录图版标题如下(括号中的数字为该图片的前后页码):

(卷首插图 Frontispiece)TUNG-CHOU PAGODA, NEAR PEKING, A MEMORIAL ARCH, NATIVE CHILDREN IN COURTYARD, TURTLE MONUMENT.(18-19)

A CHINESE KITCHEN, SHOWING METHOD OF PREPARING FOOD.(30-31)

PASSENGER BOAT ON THE PEI HO, NORTH CHINA.(44-45)

CARPENTERS SAWING LARGE TIMBER.(60-61)

A PEKING CART.(70-71)

CHINESE CARD PLAYERS.(118-119)

A CHINESE BARBER.(127-128)

A MIDDLE-CLASS FAMILY IN WINTER DRESS.(171-178)

INTERIOR OF A MOHAMMEDAN MOSQUE.(200-201)

NATIVE WOMEN SEWING AND WEAVING LACE.(217-218)

① 参见亚瑟·亨·史密斯著,张梦阳、王丽娟译:《中国人气质》,第251—253页。

图1 "清国罪人首枷""同立会裁判の光景""同罪人笞刑",《支那人气质》
插图,明治二十九年(1896)版

FOUR GENERATIONS.（242-245）

A PORTION OF THE GREAT CHINESE WALL.（250-251）

A CHINESE BOYS' SCHOOL（CHRISTIAN）.（286-287）

THE TEMPLE OF HEAVEN, PEKING.（300-301）

A CHINESE IDOL.（318-319）

CAMEL'S-BACK BRIDGE, IN THE GROUNDS OF THE EMPEROR'S SUMMER PALACE.

3. 印刷样式、"非原本内容"及其"小引"

另外，书的印刷格式，也是鲁迅所喜欢的那种"上下的天地头"都很有"余裕"①的布局，尤其是"天"——书眉留得很宽，约占全页的六分之一左右，除了译者涩江保为导读所作的眉批占去一部分位置外，还有充分的空间可供读者使用。顺便还应该提到，博文馆同时期出版的书籍，基本上都采取与此相同的布局，称之为"博文馆式样"或许并不为过。

译本正文的内容，当然是来自史密斯原本，除此而外，则是涩江保在翻译的过程中，或者说涩江保为了翻译这本书而加上去的不属于原本而属于涩江保自己的文字，这里姑且将其称为"非原本内容"。这个部分占有全书不少的文字量，主要由来自三个方面的内容构成：（一）书前小引；（二）眉批，即章节当中为导读所作的内容提示和归纳，从这个方面可以窥知涩江保对原著内容的理解和把握；（三）正文中出现的注释，即所谓的夹注，这个方面不仅说明涩江保对古今东西典籍的熟知程度，而且也可以看出他在翻译过程中所具有的思想倾向。据我的粗略统计，属于"非原本内容"部分的导读眉批，长短不等，前后达540余条，而大大小小的各种注释也超过了400条，后者数量上虽不及前者，但在文字量上却远远超过了前者。总之，从这里所说的"非原本内容"当中，可以看到译者涩江保在翻译原本时所下的功夫。

---

① 参见鲁迅：《华盖集·忽然想到（二）》，《鲁迅全集》第3卷，第15—16页。作为文人，鲁迅非常看重书的形式，甚至将印刷版式中的"上下的天地头"的"余地"提升到人生"余裕"的层面来看待，并以此透视民族的将来。

那么，涩江保是怎样向读者介绍《支那人气质》这本书的呢？好在"小引"并不长，不妨全文照译如下：

本书系译述合众国人阿瑟·亨·史密斯氏（Arthur H. Smith）之近著《支那人气质》（*Chinese Characteristics*）[一千八百九十四年（明治二十七年）佛莱明·亨·利百尔商会发兑]者也。史密斯氏为传教而滞留支那二十二年，在此期间致力于观察国民气质，其观察详密而无大过，为吾人所信不疑也。

我国过去并非没有录写近世支那事情之书，然多不过记一时之见闻，故叙事概止于皮相，失之简略，令人有隔靴搔痒之遗憾。又，洋书当中，如威里阿姆斯之《中华》（Williams, *Middle Kingdom*），详密则详密，然并非没有稍稍过于浩瀚之感。史密斯之《支那人气质》，往往以东洋人之通习为支那人气质，因东西风俗之异，取吾人目中并非稀奇之事物啧啧称奇之类，吾人并非没有不满之处，然其要者，描述于彼国社会及家庭之光面、暗面，透其真相，不失之简，不过于繁，似以此书为最。是乃生译述此书之所以也。

书中难解之处，均加注释，以便理解，故夹注及下排一字之注，凡译者插入者可知也。

　　　　　　　　明治二十九年十二月　　　　　羽化生　记

这里需要说明的是，"羽化生"译文所采用的文体，和这个"小引"一样，基本承袭着"言文一致"运动改革以前的旧日语文体（上面出现的森鸥外的《涩江抽斋》也存在这种情况），这种文体受汉文的影响很大，为保持原貌，也就只好"硬译"过来了。

从下附日期来看，"小引"作于《支那人气质》一书出版的当月，可知是在翻译工作全部结束甚至是付梓阶段的产物。涩江保在译文第八章的一个注释里，提醒读者"参看本书最终羽化生之评言"[①]，可惜这个格外

---

① アーサー・エチ・スミス著，渋江保訳：『支那人気質』，第83页。

令人期待的"羽化生之评言"最终并没有出现，是博文馆认为没有必要还是羽化生没来得及写抑或还有别的原因，现在已经无从得知了。不过，至少可以使人知道，涩江保在翻译这本书时是颇有感想的，并且也有将感想付诸文字的评书计划；而在这个计划最终没有实现的情况下，"小引"所处的位置也就变得格外重要了，其中至少是包含着涩江保在计划的书评中想要表述的某些看法。因此，笔者认为，在上面的"小引"当中，有几个要点值得注意。

第一，涩江保肯定了史密斯观察中国国民性的详密和准确。可以说，从涩江保阅读并着手翻译此书，到翻译完成，这种看法是一贯的。上一章里提到，《支那人气质》在作为单行本出版以前，其部分章节曾在《日清战争实记》杂志上刊载过，最早出现的一期是该杂志第三十一编，时间是1895年6月27日，刚好是单行本出版的一年半以前。译者署名"绚斋主人"，其译者识云：

> 顷获美国人阿瑟·亨·史密斯氏近著《支那人气质》一本，读之而知其逐章描出支那之气质，笔锋犀利，不可不谓之快言。因抄译得意处以请看官一读。盖日清关系今后益发密切，并知支那人长处与短处乃可谓邦人之急务，故此一篇支那人气质，亦并非只资一场谈柄。史密斯滞留支那二十二年，其观察庶几无大差矣。

从这个译者识当中，除了可以推测涩江保阅读史密斯原著的大致时间外，还可以知道他对史密斯对中国人气质观察的肯定前后并无变化，是作为一本严肃的著作来看待的。

第二，在比较了日本和西方的其他写中国的著作之后，认为这本书在传递中国社会和家庭的真相方面，繁简适当，胜于其他著作。其中，"透其真相"一句，也表达了一个熟读中国古书的汉学家想要了解现实中国的某种期待感。这或许也是他翻译这本书的一个内在动因。

第三，涩江保对史密斯著作有着某种程度的保留，认为该书存在着因东西文化的差异所导致的猎奇倾向，其所描述的某些中国人气质，对于同样是东方人的日本人来说并不稀奇（不过，这也从另一个方面证实了史密斯对中国人的描述和分析，具有着超越中国人气质范畴的"东方性"，也就是普遍性）。这样，就和他对史密斯的肯定产生了矛盾：既肯定是一部"透其真相"（自己也想了解的真相）的好书，同时又说所述之事并不稀奇。后面将要谈到，事实上，正是这种矛盾支配了涩江保的整个翻译过程。如上所述，"小引"是译后所作，可看作是对整个翻译的总结。

那么，这种矛盾是什么原因导致的呢？笔者推测，很有可能是史密斯在著作中对"东洋"的人和事以及伦理经典的喋喋不休，使熟知"东洋"事物和经典的汉学家涩江保有伤自尊心，甚至感到有些不耐烦。这样说，并不意味着涩江保是属于"腐儒"型的人物，而是要强调史密斯所讨论的问题深入了涩江保所最熟知的领域，并且给他带来新的内容这一事实。史密斯既引经据典，又大量抛陈自己 22 年间在中国所目击之情况，其所描述的"中国"和"中国人"，显然不同于只凭汉文经典所构筑起来的"中国心像"。从这个意义上讲，史密斯为涩江保所提供的也就不仅仅是关于现实中国和中国人的描述，也是对他所熟悉并且与自身相关的价值体系的一种评价。涩江保的翻译实际上就是面对这一评价的过程，他所熟知的儒家经典在经受着史密斯所描述的现实＝价值的检证。然而，涩江保也并不全是被动的，他甚至有意就这些材料进行讨论，不仅在自己"本家"的这块领地。不妨跨入涩江保自身所大量翻译介绍过的"西洋"历史和哲学领域——正像前文中介绍过的那样，涩江保在翻译这本书之前，已经翻译了包括万国地理、西洋事物起原、社会学、历史学、哲学等方面在内的几十册西方典籍，已经有了充分的知识上和想法上的准备——这是涩江保对史密斯的真正期待所在，亦是他对史密斯有所不满的缘由。后面将要看到的涩江保在翻译的过程中不断地和史密斯进行书面"讨论"的情况，正是由此而来。

第四，涩江保在"小引"中两处称自己的翻译是"译述"，又在最后称自己是"译者"，而不是称"译述者"。按照通常的理解，"译"和"述"

的概念范畴是不大相同的。"译"当然是指翻译，这不成问题，"述"的意思可以很多，但至少要有表达自己的意见或看法的意思。既当"译者"又当"述者"，译而有述，可知，涩江保这两种想法都有。他为什么要"述"呢？这在上面的"第三"当中已经指出，他是想同史密斯进行讨论，讨论的方式便是"述"。假定涩江保并不像严复那样通过改译而"述"（实际上，对于涩江保来说完全没有这个必要）的话，那么，他在什么地方"述"呢？这就是他所提到的"夹注及下排一字之注"。从个体数量上来说，它们的绝大部分的确是为了便于理解内容的注释，但从文字的数量上来说，更大的部分则超越了这个范畴，而带有涩江保"述"的性质，用他在注释中的话说，叫做"羽化生曰"。

其实，包括提取上述四项要点的"小引"在内，"羽化生曰"这个部分，当然也是属于前面所定义过的"非原本内容"的范畴。接下来，不妨从几个具体方面来看一下"羽化生"是怎样把握和理解原著，又是怎样同原著进行对话并且向其中渗透自己想要诉诸的想法的。

（二）"羽化生曰"

1. 注释数目

正如上文所说，"羽化生曰"这个部分，属于"非原本内容"，由三个部分组成：（一）书前小引；（二）眉批；（三）正文中出现的注释（夹注）。

事实上，"羽化生曰"已构成了史密斯著 *Chinese Characteristics* 作用于鲁迅的"原形态"，即涩江保译《支那人气质》的有机组成部分，故有单独整理分析的必要。这样可以相对分清史密斯原书的内容和译者涩江保所添加的内容对鲁迅的相互作用。

书前小引前面已经谈过。这里再来检点全书，看一下（二）眉批和（三）夹注的情况。

眉批在各章中的分布情况为：绪言 12 条；第一章 5 条；第二章 19 条；第三章 16 条；第四章 10 条；第五章 16 条；第六章 27 条；第七章 11 条；第八章 18 条；第九章 18 条；第十章 14 条；第十一章 14 条；第十二

章 15 条;第十三章 14 条;第十四章 23 条;第十五章 46 条;第十六章 8
条;第十七章 15 条;第十八章 16 条;第十九章 31 条;第二十章 12 条;
第二十一章 40 条;第二十二章 16 条;第二十三章 34 条;第二十四章 43
条;第二十五章 20 条;第二十六章 14 条;第二十七章 19 条;计 546 条。
译成中文,字数接近一万,各章合加起来,不仅可以看出译者对原书内容
的理解和把握,亦为全书非常完整的"内容提要",其所发挥的有效的导
读功能是自不待言的。如以第十九章"孝心"(Filial Piety)的眉批为例:

孝与礼有着密切的关系。(第 224 页①)欲知孝为何物,就
不能不据彼之古典。(第 225—226 页)有人说支那人不孝,有
人说相反。(第 226 页)孝乃德本也。(第 227 页)尊父。(第
228 页)尊母。(第 228 页)孝之意义。(第 229 页)孔子对孝
的解释因人而异。(第 230 页)铭于心而不行于身。(第 232 页)
二十四孝。(第 232 页)陆绩之实例。(第 233 页)吴猛之实例。
(第 234 页)王祥之实例。(第 235 页)郭巨之实例。(第 236 页)
以子女之肉治父母难治之病。(第 237 页)以无后为最大之不孝。
(第 237 页)生男庆贺,生女失望。(第 238 页)杀儿之恶习。
(第 238 页)三年之丧。(第 239 页)为父母服丧为最重要之义
务。(第 240 页)卖却土地家产,为父母送葬。(第 241 页)关
于致母亲手简的一个奇谈。(第 241 页)孝与不孝因地而异。(第
243 页)支那之所长,西洋之所短。(第 243 页)支那孝教之五
条缺点。(第 244 页)孔子之教不如保罗数语。(第 244 页)把
妻子置于劣等地位。(第 246 页)以有后为大孝所导致的弊害。(第
247 页)支那人实践孝道之理由(其一)恐怖。(第 248 页)(其
二)自爱。(第 248 页)孔教与基督教势不两立。(第 249 页)

可见眉批内容是颇得原著要领的。诸如此类,似无须赘言。

"夹注"诚如涩江保在"小引"中所说:"书中难解之处,均加注解,

---

① 括号中数字为日译本页码,后同。

以便理解，故夹注及下排一字之注，凡译者插入者可知也。"——从形式上可分为两类，一类是译者所说的"夹注"，即夹插在句子之间，另一类是所谓"下排一字之注"，插置于段落之间，这两类"以便理解"的注释，在各章中的分布情况如下：

绪言6条；第一章1条；第二章3条；第三章11条；第四章14条；第五章20条；第六章12条；第七章14条；第八章8条；第十章20条；第十一章1条；第十二章18条；第十三章7条；第十四章13条；第十五章31条；第十六章5条；第十七章14条；第十八章12条；第十九章45条；第二十章11条；第二十一章27条；第二十二章14条；第二十三章20条；第二十四章24条；第二十五章28条；第二十六章11条；第二十七章14条；计404条①。这类注释在条目数量上虽不及眉批，但文字数量上则超过前者近一倍，译成中文将接近两万字。和旨在导读的眉批相比，"夹注"及排版格式上的"下排一字之注"的情况比较复杂，短的只有几个字，如"仆人"（支那人）、"四书"（《学》《庸》《论》《孟》）等，而最长的则多达25页，如第392—417页引黑格尔"关于支那之意见"所做的注释。

2. 注释的内容

从内容上来划分，似可分为下述几类：

（1）人名、地名、时间、历史事件等。如：

莎士比亚（Shakespeare）［一五六四年（我永禄七年甲子）生，一六一六年（我元和二年丙辰）死。英国有名之戏曲家。同上。］（第186页）

十八省［直隶、山东、山西、陕西、甘肃、江苏、安徽、河南、湖北、湖南、江西、浙江、福建、广东、广西、四川、贵州、云南。］（第53页）

一千八百六十年［我万延元年庚申。］（第144页）

革命内乱［颠覆路易十六政府，建设共和政府，驱逐压制

---

① 近似值。有些在译语旁以日本片假名标注原发音的地方并没计算在内。

的詹姆斯二世（James Ⅱ），迎来自由的威力阿姆及玛利（William and Mary）之类。］（第148页）等。

（2）解释或探讨原文意思的。如第一章正文之前所加注释：

（注）（注为译者羽化生所插入，以下皆然）英语里的所谓Face，面（面部）之义也。然而本书的著者史密斯氏却不独将支那（及我日本）的所谓面（面部）这个字英译为Face，也一并将体面二字英译为Face，由此导致二义混同，遂产生疑惑。正如本文所述，在西洋称Face，只限于头部的前面，而在支那却不止于此，其意味颇广泛，乃至吾人非但不能将之述诸笔端，甚至不能理会。乞读者此其心而读之。因此，本章虽然在西洋人看来很稀奇，但在我日本人看来却一向不足为奇。然而，本译书亦如在小引中所述，旨在全译原书，若省略本章，则恐怕有背其旨趣；尤其在本章当中也包含着可窥支那人气质之一斑的内容，所以全文译载无漏。请读者原谅。（第10—11页）

又如：

"一于兹，常于兹"（All at it, and always at it）［倘以孔子流之言，即"造次必于兹，颠沛必与兹"是也。］（第26页）

大王闻此一言摇头苦笑道："怎么会说人性毋宁是善的？嗨，斯茨艾尔君，朕现在知道足下尚不了解那天杀的种族。"（Er kennt nicht diese verdammte Race. 英译为 I see you don't know that damned race of creatures）［译语未必恰当，有待他日改正］（第433页）

（3）与原作者讨论或纠正反驳原作者的，如上面提到的翻译英语词Face的例子，就已经超出了讨论词汇的范畴而进入讨论文化的领域了。

又如，就原作者在第四章谈到《礼记》中记载并且论述说，一定要洒扫室内，无论是否给旅客带来麻烦，注释则以"《礼记》里并没记载此事"

（第 39 页）予以纠正。

再如：

> 妻往往指良人称我"先生"（teacher）〔羽化生按，妻子有
> 时称良人为"夫子"，此所谓"夫子"无"先生"之意，原著者
> 似误信为先生（教师）之意欤？〕（第 84 页）

再如，对第八章标题"暗示之才"（暗示の才）注曰：

> （注）本章之所记，在同为东洋人的我日本人眼中看来也许
> 并不稀奇，但在西洋人看来却颇以为稀奇古怪。与其说吾人由本
> 章可窥知支那人之气质，毋宁说可窥知西洋人之气质。（第 76 页）

等等，不一而足。

（4）用有关东西风俗的资料和典籍等所做的注释。就文字量而言，这个部分几乎占了全体注释的一半。但在全书的配置上，则主要集中在后半部，即第十九、二十、二十一、二十三、二十四和二十五章。其中的情况也比较复杂，可试做以下几种分类：

A. 正文涉及的典籍，不仅注明出典，也多以出典原文入注。这种情况遍布全书。

B. 与正文内容无直接关系，而主要是提供背景资料或增加阅读兴趣的注释。这种情况主要体现在以《日清战争实记》的材料入注的四处：甲、关于满族婚俗的介绍（第二十一章，第 268—279 页）；乙、有关宦官的佚事（第二十三章，第 321—324 页）；丙、有关北京城建筑布局的介绍——其中谈到街道的肮脏及市民的利己主义等（第二十四章，第 339—343 页）；丁、专门培养哭才的涕泣学校（第二十四章，第 355—356 页）①。《日清战争实记》在上一章已经介绍过，是博文馆在甲午战争期间发行的杂志，旬刊，1894 年 8 月 25 日创刊，1896 年 1 月休刊，共出 50 本；该杂志与《支

---

① 这四条注释之后均有"录自《日清战争实记》"的字样，于是便在《日清战争实记》中查找了它们的来源。此处所述为调查结果的报告。

那人气质》之间存在着互为载体的情况，即在后者出版之前，曾有部分章节在前者连载过（译者署名"绷斋主人"），而前者的某些内容，后来又被后者用做注释［参见本文第三部分（五）］。这里所说的以《日清战争实记》的材料入注的四处，指的正是后一种情况，其中"甲"和"丙"取自《日清战争实记》第四十四编，"乙"和"丁"分别取自第三十七编"东洋风土"栏目中的《清国宫廷之一珍谈》，"丁"未查到。

第四十四编1895年11月7日发行，其"东洋风土"栏目中的《北京杂俎》，篇首有简短说明："日前抄译并连载了史密斯氏近著《支那人气质》。兹见国会新闻北京特派员通信，写彼地风俗人情详密，殊有与史密斯氏之观察相符之处，颇觉有趣，遂原样抄录数节。"抄录者虽然没有署名，但显而易见，《北京杂俎》是涩江保由国会新闻北京特派员发回的通信中抄录并编辑到《日清战争实记》里来，又在《支那人气质》中用做注释的。"甲"在《北京杂俎》中的原标题为"结婚行列"，"丙"则是三个小标题内容的合并，即"北京城""市街道路"和"市街所见"。

C. 引原作者史密斯以外的西方人关于中国意见的注释。这种情况主要体现在第二十五章最后对"硕学黑格尔"的引用。正如上面已经提到的那样，这个"注"在《支那人气质》中长达25页（第392—417页），译成中文近7000字，为全书注释之最。其中又有14处以"羽化生曰"的形式对黑格尔所论作注。

"硕学黑格尔"的大段出现似乎很突然，——或者说，是译者暂时搁置第二十六、二十七章而索性插入的。注前有言："今《支那人气质》既毕二十五章，所余不过宗教论与现时国情论二章。故兹抄录硕学黑格尔关于支那之意见，以供参考。盖亦可从中得知西人对同国观念如何之一端也。"（第392页）从这个说明中也可以看出，涩江保在翻译的过程中，对原作者史密斯的所述所论是有所不满的，所以才中断手头的翻译而另外援引黑格尔。

黑格尔"关于支那之意见"的出处没有注明，但从内容可以推知，是来自黑格尔的《历史哲学》中第一部第一编“中国”的部分[①]。在博文馆出版《支那人气质》三年前的明治二十六年，即 1893 年曾分上下两册出版过涩江保由英文翻译的黑格尔该著作译本，译名为《历史研究法》，分别列为博文馆丛书《通俗教育全书》（全 100 册）之第 95 种和第 96 种——据说，这是黑格尔著作在日本的最早译本[②]。

另外，还要顺便做一个交待，即在大篇幅地援引黑格尔关于中国的论述之后，最后两章，即第二十六章和第二十七章的翻译，相对来说处理得比较草率，特别是第二十六章大幅度削减了原作的内容，只能算节译或摘译[③]。这是有违涩江保全译史密斯原书初衷的地方[④]。或许译得有些不耐烦了也未可知。

以上是对涩江保译《支那人气质》的注释情况所做的初步整理和分类，由于篇幅的限制，无法将其全部展开，所以只能考察部分注释的情况。至于这些注释对“鲁迅”这个读者来说，发挥了怎样的功能，具有怎样的意义，则似乎不是一个孤立的问题，还需要具体结合涩江保译本的正文内容以及鲁迅的情况做进一步的研究和探讨。

不过首先就注释的形态而言，涩江保的注释形态以及充实的内容，可堪称近代翻译西书的一种范本。尽管在同时期的博文馆出版物，甚至是其他出版社的出版物中并不难找到近似形态，但能像涩江保注得这样详、这样细的译本，却实在并不多见。虽然不妨说译书中的注释形态是启蒙时代

---

① 此次用作参考的译本有铃木权三郎译：《歴史哲学》，《ヘーゲル全集》（10），岩波书店，1932 年，第 207—243 页；武市健人：《改訳歴史哲学》上卷，《ヘーゲル全集》（10），岩波书店，1954 年，第 174—199 页；王造时译：《历史哲学》，上海书店出版社，1999 年，第 122—143 页。

② 杉原四郎：《渋江保とイギリス思想の導入》，《読書颯颯》，未来社，1987 年，第 130 页。

③ 如第二十六章，在史密斯英文原著（根据 Copyright 1894，By FLEMING H. REVELL COMPANY 第 5 次印刷版）中有 26 页（pp.287-313），中译本（张梦阳、王丽娟译：《中国人气质》，敦煌文艺出版社，1995 年）有 20 页（第 214—234 页），而在涩江保译本中却只有 9 页（第 418—427 页）。

④ 正像在《支那人气质》概貌”中所介绍的那样，日译本书名下记有“全”字，意为“全译”。涩江保也在第一章开头的注释中强调“旨在全译原书”。

创出的产物，但注得如何却因人而异，取决于译者的学问功底与见识。在这个意义上，笔者认为，涩江保所提供的正是无愧于时代的范本。20世纪初，在东京留学的清国留学生开始大量翻译日本书，从现在所能看到的作新社、译书汇编社的实际出版物来看，虽多取同时代日本图书的内容和版式，却令"上下的天地头"都变窄，不仅挤掉了"天"上的"眉批"，也挤掉了正文中的"夹注"，变成了鲁迅所说的干瘪生硬的"教科书"。也许是有这种意识的缘故吧，周氏兄弟在翻译的过程中，从一开始就注意加解说和注释的做法，在翻译界独树一帜。从《域外小说集》的"著者事略"开始，到《现代小说译丛》和《现代日本小说选》篇后的作者介绍，再到其他译作前后的"译者前记""译者附识"，《鲁迅全集》里光是译文序跋就有半卷之多①。既然学者们认为周氏兄弟在译本当中加"译者前记"和"译者附识"的做法，"对读者很有益，是鲁迅的开的一个好风气"②，那么涩江保作为一个提供译本注释范本的先行者，也就自然功不可没。——而作为一种范本的形态，在《支那人气质》注释当中，最能给人留下印象的是上述（4）当中的A和C。这两类注释最好地发挥了译者涩江保的本领，也是最能为译书增彩的部分。倘若可以单看涩江保的注释——暂时不看译文——贡献，那么似乎也在这两类当中。

下面将在与本论的问题相关的意义上，即作为鲁迅阅读"原形态"的一部分，来考察一下上述（4）当中的A和C类注释。由于C的来源比较单一、形态也比较集中，暂且留给后面来谈。这里要来首先看一下A的情况。由于其分布的范围较广，来源也不相同，为便于行文起见，这类注释仅集中以第十九章为例。

（三）"二十四孝"与"黑格尔"——引人注目的两类注释

1. "二十四孝"——以汉语文本形态出现的注释

从上一节例举的第十九章的眉批可窥知该章内容的概貌。好在已经有几种中译本在，如能一并参照，将再好不过。如上所述，这一章是讨论"孝

---

① 参见《古籍序跋集 译文序跋集》，《鲁迅全集》第10卷。

② 刘柏青：《鲁迅与日本文学》，吉林大学出版社，1985年，第79页。

心"（Filial Piety）问题的。而正像上面的统计所表明的那样，涩江保为这一章一共做了 45 个注释，数目为全书各章之首。

在第十九章的注释中，最引人注目的是对正文中提到的《二十四孝》（日译本作"二十四孝子传"，第 232 页）中的例子所加的注，即"后汉时有一童子"——"陆绩怀橘"；"后汉时八岁之童子"——"吴猛饱蚊"；"晋时一少年"——"卧冰求鲤"；"谋祖母之长寿"——"郭巨埋儿"。为对照方便，特示列涩江保译文和注释如下：

> 後漢の時、一童子あり。年僅かに六歳。一日親戚の許を
> 訪ふ。親戚之に橘を饗す。時に此の凤慧童子は、竊かに其の両
> 個を盗み懷にす。（支那人には、得て有り勝ちの事なり。）辞
> し去るに臨みて、偶々橘轉がり出でたり。童子大に窮せしが、
> 忽ちにして気を鎮めて主人に謝して曰く。「生が母甚だ橘を嗜
> む。生彼の女に送らんと欲して之を懷にせり」と。此の一語は、
> 實に彼れの名を凡そ二千年の今日に傳はらしめたるものなり。
> 然れども彼れの父は、當時の大官たりしと聞く。西洋の批評眼
> を以て之を見れば、母の為に橘を得るは固より易々たらん。豈
> 之を盗むを要せんや。左れど支那人の眼より見れば彼れが幼稚
> の身を以て、母を想ふの切なるより、否、寧ろかゝる遁辞を設
> くるの敏捷なるより、舊時の孝行の一例たるなり。[①]
>
> ［（注）後漢陸績（字公紀）年六歳（年當六歳時，尚非
> 五尺童子）于九江見袁術。（袁術時任九江，績往謁，有事大夫
> 意。）術出橘待之，績懷橘二枚，（枚，木枝也。以橘乃木所产，

---

① 试译中文如次：后汉时有一童子，年仅六岁。有一天去走访亲戚，亲戚拿出橘子来招待之。这时，这个向来聪明的童子，偷偷把两个橘子藏在怀里（这在支那人是常有之事）。临告辞回家时，两个橘子不巧滚落出来，童子大为窘迫，但马上镇定下来，向主人谢过说："小生的母亲很喜欢吃橘子，小生想把橘子送给母亲，所以才装在怀里。"此一语，使童子扬名凡二千年而至今日也。然而，听说彼之父是当时的大官，以西洋的批评眼光而观之，为母得橘，本为易事，何须盗之？但在支那人眼中看来，以彼之幼稚之身体而能惦记母亲，不，倒是因有巧设遁辞之敏捷，而成为旧时孝行之一例也。

故以枚言之。）及歸拜辭墮地。（因拜辭袁術而所懷二橘落地。）
術曰，陸郎作賓客而懷橘乎？（禮，君賜食有核者，則懷其核，
乃是敬君之賜，亦不敢以核投地，恐得罪于君。作賓客而懷主物
不告，亦为竊取。禮有禁。術曰，作賓客而懷橘乎？）績跪答曰，
吾母性之所愛，欲歸以遺母。（吾母性甚愛橘，欲歸以奉母，不
以失禮为怪）術大奇之。诗曰，孝悌皆天性，人間六歲兒，袖中
懷綠橘，遺母報乳哺。日記故事］（第233—234页）

晋の時、八歳の童子あり。父母甚だ蚊を憎む。然れども
家貧ふして蚊帳を購ふこと能はず。童子乃ち夜早く寝に就きて、
毫も團扇を弄せず。室内の蚊悉く己の體に集まりて刺すべから
しめ、父母をして終夜安眠の快を執ることを得せしめたり。①

［（注）晋吳猛，年八歲（年八歲初入學讀書之時。《孝經》
未講，惟以良能用事），事親至孝。家貧榻無帷帳，每夏夜，蚊
多噆膚。（夏夜正蚊熟之時，故多噆膚。众蚊共聚人肌膚而食。）
恣渠膏血之飽（恣，纵恣也。渠，指蚊虫也。恣蚊血，飽其膏血，
其何故哉）。虽多，不驅之（蚊虽多，不驅之使去焉），恐其去
已而噬其親也（恐蚊膏血不飽，驅之使去，必轉噬其親也）。愛
親之心至矣（若此愛親之心，至極而無加矣）。詩曰："夏夜無
帷帳，蚊多不敢揮，恣渠膏血飽，免使入親帷。"日記故事］（第
234页）

又晋の時、一少年あり。継母と共に棲息す。継母彼れを
憎む。然れと（ど）も彼れ毫も意に介せず。継母甚た（だ）鯉
魚を嗜み、之を得んと欲す。時正さに嚴冬。之を得ること能は
ず。少年乃ち衣を解きて、氷上に臥し、氷の解くるを待ちて魚
を捕へんとす。策また迂なりといふべし。左れど天感應ましま

---

① 试译中文如次：晋时有八岁童子，其父母甚憎蚊，然家贫不能购蚊帐。童子乃夜间
早就寝，而毫不挥弄团扇，集室内之蚊于一身，让蚊子叮咬自己，以使父母能获得终夜安眠
之快。

せしか、将た鯉魚其の徳に感せしか、忽ちにして氷の解くるや否や、一双の鯉魚躍り出でゝ、意地悪るき継母の口腹を充たすべからしめたり。①

　　[（注）王祥字休徵，瑯琊臨沂人。性至孝。繼母朱氏不慈，而祥愈恭謹。父母疾，衣不解帯，湯藥必親嘗。母嘗欲生魚。時天寒冰凍，祥解衣将剖冰求之，冰忽自解，双鯉躍出。母又思黄雀炙，復有黄雀数十，飞入其幕。鄉里驚嘆，以为孝感所致，有丹奈結實母命守之，每风雨辄抱樹而泣。篤孝純至如此。漢末遭難扶母携弟，避地廬山，隱居三十年。不應州郡之命。年垂耳順乃應召舉秀才，累遷太尉。武帝时拜太保。晉書②]（第235页）

　　前に記せし《二十四孝》の中に、真の孝行と稱すべき模範として一例を舉けたり。左に之を揭げん。

　　漢の時一人あり。家甚だ貧しく、母と三歳の小兒とを養ふべき資なし。乃ち妻に謀りて曰く。「吾人は貧しくして、母公一人すらも、充分に孝養を盡すこと能はず。況んや小兒の在るあるをや。顧ふに小兒は再び得べきも、母公は決して再び得べからず。請ふ小兒を埋めて以て母公に可及的の孝養を全ふせん」と。妻肯て之に抗せず。是に於て深さ二呎有餘の坑を穿ちて小兒を埋めんとす。偶々一箇の金釜を掘り当てたり。執りて之を見るに銘あり。曰く。天、汝の孝心を感じて此釜を賜ふと。噫々幸にして此の釜が出でたればコソ善けれ。若し出でざりしならば、憫むべし辜なき小兒は生き埋めの不幸に遭はざるを得ざりし、ならん。如何に妻子に私するが悪しければとて、小兒を殺

----

　　① 试译中文如次：又，晋时有一少年，与继母同在一起生活。继母憎彼，然而彼却毫不介意。继母甚嗜鲤鱼而欲得之。时，正值严冬，不能得之。少年乃解衣卧于冰上，以待冰解而捕鱼。其策虽愚，然而不知是上天有眼，还是鲤鱼有感其德，竟忽然冰解，跃出一双鲤鱼，使得这位刁蛮的继母得以充口腹。

　　② 《晋书卷三十三·传第三·王祥》，载汉末遭难以后事甚详细，故涩江保在此处可能有删节。

して祖母の長寿を謀るとは豈非理の甚しき者にあらずや。①

　　　［（注）後漢郭巨家貧養老母。妻生一子。三歳。母常減食與之。巨謂妻曰，貧乏不能供給，共汝埋子。子可再有，母不可再得。妻不敢違。巨遂掘坑二尺餘。忽見黄金一釜，釜上云。天賜孝子郭巨，官不得奪。人不得取。孝子傳］（第236—237页）

这些注释在日译本中的文本形态，与这一章中多数出自《孔子》《孟子》的注释文本形态一样，对于中国读者来说应该是非常醒目的，即都是使用汉文。如果假定鲁迅在留学日本不久即读到了涩江保译《支那人气质》②，那么这种以汉文出现的注释文本形态也就具有了相当重要的意义。对于一个初学日文的中国人来说，汉语文字所具有的内容导向意义，恐怕要超出同处一页的日文正文的。因此，在这个意义上可以推想，至少在注释《二十四孝》的范围内，涩江保以汉语原文入注，对于鲁迅这个初学日文（假设）的读者来说，很有可能具有向正文内容的牵引功能，而且注释文本内容本身也很可能给鲁迅留下了强烈的印象。

这些内容自然会令人联想到鲁迅1926年5月发表在《莽原》半月刊上的《二十四孝图》③。众所周知，鲁迅在以《狂人日记》为代表的一系列小说和杂文中，对号称中国传统文化核心的礼教给予了极为猛烈的攻击，而对礼教的核心，即所谓"德之本"④的"孝"所做的揭露和批判，则以《二十四

---

①　试译中文如次：在前记之《二十四孝》中，举出一例，真可堪称孝行之模范。兹揭之如左。汉时有一人，家甚贫，无资可养母亲与三岁小儿。乃谋于妻曰："吾人家贫，母亲一人尚不能尽充分之孝养，更何况还有小儿？想来小儿可再得，而母亲却不能再得，请埋小儿，以尽可能使母公获得孝养之全。"妻肯，对之无抗。于是，挖坑深二尺有余，欲埋小儿。偶掘出一只金釜，只见上有铭文，曰：天感汝之孝心，赐此釜。呜呼，幸而得此釜出而有善终，若出不来此釜，则可怜无辜之小儿将难免遭遇生埋之不幸。无论私妻护子怎样坏，杀小儿以谋祖母之长寿，岂非理之甚者焉？

②　张梦阳断定"鲁迅1902年在弘文学院学习期间就已经细读了史密斯的《中国人气质》"（亚瑟·亨·史密斯著，张梦阳、王丽娟译：《中国人气质》，第283—284页）。但笔者愿将此作为一种"假定"来看待。

③　鲁迅：《朝花夕拾·〈二十四孝图〉》，《鲁迅全集》第2卷，第264页。

④　《孝经》："子曰，夫孝，德之本也。"

孝图》为最有代表性。

张梦阳在谈到史密斯与鲁迅的关联时也指出,第十九章《孝心》与鲁迅的《二十四孝图》"不仅观点相合,而且对'郭巨埋儿'一事,都同样着重表示了愤慨"①。笔者完全赞同这一思路。

不过,为避免因上面介绍涩江保的注释所可能导致的误解,这里有一个略带麻烦的问题需要澄清,那就是鲁迅写作《二十四孝图》时,在材料上和史密斯原本内容以及上面所看到的涩江保的注释似乎没有直接关系。有下述两点可以为证。

首先,"二十四孝"作为中国礼教读本,不仅鲁迅从小就得到了,而且其中的人物故事在过去也是家喻户晓的。诚如鲁迅所说:"我所收得的最先的画图本子,是一位长辈的赠品:《二十四孝图》。……那里面的故事,似乎是谁都知道的;便是不识字的人,如阿长,也只要一看图画便能够滔滔地讲出这一段的事迹。"②也就是说,鲁迅在读《支那人气质》之前,不仅对史密斯或涩江保提供的材料已经相当熟悉,甚至也可能有了比前两者都更为实际的体验了。

其次,根据鲁迅自述,他写《二十四孝图》时,似乎没直接参考《支那人气质》,尽管他在发表《二十四孝图》的两个月后,提到了史密斯和日译本《支那人气质》③。鲁迅讲得很清楚,在他写作时,"那时的《二十四孝图》,早已不知去向了,目下所有的只是一本日本小田海仙所画的本子"④。这样,也就可以明确,鲁迅的《二十四孝图》和《支那人气质》之间不存在材源上的直接关系。

那么,这就出现了一个看似矛盾的问题,即包括上述所有材料在内,《支那人气质》和鲁迅究竟有何关系呢?从上述情况看,是不是可以说《支

① 张梦阳:《译后评析》,亚瑟·亨·史密斯著,张梦阳、王丽娟译:《中国人气质》,第294页。

② 鲁迅:《朝花夕拾·〈二十四孝图〉》,《鲁迅全集》第2卷,第260页。

③ 参见鲁迅:《华盖集续编·马上支日记(七月二日)》,《鲁迅全集》第3卷,第343—346页。

④ 鲁迅:《朝花夕拾·〈二十四孝图〉》,《鲁迅全集》第2卷,第262页。

那人气质》与鲁迅关系不大，甚至无关呢？

回答当然也是否定的。和鲁迅写作"无材源上的直接关系"不等于说没有精神上的联系。事实上鲁迅重视这本书，认为"值得译给中国人一看"，主要是出自对史密斯"攻击中国弱点"①的共鸣上，正像史密斯在他著作的第一章里提出的"面子"问题引发了鲁迅的对中国人"面子"及作戏性格的批判一样②，在"二十四孝图"及其类似的问题上，鲁迅借鉴的与其说是材料（当然也不排除材料上的借鉴），倒不如说是重新审视材料的视角和价值尺度。史密斯原书在叙述的字里行间，对所例举的"孝子"故事充满了揶揄、否定和批判，涩江保译本清楚而准确地传递了这一层意思，从上面所举的四个例子来看，虽然只对第一个"陆绩怀橘"和第四个"郭巨埋儿"有直接评价，但对中间两个，即"吴猛饱蚊"和"卧冰求鲤"的评价也因此而尽在不言之中了。这些所谓"孝"的极端例子，暴露的恰恰是"孝"的不合理性和非人性。涩江保译本说，陆绩成为孝子，与其说因其虽年幼而不能忘母，倒不如说因其能够随机应变，巧设遁辞；鲁迅后来亦就此揶揄道："'陆绩怀橘'也并不难，只要有阔人请我吃饭。'鲁迅先生作宾客而怀橘乎？'我便跪答云，'吾母性之所爱，欲归以遗母。'阔人大佩服，于是孝子就做稳了，也非常省事。"③涩江保译本对"郭巨埋儿"慨叹道："呜呼，幸而得此釜出而有善终，若出不来此釜，则可怜无辜之小儿将难免遭遇生埋之不幸。无论私妻护子怎样坏，杀小儿以谋祖母之长寿，岂非理之甚者焉？"鲁迅亦借第一人称"我"道：

> 我最初实在替这孩子捏一把汗，待到掘出黄金一釜，这才觉得轻松。然而我已经不但自己不敢再想做孝子，并且怕我父亲去做孝子了。家景正在坏下去，常听到父母愁柴米；祖母又老了，倘使我的父亲竟学了郭巨，那么，该埋的不正是我么？如果一丝

---

① 鲁迅：《书信·331027致陶亢德》，《鲁迅全集》第12卷，第468页。

② 参见鲁迅：《华盖集续编·马上支日记（七月二日）》，《鲁迅全集》第3卷，第344—345页。

③ 鲁迅：《朝花夕拾·〈二十四孝图〉》，《鲁迅全集》第2卷，第261页。

> 不走样,也掘出一釜黄金来,那自然是如天之福,但是,那时我
> 虽然年纪小,似乎也明白天下未必有这样的巧事。①

借助于涩江保的译本,史密斯与鲁迅的精神联系即此而可窥见一斑,后者对前者主题的衍射与发挥是显而易见的。

不过,话题如果再次回到涩江保的注释上来的话,笔者认为,至少在第十九章中出现的那些整饬的汉文注释,非常有效地发挥了注释、凸显、强化主题的作用。或许有学者认为鲁迅在弘文学院学习期间日语就已经学得非常好,因此读此书已经完全没有问题,不一定非得要借助于汉文注释②。但即便果真如此,亦不妨试想一下,对于一个中国读者来说,在日语当中有这些汉文注释和没有这些汉文注释的视觉效果、读解效果和记忆效果都是大不一样的。假如设想鲁迅在将近 40 年后攻击他幼年时代所读过的《二十四孝图》是与他对《支那人气质》的记忆有关,那么这其中当然也就包含着涩江保译文并注释的一份功劳吧。

2. "黑格尔关于支那之意见"与鲁迅"进化论"的历史观

下面再来看一下黑格尔的情况(请参看"附录　涩江保译黑格尔关于中国的论述")。

上面已经提到,在第二十五章的最后,涩江保以"注"的形式插入"黑格尔关于支那之意见"长达 25 页。作为注释,这 25 页内容显然不是针对

---

① 鲁迅:《朝花夕拾·〈二十四孝图〉》,《鲁迅全集》第 2 卷,第 263 页。

② 在 1999 年 9 月云南昆明召开的"鲁迅研究五十年"国际学术研讨会上,我在做完关于涩江保译本与鲁迅关联的报告时(主持人为中国社会科学院文学研究所张梦阳教授),与会的日本东洋大学教授阿部兼也先生提出了类似的看法。此外,在那前后不同的时间、地点与日本的其他几位学者,如京都大学名誉教授竹内实先生、佛教大学教授吉田富夫先生、关西大学教授北冈正子先生等私下交换意见时,发现他们也都持有类似的看法,即主要认为鲁迅在东京弘文学院学习期间,其日语能力已经达到了能够读下来这本书的程度,故也不必把那些汉文注释看得很重。我非常感谢这几位先生的指教,也非常尊重他们的意见,只是在此亦想保留自己作为一个有过在日留学经历的中国读者阅读此书时的实感,这种实感告诉我,这本书决非一般的日语速成者所能啃下。鲁迅晚年告诫想学日文的年轻人说:"学日本文要到能看看小说,且非一知半解,所需的时间和力气,我觉得并不亚于学一种欧洲文字。"(鲁迅:《书信·340608 致陶亢德》,《鲁迅全集》第 13 卷,第 144 页)可谓过来者之言。

史密斯原著中提到的某个人、某件事或某一段话的，而是作为史密斯以外的另一种西方有代表性的关于中国的看法来介绍的，因此在《支那人气质》中，这个相对独立的"注"，完全可以作为该书全体的参考资料来看待。

上面还提到，"黑格尔关于支那之意见"来自黑格尔《历史哲学》中的"中国"部分，涩江保此前曾有译自英文的译本，题为《历史研究法》，分上下两册，由博文馆于1893年出版。实际出现于《支那人气质》注释的部分，是这个版本下卷的第1—26页，即"第一编　东洋世界"里的"第一章　支那"。从对照的结果看，在26页当中，除了有一部分被用于第十九章的注释外[①]，其余均用作第二十五章的注释。因此，在《支那人气质》当中几乎可以读到《历史研究法》下卷"第一章　支那"的全部内容。唯一的区别是用于注释的部分，去掉了原书中的眉批，并把原书中的"译者曰"改为"羽化生曰"。《历史研究法》是黑格尔《历史哲学》在东亚的最早译本，译得是否全面和准确还有待探讨，和后来的译本相比，存在着各种各样的差异亦自不待言，不过，就整体而言，黑格尔谈中国的主要内容还是都出现了的。可概述为以下内容：

（1）历史纵观："支那在很久以前就发展到今日的状况，但尔来数千年间，开化呈现中止状态，几乎未前进一步。"（第392页）[②]中国历史的起源时期以及从《书经》《易经》《诗经》到清朝的历史概述。

（2）以家族为核心的"国体精神"。君臣、父子、夫妇、兄弟、朋友。

---

①　用于第十九章注释部分的"黑格尔"如次：故据彼等之说，孝不仅是行，也是百行之动机。（注）黑格尔（Hegel）曰：家族之义务，依法律而命之，不得有违。子若从父室时，当不交一语，鞠躬于户边。未经父之许可，不得擅自离室而去。父死时，子应服丧三年，忌酒绝荤，即便执掌国家社稷，此间亦当抛开。哪怕身为天子，三年之间亦不得干系政务。而任何人均不得在三年之内结婚。（注）又曰：母受子之非常尊崇，亦与父同。马可多尼卿尝谒见支那帝，时帝宝算六十岁，犹每早步行朝拜太后以表敬意云。（注）又曰：在支那，亦以家族之基础为国体之基础。故帝有君主权，被拥戴为政治界首领，恰如以为父之心行使权力。帝是族长，是政治上的元首，同时也是宗教上以及学问上的元首。夫如斯，为帝者注意万事如同父母，而其臣民之心灵，恰如子女一般，其伦理原则未能扩展到家族圈以外，未能使自己获得独立自由。只此悟性，乃是缺乏自由理性与想象之结果也。（以上三项，为黑格尔著《历史哲学讲义》【*The Lectures on Phiosophy*（*Philosophy*）】之选萃。）

②　涩江保译：《支那人气质》页码，后同。

（其中被用于第十九章注释的内容有："夫如斯，为帝者注意万事如同父母，而其臣民之心灵，恰如子女一般，其伦理原则未能扩展到家族圈以外，未能使自己获得独立自由。只此悟性，乃是缺乏自由理性与想象之结果也。"）

（3）行政、司法。——个人权利得不到保障，"政治任帝一人独裁"（第407页）。

（4）刑罚严酷，从家族到国家，遇事不问青红皂白，一概严惩。

（5）宗教。——只关系到道德行为，而与"自然""主观""心与灵魂"无关。"支那帝兼国家元首与宗教元首于一身。支那宗教以是而实为国家宗教"（第412页）。

（6）"学术亦欠真正之主观"（第412页）。文章、语言、历史、法律、哲学、数学、物理学、天文学、技术、美术等。

（7）结论。——道德、宗教、学问、技艺等都与"心灵"无关。人民甘愿忍受皇帝压制，对残酷熟视无睹，不仅没有自尊之心，"反倒益发自轻自贱、自暴自弃"（第417页）。

总之，黑格尔的"意见"是以"物""心"二者之消长，来看待历史，尤其以此来审视中国的历史。中国何以在数千年间停滞不前呢？这是由于"同国单有'物界的存体'之成立，而在这个存体之中，并没有'心界的进动之自由'，因此也就不能产生各种变化，经常停止于固着不动之性质，未能发展到可以名之为'历史'的性质"①。所谓"物界的存体"和"心界的进动之自由"，用现在通常的说法，就是"客观存在"和与之相对的"主观运动"②。关于黑格尔的这一论断，"羽化生曰"注释得颇得要领，甚至比起他翻译的正文来也显得简洁明了："羽化生曰：据黑格尔之说，历史为心灵之发达，心灵的本质为自由。故心灵若无丝毫之发达，人民之间无自由，则无法称之为'历史'。"③

在黑格尔看来，中国的"国体精神"是以礼教来维系的"族长主义"，

---

① アーサー・エチ・スミス著，渋江保訳：《支那人気質》，第392—393页。

② 参见黑格尔著，王造时译：《历史哲学》，上海书店出版社，1999年，第123页。

③ アーサー・エチ・スミス著，渋江保訳：《支那人気質》，第393页。

在君臣、父子、夫妇、兄弟、朋友所规定的关系当中，皇帝是意志的最终体现者，是唯一的绝对的"客观存在"，即涩江保所表述的"物界的存体"。因此，中国只有"客观"而无"主观"，只有"物质"而无"精神"，只有涩江保所表述的"主权者的擅自主义"，即专制主义，而无人民的尊严和自由。这一特征体现在包括历史、文化以及人民性格在内的所有方面。如果说，这些是黑格尔《历史哲学》中的基本"中国观"，那么涩江保译本便忠实地传递了这一层意思。

假设鲁迅在阅读《支那人气质》时，也读到了涩江保插入的黑格尔关于中国的论述，——因为现在还没有充分的证据可以说明这一点，所以只能说"假设"——那么，他很可能是中国最早读到黑格尔的人之一。如果黑格尔的观点当时真的被鲁迅读到过，那么其意义也就非常重大了。因为黑格尔所提供的不仅是关于中国历史和文化的文献资料以及经验性分析，而且也是一种非常完整的具有哲学意义的历史观。这一点既和上面介绍过的由涩江保以"汉文形态"提供的文献有着性质上的区别，也和史密斯关于中国国民性的经验性描述乃至分析有着层次上的距离。当然，史密斯也有他自己的——通过涩江保表述出来的——历史观，而且其历史观（即"社会进化论"历史观）也在某种程度上为当时包括鲁迅在内的中国知识界所认同。例如，史密斯史观总是同种族间的生存竞争联系在一起的：

译文：

> 黄白两人种激烈竞争之时期迟早都会到来，临晓之际，孰制胜，孰降军门乎？（第34、122—123页）

译文：

> 今国民之竞争日益激烈，及至于将来，其激烈能达到怎样的高度，不可预知。当是之时，吾人与支那人在竞争场里孰可制胜焉？吾人确信优存劣灭之真理。生存于二十世纪之竞争者谁？是"神经质"的欧罗巴人？抑或不知疲倦的鲁钝的支那人？请刮目以待他日。（第122—123页）

这种具有明确功利目的的"形而下"的进化史观，对于当时处在亡国危机下的中国人来说，当然是会有共鸣的。

然而，在鲁迅的进化史观当中，还有与此不同或者说超越于此的内容，那就是早在他留学时期的论文①中已经明确表现出来的抗拒"自然之必然"的以"人"的进化为核心的进化史观。如果借用北冈正子对鲁迅的"进化论"所下的定义，那就是"专以人的历史为主要对象并且将其作为精神进化过程的一个历史观"②。也就是说，在把"人的历史"作为"精神进化过程"的意义上，黑格尔与鲁迅的一致性可能构成他们之间的某种联系，用涩江保上面对黑格尔的注释来说，就是"历史为心灵之发达，心灵之本质为自由"，因此，如果没有心灵的发达和人民的自由，便不能称其为"历史"。鲁迅后来即把中国的历史看作无发展变化的循环形态，所谓"这历史没有年代"，构成这一历史的内容是"吃人"与"被吃"——甚至包括"我"自己也"我未必无意之中，不吃了我妹子的几片肉，现在也轮到我自己，……"（《狂人日记》，1918）③；所谓中国历史只有"想做奴隶而不得的时代"和"暂时做稳了奴隶的时代"（《灯下漫笔》，1925）④；所谓"暴君治下的臣民，大抵比暴君更暴"（《暴君的臣民》，1919）⑤；所谓"凡是人主，也容易变成奴隶，因为他一面既承认可做主人，一面就当然承认可做奴隶，所以威力一坠，就死心塌地，俯首帖耳于新主人之前了"（《论照相之类》，1924）⑥；所谓"专制者的反面就是奴才，有权时无所不为，失势时即奴性十足。……做主子时以一切别人为奴才，则有了主子，一定以奴才自命：这是天经地义，无可动摇的"（《谚语》，

---

① 主要指 1903 年的《中国地质略论》，1907 年的《人之历史》《科学史教篇》《文化偏至论》《摩罗诗力说》和 1908 年的《破恶声论》。

② 北冈正子：「鲁迅の『進化論』」，東京大学文学部中国語中国文学研究室編『近代中国の思想と文学』，大安，1967 年，第 21 页。

③ 《鲁迅全集》第 1 卷，第 454 页。

④ 《鲁迅全集》第 1 卷，第 225 页。

⑤ 《鲁迅全集》第 1 卷，第 384 页。

⑥ 《鲁迅全集》第 1 卷，第 193—194 页。

1933）^① 等，说的都是同一种循环史观及其构成这种历史内容的人的精神，应该看作处在黑格尔所言造成历史停滞的"无心灵发达"观点的延长线上。当然这是后话了，而鲁迅与黑格尔的最早联系，笔者推断，很可能就是以《支那人气质》中的"黑格尔"为媒介的。

在鲁迅留学时代的论文中，虽然只有《文化偏至论》（1908）一篇中的一处提到了黑格尔^②，但却是把他作为该篇文章中着力介绍的"神思宗之至新者"——19 世纪末叶以尼采、叔本华、斯蒂纳等人为代表的西方哲学流派的前身——"神思一派"来看待的，因此鲁迅针对中国的"尚物质而疾天才"的历史和现实所强调的"掊物质而张灵明，任个人而排众数"，"非物质"，"重个人"，"人必发挥自性，而脱观念世界之执持"等主张^③，不仅体现为尼采等人的特征，而且也正和黑格尔所批判的中国只有"客观"，没有"主观"，缺乏人的精神自由相一致。

另外，鲁迅在《摩罗诗力说》中对包括《诗经》、老子、屈原等^④ 在内的中国整体精神的批判，也与黑格尔对中国的论述处在同一方向上。

不过，就关系而言，目前也只能谈到这一步。因为正像许多研究成果所表明的那样，鲁迅留学时期对西方思想观念的汲取，其材源乃是多方面的。这里由涩江保的注释中所提供的不过是一个可能存在的重要线索而已。

五、关于文本关系的探讨

（一）鲁迅文本中提到的《支那人气质》及文本比较的先行研究

在鲁迅全集中，共有四处提到涩江保译日文版《支那人气质》及史密斯原著。按照时间顺序排列，它们分别是：

---

① 《鲁迅全集》第 4 卷，第 557 页。

② "往所理想，在知见情操，两皆调整，若主智一派，则在聪明睿智，能够移客观之大世界于主观之中者。如是思惟，迨黑该尔（F.Hegel）出而达其极。"《鲁迅全集》第 1 卷，第 55 页。

③ 参见鲁迅：《坟·文化偏至论》，《鲁迅全集》第 1 卷，第 45—58 页。

④ 参见鲁迅：《坟·摩罗诗力说》，《鲁迅全集》第 1 卷，第 69—71 页。

1. 1926 年 7 月《华盖集续编·马上支日记（七月二日）》

在提到安冈秀夫的《从小说看来的支那民族性》之后说：

> 他似乎很相信 Smith 的《Chinese Characteristics》，常常引
> 为典据。这书在他们，二十年前就有译本，叫作《支那人气质》；
> 但是支那人的我们却不大有人留心它。
>
> ……
>
> 我所遇见的外国人，不知道可是受了 Smith 的影响，还是
> 自己实验出来的，就很有几个留心研究着中国人之所谓"体面"
> 或"面子"。①

2. 1933 年 10 月 27 日致陶亢德信

> 至于攻击中国弱点，则至今为止，大概以斯密司之《中国
> 人气质》为蓝本，此书在四十年前，他们已有译本，亦较日本人
> 所作者为佳，似尚值得译给中国人一看（虽然错误亦多），但不
> 知英文本尚在通行否耳。②

3. 1935 年 3 月《且介亭杂文二集·内山完造作〈活中国的姿态〉序》

> 例如关于中国人，也就是这样的。明治时代的支那研究的
> 结论，似乎大抵受着英国的什么人做的《支那人气质》的影响，
> 但到近来，却也有了面目一新的结论了。③

4. 1936 年 10 月《且介亭杂文末编·"立此存照"（三）》

在谈到约瑟夫·冯史丹堡（Josef von Sternberg）导演的"辱华片"《上
海快车》（Shanghai Express）时说：

> 不看"辱华影片"，于自己是并无益处的，不过自己不看见，

---

① 《鲁迅全集》第 3 卷，第 344—345 页。
② 《鲁迅全集》第 12 卷，第 468 页。
③ 《鲁迅全集》第 6 卷，第 275 页。

闭了眼睛浮肿着而已。但看了而不反省,却也并无益处。我至今还在希望有人翻出斯密斯的《支那人气质》来。看了这些,而自省,分析,明白那几点说的对,变革,挣扎,自做工夫,却不求别人的原谅和称赞,来证明究竟怎样的是中国人。①

上面的这些话,可以使人马上意识到鲁迅的国民性思想与《支那人气质》的联系。

首先,鲁迅很早就读到了这本书。——这里要附带对鲁迅阅读《支那人气质》的时间做一下探讨。从 1926 年第一次提到这本书算起,距他留学时代已确有了 20 多年的时间。以 1902 年计,是 24 年;但如果以上面"1"里鲁迅所说的年代为实,那么"二十年前"则是 1906 年。笔者认为,这个时间不是"有译本"的时间,即《支那人气质》的出版时间(1896 年 12 月),而应看作鲁迅阅读这本书的时间。即使仅仅从克服语言障碍的角度看,鲁迅能系统地读懂这本书,也不应是在弘文学院学日语期间(1902 年 4 月—1904 年 4 月)②,而应是在那以后。另外,从下面将要提供的文本对照情况来看,把鲁迅有系统地阅读并且参考《支那人气质》的时间,推测为 1906 年前后,也许更接近实际一些。

其次,从 1926 年 7 月到鲁迅逝世之前的 1936 年 10 月,四次提到《支那人气质》和史密斯的情况看,鲁迅对这本书的内容记忆是相当深刻的。

第三,鲁迅都是在涉及与国民性有关的问题时谈及这本书的。

第四,也是最重要的一点,那就是鲁迅对这本书的价值肯定。他不仅认为史密斯影响了日本人的同类著作,而且也认为"较日本人所作者为佳",希望能译给中国人看,从而开辟出"自省"之路。

那么,作为具体问题,《支那人气质》对鲁迅本人来说,究竟有哪些

---

① 《鲁迅全集》第 6 卷,第 649 页。

② 关于鲁迅读到《支那人气质》的时间,唐弢用了一个比较宽范的时间概念,即"年轻时",张梦阳则根据许寿裳在回忆录中提到的他和鲁迅所进行的关于国民性的讨论认为,鲁迅 1902 年在东京弘文学院学习期间就已经细读了史密斯的《中国人气质》,当然是涩江保的日译本而非英文原版。参见亚瑟·亨·史密斯著,张梦阳、王丽娟译:《中国人气质》,第 283—284 页。

关系和哪些意义呢？

笔者认为，这就有必要通过文本来具体看待。目前的一些研究，已经开始介入了这个方面来。张梦阳在中译本《中国人气质》书后所附《译后评析》里，从自己的问题角度对史密斯文本的一般状况、写作特点、主要内容以及与鲁迅的关系做了相应的整理和归纳①。其中，在谈到和本稿相关的史密斯与鲁迅的关系时，分为三个题目：（一）"面子"和缺乏诚的问题；（二）人情冷漠和缺乏爱的问题；（三）阻碍现代化进程的种种问题（具体列举的问题有四个：关于现代人的性格、关于教育、关于孝道、关于改革难）。在这个部分当中，某种程度上涉及了一些史密斯文本内容与鲁迅文本的关系②。

总之，张梦阳是以鲁迅和许寿裳关于国民性的讨论中涉及的缺乏"爱和诚"的问题为核心，来探讨史密斯文本与鲁迅的联系的。具体地说，就是力图围绕着缺乏"诚"和"爱"，来阐述史密斯和鲁迅改造国民性思想的关系。作为这方面的先行研究，笔者认为张梦阳所做的是极有价值的初步探讨，至少在"诚"和"爱"这两点上，不仅提供了史密斯与鲁迅关系的某些具体线索，也使这两个抽象的概念在鲁迅关于国民性的论述中获得了相应的具体内容。

不过，笔者认为，在史密斯与鲁迅改造国民性思想的关系当中，许多具体问题还是有很大的探讨余地的。如果承认鲁迅文本特别是改造国民性

---

① 关于写作特点，张梦阳以 4 点来予以概括，即"诚实态度，长期努力，科学态度与卓越才华"。其中又从 5 个方面来具体说明了"科学方法"，即"第一，写作观察笔记"，"第二，细读北京《邸报》及有关文件"，"第三，通过小说、民谣和喜剧三条渠道了解中国社会生活"，"第四，通过家庭和村庄研究中国社会生活"，"第五，以社会学研究方法为基础，进一步升华到社会心理学与精神现象学的哲理高度"。关于主要内容，张梦阳首先从第一章谈"面子"开始，介绍了史密斯谈到的中国人"做戏的本能""形式礼节""欺瞒的才能"等，并以"缺乏诚"来概括了史密斯谈到的一些问题。之后又从 6 个方面概括了史密斯的一些见解：（一）关于中国人缺乏现代人性格的见解；（二）关于中国政体阻碍现代化的见解（其中包括"勒索""管理失效、无视命令、政府内部互相猜疑、互相钳制""官员薪俸太少""文人害怕官员"）；（三）关于中国教育阻碍现代的见解；（四）关于中国儒学的见解；（五）关于中国思维特征的见解；（六）关于中国改革难的见解。

② 参见亚瑟·亨·史密斯著，张梦阳，王丽娟译：《中国人气质》，第 282—297 页。

思想当中存在着史密斯的影响，那么，正像前面已经指出过的那样，在鲁迅直接阅读过的涩江保的日译本里，也就很可能存在着鲁迅关于中国国民性的认识以及改造国民性思想的生（构）成机制的一些重要的问题点和线索。例如，前文作为"以汉语文本形态出现的注释"问题具体指出过的第十九章"孝心"（Filial Piety）里出现的关于"二十四孝"的汉语文本和第二十五章"缺乏信实"（The Absence of Sincerity）作为"注"出现的长达 25 页的"黑格尔关于支那的意见"，事实上已经都属于文本关联的实例。其中，关于黑格尔的历史定义，即"历史为心灵之发达，心灵之本质为自由。故若心灵未有丝毫之发达，人民之间无自由，则无法称之为历史"与留学时代的鲁迅所形成的以"人"的进化为核心的历史观显示出了一致性。在此还想做两点补充：一、鲁迅在以《狂人日记》为代表的许多文字里所揭示的"这历史没有年代"①是个"吃人"和"被吃"的世界，即由"奴隶主"和'奴隶'所构成的没有发展的、循环往复的社会，正是以这种历史观来透视和剖析中国历史和现实的结果。二、鲁迅和黑格尔相一致地强调"人"的进化的历史观，应该是他认为史密斯书中"错误亦多"的理由之一；因为史密斯反复强调的种族间"优胜劣败"的"生存竞争"，恰恰是鲁迅在当时和后来所拒绝接受的"进化论"。

然而，上述这两点，还几乎尚未涉及正文文本内容。如果把史密斯对中国国民性的具体描述，在一个更为广阔的视野下做进一步的归纳，那么还将找到更多的与鲁迅构成联系的线索。

以下，是从笔者的角度对一些问题的探讨。

（二）"面子""做戏""看客"

在史密斯文本中，有多处谈到中国人的"面子"问题，其中尤以第一章"体面"（face）最有代表性。关于史密斯的谈"面子"与鲁迅的关系，已多有论者指出过了，所以这里不准备全面展开，而只是想就两者关系当中的要点做进一步的明确。

---

① 鲁迅：《呐喊·狂人日记》，《鲁迅全集》第 1 卷，第 447 页。

首先，把"面子"和"做戏"这两项结合起来，透视中国的国民性，是史密斯独特的观察模式，鲁迅全面接受和借鉴了这一模式。这一点通过涩江保文本第一章的第一段和鲁迅文本的对比可以明确。涩江保把 face 一词译成了"体面"，并且在第一章之前加上了自己的注释①。以下将涩江保文本中第一章里的第一段试译如下：

译文：

面（face）人皆有之，今执万人共有之物，作为支那人气质之一，看似甚为不妥，然而支那人之所谓 face（体面）者，不独头部前面（脸）之谓，其意味颇广泛，吾人非但不能述之于笔，且恐怕不能理会。故兹设一章以说之。

今虽然尚不充分，但为理会支那人之所谓 face（体面）之语意，姑且先述支那人之非常富有演剧之天性。演剧在支那堪称唯一之游戏。支那人嗜好演剧，恰如同英人之嗜好角力，西班牙人之嗜好斗牛。动则使自己做起戏子来，摇头晃脑，遣卢迄色，匍伏顿首，在西洋人看来，多无必要而且好笑。又很在台词上下功夫，辩解于两三人前，言语却如同面对众人。曰："予明言于兹聚之足下、足下、足下之前。"彼若胜利得窘境，首尾能全，则言"下得了台"，若胜不得窘境，则称"下不来台"，凡此类词语，并非叙述事实之本身，而只在形容。如此这般，倘要在适当之时节，用适当之方法将话说得漂亮，则非如演戏者不可。在日常之复杂关系中，将此事做得巧妙则为有"face"（体面），反之，若不谙此事，或拙于此事，则"有失 face"（有失体面）也。

故一当正确理会"face"（体面）之语，则可理会支那人最要紧气质之大半。此乃关键之故也。（第 83 页）

鲁迅在上述"1"里，从安冈秀夫的《从小说看来的支那民族性》这

---

① 参见本文第五部分第二节"2.注释的内容"。

样讲下来：

> 他似乎很相信 Smith 的《Chinese Characteristics》，常常引为典据。这书在他们，二十年前就有译本，叫作《支那人气质》；但是支那人的我们却不大有人留心它。第一章就是 Smith 说，以为支那人是颇有点做戏气味的民族，精神略有亢奋，就成了戏子样，一字一句，一举手一投足，都装模做样，出于本心的分量，倒还是撑场面的分量多。这就是因为太重体面了，总想将自己的体面弄得十足，所以敢于做出这样的言语动作来。总而言之，支那人的重要的国民性所成的复合关键，便是这"体面"。
>
> 我们试来博观和内省，便可以知道这话并不过于刻毒。相传为戏台上的好对联，是"戏场小天地，天地大戏场"。大家本来看得一切事不过是一出戏，有谁认真的，就是蠢物。但这也并非专由积极的体面，心有不平而怯于报复，也便以万事是戏的思想了之。万事既然是戏，则不平也非真，而不报也非怯了。所以即使路见不平，不能拔刀相助，也还不失其为一个老牌的正人君子。①

仔细比较这两段话可以看出，鲁迅是在全面肯定和借鉴了史密斯的观察模式之后，进一步表述自己的看法的，也就是他所说的"博观和内省"。值得注意的是，鲁迅并非一概否定民俗中的讲究"面子"，至少他还是提到了"积极的体面"。在这个意义上，竹内实在《关于面子》②一文中对批判面子有所保留是有道理的。因为鲁迅憎恶和否定的是"心有不平而怯于报复，也便以万事是戏的思想了之"这样一种心态。也不妨概括为"消极的体面"。

事实上，鲁迅文本中涉及的"面子"，皆是指所谓"消极的体面"，

---

① 鲁迅：《华盖集续编·马上支日记》，《鲁迅全集》第 3 卷，第 344—345 页。

② 竹内实：「メンツ（面子）について」，『立命館大学言語文化研究』第 4 卷第 4 号，1993 年 2 月 20 日。

鲁迅将其视同"伪善"①；而"做戏"在鲁迅那里，除了"万事是戏"的不认真外，又总意味着对事实的掩盖，因此也完全可以置换为所谓"瞒和骗"②的同义词。关于这些问题，还可以做进一步的探讨，不过上面指出的一点是可以肯定的，即鲁迅批判国民性中无视现实，模糊现实，尤其是政治上的掩盖现实或粉饰现实，都是从史密斯所提供的"为了面子而做戏"这一角度切入问题的。这一点，只要再去读一下《二心集》里的《宣传与做戏》（1931）、《新的"女将"》（1931）和《且介亭杂文》里的《说"面子"》（1934）等文即可明确。

其次，鲁迅那里的"看客"是从史密斯指出的为讲"面子"而"做戏"的问题角度进一步引申和延长的产物。"做戏"的成立，除了有"戏剧"的演出之外，还要有观看"做戏"的"看客"。将一切视为"做戏"的普遍的国民心态，正是中国"做戏"赖以生存的社会基础。因此，鲁迅的视点并未只停留在"做戏"者本身，也指向了更为广大的"看客"，也就是民众。

在这个意义上，鲁迅说过，"人类是喜欢看看戏的"③。但他笔下令人最感沉重的"看客"则是在《〈呐喊〉自序》（1923）和《藤野先生》（1926）里出现的"围着看"④的麻木的"看客"。笔者曾经介绍过，同样的"麻木"围观的场面，也在涩江保译本正文之前所附照片的第1页上出现过。这在前面已经介绍过了。

"麻木"即无同情。从涩江保译本中可以看出，首次提出"无同情之观察"的并不是鲁迅，而是史密斯在第十一章中讲述的"围观"：

译文：

布朗宁夫人（Mrs Browning）［一八〇九年（我文化六年己巳）

---

① 李芒译：《"面子"与"门钱"》，署名"两周氏谈"，《鲁迅研究资料》第3期，1979年2月。该文原载日文《北京周报》第68期，1923年6月3日。

② 鲁迅：《坟·论睁了眼看》，《鲁迅全集》第1卷，252页。

③ 鲁迅：《集外集·文艺与政治的歧途》，《鲁迅全集》第7卷，第121—122页。

④ 鲁迅：《朝花夕拾·藤野先生》，《鲁迅全集》第2卷，第317页。

生，一八六一年（我文久元年辛酉）死，英国之妇人诗家］① 曰：
"受无同情之观察，即受拷问也。"如夫人之多感之诗人，或起
如此之感情。否，昂格鲁·萨克逊人概怀抱这种感情。本来西洋
人在从事精制或困难职业之际，并不愿为他人所观察，然而支那
人不论被如何细密观察，亦心平气和，照操其业不误。又，当西
洋人旅行支那内地之际，每到外人鲜至之处，为支那人所猬集、
所凝视，以为奇观之时，每有一种无以名状之不快感而起。尽管
彼等支那人只做无同情之观察，而并非加害于我，但我等必怒命
其退下："倘不退下，则饱以老拳。"然而支那人则完全相反，
不论有多少外人群集周围，长久注视自己，毫不介意，反更以为"愤
慨于他人之注意自己，乃因自己不正常也"。（第119—120页）

然而，将上述"无同情之观察"丰富发展为"看客"的视点并从中进
一步剔掘国民性的则是鲁迅。史密斯书中的"无同情之观察"是没有表情的，
但到了鲁迅那里，这种没有表情也成为一种表情，即"看客"的形象化：

> 但此后对于中国一部分人们的相貌，我也逐渐感到一种不
> 满，就是他们每看见不常见的事件或华丽的女人，听到有些醉心
> 的说话的时候，下巴总要慢慢挂下，将嘴张了开来。这实在不大
> 雅观；仿佛精神上缺少着一样什么机件。②

这种"相貌"，在上面提到的"幻灯事件"里就是带着"麻木的神
情"的"看客"。此外，还有起哄"假辫子"的"看客"（《头发的故
事》，1920），围观革命者被砍头的瞬间，一哄而散的"看客"（《药》，
1919），围观"示众"的"看客"（《示众》，1925），脸紧贴在窗户上，
专看别人隐私的"连鼻尖都挤成一个小平面"的"看客"（《伤逝》，
1925）等。其中尤为重要的是，鲁迅不仅写了"看客"的麻木和无聊，也

---

① 方括号中为涩江保注。后同。
② 鲁迅：《而已集·略论中国人的脸》，《鲁迅全集》第3卷，第432页。

写了"看客"的可怕。正如伊藤虎丸所指出的那样,狂人在其四周观察他的"眼睛"里感到的可怕,同阿 Q 临死前在"看客"的眼睛里感受到的可怕是一致的。那就是"又凶又怯"的"饿狼的眼睛"①。笔者认为将此进一步具体化的是《野草》里的《复仇(其二)》(1924)。而向"看客"展开"复仇"的则是《复仇》里那对儿"裸着全身",对立在"旷野之上",最终令"看客"感到无聊的男女。但最大的复仇还是《故事新编》里的《铸剑》(1926)。眉间尺和黑色人把"人头"戏演给国王和他的幸臣宠妃们看,然后再实实在在地把国王的头砍下。

喜欢看戏,不是国民的弱点,但把一切都当成戏来一看了之,则是国民的坏根性之一。鲁迅也正是以从"面子"和"做戏"而确立起来的"看客"角度,来进一步透视国民性问题,并思考行动策略。如,他曾直截了当地说:

> 群众,——尤其是中国的,——永远是戏剧的看客。牺牲上场,如果显得慷慨,他们就看了悲壮剧;如果显得觳觫,他们就看了滑稽剧。北京的羊肉铺前常有几个人张着嘴看剥羊,仿佛颇愉快,人的牺牲能给与他们的益处,也不过如此。而况事后走不几步,他们并这一点愉快也就忘却了。
>
> 对于这样的群众没有法,只好使他们无戏可看倒是疗救,正无需乎震骇一时的牺牲,不如深沉的韧性的战斗。②

(三)打扰死前的病人与《父亲的病》

涩江保译本中如上所表述的"无同情之观察"的问题,除了与鲁迅的"看客"角度有关外,也可能同某些作品的写作构成看法或表现上的联系。

例如作为中国人"无神经"(麻木不仁)的例子,涩江保译本第十章里有一段提到了对需要安静的病人的打扰:

---

① 参见伊藤虎丸著,李冬木译:《鲁迅与日本人——亚洲的近代与"个"的思想》,河北教育出版社 2000 年,第 108—109 页。

② 鲁迅:《坟·娜拉走后怎样》,《鲁迅全集》第 1 卷,第 170—171 页。

译文：

西洋人不仅在膳眠之际需要静稳，在生病之时亦需要势稳。即使平素于无用之音响一向无所介意者，一旦患病，忌音如嫌；朋友、护士、医师皆以静稳为治病之要。患者若恢复无望，殊禁喧骚，以勉力使患者尽量保持平和。然而支那人完全异其旨趣，身在病室，亦更不谋静稳。病报一将达知各处，东西南北，来会者接踵而至，且愈病重，访问者数愈多，丝毫无禁喧骚。而患者自身亦似无厌之，岂非奇乎？每有访问者出入，便每飨彼等以饮食，其喧骚颇甚。患者危笃之际，几多会众，皆放声号哭，亦有僧侣驱魔退邪之祈祷混杂其间。假以患者为西洋人，或许盼望速能瞑目，以免却如此之烦累。法国一有名之贵妇人，病笃时谢绝来访者曰："妾死期迫在眼前，忍免拜眉之烦。"凡西洋人者，皆与此妇人抱有同感。然而在支那，决无谢绝者，亦不以谢绝为善也。（第120—121页）

这种打扰病人、使病人临死前也不得安宁的具体情形，也出现在鲁迅文本当中，这就是收在《朝花夕拾》里的《父亲的病》（1926）。在结尾，这样写了父亲的死：

中西的思想确乎有一点不同。听说中国的孝子们，一到将要"罪孽深重祸延父母"的时候，就买几斤人参，煎汤灌下去，希望父母多喘几天气，即使半天也好。我的一位教医学的先生却教给我医生的职务道：可医的应该给他医治，不可医的就应该给他死得没有痛苦。——但这先生自然是西医。

父亲的喘气颇长久，连我也听得很吃力，然而谁也不能帮助他。我有时竟至于电光一闪似的想道："还是快一点喘完了罢……。"立刻觉得这思想就不该，就是犯了罪；但同时又觉得这思想实在是正当的，我很爱我的父亲。便是现在，也还是这样想。

早晨，住在一门里的衍太太进来了。她是一个精通礼节的

妇人，说我们不应该空等着。于是给他换衣服；又将纸锭和一种
什么《高王经》烧成灰，用纸包了给他捏在拳头里……。

"叫呀，你父亲要断气了。快叫呀！"衍太太说。

"父亲，父亲！"我就叫起来。

"大声！他听不见。还不快叫？！"

"父亲！！！父亲！！！"

他已经平静下去的脸，忽然紧张了，将眼微微一睁，仿佛
有一些苦痛。

"叫呀！快叫呀！"她催促说。

"父亲！！！"

"什么呢？……不要嚷。……不……。"他低低地说，又
较急地喘着气，好一会，这才复了原状，平静下去了。

"父亲！！！"我还叫他，一直到他咽了气。

我现在还听到那时的自己的这声音，每听到时，就觉得这
却是我对于父亲的最大的错处。①

通常所见，这一段应该是记实的。不过从作品效果来看，这一段强化
的是"我"在"衍太太"的怂恿下，"父亲！！！父亲！！！"地大叫，
给临死前的父亲带来的"苦痛"以及"我"现在的后悔心情。"衍太太"
这个人物虽然实有，但是周作人在回忆中一再坚持说，让她"指挥叫喊临
终的父亲，那在旧时习俗上是不可能有的"②，并且在《知堂回想录》做
了如下说明：

> 因为这是习俗的限制，民间俗言，凡是"送终"的人们到"转
> 煞"当夜必须到场。因此凡人临终的时节，只是限于平辈以及后
> 辈的亲人，上辈的人是决没有在场的。"衍太太"于伯宜公是同
> 曾祖母的叔母，况且又在夜间，自然更无特地光临的道理，《朝

① 《鲁迅全集》第2卷，第298—299页。
② 周遐寿：《鲁迅小说里的人物》，人民文学出版社，1981年，第140页。

花夕拾》里请她出台，鼓励作者大声叫唤，使得病人不得安稳，
无非想当她做小说里的恶人，写出她阴险的行为来罢了。①

倘若此述可信，那么也就不排除鲁迅笔下的父亲临终场面里存在着强
化效果的"创作"成分。从上面的对照中可以看出，鲁迅的这种"创作"，
实际是以新的看法来重新审视旧生活的产物。具体而言，正是"中西的思
想确乎有一点不同"这句话中的西方医学"思想"，使鲁迅反观到了死别
已久的"父亲"的不幸。而除了看法之外，上面引用的涩江保译本中所出
现的具体事例，与鲁迅的亲身经历也是重合的，因此，鲁迅在写作《父亲
的病》这篇作品时，借鉴《支那人气质》的可能性恐怕是很大的。

（四）鲁迅留学时期的革命"心像"与阿 Q 的形象塑造

在涩江保文本第十三章"缺乏公共心"（The Absence of Public Spirit）里，
举了中国人缺乏公共心的如下例子：

译文：

> 一千八百六十年［我万延元年庚甲］英法同盟军逼近北京，
> 英军由山东省支那人处购得骡马，以供负重。天津及登州，则出
> 于自己利益，投降同盟军，并与同盟军相约，若不蹂躏两府，则
> 应其所需而供给诸物。此临时雇佣之脚夫，为支那军所擒，割去
> 豚尾送还于英军。今由此等事项而考察之际，吾人虽不能断言支
> 那人有爱国心与公共心，即使退一步而评之为有，亦不得不说其
> 所谓爱国心与公共心同昂格鲁 - 萨克逊人之所谓爱国心与公共心
> 大相径庭。（第 144—145 页）

这段话的内容，和鲁迅后来提到的成为"大清子民"的"开口'大兵'"，
"闭口'我军'"②的人们的"爱国心"是很相通的。《故事新编》的《采
薇》（1935）里出现的"小丙君"的形象正是最好的代表。

---

① 周作人：《知堂回想录》第 1 卷，香港听涛出版社，1970 年，第 31 页。
② 鲁迅：《华盖集·忽然想到（四）》，《鲁迅全集》第 3 卷，第 18 页。

紧接着上面这段话，史密斯有一段关于中国革命的描述：

译文：

> 人民不得不起而抵抗施治者压制重敛之时（此事屡有发生），需有数名俊杰执其牛耳。在此俊杰之下而兴起之剧烈动荡，往往必使政府做出实际上之让步。但在此种场合，当有少许人杰为多数"愚民"（stupid people）之主脑，方能满足正义之需要。因只有此等伟人富于以身殉国之爱国衷情，而其他人则不过是运动于云里雾中，并非出于爱国心、公共心而参加运动。当支那历史面临危机，革命时期即将到来之际，身怀赤心而富于果断之人，往往率先尽力于国事而令后人奋起。此不独证明此类人为真正爱国之士，亦证明支那人为当在义人之下振奋义气之人民。（第145页）

史密斯从分析中国国民性的角度对中国革命结构进行了"俊杰"和"愚民"的概括。即使只从史密斯原著（1894）和涩江保的日译本（1896）相继出版之后的情况来看，1898年的"戊戌变法"和鲁迅留学时期在日本策划的各种反清革命运动，基本上都是在少数先觉者的率先引导下发生和进行的。

当时的留学生鲁迅心目中理想的革命景观，即本文所说的革命"心像"（image）正体现为这样一种"俊杰"和"愚民"的结构。例如，在《文化偏至论》（1907）的种种表述里，可以概括为"英哲"（或"超人"）与"众凡"，在《摩罗诗力说》（1907）里可以归结为"精神界之战士"和"奴隶"等。

虽然在鲁迅当时和后来的文字中，两者往往构成非常紧张的对立关系（前者的存在是以打破后者构成的庸俗的世界为前提的，而后者又总是在不断地扼杀前者），但留学时期鲁迅关于革命的理想"心像"则是力图使这两者结合，即先驱者的呼唤获得民众的响应，从而获得革命的实现。如在《摩罗诗力说》中，虽然通篇都体现了拜伦式的那种对待"奴隶"的"哀其不幸""怒其不争"①的情感，但鲁迅真正期待的却是"奴隶"变为"有情"，能使诗人的呼唤获得响应，从此改变旧生活：

> 诗人为之语，则握拨一弹，心弦立应，其声澈于灵府，令有情皆举其首，如睹晓日，益为之美伟强力高尚发扬，而污浊之平和，以之将破。②

他甚至还以台陀开纳（柯尔纳）的诗歌鼓舞了德意志人为例，来说明自己的这种理想③。

虽然他后来在《〈呐喊〉自序》里有对自己的革命"心像"进行反省的话，说自己"决不是一个振臂一呼应者云集的英雄"④，但凡此种种，也正好说明了他在"俊杰"和"愚民"这种革命模式上与史密斯的一致——虽然还不好断定这是否直接和涩江保的译本有关。

"俊杰"就暂时不去说了。提到"愚民"，可以使人想到堪称国民性标本的阿Q。这个人物形象，可以说是鲁迅思想和生活经验的结晶，是对国民性认识的高度浓缩，但也不排除有某些阅读资料的借鉴。如除了刘柏青指出的阿Q战胜小尼姑后的作者议论，和鲁迅翻译的菊池宽的小说《复仇的故事》主题相近外⑤，倒似乎还有一些地方也并非不能考虑同《支那人气质》里的一些材料的关联。

如《阿Q正传》的开头对阿Q的名字做了很长的考证，也不外是用夸张的笔法说名字的来由不清，用以烘托阿Q活得浑浑噩噩。

在涩江保译本的第八章"暗示之才"（The Talent for Indirection）里，也有一段是专谈中国人姓氏的模糊的。

---

① 鲁迅：《坟·摩罗诗力说》，《鲁迅全集》第1卷，第82页。
② 鲁迅：《坟·摩罗诗力说》，《鲁迅全集》第1卷，第70页。
③ 鲁迅：《坟·摩罗诗力说》，《鲁迅全集》第1卷，第72—73页。
④ 《鲁迅全集》第1卷，第439—440页。
⑤ 参见刘柏青：《鲁迅与日本文学》，第160页。

译文：

女子既嫁人为妾，内外之人不呼其名，而以夫家姓与母家姓并称，此亦可加诸暗示之一例也。已婚妇称为"谁谁之母"。假定诸君与一支那人要好，而恰逢其母卧病，则称"小黑氏之母"患病。其家有"小黑氏"，诸君闻所未闻，当然苦于得知其为何人。然而，彼相信诸君当早有所知，故而如是所云也。妇若无子，其名当更难理会。如用"小黑氏之伯母"或其他说明词称呼系属此类。老妻自称"外戚"。"外戚"者，注意于外家事之谓也。而妙龄之妾且无子者，则非并称两姓，而独以夫家之姓称。妻往往指良人称呼"我先生"（teacher）［涩江保曰，妻称良人为"夫子"，此"夫子"并无"先生"之意，原著者似误信为先生（教师）之意也］，又依场合变化，习惯以职业名称呼良人。例如"油坊如何如何说"系属是类。（第83—84页）

由此，从阿 Q 那里还可以联想到"祥林嫂"和"长妈妈"，鲁迅在作品中也都有专谈她们名字的文字。

又如，涩江保译本第 87 页提到，"支那人即使最无识者，亦能巧设遁辞"。阿 Q 偷了静修庵的萝卜被捉，"下不来台"时也有"遁辞"，只不过是最"赖"的那种："这是你的？你能叫得他答应你么？"[1]

再如，伴随相关内容，孟子的"不孝有三，无后为大"这句话也在涩江保文本中出现过两次。一次是第十六章"活力之强壮"在谈到"支那种族之多产力"时，译者在正文"子孙之连绵，乃支那人一般之希望，除黄金欲外，无出于此欲之右者"之后，直接以汉文原文做的"注"[2]。另一处是第十九章"孝心"里所言："支那人所谓孝行最紧要之项，乃明于孟子之所示也。曰：'不孝有三，无后为大。'［离晏］""盖之所以以子孙连绵为最紧要之义务，皆由重祭祖先而起。为子者不得不早娶妻，缘以

---

① 鲁迅：《呐喊·阿 Q 正传》，《鲁迅全集》第 1 卷，第 532 页。
② アーサー・エチ・スミス著，渋江保訳：《支那人気質》，第 190 页。

此理也。如是，三十六岁之支那人，有孙者并非稀奇。"[1] 而阿Q的由"不孝有三，无后为大"而起的"恋爱的悲剧"是众所周知的。由此还可以想到"多子"的闰土（《呐喊·故乡》，1921）。

阿Q思想中闪出的"革命"以及阿Q本人所理解的自己与革命的关系，亦与上面史密斯概括的革命不谋而合："来了一阵白盔白甲的革命党……走过土谷祠，叫道，'阿Q！同去同去！'于是一同去。"

涩江保译本第二十二章"社会阻风"（Social Typhoons）里讲述了中国人打架的情形：

译文：

> 支那人与意大利人同样不知拳斗，纵使知之，行之，亦非学理上之拳斗。支那人抱在一起时，必逮住敌方之豚尾发辫，尽力而拉也。故二人相斗，并双方皆不携凶器，十之有九止于相互扯豚尾。（第302页）

《阿Q正传》第五章"生计问题"，用了很长的篇幅，以阿Q与小D纠着辫子打架，生动再现了这种二人相斗的特点——因篇幅关系，原文姑且从略。

不过笔者认为，《阿Q正传》对史密斯的最大借鉴，恐怕还是所谓的"面子"。正如竹内实所说，"精神胜利法"保持的实际是阿Q的"面子"[2]。阿Q挨了打，认为是被儿子打了，于是得胜了；认为自己是第一个自轻自贱的，于是得胜了，虽在精神上保住了自己的面子，但并没改变自己挨打并且自轻自贱的事实。阿Q的最后为自己保面子，是想在自己的死刑判决上尽量把圈画得圆和临刑前唱出的那半句"过了二十年又是一个……"，虽然这些同样与"死"的事实无关，但阿Q最终都是模糊在"面子"上的。

这种情形和史密斯提到的不可思议的事情是一脉相承的：

---

① アーサー・エチ・スミス著，渋江保訳：《支那人気質》，第237—238页。

② 竹内実：「メンツ（面子）について」，『立命館大学言語文化研究』第4卷第4号，1993年2月20日。

译文：

> 以吾西洋人之所见，实在不希望为撑"脸"而丧命也。然而支那一地方长官，曾被恩准身着官服而临斩，以成全其"体面"。亦可谓一奇事也。（第 14 页）

（五）"保守主义"

史密斯对中国国民性中"保守主义"（Conservatism）的描述和分析，不仅获得了鲁迅的认同，而且也构成了后来鲁迅改造国民性思想中的重要实践课题之一。

史密斯在第十四章里专门来谈了这个问题。这一章的题目即 Conservatism，涩江保译为"保守主义"。以下所引，为该章开头的一部分。

译文：

> 以黄金时代为既往之昔，凡旧国之常情，而支那人似殊甚。如是，支那古代之圣人更进一步尊崇古代之圣人，手且达圣人，孔子亦公言述而不作。〔《论语·述而篇》曰："述而不作。"〕孔子之天职，在于纂辑古人既已熟知而又为今人附之于等闲抑或误解之事项〔指纂辑诗书之事〕。孔子维系支那人心，被敬仰为万世之师，乃在于为尽此天职之刻苦及成全此天职之高才。若在支那列举圣人，当首屈孔子。此亦因其所为之性质及对既往之关系也。依孔子之教，可谓良主造良民〔指"一家仁则作一国"，"君仁则非不仁"，"君义则非不义"之类〕。"君如器，民如水。水从方圆之器。"其所教，既如斯。奉其教者，以明王在上之古代为道德最盛之世，深信不疑也。以是，即便无智之脚夫，亦往往向吾人言谈尧舜之世，谓当时无盗贼之忧，夜不须锁户，路上若有所遗，第一拾领者待守至有他人之到来，第二来者亦守至下一人至，如是经第三第四之几多替代，遂将遗物送还失主。故无论遗失何物，丝毫不为他人之手触而复归于我也云。支那人

称，今之仁义概不及古，而违背良心之所为，今遥长于古。

尊古卑今之风，非独存于支那或支那人，地球所到之处，皆有此风。然支那人固守此风而至于认真，则无与伦比。且坚信古代事物之萃在于文学，故尊崇古文学无异于偶像。热心之支那学者之于支那古典，恰如热心之基督信徒之于希伯莱圣书。支那人将古典视为网罗至高至良之智慧者，且以为通古今而得以应用于实际之事项，悉存其中。善良之儒者，以为无需增补古典，恰如同善良之基督信徒以为无需增补圣书。要而言之，"若一事物尽善尽美，则无须于此之上加以改良"。在此普遍命题之下，儒者与基督教徒如出一辙也。

如此这般，正如同众多之善良基督教徒，固执于圣书中之或种"经句"，托言其编者想象未至之事物，孔门之徒［儒者］亦以"古圣贤"之书为近世施政之凭据，并从中寻求古代数学、近世科学之本源。（第146—148页）

史密斯所抓住的中国国民性"保守主义"当中的"尊古卑今"的精神特征，显然也构成了留学时期鲁迅的问题意识。这在《摩罗诗力说》里的两段话里可以看出。

吾中国爱智之士，独不与西方同，心神所注，辽远在于唐虞，或迳入古初，游于人兽杂居之世；谓其时万祸不作，人安其天，不如斯世之恶浊阽危，无以生活。其说照之人类进化史实，事正背驰。[①]

这段话，可以说是上引涩江保译本中那段话的原原本本的概括，稍有不同的是，鲁迅在自己的行文中，将"尊古卑今"明确为一种向后看的、和进化论相反的历史观。

鲁迅在《摩罗诗力说》的另一段话里，更进一步辛辣地批判了这种向

---

① 《鲁迅全集》第1卷，第69页。

后看的历史观,并作出了积极的阐述:

> 故所谓古文明国者,悲凉之语耳,嘲讽之辞耳!中落之胄,
> 故家荒矣,则喋喋语人,谓厥祖在时,其为智慧武怒者何似,尝
> 有闳宇崇楼,珠玉犬马,尊显胜于凡人。有闻其言,孰不腾笑?
> 夫国民发展,功虽有在于怀古,然其怀也,思理朗然,如鉴明镜,
> 时时上征,时时反顾,时时进光明之长途,时时念辉煌之旧有,
> 故其新者日新,而其古亦不死。①

其中的"悲凉之语""嘲讽之辞"以及"腾笑",是否也有意识到史密斯的存在的可能呢?而史密斯在上述引文里,作为具体表现提到的孔门之徒在"古圣贤"书里寻找施政之凭据,并探寻古代数学、近世科学之本源的话,在《科学史教篇》(1907)中也有相应的表述:

> 昔英人设水道于天竺,其国人恶而拒之,有谓水道本创自
> 天竺古贤,久而术失,白人不过窃取而更新之者,水道始大行。
> 旧国笃古之余,每至不惜于自欺如是。震旦死抱国粹之士,作此
> 说者最多,一若今之学术艺文,皆我数千载前所已具。②

其次,史密斯紧接着上面那段话,还进一步谈到了"尊古卑今"的精神特征形成的原因以及其所导致的"视改革如蛇蝎之习惯":

译文:

> 古文学为支那国民之模型,造就其政府组织。此组织及自
> 身之性质,姑且不论,其具有永存之性质,则可明之于既往之经验。
> 抑个人或国民者,以自保为第一紧要之项。如是,若一种政体由
> 延续数千百年之事实可证明其适于自保之时,人民则恰如尊重古
> 典一般而尊重此种政体,实乃当然之事。攻究支那历史之人,若

---

① 《鲁迅全集》第 1 卷,第 67 页。
② 《鲁迅全集》第 1 卷,第 26 页。

得以确知支那政府成为今日者之阅历，并说明之，当会获得有趣之发现。若能发现此阅历，则可明确支那何以不像他国多有革命内乱［言指颠覆路易十六政府，建设共和政府，驱逐压制之詹姆斯二世（James Ⅱ），迎来自由之威廉阿姆及玛利（William and Mary）］之所以也。是乃吾人所坚信不移者。曾有一人筑石壁，宽六英尺，高不过四英尺。或人奇而问之，答曰，为他日倒时高于现今。此事虽不过一笑柄，然而支那政府组织亦与之相像。盖支那政府犹如立方体，决无颠覆之事，即使有颠覆，亦不过立于他面之上，其外观内质皆一如既往。支那人由此反复经验确信，政府即使几回颠覆，其组织上不会产生任何变动，恰如猫从任何高处坠下亦不会有所颠沛相同。夫既有此确信，亦便产生以创立此组织之古圣人事业为伟业，视改革如蛇蝎之习惯。以至于以古为优而贵古，以今为劣而贱今。

若明理如上，则可理会支那人之所以拘泥于既往。支那人与罗马人相同，将风俗道德混同，以为二者根基精神同一。人若侵犯支那之习惯，支那人将会感到最神圣之土地被侵犯。支那人不问是非得失，竭力保护其习惯，皆其习惯使然，亦如母熊由天性保护子熊一般。（第148—150页）

笔者认为，这里提到的"视改革如蛇蝎"及保护习惯的天性，致使改革难以进行的问题，也构成了留学的当时和以后鲁迅看待国民性的一种出发点或模式。

泊夫今兹，大势复变，殊异之思，诚诡之物，渐入中国，志士多危心，亦相率赴欧墨，欲采掇其文化，而纳之宗邦。凡所浴颢气则新绝，凡所遇思潮则新绝，顾环流其营卫者，则依然炎黄之血也。[①]

---

① 鲁迅：《集外集拾遗补编·破恶声论》，《鲁迅全集》第8卷，第26页。

后来，鲁迅在集入《坟》《热风》《华盖集》《华盖集续篇》《而已集》当中的许多文章里，对"国粹"及国民性中的保守主义的攻击，实际上都处在上述视点的延长线上。如在《娜拉走后怎样》里就说：

> 可惜中国太难改变了，即使搬动一张桌子，改装一个火炉，几乎也要血；而且即使有了血，也未必一定能搬动，能改装。不是很大的鞭子打在背上，中国自己是不肯动弹的。我想这鞭子总要来，好坏是别一问题，然而总要打到的。但是从那里来，怎么地来，我也是不能确切地知道。[①]

这里包含的强烈的改革意志是自不待言的。但对改革艰难的慨叹，则和留学时代是没什么两样的。

（六）辛亥革命与"辫子"的问题

另外，史密斯在上述第二段话里，分析"尊古卑今"这一保守主义精神形成的原因时谈到的"支那政府犹如立方体，决无颠覆之事，即使有颠覆，亦不过立于他面上，其外观内质皆一如既往"的看法，也可能与鲁迅透视辛亥革命的角度有关。当然这并不排除鲁迅自身痛苦的经历所发挥的作用，而只是提示鲁迅看待辛亥革命后的政府，和史密斯看待颠覆一次之后的政府，同样存在着一个来自民众的角度。

> 未庄的人心日见其安静了。据传来的消息，知道革命党虽然进了城，倒还没有什么大异样。知县大老爷还是原官，不过改称了什么，而且举人老爷也做了什么——这些名目，未庄人都说不明白——官，带兵的也还是先前的老把总。[②]

由于鲁迅自己对民俗和现实的了解，所以这场政府更迭戏也就写得很生动，但史密斯所言"支那人由此反复经验确信，政府即使几回颠覆，其组织上不会产生任何变动"的看法也是原原本本地体现出来的。至于《范

---

① 鲁迅：《坟·娜拉走后怎样》，《鲁迅全集》第 1 卷，第 171 页。
② 鲁迅：《呐喊·阿 Q 正传》，《鲁迅全集》第 1 卷，第 542 页。

爱农》里对绍兴建立的"军政府"以及后来的王都督衙门的描写①，则是有更多的鲁迅自己的体验了吧。

说到辛亥革命，自然就会使人想到"辫子"问题。事实上，这场革命给阿Q生活的未庄带来的唯一惶惑就是辫子。众所周知，鲁迅不仅用辫子验证革命，如《头发的故事》和《风波》里描写的，而且也是他谈国民的保守性的关键词（key words）之一，据说，"阿Q的"Q"字，就是一颗头拖着一条辫子；前面提到，阿Q和小D的战斗，突出的就是互相"拔"辫子，因此说，"辫子"在鲁迅那里是中国国民性的象征也未为不可。

鲁迅在1925年2月作的《忽然想到（四）》里说：

> 难道所谓国民性者，真是这样地难于改变的么？倘如此，将来的命运便大略可想了，也还是一句烂熟的话：古已有之。②

在经过了约一个月之后写的《通讯》里，就以辫子的例子回答了上面的问题。

> 历史通知过我们，清兵入关，禁缠足，要垂辫，前一事只用文告，到现在还是放不掉，后一事用了别的法，到现在还在拖下来。③

而在涩江保译本十四章"保守主义"当中，也以辫子为例表述了同样的看法：

译文：

> 习惯未必不朽，在或种境遇下，当可改变者也。欲说明此理，则以清朝灭明后，一改普通人民理发之风事例为最善。此制度将屈从之意在于万目之前，昭然若揭，支那人固不屑奉之，其大半

---

① 鲁迅：《朝花夕拾·范爱农》，《鲁迅全集》第2卷，第324—327页。
② 鲁迅：《华盖集·忽然想到（四）》，《鲁迅全集》第3卷，第18页。
③ 鲁迅：《华盖集·通讯》，《鲁迅全集》第3卷，第26页。

以死相抗拒。然而满清政府深信，创业之才之上，须有守成之才，欲使支那国民服从，舍此新制度而别无良策，故奖励垂豚尾以为效忠朝廷之证，遂为今日之状。今日支那人概以豚尾为无上装饰而夸耀之，新制度发布之当时，曾用于遮豚尾之头巾，荡然失迹，只广东福建之地方住民，依然用之，以示敌意。（第 150—151 页）

这就是说，"揪"住"辫子"来看国民性，或许是借鉴了史密斯也未可知。

（七）"灵魂"的枯萎与"三教同源"

作为传教士，史密斯多处谈到了中国人的"灵魂"问题和宗教。如在涩江保译为"愚蒙"并注明"直译语：智力的浑浊"（Intellectual Turbidity）的第十章里，史密斯提到中国人如井底之蛙，生活视野狭窄之后，这样论述了中国人的"灵魂"问题：

译文：

> 彼等纷纷俗气之处，恰如西洋人之所谓"实际家"，其旨趣和只为胃囊、钱袋而生活之人无异。此类人乃真正之实际家。何以作此言？因耳目非能有所见闻，无一得以理会，亦不能随之而有概念也。依彼之所见，人生乃事实（若详而言之，乃最为不快之事实）之连续也。而关于事实以外之事，彼乃无神论者兼多神教信者兼不可思议论者也。彼往往匍匐于未知者之下，供未知者以食物，以满足依赖之天性。然而，此天性亦非自然之显现，乃周围之风习所诱而显现者也。彼只养成人生有形之元素，而完全未养成心理上、精神上之元素。今若欲唤醒此类人于长夜之眠，则注入新生活之外而别无他途。当是之时，可使其领悟既往之昔发自族长口中之高尚真理，即"人有灵魂"。（第 112 页）

鲁迅在留学时期就认为中国本是"尚物质而疾天才"[①]的社会，他的

---

① 鲁迅：《坟·文化偏至论》，《鲁迅全集》第 1 卷，第 58 页。

为研究者们所熟悉的"掊物质而张灵明"①的主张,实际上可看成是在史密斯上面指出的中国缺乏"灵魂"即"精神"的基础上进一步提出的。

在"五四"前后的许多文章里,鲁迅更是批判国民性中只有"物质理想"的问题。如《热风·五十九 "圣武"》指出:中国人的"最高理想","只是纯粹兽性方面的欲望的满足——威福、子女、玉帛"和希望自己死后变成"神仙",并在最后警唤道:"曙光在头上,不抬起头,便永远只能看见物质的闪光。"又如,在《忽然想到(二)》里,由印书纸面的"不留余地"而"忽然想到"了精神的"小",并且由"失去余裕心"和抱了不留余地心当中,对民族的命运感到忧虑,这实际上还是史密斯所谈的"无灵魂"或"灵魂"枯萎的问题。此外,还应顺便提到,鲁迅在同一篇文章内接下来所谈的"器具之轻薄草率(世间误以为灵便),建筑之偷工减料,办事之敷衍一时,不要'好看',不想'持久'"②等具体问题,在第六章"不讲究精确"和第七章"不讲究方便"里都有着许多具体事例。

而正是在这样的"灵魂"被"物质"淹没,"灵魂"不再觉醒和独立的国民的普遍精神状态下,鲁迅在《祝福》中让祥林嫂这个无智无识的女人,终于在临死前发出了"一个人死了之后,究竟有没有魂灵"③的大疑问。而这一疑问,正是史密斯在上文最后部分的主张。

另外,在涩江保译本的正文或注释里,"三教"或"三教同源"这个词多处出现,其中第二十六章还是专门探讨中国的宗教问题的,涩江保将这一章译为"多神教、万有教、无神论"(Polytheism,Pantheism,Atheism),从中可以看出史密斯(甚至也包括涩江保)对和中国人的精神相关的宗教的看法。此外作为重要的补充,还应参照涩江保以"注"的方式插入第二十五章之后的"黑格尔关于支那的意见"里对中国宗教所做的结论,即中国不存在心灵意义的宗教,信教皆出于帝王的权威和个人的

---

① 鲁迅:《坟·文化偏至论》,《鲁迅全集》第1卷,第47页。
② 鲁迅:《华盖集·忽然想到(二)》,《鲁迅全集》第3卷,第15—16页。
③ 鲁迅:《彷徨·祝福》,《鲁迅全集》第2卷,第7页。

物质考虑①。如果落实在具体问题上，那么还可以进一步发现涩江保译本与鲁迅看待中国宗教的一致性来。

例如，涩江保译本第 151 页，在谈到中国人对待外来思想先是排斥，而一旦变为习惯又死抱不放的特点时，以"佛教"为例来说明：

译文：

> 佛教进入支那之当时，反对者颇多［韩退之《论佛骨表》之类，其一例也］，百般排斥，至使侵入一方，百费苦心。而一经植根固本，其铭于人心之深，恰如道教一般，坚不可拔也。（第 151 页）

鲁迅在《华盖集·补白》（1925）中的一段话不妨用于对照。鲁迅是在谈到"谁说中国人不善于改变呢？每一新的事物进来，起初虽然排斥，但看到有些可靠，就自然会改变。不过并非将自己变得合于新事物，乃是将新事物变得合于自己而已"之后提到佛教的例子的：

> 佛教初来时便大被排斥，一到理学先生谈禅，和尚做诗的时候，"三教同源"的机运就成熟了。听说现在悟善社里的神主已经有了五块：孔子，老子，释迦牟尼，耶稣基督，谟哈默德。②

此外，鲁迅还有很多谈中国宗教的文字，其中最著名的也许要算收在《准风月谈》当中的《吃教》（1933）一篇了吧。所谓"教"或信仰，也是他透视国民性弱点的一个重要角度。

（八）"智力的混浊"与语言

上面谈到了涩江保译本的第十章"愚蒙——智力的混浊"，可知史密斯是将此作为问题的，而且他将"智力的混浊"同中国语言机制联系起来看，不能不说是一个发现。

---

① 参见本篇相关部分。
② 《鲁迅全集》第 3 卷，第 109—110 页。

译文：

> 支那教育，所及范周甚窄，聊受不完整教育之人或全无教育之人，于支那语之组织上，则表现为最为严重之智力混浊，当表记为法律家之所谓"事实前之从犯"（accessory before fact）。（第101—102页）

此外，书中许多地方都就"语言"来做文章。如第五章"不讲究时间"里提到的关于时间概念的不精确的问题；第六章"不讲究精确"里提到的关于距离、重量、身高等概念的不精确问题；第七章"误解之才"里提到的语言暧昧的问题；第八章"暗示之才"里提到的言辞与实际不一致以及姓名含混的问题；到了第二十五章，则更是把语言与"缺乏信实"联系在一起了。

史密斯关于语言和"智力的混浊"的关系的看法，就语言本身而言，可分为两种情况：一种是语言概念本身不清，另一种是有意以语言歪曲或掩盖事实。前一种情况的直接根源是"智力的混浊"，换句话说，是"智力的混浊"之外显；后一种情况则来自欺瞒的心理，即"缺乏信实"的表现。

鲁迅也正是从这两个方面入手，来认识并且实践他所面对的"改造国民性"问题的。第一，鲁迅在精确中国语言，特别是精确词语的含义上做了很多工作。中国语言的缺欠，不独为史密斯所描述，也由"五四文学革命"所证实。当时革命的一项重要内容，就是语言的艰难改革。刘半农仅仅创造了"她"和"牠"两个字，就被鲁迅后来评为打得"的确是'大仗'"①。因此，鲁迅直到死都是抓住语言不放的，用他的话说，就叫做"咬文嚼字"。可以说现实主义者鲁迅的"实"，在很大程度上就体现在他总是不断地检证"语言"背后的实际内容。

第二，鲁迅并非为语言而语言，他是在史密斯所指出的"智力的混浊"这一与语言衔接的精神深层来看待语言问题的。他把文章（语言）的糊涂，

---

① 鲁迅：《且介亭杂文·忆刘半农君》，《鲁迅全集》第6卷，第73页。

归结为作者"自己本是胡涂的"①。因此，可以反过来说，他总是通过一句话或一个词的具体的语言现象来捕捉国民性中的"智力的混浊"进而是"瞒和骗"的心理的。如在《咬嚼之余》提出的依照习惯的"'常想'就是束缚"②的论断，《咬嚼未始"乏味"》提出的"'习见'和'是'毫无关系"③的论断，都最带有鲜明的鲁迅特征，即不是按照习惯来使用语言，而是按照事实来把握语言。这种情况，可以在《咬文嚼字》的一段话里明显看到：

> 在北京常看见各样好地名：辟才胡同，乃兹府，丞相胡同，协资庙，高义伯胡同，贵人关。但探起底细来，据说原是劈柴胡同，奶子府，绳匠胡同，蝎子庙，狗尾巴胡同，鬼门关。字面虽然改了，涵义还依旧。这很使我失望；否则，我将鼓吹改奴隶二字为"弩理"，或是"努礼"，使大家可以永远放心打盹儿，不必再愁什么了。④

至于鲁迅在几乎所有的论战中使用的揪住对方的言辞，一攻到底的战法，则是人们都熟悉的了。

第三，从史密斯提出的"语言"问题而引申和强化的另一个攻击面，是中国的"古书"。鲁迅把"古书"视为最大的欺骗，认为造成中国的昏乱思想。在这个意义上，他的命题是"人生识字胡涂始"⑤，因此让青年"要少——或者竟不——看中国书"⑥。这其中虽然包含着很丰富的伴随着鲁迅自己经验的独到见解，不过，也很难说将"古书"作为改造国民性内容的一项是鲁迅独特的问题视角。因为在涩江保的译本中，除了史密斯引用

---

① 鲁迅：《且介亭杂文二集·人生识字胡涂始》，《鲁迅全集》第6卷，第306页。

② 鲁迅：《集外集·咬嚼之余》，《鲁迅全集》第7卷，第61页。

③ 鲁迅：《集外集·咬嚼未始"乏味"》，《鲁迅全集》第7卷，第72页。

④ 鲁迅：《华盖集·咬文嚼字》，《鲁迅全集》第3卷，第10页。

⑤ 参见鲁迅：《且介亭杂文二集·人生识字胡涂始》，《鲁迅全集》第6卷，第305—307页。

⑥ 鲁迅：《华盖集·青年必读书》，《鲁迅全集》第3卷，第12页。

的一些典籍外，还有作为注释出现的大量的黑格尔关于中国学问——典籍的看法，如果把这些因素也考虑在内，那么问题可能比较复杂，还有待做进一步的探讨。

接下来不妨再通过"乞丐"和"仆人"这两种意象，来更深入地讨论一下鲁迅与涩江保译"史密斯"的关联。

（九）"乞丐"之意象

"乞丐"之意象在鲁迅笔下时隐时现。《孔乙己》（1919）里说孔乙己"将要讨饭了"，或者说他像"讨饭一样的人"①。《祝福》（1924）里祥林嫂的末路是去当乞丐，这使得遇到祥林嫂的"使我不能安住"，因为"她分明已经纯乎是一个乞丐了"②。《肥皂》（1924）里也借四铭的嘴讲到了一个令他浮想联翩的讨饭的"孝女"③。只就这几点而言，"乞丐"或"讨饭的"处在生活的最底层无疑。

不过，倘若"乞丐"能够构成一种形容，那么，在鲁迅笔下也有另一番情形，例如在《故事新编》（1936）的几篇作品中"乞丐"便相继被用来描写人物。《铸剑》（1926）里"黑色人"的出场是小宦官向大王禀报：

> 那是一个黑瘦的，乞丐似的男子。穿一身青衣，背着一个圆圆的青包裹；嘴里唱着胡诌的歌。人问他。他说善于玩把戏，空前绝后，举世无双，人们从来就没有看见过；一见之后，便即解烦释闷，天下太平。④

接下来就是大王为解闷把他"传进来"的情形：

> 话声未绝，四个武士便跟着那小宦官疾趋而出。上自王后，下至弄臣，个个喜形于色。他们都愿意这把戏玩得解愁释闷，天下太平；即使玩不成，这回也有了那乞丐似的黑瘦男子来受祸，

---

① 《鲁迅全集》第1卷，第458、459页。

② 《鲁迅全集》第2卷，第6页。着重号为笔者所加，以下若不做特殊说明，均与此相同。

③ 参见《鲁迅全集》第2卷，第51—52页。

④ 《鲁迅全集》第2卷，第443页。

他们只要能挨到传了进来的时候就好了。①

《理水》（1935）里"禹"带着他那群部下回到"水利局"时是这样的情形：

> 局外面也起了一阵喧嚷。一群乞丐似的大汉，面目黧黑，衣服破旧，竟冲破了断绝交通的界线，闯到局里来了。
>
> ……
>
> 他举手向两旁一指。白须发的，花须发的，小白脸的，胖而流着油汗的，胖而不流油汗的官员们，跟着他的指头看过去，只见一排黑瘦的乞丐似的东西，不动，不言，不笑，像铁铸的一样。②

而在《非攻》（1935）里，墨子也正是以"一个老牌的乞丐"的样子，走进楚国的：

> 楚国的郢城可是不比宋国：街道宽阔，房屋也整齐，大店铺里陈列着许多好东西，雪白的麻布，通红的辣椒，斑斓的鹿皮，肥大的莲子。走路的人，虽然身体比北方短小些，却都活泼精悍，衣服也很干净，墨子在这里一比，旧衣破裳，布包着两只脚，真好像一个老牌的乞丐了。③

在以上《故事新编》的几篇作品中所看到的例子，都是以"乞丐似的"或者"像……乞丐"的形式出现的，就是说他们都并不是真正的"乞丐"，而只是一种形容。或许可以说，借助"乞丐"来刻画上述"黑色形象"的坚忍不拔，也是鲁迅的一种美学吧。至于在杂文里的一些关于"乞丐"的

---

① 《鲁迅全集》第 2 卷，第 443 页。
② 《鲁迅全集》第 2 卷，第 394、398 页。
③ 《鲁迅全集》第 2 卷，第 472 页。

提法，诸如说中国"将来是乞丐国"①，"乞丐杀敌"②，"小瘪三"与"乞丐"之辨③等，都是带有贬义的概念了，好在用例不多，文章也就不必再引了。总之，不论从褒义还是从贬义来讲，"乞丐"在鲁迅那里构成一种表达强烈意象的修辞手段是不成问题的。

（十）"乞丐"这一意象的背后

那么，为什么"乞丐"这一意象会成为鲁迅的一种修辞手段呢？或许比较方便的解释是，可能与鲁迅对自己曾经被看作"乞食者"的记忆有关。众所周知，鲁迅在《〈呐喊〉自序》（1922）提到了他的家庭"从小康人家而坠入困顿"④的经历，三年以后，他又在为俄译本《阿Q正传》写的"著者自叙传略"（1925）里重谈这段经历；后者写得比前者要简略，但却补充了一个前者没有提到的细节，即"但到我十三岁时，我家忽而遭了一场很大的变故，几乎什么也没有了；我寄住在一个亲戚家，有时还被称为乞食者"⑤。

值得注意的是，这里作为"乞丐"的"乞食者"，不再是对他人的描写，而是自己人生记录里的一个点；在很简短的叙述中出现"乞食者"这一意象，不能不说它给鲁迅留下的记忆很深。历来的研究者也都并不轻易放过，都要拿来谈一下。例如，许寿裳是这样来阐释的：

> 所谓亲戚家是指他的外家，试看他当十一二岁时，《社戏》
> 中所描写的：跟着母亲到外家，和小朋友们一起游玩，和大自然
> 亲近接触，有时掘蚯蚓来钓虾，坐白篷船看社戏，是何等自在，
> 曾几何时，而竟被指为"乞食者"；这对比是何等尖锐！⑥

---

① 鲁迅：《华盖集续编·学界的三魂》，《鲁迅全集》第3卷，第224页。

② 鲁迅：《二心集·新的"女将"》，《鲁迅全集》第4卷，第344页。

③ 鲁迅：《书信·350125 致增田涉》，《鲁迅全集》第14卷，第342页。

④ 鲁迅：《呐喊·自序》，《鲁迅全集》第1卷，第437页。

⑤ 鲁迅：《集外集·俄文译本〈阿Q正传〉序及著者自叙传略》，《鲁迅全集》第7卷，第85页。

⑥ 许寿裳：《我所认识的鲁迅》，见鲁迅博物馆、鲁迅研究室、《鲁迅研究月刊》选编《鲁迅回忆录·专著》（上册），北京出版社，1999年，第526页。

这个阐释重在凸现"对比",在后来的鲁迅传记当中,凡涉及的也都不出这个范围,但也几乎都是"点到为止"。周作人曾两次提到这件事,可见他也是作为问题的。

但在《鲁迅的故家》里说:

> 被人家当乞食看待,或是前期的事,在这后期中多少要好一点,但是关于这事我全无所知,所以也不能确说。(《娱园》)①

在《知堂回想录》(1966)里也说:

> 总而言之,我们在皇甫庄的避难生活,是颇畅快的;但这或者只是我个人的感觉,因为我在那时候是有点麻木的。鲁迅在回忆这时便很有不愉快的印象,记得他说有人背地里说我们是要饭的,大概便是这时候的事情,但详情如何不得而知,或者是表兄们所说的闲话也难说吧。(《六 避难》)②

不论是"全无所知"还是"不得而知",周作人都是在说他不知道这件事,而尤其是后者,又强调了他"个人的感觉"与鲁迅的不同。不妨说,周作人在某种意义上对"乞食者"说是持否定意见的。在后来的鲁迅传记里,当把"乞食"作为一种经历来阐释时,都不大引周作人的看法,也正好从另一个侧面说明周作人对此的记忆是相反的。

笔者认为,"家道中落"的变故所直接导致的寄人篱下的遭遇,可能会给鲁迅带来某种精神伤害,但因此就把他作品里的"乞丐"意象直接同"乞食者"这一概念联系在一起,也就未免太简单了。因为鲁迅之所谓的"乞食",还并不是像孔乙己、祥林嫂以及讨饭的"孝女"那样,作为一个生活无着的社会底层人,真的去当乞丐——能在避难期间影写出一大本《荡寇志》

---

① 周遐寿:《鲁迅的故家》,鲁迅博物馆、鲁迅研究室、《鲁迅研究月刊》选编《鲁迅回忆录·专著》(中册),第 936 页。

② 周作人:《知堂回想录》,三育图书有限公司,1980 年,第 16 页。

的插图，后来又以二百文卖给了一个有钱的同窗①，这本身就说明他当时并没真的要过饭——而应该是看作后来对从前经历的一种追述，这种追述使他从追述的这一时刻起，把自己摆在了被侮辱与被损害的乞丐阶层，并由此而获得了一个使自己成为这一阶层代言人的契机。这就是《俄文译本〈阿Q正传〉序及著者自叙传略》想要说的话。

然而，以"乞食"来表述自己过去的经历，与其说出于接近劳苦大众的阶级意识（就像成仿吾所说，"开步走，向那醒醒的农工大众"②），倒不如说是来自鲁迅的一种伦理观，体现着鲁迅对"求乞与施与"关系的思考。求施相对，求乞的另一面便是施与，在"乞丐"这一意象的背后，实际潜藏着对施与者的强烈意识。笔者认为，正是由于有对施与者的强烈意识，才使鲁迅作品中的"乞丐"意象获得了有机的统一，或者可以说，鲁迅是把"施与"作为问题的，而被施与的乞丐的一面，则不过是用来叙述前者的一个角度。

（十一）拒绝"布施"的"乞丐"

鲁迅不相信求乞，也不相信"求乞者"会得到什么。他在《求乞者》中说：

> 我想着我将用什么方法求乞：发声，用怎样声调？装哑，用怎样手势？……
>
> ……
>
> 我将得不到布施，得不到布施心；我将得到自居于布施之上者的烦腻，疑心，憎恶。
>
> 我将用无所为和沉默求乞……

---

① 此事参见鲁迅《朝花夕拾·从百草园到三味书屋》（《鲁迅全集》第2卷，第282页）和周遐寿《鲁迅的故家》《第一分 百草园·三四〈荡寇志〉的绣像》[鲁迅博物馆、鲁迅研究室、《鲁迅研究月刊》选编《鲁迅回忆录·专著》（中册），第935页]。

② 成仿吾：《从文学革命到革命文学》，《创造月刊》，1928年2月。原话为："克服自己的小资产阶级的根性，把你的背对向那将被'奥伏赫变'的阶级，开步走，向那醒醒的农工大众。"

> 我至少将得到虚无。①

这"虚无"便是什么都没有；但他更不相信"布施"和"布施者"，甚至也包括可能会去布施的自己。

> 一个孩子向我求乞，也穿着夹衣，也不见得悲戚，而拦着磕头，追着哀呼。
>
> 我厌恶他的声调，态度。我憎恶他并不悲哀，近于儿戏；我烦厌他这追着哀呼。
>
> 我走路。另外有几个人各自走路。微风起来，四面都是灰土。
>
> 一个孩子向我求乞，也穿着夹衣，也不见得悲戚，但是哑的，摊开手，装着手势。
>
> 我就憎恶他这手势。而且，他或者并不哑，这不过是一种求乞的法子。
>
> 我不布施，我无布施心，我但居布施者之上，给与烦腻，疑心，憎恶。②

文章的题目虽然叫做《求乞者》，但内容却是一篇拒绝"布施"的宣言。可以说，从"乞丐"的角度来拒绝"布施"，是鲁迅的一贯态度。

"过客"拒绝"布施"，当小姑娘递给他一块布，让他裹伤时，他为拒绝布施而竟能说出咒诅的话来：

> 客——是的。但是我不能。我怕我会这样：倘使我得到了谁的布施，我就要像兀鹰看见死尸一样，在四近徘徊，祝愿她的灭亡，给我亲自看见；或者咒诅她以外的一切全都灭亡，连我自己，因为我就应该得到咒诅。③

而且，从五四时代起，这种不以为"布施"会解决问题，亦不去指望

---

① 鲁迅：《野草·求乞者》，《鲁迅全集》第2卷，第171—172页。
② 鲁迅：《野草·求乞者》，《鲁迅全集》第2卷，第171页。
③ 鲁迅：《野草·过客》，《鲁迅全集》第2卷，第197页。

"布施"的倾向就已经表露得很明显了。

> 我们从旧的外来思想说罢,六朝的确有许多焚身的和尚,
> 唐朝也有过砍下臂膊布施无赖的和尚;从新的说罢,自然也有过
> 几个人的。然而与中国历史,仍不相干。①
>
> 人道是要各人竭力挣来,培植,保养的,不是别人布施,
> 捐助的。②

而且,即使在被认为有了"阶级意识"之后,这种态度也没改变。

> 倘写下层人物(我以为他们是不会"在现时代大潮流冲击
> 圈外"的)罢,所谓客观其实是楼上的冷眼,所谓同情也不过空
> 虚的布施,于无产者并无补助。而且后来也很难言。③

而当"布施"变为一种老爷态度时,对"布施"反弹也就激烈起来了。
例如,当多次领工薪而不可得时,便有了对"发薪"的记述。

> 否则?
> 否则怎样,他却没有说。但这是"洞若观火"的,否则,就
> 不给。
> 只要有银钱在手里经过,即使并非檀越④的布施,人是也总
> 爱逞逞威风的,要不然,他们也许要觉到自己的无聊,渺小。明
> 明有物品去抵押,当铺却用这样的势利脸和高柜台;明明用银元
> 去换铜元,钱摊却帖着"收买现洋"的纸条,隐然以"买主"自
> 命。钱票当然应该可以到负责的地方去换现钱,而有时却规定了
> 极短的时间,还要领签,排班,等候,受气;军警督压着,手里

---

① 鲁迅:《热风·五十九 "圣武"》,《鲁迅全集》第1卷,第372页。
② 鲁迅:《热风·六十一 不满》,《鲁迅全集》第1卷,第375页。
③ 鲁迅:《二心集·关于小说题材的通信》,《鲁迅全集》第4卷,第377页。
④ 檀越,即施主。

还有国粹的皮鞭。①

然而，拒绝"布施"，其关键问题还并不是"布施"的实效性以及"布施"背后的老爷态度，而是布施者的动机——或者说，是看待布施的人所认为构成问题的那种动机（在这个意义上，上面引述的《过客》当中给"过客"布片的"小姑娘"的动机是不在此列的。下文将对此予以讨论）。当向施与这种人类古老的行为发问：为什么要施与时，其所涉及的就是一个近代的伦理观问题，人格的问题，也就是国民性的问题。因为动机即伦理，即人格，有什么样的动机，反映出来的便是什么样的伦理和人格，其集合体就是国民性。鲁迅对"布施"动机的纠缠不放，抓住的正是国民性的一个大问题。

（十二）"施恩图报"与"非布施的布施"

"施恩图报"虽有时也为侠义之士所不齿，但在现实当中却不能不说是一种普遍的伦理原则；更有甚者，竟以恩惠为手段，来控制和打压被施与者。如果说一般的"施恩图报"就像银行里的存款一样，其目的在于获得利息，那么以施舍为控制他人的手段，其目的就在于奴役。鲁迅在施与和被施与的伦理关系当中，找到的正是国民品格当中"奴性"的生成机制。因此，打破奴性的前提之一，便是拒绝旨在奴役他人的布施和不将奴役施与他人，不论是物质的还是精神的。当然，鲁迅所看重的还主要是施与对人的精神上的奴役。请看以下这段引文：

> 先前，我总以为做债主的人是一定要有钱的，近来才知道无须。在"新时代"里，有一种精神的资本家。
>
> 你倘说中国像沙漠罢，这资本家便乘机而至了，自称是喷泉。你说社会冷酷罢，他便自说是热；你说周围黑暗罢，他便自说是太阳。
>
> 阿！世界上冠冕堂皇的招牌，都被拿去了。岂但拿去而已哉。他还润泽，温暖，照临了你。因为他是喷泉，热，太阳呵！

---

① 鲁迅：《华盖集续编·记"发薪"》，《鲁迅全集》第3卷，第368页。

这是一宗恩典。

不但此也哩。你如有一点产业，那是他赏赐你的。为什么呢？因为倘若他一提倡共产，你的产业便要充公了，但他没有提倡，所以你能有现在的产业。那自然是他赏赐你的。

你如有一个爱人，也是他赏赐你的。为什么呢？因为他是天才而且革命家，许多女性都渴仰到五体投地。他只要说一声"来！"便都飞奔过去了，你的当然也在内。但他不说"来！"所以你得有现在的爱人。那自然也是他赏赐你的。

这又是一宗恩典。

还不但此也哩！他到你那里来的时候，还每回带来一担同情！一百回就是一百担——你如果不知道，那就因为你没有精神的眼睛——经过一年，利上加利，就是二三百担……

阿阿！这又是一宗大恩典。

于是乎是算账了。不得了，这么雄厚的资本，还不够买一个灵魂么？但革命家是客气的，无非要你报答一点，供其使用——其实也不算使用，不过是"帮忙"而已。

倘不如命地"帮忙"，当然，罪大恶极了。先将忘恩负义之罪，布告于天下。而且不但此也，还有许多罪恶，写在账簿上哩，一旦发布，你便要"身败名裂"了。想不"身败名裂"么，只有一条路，就是赶快来"帮忙"以赎罪。

然而我不幸竟看见了"新时代的新青年"的身边藏着这许多账簿，而他们自己对于"身败名裂"又怀着这样天大的恐慌。

于是乎又得新"世故"：关上门，塞好酒瓶，捏紧皮夹。这倒于我很保存了一些润泽，光和热——我是只看见物质的。①

这话虽然是冲着高长虹说的，但也正表明他看透了这种精神放债——奴役的把戏。而且这把戏自古就有。

---

① 鲁迅：《而已集·新时代的放债法》，《鲁迅全集》第3卷，第520—521页。

> 我们的乏的古人想了几千年，得到一个制驭别人的巧法：
> 可压服的将他压服，否则将他抬高。而抬高也就是一种压服的手
> 段，常常微微示意说，你应该这样，倘不，我要将你摔下来了。
> 求人尊敬的可怜虫于是默默地坐着……①

于是，他"先奉还"了被"无端"送过来的"尊敬"②，接着"奉还'文
士'的称号"③，然后又"奉还'曾经研究过他国文学'的荣名"④，最后
是奉还了他自己也"料不到究竟是怎样"的各种称呼：

> 终于是"学者"，或"教授"乎？还是"学匪"或"学棍"
> 呢？"官僚"乎，还是"刀笔吏"呢？"思想界之权威"乎，抑"思
> 想界先驱者"乎，抑又"世故的老人"乎？"艺术家"？"战士"？
> 抑又是见客不怕麻烦的特别"亚拉籍夫"乎？乎？乎？乎？乎？⑤

当把这些名目都拒绝了之后，要以施放这些名目来当精神债主的人，
债也就放不成了。套用一句话，便正是"士不为名，奈何以名囚之"罢。

拒绝了一切在现实的伦理关系中所生成的美名的人，当他去施与，即
要去助人时，也就与任何名声以及物质回报彻底无缘了。这种伦理观和人
格的极致，就是《铸剑》（1926）中帮助少年"眉间尺"复仇的"黑色人"。
当第一次复仇未成，并且从黑色人那里得知因为有人告密，大王下令捕拿
自己，复仇已经无望时，眉间尺和黑色人展开了一场对话：

> 眉间尺不觉伤心起来。
>
> "唉唉，母亲的叹息是无怪的。"他低声说。
>
> "但她只知道一半。她不知道我要给你报仇。"
>
> "你么？你肯给我报仇么，义士？"

---

① 鲁迅：《华盖集·我的"籍"和"系"》，《鲁迅全集》第3卷，第89页。
② 鲁迅：《华盖集·我的"籍"和"系"》，《鲁迅全集》第3卷，第88页。
③ 鲁迅：《华盖集续编·不是信》，《鲁迅全集》第3卷，第240页。
④ 鲁迅：《华盖集续编·无花的蔷薇》，《鲁迅全集》第3卷，第274页。
⑤ 鲁迅：《华盖集续编的续编·〈阿Q正传〉的成因》，《鲁迅全集》第3卷，第398页。

"阿，你不要用这称呼来冤枉我。"

"那么，你同情于我们孤儿寡妇？……"

"唉，孩子，你再不要提这些受了污辱的名称。"他严冷地说，"仗义，同情，那些东西，先前曾经干净过，现在却都成了放鬼债的资本。我的心里全没有你所谓的那些。我只不过要给你报仇！"①

"眉间尺"是淳朴的常人之心，想到的是"仗义""同情"，于是称"黑色人"为"义士"，但黑色人的心里却全没有他"所谓的那些"，只不过是要替他报仇。于是，这种施与便超出了通常所谓"布施"的界限，而具有了超越现实伦理的性质（因此常人就很难理解了），由于不再伴随有名声或任何回报，所以也不妨叫"非布施的布施"吧。施与不再令受施者感到负担，扩大一点说，具有不使受施者为奴的性质。

由"黑色人"还可以联想到其他几个施与而无所报的英雄：只是为了造人的"女娲"（《补天》，1922）；为拯救人类曾经射落过九个太阳，最后为自己却射不下一个月亮的"羿"（《奔月》，1926）；只身前往楚国帮助宋国退敌，却又在返回宋国时被"募捐救国队"抢走了唯一包裹的"墨子"（《非攻》，1935）；治水回朝，被朝廷下令要做百姓学习榜样——不学的话，"立刻就算是犯了罪"的禹（《理水》，1935）；进而还可以远溯到《摩罗诗力说》（《坟》，1907）里援助希腊独立而又被放逐的英国诗人拜伦。这些人物的共通特征，便是他们身上都有一条只去施与而又与回报无缘的伦理原则，因此把他们放在现实伦理观中来评价，其结局就都是又凄惨又可笑。

正像开头所说，这些具有如此施与伦理原则的人物，都是用"乞丐"来形容的，但很显然，他们和以乞讨为生的乞丐截然相反，都是一无所求而且拒绝"布施"的"乞丐"，或者说如有所求，其所求者亦是施与而已；哪怕真的到了需要救助的程度，其表现也只能是上文提到的"过客"执意

---

① 鲁迅：《故事新编·铸剑》，《鲁迅全集》第2卷，第440页。

拒绝小女孩送他的布片。"过客"并不怀疑女孩的纯真无邪，而只是对一旦接受了"布施"的自己充满怀疑，担心自己会因这爱温暖而被束缚在爱的窠臼里。关于这一处理，诚如鲁迅所说：

> 《过客》的意思不过如来信所说那样，即是虽然明知前路是坟而偏要走，就是反抗绝望，因为我以为绝望而反抗者难，比因希望而战斗者更勇猛，更悲壮。但这种反抗，每容易蹉跌在"爱"——感激也在内——里，所以那过客得了小女孩的一片破布的布施也几乎不能前进了。[①]

因此，作为"乞丐"的反抗，就不仅是对各种"布施"的拒绝（包括善意和恶意的），更重要的是对自己在不意之中想要接受"布施"的欲望的抵抗，和作为"布施"的结果而产生的包括"感激"在内的所谓"人情"的抵抗。

到此为止，"乞丐"和"布施"构成了有机的统一，一无所求的"求乞"和一无所施的"布施"，两者所具有的伦理原则都体现着前所未有的，从而是超越现实伦理的境界，这种伦理境界与制造奴性的施与和被施伦理秩序截然相反，展示着"人各有己"[②]，即人的独立的精神图景。

这里不妨对以上所述做一个归纳。在鲁迅文本当中存在着"乞丐"＝"乞食者"和"布施"这一组相关的意象，他借助"求乞"与"布施"的关系洞悉到了一种精神结构，即制造奴性的依附伦理和心态，因此，与其说他把"乞丐"与"布施"这两种角色作为问题，倒不如说他把承担这两种角色的人格主体作为问题，他在诘问着人的施与动机，并由此而寻求改良的途径——而从这种情形当中可以使人看到与《支那人气质》在认识结构上的联系。

（十三）呈现在《支那人气质》中的关于"乞丐"的强烈印象

毫无疑问，鲁迅在这一问题上，精神独创性也非常明显，但这并不排

---

① 鲁迅：《书信·250411 致赵其文》，《鲁迅全集》第 11 卷，第 477—478 页。
② 鲁迅：《集外集拾遗补编·破恶声论》，《鲁迅全集》第 8 卷，第 26、27 页。

除《支那人气质》所能提供的认知意象和模式的参照。

首先,《支那人气质》鲜明地保留并传递了"乞丐"给观察者所留下的强烈印象。"乞丐"是贫困的产物,而"穷困潦倒作为同国较为显著的事实,其对人民相互关系上的影响如何,不论是眼力多么鲁钝的观察者,也都不能不看破"[①]。因此,一个"乞丐"就构成了一个观察点,所有的"乞丐"加在一起,就是全书中的一道重要风景线。

例如,在讲述"将舒适与方便置之度外"时有"乞丐"出现:

译文:

> 扇子是支那人看作舒适所必需的为数不多的物品之一。扇子用之于夏日的纳凉取快。如劳动社会,夏日有不少人半裸或全裸着身体,不停扇着扇子,出入于酒店。哪怕是乞丐,也往往手里拿着只破扇子。(第160页)

在讲述"坚忍不拔"时也有"乞丐"出现:

译文:

> 支那人有这一所长,就像麋鹿的长于奔跑,鸷鹰的长于锐眼。不仅通常的支那人有这一所长,就是蜷曲在别人屋檐下的最下等的乞丐,也有这一所长。乞丐决非受欢迎的稀客,然而却毫不介意遭受薄待,经常走家串户,而且每有走动,便总能获得一点微薄的报偿,即能得到一枚铜钱。(第202页)

在讲述"仁惠"时也就更有"乞丐"出现。因为就理论上而言,"乞丐"永远是"仁惠"的对象:

---

① アーサー・エチ・スミス著,渋江保訳:『支那人気質』,第二十一章"同情の欠乏",第264页。

译文：

支那人向群集在各处的乞丐施惠，如上所述。这种施惠带有保险的性质。正如去过支那的人所知道的那样，在都会之地，乞丐辐辏为群，团结一致，乞米要钱，其势力强盛得令人恐惧。偶有怒其不法而与之争者，亦因乞丐本无所失，又无家可顾，而其锋不可挡。商家若遇到人多势众，结伙而来讨要的乞丐，拒不出血，便会倏忽间蒙受无赖之徒的袭击。（第 260 页）

译文：

有一个宣教师［外国人］曾居住在支那内地，二三个支那绅士有求而来，曰：有一个要饭的瞎子，看着可怜，愿请足下能使之复明。宣教师接受请求，诊察乞丐，内障眼也。对症施以疗救，不久便使其重见光明。然而，几个绅士又来求宣教师道：要饭的过去因眼瞎受人可怜而得以过活，如今治好眼病却丢了活路，愿请足下收下来做看门，使其有条活路。是乃足下之义务也。此事岂非令人吃惊也乎？（第 257 页）

而在谈到"互相猜疑"时，"乞丐"也被当作一种社会阶层的坐标提到，即"贿赂在这个国家，乃上至天子下至乞丐均能相通的普遍习惯"[①]是也。

而还应当提到的是，涩江保从《日清战争实记》中引用来做注释的一段，其中也讲到了北京城中的"乞丐"，虽不是史密斯原文所有的内容，但在内容上不仅和史密斯着笔的"乞丐"构成了统一的布局，也强化了"乞丐"在书中的色彩。

译文：

市民概汲汲于利己主义，毫无为自他之公共尽心尽力的观

---

① アーサー・エチ・スミス著，渋江保訳：『支那人気質』，第二十五章"信實の欠乏"，第 387—388 页。

念。市中虽然到处都有身居金光灿烂之楼宇、买卖兴隆、富甲一方的人，然而也只是将自家楼宇装点得堂皇，至于店前的街道，哪怕只半步之遥，也决不肯去修理，虽臭秽泥浆，近在咫尺，惟茫然观望而已，自然徒增其不洁。而无数乞丐之徒，衣衫褴褛，身带异臭，栖卧于金屋店前，画楼阶下，虽苦恼呻吟之丑态不掩，而亦不敢轰之而去也。[以上诸项，引自《日清战争实记》]（第343 页）

可以说"乞丐"这道风景，在《支那人气质》中令人过目难忘。

（十四）"乞兒（kitsuji）""乞食（kojiki）"与"乞食者"

其次，从上面的引文中可以看出，在日语原文中，涩江保是用"乞兒（kitsuji）"这个汉字词汇来翻译 beggar，即"乞丐"的，在日语当中，这个词虽然和"乞人（kitsujin）""乞食（kotsujiki，kisshoku，kojiki）"这两个汉字词意思一样①，但是作为汉字词汇的用例，"乞兒"和"乞人"都只是当时对汉文词汇的一种沿袭用法②，而到现在则几乎没有了这两个词汇的用例③，因此，涩江保在翻译时使用"乞兒"这个词，不妨看作是那时的用词习惯。而日语通常用来表示"乞丐"的词是"乞食"，正如上

---

① 藤堂明宝、松本昭、竹田晃编：『漢字源（JIS 漢字版）』，学習研究社，1993 年。

② 查手头有的《日本国语大辞典》（第 2 版）第 4 卷，其关于"乞兒"和"乞人"的词条如下：

　　きつーじ【乞児】〔名〕こじき。ものもらい。乞丐（きつがい）。＊江戸繁昌記（1832 － 36）二・葬礼「賓皆飯を袖にして出で挙て之を乞児に投ず」＊西洋事情（1866 － 70）〈福沢諭吉〉外・一「小児と云ひ大人と云ひ乞児と云ひ富豪と云ふも其生命の貴きは同一なり」＊暴夜物語（1875）〈永峰秀樹訳〉漁夫の伝「我身死しなば三人の子児等は如何にせん、餓ゑてや死なん、乞児とやならんと」＊列子―黄帝「路遇乞児馬医、弗敢辱也」。

　　きつーじん【乞人】〔名〕乞食。ものもらい。乞丐（きつがい）。乞児（きつじ）。＊語孟字義（1705）上・道「雖行道之乞人。亦皆有之」＊島根のすきみ―天保一一年（1840）一〇月朔日「人の懐中を仰ぎて不時の間に合候はば乞人流の武士なるべし」＊孟子―告子・上「蹴尓而与之、乞人不屑也」。（日本国語大辞典第二版編集委員会、小学館国語辞典編集部編集，2001 年）

③ 新村出编：『広辞苑』（第 5 版），岩波書店，1999 年；2002 年。其中没有出现"乞兒"的用例。

面所标示的那样,这个词有三个发音,在口语中一般取第三种念法,读做"kojiki"。

"乞食"这个词,很容易令人想起鲁迅在表述自己的避难经历时所使用的"乞食者"一词。日语的"乞食(kojiki)",如果拿到现代汉语里来读,就是一个动宾词组,表示要饭的行为,在日语里虽也表示行为,但通常却做名词用,和汉语说的"乞丐"一样,表示要饭的人,因此,要在汉语里直用"乞食(kojiki)"这个词,也就非得加上一个"者"不可,也就是说,日语的"乞食(kojiki)"和汉语的"乞食者"是不同语言中的意思完全相同的两个名词。前面已经说过,周作人否认了对"乞食"的事实有所记忆,由此也不妨推测,鲁迅用"乞食者"(在鲁迅文本中,这个词只有一次用例)这个词来追述自己的"经历",很可能与他熟练掌握的日语有很大关系,就像他在习读日语时从这个词当中可能获得某种意象或暗示一样,用"乞食者"来追述的只能是一种朦胧的过去,与其说其所表达的是经历中的"事实",还不如说是经历中的某种"情感";而不论记忆是来自哪个方面,"乞食者"这个词都更能凸显记忆中的"寄人篱下"和"无家可归"的情结。由此,笔者也想到,就像他在同一个时期写的《铸剑》(1926)这篇小说里所出现的"宴之敖"[①]一样,1925年的"著者自叙传略"里谈到的"乞食者",是不是也包含着与兄弟失和有关的某种心绪呢?当然,这些都只能归于推测,而这里所要指出的是,《支那人气质》里的某段记述与鲁迅家世经历的惊人重合以及记述用语上的近似。

正如在上面引用的史密斯之所言,"穷困潦倒作为同国较为显著的事实,其对人民相互关系上的影响如何,不论是眼力多么鲁钝的观察者,也

---

① 许广平在谈到这个名称时说:宴之敖三字很奇特,查先生年谱,民国八年──一九一九──载:"八月买公用库八道湾成,十一月修缮之事略备,与二弟作人俱移入。"民国十二年,"八月迁居砖塔胡同六十一号,十二月买阜成门内西三条胡同二十一号屋"。可见他是把八道湾屋买来修缮好,同他的兄弟移入,后来才"迁居"了的,这是大家所周知的事实。究竟为什么"迁居"的呢?先生说:"宴从宀,从日,从女;敖从出,从放(《说文》:出游也,从出从放);我是被家里的日本女人逐出的……"见《略谈鲁迅先生的笔名》,上海《申报·自由谈》,1948年10月19日,后集入1951年《欣慰的纪念》,此处引自鲁迅博物馆、鲁迅研究室、《鲁迅研究月刊》选编《鲁迅回忆录·专著》(上册),第327页。

都不能不看破"。贫困是他描述中国人的精神气质时所不能回避的问题，他写道：

译文：

> 凡是到支那来的外国人，不论何处，只要与支那人发生干系，便会马上看破彼等之囊中羞涩。因为无论吩咐支那人做什么事，支那人都会即刻要求金钱以充作饮食费用。即便只此一事，亦可知彼等囊中萧然。即便是那些相当有福之人民，若突然有急需用钱之时，哪怕金额微乎其微，筹措亦并非容易。因此，在支那若有人遭逢如此处境，即赶上诉讼或葬礼，急于用钱而要求助于人时，便"有如饥者之求食"。苟非富豪之家，若不借助于他人，此类事很难了却。（第263—264页）

将这一段与鲁迅的经历相对照，不是又提供了一个具体的实例吗？当鲁迅在读到这一段时，他所面对的不就是一段被讲述的自己的家庭遭遇吗？由此而促成鲁迅对自己的家世、身世产生回想，联想，混合，并生成新的记忆也会是很自然的吧。

（十五）"布施"与"仁惠"——在问题构架上的一致

如果说以上两点，作为一种意象的提供，与鲁迅的"乞食"＝"乞丐"产生了某种衔接，那么，在《支那人气质》中对这种意象的深化，则是这里要谈的第三点，即通过对施与方面的剖析来实现的；或者也可以说，"乞食"＝"乞丐"是史密斯剖析中国人的"布施"精神的一个观察点——而这也正和前面已经分析过鲁迅的问题构架完全一致："鲁迅是把'施与'作为问题的，而被施与的乞丐的一面，则不过是用来叙述前者的一个角度。"从下面也将会看到，在《支那人气质》中，谈"乞丐"问题不过是走向与乞丐相对的另一面的途径。"施与"是笔者使用的一个中性词，它在鲁迅那里的用语是"布施"，而在《支那人气质》中则叫做"仁惠"。涩江保把benevolence一词译做"仁惠"，其外延当然要比"布施"大，但当把"布施"作为"仁惠"的主要内容时，两者便几乎可以互换了。

史密斯把中国人的"仁惠"作为问题，并为此专设第二十章来讨论。书中开宗明义，首先讲"仁"是怎么回事：

译文：

> 支那人将"仁"这个字置于其所谓五常［仁义礼智信］之首。据彼国之文字，"仁"从"人"，从"二"，二人之意也。今按其字义，仁来自二人相对之意。（第250页）

对此，涩江保也再次发挥他的本领，予以充分注释①，这里不再多说。史密斯所要讨论的是中国是否存在"仁惠"这一问题，他不同意否定说，以为"甚谬"②。他不仅相信"仁惠之教，亦并非不能感化支那人民之心，且夫支那人有强于恶，亦强于善之天性，一旦意用于'德行'，便会有充分的余裕来实行仁惠"③。而且也举出许多具体的例子来说明"仁惠"的存在，如"设立病院，避癫病院以及养老院"；"每逢凶年饥岁"，发冬衣放肉汤，"赈济灾民"④；而此外还列举出数种"积善"行为："（第一）给穷得买不起棺材的人买棺材；（第二）敛聚散乱在荒野上的骸骨，另行埋葬；（第三）收集字纸或印刷物烧掉，以防其污损；（第四）购买活鱼活鸟之类放生等是也。"⑤

可以说，史密斯对这些"仁惠"行为是并不否定的。但他否定了这些"仁惠"行为的有效性。他在列举了许多关于"善行"例子之后指出，"只要这些积善事业在支那的慈善中还占据着最高的位置，真正的厚意，便终究无法抬头。因为这些事业，对于施者来说劳心费神，对于受者来说又几乎无所裨益"⑥。而他对发生大饥馑或黄河泛滥时政府的救援，和民间的

---

① 在此处，涩江保注释曰：所谓"仁"，在支那有数种含意，其含意之一，为众善行之总称，为爱之意。即对亲爱亲则为孝，对君爱君则为忠，总称之为仁也。
② アーサー・エチ・スミス著，渋江保訳：『支那人気質』，第250页。
③ アーサー・エチ・スミス著，渋江保訳：『支那人気質』，第250—251页。
④ アーサー・エチ・スミス著，渋江保訳：『支那人気質』，第251页。
⑤ アーサー・エチ・スミス著，渋江保訳：『支那人気質』，第254—255页。
⑥ アーサー・エチ・スミス著，渋江保訳：『支那人気質』，第256页。

所谓施放"腊八粥",亦以同样的态度看待,认为是治标不治本,并不解决实际问题①。由此也能令人想起前面引用过的鲁迅"所谓同情也不过空虚的布施,于无产者并无补助。而且后来也很难言"的话来。

对"仁惠"行为的有效性的否定,实际是出于对"施惠"者的动机的极大怀疑。在史密斯看来,动机不纯有多种表现。

第一,"凶年饥岁"的施舍,是"不得已而为之"。"因为数量众多的贫民,若所到之处均遭到拒绝,则怨恨至极,必尝试抵抗。故,因惧怕这种抵抗,才对彼等表示同情。"②第二,"行善"是出于一种"自利"的动机:

译文:

> 在支那,有很多书以劝"德"为主眼。其中有一种教,劝人追怀既往的恶行用以自责,追怀既往的善行用以自赏。其所做善事、恶事相抵之人,因为是刚好处在地狱与极乐的交界之处,所以其后便由积累善事或积累恶事,而有进一步堕入地狱还是往生于极乐之别。其书恰可称为支那式的"拉德曼萨斯"（rhadamanthus）之书。……即支那人夙信地狱、极乐之说,因为是为能走向极乐而行善,所以支那多数人民之慈善,毕竟由自利之心而起者也。（第 252 页）

关于"拉德曼萨斯之书",有涩江保注释曰:

译文:

> （注）拉德曼萨斯,希腊神话人物。丘比特（Jupiter）[希腊诸神之长,天之主宰]与欧罗巴（Europe）[美丽的女神,为丘比特所爱恋,并受丘比特之诱惑而与其结为配偶。据说,欧罗巴即取该女神之名而命名]所生之子也。生于克里特岛（Crete）

---

① アーサー・エチ・スミス著,渋江保訳:『支那人気質』,第 257—260 页。
② アーサー・エチ・スミス著,渋江保訳:『支那人気質』,第 252 页。

［希腊之一岛］，三十岁时许，为父母所遗弃，流落西克拉达斯（Cyclades）诸岛之一，君临于斯。而御其民，专以正义为旨，以布公平之政。因此直至死后，希腊人仍称其德，并且说彼现居地狱，担当地狱里的裁判官，逼迫死者，使其昭供生前之罪状，并依其罪状如何而断罪。本文中支那式的"拉德曼萨斯"云云，即此意也。拉德曼萨斯不仅君临西克拉达斯诸岛，亦君临亚细亚希腊之各都市。（参看羽化生译《格罗特希腊史》）（第253页）

又注释曰：

（注）支那古谚语称，有阴德者，必有阳报。《左》《国》《史》《汉》以下之诸史，屡屡载其实例。又，《周易》云：积善之家有余庆。是等即拉德曼萨斯主义之一证也。（第253—254页）

由此可以知道，史密斯所提到的善恶报应、地狱极乐之说与西方的"拉德曼萨斯"之关系，经涩江保的注释获得了充分的解释。笔者认为鲁迅后来写的"无常"之类①，也是这一解释的一种延长。

第三，除了自己感动自己之外，没有任何实际意义，是虚伪的"表面文章"。这以"腊八粥"最有代表性。

译文：

施放"腊八粥"之法，其精神亦与前者相同，因为是所谓"造佛不入魂"，所以吾人通过此法可以察知，在支那所实行的仁惠，都是最大的表面文章。今聊叙述之。

作为支那的一种风俗，每年十二月八日，苟有施舍仁惠之意，便是施舍仁惠的最好时机，人皆熬粥，凡十二时之间，有来请粥者皆予少许令其食，名之曰"腊八粥"。支那人把这种方法称为"行德"，以为是积善的一种手段。然而，若丰年有余粮，即使

---

① 鲁迅：《朝花夕拾·无常》，《鲁迅全集》第2卷，第276页。

极贫之民，其平日所食亦比"腊八粥"要好，所以并无人来乞讨此等粗食。故放粥行善，就好像告朔之饩羊，几乎派不上任何用场。但施与者却并不想要废除，而且也不想去改善粥的质量，依然争先恐后，乐此不疲，当日过后，若无人再来乞食，便投之破瓦罐中，权充作猪食而已。而施与者却以大张旗鼓的行善而洋洋自夸，并以仁德之人而自认，自赞自颂良心之深广。这是五谷丰登年景下的事情。如果情况相反，赶上凶年不作，多有人苦于饥饿，更需有彼之慈善来裨补万一时，慈善家却以谷价高抬为借口，中止"腊八粥"，公言说，发放不起。呜呼，何为慈善焉？（第258—260页）

第四，"支那人向群集在各处的乞丐施惠"，"带有保险的性质"。就像上面在（十三）里已经引用过的那样。

以上四点，是通过涩江保译本所看到的史密斯对"仁惠"动机不纯的剖析，他由此认为中国的"所谓'仁'字，其根本并不是发自内心，而是写在心外"；在中国还"并不存在能够使人在必要的时候去行使真正仁惠的心态"。其结论是"此种心态，并不能只靠社会人心在文化上的进步之一事所可以获得，而是要信奉基督教，然后才可以获得"[1]。

由此可见，在"仁惠"的问题上，史密斯所提供的思路，与前面所分析的鲁迅在"布施"问题上的思路是完全一致的，他们都对"仁惠"或"布施"的动机表示怀疑，前者看作"并不是发自内心，而是写在心外"，后者则看作"皮面的笑容"和"眶外的眼泪"[2]，这种对动机的怀疑，即对人格的怀疑，怀疑的是人格当中的缺乏"诚"。结论也是共通的，即改造这种人格和造就这种人格的文化——鲁迅叫做"改造国民性"。

当然，他们的区别也很明显，史密斯的方法是要人们"信奉基督教"，而鲁迅则是旨在摆脱依附关系的人格独立。至于从并不出于真正的同情，

---

① アーサー・エチ・スミス著，渋江保訳：『支那人気質』，第262页。

② 鲁迅：《野草·过客》，《鲁迅全集》第2卷，第196页。

也就是并不诚实的布施动机的背后，来进一步思考奴性伦理的生成机制并且寻求否定的途径这些内容，则是鲁迅在史密斯的基础上所进一步深入思考和阐发出来的问题了。或许可以叫做创造性的解读也未可知。

（十六）关于史密斯的写作方法

史密斯是怎样表现中国人气质的？他所发现和把握的"气质"又是由哪些人来承担的？——换句话说，就是扮演史密斯所要表现的中国人"气质"的主要角色都是那些人？这种情况在涩江保的日译本《支那人气质》当中又是怎样呈现出来的？它和鲁迅文本具体有怎样的关联？这些问题是本论所要解决的问题。

在涩江保译本中，史密斯谈到了他把握中国人气质的方法：

译文：

在与支那人交往的现阶段，有三种方法可资吾辈了解支那的社会生活状况。（第一）研究其小说，（第二）研究其小曲，（第三）研究其戏剧是也。这三种方法都各有其价值当然勿庸置疑，但是，（第四）还有一种把上述三种方法合在一起也比不了的有更具价值的方法，即研究支那的家庭是也——这是过去研究支那以及支那人事情的人们未能探得到的本源。盖欲作某一地方的风土记，与其去观察那个地方的都会，毋宁去视察那个地方的村落更好。人民的气质亦然。外国人要想详细了解支那人的内面生活（internal life），即使在都会之地住上十年，也不如在乡村耗费一年的岁月了解到的多。（第五）在家庭研究之次，应该把村落看作支那人社会生活的单位。因此，予以村落为根据地来写作本书。自不待言，予非以传道者的眼光来写作，而是尽可能以一个公平的观察者，即以只是报告自己所目击的观察者的眼光来写作，故不记怎样的气质因基督教而产生了怎样的变化，同时也不讲述在支那人当中有传播基督教的必要。然而，在认为支那人的性行当中存在着重大缺点时，也不能不把通过怎样的方法来克

服那些缺点作为一个大的问题来看待。（绪言，第8—9页）

在上面所谈到的把握中国人气质的五种方法中，前三种方法，即"（第一）研究其小说，（第二）研究其小曲，（第三）研究其戏剧"——虽被肯定为"都各有其价值"，但几乎并没为史密斯所采用，有学者认为是史密斯所采用的方法[①]，误矣。因为史密斯认为"还有一种把上述三种方法合在一起也比不了的有更具价值的方法，即研究支那的"家庭"和"村落"的方法。而史密斯书中实际采用的正是后两种方法。采取直接研究家庭和村落的方法，不仅意味着对既往研究中所忽略了的"本源"的揭示，也意味着对从文字到文字（譬如研究小说、戏剧之类）的学究式的研究方法的摈弃，同时也更意味着对关于"支那人"的既成观念的摈弃。这是一种需要实际身处乡村社会，从事长期调查研究的方法，并非每个观察者都能轻易做到的。在这个意义上可以说，史密斯在写作此书时拥有的在中国农村社会生活22年的经历，也即他所要采取的方法本身。他要描写的对象，也即他经历的一部分。因此至少仅就事实而言，他如上自言"予以村落为根据地来写作本书"也就并非虚言了。

史密斯只能写他看到、听到或直接体验到的东西。这不仅是由他的经历所决定的，也是由他的态度所决定的。"予非以传道者的眼光来写作，而是尽可能以一个公平的观察者，即以只是报告自己所目击的观察者的眼光来写作，故不记怎样的气质因基督教而产生了怎样的变化，同时也不讲述在支那人当中有传播基督教的必要。"笔者认为，史密斯的这种态度是一个真正在中国乡村社会生活过的诚实的生活者的态度；只有是一个诚实的生活者，才能是一个公平的观察者。总体来讲，史密斯不可能超脱当时西方作为常识的价值尺度来看待他所身处的中国乡村社会，但是如果把他硬塞在笼统的所谓深受"19世纪欧洲国民性理论的深刻影响"的"特定立

[①] 张梦阳：《译后评析》，亚瑟·亨·史密斯著，张梦阳、王丽娟译《中国人气质》，第256页。

场"①，从中寻找他对中国人的"轻蔑"，进而指出"这种轻蔑显然反映了他对中国人的种族歧视"②，最后竟至于断言"事实上，他的动词可以轻易翻译成帝国主义行动：伸入即侵入，净化即征服，登上宝座即夺取政权"③，却未免有失公平，也并不符合史密斯著作——这里是指涩江保的日译本——的实际。倘若能去仔细阅读，那么也就至少不会得出《支那人气质》是某种既成观念（不论是哪种观念，如国民性、殖民主义等等）的产物这样一个结论来。

有研究者读了关于"东方主义"的书，就用这一"观念"来套解史密斯。"斯密思笔下的中国，是不是爱德华·萨义德（Edward Said）所批评的那种东方主义所构筑出的神话？的确，斯密思的著作与萨义德讨论的情形极为类似。"④这样，史密斯也就不仅不可能是一个公平的观察者，而且连一个基督教传教士也做不成，而只能是一个以侵略扩张为己任的老牌殖民主义者。那么，剩下的问题就是去追究包括鲁迅在内的中国近代启蒙主义者是如何跟在这个殖民主义者的后面上当，并且产生恶劣影响了。其实，这恰恰是对史密斯的一种观念化的解释，这种解释把"史密斯"化作一个可以任意解释的抽象符号，并且在仔细研读之前就已经将其规定为不是基于实际中的具体观察，而是基于"观念"的产物了。

（十七）来自社会底层：涩江保日译本中扮演"气质"的角色

《支那人气质》全书除了涩江保作"小引"和原著"绪言"外，还有正文27章，其中，从第一章到第二十六章，从26个侧面描写了"支那人气质"，但是这26个被视为"范畴"的侧面，与其说是所谓"主题先行"的预设的概念，倒不如是长期观察的归纳。史密斯在描写"气质"时，除

---

① 刘禾著，宋伟杰等译：《跨语际实践——文学、民族文化与被译介的现代性（中国，1900—1937）》，第83页。

② 刘禾著，宋伟杰等译：《跨语际实践——文学、民族文化与被译介的现代性（中国，1900—1937）》，第84页。

③ 刘禾著，宋伟杰等译：《跨语际实践——文学、民族文化与被译介的现代性（中国，1900—1937）》，第85页。

④ 刘禾著，宋伟杰等译：《跨语际实践——文学、民族文化与被译介的现代性（中国，1900—1937）》，第87页。

了使用典籍、报纸和相关著书外，所更看重并且着重描写的则是"气质"的承载体——现实社会中的"支那人"。可以说，上到皇帝大臣高官，下至市井乞丐，加上士农工商，家庭内外，男女老幼，几乎无所不包。在这26章当中所出现的中国人，除了笼统的"支那人"这种一般性用法外，都是有着具体身份并且扮演着具体社会角色的人。在所有扮演"气质"角色的人们当中，来自乡村社会底层的人们占了很大一部分，他们构成了史密斯眼中的中国乡村社会的风景。这一点，恰恰是和史密斯常年生活在乡村社会，又把观察重点置于那里的家庭和个人相一致的。那么，在乡村社会底层，扮演"气质"的角色都是哪些人呢？

具体而言，就是那些农夫、苦力和各种职业的工匠、手艺人，如木匠、泥瓦匠、窑工、铜铁匠、桶匠、印刷木版师、磨盘匠、舂米人、弹棉人、理发师、屠夫等，还有各种生意人，如卖菜的、卖包子的、卖秤的，最后是挑夫、脚夫、车夫、舟子、驭者、园丁、洗衣夫以及男女仆人和厨子，外加上述各色人等随时都有可能充当的乡村的"患者"……在26章当中，这些"人物"至少在21章中均有登场，几乎贯穿全书；他们现身说法，充做说明种种"气质"的材料。详细情况，请参见下一节。

而在以上所列的"气质"角色当中，出现最多的有四类。一为"从仆"类，二为"行脚"类，三为"临时短工"类，四为"患者"类。

先看"从仆"类的情况。涩江保日译本中"从仆"（従僕，音jyuboku）①一词，一般指广义的仆人，有时也写做"仆"（僕，音boku）②或"从者"（従者，音jyushia）③；属于这一类的词还有"包依"（ボーイ，即英语 boy 的音读）④——因日译本没意译而只以片假名表音，所以本文姑取"包依"这两个同音汉字来代替。关于这个词，后面将做进一步的讨论——和用来表示"女仆"的"侍婢"（音 jihi）、"婢女"（音

---

① "従僕"一词见于《支那人气质》第一、七、九、十、十二、十五、十八章。
② "僕"一词见于《支那人气质》第六章。
③ "従者"一词见于《支那人气质》第二十五章。
④ "ボーイ"（包依）一词见于《支那人气质》第八、九、二十三章。

hijyo）、"婢仆"（婢僕，音 hiboku）① 以及厨子（庖人，音 houjin，或庖丁，音 houtyou）②。前后合计，"从仆"类角色共在全书的 12 章当中出现过，其具体分布状况为：第一、六、七、八、九、十、十二、十五、十八、二十三、二十四、二十五章。

其次是"行脚"类。所谓"行脚"类，在涩江保日译本当中具体是指"挑夫"（擔夫，音 tanfu）③、驭者（馭者，音 gyoshia）④、船夫（舟子，音 shiusi、funako 或 funabito）⑤、脚夫（音 kyakufu）⑥、车夫（車夫，音 shiafu）⑦，前后合计，"行脚"类角色共在全书的 11 章当中出现过，其具体分布状况为：第一、二、七、九、十二、十三、十四、十六、十八、十九、二十五章。

第三类为"临时短工"类，在日译本里有各种各样的名称，如"木匠"（大工，音 daiku）⑧、园丁（園丁，音 entei）⑨、临时短工（亦称"苦力"）〔"日傭人足（クーリー）"，音 hiyatoijinsoku〕⑩、工人（労働者，音 rodoushia）⑪、砖窑头（瓦師長，音 kawarashityou）⑫、洗衣男〔"浣衣夫（せんたくおとこ）"，音 sentakuotoko）〕⑬、工匠（職人，音 shikunin）⑭、包工头（工事受負人，音 koujiukeoinin）⑮、信差（送達夫，

---

① "侍婢"一词见于《支那人气质》第一章，"婢女"和"婢僕"见于第二十四章。
② "庖人"一词见于《支那人气质》第六、九章，"庖丁"见于第十章。
③ "擔夫"一词见于《支那人气质》第一、二、七、十二、十四、十八章。
④ "馭者"一词见于《支那人气质》第七、九、十六、二十五章。
⑤ "舟子"一词见于《支那人气质》第七、十八、二十五章。
⑥ "脚夫"一词见于《支那人气质》第九、十三、十九章。
⑦ "車夫"一词见于《支那人气质》第十八章。
⑧ "大工"一词见于《支那人气质》第五、七、十三章。
⑨ "園丁"一词见于《支那人气质》第九章。
⑩ "日傭人足（クーリー）"一词见于《支那人气质》第九章。
⑪ "労働者"一词见于《支那人气质》第七章。
⑫ "瓦師長"一词见于《支那人气质》第十四章。
⑬ "浣衣夫（せんたくおとこ）"一词见于《支那人气质》第九章。
⑭ "職人"一词见于《支那人气质》第五章。
⑮ "工事受負人"一词见于《支那人气质》第五章。

音 soudatsufu）[1] 等，前后合计，"临时短工"类角色共在全书的 5 章当中出现过，其具体分布状况为：第五、七、九、十三、十四章。

此外，还有一个分类需要提及，即属第四类的"患者"类。虽然从表面上看它与上述三种分类属于不同的社会角色，但其构成分子却是来自上述三种分类乃至更为广泛的乡村社会的人群，因此作为描述"气质"的角色，其与上述三类仍有着相通乃至同等重要的意义，不妨看作前三种分类的暗伏的延伸角色。患者（音 kanjia）共在全书的 8 章当中出现过，其具体分布状况为：第九、十、十一、十五、十六、二十、二十一、二十二章。

以上前三类角色，即"从仆"类、"行脚"类和"临时短工"类的分布状况合加，在 26 章中，前后共涉及 18 章内容，占了全书的大半——倘若把与这三种角色有着密切关联的"患者"类也包括进来，那么所涉及的内容范围则多达 22 章。此外，译者涩江保通过"夹注——如"支那仆人（前面亦屡屡出现，西洋人在支那所使役之仆人，皆支那人）"[2]"患者（支那人）"[3] 和"眉批"——如"车夫之例"[4]——对这些"气质"角色所做的提示也不在少数。也就是说，从一本书所提供的信息来看，上述这些人物具有着强烈的存在感，并已在客观上处在了代表中国国民气质的位置上。

然而，正像每个敏锐的读者都会注意到的那样，尽管上述三类（如以上所述，第四类"患者"为暗伏的延伸角色）"人物"（character）都是为介绍中国人的气质而登场的，但标识他们的名称，却并不是气质或性格的概念，而是职业名称的分类。这一点很重要。因为恰好是职业才使他们得以成为扮演"气质"的角色而凸显在《支那人气质》里。在史密斯的时代，最有可能接触外国人的普通的中国老百姓，只能是那些为外国人的生活提供服务的从事某些特定职业的人。这些职业便是上面提到的 "从仆""包依""女佣""厨子""挑夫""脚夫""驭者""船夫""短工""园丁"

---

① "送達夫"一词见于《支那人气质》第五章。
② アーサー・エチ・スミス著，渋江保訳：『支那人気質』，第 221 页，夹注。
③ アーサー・エチ・スミス著，渋江保訳：『支那人気質』，第 93 页。
④ アーサー・エチ・スミス著，渋江保訳：『支那人気質』，第 93 页，眉批。

以及各种工匠等等。

这些职业者和外国人的关系是被雇佣与雇佣的关系。史密斯对这种关系的表述是，"在支那人眼里看来，外国人最为重要的职务似在于支付金钱"，而为外国人做事，"也就不过是'干活儿挣钱'（do work，get money）"，也就等同于'为吃饭'"①。至于"支付金钱"与"干活儿挣钱"＝"吃饭"这两者之间的关系在当时的条件下是否平等，却并不是史密斯所要讨论的问题，就像当时包括史密斯的母国在内的外国与中国的关系是否平等并不在史密斯所要讨论的范围一样。不过尽管如此，还是可以从史密斯所讲述的基本事实当中明确一点，那就是在两者的交往过程当中，"观察"这一行为不可能是双方的相互行为而只能是一方行为，"观察者"不可能是窘迫得"要是外国人不给事做，就不能早日有米下锅"②的后者，而只能是从容的前者。因此，中国的这些职业者与外国人的关系，除了被雇佣与雇佣的关系之外，也是被观察与观察的关系。上述的这些职业者们，就是这样走进了史密斯这个外国观察者的眼中。换句话说，通过某种职业者来观察中国人的特性这一动机和视角，首先不可能产生在中国人自身的主体之内，而只能产生在对被雇佣者拥有支配权的外国观察者的主体之中。

就史密斯而言，他并没忽视这一必然的、日常性的，却又为其他西方人所忽视的接触中国人的机会，而是敏锐地将其开辟为一个最现实和最直接的观察中国人的视角。

（十八）观察中国人的视角及其观察的展开

当然，在上述职业者与外国人打交道的机会也并不是平均的，有的接触要多一些，有的接触要少一些，据史密斯介绍说："在被外国人所使役的支那人中，有'包依'（boy），承担主家所有杂事，并伺候食膳；有'管家'（steward），总理事物，除自己之外，不许任何人欺瞒主家；有'买

---

① アーサー・エチ・スミス著，渋江保訳：『支那人気質』，第七章"誤解の才"，第68—69页。

② アーサー・エチ・スミス著，渋江保訳：『支那人気質』，第七章"誤解の才"，第69页。

办'（comprador），甚有势力，掌管购买物品以及招募佣工。以上三者，为吾西洋人所使役，只要吾人在支那滞留一天，便一天不可不使役者也。"①这里提到的是外国人在中国所必使唤的三种人，即"包依""管家"和"买办"，从广义上讲，他们也都可归属到上面划分的"从仆"类当中。正像前面所说，在涩江保日译本中，"从仆"一般是作为一个表示各种"仆人"的概念来使用的。史密斯对"从仆"＝"仆人"这一角色在他观察中国人气质时所处的位置做了如下"定位"：

译文：

> 吾人由从仆那里开始知道支那人。并不是从仆有心向吾人介绍支那人的气质，吾人亦不会因从仆的介绍而感到满足。然而，在关于支那人的气质方面，从仆实在是吾人最早的教师，吾人从从仆身上所习得之学科，实乃欲忘而不可能者也。随着日后吾人对支那人了解得日益广泛，可以确认吾人当初在很小的范围内与仆人朝夕相处，从而在不知不觉之间所获得的判断之正确。因为在某种意义上，一个支那人即支那人全体之撮要也。（第89页）

就是说，"从仆"是史密斯了解中国人气质的最早的老师。虽然这一发现在当初是偶然的，但一经发现之后便成为他自觉的有意识的观察对象，并将他们当作中国国民性的代表，"即支那人全体之撮要"来看待。"从仆"——史密斯的一个观察视角由此而确立。

"从仆"包括男女仆人、厨子、管家乃至买办，虽然都是距包括史密斯在内的外国人最近的一些人，但在史密斯的书里却并没被描绘为特殊的另类，而只是作为一个取之方便的观察视角来对待的，因此，这个观察视角一旦确立，便触"类"旁通，其他诸如"行脚"类，"临时短工"类以及"患者"类便都可以进入由这个视角所延伸开去的视线里来。在这个意

---

① アーサー・エチ・スミス著，渋江保訳：『支那人気質』，第二十三章"相互の責任、并に法律を遵奉すること"，第329页。

义上可以说,上述三类职业者再加上由前三者随时都有可能充当的"患者",共同构成了史密斯通过"从仆"这一视角所要去经常观察的社会群体。那么,在这一社会群体中,史密斯看到了怎样的"气质"呢?现将相关各章所论的"气质"主题与用例整理如下:

第一章 體面 可译为"面子"或"体面"。该章举了挑夫、女佣和仆人[擔夫、侍婢、從僕]为保全面子而不认账的例子。(第13—14页)

第二章 節儉 可照字面译为"节俭"。该章引述了两例挑夫[擔夫]为了省钱不吃不喝而又长途负重的例子。(第20—21页)

第三章 力行 可照字面直译为"力行",或者译为"勤劳"。该章讲到了各行各业,如铜铁匠、印刷木版师、磨盘匠、春米人、弹棉人和卖菜人[廣東銅匠、福州の錫箔匠、寧波の木版師、上海の賃春、北部の清綿者、蹈磨者、賣菜夫]早做晚息的例子。(第33页)

第五章 時間に頓着なきこと 可译为"不讲究时间"。举了木匠、包工头和信差[大工、職人、工事受負人、送達夫]的例子。(第47—49页)

第六章 不正確に頓着なきこと 可译为"不讲究精确"。举了包子商贩、农夫、乡下人和卖秤人[肉麵賣人、農夫、僕、田舍漢、提秤師]的例子。(第59页)

第七章 誤解の才 可照字面直译为"误解之才",或者译为"误解的才能"。该章举了木匠、买办、船夫、驭者(2例)、工人、厨子、仆人[大工、買辨、舟子、駁者、労働者、庖人、從僕]的例子。(第69—75页)

第八章 暗示の才 可照字面直译为"暗示之才"。该章举了"包依"和厨子[ボーイ、庖丁]的例子。(第78—79页)

第九章 柔軟的強硬 可照字面直译为"柔软的强硬",或者译为"柔中带刚"。该章对仆人、厨子、包依、患者[從僕、庖人、ボーイ、患者]举例尤多,并且言及苦力、洗衣男、园丁、脚夫、驭者[日傭人足(クーリー)、浣衣夫(せんたくおとこ)、園丁、脚夫、駁者]等。(第89—97页)

第十章 愚蒙[直訳語、智力的混濁] 可译为"智力混沌"。该章举了仆人、厨子和患者[從僕、庖丁、患者]的例子。(第108—109页)

第十一章 **無神経** 可照字面直译为"无神经",或者译为"麻木不仁"。该章举了做工者睡眠和患者（2例）做外科手术以及死前［労動社会、患者］的例子。（第128—131页）

第十二章 **外人を軽蔑すること** 可译为"蔑视外国人"。该章举了挑夫和仆人［擔夫、從僕］的例子。（第136页）

第十三章 **公共心の缺乏** 可译为"缺乏公共心"。该章举了农夫（第137页）、屠夫、理发师、食物商人、木匠、桶匠（第139页）、脚夫、苦力（第144—145页）［農夫、屠兒、理髮師、烹賣商、食物商、大工、桶匠、脚夫、日傭人足］的例子。

第十四章 **保守主義** 可直译为"保守主义"。该章分别举了挑夫、窑头［擔夫、瓦師長］的例子。（第146、155页）

第十五章 **安楽、利便を度外視すること** 可译为"不重视舒适与方便"。该章举了患者拒绝使用钢丝床和仆人［從僕］买不到合适的斧头的例子。（第169、179页）

第十六章 **活力の強壮** 可译为"生命力旺盛"。该章举了两个"患者"——一个驭者和一个捡炮弹的天津人的例子。（第195、196—198页）

第十八章 **澹然自逸** 可直译为"淡然自逸"。该章提到了仆人、挑夫、船夫、车夫等［從僕、擔夫、舟子、車夫、挽舟夫］这方面的例子。（第221—223页）

第二十一章 **同情の欠乏** 可直译为"缺乏同情"。以许多患者的例子讲述了对身体残疾者的歧视和对幼少儿疾病的熟视无睹［身體不具の者、精神不具の者、天然痘］。（第265—267、279—280页）

第二十二章 **社会的颶風** 可直译为"社会飓风"。通过一个居住在山东山间的患者"生气"的事例讲述了"气"为百病之源。（第298—299页）

第二十三章 **互相乃責任、併法律を遵奉すること** 可直译为"相互负责及遵奉法律"。举了一个"买办长"因"包侬"［ボーイ］的差错而引咎辞职的例子。（第329—330页）

第二十四章 **互相の猜疑** 可直译为"互相猜疑"。分别举了女佣人

和男女仆人［婢女、婢僕］的例子。（第348、349—350页）

第二十五章　信實の欠乏　可直译为"缺乏信实"。分别举了仆人［從者］和驭者、船夫［驭者、舟子］的例子。（第382—383、385页）

从上面这些"气质"主题和用例来看，除了第二章"节俭"、第三章"勤劳"、第十六章"生命力旺盛"和第十八章"淡然自逸"外，就性格（气质）而言，其余17章都属于史密斯所认为的"支那人的性行当中"存在的"重大缺点"（见本论开头引文）。——好话说得少，坏话说得多，这也许就是史密斯的备受非难之处；又由于缺点通过"从仆"这一视角多采自无学无识的乡村社会底层人群，就使得现在的读者和学者觉得格外不公平，认为史密斯充满了"种族歧视"的偏见，而由"从仆"（广义的）身上看到的东西也并不能代表中国人的"气质"。以下这段话，或许很能代表现今中国的一部分人对史密斯的看法。

> 在当时，中国乡绅对传教士公开敌视，于是传教士和中国人之间发生的最紧密关系只有主仆关系，因此在讲述事例时，斯密思从他自己或他人与中国劳动阶级之间的不快经验取材，是丝毫不足为奇的。这种外国人与当地仆人之间的阶级差异总是被利用来建立"中国国民性"的理论，而与此同时，理论背后的主仆关系却被掩盖和忽视。[①]

这段话有三层意思，（一）史密斯在"讲述事例时"，"从他自己或他人与中国劳动阶级之间的不快经验取材"是片面的；（二）由于当时"中国乡绅对传教士公开敌视"，就使得史密斯这样的人没有机会接触到能够代表中国"水平"的"绅士"阶层；（三）"国民性"理论掩盖了主仆关系背后的"阶级差异"。

关于第一点，即史密斯讲述的事例是否"片面"的问题，正如本文的调查所呈现的那样，来自乡村社会底层的人们的确构成了"支那人气质"

[①]　刘禾著，宋伟杰等译：《跨语际实践——文学、民族文化与被译介的现代性（中国，1900—1937）》，第83页。

的某种基本呈现体,扮演着"气质"的一翼,但并不意味着"支那人气质"只是由"中国劳动阶级"来扮演,其他阶层并不参与。例如,在第三章说"勤劳"时,在讲到那些早做晚息的铜铁匠、印刷木版师、磨盘匠、舂米人、弹棉人和卖菜人等之前,就先拿皇帝做例:"当欧洲各国的宫廷还包藏在蒙尔菲雅斯(Morpheus,梦之神)[希腊神代纪里经常给人送梦的神]里的时刻[白川夜舟之意],支那皇帝就已经开始了早朝。"①据笔者调查统计,日译本全书提到"皇帝"的段落不下 27 段;另外,有 30 个以上的段落提到了"大臣""高官"和一般"官吏";有 20 个以上的段落涉及"学者社会",并有 11 个段落讲到了相当于书生的"学生";而且,哪怕是直接谈绅士(乡绅),也有 5 个段落之多。结论是这些代表"上流社会"的人们,其总数要超过"中国劳动阶级",因此取材片面之说并不成立。

关于第二点,由以上调查可知,因当时"中国乡绅对传教士公开敌视",而使史密斯没有机会接触到"绅士"之言当然也不成立;如果把书中的"学者""学生"和"绅士"都当作广义的"绅士"看,那么其登场状况是相当可观的。不过,话又说回来了,即使全书大半或者全部写的都是中国有教养的绅士社会,其表现的"气质"或"国民性"就会是真实的吗?就会给中国争回"面子"来吗?

关于第三点,的确是个问题,即"国民性与阶级性"的问题。但这是个老问题。在 20 世纪 70 年代末到 80 年代初,关于这个问题中国的思想理论界和现代文学研究界曾展开过大规模的讨论②。尽管此处借助的是诸如"萨义德"的新的批评模式,但似乎并没为这个问题带来新意,也就是新的发现。其原因在于,以既成的理论所期待的"结论"代替了对史密斯著作的仔细研读。事实上,正像前面所指出的那样,史密斯所关注的并不是雇佣与被雇佣的关系,也不是这种关系背后的是否平等的问题——这一问题是后来才被提出的——而是在当时的这一"自然"关系的基础上有意识地寻找到了一种观察与被观察的关系,并且由此而确立了一个可以通观

---

① アーサー・エチ・スミス著,渋江保訳:『支那人気質』,第 33 页。

② 参见鲍晶编:《鲁迅"国民性思想"讨论集》。

一群人的视角,即"从仆"="仆人"的视角。笔者以为,通过仆人而面向社会底层的视角,正是史密斯的独特贡献所在;而且通过和其他诸如"皇帝""大臣""官吏""学者""绅士"等视角的相互映衬,也恰好证明了仆人这一视角在观察和概括"气质"方面的有效性。

本文在开头曾有言,史密斯不可能超脱当时西方作为常识的价值尺度来看待他所身处的中国乡村社会,不论他当时的价值尺度在后来被赞美或批评为怎样的"立场"和"主义",都无法改变甚至取代他当时作为一个观察者所采取的态度,即不受传教士立场的干扰,而"以只是报告自己所目击的观察者的眼光来写作"。而这也许就是史密斯的批评比起后来对史密斯的批评来更容易让人接受的原因所在。"至于攻击中国弱点,则至今为止,大概以斯密司之《中国人气质》为蓝本,此书在四十年前,他们已有译本,亦较日本人所作者为佳,似尚值得译给中国人一看(虽然错误亦多)。"①"我至今还在希望有人翻出斯密斯的《支那人气质》来。看了这些,而自省,分析,明白那几点说的对,变革,挣扎,自做工夫,却不求别人的原谅和称赞,来证明究竟怎样的是中国人。"②

——从鲁迅的认可中,不难感受到史密斯的描写所传递的分量。

（十九）从"包依"到"西崽"——观察视角的借用

就鲁迅通过涩江保的日译本所构成的与史密斯的关系而言,有三点值得注意。

第一,前面说过,通过某种职业来观察中国人的特性这一动机和视角,首先不可能产生在中国人自身的主体之内,而只能产生在对被雇佣者拥有支配权的外国观察者的主体之中。因此,"从仆"这一视角首先是属于史密斯的。鲁迅自觉运用这个视角来反观中国的国民性,应该看作是对史密斯的借用。笔者认为,可以用"包依"和"西崽"这两个词来概括这种借用关系。

在涩江保日译本的"从仆"类中,有"包依"［ボーイ］一词。"包

① 鲁迅:《书信·331027 致陶亢德》,《鲁迅全集》第 12 卷,第 468 页。
② 鲁迅:《且介亭杂文末编·"立此存照"（三）》,《鲁迅全集》第 6 卷,第 649 页。

依"即英文 boy，在近年出现的几个直接由英文过来的中译本当中，有的译为"男僮"①，有的译为"男仆"②，有的译为"管家"和"仆人"③等等，这个词在涩江保译本中也并没像"从仆"或"从者"那样用汉字来表示，而是用日文片假名标记为"ボーイ"。笔者认为，涩江保采取直译的方式，用"包依"这两个汉字来音译这个词是想说明，涩江保也并没找到一个适当的汉字词汇来翻译这个"从仆"当中的 boy。于是，史密斯关于 boy 的意见以及涩江保的注释便呈现了以下这种情况：

译文：

> 兹所举之例，乃吾人最早接触的一个支那人，即"包依"(boy)[外国人在支那所用"包依"一词，侍从长之意也，与年龄长幼无关]之例也。"包依"本是支那人之一标本，由此推察一般支那人。（第78—79页）

由此可知，就其所处的被观察位置以及重要程度来讲，"包依"与前述作为"支那人全体之撮要"的"从仆"同义，处在能够代表所有"从仆"的位置上。

在鲁迅文本中，与"从仆"或"包依"相对应的一个词，叫做"西崽"。从"包依"到"西崽"，是鲁迅与史密斯之间的一种衔接。这中间虽然发生了观察主体的改变，而且，由于观察主体的改变，观察点和被观察对象的色彩也有相应的改变，但对象本身却并没发生变化。"西崽"是从中国人的角度对史密斯所观察的"从仆"或"包依"的另一种称呼，正像《鲁迅全集》里所注释那样，西崽是"旧时对西洋人雇用的中国男仆的蔑称"④。

---

① 参见亚瑟·亨·史密斯著，张梦阳、王丽娟译：《中国人气质》，第43页。

② 亚瑟·亨·史密斯著，乐爱国、张华玉译：《中国人的性格》，学苑出版社，1998年，第54、61页；明恩溥（史密斯）著，秦悦译：《中国人的素质》（2版），学林出版社，2001年，第57、65页。

③ 参见明恩溥（史密斯）著，匡雁鹏译：《中国人的特性》，光明日报出版社，1998年，第57、65页。

④ 鲁迅：《三闲集·现今的新文学的概观》，《鲁迅全集》第4卷，第140页，注释2。

就是说，对象还是一个，只是"蔑称"而已。鲁迅在临去世前，亦就"西崽"回答过增田涉的提问：

> 西崽这名词是有的。
>
> 西＝西洋人的略称，崽＝仔＝小孩＝boy。
>
> 因此西崽＝西洋人使唤的boy（专指中国人）。①

从中可以知道鲁迅文本里"西崽"和涩江保译本里"包依"乃至"从仆"都是同一个概念。不仅如此，鲁迅也用"西崽"做文章，来讲某一类中国人。讲其中著名的所谓"西崽相"，就是这一视点下的产物。

> ……上海住着许多洋人，因此有着许多西崽，因此也给了我许多相见的机会；不但相见，我还得了和他们中的几位谈天的光荣。不错，他们懂洋话，所懂的大抵是"英文"，"英文"，然而这是他们的吃饭家伙，专用于服事洋东家的，他们决不将洋辫子拖进中国话里来，自然更没有捣乱中国文法的意思，有时也用几个音译字，如"那摩温"，"土司"之类，但这也是向来用惯的话，并非标新立异，来表示自己的摩登的。他们倒是国粹家，一有余闲，拉皮胡，唱《探母》；上工穿制服，下工换华装，间或请假出游，有钱的就是缎鞋绸衫子。不过要戴草帽，眼镜也不用玳瑁边的老样式，倘用华洋的"门户之见"看起来，这两样却不免是缺点。

> 又倘使我要另找职业，能说英文，我可真的肯去做西崽的，因为我以为用工作换钱，西崽和华仆在人格上也并无高下，正如用劳力在外资工厂或华资工厂换得工资，或用学费在外国大学或中国大学取得资格，都没有卑贱和清高之分一样。西崽之可厌不在他的职业，而在他的"西崽相"。这里之所谓"相"，非说相貌，乃是"诚于中而形于外"的，包括着"形式"和"内容"而

---

① 鲁迅：《书信·361014 致增田涉》，《鲁迅全集》第 14 卷，第 402 页。

言。这"相"，是觉得洋人势力，高于群华人，自己懂洋话，近洋人，所以也高于群华人；但自己又系出黄帝，有古文明，深通华情，胜洋鬼子，所以也胜于势力高于群华人的洋人，因此也更胜于还在洋人之下的群华人。租界上的中国巡捕，也常常有这一种"相"。

倚徙华洋之间，往来主奴之界，这就是现在洋场上的"西崽相"。但又并不是骑墙，因为他是流动的，较为"圆通自在"，所以也自得其乐，除非你扫了他的兴头。①

上面这段话虽然有着和林语堂论争的背景，但完全可以作为国民精神中的一种"相"来单独看待。这种"相"显然是来自对既往的记述和现实生活中的种种"从仆"或"包依"或"西崽"的概括和提升。

（二十）"奴性"，才是为史密斯所忽视的中国人的最大性格特征

其次，鲁迅在很多篇文章中都谈到了"西崽"②，但正如上文所说，重点不放在"西崽"的职业，而是放在"西崽相"上，并且集中发觉一种性格特征，即"倚徙华洋之间，往来主奴之界"的"奴性"特征。笔者以为，这是鲁迅与史密斯相通当中的最大的不同。

史密斯之所重在于"华洋之间"，在于通过各种"从仆"和"包依"的例子来描述中国人气质的各个方面与西方人的不同，而也正像前面所指出的那样，至于在"被雇佣与雇佣"和"被观察与观察"的关系当中，两者的地位是否平等，却并不是史密斯所要讨论的问题，因此，由这种"主奴"之差当中所生成的一种必然性格，即"奴性"也就自然被忽略了。相比之下，鲁迅的着眼点并不在"华洋之间"，因为对他来说，"华洋之间"所发生

---

① 鲁迅：《且介亭杂文二集·"题未定"草（一至三）》，《鲁迅全集》第6卷，第366—367页。

② 例如，除了上面提到的《"题未定"草》之外，还有收在全集第4卷里的《三闲集·现今的新文学的概观》，收在第5卷里的《伪自由书·"以夷制夷"》《准风月谈·"揩油"》《花边文学·倒提》，以及收在第6卷里的《且介亭杂文·隔膜》《且介亭杂文·阿金》。

的"用工作换钱"是一种并不稀奇的既成事实,他所看重是这"华洋之间""用工作换钱"的既成事实背后的"主奴之界",而正是在这一"界"当中,他找到了"奴性"这一为史密斯所忽略的中国人的最大性格特征。

这是反观民族自身的一种结果,更是一种"要研究西崽,只能用自己做标本"的民族反省的结果。因此这一"西崽"也就必然要超越职业而被提升为一种"西崽相"。"西崽相"是鲁迅由"西崽"这一个别职业当中发掘出来的具有普遍意义的性格概念。这意味着从"包依"到"西崽",不仅仅是一个观察视角的借用,而且也是一种深刻的认识发掘和进一步的创造。试想一下,还有哪一种认识比得上"奴性"更能揭示"从仆""包依""西崽"这一视角下的所谓"阶级差异"的内涵呢?怎么能用鲁迅当年对主仆关系的深刻揭示,来指责"中国国民性""理论背后的主仆关系却被掩盖和忽视"呢?

(二十一)关于"阿金"的创造

第三点是鲁迅通过涩江保日译本与史密斯在材料上的相互关联。众所周知,鲁迅在"西崽"们所构成的环境中写出了一个人物叫做"阿金"。《阿金》作于1935年12月21日,据《且介亭杂文·附记》(1935)说,当初"是写给《漫画生活》的;然而不但不准登载,听说还送到南京中央宣传会里去了"[1]。后发表在1936年2月20日上海《海燕》月刊第2期上。鲁迅称《阿金》是篇"漫谈"[2],但在笔者看来,说《阿金》是篇作品倒更合适。竹内实先生曾著长文来谈这篇称做漫谈的"作品"的含量[3]。"阿金"是个人物,是个"毒妇"式人物,作者"愿阿金也不能算是中国女性的标本"[4]。这个人物也出现在同一时期创作的收在《故事新编》的《采薇》(1935)里,叫做"阿金姐",由于话说得"太刻薄",一句话竟就让伯夷叔齐丧了命。当然这是后话。

---

[1] 《鲁迅全集》第6卷,第221页。

[2] 《鲁迅全集》第6卷,第221页。

[3] 参见竹内实:「阿金考」,佐佐木基一、竹内实编『日本と中国』,劲草书房,1968年,第150—183页。

[4] 鲁迅:《且介亭杂文·阿金》,《鲁迅全集》第6卷,第209页。

如果说"西崽相"是一种形象概括，那么"阿金"就是"从仆""包依"和"西崽"在特定环境里的具体展开。"阿金"的位置从洋人家的"后门"可以看到。

> 近几时我最讨厌阿金。
>
> 她是一个女仆，上海叫娘姨，外国人叫阿妈，她的主人也正是外国人。
>
> 她有许多女朋友，天一晚，就陆续到她窗下来，"阿金，阿金！"的大声的叫，这样的一直到半夜。她又好像颇有几个姘头；她曾在后门口宣布她的主张：弗轧姘头，到上海来做啥呢？……
>
> 不过这和我不相干。不幸的是她的主人家的后门，斜对着我的前门，所以"阿金，阿金！"的叫起来，我总受些影响，有时是文章做不下去了，有时竟会在稿子上写一个"金"字。
>
> ……
>
> 但在阿金，却似乎毫不受什么影响，因为她仍然嘻嘻哈哈。……这时我很感激阿金的大度，但同时又讨厌了她的大声会议，嘻嘻哈哈了。自有阿金以来，四围的空气也变得扰动了，她就有这么大的力量。这种扰动，我的警告是毫无效验的，她们连看也不对我看一看。有一回，邻近的洋人说了几句洋话，她们也不理；但那洋人就奔出来了，用脚向各人乱踢，她们这才逃散，会议也收了场。这踢的效力，大约保存了五六夜。
>
> 此后是照常的嚷嚷；而且扰动又廓张了开去，阿金和马路对面一家烟纸店里的老女人开始奋斗了，还有男人相帮。
>
> ……
>
> 但是，过了几天，阿金就不再看见了，我猜想是被她自己的主人所回复。补了她的缺的是一个胖胖的，脸上很有些福相和雅气的娘姨，已经二十多天，还很安静，只叫了卖唱的两个穷人唱过一回"奇葛隆冬强"的《十八摸》之类，那是她用"自食其

力"的余闲，享点清福，谁也没有话说的。只可惜那时又招集了一群男男女女，连阿金的爱人也在内，保不定什么时候又会发生巷战。但我却也叨光听到了男嗓子的上低音（barytone）的歌声，觉得很自然，比绞死猫儿似的《毛毛雨》要好得天差地远。

以上是从《阿金》这篇作品中剪切出的若干段落，从中至少可以知道"阿金"的身份以及她所处的是一个怎样的环境。"她是一个女仆，上海叫娘姨，外国人叫阿妈，她的主人也正是外国人"，这一点自然无须再多说。其次是她的女朋友多，姘头也多，经常"阿金，阿金！"的来找；然后是"大声会议，嘻嘻哈哈"，经常吵闹嚷嚷，即使被主人骂了打了，其效力也只能保存五六夜，此后还是一如既往；接下来是和周围的打架经常不断；最后阿金被主人辞退了，"补了她的缺的"那个"又招集了一群男男女女，连阿金的爱人也在内，保不定什么时候又会发生巷战"。

作者只因和"阿金"的主人是邻居，只因"她的主人家的后门，斜对着我的前门"这层关系而"不幸"受到干扰而已，如果设身处地地替"阿金"的主人想一想，那情形将会是怎样呢？但这已经超越了《阿金》这篇作品的描写角度，所以作品本身回答不了。要想回答这个问题，也就必须换个角度才能做到，即把观察者从外国人的邻居变为外国人自己。而涩江保译本中史密斯恰好提供了这样一个角度，可以由此看到展现在那里的情形。

译文：

在受雇于支那异人馆的各种从仆当中，掌握一家之和平者，非厨子莫属。当厨子刚雇到这家来时，夫人会向他讲述希望他做什么和不希望他做什么，厨子则始终以一种与生俱来（不可谓后天习得）的诚心诚意［外观上］，洗耳恭听。例如，夫人对他说："从前的那个厨子有个坏毛病，他总是把没发好的面包坯放进烤炉里，这是我把他辞退的一个原因。"新厨子会笑着说："仆难免多有过失，却决不会顽固至此，老天在上，岂敢有强使奶奶大动肝火之理？"夫人后吩咐说："把狗、闲汉、烟草这三样带进庖厨，是我最不能忍受的。"厨子答道："仆素性非常讨厌狗，也不吸烟，又是他乡之人，在府内只有一二个朋友，而又没有一个是闲汉。"遂被这家雇佣了。但没隔数日便露了底细，彼之在面包的做法上恰和前任厨子相"伯仲"（brother）；朋友出入庖厨无数，而且携犬而至者亦为数不少；厨房里吞云吐雾，烟草气味不断。把厨子叫来问是怎么回事，回答说："仆承认面包确实没发起来，但决不是面揉得不好；是有朋友到厨房来，这事没错，但并不是仆的朋友，而真的是短工［今受雇在这家干活］的同党。但决无携犬而入之事，而且他们都已经回去了，一个人也没留下。盖不会再来。但明日可能再来也未可知。我等从仆，没有一个人吸烟，若有烟气，肯定是隔壁那一家的从仆所为，彼等皆非常好烟之辈，想必烟从墙那边飘至而来。仆真的是遵守家法，但却不能使别人都来遵守。"（第 90—91 页）

这是史密斯为叙述一种"特别的气质"，即"柔弱的强硬"（flexible inflexibility）所举的一个例子。"厨子"在涩江保译本中译作"庖人"，但亦和"包依"一样，是"从仆"之一并无问题。"厨子"在不听主人话，对主人"面从后背"①以及召集闲汉在主人家"扎堆儿"这一点上，与《阿金》里的描写完全一致；而且在补缺的后任一如既往，与前任一样，丝毫没有改善这一点上，也与《阿金》里的处理方式完全一致。由此看来，说鲁迅在创作《阿金》时借鉴了史密斯的材料和处理方式，也并不是过于勉强的罢。

关于"阿金"问题，笔者在上述研究的基础上，继续就《阿金》这篇作品展开深入探讨，完成了《鲁迅怎样"看"到的"阿金"？——兼谈鲁迅与〈支那人气质〉关系的一项考察》②一文，因篇幅所限，兹只呈该文"结论"部分如下：

---

① 涩江保语。在日译本第 89 页注释道："柔软的强硬，殆与支那人之所谓'面从后背'同义也。"

② 参阅本书同名文章。

在《阿金》的创作问题上，鲁迅与《支那人气质》一书的关系还并不只是以上所见素材和素材处理方式的借用。笔者曾经指出："从仆"与"包依"作为表示"仆人"的概念，在涩江保的日译本《支那人气质》中，体现着史密斯所确立的观察中国人"气质"的一个视点，在史密斯看来，"从仆"或"包依"是"支那人全体之撮要"，"是支那人之一标本，由此推察一般支那人"；这一"职业"视点亦为鲁迅所借鉴并用以自觉反观中国的国民性，其对应关键词是"西崽"（boy），所不同的是鲁迅将"西崽"这一职业普遍化为一种"西崽相"，凸显其处于"主奴之界"的奴性特征。笔者认为，"阿金"这一人物创作基本处在自史密斯的"从仆""包依"到鲁迅自身的"西崽""西崽相"这一发想的延长线上，或者再扩大一点说，与鲁迅借助史密斯对国民性的思考有关。——如此说来，即使在《阿金》这一篇上，鲁迅与《支那人气质》也存在着某种"认知结构"上的对应关系①。

尽管如此，笔者还是不能同意孟超在《谈"阿金"像———鲁迅作品研究外篇》（1941）一文中的观点，虽然这是研究"阿金"的最早的一篇论文，而且也非常敏锐地捕捉到了"阿金"身上"西崽相"的一面，并开了拿她与"阿Q"相提并论的先河②。理由是把"阿金"抽象为一个政治符号，放弃了对"阿金"形象本身的分析。"阿金"是一个女人，是一个形象，当作者把她作为中国女人的"标本"（"愿阿金也不能算是中国女性的标本"）来考虑时，恐怕未必会那么干瘪和机械的吧。

正如人们业已指出的那样，《阿Q正传》里的"吴妈"、《故乡》里的"杨二嫂"、《父亲的病》里的"衍太太"等人物也未必不能跟"阿金"放在一块儿考虑。倘若再扩大一点，把"阿金"

---

① 参见本部分（十六）至（二十）。

② 原载《野草》第3卷第2期，1941年10月15日，此据中国社会科学院文学研究所鲁迅研究室编：《1913—1983鲁迅研究学术论著资料汇编》第3卷所收文本。

放在鲁迅的女性观的整体中来考察，那么"阿金"又处在怎样的位置呢？以笔者之管见，在鲁迅以《娘儿们也不行》（1933）来回应林语堂的"让娘儿们来干一下！"①之前，就已经以同样的思路在谈"以妾妇之道治天下"的男人社会里女人的"行"与"不行"了，如"密斯托枪"②和"以脚报国"③的主角就都是女人，这回再造一个搅得四邻不安的"阿金"出场在这一思路里也毫不奇怪——鲁迅当然不希望中国的女人都是这样，但在中国文化里能割去"阿金"的性格要素吗？这也许就是"阿金"的底蕴和不朽的力量所在，她会让每个时代的人都能找到自己所认为的"阿金"，因此关于"阿金"形象争论，恐怕还要伴随着《阿金》的读书史持续下去。但在此需对本文做出结论了。

首先，《阿金》是一篇创作，"阿金"和"我"都是架空的，因此"我"的"看"不能等同于鲁迅的看，前者只是鲁迅的叙述手段。

其次，场景设置和人物设计皆有眼前事物和亲身经历为依凭，却又在悬想中构筑了一个非常真实的由"娘姨"们占领着的喧嚣的市井世界。

第三，在作品的所有要素都已齐备的前提下，令鲁迅终生不忘的《支那人气质》中的关于"厨子"的段落和"从仆"的观察视点，为鲁迅眼前和经历中的那些素材提供了有效的组织模式，使之能够最终形成作品。反过来说，这篇作品渗透着鲁迅始终保持的在"国民性"问题上的强烈观照意识。这一点也为鲁迅与《支那人气质》的关联性提供了一个不可动摇的实例。

第四，《阿金》虽不足3000字，却熔铸着鲁迅自留学以来

---

① 鲁迅：《集外集拾遗补编·娘儿们也不行》，《鲁迅全集》第8卷，第396—397页。

② 鲁迅：《二心集·新的"女将"》，《鲁迅全集》第4卷，第344页。

③ 鲁迅：《二心集·以脚报国》，《鲁迅全集》第4卷，第335—337页。另，同集《宣传与做戏》亦提及"以脚报国"事。

人生阅历的许多要素，或者说这篇作品是在他丰富的人生阅历的支撑下成就的，这种情形或许和做《阿Q正传》时的"阿Q的影像，在我心目中似乎确已有了好几年"①的酝酿过程很相像。借用丸山升先生在论述"作为问题的1930年代"时所强调的那种之于"路线"的"个体差异"②，那么这篇看似轻松的作品便可能更具"鲁迅"文学的特征或其可能性，只是它们的很大一部分并没被包含在以往的解释当中。

拙文发表后，引起关注和讨论，也有一些不同意见，主要体现在不认同《阿金》这篇作品与《支那人气质》，进而是鲁迅与涩江保译"史密斯"的关联。但这些反对的意见并不出自调查所得来的证据而只是既往观点的惯性表达。笔者在此反省的是，若早些把上述这些关于涩江保译"史密斯"的研究结果公布出来，或许会减少许多误会也未可知。现在可以明确，《阿金》作为创作，同样来自作者精神史当中的深厚积淀。

六、"国民性"问题的本质是"人"的灵魂问题

以上所做的《支那人气质》与鲁迅的文本比较，还仅仅是一个粗线条的初步探讨，其中的问题划分也不一定恰当，即使在已经划分的问题当中，也没能做进一步的展开，而且从内容上看，也并非一个全面系统的比较，不仅涩江保文本中许多章内容没有涉及，而且其中包括的已知问题点，如"科举问题"（第三章）、"生命力问题"（第十六、十七章）、"读书人问题"（第十八章）、"仁义道德的问题"（第二十章）、"缺乏同情和互相猜疑的问题"（第二十一、二十四章）以及鲁迅、许寿裳国民性讨论中提到的"爱和诚"的问题（前者散见于许多章中，后者多集中在

---

① 鲁迅：《华盖集续篇·〈阿Q正传〉的成因》，《鲁迅全集》第3卷，第396页。
② 参见丸山升：《作为问题的1930年代——从"左联"研究、鲁迅研究的角度谈起》，见丸山升著、王俊文译《鲁迅·革命·历史——丸山升现代中国文学论集》，北京大学出版社，2005年。

第二十五章）等，这次都没能展开文本比较。另外，由于篇幅所限，关于 1903 年作新社译自涩江保日译本的汉译本《支那人之气质》的讨论这次未能纳入进来，笔者计划另行撰文予以深入讨论。尤其是芳贺矢一的《国民性十论》一书，在涉及"国民性"问题方面，刚好处在和《支那人气质》相对照的位置，并且同样深深介入周氏兄弟国民性话语的建构和创作实践活动当中，但此次亦因纸幅的限度而不能纳入，具体内容请参照本书《明治时代"食人"言说与鲁迅的〈狂人日记〉》中"周氏兄弟与《国民性十论》"一节。这里还是集中以《支那人气质》作为一个典型案例，来做本篇的小结。

即使从上述并不充分的比较中也可以看出，《支那人气质》对鲁迅构成了比较全面的多层次的影响。史密斯所探讨的许多中国国民性的问题，后来构成了鲁迅改造国民性思想的具体内容，如本文具体涉及的"面子"与"做戏"的问题、向后看的历史观的问题、"辫子"的问题、"灵魂"的问题、所谓"三教同源"问题、"智力的混浊"与"语言"的问题等，不仅显示了鲁迅与史密斯相一致的透视国民性问题的角度，而且《支那人气质》文中的许多具体事例，也为鲁迅进一步发掘和概括国民性弱点提供了具有现实性的材料。如与《父亲的病》和阿 Q 的形象塑造有关的，均可归入此类。

其次，从时间上看，《支那人气质》对鲁迅构成的影响是长期的。在鲁迅留学时代所写的《科学史教篇》《文化偏至论》和《摩罗诗力说》当中，已经多少可以看出观点上与史密斯的一致来，如史密斯关于中国历史上革命结构的描述与鲁迅的革命"心像"，中国人尚物质疾天才的问题、尊古卑今的问题，而且还有涩江保译本中出现的黑格尔关于历史的看法与鲁迅的进化史观相一致的问题等，都能使人不妨推断鲁迅在留学的某一时期就已经阅读并且参考史密斯了（以笔者之管见，当在有了一定的日语阅读能力之后，不过最迟可推测为在上述三篇论文写作之前或同时）。虽然鲁迅文本中四次提到《支那人气质》是在 1925 年之后到逝世前，但他和这本书构成密切关系，则主要集中在"文明批评时期"，即从五四前后到"革命文学论争"之前，具体地说，史密斯的影响不仅出现在《热风》《坟》《华盖集》《华盖集续编》《而已集》当中，也出现在《呐喊》《彷徨》和《朝花夕拾》当中。当然，这只是就"集中"而言，并不排除 20 世纪 30 年代末到 1936 年鲁迅逝世前的所谓"后期"。笔者认为，鲁迅晚年对国民性的批判，主要是此前批判的进一步深化。鲁迅对国民性问题做了大量、独特、持续、深入的探讨是自不待言的，如本文提到的"语言"问题可作为代表。

如果说以上两点可概括为《支那人气质》作用于鲁迅的特点，即"观察模式的借鉴"和"经常性问题提醒"的话，那么接下来的第三点，则可看做《支那人气质》对鲁迅的意义。《支那人气质》通过作者长期观察所得的大量事例，对中国人性格、气质或精神所做的多侧面、多层次的探讨，实际是为鲁迅展现了一个相对完整的、具有现实意义的国民性的真实图景，使鲁迅能够根据自己的经验，从中具体了解到中国的"国民性"究竟是什么这样一个问题。因为未必中国人就一定了解自己的国民性。鲁迅在写完《阿 Q 正传》很久以后还说："我们究竟还是未经革新的古国的人民，所以也还是各不相通，并且连自己的手也几乎不懂自己的足。我虽然竭力想摸索人们的魂灵，但时时总自憾有些隔膜。"[1] 这话不是正好说明了中国人认识自己的难度吗？因此，笔者认为，鲁迅刚留学不久，和许寿裳在弘文学院所做的关于国民性问题的讨论，在很大程度上可能是处在抽象的概念阶段的。所谓"理想的人性"也好，中国民族缺乏"爱和诚"也好，所谓"病根"也好，如果没有具体的参照材料和自己的经验做支撑，恐怕是很难成为长久的问题意识的。许寿裳在回忆里只提供了讨论的概念而没涉及具体问题 [2]，也正说明了这一点。

因此，在这个意义上可以说，《支那人气质》这本书，沟通的正是本来很"隔膜"的鲁迅与"国民"。鲁迅虽然伴随着自己许多沉痛的经验，从这本书中获得了大量的实践对象上的参照资料，但他主张译给中国人看

---

[1] 鲁迅：《集外集·俄文译本〈阿 Q 正传〉序及著者自叙传略》，《鲁迅全集》第 7 卷，第 84 页。

[2] 参见本文第二部分。

的目的，恐怕还正在于希望"手"和"足"的沟通，即让中国人通过这本书认识并且正视自己的弱点，从而能够走向一条自我反省和自我更新之路。

在鲁迅那里，国民性问题的本质是人的问题，是人的精神建构问题，是作为"人各有己"①，个人能否从旧有的价值体系当中独立出来从而获得确立的问题。其指向在于"立人"②。"人立而后凡事举"③，"则国人之自觉至，个性张，沙聚之邦，由是转为人国"④。在此意义上，"立人"便是"立国"的前提，因为他所追求的是人之国。这一点从他留学时代起直到最后都没有改变，也是鲁迅作为一个"国民性"言说者的最大特点。几乎与鲁迅的留学时代相重合，梁启超应该是 20 世纪初"国民性"问题的最有影响力的言说者。其作为"中国之新民"通过《新民丛报》所诉诸的"新民说"，在 1902—1907 年震撼并风靡中国知识界，最大限度地呈现了梁启超的"国民性"主张。但梁启超所要确立的"新民"，却并不是精神获得独立的个人，而是"国家主义"或"国民国家"框架下的"新民"，是国家有机体说当中的作为"国"之细胞之"民"⑤。这与鲁迅以"摩罗诗人"为指向的人格独立的"立人"目标处在完全不同的维度。当然，与梁启超当时的应者云集相比，作为留学生周树人的"立人"主张几乎没有获得任何反响。然而，作为一种执念，"立人"的指向却贯穿于后来的鲁迅"国民性"话语乃至整个"鲁迅"当中。

作为"人国"之前提的"人"，不再是国家有机体当中的一份子，也不是所谓的"齿轮和螺丝钉"，而是一种变革的"主体"。在此意义上，笔者赞同伊藤虎丸先生的观点，即，鲁迅之所以把"被压迫的民众作为批

---

① 鲁迅：《集外集拾遗补编·破恶声论》，《鲁迅全集》第 8 卷，第 26、27 页。
② 鲁迅：《坟·文化偏至论》，《鲁迅全集》第 1 卷，第 58 页。
③ 鲁迅：《坟·文化偏至论》，《鲁迅全集》第 1 卷，第 58 页。
④ 鲁迅：《坟·文化偏至论》，《鲁迅全集》第 1 卷，第 57 页。
⑤ 关于梁启超的"新民说"与"国家主义"之关系问题，请参阅狭间直树《〈新民说〉略论》一文，该文收在以下二书内——狭间直树编：《梁启超·明治日本·西方：日本京都大学人文科学研究所共同研究报告》，社会科学文献出版社，2012 年；清华大学国学研究院主编，狭间直树主讲，张勇评议，高莹莹译：《东亚近代文明史上的梁启超》，上海人民出版社，2016 年。

判的对象",就是因为他把后者视为"变革历史的主体",他要解决的是主体方面的问题①;他执着于最为落后的阿Q身上的"国民性",而不是"以优秀的民族传统去对抗西方"②。或许这种选择会伴随着巨大的艰难,但是否也是一种出色的方法论?话说白了,能把史密斯记录的中国人,能把阿Q那样的人确立为"人",不正是一条真正的救亡乃至振兴之路吗?"……所以此后最要紧的是改革国民性,否则,无论是专制,是共和,是什么什么,招牌虽换,货色照旧,全不行的。"③这是鲁迅"国民性"话语的逻辑关系所在。因此,阿Q死前才终于感受到有什么东西"已经在那里咬他的灵魂"④,祥林嫂临死前也终于把一个大疑问投给"我",投给世间:"究竟有没有魂灵的?"倘若活着的人接过这感觉,这疑问,有了"手"与"足"的沟通,那么他们的死便获得了所谓"置之死地而后生"的意义。

"国民性"问题,在终极的意义上,乃是人的灵魂问题。

附录　涩江保译黑格尔关于中国的论述⑤

　　[(注)今《支那人气质》既毕二十五章,所余不过《宗教论》与《现时国情论》二章。故兹抄录硕学黑格尔关于支那之意见,以供参考。盖西人对同国观念如何.亦由此可知其一端也。]

　　书契以前之事,以邈远而姑且置之,就书契以后而列举各古国,支那帝国当首屈一指。

　　支那夙久以前已进今日之状况,尔来数千年间,开化中止,殆未前进

----

①　参见伊藤虎丸著,李冬木译:《鲁迅与日本人——亚洲的近代与"个"的思想》,河北教育出版社,2000年,第114—115页。

②　伊藤虎丸著,李冬木译:《鲁迅与日本人——亚洲的近代与"个"的思想》,第179页。

③　鲁迅:《书信·250331 至许广平》,《鲁迅全集》第11卷,第470页。

④　鲁迅:《呐喊·阿Q正传》,《鲁迅全集》第1卷,第552页。

⑤　《支那人气质》第392—417页。涩江保注释,均使用楷体排列,[ ]为段落注释,( )为文内注释。

一步。何以使然云，同国单有"物界的存体"（objective existence）之成立，此存体之中无"心界的进动之自由"（subjective freedom of movement），因此未能产生各种变化，常止于固着不动之性质，而未能达到应名之以"历史"之性质。

> ［羽化生曰，据黑格尔之说，历史为心灵（spirit）之发达，心灵之本质为自由。故若心灵未有丝毫之发达，人民之间无自由，则无法称之为历史性。］

盖支那与印度，恰可称存在于世界历史范围之外。因其赖以遂"活动的进步"（vital progress）之元素，欲结合而尚未结合之故。因心界之自由湮没于"物界的存体"之中，故两元素之区别反对者，全然为之所妨害。存体未能反省自家——即未能达到主观——故其"德义的状貌"（moral aspect）为"存体的"（substance）（不变的），未能支配为臣民之德义气质，而支配为主权者的擅自主义。

如支那国古来史家连绵辈出之国未尝有也。上古之事迹，于其他东洋诸国，仅存于口碑，而不见于记录。例印度诸经，不可称之为史，阿拉伯口碑甚古，却与政体及政体之发达无关。支那非同此类。洎夫上古，政体历然存立，已记史，是等之事亦甚详。支那之口碑远溯纪元前三千年。

> ［羽化生曰，据普通计算，我神武天皇纪元元年，当为百历纪元前六百六十年，支那周惠王之十七年。若云西历纪元前三千年，则可知早我神武之纪元二千三百四十年。尤据司马贞之补《史记》所引《春秋纬》，自开国至获麟，凡三百二十七万六千载云。难以置信。］

同国所尊为经书之《书经》（《尚书》），虽始于遥至后年之尧舜治世，但即便以该治世为计，其元年亦当纪元前二千三百五十七年。其他东洋诸国虽新于支那，亦犹存立于纪元前两千年以前。据英国史家之计算，埃及始于纪元前二千二百七年，亚西力亚始于同二千二百二十一年，印度始于同二千二百四年云。如是，则东洋之主要国度皆可远溯至纪元前二千三百年。

又据普通计算，自《旧约全书》所载诺亚之大洪水至纪元元年，其间距凡二千四百年云。然而东洋古国早于大洪水以前成立者，确凿无疑也。

[羽化生曰，创世纪记诺亚时之大洪水状态，"斯地表之万有，自人至家畜、昆虫乃至空中飞鸟，尽席卷而去，只存诺亚及所在之方舟"云。故据此说，大洪水以前之人类，除诺亚一族外，当悉为洪水所灭（西洋人多信奉如是）。故言本文谓东洋诸国成立于大洪水以前者，不足信也]

约翰内斯·冯·缪勒（Joanness von Muller）对此等普通计算给予有力之反击。氏曰，"大洪水当置纪元前三千四百七十三年"——即早于普通计算凡一千余年——氏据希腊语翻译之《旧约全书》所记，出此说，始避矛盾而得以释疑也。

支那有或古之圣经（《诗》《书》《易》），其国之历史、政体、宗教等悉得征之。此等圣经宛同印度之诸经、摩西之记录（《旧约全书》）及荷马（Homer）之诗篇（《伊利亚特》及《奥德赛》）[荷马及著书之事，详载羽化生著《希腊文学史》及《历山大王一统战史》之中]，支那人称是等书为经书，以为诸学之基本。就中，书经载同国之史（载尧舜及三代等事迹），说先王之政治（尧典舜典以下皆然），叙某某王制造之法律（如皋陶谟等）。

《易经》（《周易》）以图（六十四卦）而成，此图可思为文字之嚆矢。

[羽化生曰，通常之文字为苍颉所作，此前伏羲始画八卦（六十四卦悉伏羲制作。伏羲只为八卦，文王以之而为六十四卦云，误也。），示阴阳消长之理，以遗后世，谓之文字之嚆矢也。]

支那人又以同书为默思之基础。言其故曰，同书以一元（阴阳未剖以前，即一元气）、二元之抽象始，然后论及具体性之存在。

［羽化生曰象、象等，皆为论及具体性之存立者也。］

又《诗经》为诗集中最古者，诸体之诗皆备。

［羽化生曰，兹云诸体，指赋、比、兴及风、雅、颂，谓之六义。又称赋、比、兴三体。］

往昔支那之高官（采诗之官），奉敕命于管内人民所咏之诗悉以采集，携之以呈年会（每年一度之宴会），帝亲为判官，择选其中秀逸之作。入选者迩来享誉公众。

［羽化生曰，《礼记》有言，"天子五年一巡狩，命太师陈诗，以观民风"。当时采诗之官，采集四方之诗，呈太师（掌管音乐之最高官），太师载之以音律，呈奉天子，天子御览之，察四方之风俗、治乱、得失，以为施政之心得也。兹所言略异，然姑按原文译之。］以上三书，特为人所贵重、所研究（上古于三书以外，无他之有也。）然稍逊者犹有二书。一曰《礼记》。记录有关帝室及有司仪式惯例并叙音乐之事。二曰《春秋》。孔子故里鲁国之史记也。以上五经，即支那国之历史、风俗、法律之基础也。

此国为欧罗巴人所注意——尽管就此国只漠然闻之以传闻——而此国与外国丝毫无联络，似独兴之国者，常为人所惊异。

十三世纪，马可·波罗（Marco Polo）［参看三六二页］首次探访此国，当时世人（欧洲人）皆以其所报为荒诞无稽，殆未置一信。后年渐以信之，基于其报道，而得以稍明彼国之境域、面积及其他百事。其人口据最低计算曰一亿五千万，又曰有二亿。而据最高计算则曰有三亿（据最近计算达四亿零四百万以上）。

支那国遥起北方，南至印度，东临太平洋，西接波斯及里海。（支那北邻西伯利，东滨日本海、黄海，南沿支那海，连安南、缅甸，西与印度及土耳其斯坦交境，兹云与波斯有接，然未扩至此也。）支那本部人口过多，似无生息之余地，故于黄河及扬子江，数百万人民船居于水上，备日常必须之物品。

> ［羽化生曰，拙著《万国地理》云，广州府，又称广东，
> 地处广东省，傍珠江北岸之贸易场地。人口一百万余，其四分之
> 一以舟为家，居住水上。船数概不下四万。其大者区划以家族婢
> 仆之室，又于舟中庭园种植花卉，饲养鸡犬。市街结小舟以为道
> 路，侧旁有店铺鬻百货。故此地人民生长于水上，终身未踏陆地
> 而死者，有数万人之多云。］

此国人口众多及政府事无巨细悉于干涉者，为欧洲人所惊异，而尤为
惊异者，则在史类之精密。此国以史官为最高等官员。此最高等官员即两
大臣——两太史，常于玉座之侧，将陛下所命、所言、所行之百事书纳日记，
以供改作为史料。吾人未能窥其编年史之巨细，而支那之史亦非但无自身
之进步，反而妨碍吾人之进步。

支那之史远溯上古。当时伏羲始施普教化，而有教化普及者之称。

> ［羽化生曰，司马贞之补《史记》及其他诸书列举伏羲之
> 功德，且有"结网罟，以教佃鱼，故曰宓牺氏。养牺牲，以充庖厨，
> 故曰庖牺"说，而未称普及教化者。然而如例按原文翻译之。］

> 彼生活于纪元前二千九百年云——故在《书经》以前（言
> 书契以前）。然而支那史家，将书契以前，即神代之事，悉叙之
> 为历史。

> ［羽化生曰，是乃著者一己之见也。司马迁之《史记》，
> 未载五代以前之事，非将上代之事入史之证也。］

支那史中最古之地方，为支那本部（即固有之汉土）——即起自黄河
发源之诸山之间（黄河发源于昆仑山下之星宿河），当处西北隅。同国由
此向南，范围拓展至扬子江方面，为晚年之事。史中所记叙者，始于人民
尚未脱离未开之域，例如生活于森林之时。众未开之人，拾果实，着兽皮，
无确定之法律，伏羲始造小舍，定住宅，注意于四季之变化循环，教交易（教

交易者似为神农），制嫁娶，又教道理为自天而降之事，教养蚕，架桥梁，养牛马云。经过来之星霜，教化渐及南方，建国而设政府。

[羽化生曰，伏羲居国之北部，都于陈，至神农，迁都于曲阜。]

此一大帝国，渐次建设如斯，而后迅速四分五裂，互接干戈之末，遂复合而一。而后亦屡有革命。革命每起，国号乃更，当今之朝，为第二十二朝（原文如此）云。又有每起革命而易京城之习惯，今以北京为京城，前以南京为京城，犹更以前则以他地为京城。

支那屡蒙鞑靼之来寇，故至秦始皇，为御此北敌而筑万里长城。万里长城于今尚存。

秦始皇亦分全国为三十六郡，又以攻击古来文字，尤其史记及史学而著名至今。

[羽化生曰，除秦记外，尽焚史类，除博士官所掌外，尽焚诗书百家之言，只存医药、卜筮、种树之书。]

帝何以如此云，是乃夺先朝之记忆于人民脑中，而欲我朝万岁巩固之故也。

[羽化生曰，恐不师今而学古，以非当世，惑乱人民。]

焚烧史籍之际，数百名学者欲存所残，携之逃往山中。其中有不幸为帝所捕获者，悉遭与书籍相同之命运（坑埋而死也）。

然而，尽管秦始皇如此焚书坑儒，而经书名下者，概传于今日。

[羽化生曰，《周易》为卜筮之书，元本未焚，其他经书皆焚（就《孟子》有种种说）。当时学者密置于壁间者，后被发现，流传至今。但《乐经》此际完全失传。又，《书经》中所失者二十五篇。今《书经》中插入之《大禹谟》及《五子之歌》等二十五篇，皆系伪作云。]

支那始与西洋通好,为纪元六十四年顷。据世之所传,当时支那帝为访问西洋贤士,派遣多数公使(真伪未详)。(纪元六十四年,为后汉明帝十七年[即即位之第八年])其后,经二十年,支那一将军远征犹太[兹云其后二十年,当为纪元后八十四年顷,即后汉章帝元和元年(即即位第十年)]。据传八世纪初,欧罗巴人始行支那,略为晚后而行支那者,有发现先人之遗迹纪念物者云。

纪元一千百年顷,支那国假西鞑靼之援,攻克接北境之鞑靼中部之辽东。然而鞑靼人乘此良机,于支那国中得立脚之地,非但如此,满洲人亦同得立脚之地。十六、十七两世纪,满洲人与支那人交兵之末,遂胜之。现朝(清朝)获中原之鹿。

今之所叙,不过支那历史之九牛一毛,须更进而考察其国体精神(spirit)——止于始终同一之宪法精神。而其考察,须由通理而演绎。但通理即"物体的心灵"(substantial spirit)与"个人的心灵"(individual spirit)之间之直接连结物,同于家族之心灵。家族之心灵,蔓延于支那国中人口最密集之部分。在支那之文化进度当中,尚未发现主观(subjectivity)之元素——详而言之,即省察相对于物体意志之个人意志,将个人意志承认为使自己成为重要存在之力量——得知自己之自由意志者——只此一事焉。在支那,"普遍的意志"(universal will)者,为向个人命令其应为之事项,而个人意志仅唯唯诺诺,唯命是从,更不能省察自己之心。弃一身之独立于不顾。彼等若不从命之时,若将自己分离于彼等存在之物质时,因此分离不能退居自己之体中沉思故,其所蒙受之罚,于自己之主观的、内界的存在无关,单与自己之外界的存在相关。政治上、德义上,以是完全欠缺主观(subjective)之元素。言其故曰,"本质"(substance)者单为一人,即帝也。帝之命令为所有意向之源。故支那只一个生命拥有全权。换而言之,只有一个今犹强硬不挠,不与自己身外任何事物相像之"本质",一个拒绝其他元素之"本质"拥有全权。

将以上关系更进一层明确者,为家族关系。支那国家基于家族关系(族长主义),人人皆以自己为家族之一员,国家之子。帝宛如父亲,子养万民,为万民而命百事。万民不得违抗父亲。经书为此叙述五种义务以为万世不变之大本。

（一）帝与人民之相互义务。

（二）父子之相互义务。

（三）兄弟之相互义务。

（四）夫妇之相互义务。

（五）朋友之相互义务。

由是观之，帝干涉臣民相互之事则可明也。

*****

次将考察帝国（支那帝国）之行政。吾人就支那仅能言之以行政，而非能称立宪。因立宪之语当中，有个人及法人独立权利之含义，一与自己之特别利害相关，二与国家相关，而于同国因缺乏此项元素则只能言之以行政，而无法言之以立宪。支那实际上实行绝对平等主义，只是人与人之间所处之价值，只体现为能否任用为官吏。虽行平等，而自由因人而异，政府势必以一己之势而行擅自主义。在我欧美，惟法律之前，人皆同等，惟重财产权，人皆同等，而于他事则有诸多特权利益，且吾人欲得自由，其特权利益非受保护则无以成立。而支那却丝毫不重视此种利益，政治任帝一人独裁。帝之下有文武官人，文官居武官之上，武官与我欧美武官相似，官人于学校受学科修炼。为修初等课程有初等学校。亦有高等学校，然非如我大学之修高尚学科之场所。欲升高等官者，须屡经试验。其试验次数通常有三回。其第三回试验——即最后之试验——皇帝亲临，限第一、第二两回及第者得以受之。该试验及第之时，可被登用为高等官人。试验科目重在有关支那历史、法律、风俗习惯之学及有关政府之组织施政之学。此外，亦应工巧于诗作。武官亦有须经学历试验之规制，然而身就官途之后，无如文官之可受优待。

支那全国官吏之数目，文官凡一万五千人，武官凡二万人。

各地各置风俗视察官一人，上奏百事。风俗视察官为终生官吏，颇有势利。事关政治诸端及官人公务形状，悉与严正监督，速奏之于帝。亦有谏帝之权。

去支那行政而移司法，同国因族长政治主义而视臣民如未成年者，如印度之有独立门族，不能保护自己利益，而凡事须受皇帝指挥管理。法律上之关系，凡由规则确定者，丝毫不能任以自决。如是，家族之关系亦由法律决定之，违者依其种类而受严惩。又法律允许可向任何人出卖自己及子女，故妻本可买之。一人有多妻，正妻为自由人，妾凡为奴隶。没收财产之际，取押子女若收财产。

次应注意之第三点即刑罚，概体罚之谓也。夫在吾人当中，体罚因颇损毁名誉而嫌之如恶，支那则因名誉之感情尚未发达，如鞭挞之苦者，亦非同吾人之感到羞耻。政府亦不以之为报复性惩罚，而视为矫正之法，恰与父母惩子女以矫正之同视。

支那家族关系归之于法规，如同国家归之于法规，悉蒙受外部之惩罚。子不敬父母，弟不守悌道，悉处以笞刑。若诉父兄对己之不公，即便所诉为事实，诉之有理，亦遭百笞之罚，若所诉子虚乌有，诉之无理，则处以绞罪。子若对父举手，则以红热铁丝裂其皮肉而罚之。夫妇关系亦与其他关系同，严厉至极。不贞者将受严惩，官人亦难免笞刑，大臣宠臣亦有屡蒙笞罚之事。

> [羽化生曰，支那无故意罪与过误罪之别，误杀人者均处以死刑。又，流布之书有害之际，著者、刊行者、购读者共同处刑。严而有甚也。]

支那人报复心甚烈，具睚眦之怨必报之性。然被害者虽复仇之念甚切，肯实行复仇者无。刺客全家悉处以死刑之故也。因此，有欲向仇敌复怨者，自伤其体，诉彼之所为以窘之。支那各都会均以盖严之于井口，为防投井者。若有投井者身亡，法律概酷求其自杀之原因，苛者将以死者敌党之嫌而捕获，残酷考问，若有对死者施加污辱者，其全家则悉处以死刑。如是，支那人切于复仇之念时，非杀敌而宁可自杀。何故？二者均不得不死，自杀者死后得厚葬之礼，且遗族亦有望得仇敌之遗产也。

如上所述，他人之荣誉非支那所重，任何人均无个人之权利，故自暴自弃，理所当然也。而既自暴自弃，德义扫除殆尽，凡得欺人者则欺之，恬而无顾也。若朋友有欺而事败，欺者无愧，被欺者亦以为世上一般之事欲怒而不敢。

更进一步来观察支那国政之宗教侧面。固处族长政治状态之下，人之宗教心仅限于人间关系——即道德善行，将神视为善行之简单抽象规则者有之，视为专司制裁之权力者有之，而于此简单状貌之外，则所有自然界之关系、主观之定则、心与灵魂之定则，悉与无视。支那以固有族长政治之擅自主义故，与上帝之联络及上帝之仲裁非其所要也。何故做此说？其教育、道德礼仪之法则、帝之命令管辖，既皆备之于有感于须联络、仲裁之时也。

支那帝兼国家元首与宗教元首于一身。支那宗教以是而实为国家宗教。如是，支那宗教非吾人寻所谓宗教。若言其故，吾人之所谓宗教者，心灵退居自己当中之谓也，意为熟考其性质及其最为内部之存在也。在吾人之所谓宗教当中，人须退离国家关系而摆脱世俗政府之羁绊。支那之宗教，未能上升至此阶级。

支那学术亦欠真正之主观。当吾人欲窥支那学术如何之际，先不能不吃惊于其意外之完全与古旧，及更近一层接近之，不独可知其为一般所尊崇，亦可知其为政府公开赞美之，奖励之。皇帝其人亦重文学，特设专事起草敕命之学校，以美敕命文章。敕命既如前所述，其他则可推之。

今举其大略。假定文章巧妙与善理政务与大臣两者相伴，则欲工巧于布告文章乃须频练而达之，故大学校为高等官衙之一也。皇帝亲临校员之试验，校员居住于宫内，兼尚书、太史，物理博士、地理博士之职，当草立新法之际，大学理当添付申命书。该申命书之小引，当记现行法之沿革。而皇帝则亲草序文。晚近最以学问著称之皇帝，为乾隆帝。该帝亲草序文，为数甚多，然更以刊行同国古今名著而著称于世。书籍刊行之校订委员长为皇族之一人。各委员一阅校毕，再呈之以帝。若略有讹误，必受严惩。

以一面之所见，学问被尊崇如斯，奖励如斯，以他一面之所见，则欠主观自由之根原，以真学问计，于精神上欠缺"剧场职业"（theatrical operation）愉悦之兴味。盖支那之学问，无自由、理想，心灵之范围，而只有经练之性质，旨在为国家和一人所用。

言文悬隔，乃学问进步上之一大障碍也。否，毋宁曰以尚未确立真正学问之兴味故，而无表述思想之最佳器械也。

支那之历史，仅止于所定之事实，而无对其事实所加之意见、推论。法律学亦同之，只记所定之法律。论理学只决定义务而无基于主观根据之问题提起。

支那于以上诸学之外亦有哲学。其原理远昉于《易经》——论命运与兴亡之书。以《易经》所载一元二元之纯正抽象观念而推之，支那哲学其基本观念，如同毕达哥拉斯（Pytagoras）[参看羽化生著《哲学大意》]哲学。《易经》以道理——道为根本原理，"道"为全体之基础，关系百事。支那人视《易经》为最高尚之学问，但只关国家，而殆与教育无缘。

老子之书——即《道德经》——为支那哲学中最为卓绝之书。孔子曾于西历纪元前六世纪访问该哲学者（老子），以表敬意。支那无论何人皆有自由读老子之哲学，然以研究为专门之业者，乃彼之所谓道士——即敬道德之人。道士者，绝尽世俗关系之人也。

孔子之书较之前者更为吾人所熟知。孔子不独将数多经书公诸于世，相关道德之抽象之书亦为数甚多。是等道德书为支那人风俗行为之基准。观英译孔子之主要著书，多数为道德上之正确箴言，然终究难脱迂远之弊，而未能达高尚之思想。

支那人于数学、物理学、天文学之上，博各国先辈之名誉，而及至今日，不能不遥瞠若于欧洲人之后。早在欧洲人尚对此一无所知以前，支那此项书籍已确有几多。然而却未能理会应用知识之手段。例如，彼等知磁石，知火药，而于充分利用之法却未能理会等类即是。火药亦夸称系彼之所发明，而始发明大炮之术者，岂非捷斯伊特宗徒乎？

支那人于日常之事，于技术，长于模拟之术，而别出一辙之事则甚拙。其绘画缺乏远景写法与阴影，而支那画工即便可正确模仿欧洲人之画，即便得以精密注意鲤鱼有鳞数若干，各种树木如何形状，枝干如何弯曲，然而这之以高尚、理想、美丽，则在彼等技术与熟练之范围以外。

以上由诸方面观测了支那人民之性情。而若问其特色如何，则不得不答曰，属于心灵诸事——无论理论与实际、受制限之德义、心中之宗教、可适当称之为学问技艺之学问技艺——无一有之。帝之言语，常于轩昂之中含深切，宛如慈母爱赤子，而其心中对人民甚轻蔑，深信彼等生来为牵凤引辇之辈。人民虽蒙不堪忍受之压制，然而将其归终于必然之命运，似别无所忧。彼等对卖己为奴毫无所惧，又对为复仇而自杀、弃子女于道路习以为常，决不以为奇。由此二事可推知，彼等缺自重，乏人情。而即便彼等之间与生俱来，无贵贱之别，任何人皆得占最高地位，亦不能由此平等而生自尊之心，反倒益发自轻自贱，自暴自弃。岂不可叹之至焉！

鲁迅怎样"看"到的"阿金"？——兼谈鲁迅与《支那人气质》关系的一项考察

一、关于《阿金》以及"阿金"的研究

1934 年 12 月 21 日，鲁迅作《阿金》一文，并寄给《漫画生活》杂志。但该文没能在《漫画生活》上及时刊出，而是于一年多以后的 1936 年 2 月 20 日才在上海《海燕》月刊第 2 期首次面世。^①继而为鲁迅生前编定死后出版的《且介亭杂文》中的一篇而呈今日之文本形态^②。

鲁迅自称《阿金》为"随笔"或"漫谈"，但也许是由于《且介亭杂文》集名的缘故，研究者习惯将其归入"杂文"类。笔者倾向已故锡金先生的意见，毋宁把《阿金》看作一篇作品，"是从鲁迅的小说创作发展下来的最后一篇杂文化了的小说"^③。因为《阿金》描写了一个叫做"阿金"的人物，就形象塑造而言，不说比通常鲁迅作品集里的一些作品写得更像作品，至少也不逊于其中的一些作品。1937 年日本改造社出版世界首套鲁迅全集——日文版《大鲁迅全集》7 卷本，分别以第 1 卷和第 2 卷收译鲁

---

① 鲁迅日记 1934 年 12 月 21 日："昙。……下午作随笔一篇，二千余字，寄《漫画生活》。"（《鲁迅全集》第 16 卷，第 491—492 页）即指《阿金》。另参照《鲁迅全集》第 6 卷第 209 页《阿金》注释（1）。

② 参照鲁迅：《且介亭杂文·附记》，《鲁迅全集》第 6 卷第 221 页，和收录在同卷中的《且介亭杂文》卷首说明。

③ 锡金：《鲁迅的杂文》，《长春》创刊号，1956 年 10 月。

迅自认"创作"的"五种"集里①的全部作品，值得注意的是，第 1 卷除《呐喊》《彷徨》外，还另追加"其他二篇"，即《我的种痘》和《阿金》。前者在鲁迅生前未收集②，是否可视为"创作"也可再考虑，但至少把《阿金》作为作品收入进来，笔者认为是很能体现编译者的眼光的③。

那么，阿金是谁？又是怎样的形象呢？这其实是《阿金》阅读史和研究史中的一个问题，不过在涉及过去的研究之前，笔者还是想先在本文的问题框架内，根据《阿金》这一作品，对阿金这个人物及其相关事项做一次整理。

以往对《阿金》做专题研究的论文不多④，研究重心在"阿金"形象的解读。在这个意义上，竹内实先生的《阿金考》（1968）⑤，便在并不多见的《阿金》专论中处在具有代表性的位置上。这是研究"阿金"的最仔细的一篇论文，读后令人大开眼界。在 20 世纪 70 年代中期，薛绥之先生就已经注意到这篇论文，并将其寄给冯雪峰先生⑥，只是到了近年才有

---

① 鲁迅在《南腔北调集·〈自选集〉自序》中指《呐喊》《彷徨》《野草》《朝花夕拾》《故事新编》这五本集子说，"可以勉强称为创作的，在我至今只有这五种"。（《鲁迅全集》第 4 卷，第 469 页）

② 现收《集外集拾遗补编》，《鲁迅全集》第 8 卷。卷首说明："本书收入 1938 年 5 月许广平编定的《集外集拾遗》出版后陆续发现的佚文，其中广告、启事、更正等编为附录一；从他人著作中录出的编为附录二。"

③ 《大鲁迅全集》第 1 卷，改造社，1937 年 2 月出版，编译者为井上红梅、松枝茂夫、山上正义、增田涉、佐藤春夫。增田涉作卷尾《解说》。第 2 卷于 1936 年 4 月出版，编译者除无第一卷的山上正义而有鹿地亘外，其余相同。

④ 北京鲁迅博物馆编《鲁迅研究月刊》从 1980 年到 2006 年第 4 期无相关专题论文。张梦阳《中国鲁迅学通史》（广东教育出版社，2002 年）索引卷存篇目两篇：孟超：《谈"阿金"像——鲁迅作品研究外篇》，《野草》（月刊）第 3 卷第 2 期，1941 年 10 月 15 日；黄乐琴：《阿 Q 和阿金——病态人格的两面镜子》，《上海鲁迅研究》1991 年第 1 期。笔者此外所见论文有：郑朝宗：《读〈阿金〉》，《福建文艺》1979 年第 10 期，后收入郑朝宗《护花小集》，福建人民出版社，1983 年。黄楣：《谈〈阿金〉》，《中国现代文学研究丛刊》1982 年第 3 期。何满子：《阿 Q 和阿金》，《上海滩》1996 年第 2 期。

⑤ 竹内实：『阿金考』，佐佐木基一、竹内实编『日本と中国』，劲草书房，1968 年，第 150—183 页。

⑥ 《冯雪峰致薛绥之的信（1973 年 9 月—1975 年 10 月）》，《新文学史料》1979 年第 5 期。

中译本出来①。

另外,从《阿金》的研究史来看,除少数个别的例子外,几乎所有关于"阿金"的研究,都是"旁及"式的,而非正面的。所谓"旁及"式的,是指因为要研究《故事新编》,要研究《采薇》,也就不能不涉及置主人公于死地的"阿金姐",再由这个"阿金姐"而言及《阿金》里的"阿金"。反过来,由"阿金"而"阿金姐"的推衍是很少见的。这就是说,从研究重心来看,《采薇》里的"阿金姐"构成问题,而《阿金》里的"阿金"却基本不构成正面问题,或者只构成前者的附属问题。因此,如果说在《故事新编》——或者说《采薇》的研究史里保留了若干关于"阿金姐"或"阿金"的研究的话,那么其主要问题点就集中在探讨鲁迅所说的"油滑"以及"阿金姐"或"阿金"是怎样的形象,应该如何评价这样一些问题上来。

不过,笔者认为,在"阿金"和"阿金姐"的关系中,前者是源头,后者是引申。证据是1935年12月鲁迅一气作《故事新编》最后的三篇作品即《采薇》《出关》和《起死》时②,正好和他重阅《阿金》,将其编入《且介亭杂文》的时期相重合。也就是说,"阿金姐"走进《采薇》,在首阳山登场,是和鲁迅编辑(重阅)一年前的《阿金》,并把自己的"参不透"(即《阿金》缘何不许发表)写进《且介亭杂文·附记》这一过程相一致的。可以说,"阿金姐"是由"阿金"派生出来的形象,是后者的某个分支或某种引申,其根本还在于《阿金》。只孤立地看"阿金姐",或者以"阿金姐"旁及"阿金",舍本逐末也。

---

① 竹内实著,程麻译:《竹内实文集 第2卷 中国现代文学评说》,中国文联出版社,2002年。

② 1935年12月3日致孟十还信说"目前在做几个短篇"(《鲁迅全集》第13卷,第593页)。笔者认为,虽然三篇的截稿日期都是当月,但鲁迅所言却意味着起笔不一定是当月。

二、"大陆新村"与"留青小筑"
——"阿金"的"舞台"？

2005 年 12 月末和 2006 年 3 月末，笔者先后两次走访上海鲁迅纪念馆，参观位于现在上海市虹口区山阴路 132 弄 9 号的鲁迅故居，得到了上海鲁迅纪念馆，尤其是担任副馆长的王锡荣先生的帮助和指教，在此谨致以衷心的感谢。可以说，如果不蒙惠于前者，这篇论文是写不踏实的。

为什么要去虹口区山阴路 132 弄 9 号的鲁迅故居呢？这与本文的问题有关："阿金"实有其人，还是鲁迅的虚构？在作品里，"阿金"的故事是通过"我"的"看"而展开的，那么"我"又是谁？是鲁迅本人吗？除了上面提到的锡金先生的看法外，过去的研究几乎都没有作过这种研究假设。然而，笔者认为，这些问题正与鲁迅为什么要塑造这么个人物形象，其意义何在等问题相关。在这个前提下，考察鲁迅故居也就是解答上述假说的一道必要的手续了。因为鲁迅在那里写作了《阿金》，如果他是写实，那里就既是"阿金"表演的舞台，也是他本人实际观看"阿金"的剧场；如果是虚构，那么那里也至少可以作为某种相关的要素来考虑。这里还要顺便指出一点，几乎所有的研究都有一个默认的前提，那就是《阿金》里的"我"是鲁迅，因此"我"的"看"，也就是鲁迅的"看"———倘按照这个思路，鲁迅观察"阿金"、写"阿金"的问题似乎简单明了，只要把作品中的"我"和"阿金"的位置做一下确认，事情就结了。

比如说，"我"和"阿金"的主人是邻居，"她的主人家的后门，斜对着我的前门"。把这一位置关系还原到现实中来，显然就是现虹口区山阴路 132 弄 9 号鲁迅故居与前面那幢房子的关系。先来说鲁迅故居。鲁迅居住时的地址名称为"施高塔路大陆新村第一弄第几号"。自 1933 年 4 月 11 日搬入，到 1936 年 10 月 19 日逝世，鲁迅在该处住了三年半，是鲁迅在上海生活的最后一处寓所。据鲁迅纪念馆介绍，大陆新村系由大陆银行上海信托部投资建造，1931 年落成，共六排砖木结构三层楼房。鲁迅居住的 9 号位于南向第一排西数第二单元，占地 78 平方米，建筑面积

222.72 平方米。此处作为鲁迅故居于 1951 年 1 月 7 日对外开放，1952 年 5 月起改为内部开放，1989 年 3 月起重新开始对外开放。关于故居的物理性资料，现在于书报杂志和互联网都比较常见而易得，但笔者在此要特记一笔的是，除了实地参观外，2006 年 3 月还从王锡荣先生处获得了 1960 年绘制的鲁迅故居平面图复印件（A3 尺寸，5 张），由此可对鲁迅的居住空间了解得更加详细。

问题是"阿金"的住居，或者严密一点说，是"阿金"主人的房子的情况。在大陆新村 9 号南面，并列 6 排相同的房子，鲁迅在书信中指点收信人去他家的路时，提到了这 6 排房子，它们叫"留青小筑"。

> 大陆新村去书店不远，一进施高塔路，即见新造楼房数排，是为"留青小筑"，此"小筑"一完，即新村第一弄矣。①

关于"留青小筑"，曾写信向王锡荣先生请教，得到答复要点如次：（1）"留青小筑"，亦为大陆银行所建，建设周期自 1933 年 10 月 18 日算起为 180 天；（2）当时住户，有中高级职员，也有记者、作家等文化人，商人，其中日本侨民也不少。但也不是太高级的住宅区，真正的富人是没有或极少数的。（3）建筑格局，大体上都是一楼有前"客堂"，后面是厨房、卫生间，一楼到二楼楼梯转角上有卫生间，二楼也有前客堂、后客堂。在二楼与三楼（或二楼与晒台）转角处是"亭子间"。"留青小筑"是所谓"二楼半"，即没有三楼，只有二楼和"亭子间"——作品中所说的"阿金的绣阁的窗"，大概就是这"亭子间"的窗户吧。

参观鲁迅故居时，自然也会看到"留青小筑"南数最后一排，即与鲁迅故居对过的那趟房子。那趟房子的确有许多"后门"对着故居这边。从"斜对着我的前门"的方向看，"留青小筑"那边有三个"后门"斜对着鲁迅故居，左前方，即东南方有现在门牌为 41 号的后门，右前方，即西南方有两个后门，现在门牌分别为 42 和 43 号。"阿金"究竟出入哪一个"后门"还不好断定，但笔者 2006 年 3 月有幸由 41 号后门进入"留青小筑"，并且参观了那里

---

① 鲁迅：《书信·340524 致姚克》，《鲁迅全集》第 13 卷，第 122 页。

的一楼。主人是位画家，放下手中的工作接待了我们一行。根据当时目击和拍下的照片，一楼的格局是，由"后门"即房子北侧进入后，即为厨房兼过道，穿过厨房，是一条短而窄的走廊，走廊右侧是墙壁，左侧是楼梯，走过走廊就是房门，由左手可以上楼梯，进入房门，是一间十五六平方米的房间，南墙与房门相对，几乎被左门右窗占满，房门的右手有向北凹进去的一块五六平方米的空间，与其说是另一间，倒不如说是这个房间的一部分。但"阿金"即使到一楼来，这个空间也不会是她的，"阿金"的立足之处应该是厨房，她从楼梯上走下来，到厨房去干活，或者由厨房推开后门走到与大陆新村相间的弄堂里去和其他人家的佣人"大声会议"，"宣布她的主张：弗轧姘头，到上海来做啥呢？"——当然，这是根据作品的推想。

根据《阿金》的内容做实地踏察后，"阿金"和"我"大致就是这种位置关系。早在 1962 年，竹内实先生基于"我"是鲁迅的前提，也同样走访过，但他似乎没能走进"留青小筑"。如果《阿金》是篇纪实之作，那么"留青小筑"也就是"舞台"的背面无疑。至少鲁迅当年是不大可能去访问前边那一家的。不过这样一来，问题也就显得有些画蛇添足：既然"阿金"和鲁迅的位置关系是清楚的，那么还存在着后者怎样"看"前者的问题吗？一切不都"看"得真真切切吗？

笔者愿意这样想，但仍有不能释然之处。因为做上述推想得有一个基本前提，那就是鲁迅在实写"阿金"。然而，果真有"阿金"这么个人吗？如果这个前提不成立，那么"阿金"的"舞台"，"我"的"看"，以及"我"是否就是每天在大陆新村 9 号二楼靠南窗居中放着的写字台前从事著译的鲁迅便都成为问题。

三、"阿金"确有其人吗？

目前虽无法断言"阿金"不存在，但也找不出"阿金"实际存在的任何证据。

首先，鲁迅文本中有三处关于"阿金"的记述，都是就这篇作品的写作和发表而言[①]，没有"阿金"实有其人的记录。

其次，"阿金"其人也不见于任何相关的回忆。按理说，如果"我"是鲁迅的话，那么一个把鲁迅"扰动"得心烦意乱，"有时竟会在稿子上写一个'金'字"，甚至摇动了他"三十年来的信念和主张"的"阿金"，可谓能构成"事件"的人物了，即使鲁迅自己不记，也总该在身边人的回忆当中留下些许痕迹。但是没有。许广平在回答冯雪峰的提问时虽提到这篇"描写里弄里女工生活的小文"，也只是讲述该文的被检查当局"抽去"，并未涉及现实中是否有"阿金"这么个人[②]。

第三，根据上面的介绍，鲁迅一家 1933 年 4 月 11 日搬入大陆新村 9 号时，还没有前面的"留青小筑"，因为后者始建于半年以后的 1933 年 10 月 18 日。据说，"鲁迅初搬到这里时，楼前是一块空地，雨后蛙声大作，如在乡间。从楼上的窗户望去，看得见南面不远处的内山书店和内山寓所……"[③] 这就是说，在鲁迅搬入后，至少在半年的时间里，他的窗前还是一片空地；如果把 180 天工期也计算进来，那么"留青小筑"与"大陆新村"的对峙而立，当是他搬来一年以后的 1935 年 4 月中下旬，即使真有"阿金"这么个人，也只能出现在此后到 12 月中旬为止的半年多时间里。那么，剩下的问题就只能交给想象了，在陆续搬到"留青小筑"那些属于社会"中层"的外国住户里，有人会雇用"阿金"这样一个整天吵得四邻不安的"阿妈"吗？

还有一点，"大陆新村"与"留青小筑"在当时到底是怎样的环境呢？

就在《阿金》写作的三天前，1934 年 12 月 19 日晚，鲁迅在梁园豫

---

① 除本文篇首所标出处外，还有 1935 年 1 月 29 日致杨霁云信。

② 参见许广平：《研究鲁迅文学遗产的几个问题》，收入《欣慰的纪念》，人民文学出版社，1951 年初版，此据鲁迅博物馆、鲁迅研究室、鲁迅研究月刊编：《鲁迅回忆录·专著》（上册），第 315 页，北京出版社，1999 年。

③ 鲁迅博物馆：《鲁迅文献图传》，大象出版社，1998 年，第 194 页。在参观鲁迅故居时也听到讲解员做同样讲解。但出处均未详。请教王锡荣先生，答似许广平来馆时的口述内容。

菜馆请客，应邀来者有萧军、萧红，这是继同年 11 月 30 日鲁迅首次见到二萧后首次宴请他们。大约在一年以后的 1935 年 11 月 6 日，也就是鲁迅将要着手编辑包括《阿金》在内的《且介亭杂文》的那个时期，萧军、萧红第一次访问了鲁迅的家，不久，他们也搬到鲁迅家附近，在此后的半年多时间里他们便是大陆新村 9 号的常客了。"每夜饭后必到大陆新村来了，刮风的天，下雨的天，几乎没有间断的时候"[1]。这段交往被萧红以她那特有的细腻记录在了《回忆鲁迅先生》里。

> 鲁迅先生住的是大陆新村九号。
>
> 一进弄堂口，满地铺着大方块的水门汀，院子里不怎样嘈杂，从这院子出入的有时候是外国人，也能够看到外国小孩在院子里零星的玩着。
>
> 鲁迅先生隔壁挂着一块大的牌子，上面写着一个"茶"字。
>
> 在一九三五年十月一日。
>
> 鲁迅先生的客厅里摆着长桌，长桌是黑色的，油漆不十分新鲜，但也并不破旧，桌上没有铺什么桌布，只在长桌的当心摆着一个绿豆青色的花瓶，花瓶里长着几株大叶子的万年青。围着长桌有七八张木椅子。尤其是在夜里，全弄堂一点什么声音也听不到。（第 24—25 页）
>
> 全楼都寂静下去，窗外也一点声音没有了，鲁迅先生站起来，坐到书桌边，在那绿色的台灯下开始写文章了。（第 29 页）
>
> 厨房是家庭最热闹的一部分。整个三层楼都是静静的，喊娘姨的声音没有，在楼梯上跑来跑去的声音没有。（第 29—30 页）
>
> 只有厨房比较热闹了一点，自来水哗哗地流着，洋瓷盆在水门汀的水池子上每拖一下磨着嚓嚓地响，洗米的声音也是嚓嚓的。（第 30 页）
>
> 楼上楼下都是静的了，只有海婴快活的和小朋友们的吵嚷

---

[1] 萧红：《回忆鲁迅先生》，生活书店，1948 年，第 5—6 页。

躲在太阳里跳荡。（第 50 页）

以上是摘录出的片断。在所有关于鲁迅的回忆当中，对鲁迅家居的描写，恐怕再没有比萧红更为详细的文字了。除了"一九三五年十月一日"这个他们初访日期已被订正外，其余恐怕只能作为事实来接受。虽然上引内容跳跃很大，相互之间没有什么必然联系，但可以用一个字来概括它们，那就是一个"静"字。"安静"的"静"。

萧红笔下大陆新村 9 号的"静"，与鲁迅《阿金》里由"大声的叫""嚷嚷"乃至"巷战"所构成的"扰动"是龃龉的，这显然是现实世界与作品世界的差异。据此有理由推测，后者的所谓"闹"的世界，其实是在一个现实中"寂静"的环境下造就的，是一个空想的世界，作品的世界。正像鲁迅不相信"穷愁著书"①，认为"文学总是一种余裕的产物"②一样，真有一个"阿金"在他身边大声嚷嚷，也就不会有一个作品中的"阿金"了。

笔者认为，"阿金"是一个想象的产物，是一个虚构的人物。

四、走进作品的现实要素

既然"阿金"是想象的，是虚构的，那么以上讨论的"大陆新村 9 号"鲁迅故居和对面的"留青小筑"等，对作品的内容来说也就全无意义了吗？否。笔者认为，包括这两处建筑在内，鲁迅身边的许多事项，都作为要素进入作品中来，或者说，作者鲁迅借助于眼前的林林总总为想象的"阿金"搭起了一座想象的"舞台"。

鲁迅的周边的确住着外国人。这从上引萧红的目击可以获得确认。而且也正像前面介绍"留青小筑"时所说，就位置关系而言，作品与现实世界完全相符。甚至"我"这边的"楼窗"，置换为大陆新村 9 号二楼南窗也未为不可——不过，以笔者的现场实测，即使站起身来也未必能够看到

---

① 鲁迅：《华盖集·"碰壁"之后》，《鲁迅全集》第 3 卷，第 72 页。
② 鲁迅：《而已集·革命时代的文学》，《鲁迅全集》第 3 卷，第 442 页。

下面，因为窗台太高，而底层玻璃也不是透明的那种，更何况还隔着一张桌子。另据孔海珠著《痛别鲁迅》（2004）所收两张照片[①]，二楼南窗的玻璃虽与现在所见不同，但底层玻璃的不透明和由于窗前堆得很满致使窗户的不容易推开以及即使推开也不易向外看这几点与现在并无不同。更何况萧红证实鲁迅工作时有紧闭窗户的习惯，哪怕"屋子里热得和蒸笼似的"[②]也不肯打开。

所以，夜里听见外面的叫声，"同时也站起来，推开楼窗去看"的"我"，也就未必是作者鲁迅本人了。锡金先生所指出的"'我'也可以作为一个人物来看待"[③]，在这个意义上是成立的。

有一点需要在此申明，过去人们对"阿金"象征意义曾有过种种阐释，包括《鲁迅年谱》中所认为的"寄予了对国民党反动派的曲折的攻击"[④]以及那些与此不同的观点[⑤]，这些讨论都涉及当时的许多现实性要素，但这里却不打算把它们纳入本文意义上的"现实要素"的讨论中来。本文所说的"现实要素"，是指直接进入作品的那些现实中实际存在的素材本身，而不是这些素材进入作品之后所具有的"象征意义"，或者由"象征意义"而反推出来的"史实"。可以说，上面提到的"留青小筑""大陆新村"以及鲁迅的书斋等都是不争的现实要素。

另外一点是作为"阿金"社会角色的"娘姨"身份。前面已经说过，很难想象鲁迅身边实际存在着一个现成的"阿金"原型，但"娘姨"或"阿妈"在当时似乎随处可见。鲁迅和许广平到上海后究竟用过多少保姆，似还没有人专门研究过，据说上海鲁迅纪念馆今后将组织人做这一课题。就

---

① 孔海珠：《痛别鲁迅》，上海社会科学院出版社，2004年。两张照片分别为该书第1页"鲁迅逝世当天拍摄的书橱"和第21页"鲁迅逝世当日的书桌"。

② 萧红：《回忆鲁迅先生》，第27—28页。

③ 锡金：《鲁迅的杂文》，《长春》创刊号，1956年10月。

④ 鲁迅博物馆鲁迅研究室等编：《鲁迅年谱》（第4卷），人民文学出版社，1984年，第150页。

⑤ 如竹内实《阿金考》和黄楣《谈〈阿金〉》就都认为，把"巷战"之类具体看成对什么什么的讽刺，实际也就和当年因此而不许作品发表的国民党检察官的眼光没什么不同。参见《冯雪峰致薛绥之的信（1973年9月—1975年10月）》。

笔者现在所查到的情况而言，鲁迅和许广平在景云里 23 号时曾用过一个保姆，后来他们搬到 18 号时把这个保姆留给了柔石和魏金枝[①]。顺附一句，中文版《阿金考》说"鲁迅搬家的时候，魏金枝和柔石有一个女佣，人们都叫她阿金"[②]，似误译，日文原意为"鲁迅搬家时把女佣人留给了魏金枝和柔石，这就是作为普通名词的阿金"[③]。应该订正过来。后来有一个叫"王阿花"的带过海婴，鲁迅甚至还为她打过官司[④]。在大陆新村 9 号，萧红看到鲁迅家有两个"娘姨"，一个做饭，一个带海婴，还特意写到她们[⑤]。这就是说"女佣"也是鲁迅生活中的一部分。大陆新村的厨房在一楼北侧，那是"娘姨"工作的场所，这与前面"留青小筑"的厨房位置相同，这种位置也出现在《阿金》中。只是在实际生活中，"比起别人家的厨房来"，鲁迅家的厨房"却冷清极了"，只能听到炒菜、洗米和洗刷的声音[⑥]。

那么，让"阿金"这么个鲁迅身边本不存在的"娘姨"登场，是鲁迅在"静"中取"闹"了？的确是有这么种倾向，至少就大陆新村的环境而言是如此。但是这"嚷嚷""巷战"和"扰动"也并非凭空杜撰或取他人之事，其实也是鲁迅自身生活经历的一部分，只不过是非创作"阿金"时的共时性经历，

---

① 参见魏金枝：《和柔石相处的一段时光》，《文艺月报》1957 年第 3 期；《左联杂忆》，《文学评论》1960 年第 2 期；《柔石传略》，丁景唐、瞿光熙编《左联五烈士研究资料编目》，上海文艺出版社，1962 年。在笔者所见资料中，此事只有魏金枝提及而且不断提及："连给我们弄伙食的一个老女工，听了这个消息，也簌簌地掉下泪来……"；"这里是鲁迅先生曾经住过的，户口还注明是周豫才，所用的保姆，也是鲁迅先生家用过的"；"连所用的保姆，原本也是鲁迅先生家里的"。

② 竹内实著，程麻译：《竹内实文集　第 2 卷　中国现代文学评说》，第 132 页。

③ 竹内实：「阿金考」，佐佐木基一、竹内实编『日本と中国』，第 155 页。原文为："鲁迅は引越しするとき魏金枝と柔石のために女中をおいていった。すなわち、普通名詞としての阿金である。"

④ 此事见鲁迅日记 1929 年 10 月 31 日（《鲁迅全集》第 16 卷，第 157 页），1930 年 1 月 9 日（《鲁迅全集》第 16 卷，第 178 页）、6 月 21 日（《鲁迅全集》第 16 卷，第 201 页）；书信 1929 年 11 月 8 日致章廷谦（《鲁迅全集》第 12 卷，第 211 页）。

⑤ 萧红在《回忆鲁迅先生》里多处写到"娘姨""女佣人"和"保姆"。如，"我问许先生为什么用两个女佣人都是年老的，都是六七十岁的？许先生说她们做惯了，海婴的保姆，海婴几个月时就在这里"（第 14 页）。

⑥ 萧红：《回忆鲁迅先生》，第 30 页。

乃是此前记忆的唤醒罢了。许广平曾记鲁迅此前在景云里时的"未能安居"之状况。

> 住在景云里二弄末尾二十三号时，隔邻大兴坊，北面直通宝山路，竟夜行人，有唱京戏的，有吵架的，声喧嘈闹，颇以为苦。加之隔邻住户，平时搓麻将的声音，每每于兴发时，把牌重重敲在红木桌面上。静夜深思，被这意外的惊堂木式的敲击声和高声狂笑所纷扰，辄使鲁迅掷笔长叹，无可奈何。尤其可厌的是夏天，这些高邻要乘凉，而牌兴又大发，于是径直把桌子搬到石库门内，迫使鲁迅竟夜听他们的拍拍之声，真是苦不堪言的了。[1]

再加上"绑匪"与警察的枪战以及顽童的投石放火，如许广平所说，可谓"一段惨痛的回忆"[2]。因此，从实际情况而言，鲁迅的数次搬家，从景云里到拉摩斯公寓，再到大陆新村[3]，几乎可以说是个避乱求静的逃避过程。结果是获得了一个相对安静的居住环境，并把此前的一段经历复活在《阿金》里。《阿金》里的热闹完全可以和许广平记忆里的景云里重合。

环境有了，角色有了，"闹"的氛围也有了，可以说，到此为止几乎已经找到了《阿金》这篇作品所包含的来自现实当中的基本要素。然而，这却并不意味着问题已经解决，因为还有一个基本问题未能解答，那就是鲁迅以怎样的意识框架把这些要素构制为一篇作品，并确立（塑造）起"阿金"这个人物。换句话说，"阿金"是通过"我"的"看"而展现的，那么鲁迅又是怎样来构制出了这种"看"呢？

---

① 许广平：《景云深处是我家》，原载上海《文汇报》，1962年11月21日。此据鲁迅博物馆、鲁迅研究室、鲁迅研究月刊编《鲁迅回忆录·散篇》（中册），第959—960页，北京出版社，1999年。

② 许广平：《景云深处是我家》，见《鲁迅回忆录·散篇》（中册），第960页。

③ 据鲁迅博物馆鲁迅研究室等编：《鲁迅年谱》，鲁迅和许广平1927年10月8日由共和旅馆搬入景云里23号，1928年9月9日移居景云里18号，1929年2月21日移居景云里17号，1930年5月12日迁至北四川路拉摩斯公寓，1933年4月11日搬入大陆新村9号。

五、"异人馆"的厨子
——鲁迅敷衍《阿金》的一块模板

笔者由此想到了《支那人气质》当中的一段描写。鲁迅留学日本时就读过《支那人气质》，直到临死前仍念念不忘，希望有人能翻译出来给中国人看。

这里似应回顾一下《阿金》的故事展开。"阿金"是在外国人家做事的一个女仆，她的最令"我"讨厌之处是她和"朋友""姘头"的"大声会议，嘻嘻哈哈"，她们的"嚷嚷"使"我"无法做事，而这种情形又持续不断；她们即使因"扰动"被洋人骂了踢了，其效力也只能保存五六夜，此后还是一如既往；后来"阿金"因引起大规模的"巷战"而被主人辞退了，但"补了她的缺的"那个女仆"又招集了一群男男女女，连阿金的爱人也在内，保不定什么时候又会发生巷战"。

这里写的分明是受雇于外国人家女佣的喧骚以及喧骚的周而复始，"我"只不过因和"阿金"的主人是邻居这层关系而不幸受到"扰动"而已。如果设身处地地替"阿金"的主人想一想，那情形将会是怎样呢？但这已经超越了《阿金》这篇作品的描写角度，所以作品本身回答不了。要想回答这个问题，也就必须换个角度才能做到，即把观察者从外国人的邻居变为外国人自己。而涩江保译本中恰好提供了这样一个角度，可以由此看到展现在那里的情形。因篇幅有限，此处略去日文原文。

译文：

在受雇于支那异人馆的各种从仆当中，掌握一家之和平者，非厨子莫属。当厨子刚雇到这家来时，夫人会向他讲述希望他做什么和不希望他做什么，厨子则始终以一种与生俱来（不可谓后天习得）的诚心诚意［外观上］，洗耳恭听。例如，夫人对他说："从前的那个厨子有个坏毛病，他总是把没发好的面包坯放进烤炉里，这是我把他辞退的一个原因。"新厨子会笑着说："仆难免多有过失，却决不会顽固至此，老天在上，岂敢有强使奶奶大动肝火之理？"夫人后吩咐说："把狗、闲汉、烟草这三样带进庖厨，是我最不能忍受的。"厨子答道："仆素性非常讨厌狗，也不吸烟，又是他乡之人，在府内只有一二个朋友，而又没有一个是闲汉。"遂被这家雇佣了。但没隔数日便露了底细，彼之在面包的做法上恰和前任厨子相"伯仲"（brother）；朋友出入庖厨无数，而且携犬而至者亦为数不少；厨房里吞云吐雾，烟草气味不断。把厨子叫来问是怎么回事，回答说："仆承认面包确实没发起来，但决不是面揉得不好；是有朋友到厨房来，这事没错，但并不是仆的朋友，而真的是短工［今受雇在这家干活］的同党。但决无携犬而入之事，而且他们都已经回去了，一个人也没留下。盖不会再来。但明日可能再来也未可知。我等从仆，没有一个人吸烟，若有烟气，肯定是隔壁那一家的从仆所为，彼等皆非常好烟之辈，想必烟从墙那边飘至而来。仆真的是遵守家法，但却不能使别人都来遵守。"（第90—91页）

这是日译本中展现的史密斯为叙述中国人的一种"特别的气质"，即"柔弱的强硬（Flexible Inflexibility）"所举的一个例子。"厨子"在不听主人话，对主人"面从后背"以及召集闲汉在主人家"扎堆儿"这一点上，与《阿金》里的描写完全一致；而且在补缺的后任一如既往，与前任一样，丝毫没有改善这一点上，也与《阿金》里的处理方式完全一致。由此看来，说鲁迅在创作《阿金》时借用《支那人气质》所提供的史密斯的这块"模板"来铺陈自己的作品，也并不是过于勉强的罢。

在《阿金》的创作问题上，鲁迅与《支那人气质》一书的关系还并不只是以上所见素材和素材处理方式的借用。笔者曾经指出："从仆"与"包依"作为表示"仆人"的概念，在涩江保的日译本《支那人气质》中，体现着史密斯所确立的观察中国人"气质"的一个视点，在史密斯看来，"从仆"或"包依"是"支那人全体之撮要"，"是支那人之一标本，由此推察一般支那人"；这一"职业"视点亦为鲁迅所借鉴并用以自觉反观中国的国民性，其对应关键词是"西崽"（boy），所不同的是鲁迅将"西崽"这一职业普遍化为一种"西崽相"，凸显其处于"主奴之界"的奴性特征。笔者认为，"阿金"这一人物创作基本处在自史密斯的"从仆""包依"到鲁迅自身的"西崽""西崽相"这一发想的延长线上，或者再扩大一点说，与鲁迅借助史密斯对国民性的思考有关——如此说来，即使在《阿金》这一篇上，鲁迅与《支那人气质》也存在着某种"认知结构"上的对应关系。

结 论

尽管如此，笔者还是不能同意孟超在《谈"阿金"像———鲁迅作品研究外篇》（1941）一文中的观点，虽然这是研究"阿金"的最早的一篇论文，而且也非常敏锐地捕捉到了"阿金"身上"西崽相"的一面，并开了拿她与"阿Q"相提并论的先河。理由是把"阿金"抽象为一个政治符号，放弃了对"阿金"形象本身的分析。"阿金"是一个女人，是一个形象，当作者把她作为中国女人的"标本"（"愿阿金也不能算是中国女性的标本"）来考虑时，恐怕未必会那么干瘪和机械的吧。

正如人们业已指出的那样，《阿Q正传》里的"吴妈"、《故乡》里的"杨二嫂"、《父亲的病》里的"衍太太"等人物也未必不能跟"阿金"放在一块儿考虑。倘若再扩大一点，把"阿金"放在鲁迅的女性观的整体中来考察，那么"阿金"又处在怎样的位置呢？以笔者之管见，在鲁迅以《娘儿们也不行》（1933）来回应林语堂的"让娘儿们来干一下"之前，就已经以同样的思路在谈"以姜妇之道治天下"的男人社会里女人的"行"与"不行"了，如"密斯托枪"和"以脚报国"的主角就都是女人，这回再造一个搅得四邻不安的"阿金"出场在这一思路里也毫不奇怪———鲁迅当然不希望中国的女人都是这样，但在中国文化里能割去"阿金"的性格要素吗？这也许就是"阿金"的底蕴和不朽的力量所在，她会让每个时代的人都能找到自己所认为的"阿金"，因此关于"阿金"形象争论，恐怕还要伴随着《阿金》的读书史持续下去。但在此需对本文做出结论了。

首先，《阿金》是一篇创作，"阿金"和"我"都是架空的，因此"我"的"看"不能等同于鲁迅的看，前者只是鲁迅的叙述手段。

其次，场景设置和人物设计皆有眼前事物和亲身经历为依凭，却又在悬想中构筑了一个非常真实的由"娘姨"们占领着的喧嚣的市井世界。

第三，在作品的所有要素都已齐备的前提下，令鲁迅终生不忘的《支那人气质》中的关于"厨子"的段落和"从仆"的观察视点，为鲁迅眼前和经历中的那些素材提供了有效的组织模式，使之能够最终形成作品。反过来说，这篇作品渗透着鲁迅始终保持的在"国民性"问题上的强烈观照意识。这一点也为鲁迅与《支那人气质》的关联性提供一个不可动摇的实例。

第四，《阿金》虽不足3000字，却熔铸着鲁迅自留学以来人生阅历的许多要素，或者说这篇作品是在他丰富的人生阅历的支撑下成就的，这种情形或许和做《阿Q正传》时的"阿Q的影像，在我心目中似乎确已有了好几年"的酝酿过程很相像。借用丸山升先生在论述"作为问题的1930年代"时所强调的那种之于"路线"的"个体差异"，那么这篇看似轻松的作品便可能更具"鲁迅"文学的特征或其可能性，只是它们的很大一部分并没被包含在以往的解释当中。

留学生周树人周边的"尼采"及其周边

前言:"周树人"视点下的"尼采"

"鲁迅与明治日本"是既往的"鲁迅与尼采"这一研究框架中的一个课题范畴。本论所要探讨的问题也就在这一范畴当中,从这个意义上来说,仍是这个范畴内问题探讨的继续。不过,涉及两点,或许与既往的研究有所不同。

第一点是研究视点的调整,具体地说,就是把过去的"鲁迅"这一研究视点调整到"留学生周树人"上来。这一调整只是观察视角的切换,并不意味着把作为鲁迅一个有机组成部分的留学生周树人从鲁迅这一研究对象当中切割出去,变成独立于鲁迅之外的另一种存在,而是试图还原留学生周树人当年所置身的那个历史现场,从而尽量减轻鲁迅成为"鲁迅"之后关于"鲁迅"的庞大阐释对此前那一部分历史观察方面所构成的影响。属于历史人物的故事应该还给历史的当事者本人。而在本论当中,留学生周树人很显然是这个历史故事的主人公,即当事者。

伴随着这一观察视角的调整,处在同一构架内的"尼采",也会自然发生变化。这种变化直接带来一个关于尼采的追问,即当年的清国留学生周树人所实际面对的到底是怎样一个尼采。从周树人视角明确提出这一问题,并且力图予以探明,恐怕是本论与既往研究的另外一点不同。

就方法而言,本论导入了"周边"这一概念。这是一个相对的概念。当把"尼采"作为某类框架中的问题时,"尼采"才会成为浮现在周树人周边的一个焦点并且自带一个周边。然而，事实上当把问题框架做出某些调整而目光所及又旁及其他问题时，则会发现同样一个周树人的周边还会另有很多焦点在凝聚，在浮动，而这些焦点的周围又都各自带有相应的周边，就像抓起一把小石子抛向平静的水面所看到的那种情形。具体就人物而言，可与"尼采"这一焦点相并列的一列就可以是一长串，托尔斯泰、叔本华、斯蒂纳、易卜生、克尔凯郭尔、拜伦、雪莱、莱蒙托夫、普希金、裴多菲等等。而从理论上讲，周树人从仙台回到东京后所作那几篇论文，即《人之历史》《摩罗诗力说》《科学史教篇》《文化偏至论》《裴多飞诗论》和《破恶声论》里涉及的人物和事件，基本上都可以看成是周树人采择于周边，而纳之于其中的各种关注对象，只要把所谓"问题意识"指向其中的任何一点，都会使之成为"焦点"。也就是说，本论所取的只是周树人周边的一个焦点，即明治"尼采"及其周边而已，其与周围的互动只在必要时涉及。本论将采取调查整理和描述周边以映衬和凸显主体的方式来呈现周树人和他的"尼采"。

一、具体问题："尼佉""之言曰"出自哪里？

这也关系到《鲁迅全集》的一条注释。收录于第 1 卷的《文化偏至论》一文，作于 1907 年（发表于 1908 年 8 月《河南》第 7 号，署名"迅行"[①]），保留着"尼佉""之言曰"的一段话，是鲁迅留学时期文本中笔涉"尼采"的 7 处之一[②]，当然，那时还不用"尼采"二字，而是写做"尼佉"：

> 德人尼佉（Fr. Nietzsche）氏，则假察罗图斯德罗（Zarathustra）
> 之言曰，吾行太远，孑然失其侣，返而观夫今之世，文明之邦国
> 矣，斑斓之社会矣。特其为社会也，无确固之崇信；众庶之于知

---

① 鲁迅：《坟·文化偏至论》，《鲁迅全集》第 1 卷，第 58 页注释。
② 按发表顺序，《摩罗诗力说》（1908 年 2、3 月）出现 2 次；《文化偏至论》（1908年 8 月）出现 4 次；《破恶声论》（1908 年 12 月）出现 1 次，总计 7 次。

识也,无作始之性质。邦国如是,奚能淹留? 吾见放于父母之邦矣! 聊可望者,独苗裔耳。此其深思逖瞩,见近世文明之伪与偏,又无望于今之人,不得已而念来叶者也。①

关于"尼伕(Fr. Nietzsche)氏"所假"察罗图斯德罗(Zarathustra)之言"的出处,1981 年版《鲁迅全集》注释如下:

> 察罗图斯德罗,通译札拉图斯特拉。这里引述的话见于尼采的主要哲学著作《札拉图斯特拉如是说》第一部第三十六章《文明之地》(与原文略有出入)。札拉图斯特拉,即公元前六七世纪波斯教的创立者札拉西斯特(Zoroaster);尼采在这本书中仅是借他来宣扬自己的主张,与波斯教教义无关。

人民文学出版社 1981 年、2005 年版 18 卷本《鲁迅全集》均使用了这条注释,给出的原文本信息也同样是"《札拉图斯特拉如是说》第一部第三十六章《文明之地》"②。然而,现在问题是,这条保持了 30 多年的注释是否靠得住?

根据手头有的几种《札拉图斯特拉如是说》文本查阅,笔者既没有见到"第一部"或称"卷之一"中有"第三十六章"这一章数,也没查到在该章里有"文明之地"这一名称。最近翻检日译本《鲁迅全集》,在"译注"中偶然发现,承担《文化偏至论》日译和译注工作的伊东昭雄(Ito Akio)教授早在 30 年前就已经遇到与笔者同样的麻烦,他"在《查拉图斯特拉如是说》当中未见有第一部第三十六章这一章",继而指出"《文明之地》"应该"是第二部第十四章《关于教养之国》(*Vom Lande der Bildung*)"③。那么,以此对照徐梵澄译本,则是"卷之二"中的"文化

---

① 鲁迅:《坟·文化偏至论》,《鲁迅全集》第 1 卷,第 50 页。
② 鲁迅:《坟·文化偏至论》,《鲁迅全集》第 1 卷,第 61 页。
③ 见伊藤虎丸等译:「文化偏至論」訳注(一二),『魯迅全集Ⅰ 墳·熱風』,学習研究社,1984 年,第 93 页。

之地”①；对照尹溟译本，则是“第二部”中的“文明之邦”②；对照钱春绮译本，则是“第二部”中的“文化之国”③，日译生田长江译本为“文化の国土”④，冰上英广译本为“教養の国”⑤，薗田宗人译本亦为“教養の国”⑥，诸如此类。而从内容来看，这些篇目中也的确有与《文化偏至论》中所叙大抵近似的意思。据此可以说，上面见到的《鲁迅全集》中的那条关于“察罗图斯德罗”文本来源的注释可以更正了，至少应该由目前的“第一部第三十六章”更正到上述范围里来⑦。

然而，仅仅做到这一步似乎还并不意味着问题的解决。因为和上述各文本相关部分仔细对照，还可以知道，《文化偏至论》中“尼佉（Fr. Nietzsche）氏”“之言曰”部分，并不仅仅是“与原文略有出入”，而是存在着很大的差异，至少就形态而言，其对《查拉图斯特拉如是说》并非引用或引述，而至多只能算以寥寥数语对这一章所做的概述。这样，问题就来了：这一“概述”是署名“迅行”的作者自己基于原书所为，还是参考或引述了他人的叙述或概述？然而不论是哪种情形，都要涉及“原本”问题，若是前者，则为“迅行”根据哪种《查拉图斯特拉如是说》文本进行概述；若是后者，则为“迅行”参考了哪种或哪些相关文献。——由于针对这些具体问题研究的缺位，也就直接导致了注释上的粗糙和研究当中的含糊其辞。例如，很多人可能都会意识到鲁迅早期文本中的“尼佉氏”，

---

① 尼采著，徐梵澄译：《苏鲁支语录》，商务印书馆，1992年，第117—120页。

② 尼采著，尹溟译：《查拉斯图拉如是说》，文化艺术出版社，1987年，第142—144页。

③ 尼采著，钱春绮译：《查拉图斯特拉如是说》，生活·读书·新知三联书店，2007年，第134—137页。

④ ニーチェ著，生田長江訳：『ツアラトウストラ』，新潮社，1911年，第209—214页。

⑤ ニーチェ著，氷上英廣訳：『ツアタトゥスラはこう言った』（上、下），岩波书店，1967年，第205—209页。

⑥ ニーチェ著，薗田宗人訳：『ツアラトストラはこう語った』，『ニーチェ全集』第一卷（第Ⅱ期全12卷），白水社，1982年，第177—180页。

⑦ 《查拉图斯特拉如是说》分四部，各部之下的“章”并无编号，但一些译者可能为了方便读者，把各章加上号码，如Thomas Common的英译。《鲁迅全集》注释为“Vom Lande der Bidung”在“第一部”肯定是错的，但所谓“第三十六章”，是从第一部第一章算起的编号。Common就把这章编为三十六。

"多半因袭了当时流行的观点"①，但由于缺乏实证细节的支撑，这一"判断"也就只能止于"推断"，而回答不了到底是哪些"当时流行的观点"促成并影响了初期尼采在中国的导入。

就笔者的阅读范围所及，唯一把上述鲁迅文本中所见对查拉图斯特拉的那段"概述"作为问题的是尾上兼英（Onoe Kanehide，1927—2017）。该学者是20世纪五六十年代日本"鲁迅研究会"的领军人物，也是"鲁迅与尼采"这一研究视角的提出和最早实践者，被伊藤虎丸（Ito Toramaru，1927—2003）称为"我们的'主将'"，其贡献也在学术总结中有着明确的记载：

> 从"尼采在鲁迅那里的命运"这一角度来通观从留学时代的评论到《故事新编》的鲁迅思想，是当时我们的"主将"尾上兼英在《鲁迅与尼采》（1961年《日本中国学会报》第十三集）一文里最早提出的视角。②

尾上兼英认为，"从《文化偏至论》对尼采的引用方式来看，是取其意而纳其要，予以重新构制的"③。"拿《查拉图斯特拉如是说》第二部'教养之国'的原文来做比较，可知去掉了比喻性表达从而简洁地归纳了这一章的主题，用以补强自说"④。这也就是说，在尾上兼英看来，《文化偏至论》中出现的尼采那段话，是"鲁迅"通过对"《查拉图斯特拉如是说》第二部'教养之国'的原文"进行解读，并且归纳、概括和整理的结果。也正是在这一认识的基础上，才有了他的更进一步的分析："然而，不能不注意到，实际重点所置，两者存在差距"。于是乎"尼采的场合"怎样，"鲁

---

① 钱碧湘：《鲁迅与尼采哲学》，郜元宝编《尼采在中国》，上海三联书店，2001年，第542页。

② 伊藤虎丸著，李冬木译：《鲁迅与日本人——亚洲的近代与"个"的思想》，河北教育出版社，2000年，第186—187页。

③ 尾上兼英：「鲁迅とニーチェ」，『鲁迅私論』，汲古書院，1988年，第56页。

④ 尾上兼英：「鲁迅とニーチェ」，『鲁迅私論』，第57页。

迅的眼中"又如何……便开始了①。

如上所示，尾上兼英的这份研究报告发表于 1961 年，距今已超过半个世纪，单是其对《文化偏至论》中出现的"尼采文本"的重视，就是一个极大的贡献。只可惜这一成果没被两种版本的《鲁迅全集》注释所吸收，否则就不会出现那么大的章节标示上的疏漏了。笔者也是最近才刚刚读到这篇论文，学习之外还给予了自己一次得以对既往研究加以反思的机会。反思之一，即本篇前言所述的"研究视点"的反思。自竹内好开始，日本战后的鲁迅研究一直秉承着一个基本思路，那就是以鲁迅来代表中国的近代，用以对比并反省日本的近代，作为"主将"的尾上兼英当然也是个中之人，被高大化了的这样一个"鲁迅"，使他主动放弃了有关文本方面的质疑，对置于"鲁迅"名义之下文本的原创性深信不疑，甚至忘却了他所面对的其实不是"鲁迅"，而是当时正在学习的留学生周树人留下的文本。因为是"鲁迅"的文本，所以其原创便是理所当然的。否则，怎么会上来就断定是"鲁迅"在"取其意而纳其要，予以重新构制"？怎么会断定"鲁迅""去掉了比喻性表达从而简洁地归纳了这一章的主题"？——然而此时却并非责怪学术前辈半个世纪前的研究，而说的倒是现在的情形②。在目前的"中国现代文学史"的框架里，出现同样的错误也毫不奇怪。

言归正题。《文化偏至论》中出现的那段"尼采"，并非作者"迅行"或"周树人"对尼采"原文"所做的归纳和概述，而是别人所做的现成的归纳和概述；或者更准确地说，是把别人的归纳和概述翻译成汉语，"拿来"到自己文中的产物。原本见于桑木严翼（Kuwaki Genyoku，1874—1946）《尼采氏伦理说一斑》第 137 页③，试直译成现代汉语如下：

　　十四、文化之国土　我走得过于遥远，几乎只身一人而没了伴侣，于是又折回到现代之世来看。而现代之世实乃文化之国

---

① 尾上兼英：「鲁迅とニーチェ」，『鲁迅私論』，第 57—58 页。

② 就此问题，请参阅拙文《歧路与正途——答〈日本鲁迅研究的歧路〉及其他》（《中华读书报》，2012 年 9 月 12 日 03 版，《文学报》2012 年 9 月 13 日第 20 版"新批评"第 31 期）。

③ 桑木严翼：『ニーチェ氏倫理説一斑』，育成会，1902 年，第 137 页。

土，实乃带着各种色彩之社会。但这社会，聊无确实的信仰，人
们的知识丝毫不具备创作的性质。我们无法滞留在这样的国土。
我实乃被父母之国土所放逐。然而，唯寄托一线希望的，只有子
孙的国土。

这是对现代文明的一个非难。

这段话是桑木严翼介绍尼采《查拉图斯特拉如是说》"梗概"当中的
一节，位置处在"梗概"之章中的"四　其第二篇"里，主段落内容是桑
木严翼对尼采原书"第二篇"之"十四、文化之国土"部分的归纳，最后
一句是对这部分的评语。周树人以精彩的文笔几乎一字不漏地转译了主段
落，使"尼采之言曰"变得更加铿锵有力；最后一句评语，也原意照纳，
又或嫌气势不足，而增补以自己的更为强烈的读后感，并使其切合自己所
论的"偏至"文脉。只要把《文化偏至论》拿来对照，便会一目了然。

德人尼佉（Fr. Nietzsche）氏，则假察罗图斯德罗（Zarathustra）
之言曰，吾行太远，孑然失其侣，返而观夫今之世，文明之邦国
矣，斑斓之社会矣。特其为社会也，无确固之崇信；众庶之于知
识也，无作始之性质。邦国如是，奚能淹留？吾见放于父母之邦
矣！聊可望者，独苗裔耳。此其深思退瞩，见近世文明之伪与偏，
又无望于今之人，不得已而念来叶者也。

这一发现，首次在文本层面证实了周树人即后来的鲁迅与明治"尼采"
文本之间所存在的胶不可移的关系，为周树人与时代环境之关联再添一项
可作为确证的"实证"，其意义所在显而易见。首先，这足以提醒我们去思考，
周树人所面对的到底是怎样一个"尼采"？到目前为止，我们在多大程度
上把握到了这个"尼采"的实态？其次，这也是首次发现的周树人与桑木
严翼的文本关联，除了这一条以外是否还有其他？以及桑木严翼以外的更
多的其他？还有一点也足以促使我们重新回到周树人的视点上来，那就是
他的语言能力，比如说对日语把握的程度。这一条发现，使我们获得了得
以准确判断的实证材料。由文本对照可知，这个留学生对日文理解和把握

得非常准确，翻译简洁流畅，又极富文采，把原本平淡的原文翻译得跌宕起伏，铿锵有力，完全是另一种文体的再造。这一点很重要，所谓"别求新声于异邦"里的"新声"，如果不经过这种文体再造，便不会发出。而由上面的这一条文本移译的例证，可以意会到甚至可以大致勾勒出"尼采"作为一种心像（image）是如何在周树人身上搭建起来的。

二、何者"引以为大诟"？

还是《文化偏至论》。其第四段落开头有这样一段话：

> 个人一语，入中国未三四年，号称识时之士，多引以为大诟，苟被其谥，与民贼同。意者未遑深知明察，而迷误为害人利己之义也欤？夷考其实，至不然矣。①

很显然，这是为"个人一语"之正名所做的辩言，可从中感知到当时围绕着"个人"或"个人主义"所掀起的思想波澜，尽管据此尚无法断言作者亦被卷入其中，但至少可将其视为这场思想波澜的折射。敏锐的研究者会捕捉这朵折射过来的浪花而去寻波探源。董炳月（中国社科院文学研究所研究员）在其著作《"同文"的现代转换——日语借词中的思想与文学》（2012）中尝试了这项工作。该书第三章以"'个人'与个人主义"为题，系统"梳理了清末民初大约二十年间中国的'个人／个人主义'话语"②，其中把《文化偏至论》列为"中国现代思想文化史上第一篇正面阐述个人主义思想的文章"③，并就以上引文中出现的"个人一语，入中国未三四年"一句提出了自己的看法，即"意味着他把'个人'一词作为外来词汇，并且是把'个人'一词传入中国的时间界定在1903—1904年间"；而"鲁

---

① 鲁迅：《坟·文化偏至论》，《鲁迅全集》第1卷，第51页。

② 董炳月：《"同文"的现代转换——日语借词中的思想与文学》，昆仑出版社，2012年，第215页。

③ 董炳月：《"同文"的现代转换——日语借词中的思想与文学》，第174页。

迅所谓'个人一语,入中国未三四年'的'中国'不是完整意义上的'中国',而应当是他置身的日本中国人言论界"。在此前提下,董炳月考察了"20世纪初以东京为中心的日本华人界言论状况",其成果显著,颇呈"日本中国人言论界""个人"话语之大观;而其更为重大的意义还在于,这项工作反证了在中国人的言论界里,并不存在将"个人"或"个人主义""迷误为害人利己","引以为大诟"的情况,不论是作于1902年的梁启超(1873—1929)的文章,还是出版于1903年的《新尔雅》,乃至1904年创办于上海的《东方杂志》中的相关文章,都找不到"引以为大诟"的言论,虽然存在着阐释上的差异,但不妨借用书中考察梁启超的结论来做这里的结论:那就是它们都"并未达到《文化偏至论》所谓将'个人''引以为大诟'的程度"①。

现在可以回过头来继续追问:那么,到底是何者对"个人一语""引以为大诟"?

本论所提供的思路是,所谓"言论界"的范围不一定拘泥于字面上的"中国"两个字,如果一定要带上"中国"这两个字,那么也应该是环绕在东京"中国人言论界"周围的日本言论界。因为只在后者当中才存在着需要对"个人"或"个人主义"加以辨析的情况。《文化偏至论》中所见,应该视为当时日本言论界围绕着尼采"个人主义"展开的论争对周树人的投射,而他所作出的"夷考其实,至不然矣"的判定,也正是通过这场论争所确立的对"个人主义"的价值选择。在某种意义上也可以说,他是在引鉴这些材料进行自我塑造。

这其实也是本论所要作出的结论之一,如果提前出示的话,那么就是周树人从自己周边关于"尼采"的波动中,摒弃了出于道德立场的对于"尼采个人主义"的攻击,把"尼采"从"道学先生们"的所谓"利己主义"的咒骂当中分离出来,确立为自己心目中的"精神界之战士"。所谓"比

---

① 董炳月:《"同文"的现代转换——日语借词中的思想与文学》,第175页。以上是我拜读董炳月这本专著的最大收获,在此谨对作者惠赠和所提供的信息表示衷心的感谢!

较既周，爱生自觉"①，也适用于周树人面对身边"尼采"的选择。

以上两个题目，皆据现存鲁迅文本而立，算是问题的提起，接下来将做具体展开。不过，在具体描述环绕在周树人周边的明治"尼采"之前，我打算先就"鲁迅与明治尼采"这一课题做一下简单梳理，以确立本篇的出发点。

三、关于"鲁迅与明治尼采"的先行研究

当然所谓梳理，也不过是个人视野下的整理，挂一漏万自不待言。鲁迅与尼采的关系，恐怕从"鲁迅"诞生那一刻起，就已经被他身边的同时代人注意到了，要不刘半农（1891—1934）怎么会送他那副在后来广为人知的对联："托尼文章，魏晋风骨。"②到了鲁迅晚年，瞿秋白（1899—1935）在那篇著名的《〈鲁迅杂感选集〉序言》中再次提到"鲁迅与尼采"的关系③。此后不久，这种关系也被中外学者注意到，比如李长之（1910—1978）的《鲁迅批判》和竹内好（1910—1977）的《鲁迅》就都多次提到"尼采"，提到鲁迅受尼采的影响，也提到鲁迅"酷爱尼采"④。而几乎就在他们之后不久，郭沫若（1892—1978）则更进一步指出，"鲁迅与王国维"热衷于尼采，与20世纪初尼采思想和德国哲学在日本学术界大为流行有关⑤。只可惜这一充满暗示的提醒并未把后来研究者们的视线吸引到对鲁迅与"日本学术界"之"尼采"的具体关注上来。然而"鲁迅与尼采"之

---

① 鲁迅：《坟·摩罗诗力说》，《鲁迅全集》第1卷，第67页。

② 孙伏园：《"托尼文章，魏晋风骨"》，原载1941年10月21日重庆《新华日报》，收入郜元宝编《尼采在中国》，上海三联书店，2001年，第297—298页。

③ 中国社会科学院文学研究所鲁迅研究室编：《1913—1983鲁迅研究学术论著资料汇编》第1卷，中国文联出版公司，1985年，第821页。

④ 参见李长之：《鲁迅批判》，上海北新书局，1936年，第131、223页；竹内好著，李冬木、孙歌、赵京华译：《近代的超克》，生活·读书·新知三联书店，2005年，第59、64、69、107、114、115页。

⑤ 郭沫若：《鲁迅与王国维》，《1913—1983鲁迅研究学术论著资料汇编》第4卷，中国文联出版公司，1987年，第281—286页。

关系的研究却轰轰烈烈地展开了，借张钊贻的话说，“有关研究著作，汗牛充栋，迄今未见衰歇”①。好在有张梦阳《中国鲁迅学通史》②的宏观描述和张钊贻对“鲁迅与尼采”③研究专门史的系统梳理，也让本论省却了一大段笔墨。

还是想把问题集中到“鲁迅与日本尼采”这一课题上来。因为这一研究视角所呈现的“尼采”意味着鲁迅也就是当年的周树人所实际面对的“尼采”，而其并不可以等同于此后在人们的专门或间接研究中所呈现的那个“尼采”，后者的介入，往往在加深关于“尼采”解读的同时，干扰人们对历史真相的接近。只要看一下目前《鲁迅全集》里的关于“尼采”的注释，这种情形便不言自明。仅仅从这个研究视角上讲，便应该对尾上兼英教授的开创性贡献给予高度评价。

接下来是伊藤虎丸教授的工作。他在《鲁迅与日本人》一书中搭建了“鲁迅与明治文学的‘同时代性’”④这样一个研究框架，也把鲁迅“对尼采的接受”⑤纳入这个框架里来：

> 例如，人们普遍认为，鲁迅留学时期的思想受到了尼采的强烈影响，而这种情况同他留学时期正巧赶上尼采在日本的第一次流行期不无关系。尽管他对尼采的理解，具有在日本文学中所见不到的特征，然而，诸如将尼采作为进化论者，作为反科学、反道德、反国家主义以及文明批评家来理解的框架，则仍是与日本文学共有的。如果去读一下他当时的评论，就会进一步感受到它们和那时刊登在《帝国文学》《太阳》杂志上的文章，有着相同的措辞和表达方式，或者说，有着浓重的相通的时代氛围。⑥

---

① 张钊贻：《鲁迅：中国“温和”的尼采》，北京大学出版社，2011年，第20—54页。
② 张梦阳：《中国鲁迅学通史》（6卷本），广东教育出版社，2005年。
③ 张钊贻：《鲁迅：中国“温和”的尼采》，第20—54页。
④ 伊藤虎丸著、李冬木译：《鲁迅与日本人——亚洲的近代与“个”的思想》，河北教育出版社，2000年，第8页。
⑤ 伊藤虎丸著、李冬木译：《鲁迅与日本人——亚洲的近代与“个”的思想》，第23页。
⑥ 伊藤虎丸著、李冬木译：《鲁迅与日本人——亚洲的近代与“个”的思想》，第11页。

他借助桥川文三（Hashikawa Bunso，1922—1983）对高山樗牛（Takayama Chogyū，1871—1902）的解读和其他日本近代思想史研究成果，对上述关系的"内涵"进行了探讨，具体涉及明治三十年代"尼采的流行"及其中的代表人物，如高山樗牛、登张竹风（Tobari Chikufu，1873—1955）、姊崎嘲风（Anesaki Chofu，1873—1949）、斋藤野之人（Saito Nonohito，1878—1909，亦称"野之人"），也提到井上哲次郎（Inoue Tetsujiro，1856—1944）、桑木严翼、长谷川天溪（Hasegawa Tenke，1876—1940）和坪内逍遥（Tsubouchi Shōyō，1859—1935），但重点提示的是与高山樗牛和登张竹风这两个人的关联[①]。

伊藤虎丸的这本专著出版于1983年，后来知道，他的这一框架和研究，早在1975年出版的《鲁迅与终末论》一书中就已经开始[②]，经过1980年发表的《明治三十年代文学与鲁迅》一文便已经定型了的[③]。好在现在都有中文版可供参考。

这项研究的建构，实际上突破了竹内好所设定的观念框架——即认为鲁迅没怎么受日本近代文学影响的束缚，从而把尾上兼英视角下的研究更加扩大化，也更加具有具体化的指向性。但今天看来，其缺点也很明显：第一，缺乏对实际关联的具体探讨，尤其是对文本关联的探讨，使得"同时代性"缺少确定性边界，像个万能的大包裹，什么都可以往里装；第二，在探讨鲁迅与明治三十年代的"同时代性"的同时，又急于撇清鲁迅与后者的关系，这也阻碍了鲁迅与尼采关系的探讨的深入。

就个人的读书经验而言，还应提到刘柏青教授的贡献。他是20世纪80年代初，比较及时和完整地把同时期日本学者研究中国现代文学的成果传递给国内的学者之一。1983年他受日本学术振兴会之邀访日两个月，接

---

①　伊藤虎丸著、李冬木译：《鲁迅与日本人——亚洲的近代与"个"的思想》，第34页。

②　参阅伊藤虎丸著，李冬木译：《鲁迅与终末论——近代现实主义的成立》。

③　参阅伊藤虎丸：《明治30年代文学与鲁迅——以民族主义为中心》，见孙猛、徐江、李冬木译：《鲁迅、创造社与日本文学——中日近现代比较文学初探》，北京大学出版社，2005，第219—237页。原文见伊藤虎丸、松永正義：「明治三〇年代文学と鲁迅ーナショナリズムをめぐってー」，『日本文学』，1980年6月号，第32—47页。

触了几十位学者，带回了他们的书籍和论文，回国后组织翻译出版，并和刘中树教授一起在吉林大学研究生院开启了中国现代文学中的"日本学"这一门。伊藤虎丸的《鲁迅与日本人》就是我在当时的课堂上第一次知道并且得到的。刘柏青教授在《鲁迅与日本文学》①一书中提出的鲁迅"进化论""国民性"和"个性主义"这三大块思想与日本明治时期的思想与文学的对应关系结构是非常出色的学术建构，其中就有明确的问题指向性，即"鲁迅与尼采"当中的这个"尼采"应该来自明治日本。其被中岛长文教授誉为他读到最好的一本中国学者关于"中日近现代文学关系"的著作。

继伊藤虎丸之后，不少学者在"同时代性"这一框架内对"尼采"加以进一步的追踪，他们借助了更多日本的尼采研究成果，不仅在研究面上做出更大的拓展，也在具体的问题点上实现了相当程度的深化。若让我在自己有限的阅读范围内，不揣浅薄，做僭越之评，那么有 3 种著作当不得不提：一是张钊贻的《鲁迅：中国"温和"的尼采》（2011），一是潘世圣的《鲁迅·明治日本·漱石》（2002）②，一是修斌《近代中国当中的尼采与明治日本——以"个人主义"认识为中心》（2004）③。其中最具开拓性意义的是收录在张钊贻上述一书当中第二章的内容，而这部分内容早在 1997 年就已经发表出来④。其不仅详细介绍了尼采"东渐"过程中的"日本的四条路径"，还比此前的研究更多地具体涉及"美的生活论争"当中的相关文本，并在此基础上提出了一个非常具有探讨价值的问题，即"'美的生活'的尼采与鲁迅的尼采"。潘世圣的著作除了论述尼采关联之外，还尝试全景式地展示鲁迅与明治日本的关系，可视为刘柏青《鲁迅与日本文学》的后续之作。修斌的贡献是围绕"个人主义"的问题，做了涉及尼采的更多明治文本的解读。从实际操作的层面看，以上三者的共同

---

① 刘柏青：《鲁迅与日本文学》，吉林大学出版社，1985 年。

② 潘世聖：『鲁迅·明治日本·漱石』，汲古书院，2002 年。

③ 修斌：『近代中国におけるニーチェと明治日本——「近代個人主義」認識を中心に』，星雲社，2004 年。

④ 张钊贻：《早期鲁迅的尼采考——兼论鲁迅有没有读过勃兰兑斯的〈尼采导论〉》，《鲁迅研究月刊》，1997 年第 6 期。

点是借助日本的研究成果对尼采导入史进行叙述，同时再拿鲁迅早期文本去与前者对照，并由此找出其间的相互关联，它们在提供相关背景资料开拓后继者视野的同时，也留下足资借鉴的提醒，那就是一个被整理好了的现成的日本尼采导入史对于解析鲁迅早期文本的有效程度。我的看法是具有相当大程度的有效性，但其界限也非常明显，因为拿鲁迅早期文本去硬套一个"尼采"名下的学史和文献史，显然会牺牲掉许多曾经存在于历史现场，并且实际发生过作用而且会为今天带来启示的细节。

在这个前提下，如前所述，本论将视点从"鲁迅"调整到"周树人"，尝试在留学生周树人的视野内还原他当时所面对的"尼采"，这恐怕是与既往研究最大的不同之处。日本的尼采学史，脉络清晰，资料翔实，本论所据，亦同既往，不会超出前者的范围，但若由"周树人"这一视点来看，日本的尼采学史恐怕也会发生某些明显的变形。比如说"德语与尼采"。

四、变形了的明治"尼采导入史"

日本的尼采学史大抵不会从"德语"谈起，但若谈周树人与"尼采"则必须从"德语"谈起。这是一个把对"尼采"观察视点设定为"周树人"时才会发生的问题。周作人曾专门谈过乃兄与"德文书"的关系。"鲁迅学了德文。可是对德国文学没有什么兴趣"；手里只有一部海涅的诗集，歌德的诗虽然读过，却并不怎么重视。但是"尼采可以算是一个例外，《察拉图斯忒拉如是说》一册多年保存在他书橱里，到了一九二〇年左右，他还把那第一篇译出，发表在'新潮'杂志上面"[1]。就"德语"与德文版《查拉图斯特拉如是说》的关系而言，周树人与尼采所构成的关系，也大抵与日本明治时代"德语"与"尼采"的关系相重合。可以说，是一个时代的教养结构在周树人这一个体身上的再现。

日本近代对西学的导入，就语学路径而言，先是"兰学"，之后为"英学"，

---

① 周遐寿：《鲁迅的故家》，引自鲁迅博物馆、鲁迅研究室、《鲁迅研究月刊》选编《鲁迅回忆录（专著）》，北京出版社，1999 年，第 1056—1057 页。

而后才有"德学"。故"德学"亦为"明治事始"之一。据明治文化史学者石井研堂（Ishii Kendo，1865—1943）所记，日本近代第一个学德语的，是加藤弘之。"加藤弘之天保七年（1836）生于但马出石，师从坪井为春学兰学，在幕府蕃书调所时代，和西周同做教师。万延元年（1860）25岁前后，发觉在西洋各国当中德国学术出类拔萃，遂开始自学德语。当时无人学德语，只有市川斋宫（后兼恭）跟他一起学。普鲁士国为与本邦缔结条约，派遣特命全权公使，说'国王想向幕府赠送电信机械，请派人来公使下榻之旅馆学德语'，于是开成所的加藤和同僚市川一起前往旅馆，学习德语。加藤后来回忆了他这段学德语的经历，以为今日之幸事，由荷兰语转学德语后，他与市川等两三个志同道合者开始发奋研究德语。当然没有教师，唯一可以借力的是荷兰文与德文对译字书，学得很刻苦，却是我邦德国学之始也。"①

加藤弘之后来成为东京帝国大学的首任校长，并在"进化论"席卷东洋的时代，写下了一本堪称为日本近代指南的书——《强者之权利之竞争》（1893），后由杨荫杭译成中文，1901年连载于《译书汇编》杂志并由译书汇编社出版单行本，周氏兄弟在出国以前便都读过这个译本——详细情形请参阅《关于〈物竞论〉》。这里要说的是该书早在日本版出版半年以前，已经先以德文版在柏林出版了。由此亦可知德语在明治言说中的位置。

"明治四年（1871）以后，本邦医道，以德意志流为宗，德意志为学界所重视，明治十四年（1881）九月十五日，帝国大学理、文二科亦开始以德语为必修语。过去以英语为主，德语和法语为自选科目，两年之内可在两个语种当中兼修一种，但时至今日，德语益发得势矣。"东京大学成立于1877年，1880年设立"法、理、文"三学部。"三学部成立之后，只有英语演说会，而没有德语演说会，识者遗憾。最近有医学部学生开始主办德语演说会，已经开过一两回，今后每月两回。此后将不会再有以意

---

① 石井研堂：「独逸語の始」，『明治事物起原4·第七编教育学術部』，筑摩书房，1997年，第297页。

读书之读书者流［明治十三年（1880）夏发行《中外医事新报》第九号］。"①

　　与此同时，"德语"或德国学也伴随并参与了日本近代哲学的建构。继西周（Nishi Amane，1829—1897）以"哲学"二字翻译"philosophy"②，"'进化论'词语当中之重要者，大抵由加藤博士而定"③之后，明治十四年（1881）《哲学字汇》的出版，标志着明治近代哲学体系性建构初具形态。这便是史家所称"哲学攻究之始"："哲学历经变迁，最初由英美传入，因随之受英美之德意志流感染，自十三、四年起，开始转向德意志流，随后自二十年起，完全只限于德意志矣。十四年一月，井上哲次郎、和田垣谦三、有贺长雄共著《哲学字汇》，成一小册子也。美学，有《维氏美学》哈特曼之审美纲领等出版。"④

　　周树人"弃医从文"后进的那所《鲁迅年谱》中所记"德语学校"⑤——据日本学者研究证实为"独逸语专修学校"⑥——其母体之"独逸学协会"，亦于上述"《哲学字汇》出版"、哲学界"开始转向德意志流"的1881年9月成立。协会成员约200名，上至皇族，下至平民，上文出现的"西周""加藤弘之"等当然在主要发起人之列，其旨在"掣肘英美法之自由主义，而导入德意志之法律政治学问，以建构坚实君主国日本之将来"⑦。由此亦可旁证史家上述所记非虚。而模仿德国学制，创办"独逸学协会学校（Die Schule des Vereins für deutsche Wissenschaften）"，又是"独逸学

---

①　石井研堂：「独逸語の始」，『明治事物起原4』，第298页。

②　西周：『百一新論』，『明治文学全集3』，筑摩書房，1967年。

③　井上哲次郎谈话摘录，参见石井研堂：「精神科学の訳語」，『明治事物起原4』，第220页。

④　石井研堂：「独逸語の始」，『明治事物起原4』，第279页。

⑤　北京鲁迅博物馆鲁迅研究室编：《鲁迅年谱》第1卷，人民文学出版社，1981年，第119页。

⑥　参见鲁迅著、尾崎文昭訳：『鲁迅全集』第20卷，学習研究社，1986年，第40页译注；吉田隆英：「鲁迅と独逸語専修学校——独逸学協会と周辺」，『姫路独協大学外国語学部紀要』第2号，1989年；北岡正子：「独逸語専修学校に学んだ鲁迅」，『鲁迅研究の現在』，汲古書院，1992年。

⑦　北岡正子：「独逸語専修学校に学んだ鲁迅」，『鲁迅研究の現在』，第38页。

协会"此后所展开的主要"事业之一"①，其在普及德语和德国学的教育方面取得的成果显著，前期在"对国家体制的整备"方面有着"直接效果"，后期在"教养主义的语学教育"中又发挥重要作用②。

"尼采"就是在这样"德系"背景的历史铺垫下东渡而来。众所周知，尼采（Friedrich Wilhelm Nietzsche）生于 1844 年，卒于 1900 年，从 1872 年出版《悲剧之诞生》开始，到 1889 年他发疯为止，其主要著述活动持续了十六七年，而他开始广为世界所知，几乎是他发疯以后伴随其著作的再版和评论的增加才得以实现的。因此，也可以说，尼采的著述活动和他扬名四海的过程几乎与整个明治时代（1867—1912）相重叠，与后者具有"同时代性"。

关于尼采进入明治日本的路径，据研究史呈现，主要有 4 条③，张钊贻对此也有过详细的介绍④，故这里不再重复。而要指出的是，如果再做深入挖掘或许还会有新的路径被发现，不过即便再有新的增加，也不会改变其中最重要路径的归属，那就是属于国家学院派的路径，具体说就是东京大学哲学科。

正如上文所述，如果说自 19 世纪 80 年代起，日本哲学界的关注"完全只限于德意志"，那么其主要承载者便是东大哲学科，即官学也。日本学者在叙述尼采导入史时，多引桑木严翼在《尼采氏伦理说一斑》序言中的回顾，基本以德国教授拉斐尔·科贝尔（Raphael von Köber，1848—1923）在课堂上的教学（时间在 1895、1896 年前后）为明治"尼采"之祖述，对东京大学是当时的尼采传播中心不存异议⑤。科贝尔 1893 年 6 月来日本，主讲哈尔特曼（Karl Robert Eduard von Hartmann，1842—1906）和叔本华（Arthur Schopenhauer，1788—1860），亦向日本学界力陈研究

---

① 北冈正子：「独逸語専修学校に学んだ魯迅」，『魯迅研究の現在』，第 13 页。
② 北冈正子：「独逸語専修学校に学んだ魯迅」，『魯迅研究の現在』，第 15 页。
③ 参见高松敏男：『日本における「ツアラトストラ」の受容と翻訳史』，『ニーチェから日本近代文学へ』，幻想社，1981 年。
④ 张钊贻：《鲁迅：中国"温和"的尼采》，第 150—152 页。
⑤ 高松敏男：『日本における「ツアラトストラ」の受容と翻訳史』，第 5—6 页。

神学和宗教的必要性①。据桑木严翼说，在他同学当中已有人开始做关于尼采的论文了②。明治三十四年（1901），也就是尼采死去的第二年，日本爆发"尼采热"。其象征性标志是一场论争和两本关于尼采的专著首次出版。所谓论争即"美的生活论争"，引爆于高山樗牛的两篇文章，一篇为《作为文明批评家的文学者》③，另一篇为《论美的生活》④。此后被卷入这场论争并且站在"发动者"高山樗牛这一边的主要论争者有登张竹风和姊崎嘲风，而在前三者的延长线上，还有后来在高山死后继续鼓吹"个人主义"的斋藤野人。这四个人里有两个毕业于东京大学哲学科：樗牛与嘲风同届同班，毕业于明治二十九年（1896）；两个毕业于东京大学"独逸文学专修"即德国文学专业：竹风毕业于明治三十年（1897），野人稍晚，毕业于明治三十六年（1903）⑤。两本专著，一本出自登张竹风之手，为《尼采与二诗人》⑥，一本出自桑木严翼之手，就是前面已经介绍过的《尼采氏伦理说一斑》。桑木严翼虽对尼采采取的态度大不相同，却与高山樗牛、姊崎嘲风两人一样，同出东大哲学科一门，而且还是同班同学⑦。这就是说，所谓明治"尼采热"，从某一角度看，其实也是东大哲学科和德国文学科出身的几个精英，将他们当年在课堂演习中遇到的"尼采"投放到社会大舞台上继续操练并且引起举世关注的结果。他们通过"德语"向明治日本直接输送了"尼采"，并且构筑了自己引领一个时代的关于"尼采"的言说。

---

① 茅野良男：「明治時代のニーチェ解釈——登張・高山・桑木を中心に三十年代前半まで」，実存主義協会：『実存主義』，理想社，1973 年，第 3 页。

② 桑木厳翼：『ニーチエ氏倫理説一斑』，第 2 页。

③ 原题「文明批評家としての文学者（本邦文明の側面評）」，署名"高山林次郎"，『太陽』第 7 卷第 1 号，1901 年 1 月 5 日。本论据此文本，另参阅『明治文学全集 40・高山樗牛　斎藤野の人　姉崎嘲風　登張竹風集』（筑摩書房，1967 年）所收录文本。

④ 原题「美的生活を論ず」，署名"樗牛生"，『太陽』第 7 卷第 9 号，1901 年 8 月 5 日。本论据此文本，另参阅『明治文学全集 40・高山樗牛　斎藤野の人　姉崎嘲風　登張竹風集』所收录文本。

⑤ 关于此 4 人的学历，据『明治文学全集 40・高山樗牛　斎藤野の人　姉崎嘲風　登張竹風集』所附「年譜」。

⑥ 登張竹風：『ニイチエと二詩人』，人文社，1902 年。

⑦ 据『明治文学全集 80・明治哲学思想集』所附「年譜・桑木厳翼」。

他们是明治近代国家教育体制下的"受益者",但他们所推出的"尼采"却明显蓄积着挑战明治国家体制的能量,或许也可以说是他们试图借助"尼采"来向他们至今委身其中的"所与之现实"——日益巩固和强大起来的明治国家日本——要求个人的自由,即借异域他者之"个人"来拓展本地"个人"之空间。这或许也正是那个时代的所谓"二律背反"。

话题要调整到周树人这边来。前面通过实证已经确知桑木严翼的《尼采氏伦理说一斑》是周树人走近"尼采"的一本教科书。那么另一本,即登张竹风的《尼采与二诗人》呢?答案当然也就更不在话下。借用伊藤虎丸 30 年前的研究结论:"在鲁迅当时的几篇评论中,可以原封不动地看到登张竹风在占该书主体部分的长文《论弗里德希·尼采》一文中,借尼采之口所高喊的批判 19 世纪物质文明、反国家主义、反道德主义、反科学主义、反实利主义、反民主主义的信息。而前面指出的鲁迅和斋藤野之人的共同点,在这里又可以全部原原本本地置换为竹风和鲁迅所受到的尼采的共同影响。的确,鲁迅和他留学时代的日本文学,共同拥有 19 世纪文明的批判者这一尼采形象。"① 在这一前提之下,张钊贻再次对登张竹风的该文本进行深入检读,从而也就更加坐实了两者之间存在着影响与接受关系的结论。不过,或许是受前人研究结论的影响过深,张认为许寿裳在《亡友鲁迅印象记》里提到的在弘文学院时"鲁迅拥有的'尼采的传'应是登张竹风收有《论弗里德里希·尼采》的《尼采与二诗人》",从而排除了"鲁迅"阅读桑木严翼那一本的可能性。我当初的预想也跟张钊贻先生完全一样,几乎是把桑木严翼排除在外的,而且还拥有另一种排除的理由,即无形中受到史家言论的影响,认为既然桑木严翼缺乏像高山樗牛和登张竹风那样的对于尼采的"共感"和"热情"②,那么也就自然不会

---

① 伊藤虎丸著,李冬木译:《鲁迅与日本人——亚洲的近代与"个"的思想》,第 34 页。

② 西尾干二在日本的"尼采学史"中对桑木严翼及其《尼采氏伦理说一斑》有酷评,说他对尼采理解程度低,全然不着边际,主要理由就是"桑木本身缺乏对于尼采的共感,甚至连樗牛和竹风那样的文学者的热情都没有"。参见「この九十年の展開」,高松敏男、西尾幹二编:『日本人のニーチェ研究譜 ニーチェ全集別巻』,白水社,1982 年,第 516—518 页。

被与高山樗牛、登张竹风"情投意合"的"鲁迅"所看重。这是我直到最后才把这个"桑木严翼"找来看的理由。现在看来，应该彻底修正了，即留学生周树人两种"尼采的传"都有，不仅有而且还都读了，不仅读了而且还把"尼采"相关部分或完整移译或择录其大意地将两书的内容汇入自己的文章中，在为《新生》杂志（创办失败后投给《河南》）"炮制"长文的同时，也建构自己的言说。

可以说，是东京大学这一学院系统为周树人搭建了关于"尼采"的主要知识平台。他应该是借助这一平台去"啃"其弟周作人目击到的那本德文原版《查拉图斯特拉如是说》。由当时弘文学院课程表可知，第一、二学年中国留学生们的"外语"课只有"日本语"一项，到第三学年才开设"英语"①。据《鲁迅年谱》，周树人在弘文学院从入学到毕业整两年（1902年4月30日—1904年4月30日），可知他除了日语以外并未上过其他外语课。正式学德语应该是他1904年9月进仙台医学专门学校以后的事。在仙台学了一年有半便"弃医从文"，1906年3月离开仙台再次回到东京，6月"将学籍列入东京独逸语学会所设的德语学校。在仙台医专所学的基础上继续学习德文，以便更好地利用德文阅读和翻译各国的作品"②。——而所谓"德语学校"即上文已知的"独逸语专修学校"。也就是说，到写作发表在《河南》和《浙江潮》上的论文时，周树人与德语的接触前后有三年多一点的时间——如果从准备那些文章算起，那么与德语接触的时间恐怕就要更短。其程度怎样呢？据现存仙台医学专门学校第一学年的成绩单，作为医学生外语的"独逸学"（即德语），周树人两个学期成绩均为60分，所以全年平均成绩也是60分③。从这个起点推测，那么到翻译后来集入《域外小说集》（1909）里的那几篇源自德语的作品，可以说周树人的德语水平有了突飞猛进的跨越：

---

① 北岡正子：『魯迅　日本という異文化のなかで——弘文学院入学から「退学」事件まで』，関西大学出版部，2001年，第78—84页。

② 北京鲁迅博物馆鲁迅研究室编：《鲁迅年谱》第1卷，第119页。

③ 仙台における魯迅の記録を調べる会編：『仙台における魯迅の記録』，平凡社，1978年，第104页。

> 鲁迅所译安特来夫的《默》和《谩》，加尔洵的《四日》，
> 我曾将德文译本对照读过，觉得字字忠实，丝毫不苟，无任意增
> 删之弊，实为译界开辟一个新时代的纪念碑，使我非常兴奋。①

许寿裳上面这段话证实了周树人这段时间的学习效果。关于周树人在独逸语专修学校的学习情况，本论完全遵从北冈正子《在独逸语专修学校学习的鲁迅》②所做的周密而翔实的调查并以之为根据。这份研究报告无可置疑地充分再现了那些从后来的"鲁迅"身上所呈现的要素。离开仙台回到东京不久，"鲁迅"中途入学，截止到1909年6月回国前（8月动身），在籍"独逸语专修学校"7个学期，其中除了"普通科"外，"至少有三学期在高等科学习"，在高等科使用的教材当中就有"他当时倾倒的易普生和柯尔纳的作品"，如果赶得巧或许还会聆听到山口小太郎（Yamaguchi Kotaro，1867—1917）关于"尼采"的《查拉图斯特拉如是说》的讲述，该讲义在后人的评说中可谓"天下一品"，而更重要的是，所有在校生都会受到修习德语者必读书的"三太郎文典"（即当时大村仁太郎、山口小太郎和谷口秀太郎三教授编撰的《独逸文法教科书》等德语教材）的训练，因此结论是"鲁迅德语能力之基础，为在独逸语专修学校培养所得，成为推动'文艺运动'之力"③。这个结论是可信的，不过倘考虑周作人在回忆中所述，或许还可以稍稍打些"折扣"，因为上述情形只有在完全出席的情况下才有可能是百分之百，但周作人看到乃兄"只在'独逸语学协会'附设的学校里挂了一个名，高兴的时候去听几回课"④——借用北冈正子的调查推测，"官费留学生鲁迅，在七个学期里至少保证了不被除名的出席率"⑤。不过，提出这"出席率"的"折扣"仅仅是出于慎重而已，不论其可以打多大，都否认不了周树人通过其他时间的自修和实践所获得的

---

① 许寿裳：《亡友鲁迅印象记》，鲁迅博物馆、鲁迅研究室、《鲁迅研究月刊》选编：《鲁迅回忆录（专著）》，北京出版社，1999年，第255页。

② 北冈正子：「独逸語專修学校に学んだ魯迅」，『魯迅研究の現在』，第5—43页。

③ 北冈正子：「独逸語專修学校に学んだ魯迅」，『魯迅研究の現在』，第36页。

④ 周启明：《鲁迅的青年时代》，中国青年出版社，1957年，第51页。

⑤ 北冈正子：「独逸語專修学校に学んだ魯迅」，『魯迅研究の現在』，第34页。

高度的德语解读能力。更何况即便是有限的"出席率",也不能排除另外两位任课教师相遇的可能,即教授"国文"的芳贺矢一和教授生物学的丘浅次郎①,倘若如此,那么对"独逸语专修学校"对于"鲁迅"的意义和贡献恐怕要做更高的评估,不过这已经是另外的话题了②。

话题还是回到"德语"和"尼采"上来。如果对周树人的德语和日语程度做一个综合评估,那么可依现在的日式流行说法称之为"达人",不过其德语再好也不会超过他对日语的把握和应用的娴熟,而这种情况也正与周树人接受教育的环境相符。仅就接近"尼采"而言,如果说周树人拥有日语和德语两种语言通道,那么很显然是以日语为主,德语为辅,这便决定了周树人所面对的"尼采",是由两种语言镜像交替呈现而更多的是透过日文这道滤镜折射过来的"尼采"。周树人为制作自己的文本而对"尼采"所做的采集当然也就在这一图景之内。

五、丸善书店与"尼采"

以上谈的是明治德语教育背景与"尼采"之关系,而且知道周树人当时至少读过或拥有三种关于"尼采"的著作。这就需要把视线再转移到购书上来。登张竹风《尼采与二诗人》定价35钱,桑木严翼《尼采氏伦理说一斑》定价50钱,对当时的学生来说可谓价格不菲,因为独逸语专修学校的学费每月才一元(100钱)。另一本德文原版《查拉图斯特拉如是说》的价格,现在似乎无从可查,但由于是进口原书,价格恐怕会卖得更贵吧。周树人生活节俭,却肯花钱买书,这一点恐怕也很符合明治时代的"书生气质"。

说到《查拉图斯特拉如是说》德文原书,就不能不提丸善书店。是购

---

① 北冈正子:「独逸語専修学校に学んだ鲁迅」,『鲁迅研究の現在』,第39页注释(31)。

② 请参阅本书《明治时代"食人"言说与鲁迅的〈狂人日记〉》;芳贺矢一著,李冬木、房雪霏译:《国民性十论》,生活·读书·新知三联书店,2020年。

自那里吗？周作人在回忆中没提，但十有八九应该是肯定的——接下来将获得相关旁证。丸善是明治时代直销西洋书的专门店，从留学时代直到晚年，鲁迅都与这家书店打着购书的交道。全集当中多有"托丸善"买书的叙述，如果再加上书信、日记和书账中的记录，则"丸善"出现不下百处。因此，"丸善"也是与周树人周边的"尼采"相交叉的一个不可无视的事项。但这里不妨再切换一下视角，首先来看看对于本国的"明治书生"们来说"丸善"是怎样一个去处。

十九世纪在欧洲大陆澎湃的思潮，也渗透到丸善的二楼，不停地轻轻拍打着远东这座孤岛。

丸善的二楼，那个狭窄昏暗的二楼，那个皮肤白皙、腿脚不好的店头掌柜，那布满尘埃的书架，那把理科书、导游书和文学类的书都摆在一块儿的玻璃柜子。而就在这二楼，也会时不时地摆放着那些震惊欧洲、名声响亮的著作。

……（中略）……

左拉那强烈的自然主义，易卜生透过表象所深入展示的人生，尼采那强大的狮子吼，托尔斯泰的血与肉，《父与子》当中所展现的虚无主义（Nihilism），海泽的女性研究……（中略）……在远东这座孤岛的新处女地上，这些种子想不被播种都不行。

有年轻人抱着一本订购的《父与子》，像与恋人久别重逢一样，走在丸之内宫城附近的马路上；也有年轻人眼睛紧盯着摆在丸善二楼书架上的《安娜·卡列尼娜》，把钱包倒空过来，抖出里边全部的一个月零花钱，高兴地将其买下。阿尔封斯·都德富于明朗同情的艺术、皮埃尔·洛蒂的易卜生主义、美国作者加利福利亚诗人布莱特·哈特（Francis Bret Harte，1836—1902）以矿山为题材的短篇等都是这些年轻的读者爱读的。

巴尔扎克的艺术也被广泛阅读。文学青年们手里拿着《高老头》《欧也妮·葛朗台》等廉价版的书走在大街上。

德国的保罗·海泽、戈特弗里德·凯勒（Gottfried Keller）

等也被读过。尼采、易卜生的到来是自此以后稍晚的事情，在红叶病死那会儿，哈特曼和兹达曼的名字也是我们这些文坛年轻人常挂在嘴边的。

总之，欧洲大陆的大思潮之进入的形态是有趣的。三千年来的岛国根性、武士道与儒学、佛教与迷信、义理与人情、屈辱的牺牲与忍耐、妥协与社交的小小的和平世界，在这些当中，尼采的狮子吼来了，易卜生的反抗来了，托尔斯泰的自我来了，左拉的解剖来了，呈现伟观。①

这是明治著名小说家田山花袋（Tayama Katai，1872—1930）后来在《丸善的二楼》这个题目下对丸善书店与"我"所做的回顾，明白无误地清晰呈现了"十九世纪在欧洲大陆澎湃的思潮""尼采的狮子吼"等如何从丸善"那个狭窄昏暗的二楼"，渗透到日本全国，从而动摇了"三千年来的岛国根性"的情形。

另一个当过新闻记者，并以记录世相著称的随笔家生方敏郎（Ubukata Toshiro，1882—1969）与周氏兄弟不仅是同代人，更有着几乎同一时期在东京当"书生"的极其近似的经历，他在回忆中也多次提到"洋书"与"丸善"："当然那是一家日本式的店，铺着榻榻米，点头掌柜守着火盆坐在那里"；"二楼的洋式书架上摆放着大量书籍。在那儿偶然将我的目光吸引过去的是小型蓝色封面上印着 My Religion 的托尔斯泰的著作"②。生方敏郎此后以痴迷托尔斯泰而著称。其实他不过证实了同样的情况，即每个为西洋所心动，渴望探求新知的"书生"都可在丸善找到自己情有独钟的原版之作。

周树人、周作人分别于 1902 年、1906 年相继来到东京，兄弟二人至少在"丸善的二楼"上与同时代的明治青年走到了一个汇合点，经受了异国思潮的洗礼。还记得几年前，在北京三联书店增印《近代的超克》一书时，

---

① 田山花袋：「丸善の二階」，『東京の三十年』，博文館，1917 年，据『明治文学全集 99・明治文学回顧録集（二）』，筑摩書房，1968 年，第 64—65 页。
② 生方敏郎：「明治時代の学生生活」，『明治大正見聞史』，中央公論社，1978 年，第 89、159 页。

曾为收录其中的竹内好《鲁迅》中译本增加了一条关于德文"瑞克阑姆"文库的注释,兹抄录如下,以窥德文文库、丸善书店与当时学生关系之一斑:

> 日文原文"レクラム版",系"レクラム叢書"在日本的俗称,其正式名称为 Reclam Universal Bibliothek,中文今通译为"雷克拉姆万有文库"。1828 年德国人雷克拉姆(Anton Philipp-Reclam)在莱比锡创立雷克拉姆出版社(Reclam Verlag),1867 年开始发行雷克拉姆万有文库。该文库黄色封面,以物美价廉著称,内容从文学、艺术、哲学、宗教到自然科学,涉及范围非常广泛,不仅在德语圈有着广泛而持久的影响,在明治以后的日本也是一套非常受欢迎的文库,是当时的日本知识分子尤其是青年学生获取西方新知的重要途径之一。在日本经营雷克拉姆文库的主要是丸善书店。丸善由福泽谕吉(Fukuzawa yukiti,1835—1901)的弟子早矢仕有的(Hayashi Yuteki,1837—1901)于 1869 年在横滨创办,以经营文具特别是"洋书"闻名。从何时开始进口雷克拉姆文库现不详,但据《丸善百年史》(丸善,1980)介绍,在十九世纪末和二十世纪初,也就是周氏兄弟留学的那个时代,该文库的最大消费者和受惠者是"因此而得了日后文运的人或弊衣破帽的一高学生"。周作人在《关于鲁迅之二》(1936)里首次谈到他和鲁迅通过丸善书店和雷克拉姆文库搜集西方文学作品的情况,并将表示该文库的日文片假名"レクラム"译成"瑞克阑姆"。

在此还要补充一点,"瑞克阑姆"在鲁迅文本中表记为"莱克朗氏万有文库"①。

周氏兄弟求知若渴,而丸善也给了他们相当程度的满足,以至于一旦中断,便会产生强烈的精神不适。例如,时隔近两年,当周树人于 1911 年 5 月催促周作人回国而重返东京,再次走进丸善时,便感到浑身的不自

---

① 鲁迅:《南腔北调集·为了忘却的记念》,《鲁迅全集》第 4 卷,第 495 页。

在：在东京"居半月"，"不访一友，亦不一游览，厪一看丸善所陈书，咸非故有，所欲得者极多，遂索性不购一书。闭居越中，与新颖气久不相接，未二载遽成村人，不足自悲悼耶"[1]。周作人与丸善的纽带之感丝毫不逊于乃兄，只是表达上更加平和冲淡，不像乃兄那样激烈。他在"怀东京"系列散文里专有一篇写《东京的书店》，而其中一大半实际是在"怀丸善"。

> 说到东京的书店第一想起的总是丸善（Maruzen）。他的本名是丸善株式会社，翻译出来该是丸善有限公司，与我们有关系的其实还只是书籍部这一部分。最初是个人开的店铺，名曰丸屋善七，不过这店我不曾见过，一九〇六年初次看见的是日本桥通三丁目的丸善，虽铺了地板还是旧式楼房，民国以后失火重建，民八往东京时去看已是洋楼了。随后全毁于大地震，前年再去则洋楼仍建在原处，地名却已改为日本桥通二丁目。我在丸善买书前后已有三十年，可以算是老主顾了，虽然买卖很微小，后来又要买和书与中国旧书，财力更是分散，但是这一点点的洋书却于我有极大的影响，所以丸善虽是一个法人而在我可是可以说有师友之谊者也。

> 我于一九〇六年八月到东京，在丸善所买最初的书是圣兹伯利（G. Saintsbury）的《英文学小史》一册与泰纳的英译本四册，书架上现今还有这两部，但已不是那时买的原书了。[2]

周作人开篇便是以30年"老主顾"的身份来娓娓讲述他的"丸善"。不过，这里似乎可以替他补充一点，那就是令他终生难以忘怀的第一次在丸善购书，一定是"大哥"带他去的，因为周作人抵达东京时，周树人和许寿裳早已是丸善的常客，而且也跟田山花袋上文所记"抖出全部的零花钱"的学生一样倾囊买书了："只要囊中有钱，便不惜'孤注一掷'，每

---

① 鲁迅：《书信·110731 致许寿裳》，《鲁迅全集》第 11 卷，第 348 页。

② 周作人：《东京的书店》，原载《宇宙风》26 期，1936 年 10 月刊，后收入《瓜豆集》，此引自钟叔河编《周作人文类编 7·日本管窥》，湖南文艺出版社，1998 年，第 77 页。

每弄得怀里空空而归，相对叹道：'又穷落了！'"① 从那时起，周作人恐怕就是在这样的慨叹声里跟着两位"留学先辈"踏上了通往丸善之路。所结之缘，非同一般。

> 人们在恋爱经验上特别觉得初恋不易忘记，别的事情恐怕也是如此，所以最初的印象很是重要。丸善的店面经了几次改变了，我所记得的还是那最初的旧楼房。楼上并不很大，四壁是书架，中间好些长桌上摊着新到的书，任凭客人自由翻阅，有时站在角落里书架背后查上半天书也没人注意，选了一两本书要请算账时还找不到人，须得高声叫伙计来，或者要劳那位不良于行的下田君亲自过来招呼。这种不大监视客人的态度是一种愉快的事，后来改筑以后自然也还是一样，不过我回想起来时总是旧店的背景罢了。②

这情形，与田山花袋、生方敏郎所记构成了关于"丸善"记忆的完美印证。可以说他们同处一个时代，拥有一个共同的"丸善"。而就与书和书店的关联度而言，周作人在这篇不足 3500 字的短文里，共涉及 34 个作者和 24 种著作，其中有 24 人和 15 种著作与丸善直接相关，这些都是他留学时期阅读体验的一部分，并且早已渗透到诸如与乃兄共译《域外小说集》那样的著译活动当中。不仅如此，周作人还谈到了这些书的启蒙意义，例如蔼理斯《性心理之研究》7 册，使他"读了之后眼上的鳞片倏忽落下，对于人生与社会成立了一种见解"③。如此详细的描述，在读书人关于丸善的回忆录几乎见不到的，也难怪丸善把这一篇当年的日文版④赶紧保存

---

① 许寿裳：《亡友鲁迅印象记》，见鲁迅博物馆、鲁迅研究室、《鲁迅研究月刊》选编：《鲁迅回忆录（专著）》，第 233 页。

② 周作人：《东京的书店》，《周作人文类编 7·日本管窥》，第 80 页。

③ 周作人：《东京的书店》，《周作人文类编 7·日本管窥》，第 79 页。

④ 周作人：「東京の思い出」，『学鐙』，1937 年 4 月号。

下来，并使之成为后来的《丸善百年史》的一部分 ①。

然而，这与其说体现着读书人与丸善这家书店的关系，倒不如说更体现着他们通过丸善所构成的与新知和时代思潮的关联。田山花袋和周作人的回忆都分别从相同或不同侧面提供了周树人关涉"尼采"的旁证。由前者可确知"尼采的狮子吼"传自"丸善的二楼"，而周树人循着这吼声得到了德文版《查拉图斯特拉如是说》；如果再加上生方敏郎，那么由三者回忆的相互参照可知，"尼采"不是孤立的，如果将其视为一个圆心，那么这个尼采还带着一个不小的周边，有左拉，有易卜生，有托尔斯泰，有海泽，还有巴尔扎克、哈特曼和兹达曼，英国小品文作家，以及所谓大陆文学中的那些弱小民族文学的作家，另外还有一个勃兰兑斯来陪伴，以作为上述那些人的解说者。他们都是与"尼采"不可切割的关联要素，几乎在关于"尼采"的所有语境里都伴同"尼采"一并登场。那么正像在周树人此后构制的文本中所看到的那样，即便是把"尼采"作为一个单独的观察对象来看，"尼采"也从未被从自己的周边当中剥离出来过，其道理也就在于此。让"尼采"携带一个"周边"是在那个叫做"明治"的时代所赋予"尼采"的一种存在形态。也就是说，这一"尼采"的时代形态，也被周树人完整地摄入自己的文本当中。

六、争的到底是什么？——"尼采"震荡之后的余波

不过，日语也好，德语也好，丸善书店也好，毕竟还都只是"尼采"在周树人周边渗透的环节或渠道，那么又是什么使"尼采"成为一个点或者一个圆心凸显出来，引起了周树人的注意呢？

很多论者都会提到以高山樗牛为首的"美的生活论争"。我同意这种观点，不过有一点需要在此澄清，那就是这场论争发生在 1901 年，是在周树人到达日本的前一年，在到达之后的 1902 年，这场论争的高潮已经

---

① 木村毅：『丸善百年史（上卷）・第 2 編・第 13 章　ケンブェルとシーボルト・周作人』，丸善株式会社，1980 年，第 628—631 页。

过去，随着同年 12 月 24 日领军人物高山樗牛本人死于肺病，这场论争事实上结束。也就是说，即便这场论争与促成周树人对尼采的关注有关，那么这种促成也并非直接来自论争本身，准确的说应该是这场论争所带来的余波。事实上，这场并非“尼采”名义下的论争，在日本的文艺界、思想界乃至整个读书界制造了一场巨大的“尼采”冲击，并使“尼采”在社会各界尤其是青年学生当中有了广泛的普及和渗透。周树人对“尼采”的关注也应该是这种广泛社会渗透的结果。倒是不妨去推断，随着周树人对尼采阅读的深入，他会去重新寻找那些论争中的文章，并因此而被带回到他留日以前的论争现场。

　　关于“美的生活论争”过程的介绍和评述，基本文献充实，史实也梳理得清晰[1]，在目前的汉语文本中，又以张钊贻的专著最为翔实，兹不赘述。而关于尼采冲击波造成的广泛影响和深远的社会渗透，本论将另设专题阐述。这里只提出一个问题，那就是关于“尼采”的论争，争的到底是什么？

　　可以说，“尼采”从出现的一开始就伴随着理解上的混乱。比如说，关于“尼采”的首篇文章就把“尼采”和“托尔斯泰”相提并论[2]（1893—1894）。这在后来的史家看来几乎风马牛不相及，不伦不类[3]，然而却成为此后延续了相当长时间的“托尔斯泰与尼采”言说构造的第一个范

---

① 　参高松敏男、西尾幹二：『日本人のニーチェ研究譜　ニーチェ全集別卷』；茅野良男：「明治時代のニーチェ解釈——登張・高山・桑木を中心に三十年代前半まで」；『明治文学全集 40・高山樗牛斎藤野の人　姉崎嘲風　登張竹風集』。

② 　「欧州における徳義思想の二代表者フリデリヒ、ニッシュ氏とレオ、トウストイ伯との意見比較」（『心海』第 4 号，無署名，1893 年 12 月）；「ニッシュ氏とレオ、トウストイ伯徳義思想を評す」（『心海』第 5 号，無署名，1894 年 1 月）；高松敏男、西尾幹二：『日本人のニーチェ研究譜　ニーチェ全集別卷』，第 289—298 页。

③ 　西尾干二：“关于这两篇论文的内容，将尼采和托尔斯泰这两种大抵没有亲缘性的思想并列而论，仅此一点，便可以说其时代局限已经非常明显。”（高松敏男、西尾幹二：『日本人のニーチェ研究譜　ニーチェ全集別卷』，第 512 页。）

本①，而这种情形在后来的鲁迅文本中也可以看到，比如称自己"人道主义与个人主义这两种思想的消长起伏"②的说法。

再比如说加藤弘之《强者之权利之竞争》德文版在柏林出版后，遭到西方评论界的酷评，他不服气，撰文声称自己许多观点都是原创，于是就有人马上出来发表文章（1896）告诉他，你还真别不服气，你不是主张竞争无情说，非爱说吗？那边早有一个叫尼采的已经这样说了③。

就连文豪森鸥外（Mori Ōgai，1862—1922）也遭遇了同样的困惑。那时他正热衷于介绍哈特曼（Eduard von Hartmann，1842—1906），所以对这个突然冒出的"尼采"是不大认的（1896）："（相比之下）尼采之立言，几乎谈不上是哲学。因此，哈特曼的审美学，就不仅成就了形而上门之伟观，而且即使在单一问题上也是目前最为完备的。"④

再比如说，率先关注尼采的还有宗教界，具体地说就是佛教界。继有人撰文（1898）期待"尼采"能激活佛教界的精神之后⑤，佛教界有人开始认真关注在美的生活论争中出现的"尼采"，结果他大失所望，说这不

---

① 笔者阅读所及，这种例子极多，随便找就有如下这些：大塚保治：「ロマンチックを論じて我邦文芸の現況に及ぶ」，初載『太陽』，1902 年 4 月，『明治文学全集 79・明治芸術・文学論集』，筑摩書房，第 308、315 頁；小山内薫：「青泊君」，『帝国文学』第 12 巻第 7 号，1906 年 7 月，『明治文学全集 75・明治反自然派文学集（二）』，第 180 頁；鳥谷部春汀：「大隈伯と陸奥伯」，『太陽』，1902 年 11 月，『明治文学全集 92・明治人物論集』，第 38 頁；白柳秀湖：『鐵火石火（評論集）』，隆文館，1908 年，『明治文学全集 83・明治社会主義文学集（一）』，第 259—260 頁；柳秀湖：『黄昏（小説）』，如山堂，1909 年，『明治文学全集 83・明治社会主義文学（一）』，第 191 頁；郡虎彦：「製作について」，『時事新報』，1912 年 2 月 15—20 日，『明治文学全集 76・初期白樺派文学集』，第 332 頁；木下杢太郎：「海国雑信（北原白秋に送る）」，『朱欒』，1912 年 2 月，『明治文学全集 74・明治反自然派文学集（一）』，第 271 頁。

② 鲁迅：《两地书・二四》，《鲁迅全集》第 11 卷，第 81 页。

③ 丸山通一：「博士加藤君の『先哲未言』を評す」，『太陽』，1896 年 5 月 5 日，高松敏男、西尾幹二：『日本人のニーチェ研究譜　ニーチェ全集別巻』，第 300—301 頁。

④ 森鸥外：「『月草』敍」，1896 年 11 月，『明治文学全集 79・明治芸術・文学論集』，第 248 頁。

⑤ 無署名：「ニーチェ思想の輸入と佛教」，『太陽』，1898 年 3 月，高松敏男、西尾幹二：『日本人のニーチェ研究譜　ニーチェ全集別巻』，第 302—305 頁。

是一个强者的声音，而分明是"赢弱思想之流行"[①]（1902）。当然出现这些混乱都并不奇怪，因为即使在西方尼采的本家，对尼采的理解也还是相当混乱的。据说就在日本像上面所介绍的那样，"将尼采和托尔斯泰这两种大抵没有亲缘性的思想相提并论"时，柏林剧场里正在上演着讽刺尼采的戏剧《善恶的彼岸》[②]。

不过撇开上面的这些混乱，围绕着这个"尼采"争论的焦点，在我看来，实际上就是要不要接纳"尼采"的问题。具体地说就是对"尼采"的"个人主义"的理解问题。主张接纳的就强调"尼采"的"个人主义"如何如何好，如何如何有必要；反对接纳的也是冲着"尼采"的"个人主义"说这个人和这个主义如何如何不好，其中最大的理由就是认定"尼采的个人主义等于利己主义"。而更有趣的是反对者的关于"尼采"的这种理解，更多的还是取自"尼采"的支持者和鼓吹者们的介绍，也就是说，"尼采"的鼓吹者向他的反对者提供了促使他们去思考和理解"个人主义"的思想材料。这一点可以在坪内逍遥的反击文章《马骨人言》中看得清清楚楚[③]。

这里有两点值得注意，一点是在导入尼采的主流当中，从一开始就存在着对"尼采个人主义"理解的分歧，并且一直将这种分歧延续到最后。最典型的例子是，前面已经介绍过的在东京大学教哲学的德国人科贝尔自己就不喜欢尼采，他当时的学生桑木严翼毕业六七年后回忆说："还记得在帝国大学听科贝尔教师的哲学史课时他所讲授的尼采哲学，说其文章虽然巧妙，但其主张却是极端的利己主义，当在排斥之列。"[④] 科贝尔的教

---

① 境野黄洋：「贏弱思想の流行（ニイッチェ主義と精神主義）」，『新佛教』第3卷第2号，1902年2月，『明治文学全集87・明治宗教文学（一）』。

② 高松敏男、西尾幹二：『日本人のニーチェ研究譜　ニーチェ全集別卷』，第512页。

③ 《马骨人言》初连载于《读卖新闻》1901年10月13—11月7日，无署名，但人们很快就知晓该文出自坪内逍遥之手。这是"美的生活论争"中最长也是最轰动的一篇文章。逍遥在文中攻击尼采的主要观点是，认为尼采思想是"极端个人主义""利己主义"和"歧视主义"的，是"恶精神之盲目的反动"。又因该文以戏谑笔调展开，则社会反响也尤进一层。但就内容构成来看，该文在将对方列为批判对象时，有近三分之一的"对象"内容是来自高山樗牛和登张竹风——尤其是后者。本论所引用文本为『近代文学評論大系2・明治Ⅱ』，角川书店，1972年。

④ 桑木厳翼：『ニーチエ氏倫理説一斑・緒言』，育成会，1902年，第1页。

海真挚，也影响到桑木严翼的著作。与科贝尔同时在东京大学教哲学的还有编撰《哲学字汇》的井上哲次郎，也持同样的观点。他在《哲学评论》（1901）中谈到"利己主义的道德上之价值"时，就以斯蒂纳和尼采为例，说"他们鼓吹的是以一己为中心的，想把一切都拿来供作自己资料的极端的利己主义"①。

另外一点是"尼采"在"美的生活论争"中，也就是在日本思想界、精神界当中所扮演的角色。

不论围绕着"尼采"的分歧有多大，"尼采"事实上所扮演的并非一个哲学的角色，也并非一个文学的角色，而是一个彻头彻尾的伦理角色。从桑木严翼的书名《尼采氏伦理说一斑》就可以知道"尼采"在当时日本的处境。将"尼采"首先作为伦理问题来处理符合那个时代的特征，因为再没有哪个时代能够像明治时代那样"强调伦理"。这一点可以在生方敏郎记录世相的书中获得证实："那时的学生都埋头于宗教问题和伦理问题……也算是当时的一种流行。"②

日本明治时代的伦理体系，是伴随着近代国家的整备搭建起来的。1890 年公布的《教育敕语》实际上是指导这一伦理体系的纲领性文件，其核心是要求国民无条件地效忠天皇制国家。这种伦理体系在日本的近代化过程中发挥了巨大的凝聚作用。1894—1895 年"日清战争"（即甲午战争）的胜利，使日本举国陷入狂欢，也使举国对既往所推行的从物质到精神的"举国体制"更加痴迷，从而使国家体制更进一步地强化，同时也把人们的注意力从战前的所谓国家理想更多地转移到对物质利益的关注上去。这正是高山樗牛从他对"日本主义"和"时代精神"的鼓吹，向主张"个人主义"和"本能主义"发生转变的全部背景。

他从过去曾经全力支持和倾心赞美的这个明治国家当中，在日益物质化的环境当中，开始感受到了巨大的压力，于是以"作为文明批评家的文

① 井上哲次郎编：『哲学丛书』第 1 集，集文阁，1901 年，第 1074 页。

② 生方敏郎：「明治时代の学生生活」，『明治大正见闻史』，第 100 页。

学者"①的身份投入对现实体制和文明的批判当中，又通过强调"个人本能"来描述"美的生活"②，以在日益强化的国家体制和物质环境下争取个人的自由和个人的精神空间。从这个意义上来讲，"尼采"对于他来说不是学问，而是一种方法，他是要通过"尼采"来制造一场精神革命的契机。这是他与他的同班同学桑木严翼的最大的不同。他评前者的《尼采氏伦理说一斑》时说，自己关注的不是尼采的学问而是尼采这个人——"呜呼，我等所关心者非在其说，而在其人。桑木君何不从其所谓伦理说中再向前一步乃至百步，解说尼采其人呢？"③

然而，由于他的载体是"本能主义"，他对本能主义生活观和人生观的过分描述和强调，就使得他主张"个人主义"的高尚精神动机，不得不返回到现实生活中的伦理层面上来，这导致他要和同学桑木严翼同坐一条伦理板凳，还不得不面对成群结队的道学先生们的攻击。

登张竹风出面替高山樗牛辩解，搬出"尼采"救驾："以我等之所见，高山君之《论美的生活》明显有尼采说之根据"，"要理解高山君《论美的生活》，还得了解尼采的'个人主义'"④。于是便又开始论"尼采的个人主义"如何如何，结果不仅没有把高山樗牛从伦理的泥潭里解救出来，反倒招致更大的误解，"以为高山就等于尼采"⑤，以至于提到高山便是尼采，提到尼采便是高山。效果上是帮了倒忙，不仅更进一步加重世人对高山樗牛的误解，而且也把这种误解延及"尼采"乃至登张竹风自己身上。

不过从根本上来说，这也是由尼采的鼓吹者所制造的这个尼采形象的局限造成的。正如杉田弘子的研究所显示的那样，他们的"尼采"虽然是

① 高山林次郎：「文明批評家としての文学者（本邦文明の側面評）」，『太陽』第7巻第1号，1901年1月5日。
② 樗牛生：「美的生活を論ず」，『太陽』第7巻第9号，1901年8月5日。
③ 茅野良男：「明治時代のニーチェ解釈——登張・高山・桑木を中心に三十年代前半まで」，『実存主義』，第9頁。
④ 登張竹風：「美的生活論とニーチェ」，『帝国文学』，1901年9月号，此据『近代文学評論大系2・明治Ⅱ』。
⑤ 高松敏男：「日本における『ツアラトストラ』の受容と翻訳史」，『ニーチェから日本近代文学へ』，幻想社，1981年，第11—13頁。

通过"德文"路径直入，但接触真正的尼采的原著有限，主要还是借助德语文献中对尼采的评论来塑造"尼采"①。这个"尼采"的残缺和变形自不待言。

于是面对这个"尼采"的总攻击便展开了。主要围绕着道德层面，即攻击者们无法接受一个"个人主义"也就是"利己主义"的"尼采"。"尼采"遭到排斥的最大理由就在这里。对于"道学先生们"来说，他们似乎并不惧怕一个反基督教的"尼采"，因为基督教在日本虽然存在，而且声势也逐渐强大，也有像内村鉴三（Uchimura Kanzō，1861—1930）那样的代表人物，但还不足以构成体制的威胁；他们也似乎并不惧怕一个"文明批评家"的"尼采"，因为明治虽然是一个所谓"文明开化"的时代，却还并没进化到值得展开文明批判的程度，而对国家体制的最大威胁就是这伦理道德层面上的"个人主义的利己主义"。批评者比鼓吹者对"尼采"本身更缺乏了解，在批评者当中几乎很少有懂德文的，至多只是通过英语看到的"尼采"，甚至连英译也没读过，只读过鼓吹者文章里的"尼采"，但是他们却在痛骂"本能"的同时本能地知道"高山们"要说的是什么，更何况斋藤野之人已经在《国家与诗人》一文中把这种信息明白无误地表达出来：即"诗人"（个人）是"国家"的前提，不是"诗人"（个人）为"国家"而存在，而是"国家"为"诗人"（个人）而存在，没有"诗人"（个人）所谓"国家"便没有意义。

> 国家国民之精神，长存于"人"，而"人"又常因诗人而得名，有诗人活着的地方，实乃光荣而伟大之邦。……国家者，方便也，"人"者，理想也。无"人"之国家毫无意义。故无灵魂之国，无人声之国，吾人不会有一天以其存在为德。世间多有人自称世界之势力，陶醉于虚荣赞美，而值得怜悯的国民可能听到人生之福音乎？呜呼，若吾等长久不能以我国语知晓"人"之意义，吾

---

① 杉田弘子：「ニーチェ解釈の資料的研究——移入初期における日本文献と外国文献の関係」，東京大学国語国文学会：『国語と国文学』，1966 年 5 月，第 21—34 頁。

等将只会成为亡国之民，身蹈东海的漂浪之民。①

熟读《摩罗诗力说》的读者看了上面这段是否觉得有点眼熟？——是的……但笔者想还是暂时将这故事放下，留给下一步去仔细整理，而接着把现在的话题进行完。

很显然，如果按照这一伦理逻辑走下去，要求对国家绝对服从的明治伦理体系将受到彻底的动摇。只要知道大文豪夏目漱石（Natsume Sōseki，1867—1916）在12年后的1915年才敢在公众面前谨慎而温和地发表他的《我的个人主义》②，就不难想象樗牛、野人兄弟及其支持者们具有何等巨大的冲击力了。于是一场惊心动魄的反击便开始了。坪内逍遥以《马骨人言》长篇连载出马，使"高山们"充分领略了这个文坛老将的老辣自不待言，而本来应该和他们处同一战线的文学者们也因对"尼采"误解，对他们施以攻讦，如与谢野铁干（Yosano Tekkan，1873—1935）就是因为"尼采"而在自己创办的《明星》杂志上专门撰文对这个《明星》的有力支持者不遗余力地展开批判③。

可以说在当时的日本主流知识界，几乎大多对这个被解释为"个人主义的利己主义"的"尼采"保持着高度警惕。

明治三十五年即1902年年初，丸善书店策划了一项堪称"知识人总动员"的问卷调查，请70多位知识界著名人士选定"十九世纪的大著述"，并将结果发表在当年《学灯》杂志3月号上。达尔文《物种起源》得票最高，32票，尼采得票最低，只得了3票，其中当然包括高山樗牛的1票，而这

---

① 斎藤野の人：「国家と詩人」，原載『帝国文学』1903年6月号，此引自『明治文学全集40·高山樗牛　斎藤野の人　姉崎嘲風　登張竹風集』，筑摩書房，1967年，第106—107页。

② 夏目漱石：「私の個人主義——大正三年十一月二十五日学習院輔仁会において述」，原載『輔仁会雑誌』，1915年3月22日，収入三好行雄編：『漱石文明論集』，岩波書店，1986年。其言曰："私以为，不论怎样，当国家处在稳定时期，就应理所当然地把重点放在具有高度道德性的个人主义上来（国家の平穏な時には、徳義心の高い個人主義にやはり重きをおく方が、私にはどうしても当然のように思われます）。"第137页。

③ 與謝野鐵幹：「高山樗牛に与ふ」，原載『明星』，1902年2月号，此据『近代文学評論大系2·明治Ⅱ』，参照第248—257页。

一结果也当然令他颇感"意外"①。

这一事件反映了体制内对"尼采"的评价，也足以显示"尼采"在日本现实中所遭受的困境。而且这种困境还不仅仅是精神的，更是物质的，还不仅仅是口头的，而且更是人事的。

高山樗牛英年早逝，就在周树人来到日本留学的 1902 年末因肺病去世。但在那以前，他已由 19 世纪的"尼采"而投奔 13 世纪的僧侣日莲上人（Nichiren Shonin，1222—1282），而就在这一刻，用桥川文三的话说，"'未来之权利'的青年之心，已不待他永眠而早已离他而去"②。

登张竹风一系列反击驳难的文章，在很多地方也算是把攻击者驳斥得体无完肤，例如他回应坪内逍遥的《马骨人言》说，你有骂我们的功夫何不去读读尼采的原文？逍遥不懂德文甚至还要以"苦肉计"③的方式在对方鼓吹尼采的文章里去找"尼采原说"，也的确是受了不小的屈辱，但这些都无法阻挡体制的胜利和登张竹风的失败。他当时任高等师范学校教授，校长正是著名教育家嘉纳治五郎（Kano Jigoro，1860—1938）。尽管登张竹风放言无忌，但由于"是有肚量的嘉纳当校长，在那四五年间"，对他的言论未置一言，"然而，不满之声却由外部传来"。

　　明治三十九年九月十一日，我因病请假。

　　第二天，嘉纳先生来了封私信让我亲展，说"有急事商量，请马上来学校"，于是抱病急忙赶了过去。

　　"友人告诉我最近似有高官到文部省来谈判，说'在普通教育之源泉的高等师范学校里，好像有人发表奇谈怪论，而且还闹到了外边，似乎主张超人什么的。超人之类的思想，若细考下去，岂非恐惧之至？对这样的人非人，文部省为何至今不闻不问？'

① 木村毅：『丸善百年史（上巻）』，丸善株式会社，1980 年，第 457—473 页。

② 桥川文三：「高山樗牛」，『明治文学全集 40・高山樗牛　斎藤野の人　姉崎嘲風　登張竹风集』，第 392 页。

③ 参阅杉田弘子：「ニーチェ解釈の資料的研究——移入初期における日本文献と外国文献の関係」，『国語と国文学』，1966 年 5 月。

> 你的言论思想怎样，我从未去想过。不过事到如今，作为校长，
> 庇护你就等于庇护你的思想，这个校长我做不来。但事已经过去，
> 已成旧闻，如果眼下你完全不再主张这种思想，还多少可以想些
> 法子。可思想又是别具一格之物。如果你的意见是今后继续倡导，
> 这是你的自由，但倘如此也就迫不得已，你必须立刻提出辞呈"。①

就这样，登张竹风"丢掉教职"。作为"美的生活的论争"的结果，尼采的鼓吹者们都遭受重大挫折。而这一点也正和丸善书店所做的问卷调查完全相符。

高山樗牛当时对问卷的结果感到意外，是因为他知道那个结果与"尼采"在青少年当中的巨大反响不符。《丸善百年史》也总结说："若是在高中生、初中生中投票，那么尼采的得票将会因学生们对高山的崇拜而飙升。"② 这就是说，体制获得了胜利，而"尼采"却拥有了青年，赢得了当时青年们的心。留学生周树人也在这些青年当中，是他们其中的一个。

周树人并没亲身经历那场关于"个人主义"的论争，但他却通过这场论争留下来的荡漾在周边的余波，思考了这场论争，不仅做出了自己的价值判断，也做出了明确的批评，也就是我们在《文化偏至论》里看到的这段话：

> 个人一语，入中国未三四年，号称识时之士，多引以为大诟，
> 苟被其谥，与民贼同。意者未遑深知明察，而迷误为害人利己之
> 义也欤？夷考其实，至不然矣。

这段话不仅是他身边曾经发生过的关于"尼采"论争留下的涟漪，更是他对近代精神价值的一种筛选，从此"尼采"及其"个人主义"，便也同样作为一种方法被他带入汉语的语境中来，又在此后的文本中被不断翻译、阐释和复制，跟着他正式进入了中国，以至时至今日，包括本论在内，

---

① 登张竹風：「三十年前の思い出」，『人間修行』，中央公論社，1934年，高松敏男、西尾幹二：『日本人のニーチェ研究譜　ニーチェ全集別卷』，第458—459页。
② 木村毅：『丸善百年史（上卷）』，丸善株式会社，第468页。

都在叫做"鲁迅"的文本中爬梳着关于尼采的残片，思考着它们留给今天
的意义。

2012 年 11 月初稿
2013 年 3 月修改
2022 年 10 月校订

留学生周树人"个人"语境中的"斯契纳尔"——兼谈"蚊学士"、烟山专太郎

前言

在周树人留学时代关于"个人"的语境当中有个"斯契纳尔（M.Stirner）"，该人被《鲁迅全集》注释为现在通用的"斯蒂纳"或"施蒂纳"①。本论将此作为问题提出，是缘于两个相互关联的契机。

一个是作为笔者《留学生周树人周边的"尼采"及其周边》一文的接续内容，"マクス・スチル子ル"——"斯契纳尔（M.Stirner）"也是出现在留学生周树人周边的那个"尼采"的周边事项之一，当以"尼采"为中心观察其周边时，便必然要与之相遇。在前一章节中，笔者在"鲁迅与尼采"这一研究框架内做了两点尝试，一个是研究视点的调整，即把从后面看的"鲁迅"，调整为从前面看的"周树人"，再由前向后看"尼采"在从"周树人"到"鲁迅"过程中的伴同轨迹及其影响；另外一点是通过"清国留学生周树人"的视角来确认他当时面对的到底是怎样一个"尼采"。就方法论而言，笔者在其中导入了"周边"的概念。

从这个意义上说，这个"斯契纳尔"即现今通称的"施蒂纳"，也就是在此之前已经定位了的那个"尼采"周边的一个相关事项。一般说来，

① 人民文学出版社 1981 年版《鲁迅全集》注为"斯蒂纳"，参见第 1 卷第 60 页注释（29）、（31）。2005 年版，第 1 卷第 61 页，注释（29）为"斯蒂纳"，（31）为"施蒂纳"。本论表述采取目前通常所使用的"施蒂纳"。

其在周树人的关注当中,通常与"尼采"结伴而行,是处理"尼采"问题时所必然要涉及的一个对象。而且也跟"尼采"之于"周树人"的情形一样,应该首先明确的一个问题,就是当年的留学生周树人面对的是怎样一种情形的"施蒂纳"?答案当然是保留在鲁迅文本中的"斯契纳尔",而不是后来被阐释的处在现今语境下的"施蒂纳"。

促成本论的另外一个契机,是苏州大学中文系汪卫东教授向笔者提出的问题和他在解答这一问题上所做的努力及其取得的成果。早在七八年前他就向笔者提出"蚊学士是谁?"的问题。这是出现在日本明治时代《日本人》杂志上的一个署名。由于笔者一直处于其他课题的驱赶之下,无暇去调查,就当作留给自己的一份作业存案下来。2013 年 3 月,在南京师范大学参加"鲁迅与 20 世纪中国文学国际讨论会"时,再次见到汪先生并获赠他的新著《现代转型之痛苦"肉身":鲁迅思想与文学新论》(以下略称"汪著"),诚乃令人欣喜。作者在与"蚊学士"相关的研究方面付出了艰苦的努力并终于有了新的进展乃至重大突破。该书第三章"资料、阐释与传承"当中设专节"新发现鲁迅《文化偏至论》中有关施蒂纳的材源"[1]来报告这一成果。其中最重要的内容是通过对日文文本翻译、解读和与鲁迅文本比较,使"鲁迅《文化偏至论》中有关施蒂纳的材源"获得确证,即来自"明治时期杂志《日本人》"上的"一篇署名蚊学士的长文《论无政府主义》[2](『無政府主義論す』),鲁迅有关'施蒂纳'的言述,其材源就来自该文,而且属于直接转译过来的"[3]。笔者不揣浅薄,从自己的问题角度检证了汪先生的这项研究成果,私以为上述结论完全成立,而且是近年来少见的一项重大发现,在"这一发现,应有助于我们进一步深入考察鲁迅'立人'思想的形成和内涵"[4]的意义上,怎么评价都不显得过分。

---

① 汪卫东:《现代转型之痛苦"肉身":鲁迅思想与文学新论》,北京大学出版社,2013 年,第 357—372 页。

② 原题应为『無政府主義を論ず』。

③ 汪卫东:《现代转型之痛苦"肉身":鲁迅思想与文学新论》,第 359 页。

④ 汪卫东:《现代转型之痛苦"肉身":鲁迅思想与文学新论》,第 359 页。

本论惠承这项成果，并对汪先生的劳作和贡献表示钦佩和感谢。笔者在前作《留学生周树人周边的"尼采"及其周边》当中曾对《文化偏至论》中"尼佉氏……之言曰"的材源进行了调查，也对周树人为"个人之语"所做的正名之由来的环绕他的"周边"背景做了较为广泛的考察，此次汪著对"施蒂纳"材源的确证，进一步充实了"留学生周树人周边"的内容，与笔者所做工作完全处在一个方向上，那就是证实着人们通常所说的"早期鲁迅"所面对的"西方"，其实几乎就是环绕在留学生周树人周边的日本明治版的"西方"。笔者相信，这种新的发现将促使研究者重返并面对当年周树人所置身的那个历史现场以及他在那个现场的所思所想。

那么，比如说，在《文化偏至论》中留下痕迹，处在周树人周边的那个历史现场当中的"蚊学士"是谁呢？对此，汪先生的结论是"目前作者不详"[①]。如上所述，笔者也一直将此当成一份作业存案。包括这个问题在内，本论的目的便是将当年周树人身边的"施蒂纳"是怎样一种存在呈现出来，以考察"斯契纳尔"通过怎样的机制进入到了周树人关于"个人"的话语当中。不过，在此之前还想就汪著做出进一步检证。因为这是把一项新的研究成果接纳为可用作此后研究之基础的"先行研究"所应履行的一道必要的手续。

一、关于"蚊学士"文本的处理问题

如果先说结论的话，那么在认同《文化偏至论》中关于"斯契纳尔"的评述的确转译自"蚊学士"文本的这个大前提下，还应该指出汪著所存在的不足。总体来讲，对该材源处理上的粗疏，是比较显而易见的缺憾。

首先，可以指出的是，既然作为"材源"，那么除了应附上原文之外，还应进一步明确标出材源信息，而不是笼统地表述为"文章连载于《日本人》第 154 号、第 155 号、第 157 号、第 158 号、第 159 号，时间为明治

---

① 汪卫东：《现代转型之痛苦"肉身"：鲁迅思想与文学新论》，第 360 页。

三十五年（1902）一月五日至三月二十日"①。

正如本论前面所提示，"蚊学士"《论无政府主义》原题为"無政府主義を論ず"，但汪著误记为"無政府主義論す"，在此订正。

该文分五期连载于《日本人》杂志，原期号、刊载日期和页码如下：

第百五拾四号，明治三十五年一月一日，第 26—29 页。

第百五拾五号，明治三十五年二月五日，第 27—30 页。

第百五拾七号，明治三十五年二月廿日，第 24—27 页。

第百五拾八号，明治三十五年三月五日，第 26—29 页。

第百五拾九号，明治三十五年三月廿日，第 23—26 页。

由重新检对、确认可知，"《日本人》第 154 号"的刊载日期非"为明治三十五年（1902）一月五日"，而是当年的一月一日。被认为是《文化偏至论》中"斯契纳尔"之材源的部分，出现在第三回连载的"第百五拾七号，明治三十五年二月廿日，第 24—27 页"当中。

其次，是"蚊学士"之原文在"日译汉"的处理过程中所呈现出来的译文方面的问题。虽然从结果来看，译文所见问题最终并未影响到总体上判断"蚊学士"文中相关部分是"斯契纳尔"的材源，但作为一项基础工作，译文的准确与否，既关系到能否为此后的进一步研究提供一个可靠的汉译文本，也牵扯到今天对《文化偏至论》文本的解读以及对周树人当年取材时对材源的解读和处理状况的评价。因此，有必要对目前的汉译文本做一次精读和对照。兹将"蚊学士"原文作为"附录一"，《文化偏至论》关于"斯契纳尔"部分作为"附录二"，《汪著译文②与重译文本之对照》作为"附录三"附于文后，以便参考。

从精读和对照的结果来看，目前汉译文本的主要问题是存在误译和译得不太准确之处。详细情形，请参考三个附录，这里只挑主要的来说。例如，若就明显误译而言，则可以指出六处。以下分别以"甲、乙、丙、丁、戊、己"标出，并将重译附在下面。

---

① 汪卫东：《现代转型之痛苦"肉身"：鲁迅思想与文学新论》，第 360 页。

② 汪卫东：《现代转型之痛苦"肉身"：鲁迅思想与文学新论》，第 361—362 页。

甲、他以每个人作为至高无上的唯一实在，并断言："所谓人类，所谓主义，毕竟只能是<u>存在于个人</u>的一种观念、妄想而已。"

【重译】他以每个人为最高唯一的实在，断言所谓人，所谓主义，<u>毕竟皆非个人人格，而只是一种观念，一种妄想</u>。

乙、自由教导我们："让你自身自由吧"，<u>于是它也能言明所谓"你自身"到底是什么</u>。

【重译】自由教给我们道，让汝自身自由！<u>却不言明其所谓汝自身者为何物</u>。

丙、"我性"生来就是自由的，因此先天性地作为自由者追求自由，<u>与妄想者和迷信者为伍狂奔正是为了忘却自我</u>。

【重译】我性生来自由。故先天的自由者自己去追求自由，<u>与妄想者和迷信者为伍狂奔，正是忘却了自己</u>。

丁、自由，起初须有达到自由之权利，然后才能够得到的。但是这权利决不能在自由之外求得，而是存在每个人当中。<u>我的权利也不是别人给予之物，神、理性、自然和国家也都不是人所给予之物</u>。

【重译】自由只有获得到达自由的权力之后才会获得。然而其所谓权力，决不是让人求之于外。因为权力只存在于每个个人当中。<u>我的权力并非谁所赋予，不是上帝，不是理性，不是自然，也不是国家所赋予</u>。

戊、<u>果然</u>，当我排斥一切束缚、发挥本来面目时，对我来说，毫无承认国家之理由，<u>也无自我之存在</u>。只有毫无"我性"的卑贱之人才应该独自站在国家之下。

【重译】<u>倘果如此</u>，那么意欲排斥一切束缚，发挥本来面目之我，也就原本不会有承认国家之理。只有<u>那些没有自己</u>，丧失我性的卑陋之人，才应该独自站在国家之下。

己、<u>一开始，每个人依据自我形成了自我意识和自我行为</u>

的中心及终点，而所谓幸福，即由此产生。故依据我性，树立了
人的绝对自由。

　　【重译】所谓幸福者，乃是每个个人都以自己为自己的一
切意志及行为的中心和终极点时才会产生的那种东西。即，他要
以我性确立人的绝对自由。

　　在以上对照当中，加下划线的地方，表示"问题"之处。很显然，"甲""乙"
把意思译反了，"丙""丁"则把意思译"拧"了，戊把后一句的前半句
跟前一句捏在一起来译，致使意思不通。"己"似偏向"意译"，却无法
传递出原文句子的准确意思。此外，"丁"当中的"起初"和"己"当中
的"一开始"等语句，显然是没能正确理解由日语副词"始めて"或"初
めて"所搭建的句型而导致的误读。这个词在日语句子结构中，大抵相当
于汉语副词"才"，表示在经历了某种经验或状况之后，"才"怎样怎样
的意思。

　　译文问题，如果不影响到《文化偏至论》文本相关部分的解读，那么
倒也无关大局。然而事实又似乎并非如此。参考附录一"蚊学士"原文和
附录三的译文对照可知，"蚊学士"把"施蒂纳"阐述的"我"或"我性"
与"自由"的关系译介得很清楚，即我性生来自由，自由是我天生的东西，
不必特意向外去寻求；如果一个先天就自由的人特意去追求身外的自由，
跟那些不懂得自由为何物的人们为伍狂奔，恰恰是由于忘却了自己之"我"
和"我性"的缘故；看不到自己身上与生俱来的自由，反倒向外寻找，这
是一种矛盾。周树人不仅正确理解和把握了这层意思，而且还将其精当地
概括出来，即《文化偏至论》关于"德人斯契纳尔"那段话当中的"惟有
此我，本属自由；既本有矣，而更外求也，是曰矛盾"一句。事实上，在
上面指出的误译当中，"乙""丙""丁"三处的内容都跟这句话相关，
但遗憾的是，译者似乎未意识到自己的译文与周树人的理解存在着龃龉之
处。或许也可以调过来说，在处理周树人的材源时，没能将周树人本身对
材源的处理设置为有效的参照。其结果是，不论是通过"蚊学士"（日译汉）
还是通过"鲁迅"（阅读），都没能正确地解读出"施蒂纳"关于"我性"

与"自由"二者之关系的阐述——至少从译文上没能正确地体现出来。为此，也就真的有必要重新精读一遍周树人当年描绘的"斯契纳尔"：

> 德人斯契纳尔（M. Stirner）乃先以极端之个人主义现于世。谓真之进步，在于己之足下。人必发挥自性，而脱观念世界之执持。惟此自性，即造物主。惟有此我，本属自由；既本有矣，而更外求也，是曰矛盾。自由之得以力，而力即在乎个人，亦即资财，亦即权利。故苟有外力来被，则无间出于寡人，或出于众庶，皆专制也。国家谓吾当与国民合其意志，亦一专制也。众意表现为法律，吾即受其束缚，虽曰为我之舆台，顾同是舆台耳。去之奈何？曰：在绝义务。义务废绝，而法律与偕亡矣。意盖谓凡一个人，其思想行为，必以己为中枢，亦以己为终极：即立我性为绝对之自由者也。[①]

很显然，"斯契纳尔"这一段的核心意思是强调"我性为绝对之自由"，将此把握住了以后再回过头来看与"蚊学士"的文本关系，两者在材源上的关联才呈现得更加明晰。这里无须赘言，姑将重译过的"蚊学士"相关段落对照如下：

> 麦克斯·施蒂纳是基于纯粹利己主义立场之无政府主义的首倡者。他以每个人为最高唯一的实在，断言所谓人，所谓主义，毕竟皆非个人人格，而只是一种观念，一种妄想。曰，人人之理想，越是精灵化，越是神圣，就越会导致对其敬畏之情逐渐增大。然而，这对他们来说，也就因此会反过来导致自身自由空间的日益缩小而毫无办法。所有的这些观念，都不过是各个人心意的制造物，都不过是非实在的最大者。故自由主义所开辟的进步，其实也只是增加了迷惑，只是增进了退步。真正的进步绝不在于此等理想，而在于每个人之足下。即在于发挥一己之我性，在于使

---

① 鲁迅：《坟·文化偏至论》，见《鲁迅全集》第1卷，第52页。

我从观念世界的支配之下完全飘脱出来。因为我性即一切之造物主。自由教给我们道,让汝自身自由!却不言明其所谓汝自身者为何物。与之相反,我性冲着我们大叫道,让汝自身苏醒!我性生来自由。故先天的自由者自去追求自由,与妄想者和迷信者为伍狂奔,正是忘却了自己。明显之矛盾也。自由只有获得到达自由的权力之后才会获得。然而其所谓权力,决不是让人求诸于外。因为权力只存在于每个个人当中。我的权力并非谁所赋予,不是上帝,不是理性,不是自然,也不是国家所赋予。一切法律都是支配社会的权力的意志。一切国家,不论其统治的权力出于一人、出于多数或出于全体,皆为一种专制。即使我公然宣布应以自己的意志去和其他国民的集合意志保持一致,亦难免专制。是乃令我沦为国家之奴隶者也,是乃让我放弃自身之自由者也。然则将如何使我得以不陷入如此境地呢?曰,只有在我不承认任何义务时才会做到。只有不来束缚我,而亦无可来束缚我时才会做到。倘若我不再拥有任何义务,那么也就不应再承认任何法律。倘果如此,那么意欲排斥一切束缚,发挥本来面目之我,也就原本不会有承认国家之理。只有那些没有自己,丧失我性的卑陋之人,才应该自己去站在国家之下。

施蒂纳之言说乃绝对的个人主义。故他一切基于个人意志,排斥道德,谴责义务。

……中略……

总之,"施蒂纳"说,作为个人的人,是哲学从始至终对人生问题所实际给予的最后的和最真诚的解答。所谓幸福者,乃是每个个人都以自己为自己的一切意志及行为的中心和终极点时才会产生的那种东西。即,他要以我性确立人的绝对自由。

私以为,《文化偏至论》中关于"斯契纳尔"的那段话,便是留学生周树人通过"蚊学士"的日文本对"施蒂纳"的容受、转换和重构的所谓"历史现场"。

第三，围绕鲁迅对"施蒂纳"的选取，汪著描述了当时"无政府主义"的思潮背景，以"排他法"辨析出鲁迅"施蒂纳"材源非取自同时代的其他关于无政府主义的文章，而只来自"蚊学士"。这在确定作为材源的"蚊学士"是有意义的，但反过来说是否也意味着无形中排除了某些不该排除掉的东西？关于这个问题，将放在后面具体讨论。

二、《日本人》杂志上的"蚊学士"

以上可谓"我田引水"，是在汪著已做先行研究的前提下整理问题，确立本论的出发点。接下来的问题当然是"蚊学士"。他是谁？还写了哪些东西？既然是他构成"施蒂纳"与周树人之间的中介，那么也就成为后者周边的一个不可回避的事项。

笔者的调查也是从连载《论无政府主义》一文的《日本人》杂志开始的。但调查的结果却与汪著"在同名杂志没有发现同样署名的文章"[1]这一结论不同，笔者在《日本人》杂志上还查到了署名"蚊学士"的其他文章。包括《论无政府主义》连载在内，兹将署名"蚊学士"的文章按刊载顺序编号排列如下：

表 1 "蚊学士"在《日本人》发表文章情况

篇名	期刊号	时间	页码
愚想愚感	第 117 号	1900 年 6 月 20 日	第 32—34 页
志	第 132 号	1901 年 2 月 5 日	第 25—26 页
動的生活と静的生活	第 134 号	1901 年 3 月 5 日	第 28—29 页
漫言	第 140 号	1901 年 6 月 5 日	第 41—43 页
消夏漫録	第 142 号	1901 年 7 月 20 日	第 32—36 页
虚無主義の鼓吹者（一）	第 146 号	1901 年 9 月 5 日	第 36—39 页
虚無主義の鼓吹者（二）	第 147 号	1901 年 9 月 20 日	第 31—36 页
時	第 153 号	1901 年 12 月 20 日	第 33—34 页

---

[1]　汪卫东：《现代转型之痛苦"肉身"：鲁迅思想与文学新论》，第 360 页。

续表

篇名	期刊号	时间	页码
無政府主義を論ず（一）	第 154 号	1902 年 1 月 1 日	第 26—29 页
無政府主義を論ず（二）	第 155 号	1902 年 2 月 5 日	第 27—30 页
無政府主義を論ず（三）	第 157 号	1902 年 2 月 20 日	第 24—27 页
無政府主義を論ず（四）	第 158 号	1902 年 3 月 5 日	第 26—29 页
無政府主義を論ず（五）	第 159 号	1902 年 3 月 20 日	第 23—26 页
消夏漫録（一）	第 167 号	1902 年 7 月 20 日	第 33—35 页

也就是说，"蚊学士"署名过 9 篇文章，在《日本人》杂志上出现过 14 次。其首次出现是明治三十三年即 1900 年 6 月 20 日《愚想愚感》一文，最后一次出现于明治三十五年即 1902 年 7 月 20 日《消夏漫录（一）》一文。第二次出现的《消夏漫录》标记"（一）"，大概是为了跟上一年发表的同题目文章相区别，但此后却并无连载，也不见再有同样标题的其他署名的文章。到目前为止，就笔者阅读范围所及，除《日本人》杂志外，尚未在其他地方看到"蚊学士"这个署名。

那么，"蚊学士"是谁呢？——查到这里，"蚊学士"的线索便一时中断了。

三、"蚊学士"与烟山专太郎

"蚊学士"这个署名显然带有戏谑调侃的味道，其对象或许是"文学士"这种头衔？——这是当初查找该署名时一种莫名的揣测。果然，在翻阅资料的过程中获知，"文学士"头衔在明治时代还真是块响当当的牌子，"堂堂"且有着相当大的"威力"。这里有内田鲁庵（Uchida Roan，1868—1929）当年回忆中的一段描述为证：

> 恰是在那个时候，坪内逍遥发表他的处女作《书生气质》，文学士春迺舍胧之名，突然间如雷贯耳。（《书生气质》最初是作为清朝 4 号刷的半纸十二三页左右的小册子，由神田明神下的

叫做晚青堂的书肆隔周一册续刊，第一册发行是明治十八年六月二十四日）政治刚好进入公约数年后开设国会的休息期，民心倾向文学，李顿和司各特的翻译小说续出不断，大受欢迎，政治家的创作频繁流行正转向新的机遇，所以春迺舍胧的新作以比现在的博士更受重视的文学士的头衔发表出来，便在倏忽间人气鼎沸，堂堂文学士"染指"小说，加重了向来被视为戏作的小说的文学地位，进一步唤起了世间的好奇心。到那时为止，青年的青云希望仅限于政治，青年的理想是从出租屋直接当上参议员，然后再去做太政官，因为是这么个时代，所以天下最高学府出身的人以春迺舍胧这么一个很酷的雅号来戏作小说，就比律师的姑娘去当女优，华族家的食客去电影院买票更令人感到意外，《书生气质》之所以能搅动天下，与其说是因其艺术效果，倒莫如说实乃文学士头衔的威力。①

很显然，"蚊学士"是以谐音的方式，用"蚊"子的渺小、微不足道来对应"文学士"的"堂堂"大牌。那么，是谁跟"文学士"头衔这样过不去呢？要在众多的明治著述者当中去把这样的"故事"对应到具体的个人当然不容易。幸亏有同事提醒说有个叫烟山专太郎（Kemuyama Sentaro，1877—1954）的是写过"无政府主义"的人②，于是笔者便去查阅其生平和著作。果然，在一篇回忆文章里，有人特意提到了他的"学位问题"。那是烟山专太郎的弟子、日本战前和战后都很著名的国家社会主义者石川准十郎（Ishikawa Junjiro，1899—1980）所写的《忆烟山先生》一文，于1954年4月6、7日在《岩手日报》上连载，其上篇副标题就是"不在意学位的秉性（学位に無とんちゃくな人柄）"，而其中还另设小标题"博

①　译自《二叶亭四迷的一生》（『二葉亭四迷の一生』），该文收入回忆文集《想起的人们》（『おもひ出す人々』，春秋社，1925年），本论所据文本为『明治文学全集98・明治文学回顧録集（一）』，筑摩书房，1980年，第311页。

②　在此要感谢我的同事辻田正雄教授，是他的提醒使我把注意的方向转到烟山专太郎上来。

士（学位）问题"。说的是"烟山先生在早稻田大学担任学位审查委员多年，'制造'过很多所谓的博士，但他自己却终生没当博士"。原因是从明治到大正，日本私立大学无权授予博士学位，要想拿博士学位只有通过"官学"才行，也就是说，"烟山先生得向东京大学历史科提交论文接受审查"。"但烟山先生说：'要是让那伙人给我学位，还是不当博士的好。'更何况他并不想当博士。又过了很多年，早稻田也可以授予博士学位了，在先生看来，在自己要培养博士的时候，去跟弟子们一起当博士，实在太傻，遂终生不当博士。"①烟山之所以不肯向他毕业的母校东京大学提交博士论文，除了对"官学万能时代"的抵抗外，还有另一个重要原因，即出于对"学阀派系"的反感。"烟山先生虽然毕业于东京大学，却并非历史科出身，而是哲学科出身。学生时代偶然去帮助在早稻田任教的有贺长雄博士（Ariga Nagao，1860—1921，后任中国袁世凯政府顾问）办《外交时报》……而转向专门研究历史并在早稻田就职。即对东大的历史科来说，烟山先生原本就是系外之人，无缘之人，是个异端者。"②在这种情况下，烟山专太郎无心向母校申请博士学位也就并非不可思议了。

不过，烟山专太郎应该拥有"文学士"头衔。这一点应该没有问题。明治十年即1877年开成学校和东京医学校合并，成立东京大学，明治十九年（1886）伴随大学令改正，改为帝国大学③。这是当时日本唯一的一所大学，当然是官办大学。明治十二年（1879）7月10日东京大学首次举行学位授予仪式，向法、理、文三个学部的55名毕业生授予学位④。有介绍说当时的学位名称为"法学士""理学士""文学士""医学士""制

① 『岩手日報』，1954年4月6日第2版。
② 『岩手日報』，1954年4月6日第2版。
③ 石井研堂：『明治事物起原4』，筑摩书房，1997年，第98—99页。
④ 石井研堂：『明治事物起原4』，第90—92页。

药士"五种①。因为是首届，故学位授予仪式也就办得隆重、热烈、豪华，不仅 55 名毕业生在雷霆般的掌声中一一获取学位，还举办了各种讲演会和展览会，最后是一场豪华的晚宴。连当时作为"国宾"正在日本访问的美国前总统尤利西斯·辛普森·格兰特（Ulysses S. Grant，1822—1885）也于当晚列席祝贺。成岛柳北（Narishima Ryuhoku，1837—1884）的《恭观学位授予式记》记录了当天的盛况："球灯千点，光照高高松柏之枝；旭旗万杆，影翻斜射楼阁之楣。鼓笛殷送欢声外，衣冠俨溢喜色内。是乃明治十二年七月十日夜于东京大学法理文学部举行向卒业诸君授予学位大典者也。格兰特君，亦幸来宾……"②所谓"学位授予"，也仅仅是"学士"学位，可见"学士"在当时的地位之尊。在上文中出现的"文学士春迺舍胧"便是明治十六年（1883）毕业于东京大学文学部政治科的文学士。明治二十年（1887），伴随着"学位令"的颁布，"学士"不再是学位称号，而只是帝国大学文科大学毕业生所能获得的毕业称号，原则上仅限于帝国大学分科大学的毕业生。"学士"的普及，则在近 40 年以后。日本最早的两所私立大学，即庆应义塾大学和早稻田大学于 1920 年 2 月 2 日同时成立，它们可向毕业生授予"学士"称号，还要再等 4 年。

　　早稻田大学的前身，是当过日本内阁总理大臣的大隈重信（Okuma Shigenobu，1838—1922）于明治十五年（1882）创办的东京专门学校。明治三十五年（1902）在该校成立 20 周年之秋，烟山专太郎赴该校任教，在政治经济学部和文学部史学科教历史。是年他 25 岁，4 月刚刚毕业于东京帝国大学文科大学哲学科。虽说头上顶着帝国大学的"堂堂""文学士"头衔，但毕业后到私立学校就职，"在日清、日俄战争前后的官尊民卑时

---

　　① 日语维基百科"学士"项记："1879 年，旧东京大学向毕业生授予学位，其名称定为法学士、理学士、文学士、医学士、制药士"。（http://ja.wikipedia.org/wiki/%E5%AD%A6%E5%A3%AB，2014 年 5 月 28 日参阅）但查阅前者所引以为据的黑田茂次郎、土馆长言编《明治学制沿革史》（金港堂，1906 年 12 月，第 1108 页），只记载有法、理、医、制药四种"学士"，而并无"文学士"字样。石井研堂《明治事物起原 4》记载"法学士"和"理学士"，亦无"文学士"记载。何时开始有文学士名称，待考。
　　② 石井研堂：『明治事物起原 4』，第 91 页。

代，如果知道大多数东大毕业生的梦想和进路都在哪里，那么这在人们眼中便不能不映现出一个极端的异类"①。更何况如上所述，一个"哲学科"出身的人去私立学校教非本专业的历史，这在帝国大学史学科方面看来，就更显得是今天所说的"另类"了。不过从烟山专太郎这一面来看，则是他在研究和教学上终生与官学绝缘的开始。而且也不难想象，或许正是从那一刻起，他甚至不再把包括自己在内的、拥有唯有官学方可授予的"文学士"头衔太当回事，甚至不惜借"蚊学士"的笔名来加以调侃。

正如前面所述，蚊学士《论无政府主义》一文，就在同一年 1 月 1 日到 3 月 20 日分 5 次连载于《日本人》杂志上。这是烟山专太郎于 4 月毕业离校以前的事。那么"蚊学士"会是烟山专太郎吗？回答是肯定的。如果说当初从笔名入手所展开的上述调查还不出推测范围，那么通过文本对照，则可以确证，所谓"蚊学士"即烟山专太郎！

就在烟山专太郎毕业离校的那个月，也就是明治三十五年（1902）4 月 28 日，他出版了自己的第一本专著《近世无政府主义》②。该书由东京专门学校出版部作为"早稻田丛书"出版并由出版界巨擘博文馆发行，当时主要媒体如《朝日新闻》和《读卖新闻》都刊登了广告和书讯③。这是部厚达 411 页的大作。封面除了书名和出版机构外，还印有"法学博士有贺长雄校阅／烟山专太郎编著"的字样。全书构成有作者序言、参考书目（30 种）、目录和前编、后编正文。前编"俄国无政府主义"标题下分 7 章，从第一章到第七章各有标题，各章之下还分别有子标题；后编"无政府主义在欧美列国"标题下分 3 章，每章标题下均有子标题。

将此与"蚊学士"在《日本人》杂志上连载的《论无政府主义》相对照，则可知后者的内容完全出自前者，既是前者内容的"拔萃"，也是将

---

① 小林正之：「煙山專太郎先生の回想——早稲田学園に於ける或る歴史家（一八七七——九五四）の面影」，早稲田大学史学会编：『史観』第 42 册，1964 年 6 月，第 73 页。

② 煙山專太郎：『近世無政府主義』，博文館，1902 年。

③ 『朝日新聞』，1902 年 5 月 3 日東京版朝刊第 7 版，1902 年 5 月 27 日東京版朝刊第 8 版；『読売新聞』，1902 年 5 月 25 日，朝刊第 8 版。

前者的学术性内容以"论"的方式面向一般杂志读者所做的介绍和阐述，从而不仅使"近世无政府主义"这一主题更加突出，也使其发生、发展乃至流变的线索呈现得更加简洁、明晰。

由于篇幅所限，不可能把对照的结果一一开列，而且也没这种必要。这里只通过两点便可以说清楚《论无政府主义》一文和《近世无政府主义》一书的作者是同一个人。

首先，仅就《文化偏至论》中涉及"斯契纳尔"材源那部分内容而言，前面所见《论无政府主义》第三回连载当中关于"施蒂纳"一段，基本来自《近世无政府主义》"后编"第一章"近世无政府主义之祖师"① 当中的"其二　麦克斯·施蒂纳"②。"在十九世纪中叶，隔着莱茵河，河东河西有两个思想家。他们都出自黑格尔哲学却又彼此之间没有任何关系，都鼓吹无政府主义。东岸是麦克斯·施蒂纳，西岸是皮埃尔·蒲鲁东（Pierre-Joseph Proudhon，1809—1865）。他们两个是近世无政府主义的祖师，前者提倡个人主义的无政府主义，后者主张社会主义的无政府主义……"③ 该章由此开始，以30页的篇幅将蒲鲁东和"施蒂纳"作为"无政府主义的祖师"来介绍。"其二　麦克斯·施蒂纳"部分在第294—302页，杂志上的论文便是这个部分的缩写，但略去了"施蒂纳"生平介绍。论文中所阐述的"施蒂纳""关键特征"都可在该节里找到，甚至有些就是专著文本的原文照录。例如，专著中的以下这些话，都几乎原样呈现于论文当中："所谓人，所谓正义，只是观念，只是妄想。所谓人，都绝非个人人格，而是一种观念。"④ 又如："真正的进步在吾人足下。其惟在发挥一己之我性，在于使我从这种观念世界的支配之下飘脱出来。因为我性即一切之造物主。自由教给吾人道，让汝自身自由！而又不出示其所谓汝自身者为何者。我性向吾人大叫道，让汝自身苏醒！"⑤——诸如此类，不一而足。所以，

---

① 原文「近世無政府主義の祖師」，煙山專太郎：『近世無政府主義』，第273頁。
② 原文「其二　マクス・スチルネル」，煙山專太郎：『近世無政府主義』，第294頁。
③ 煙山專太郎：『近世無政府主義』，第274頁。
④ 煙山專太郎：『近世無政府主義』，第295頁。
⑤ 煙山專太郎：『近世無政府主義』，第298頁。

两者系出自同一作者之手无疑。

其次，在前文《日本人》杂志上署名"蚊学士"的文章中，有《虚无主义之鼓吹者》（『虚無主義の鼓吹者』）两回连载，其一副题为"亚历山大·赫尔岑"（アレキサンドル·ヘルツエン），其二副题为"尼古拉·车尔尼雪夫斯基"（ニコライ·チェル子シェヴスキー），在内容上与《近世无政府主义》几乎完全一致，相当于后者前编第二章"无政府主义之鼓吹者"①当中"其一 亚历山大·赫尔岑"和"其二 尼古拉·车尔尼雪夫斯基"的内容。例如，专著"其一"开头一句为"亚历山大·伊万诺维奇·赫尔岑一八八二年恰逢拿破仑远征军身处莫斯科大火时降生于此地"②。文章与此完全相同，只是在这句之前加上了"虚无党之祖"的头衔；又如，文章连载"其二"的开头是"有俄国的罗伯斯皮尔之称的尼古拉·加夫里诺维奇·车尔尼雪夫斯基，于一八二九年出生于萨拉托夫③，专著对车尔尼雪夫斯基（НиколайГавриловичЧернышевский，1828—1889）的介绍始于《怎么办》的内容梗概④，但此后对车氏生平的介绍，第一句则与文章的开头完全相同⑤。据此不仅坐实了"蚊学士"即烟山专太郎，还可知道在与专著《近世无政府主义》的关系上，《虚无主义之鼓吹者》和《论无政府主义》之不同。如以上所述，后者可以说是对全书的缩写和概括，而前者则是专著中某一章节的几乎原样呈现，而且从文后所记日期——其一为"八月二十六日"⑥，其二为"九月一日"⑦——来看，专著中"赫尔岑"和"车尔尼雪夫斯基"这两节，几乎是在完成的同时就在杂志上发表出来了。那一年，即1901年，烟山专太郎24岁，还是帝国大学三年级的

---

① 原文「無政府主義の鼓吹者」，煙山專太郎：『近世無政府主義』，第31页。

② 原文「無政府主義の鼓吹者」，煙山專太郎：『近世無政府主義』，第32页。

③ 蚊学士：「虚無主義の鼓吹者（二）」，『日本人』第147号，1901年9月20日，第31页。

④ 煙山專太郎：『近世無政府主義』，第49—57页。

⑤ 煙山專太郎：『近世無政府主義』，第57页。

⑥ 蚊学士：「虚無主義の鼓吹者（一）」，『日本人』第146号，1901年9月5日，第39页。

⑦ 蚊学士：「虚無主義の鼓吹者（二）」，第36页。

学生;而从全书 1900 年 12 月起笔日期^① 推算,则可知在筹划这本专著时,他至多刚读大学二年级。

<h1 style="text-align:center">四、关于烟山专太郎</h1>

既然明确了"蚊学士"即烟山专太郎,那么就可以回过头再来查署名"蚊学士"以外的文章了。在《日本人》杂志上发表的署名"烟山"的文章如下:

表 1 "烟山"在《日本人》发表文章情况

篇名	期刊号	时间	页码
蘇我馬子	第 66 号	1898 年 5 月 5 日	第 34—39 页
世界の二大勢力(一)	第 67 号	1898 年 5 月 20 日	第 26—30 页
世界の二大勢力(二)	第 68 号	1898 年 6 月 5 日	第 24—28 页
操觚会に於ける慎重の態度	第 81 号	1898 年 12 月 20 日	第 23—26 页
露国怪傑ポビエドノスツエフ(一)	第 180 号	1903 年 2 月 5 日	第 12—16 页
露国怪傑ポビエドノスツエフ(二)	第 181 号	1903 年 2 月 20 日	第 16—22 页
露国怪傑ポビエドノスツエフ(三)	第 182 号	1903 年 3 月 5 日	第 13—18 页
露国怪傑ポビエドノスツエフ(四)	第 183 号	1903 年 3 月 20 日	第 18—23 页
ウェレシュチヤギンの惨死を傷む	第 210 号	1904 年 5 月 5 日	第 15—17 页
アムステルダム社会党大会の露国社会主義者	第 221 号	1904 年 10 月 20 日	第 17—20 页
不真撃の流風	第 418 号	1905 年 9 月 5 日	第 15—16 页
我国将来の外交家	第 422 号	1905 年 11 月 5 日	第 12—15 页
坂垣伯の今昔	第 441 号	1906 年 8 月 20 日	第 19—21 页

以上各文,除了 1—3 署名"烟山云城"外,其余皆署名"烟山专太郎"。根据文章内容和行文风格判断,认为"烟山云城"应该是烟山专太郎的另一个署名,恐怕不会发生类似张冠李戴的错误。那么由以上可知,在《日

① 据《近世无政府主义》序言中所记"起稿于前年十二月"推算。文后"烟山专太郎识"的日期为"明治三十五年三月",即 1902 年 3 月。

本人》杂志上署名"烟山"的文章有 9 篇,以连载次数计,共出现过 14 次。如果加上已知的"蚊学士"名下刚巧也是同样的 9 篇 14 次,那么烟山专太郎一共在《日本人》杂志上发表过 18 篇文章,"出现"过 28 次。第一次是《苏我马子》,署名"烟山云城",时间是 1898 年 5 月 5 日;最后一次是《坂垣伯之今昔》,署名"烟山专太郎",时间是 1906 年 8 月 20 日,前后跨越八年多,从 21 岁到 29 岁,在年龄段上与周树人留学日本期间相仿。

烟山专太郎退休后,1952 年 2 月,早稻田大学文学部史学会曾为他出"烟山教授古稀颂寿记念号"[①],其中有《烟山先生著作目录》长达 15 页,记载 1898—1948 年 50 年间包括《近世无政府主义》在内的著书 30 种,论文及其他 381 篇[②]。烟山去世后,弟子小林正之(Kobayashi Masayuki,1907—2004)在回忆文章之后附"烟山专太郎先生(一八七七——一九五四)主要著作表",又增补专著目录 4 种[③]。不过,以上两种目录,都不包括上记本文在《日本人》杂志上查到的 18 篇,也不包括笔者另外在《太阳》杂志上查到的 4 篇文章和 2 种专著[④]。总之,烟山专太郎从大学一年级开始发表文章,50 年间笔耕不辍,是个著述甚丰的学者这一点确定无疑。

根据目前已经获得的资料,在此或许可以按照一般词条的规格来归纳一下这位学者、著述家了。

烟山专太郎(Kemuyama Sentaro,1877—1954),日本历史学者,主要研究方向为世界史,尤其是西方近现代史。出生于岩手县柴波郡烟山村一个小学教员的家庭。从南岩手高等小学校、岩手县寻常中学校毕业后,赴仙台第二高等学校就读,1898 年考入东京帝国大学文科大学哲学科,

---

① 早稻田大学文学部史学会编:『史観』第 34、35 合册"煙山專太郎古稀頌壽記念號",1951 年 2 月。

② 增田富寿:「煙山先生著作目録」,『史観』"煙山專太郎古稀頌壽記念號",第 198—213 页。

③ 小林正之:「煙山專太郎先生の回想」,『史観』第 42 册,1954 年 6 月,第 70—77 页。

④ 4 篇文章:「外交家としての独逸皇帝」,『太陽』第 17 卷第 9 号,1911 年 6 月 15 日;「米国独立戦争」「米国南北戦争」「波蘭土の衰滅」,『太陽』第 18 卷第 3 号,1912 年 2 月 15 日。2 种专著:「英雄豪傑論」,『太陽』第 19 卷第 10 号,1913 年 7 月 1 日;「カイゼル・ウイルヘルム」,『太陽』第 25 卷第 9 号,1919 年 7 月 1 日。

1902 年毕业后在有贺长雄的举荐下任东京专门学校（早稻田大学前身）讲师，在政治经济学部和文学部史学科教历史，1911 年升任教授，直到 1951 年退休为止，始终没离开过早稻田大学的讲坛。一生著述甚丰，其《近世无政府主义》（1902）、《征韩论实相》（1907）、《德意志膨胀史论》（1918）、《西洋最近世史》（1922）、《英国现代史》（1930）、《现今犹太人问题》（长文，1930）、《世界大势史》（1944）等都是公认的"具有不朽价值"和"巨大影响力"的学术著作。此外，他还是日本俄罗斯史和犹太人史研究领域的先驱者和开拓者。精通英、德、法、俄四门外语，可阅读希腊、罗马、意大利和西班牙以及朝鲜文，当然还有着自幼培养起来的深厚的汉学功底，这最后一点从其文章行文格调可很容易理解。博学睿智，淡泊名利，坚守学术独立，始终与当时帝国大学的学阀主义保持距离，终生拒绝博士学位①。

　　1905 年他 29 岁时，在盛冈中学校友会杂志上写下过这样的话："我确信，即便隐身于村市，不上多数世人之口舌，其责更与显荣尊贵之人并无所异，其行动影响所及，亦有极大者。我以此为己之所居，不必卑躬屈膝。"②可以说，"隐身于村市"，不求闻达，通过学术著作和大学讲坛担责并发挥巨大影响的行为和"不必卑躬屈膝"的处事态度贯穿了烟山专太郎的一生。前者可由其在媒体上的呈现形态获得佐证。例如，1902—1954 年，"烟山专太郎"52 年间共在《朝日新闻》上出现过 56 次，有

---

　　①　以上归纳主要参照：定金右源二：「献呈のことば」，『史觀』"煙山專太郎古稀頌壽記念號"；增田富壽：「煙山先生著作目錄」，『史觀』"煙山專太郎古稀頌壽記念號；小林正之：「煙山專太郎先生の回想」，『史觀』第 42 冊；盛岡市教育委員会歷史文化課第 65 回：煙山專太郎。

　　②　盛岡市教育委員会歷史文化課第 65 回：煙山專太郎。

54 次都是作为著述者和言论者,而作为报道对象的只有两次①。而在另一家大报《读卖新闻》上也是同样,1902—1954 年共出现过 28 次,其中有 26 次是作为著述者和言论者出现,关于本人的报道只有两次,一次是"死去",另一次是"告别式"②。而后者的拒绝"卑躬屈膝"的品性在国家主义政治高压异常严峻的状态下尤其能够体现出来。有弟子回忆他在课堂上的情形:"一直凝视窗外一点的先生开口了:'这里是警察也进不来的地方,不论说什么话都无所谓,诸君大可不必担心,尽可自由地学。'当满洲事变③发生后,包括先前有着社会主义架势的人们在内,天下的学者和先生们都开始屈服于全体主义之际,先生却把《共产党宣言》作为政治科的演习教材。"④还有弟子回忆,在战时状态下,警察们开始在校园附近"逮学生"的时候,"烟山先生……有一天在课堂上换了一种声调道:'诸君在大学校园内,不论说什么,都不会获咎于任何人,大学是自由之

---

① "烟山专太郎"的名字首次见于《朝日新闻》是 1902 年 5 月 3 日朝刊第 7 版"新刊各种"栏目,该栏目当天介绍了最新出版的《近世无政府主义》的书讯;最后一次出现于《朝日新闻》是 1954 年 3 月 23 日朝刊第 7 版一段很短的报道——《烟山专太郎死去》。在此期间,烟山专太郎在《朝日新闻》上一共出现过 56 次,其中在"新刊""广告"和"出版界"栏目中作为著译者出现 29 次,文章连载 18 次,本人所写报道 2 次,谈话 5 次,以本人为对象的报道 2 次——除了上记的一次外,另一次是 1924 年 8 月 17 日报道在欧洲访学的"烟山教授归来"。总体来看,他是作为西方思想、历史乃至现代政治关系方面的专业学者出现于公众视野的,其著译主要向公众提供与外交相关的关于西方的背景知识和信息。

② "烟山专太郎"的名字首次见于《读卖新闻》是 1902 年 5 月 25 日朝刊第 8 版,系"广告"里的"书籍"栏,刊登了《近世无政府主义》的广告;最后一次出现是 1954 年 4 月 22 日朝刊第 6 版社会栏报道《故烟山专太郎告别式》,而在此之前的同年 3 月 24 日夕刊第 3 版社会栏则报道《烟山专太郎氏死去》。在此期间,烟山专太郎在《读卖新闻》上一共出现过 28 次,其中在"书籍广告""新刊杂志与书籍""书籍与杂志"栏目中作为著译者出现 5 次;作为文章作者出现 9 次,有 7 次是连载;发表谈话 3 次,在报道文化动态的"读卖抄"栏目中出现 9 次,以本人为对象的报道 2 次。总体来看,在《读卖新闻》呈现的烟山专太郎仍是著述者,也是西方史学者,还是早稻田大学教授,其最有存在感的版面是两次连载,一次是《中欧之今后》(1919 年 10 月 1、3、4 日),另一次是《从国民性看列宁》(1921 年 1 月 4、5、6、7 日)。尤其是后者,从日本人关注的"国民性"角度向公众提供了关于列宁领导的革命的信息以及独到的分析。

③ 即九一八事变。

④ 小林正之:「煙山專太郎先生の回想」,『史觀』第 42 册,第 74 页。

地。'"①1943 年 10 月 15 日，早稻田大学为"学徒出阵"举行"壮行会"，"宫城遥拜和国歌齐唱开始了，田中积穗总长训辞：勇士出阵，固不当期生还，即奉身命，乃成护国之神"②。但在此之前的文学部史学科的"壮行会"上，烟山却在致辞中对"出阵"的弟子们说："虽说是出阵，诸君，千万不要去死，一定要活着回来，重新在这里学习。趁着还年轻，不要急着去死。不要为大义名分去死……日本军队是个野蛮的地方，倘若诸君入了军队，能多少消解其野蛮，那么诸君的义务也就尽到了。千万不要去死，请一定要活着回来！"③ 其不为大潮所漂泛的独立人格、铮铮傲骨亦由此可窥一斑。

这种独立的品行也明显地呈现于烟山专太郎的学术当中。这倒不仅仅是由以上所见的他对官学保持距离，更重要的是他在一个官学主导的国家主义时代，创造出了独立于官学之外的学术价值。其学术独立性价值之巨大，甚至也远远超出了他本人的想象。即使把范围仅仅限定在《近世无政府主义》一书，这种价值仍体现得极其明显。

五、《近世无政府主义》的写作动机及其影响

就社会政治思想取向来说，烟山专太郎并不拥护虚无主义或无政府主义。他尤其反对在现实社会中制造暗杀或爆炸等恐怖事件的"实行的无政府党"，甚至他编纂《近世无政府主义》一书的目的，也是为防止在日本发生"实行的"恐怖主义。因为在他看来，令人感到恐怖的"无政府主义"，并非只是发生在欧美各国的隔岸之火，应对其加以了解，引起足够的重视，以防患于未然。这层意思，不论在专著的序言还是在论文的前言里都写得很清楚。例如：

---

① 木村時夫：「回想の煙山專太郎先生」，『史觀』第 146 册，2002 年 3 月，第 38 页。作者系早稻田大学名誉教授、北京大学客座名誉教授。
② 木村時夫：「回想の煙山專太郎先生」，『史觀』第 146 册，第 40 页。
③ 木村時夫：「回想の煙山專太郎先生」，『史觀』第 146 册，第 39—40 页。

留学生周树人"个人"语境中的"斯契纳尔"——兼谈"蚊学士"、烟山专太郎

一、近时每闻无政府党之暴行实为极其惨烈，便有人为之感到心惊胆战。然而世人多知谓其名，而不知其实。本编乃期聊以应对此之缺乏者也。

一、所谓实行的无政府党者，其凶乱狞猛为天人所共疾视，然而其无智蒙昧又颇值得怜悯。……（中略）……本编由纯历史研究出发，尝试探明这些妄者、狂热者作为一种呈现于现实社会的事实是怎样一种情形，其渊源和发达过程如何。[①]

无政府党之暴行，近日颇频频，故其名传播于世上已久。然而彼等究竟为何者？对其性质真髓等知之者甚少，仅止于见彼等手段野蛮猛恶，感到恐怖而已。余对其虽素无精究，然日顷翻读二三书册，亦并非聊无所观察，兹欲摘记其概要，以采其介绍之劳。即便此问题独欧美列国所特有，而我东洋与之全然无关，但对其加以研究，岂非方今以广博眼光关注世界大局者所一刻不容疏忽也乎？[②]

如果说对无政府主义不应止于恐怖和憎恨，而更应加以了解是烟山专太郎的学术动机的话，那么"由纯历史研究出发"的立场则可以说贯穿了《近世无政府主义》一书的始终，并在《论无政府主义》一文当中阐述得更加明确。恰恰是这种学术态度使他与官学和政府保持了距离，从而确保了自身的学术独立。他之所谓对无政府主义"素非弄笔做批评，若夫至于对应之策，处置之术，自存读者方寸之中者焉"[③]，便是就此而言。他本人拒当策士，更不以自己的学术为策术。如果要从其中寻找对于政府的建言的话，那么，可以《论无政府主义》结束部分的一段话为代表：

我们可以从这些事实推论归纳出一种确切的说法，曰，作

---

① 煙山專太郎：『近世無政府主義』，第1—2页，序言。
② 蚊学士：「無政府主義を論ず（一）」，『日本人』第154号，1902年1月1日，第26页。
③ 煙山專太郎：「近世無政府主義」，第1—2页，序言。

为政府的态度，断应当抑制禁压实行的教唆煽动，发现其暴行之处更不在话下。然而，决不可将学说与实行同等看待。即使实行的无政府党因各国国际间的合作而得以在表面上制服，但思想界的事，学问的哲理研究却如何制服得了。学理若是谬见，就要交给学者去研究，让他们得以自由讨论，胜败由其恰当与否决定。如果徒因名号之新奇而失心，欲以政府的威力、法律的力量、法院的力量去压制，则不可不谓拙之甚拙，愚之甚愚。①

这种坚持纯学术立场、学术的事情应该交给学术处理的态度，使他提供了一部同时代无可与之比肩的关于无政府主义的专著。后世学者回头看，发现《近世无政府主义》是"以日语出版的可以说是无政府主义研究的唯一像样的劳作"②；这本书和此前出版的相关书籍相比，"在无政府主义信息方面，不论是质还是量都远远优于此前"③。因此，其产生巨大影响也便在情理之中。综合狭间直树④，葛懋春、蒋俊、李兴之⑤，嵯峨隆，曹世铉⑥等先行研究可知，在中国，"烟山专太郎的《近世无政府主义》（东京专门学校出版部，1902 年）几乎马上就有了各种各样的翻译"⑦，"烟山专太郎的论旨，以各种形态反映在"中国人的文章和著作当中⑧。试按发表顺序将其排列如下：

---

① 蚊学士：「無政府主義を論ず（五）」，『日本人』第 159 号，1902 年 3 月 20 日，第 24—25 页。

② 絲屋寿雄：「近世無政府主義解題」，煙山專太郎：『明治文献資料叢書・近世無政府主義』（復刻版），1965 年，第 2 页。

③ 嵯峨隆：『近代中国アナキズムの研究』，研文出版，1994 年，第 48 页。

④ 狭間直樹：『中国社会主義の黎明』，岩波新書，1979 年。

⑤ 葛懋春、蒋俊、李兴之编：《无政府主义资料选（上、下）》，北京大学出版社，1984 年；蒋俊、李兴之：《中国近代的无政府主义思潮》，山东人民出版社，1990 年。

⑥ 曹世铉：《清末民初无政府派的文化思想》，社会科学文献出版社，2003 年。

⑦ 狭間直樹：『中国社会主義の黎明』，第 113 页。

⑧ 嵯峨隆：『近代中国アナキズムの研究』，第 48—49 页。

表3 烟山专太郎的论旨在中国人著作中的情况

署名	篇名	发表刊物/出版机构	发表时间	出处
独头	俄人要求立宪之铁血主义	《浙江潮》第4、5号	1903年4月20日、5月20日	《近代中国无政府主义研究》，第49页
	俄罗斯虚无党三杰传	《大陆》第7号	1903年6月5日	《中国近代的无政府主义思潮》，第25页；《近代中国无政府主义研究》，第49页
	弑俄帝亚历山大者传	《大陆》第9号		《中国近代的无政府主义思潮》，第25页
杀青（译）	俄罗斯的革命党	《童子世界》第33号	1903年6月16日	《中国近代的无政府主义思潮》，第25页；《近代中国无政府主义研究》，第49页；《清末民初无政府派的文化思想》，第294页
杀青（译）	俄国压制之反动力			《清末民初无政府派的文化思想》，第294页
	俄罗斯虚无党付印（广告）	《汉声》第6号	1903年7月	《中国社会主义的黎明》，第114页；《中国近代的无政府主义思潮》，第25页
辕孙	露西亚虚无党	《江苏》第4、5期	1903年7月24日、8月23日	《中国社会主义的黎明》，第115页
任客	俄国虚无党女杰沙勃罗克传	《浙江潮》第7期	1903年10月11日	《中国社会主义的黎明》，第115页；《中国近代的无政府主义思潮》，第25页；《近代中国无政府主义研究》，第49页；《清末民初无政府派的文化思想》，第294页

续表

署名	篇名	发表刊物／出版机构	发表时间	出处
中国之新民（梁启超）	论俄罗斯虚无党	《新民丛报》第 40、41 合刊	1903 年 11 月 2 日	《中国社会主义的黎明》，第 118、216 页；《近代中国无政府主义研究》，第 52、65 页
张继，等译	俄皇亚历山大第二之死状	《国民日日报》	1903 年	《近代中国无政府主义研究》，第 49 页；《清末民初无政府派的文化思想》，第 295 页
张继（译）	无政府主义		1903 年	《近代中国无政府主义研究》，第 49 页
杨笃生	新湖南		1903 年	《近代中国无政府主义研究》，第 49 页
冷血（陈冷）译	虚无党	上海开明书店	1904 年 3 月	《中国社会主义的黎明》，第 115 页
金一（金天翮）译	自由血	东大陆图书译印局、竞进书局	1904 年 3 月	《中国社会主义的黎明》，第 114 页；《无政府主义资料选（下）》，第 1069 页；《中国近代的无政府主义思潮》，第 25 页；《近代中国无政府主义研究》，第 49 页；《清末民初无政府派的文化思想》，第 295 页
	俄国虚无党源流考、神圣虚无党、俄虚无党之斩妖状	《警钟日报》第 28、35、38、39、40、46、47、49、50、52、53、54、64、65 期	1904 年 3—4 月	《中国近代的无政府主义思潮》，第 25 页；《清末民初无政府派的文化思想》，第 295 页
渊实（廖仲恺）	无政府主义与社会主义	《民报》第 9 号	1906 年 11 月 15 日	《近代中国无政府主义研究》，第 56 页

署名	篇名	发表刊物／出版机构	发表时间	出处
渊实（廖仲恺）	虚无党小史	《民报》第11、17号	1907年1月25日、10月25日	《中国社会主义的黎明》，第115页；《近代中国无政府主义研究》，第58页；《清末民初无政府派的文化思想》，第31、38页
爆弹	俄国虚无党之诸机关	《汉帜》第1号	1907年3月	《中国社会主义的黎明》，第115页

上列以烟山专太郎《近世无政府主义》为材源的文章和著作，仅仅是到目前为止被判明的部分，"烟山"的影响范围恐怕要比已知的更广。本论所首次查清的其在《日本人》杂志上发表的文章均不处在已经被探讨过的范围之内，所以也不排除其中有些会被译成中文。总而言之，"烟山专太郎"是当时中国寻求变革的知识分子关于无政府主义的主要知识来源这一点毫无疑问。正如狭间直树所指出的那样，"烟山的著作，在整个辛亥革命时期，一直吸引着部分革命家的注意"[1]。廖仲恺（1877—1925）就是个典型的例子。"廖仲恺在《民报》上发表的介绍无政府主义的文章，主要是向读者提供思考无政府主义的思想素材，他自身的政治见解几乎没有具体的展现出来"[2]。当然，政治见解没有具体地展现出来并不等于包括廖在内的知识分子没有政治见解，而恰恰是他们按照自己的"见解"最大限度地活用了烟山所提供的知识和素材，那就是他们把烟山专太郎为不希望无政府党的暴力恐怖行为发生而写的书，"明确用于推进革命运动的目的"[3]，而那些所谓"意译"本的出现，正是因为革命派要将《近世无政府主义》"积极地动员到"自己的运动当中的缘故[4]。这种与作者的预期完全相反的阅读结果，虽为烟山专太郎所始料未及，却也是独立的学术

---

① 狭間直樹：『中国社会主義の黎明』，第115页。
② 嵯峨隆：『近代中国アナキズムの研究』，第58页。
③ 狭間直樹：『中国社会主義の黎明』，第114页。
④ 嵯峨隆：『近代中国アナキズムの研究』，第49页。

所应获得的效果。

说到对中国近代无政府主义思潮的影响，还有两个人不能不提，一个是幸德秋水（Kotoku Shusui，1871—1911），另一个是久津见蕨村（Kutsumi Kesson，1860—1925）。前者是日本明治时代记者出身的著名思想家、社会主义者和无政府主义者，1911 年因所谓"大逆事件"连坐，与其他 11 人一同被处以死刑；后者是著名记者和自由主义评论家。这两个人也是清末中国无政府主义和社会主义思想的重要来源，都给予中国知识界以重大影响，在能找到"烟山"之处，也同时可以找到这两个人，甚至有更多的可以找到之处。不过，本论在此想要提示的是，就关系而言，他们虽年长于烟山，却也都是烟山的影响对象。正如嵯峨隆所指出的那样，当幸德秋水在 1905 年自称是"无政府主义者"时，他对无政府主义思想的详细内容还并没有真正了解，这从他在文章中把"虚无党"等同于恐怖分子便可以获知①。而有回忆说，幸德秋水是读了烟山的书并且受到影响的②。久津见蕨村的《无政府主义》一书，由平民书房出版于明治三十九年（1906）11 月，较之烟山的书晚 4 年，就对无政府主义的历史叙述来看，不论在表述方式和内容上还是在章节的划分上，都明显地留下了承袭烟山的痕迹，例如，"实行的无政府主义和理论的无政府主义"这种划分，"第二章蒲鲁东的无政府主义""第三章　施蒂纳的无政府主义"③这种章节划分和排列，都无不源自烟山专太郎的"为方便起见，我们可将其分为实行的和理论的两种类型……"④之体例。考虑到幸德秋水和久津见蕨村在中国近代思想界的影响力和存在感，那么对烟山专太郎的影响力恐怕也就要有更高的评价了。

---

① 嵯峨隆：『近代中国アナキズムの研究』，第 42 页。
② 石川準十郎：「煙山先生を憶う（下）」，『岩手日報』，1954 年 4 月 7 日，第 2 版。
③ 久津見蕨村：『無政府主義』，平民書房，1906 年，第 2、53、114 页。
④ 蚊学士：「無政府主義を論ず（一）」，『日本人』第 154 号，第 28 页。

六、"蚊学士"思想史的叙述模式与
周树人的"文化偏至论"

话题要回到周树人。由前述可知,他是"蚊学士"《论无政府主义》一文的读者,却未必知道"蚊学士"即当时大名鼎鼎的"烟山专太郎"。在后来的鲁迅书账和藏书目录里也找不到"烟山"书籍和相关记载[①],正像也找不到"蚊学士"一样。尽管如此,把"烟山专太郎"从周树人的阅读范围里排除[②]也是不合适的。事实上,能以"蚊学士"发表在杂志上的一篇文章为自己的材源,这本身就说明周树人的敏感和阅读范围的广泛,更不要说在当时已经深深渗透到《新民丛报》《浙江潮》《汉声》《江苏》《民报》等杂志上的"烟山"了。这就涉及周树人与烟山专太郎乃至清末虚无主义、无政府主义、社会主义思潮的关系问题,但这已经超越本论的范围,需要另外撰文探讨。在此只将"蚊学士"思想史的叙述模式与周树人的"文化偏至论"作为两者关系当中的一个问题提出。

通读"蚊学士"《论无政府主义》后笔者发现,除了"施蒂纳"材源和对"实行的"无政府主义的态度外,周树人与蚊学士最大的"近似"之处,也就是他对后者的汲取之处,在于"文化偏至"的文明史观与蚊学士的思想史叙述一脉相承。

正像人们所熟悉的那样,《文化偏至论》当中最著名的文明史观是"文明无不根旧迹而演来,亦以矫往事而生偏至"。这句话是对"按之史实,乃如罗马统一欧洲以来,始生大洲通有之历史……"这一大段欧洲近代文明史的概括。这段历史是以"文化偏至"的观点来描述的,从罗马"教皇以其权力,制御全欧"开始,一直讲到"十九世纪末叶文明"和"十九世

---

① 除了《鲁迅全集》中的书账外,藏书目录主要参照了两种:鲁迅博物馆编《鲁迅手迹和藏书目录》,内部资料,1959 年;中岛长文编:『鲁迅目睹书目——日本书之部』,宇治市木幡御藏山,私版,1986 年。

② 汪著排除了包括"烟山专太郎"在内的其他文献成为《文化偏至论》中施蒂纳材源的可能性,断定"蚊学士"为唯一材源,参见该书第 363—368 页。就一段话而言,或许如此,但倘知晓"蚊学士"即"烟山专太郎"的话,恐怕还有重新思考的余地。

纪末叶思潮":"然则十九世纪末思想之为变也,其原安在,其实若何,其力之及于将来也又奚若?曰言其本质,即以矫十九世纪文明而起者耳。"[1]这种"物反于极"[2]的观点和叙述方式,与蚊学士对"无政府主义之本质及起源"[3]的观点和叙述方式完全一致。后者在介绍了欧洲近代史上"三大脱缚运动"(这部分也与周树人的叙述相重合)之后,明确指出所谓无政府主义就是"十九世纪物质文明的反动"[4]。当然,这里也不排除周树人参照其他文献构筑自己思路的可能性,还需要做进一步调查,不过,就与蚊学士在思路上的近似而言,却可以说并非偶然吧。

七、明治三十年代话语中的"施蒂纳"
及周树人的采择

接下来,还要探讨一下"施蒂纳"在日本明治时代话语当中的存在形态问题。这对了解留学时期的周树人与"施蒂纳"的关联机制至关重要,是解决周树人是在怎样的维度上理解、择取并容受"施蒂纳"这一问题的前提。

"施蒂纳"的名字在日本明治时期的书刊上出现,究竟起于何时?这是个还有待进一步考证的问题。就笔者的阅读所及,本论所着重探讨的"蚊学士"(即烟山专太郎)分5期连载于《日本人》上的《论无政府主义》一文,就详细介绍"施蒂纳"而言,应该是最早的一篇,即在1902年2月20日发行的"第百五拾七号"上,其中就包含《文化偏至论》里"斯契纳尔"的材源部分。如果单纯讲列名,那么"麦克斯·斯蒂纳"在当时著名文艺评论家长谷川天溪(Hasegawa Tenkei,1876—1940)的文章里出现,时间要更早。明治三十二年(1899)8月和11月连载于《早稻田学报》上的《尼

---

[1] 鲁迅:《坟·文化偏至论》,《鲁迅全集》第1卷,第48—50页。
[2] 鲁迅:《坟·文化偏至论》,《鲁迅全集》第1卷,第52页。
[3] 蚊学士:「無政府主義を論ず(一)」,『日本人』第154号,第27页。
[4] 蚊学士:「無政府主義を論ず(一)」,『日本人』第154号,第28页。

采的哲学》一文，作为"尼采"的思想"继承"者列出了"施蒂纳"："继承尼采思想而在近时兴盛的起来的极端自我论者有德国的麦克斯·斯蒂纳、鲁道尔夫、斯塔伊纳、埃里克桑德鲁·契尔莱，他们都介绍尼采，反对世俗。"[①] 很显然，长谷川天溪连"施蒂纳"和"尼采"的顺序都没弄清楚，更不要说对于"施蒂纳"的正确理解了，甚至对文中介绍的主人公"尼采"的认识也相当肤浅，把"尼采"超人哲学简单归结为以"盗掠、征服、破坏和贪欲等一切坏事"为能事的"兽类"的本能[②]，而且也正像后来的学者所指出的那样，长谷川天溪介绍尼采的这篇文章，也限制了他此后关于"尼采"的认识，他始终没有超出这篇论文的水平[③]。

如果说长谷川天溪对尼采介绍上的偏差有其资料方面的先天性不足——他不是直接取自德文，而是转借英文[④]——那么，也就可以说"尼采"乃至"施蒂纳"的正式传播，还得仰仗以东京大学"哲学科"和"独逸文学科"为中心的，直接凭借德文文献（尽管也不一定都是原著）进行研究和译介的学者、毕业生乃至在校生。关于在日本明治时代的"尼采"与德语，与日本哲学界，与东京大学，与拉斐尔·科贝尔，与井上哲次郎（Inoue Tetsujiro，1856—1944），与高山樗牛、登张竹风、姊崎嘲风、斋藤野之人、桑木严翼等人的关系，笔者在上一篇论文里有详细介绍，兹不做展开而只把话题集中在"施蒂纳"。

可以说，就传播路径和过程而言，"施蒂纳"和"尼采"在日本的明治时代几乎完全一致，只不过不像"尼采"那般彰显而属于其周边的一个存在。例如，上述"东京帝大关系者"都是当时最具代表性的"尼采"言说者，但只在井上哲次郎、桑木严翼和斋藤信策的行文中有"施蒂纳"闪现，且语焉不详。时任东大教授的井上哲次郎只贴了个标签，把施蒂纳和尼采

---

① 高松敏男、西尾幹二：『日本人のニーチェ研究譜　ニーチェ全集別巻』，白水社，1982年，第332—333页。

② 高松敏男、西尾幹二：『日本人のニーチェ研究譜　ニーチェ全集別巻』，第331页。

③ 杉田弘子：「ニーチェ解釈の資料の研究——移入初期における日本文献と外国文献の関係」，東京大学国語国文学会『国語と国文学』，第31—32页。

④ 据杉田弘子介绍，长谷川天溪《尼采之哲学》一文，主要蓝本是两篇英文论文。

并称为"极端的利己主义"的代表（1901）[1]，毕业于东大哲学科的桑木严翼，在他 1902 年出版的"尼采"专著里，亦承袭老师的套路，只把"麦克斯·施蒂纳"作为"尼采"的"鼓吹极端个人主义的先辈"而一语带过[2]。1903年毕业于东京帝国大学文科独逸文学专修的斋藤信策，1906 年发表著名的易卜生评论，以百十字的篇幅对"麦克斯·施蒂纳"略有具体介绍[3]，但也只是将其作为抗拒 19 世纪"黑暗文明"的"个人主义之天才"[4] 行列中的一员，是用来衬托易卜生的要素之一。不过，尽管"施蒂纳"在当时只是"尼采"或"个人主义"的配角，但他作为一个讲授对象出现在东京帝大哲学科或独逸文学专业课堂上或德文阅读教材的范文里也是不难推测的。一个佐证是 1901 年毕业于东京帝大文科大学国文科的诗人、日本国文学者尾上柴舟（Onoe Saisyu，1876—1957），在其所作的日本近代首篇海涅评传——《海因里希·海涅评传》里，亦认为海涅"作为文章家，其文体与施蒂纳相似"。由此可知，"施蒂纳"当时甚至也是"国文科"学生的阅读对象。通过以上所述，可获得两点认识，一点是东京帝大为当时"施蒂纳"言说的主要策源地；另外一点是，不论价值判断如何，也不论偏重于哪一方，"施蒂纳 + 尼采"可谓一种常态性（常识性）的话语结构，而正是在这样一种结构中，"施蒂纳"被作为一种思想材料来阅读，反之，"尼采"亦然。

烟山专太郎 1902 年毕业于东京帝大哲学科，他对"施蒂纳"的叙述，也同样呈现着知识上的"施蒂纳 + 尼采"的形态特征，例如他在介绍了"施蒂纳"之后，如次引出"尼采"："在排斥道德，确立纯粹的利己

---

① 井上哲次郎：「哲学評論・利己主義の道徳的価値」，『哲学叢書第 3 集』，集文閣，1901 年，第 1073—1074 页。井上哲次郎：「利己主義と功利主義を論ず」，『巽軒論文二集』，富山房，1901 年，第 2—3 页。

② 桑木厳翼：『ニーチエ氏倫理説一斑』，育成会，1902 年，第 178 页。

③ 斎藤信策：「イプセンとは如何なる人ぞ」，原载『東亜の光』1906 年 7、9、10、11 月号。此据『明治文学全集 40・高山樗牛　斎藤野の人　姉崎嘲風　登張竹風集』，筑摩書房，1967 年，第 123—124 页。

④ 斎藤信策：「イプセンとは如何なる人ぞ」，『明治文学全集 40・高山樗牛　斎藤野の人　姉崎嘲風　登張竹風集』，第 122 页。

留学生周树人"个人"语境中的"斯契纳尔"——兼谈"蚊学士"、烟山专太郎

主义，主张我性之点上与麦克斯·施蒂纳相同，在晚近思想界放出一种特异光彩的是尼采哲学"[1]，并且认为在"施蒂纳"止步之处，"尼采"将前者的结论大大推进了一步[2]。但即便在如此相同的"施蒂纳+尼采"的形态之内，烟山与其周围的最大不同就在于他不再把"施蒂纳"作为"尼采"的配角，而是以同等甚至是更大的篇幅将其作为一个独立的思想对象来介绍和阐释。也正因为如此，烟山专太郎之于"施蒂纳"的特点便显现出来。第一，可以说烟山比他周围的任何人都更多也更仔细地研读了"施蒂纳"。其次，烟山专太郎准确地把握到了"施蒂纳"思想，并首次对施蒂纳做出了翔实的介绍和评析；直到大正九年（1920）施蒂纳原著的第一个日译本[3]出版为止，可以说在关于"施蒂纳"言说的水平方面，无人可及。第三，烟山在其老师井上哲次郎所划定的偏重于伦理主义解释的樊篱当中朝外迈出了重大的一步，把"施蒂纳"从社会伦理层面上的"极端的利己主义"者，解放为真正哲学意义上的"极端个人主义"的思想者，从而做出了迥异于其导师和当时社会主流思想的价值判断。第四，也是最重要的一点，即烟山在"无政府主义思想史"的脉络当中确定了"施蒂纳"所处的位置，从而确立起叙述"施蒂纳"的另外一种框架。可以说，"无政府主义思潮当中的施蒂纳"始于烟山，其在此后的明治思想史当中成为一种范式，几乎原封不动地再现于后来无政府主义者的言说当中。幸德秋水、久津见蕨村前面已经提到了，这里还可以再介绍一位日本近代社会活动家、无政府主义者兼作家的人物，名字叫石川三四郎（Ishikawa Sanshiro，1876—1956），笔名旭山。他是日本埼玉县人，明治三十四年（1901）毕业于东京法学院，接受洗礼，成为基督徒。明治三十五年（1902）——即周树人留学日本那一年——26岁时，经堺利彦（Sakai Toshihiko，1871—1933）等人推荐，成为《万朝报》记者，翌年因反战而退出万朝报社，同

---

[1] 煙山專太郎：『近世無政府主義』，第1—2页。

[2] 蚊学士：「無政府主義を論ず（三）」，『日本人』第157号，1902年2月20日，第25页。

[3] マックス・スティルネル著、辻潤訳：『唯一者とその所有（人間篇）』，日本評論社，1920年。

年 11 月加入平民社，开始译介社会主义著作并参与多种杂志的创办、编辑与发行。明治四十年（1907）4 月被捕入狱，翌年 5 月获释，在狱中完成《虚无之灵光》一书，但就在该书发行之前正在装订时，于 1908 年 9 月被当局收缴[①]——据说是因为题目里出现的"虚无"这个名称犯了当局的忌讳[②]。而令人感兴趣的是，在石川三四郎的《虚无之灵光》一书中也同样可以找到烟山专太郎关于"施蒂纳"的那些句子："然而，这种精神上的无政府主义的托尔斯泰和前面提到的个人无政府主义的施蒂纳，都排斥把理想的满足寄望于将来而主张求之于自己的脚下，这一点非常有趣。'未来'是永远不会来的。个人的平安总是在个人的脚下。"[③]

在烟山介绍"近世无政府主义"十年后，1910—1911 年，发生了所谓"大逆事件"，幸德秋水等人因谋害天皇的"大逆罪"而被处以极刑。"无政府主义"再度引人关注并成为隐蔽的话题。就连明治文豪森鸥外也对此作出反应，发表短篇小说《食堂》，通过三个人物在食堂用餐时的对话来讨论无政府主义。森鸥外是精通德文和德意志人文思想的大家，读取"施蒂纳"当有自己的路径——例如借助小说中人物之口提到的"Reclam 版"（即周作人所说的"瑞克阑姆"文库）原著，并且也有不同于一般社会常识的判断，认为"施蒂纳是个在哲学史上有着很大影响的人，把他跟那些号称无政府主义的人划在一处，实在让他显得有点可怜"[④]。由此可见当时环绕着森鸥外的社会舆论是如何强有力地把"无政府主义"与"施蒂纳"捏合在一起，以至他不得不让他笔下的人物出来加以辨析。但从最终结果来看，森鸥外也并没能把"施蒂纳"从关于"无政府主义"的话语中剥离出来。

此后不久，大杉荣（Osigi Sakae，1885—1923）于 1912 年发表《唯

① 以上据「（石川三四郎）年譜」，『明治文学全集 84・社会主義文学集（二）』，筑摩書房，1965 年，第 439 页。

② 「『虚無の霊光』解題」，『明治文学全集 84・社会主義文学集（二）』，第 425 页。

③ 石川三四郎：『虚無の霊光』，『明治文学全集 84・社会主義文学集（二）』，第 300 页。

④ 森鸥外：「食堂」，原载『三田文事』，1910 年 12 月号，此据『明治文学全集 27・森鸥外集』，筑摩書房，1965 年，第 95 页。

一者——麦克斯·施蒂纳论》一文,以"唯一者及其所有物"为中心详细介绍了"施蒂纳的个人主义"。可以说文中所浮现的"施蒂纳"完全不是一个一般社会言说层面的"无政府主义者"——甚至连大杉荣在其他文章里几乎必谈的"无政府"这三个字都没出现——而是一个处在高度思想层面的"个人主义"哲学的创说者和阐释者。"近代思想之根本在于个人主义",在这个前提下大杉荣展开了他的"施蒂纳论"。在他看来,此后的"尼采"并非"施蒂纳"的"剽窃者","但施蒂纳的思想却间接地影响到了尼采"[1]云云。然而,令大杉荣想象不到的是,他的这篇并非"无政府主义"的"施蒂纳论",反倒将"施蒂纳"牢牢固定在了"无政府主义"框架内。这当然主要是大杉荣本人是日本近代无政府主义思潮的代表人物使然,但"无政府主义"谱系中的"施蒂纳"却开始于烟山专太郎。也可以说,从烟山专太郎到大杉荣,不论他们通过"施蒂纳"多么正确地阐释了"个人主义"思想,其结果都为"施蒂纳"着上了浓重的"无政府主义"色彩。"无政府主义"在当时是"施蒂纳"最为有力的话语载体。

关于日本近代的无政府主义,评论家松田道雄(Matsuda Michio,1908—1998)曾经指出:"日本的无政府主义,迄今为止一直被排除在它思想史上应有的座席之外。虽说这是权力方面对待否定权力的思想采取防卫手段所导致的结果,但也可以说,这种防御是过剩防御。从明治到大正,当时的统治权力超越了自己的法的框架,对无政府主义的头面人物实施了物理性的抹杀。"[2]这其中最极端的例子,恐怕非上述"大逆事件"以及1923年"甘粕事件"莫属。幸德秋水等人因前者而被处刑,大杉荣等人因后者而被杀害。也就是说,从思想史来看,无政府主义在日本明治三十年代以后和整个大正时期即20世纪的最初25年,始终作为思想"异端"而处在被严酷镇压的状态。这是一个事实。这个事实的另一面又恰恰意味着

---

① 大杉栄:「唯一者——マクス・スティルナアー論」,原载『近代思想』第1卷第12号,1912年12月,此据『アナーキズム・日本現代思想体系16』,筑摩書房,1963年,第132页。

② 松田道雄:「日本のアナーキズム」,『アナーキズム・日本現代思想体系16』,第9页。

"无政府主义"具有令当权者恐惧的话语张力。而所谓"施蒂纳",首先是借助这种话语的张力而出现在留学生周树人面前。如前所述,《文化偏至论》里的"施蒂纳"便取材于烟山专太郎的《论无政府主义》。

通过上述梳理,周树人所面对的"施蒂纳"的知识维度便大抵清晰地呈现出来了。其正式传播始于东京帝大,主要以哲学科和独逸文学专业为策源地,并且在"施蒂纳+尼采"的话语结构中被叙述;又由于叙述者多主言"尼采",故从"尼采"和接受"尼采"的角度看,其经常属于"尼采"的周边事项,而为"尼采"的周边之周边。这个结构也同样呈现于周树人的文本里,他提到最多的是"尼佉"(即尼采),如《摩罗诗力说》2处,《文化偏至论》4处,《破恶声论》1处,"斯契纳尔"(即施蒂纳)只在《文化偏至论》里出现过1次,是"个人主义之至雄桀者"[1],"尼佉"这一行列中打头阵的一个,即作为"先觉善斗之士"[2]而率先出现。另外一点是"无政府主义"的维度。如前所述,"无政府主义"言说无疑是将"施蒂纳"带给周树人的一种充满张力的载体。

那么,在这样一种知识维度的前提下,该如何评价周树人的工作?他的主体性又体现在哪里?很显然,《文化偏至论》中的"施蒂纳",是将"近世无政府主义"流变叙述框架中的一个"理论的""无政府主义"者,编织到另外一个重构出来的"个人主义"叙述框架当中的产物,虽然在后者的框架内仍原汁原味地保留了材源的内容,却使"施蒂纳"完成了角色转换,即从无政府主义的理论家,转变为19世纪个人主义精神谱系的引领者和叙述者。周树人在"个人主义"的精神愿景中发现了不大为人所注意甚至通常遭受排斥的"施蒂纳",并且为后者重新选定了位置。他并没像前述渊实(廖仲恺)等人那样,着眼于把诸如烟山这样的无政府主义思想资源"积极地动员到"自己正在实行的革命运动,而是从中择取出有助于"精神"重建的要素并力图使其内在化。众所周知,周树人的"革命"更着眼于"精神",即"人"的革命,他的所谓"立人"即在于人的主体精神的

---

① 鲁迅:《坟·文化偏至论》,《鲁迅全集》第1卷,第53页。
② 鲁迅:《坟·文化偏至论》,《鲁迅全集》第1卷,第52页。

确立。从这个意义上讲，他正确理解了施蒂纳的"我性"及其同列者的"个人主义"精神，并对之做出了自己的价值判断和选择。他认同包括"施蒂纳"在内的一连串"个人主义之至雄桀者"。然而，就周树人的成长过程而言，这一阶段的所谓"立人"，与其说是对外，是对他者的诉求，倒莫如说首先是在社会大潮中完成自身的确立。"施蒂纳"也跟"尼采"等人一样，是在周树人确立自身主体性的过程中所拿来并汲取的一份营养。消化这份营养的过程，也就是把他自己所理解的"人"之精神内在化的过程。这个过程更多的是关乎周树人自身的思考，因此那些论文与周围的各种"革命"和"救国"方略相比因显得迂阔而听不到共鸣之声。虽然在今天看来它们都非常重要。

周树人做上述几篇"立人"的文章之时，恰恰是日俄战争之后日本的"国家主义"最为激情勃发的时期，此前曾一度出现过的非国家主义的"个人主义""无政府主义""反战论"等不仅遭到主流意识形态的彻底压制，也被社会大潮所淹没。就"个人主义"而言，周树人发掘出来的恰恰是早已被"主旋律"所淹没了的日俄战争之前的思想资源，并且以"个人一语，入中国未三四年……"① 的话语方式，做出了"个人主义"并非"利己主义"的辩解。关于这一点，笔者在《留学生周树人周边的"尼采"及其周边》里有详述，兹不赘言。"施蒂纳"也同"尼采"一样，是他在"利己主义"的污水当中打捞出来的"先觉善斗之士"，而素材却取自1902年的话语资源。这种取材上的不合时宜的非时代性，是周树人文章的明显特征，也使他同时"孤立"于当时的日语和汉语言论界之外。就主题意向和表述方式而言，日本同一时期与周树人文章最具有"同时代性"的，可以说只有留德归来，在早稻田大学教哲学的金子筑水（Kaneko Chikusui，1870—1937）《个人主义之盛衰》一篇，但时间上略晚于周树人，发表在1908年9月的《太阳》杂志上 ②。

---

① 鲁迅：《坟·文化偏至论》，《鲁迅全集》第1卷，第51页。

② 金子筑水：「個人主義の盛衰」，原載『太陽』14巻12号，1908年，此据《明治文学全集50·金子筑水　田中王堂　片山孤村　中澤臨川　魚住折蘆集》，筑摩書房，1965年。

而在同时期东京的汉语言论界，则几乎找不到与周树人处在同一层面上的正面阐释"个人""精神"以及"诗"的文章，更不要说这一语境下的"施蒂纳"了。或曰，当时的汉语圈对日本的"无政府主义"不是有积极的介绍和热烈的反应吗？而周树人的"施蒂纳"与他的周围不是拥有同样一个烟山专太郎材源吗？的确，这是问题的复杂性所在。如果直接下一个结论的话，那么便是烟山颇得要领地正面介绍了"施蒂纳"，而周树人也只是从"我性"的角度在无政府主义思想史中截取了这一素材，除此之外，他对无政府主义本身并没表现出格外的兴趣。正像周树人并没参与出现在《浙江潮》《汉声》《江苏》《民报》《新民丛报》等杂志及著作中的无政府主义议论一样，在汉语言论界关于"无政府主义"的议论里也没出现周树人语境下的那个"施蒂纳"。也就是说，虽然周树人与其他人同样读烟山专太郎的文章或者书，但偏好和择取却大不相同。"东京也无非是这样"，正如《藤野先生》① 中所写，同是清国留学生的周树人，对"成群结队的'清国留学生'"所持态度，是颇有"违和感"的，当然从另一边来看，他也是个另类，常常孤立于"群"之外。

最后还有几句附言。周树人之所以能从"个人主义"和"我性"视角截取"施蒂纳"，除了烟山素材本身所具有的强烈暗示性外，还有一个人不能不再次提到，那就是斋藤信策。前面提到的作于 1906 年的长文《易卜生是怎样一个人》，在主题和叙述方式上对周树人显然有着示范作用。而只有彻底厘清两者的关系，才能把周树人对"个人主义"选择上的主体性和建构上的独特性讲清楚。当然，这已非本篇所能完成，而是下一篇的课题了。关于"鲁迅与斋藤信策"，虽早已有伊藤虎丸、中岛长文等学者出色的先行研究，但本论所指出的这一点，在此前的研究中却并未有所言及。

---

① 鲁迅：《朝花夕拾·藤野先生》，《鲁迅全集》第 2 卷，第 313 页。

附录一 “蚊学士”《论无政府主义》原文

無政府主義を論す（續）

蚊　學　士

マクス・スチルチルは純平たる利己主義の立脚地に立てる無政府主義を倡唱せる者なり。彼は各個人を以て最高唯一の實在なりとし、人間と云ひ、主義と云ひ、暴覺これ ゾーンにあらずして一の觀念のみ、妄想のみなりと斷言せり。曰、人々の理想が一層精靈的に且つ一層神靈となれば なるほど、之に對する我等の情以次第に其大なるを致すべし。されと彼等に向ては之が爲めに己の自由の却て登ゝ縮少せらるゝに至るを如何せむ。すべて此等の觀念は各人心意の製造物に過ぎず。非實在の最も大なる者は各人心意の製造物に過ぎず。故に自由主義によりて開かれたる進歩も實はこれ迷ひの增加

意ありといふ。子塔は當今淸國第一流の史家にして、其の精深淵博なること洪文卿（鈞）、李仲約（文田）二氏に過ぐといよ。近年以來、元史譯文證補の渡來あり、又那珂氏の渡來あり、元魯武親征傳は巳に文求堂の重刊を經、又那珂氏の增註本にして成らば史學會より刊行せらるべく、市村氏は祕史の增註本を癒し、而して今裝文秘史の渡來あり、若し沈氏の蒙古源流事證にして渡來し、更に余が芸閣に求むる所元經世大典耶律鑄の雙探歸隱集等にして渡來するに至らば、元史研究の資料は益ゝ豐富を加へて、其の記述すべき所發明する所、庶幾くはかのドーソン、ホウォルス、ブレットシュナイデル諸人と稍や顏頡するを得んか、余偖に之を先驅諸氏に須み、幷せて以て自ら勵むと云ふ。

のみ。退步の增進のみ。眞の進步は決して此等の理想にわるに非ずして各人の足下にあり。即己の我性を發揮してかかる觀念世界の支配より我を完全に飄脫せしむることにわり。何となれば我性はすべての遺物主なればなり。自由は我々に歡へて云ふ、汝自身を自由にせよと。而して其所謂汝自身なる者の果して何者なるか を冒明せざるなり。之に反して我性は我々に向て叫で云ふ。汝自身に蘇れと。我性は生れながらにして自由なり自由は我々にして自ら自由を追求し、妄想者、迷信者の間に伍して狂奔するはこれ正に己を忘る、者なり。明に一の矛盾を得べし。自由は之に達し得べき權力のあるありて始めて得べし。然れども其所謂權力は決して之を外に求むるを要せず。各個人の中に在て存すればなり。余の權力は何人も之を余に與ふる所に非ざればなり。すべて法律は社會を支配する權力の意志なり。すべて國家は其之を統治する權力の一なると、多數なると、將に全體なると問はず、共に盡くの專制なり。假令余が余の意志を以てすべて他の人々の國民的集合意志と合致せしむべしと公言したりし時に於ても亦專制たるを免れず。これ余をして國家の奴隷たらしむる者なり。余自身の自由を放鄕せしむる者なり。然らば如何にせば余をして此の如きの地位に陷らざらしむるを得べきか。曰、余が何等の義務をも認めざる時に於てのみなり。余に何等の義務をも有せざらしならば又何等の法律をして既に何等の義務をも有せざらしならば又何等の法律を

二十四

も認むるとなかるべし。果して然らば一切の繋縛を排斥し、本來の面目を發揮せんとするは我にはもとより國家の承認せらるべきの理なく、己なく、我性なき卑陋の人間のみ、獨り國家の下に立つべきなりと。

スチルナルの言説は絶對的の個人主義なり。故に彼は一切個人の意思を基として道徳を排し、義務を斥けたり。此點に於ては經濟的關係てよ社會主義的見地に立ちたる他の無政府論者の道德を推重するとは全く相反對せり。彼のクラボトキンの如き若し其「無政府黨の道德」に於て論ずるが如きを以てせば、彼はたしかに非道德説を探るが者として之が例外に立つ者なりと雖、同一共産主義のヘツスや、グリユン輩に至ては全く其主張の根柢に於て一の一般的道德の世に存在するとを預想したり。

き殊に然り。彼が財産に向て抗議を加へ、之を盗品なりと公言するに至りたりしは、全く其正義と相並立せざる者なりと思惟せるが故にあり。彼は其上己が理想せる天國の制として一の權衡の必要なるを認め、經濟生活に於て生存競爭を許すを躊躇せり。然るにスチルナルは財産は之を占有し得べき權力ある者に當然屬すべしとして、一切正義を否認し、自然淘汰を以て社會に於ける最高唯一の支配者なりとし、プルードンが仕事は協力の成果なりと云へるに對して、最も有效なる勢力は各個人の仕事にありとし、個人の仕事は唯一に利己的立脚地によりて定めらるべき者なりと公言したり。

之を要するにマクス・スチルナルは個人的人間が哲學の最

無政府主義を論ず

初及最終にして又實に人生の問題に向て最終最眞の解答を與ふる者なりと云ひ、所謂幸福なる者は一に各個人が己を以てすべての己の思意及び行爲の中心及び終極點となすによりて初めて生ずる者なりとせり。彼は即我性によりて、人の絶對的自由を立せり。然れとも若し弱き個性が強きものによりて歴せられ、即暴力が主我の念に打勝ちたる場合に於ては如何にせんと欲するか。彼の學説はこゝに至って最早其以上を説明すると能はざるなり。ニチエは更に此結論を推しひろめたり。彼は強者によりて弱者を歴せんと欲す。

強者の寡人的支配を欲するなり。即權力意志を高めて之を世界の根本原理たらしめんと欲するなり。彼の主張の本づく所はショーペンハウエルにあり。而も彼は此と異りて更に個人主義を否認せず、寧ろ却て之を以て世界に於ける唯一の重要物と見做し、ショーペンハウエルの意思説と、ダーウィンの生物進化論とを調味して一の世界進化論を搆成し、權力意志を以て創造的生命の原理とし、これが所謂適者生存、優勝劣敗等の作用によりて常に弱き者、卑しき者を歴服し、漸次秀越せる強き個人を得るに至るべしと説きたり。是に於てか個人主義は自然主義と合致して自然主義的個人主義なる者を生せり。

ニチエは又民主政及社會主義を斥け、自我のみを主として一切基督敎を否認し、眞の文化の意味は天才を作り、創作的の人を作るにありとし、人性の發展に於ける道德の進行は自然の進みにすぎずとなせり。されば彼が倫理説の預想とする所は即ダーウヰンの進化論にあり。彼は動物的本

二十五

附录二 《文化偏至论》中关于"斯契纳尔"的部分

鲁迅全集·坟

加之别分,且欲致之灭绝。更举黮暗,则流弊所至,将使文化之纯粹者,精神益趋于固陋,颓波日逝,纤屑靡存焉。盖所谓平社会者,大都夷峻而不湮卑,若信至程度大同,必在前此进步水平以下。况人群之内,明哲非多,伧俗横行,浩不可御,风潮剥蚀,全体以沦于凡庸。非超越尘埃,解脱人事,或愚屯罔识,惟众是从者,其能缄口而无言乎?物反于极,则先觉善斗之士出矣:德人斯契纳尔(M. Stirner)[31]乃先以极端之个人主义现于世。谓真之进步,在于己之足下。人必发挥自性,而脱观念世界之执持。惟此自性,即造物主。惟有此我,本属自由;既本有矣,而更外求也,是曰矛盾。自由之得以力,而力即在乎个人,亦即资财,亦即权利。故苟有外力来被,则无间出于寡人,或出于众庶,皆专制也。国家谓吾当与国民合其意志,亦一专制也。众意表现为法律,吾即受其束缚,虽曰为我之舆台[32],顾同是舆台耳。去之奈何?曰:在绝义务。义务废绝,而法律与偕亡矣。意盖谓凡一个人,其思想行为,必以己为中枢,亦以己为终极:即立我性为绝对之自由者也。至勖宾霍尔(A. Schopenhauer)[33],则自既以兀傲刚愎有名,言行奇觚,为世希有;又见夫盲瞽鄙倍之众,充塞两间,乃视之与至劣之动物并等,愈益主我扬己而尊天才也。至丹麦哲人契开迦尔(S. Kierkegaard)[34]则愤发疾呼,谓惟发挥个性,为至高之道德,而顾瞻他事,胥无益焉。其后有显理伊勃生(Henrik Ibsen)[35]见于文界,瑰才卓识,以契开迦尔之诠释者称。其所著书,往往反社会民主之倾向,精力旁注,则无间习惯信仰道德,苟有拘于虚[36]而偏至者,无不加之抵排。更睹近世人

52

附录三　汪著译文与重译文本之对照

汪著译文	李冬木重译
Max Stirner是第一个基于纯粹利己主义立场倡导无政府主义的人。他以每个人作为至高无上的唯一实在，并断言："所谓人类，所谓主义，毕竟只能是**存在于个人的**一种观念、妄想而已。"曰：人们的理想越精神化、越神圣，则与之相对应的敬畏之情就应该逐渐扩大。而对于他们自己，则身自的自由反而因此更加缩小了。所有的这些观念只不过是个人的精神产物，只不过是非实在的最大之物。因此，由自由主义所开辟的道路实际上也只不过是徒增迷惑从而导致退步而已。真正的进步决不在理想中，而是在每个人的脚下，即在于发挥自己的"我性"，从而让这个"我"完全摆脱观念世界的支配。因为"我性"是所有的造物主。**自由教导我们："让你自身自由吧"，于是它也能言明所谓"你自身"到底是什么。**与此相反，"我性"对我们喊叫："复活于你自己"。**"我性"生来就是自由的，因此先天性地作为自由者追求自由，与妄想者和迷信者为伍狂奔正是为了忘却自我。**这里有一个明显的矛盾，自由，起初须有达到自由之权利，然后才能够得到的。但是这权利决不能在自由之外求得，而是存在每个人当中。**我的权利也不是别人给予之物，神、理性、自然和国家也都不是人所给予之物。**所有的法律，是支配社会之权力的意志。所有的国家，其统治意志无论是出于一个人，还是出于大多数或者全体，最终都是一种专	麦克斯·施蒂纳是基于纯粹利己主义立场之无政府主义的首倡者。他以每个人为最高唯一的实在，断言所谓人，所谓主义，**毕竟皆非个人人格**，而只是一种观念，一种妄想。曰，人人之理想，越是精灵化，越是神圣，就越会导致对其敬畏之情逐渐增大。然而，这对他们来说，也就因此会反过来导致自身自由空间的日益缩小而毫无办法。所有的这些观念，都不过是各个人心意的制造物，都不过是非实在的最大者。故自由主义所开辟的进步，其实也只是增加了迷惑，只是增进了退步。真正的进步绝不在于此等理想，而在于每个人之足下。即在于发挥一己之我性，在于使我从观念世界的支配之下完全飘脱出来。因为我性即一切之造物主。**自由教给我们道，让汝自身自由！却不言明其所谓汝自身者为何物。**与之相反，我性冲着我们大叫道，让汝自身苏醒！**我性生来自由。故先天的自由者自去追求自由，与妄想者和迷信者为伍狂奔，正是忘却了自己。**明显之矛盾也。自由只**有**获得到达自由的权力之后**才会**获得。然而其所谓权力，决不是让人求之于外。因为权力只存在于每个个人当中。**我的权力并非谁所赋予，不是上帝，不是理性，不是自然，也不是国家所赋予。**一切法律都是支配社会的权力的意志。一切国家，不论其统治的权力出于一人、出于多数或出于全体，皆为一种专制。

续表

汪著译文	李冬木重译
制。即使我明言我自己的意志与所有其他国民的集体意志相一致,此时也不免是专制。这就使我容易变成国家的奴隶,使我放弃我自身的自由。那么,我们如何才不至于陷入此种境地呢?<u>曰:只有在我不承认任何义务时,只有在不束缚自我时,或者我从束缚中觉醒时。即,我已没有任何义务,我亦不必承认任何法律。果然,当我排斥一切束缚、发挥本来面目时,对我来说,毫无承认国家之理由,也无自我之存在。只有毫无"我性"的卑贱之人才应该独自站在国家之下。……</u>	即使我公然宣布应以自己的意志去和其他国民的集合意志保持一致,亦难免专制。是乃令我沦为国家之奴隶者也,是乃让我放弃自身之自由者也。然则将如何使我得以不陷入如此境地呢?<u>曰,只有在我不承认任何义务时才会做到。只有不来束缚我,而亦无可来束缚我时才会做到。倘若我不再拥有任何义务,那么也就不应再承认任何法律。倘果如此,那么意欲排斥一切束缚,发挥本来面目之我,也就原本不会有承认国家之理。只有那些没有自己,丧失我性的卑陋之人,才应该独自站在国家之下。</u>
<u>……一开始,每个人依据自我形成了自我意识和自我行为的中心及终点,而所谓幸福,即由此产生。故依据我性,树立了人的绝对自由。</u>	……(中略)…… 总之,施蒂纳说,作为个人的人,是哲学从始至终对人生问题所实际给予的最后的和最真诚的解答。<u>所谓幸福者,乃是每个个人都以自己为自己的一切意志及行为的中心和终极点时才会产生的那种东西。即,他要以我性确立人的绝对自由。</u>

关于留学生周树人与明治"易卜生"——以斋藤信策(野之人)为中心

前言

"易卜生"是鲁迅研究中的重要课题。该课题所探讨的范畴和意义并不囿于鲁迅与易卜生的关系,还衍及中国的易卜生导入史、五四新文化运动史、思想史、文学史、戏剧史,且牵扯到诸如妇女问题、婚姻问题、家庭问题等各种社会问题。从文学到思想再到社会世相,易卜生在中国精神史上留下巨大的足迹,直到如今,只要以"易卜生"为关键词做一项检索,便可比较容易地获悉对上述诸方面问题的探讨有怎样的延续、在怎样地进行。诚然,易卜生在中国的传播,离不开《新青年》,离不开胡适,离不开易卜生剧作的翻译,也离不开文学和戏剧创作的效仿乃至舞台演出的实践,只是在上述言说当中若抽出鲁迅便会出现结构上的重大缺陷甚至无法成立。鲁迅在百年前提出的"娜拉走后怎样?"的设问,至今仍是众多人在寻找答案的跨世纪课题。从这个意义上讲,鲁迅仍处在"易卜生与中国"问题的核心位置——至少就易卜生导入史的起点而言,这个位置是无法动摇的。

周树人与明治"易卜生"之关系便处在这样的堪称"原点"的位置上。彼时正在日本留学的周树人距后来的"鲁迅"之诞生还远,故本论只将"原点"问题按照本来的样子来处理,把等身大的清国留学生周树人置于这个"原点"位置上,检证其在留学期间如何与"易卜生"相遇,化文为己,转识得智，从而获得精神省悟乃至陷入省悟之后所遭遇的精神困境的历程。本论也尝试在这一探索视域内对既往相关研究加以整理和再确认，以充实关于周树人所呈现的中国易卜生导入史之"原点"的观察维度，进而呈现关于"立人"①之"人"的研究目前已经有了怎样的实证性到达点。

一、关于《摩罗诗力说》中"伊孛生"之材源问题

正如目前已知的那样，周树人在留学时期所写的两篇论文中谈到了易卜生，一篇是《摩罗诗力说》，出现过一次，另一篇是《文化偏至论》，出现过三次。《摩罗诗力说》分两期连载于 1908 年 2 月和 3 月出版的《河南》杂志第 2 号和第 3 号，署名令飞；《文化偏至论》刊载于同年 8 月出版的《河南》杂志第 7 号，署名迅行。这两篇文章后来都集入未名社 1927 年 3 月出版的文集《坟》，现收录于人民文学出版社 2005 年版《鲁迅全集》第一卷。本论使用该版本。

易卜生（Henrik Johan Ibsen，1828—1906）是挪威剧作家、诗人、舞台导演，也是近代戏剧的开创者，有"近代戏剧之父"之称，是继莎士比亚之后剧作最被热演的剧作家。"易卜生"三字，系其现今在中文里的通称，在《摩罗诗力说》里写做"伊孛生"，在《文化偏至论》里写做"伊勃生"。在后来的鲁迅文本中，虽然在公开场合多用《新青年》上的命名"易卜生"，但在明显个人化的语境内，例如鲁迅的日记、讲演、回忆和作品当中，还是多用自己在留学时代的习惯用法：诸如在 1918 年 7 月 29 日日记里用"伊勃生"②，而在 1918 年 7 月 31 日日记、《娜拉走后怎样》《论照相之类》《再论雷峰塔的倒掉》《忆韦素园君》《阿金》《"题未定"草（五）》《〈卢勃克和伊里纳的后来〉译者附记》等篇中用"伊孛生"③便是。这种状况

---

① 鲁迅：《坟·文化偏至论》，《鲁迅全集》第 1 卷，第 58 页。

② 《鲁迅全集》第 15 卷，第 335 页。

③ 《鲁迅全集》第 15 卷，第 335 页；第 1 卷，第 165—166 页，第 195 页，第 202 页；第 6 卷，第 68 页，第 207 页，第 402 页；第 10 卷，第 312 页。

一直持续到晚年，说明早年对西文"Ibsen"或日文"イブセン""イプセン"所做的汉字命名，对于记忆有着强烈的固化作用。不论是"伊孛生"还是"伊勃生"，它们即便不是"易卜生"在中文里的首次出现，也应该是较早的有关易卜生的中文记录。至少，在笔者的阅读所及范围内，到目前为止没能看到更早或同时期的其他文本对"易卜生（Ibsen）"所做的中文翻译。

那么，在标志着易卜生在中国出现的原点的位置上，易卜生是被怎样记述的呢？这里不妨首先来聚焦一下《摩罗诗力说》当中的一段。这段述及"诺威文人伊孛生"的话镶嵌在第五章开头的关于"裴伦"（拜伦）的话题里，标注下划线处便是：

> 自尊至者，不平恒继之，忿世嫉俗，发为巨震，与对蹠之徒争衡。盖人既独尊，自无退让，自无调和，意力所如，非达不已，乃以是渐与社会生冲突，乃以是渐有所厌倦于人间。若裴伦者，即其一矣。其言曰，硗确之区，吾侪奚获耶？（中略）凡有事物，无不定以习俗至谬之衡，所谓舆论，实具大力，而舆论则以昏黑蔽全球也。<u>此其所言，与近世诺威文人伊孛生（H. Ibsen）所见合，伊氏生于近世，愤世俗之昏迷，悲真理之匿耀，假《社会之敌》以立言，使医士斯托克曼为全书主者，死守真理，以拒庸愚，终获群敌之谥。自既见放于地主，其子复受斥于学校，而终奋斗，不为之摇。末乃曰，吾又见真理矣。地球上至强之人，至独立者也！</u>[①]

说到《摩罗诗力说》，一般首先会想到北冈正子（Kitaoka Masako）的《〈摩罗诗力说〉材源考》。北冈正子只为做这一篇的材源调查，就花费了40多年。这项研究成果早就引入中国，1983年5月，该书中文版由何乃英翻译，北京师范大学出版社正式出版，在学界广为流传。在中文版出版以前，"材源考"没有日文版成书，只是连载于《野草》（中国文艺研究会会刊）上的"笔记"。首篇《〈摩罗诗力说〉材源考笔记》刊载于

---

① 鲁迅：《坟·摩罗诗力说》，《鲁迅全集》第1卷，第81页。

1972 年 10 月出版的《野草》第 9 号，到 1995 年 8 月《野草》第 58 号出版为止，共载 24 回。中文版只收录了截止到 1981 年的前 15 回连载和部分尚未进入笔记的新发现的资料。时隔 30 多年，2015 年 6 月，日本汲古书院出版了更全面的材源考，即日文版《探索鲁迅文学之渊源——〈摩罗诗力说〉材源考》[1]（以下简称《材源考》）。该书 650 页，比此前中文版的 233 页增量近两倍，涵盖 11 本书和若干篇文章，基本厘清了关乎《摩罗诗力说》核心内容的主要材源[2]，但这并不是所有来源。《材源考》全书五章，以编号的方式排列《摩罗诗力说》文本的各个段落，一一对照材源。即便如此，该书也没有穷尽《摩罗诗力说》的材源，全书明确标注出"无材源（材源がない）"的地方有 11 处[3]。

上文所引标注下划线部分编号为"26"，其以上内容的编号为"25"。关于编号"25"，北冈正子明确给出两处材源[4]。但关于编号"26"也就是述及"伊孛生"的部分，则明确告知"26 无材源"。接下来，关于这一段，北冈正子写道：

> 可以认为，鲁迅在被当作"民众之敌"的斯托克曼身上找到拜伦所指出的那种状况的实例——他在"25"里引用了拜伦的话："所谓舆论确实具有强大的力量，舆论可以把地球遮蔽得昏天黑日"——所以在"26"当中添加上了这一段。
>
> 易卜生是鲁迅喜爱的作家，后来他也在自己的作品中或引用或提及。
>
> 《民众之敌》（1882）是一部五幕剧。主人公斯托克曼医生在故乡开办了温泉疗养所。但没过多久，他发现温泉的导管里

---

① 北冈正子：『魯迅文学の淵源を探る——「摩羅詩力説」材源考』，汲古書院，2015 年，第 111 页。后文引用均出自此版本，注释从略。

② 详见李冬木：《从中文版到日文版——读北冈正子先生的〈《摩罗诗力说》材源考〉》，《文艺报》，2016 年 10 月 19 日第 8 版。

③ 北冈正子：『魯迅文学の淵源を探る——「摩羅詩力説」材源考』，第 31、37、50、60、84（2 处）、96（2 处）、99、180、186 页。

④ 北冈正子：『魯迅文学の淵源を探る——「摩羅詩力説」材源考』，第 58 页。

流入了腐败有机物，知道再这样下去，疗养的客人会生病，而温泉也会办不下去，于是提议更换导管，实施改造工程。但是他的提议遭到镇长和温泉组合的反对。反对者认为这样做不仅会影响整个温泉行业，还要花费大笔费用，因此千方百计掩盖真相。斯托克曼试图召开大会，要把情况向镇民们讲清楚，却被镇长等人妨害，还遭受多数不明真相的镇民的辱骂和极力反对，被打上了"民众之敌"的烙印。当初伪装成同党的报社也加入了反对者的行列，斯托克曼完全陷入孤立。他失掉了温泉疗养所医生的工作，身为教师的女儿被免职，两个儿子也被拒绝上学，全家还被房东赶出家门。一家人就这样失去了生活根基，只能流落他乡。然而，斯托克曼最后却说："现在，我确实进入了全世界最大的强者行列"。"……听好了，我在这里有一个大发现！""所谓大发现是什么呢？听着，——最大的强者，只是孤独地站在世界上的人。"《民众之敌》是一部毫无保留地讲述民众舆论、统治阶层之党派如何埋葬讲真话者的戏剧。26 中引用的，就是这出戏当中的最后一段台词。

很显然，鲁迅从斯托克曼与舆论为敌的英勇斗争中，发现了与拜伦的战斗精神相通的东西。[①]（李冬木译，下同）

北冈正子的工作做得细致缜密，其依据竹山道雄日译本《民众之敌》[②]所做的剧情介绍，清晰呈现了斯托克曼医生的人物性格，从而解明"伊孛生"何以进入"裴伦"文脉的缘由，即"鲁迅从斯托克曼与舆论为敌的英勇斗争中，发现了与拜伦的战斗精神相通的东西"。这一结论令人信服，就文脉的梳理而言，有水到渠成之感，标志着作为先行研究在材源调查和文本解读上的一个到达点。

在此基础上，清水贤一郎（Shimizu Kenichiro）对《摩罗诗力说》"伊

---

① 北冈正子：『魯迅文学の淵源を探る——「摩羅詩力説」材源考』，第 60 页。
② イプセン著，竹山道雄訳：『民衆の敵』，岩波文庫，1950 年。参见北冈正子：『魯迅文学の淵源を探る——「摩羅詩力説」材源考』，第 104、105 页。

学生"又做了进一步的材源调查，其题为《国家与诗人——鲁迅与明治易卜生》的论文，发表在 1994 年 3 月出版的《东洋文化》74 号[①]。清水的论文并不是为材源调查而作，其论旨别有所在——后面还要谈及——却为"伊孛生"溯源付出很大努力。关于《摩罗诗力说》"伊孛生"的材源的调查，清水通过注释（39）做了详细的说明，兹译如下。

> 该引用部分（李冬木按，指论文中所引《摩罗诗力说》关于"诺威文人伊孛生"的一段）的"材源"历来未详，因有经笔者调查而判明的若干事实，在此愿做一点补充说明而不避略嫌冗长。
>
> 中岛长文（中岛一九七三）证实，鲁迅的拜伦论有七成来自木村鹰太郎的《拜伦——文艺界之大魔王》，根据他的这项调查，这段话在鲁迅文中有而在木村的著作里没有。这个部分即便在北冈正子的老作（北冈一九七二）当中也没有明确材源出处（笔者还参照了中文版北冈一九八三）。然而，在这仅仅数行的言及当中，疑似鲁迅所据材源，有两种亦可想见。
>
> 一种与《社会之敌》梗概介绍相关。鲁迅这样写道：
>> 自既见放于地主，其子复受斥于学校，而终奋斗，不为之摇。
>
> 这"地主"一词，放在中文里或许不恰当，一九八一年版《鲁迅全集》注（83）注释为"指房主"。参照（易卜生）原作，这里的确应该是"房东"，而可以推测该部分恐怕是基于本论上一节所涉及《早稻田文学》易卜生特集号（明治三十九年七月）上所刊载的河野桐谷的《易卜生著作梗概》。该文记述了《布兰德》以降 16 篇作品的梗概，在"《民人（原文如此）之敌》（英译名 *An Enemy of the People*, 1882）"之项下可见如下记述：
>> 而他拒斥了所有的诱惑，他的女儿佩特拉被剥夺了拥

---

① 清水賢一郎：「国家と詩人——鲁迅と明治のイプセン」，東京大学東洋文化研究所『東洋文化』74，1994 年，第 1—33 页。

有之职，还被地主命令离开，他的孩子也被勒令退学，又
穷困于衣食之道，而他仍顽强地坚守自己的主张，一直持
续奋斗到最后。

当时介绍《人民之敌》的文章很少，依笔者之管见，"地主"
"孩子退学"以及"奋斗"这些词语都具备的文章，除此之外并
不存在。特集被认为是易卜生流行时代首届一指的启蒙书，可以
说，鲁迅对其参照的盖然性极高。

第二种材源与斯托克曼那句著名的台词有关。

地球上至强之人，至独立者也！

可推定，这是从高安月郊译《社会之敌》(《易卜生作社会剧》
明治四十三年十月所收) 借用来的。在该译本的结尾部分，斯托
克曼放言道：

我发现的是这个，地球上最强大的人，是最独立的人。

鲁迅对斯托克曼台词的引用，不就是对月郊译本的正确翻
译吗？在此处引用的鲁迅仅 12 个字的文本中出现的"地球""独
立"这两个词，依管见所及，在日本的易卜生介绍或翻译当中，
唯有月郊的译本才有（尤其是"地球"，是月郊的译本中具有特
征性的词语，一般写做"世界"）。而且月郊的题名并非当时在
其他处常见的《人民之敌》《民众之敌》等，而是鲁迅在《摩罗
诗力说》使用的《社会之敌》。正像上一节所介绍的那样，该书
是明治时代最流行的翻译单行本，对日本接受易卜生贡献很大。
可以说，鲁迅目睹的可能性极高。[①]

清水通过对照关键词，即"地主""孩子退学""奋斗"和"地球""独
立"，从大量文献中筛取出河野桐谷《易卜生著作梗概》和高安月郊译《社
会之敌》，认为"鲁迅对其（前者）参照的盖然性极高""鲁迅目睹（后者）

---

① 笔者译，原文见清水賢一郎：「国家と詩人——魯迅と明治のイプセン」，第28—
29页。

的可能性极高"，这一点很有说服力，标志着《摩罗诗力说》"伊孛生"材源调查的又一个到达点。

二、另一种文本对照及其"真理"捍卫者之文脉

笔者在当时不曾知道有清水论文存在的条件下，也曾见过"近世诺威文人伊孛生"的疑似材源，愿在此分享。

试将《摩罗诗力说》"伊孛生"文本与另一文本相对照：

《摩罗诗力说》	对照文本之一
此其所言，与近世诺威文人伊孛生（H.Ibsen）所见合，伊氏生于近世，愤世俗之昏迷，悲**真理**之匿耀，假《社会之敌》以立言，使医士斯托克曼为全书主者，死守**真理**，以拒庸愚，终获**群敌**之谥。自既见放于地主，其子复受斥于学校，而终奋斗，不为之摇。末乃曰，吾又见**真理**矣。地球上至强之人，至独立者也！	《社会之敌》的斯托克曼博士反抗常与自由和**真理**为敌的所谓民主主义以及多数决定主义，斥责那不过是一群猪，一群痴呆。结果，他终于被称为"社会之敌"，其家人也一同遭到排斥。但他毅然决然，无所退缩，对他的年幼的孩子们说："不要再去那垃圾学校了，我自己来教你们，我让你们自由，让你们成为优秀的人！"这正是体现**真理**和自由的新人，即正是第三王国的人类。

倘若将两种文本做逐句对照：

【对照文本之一】《社会之敌》的斯托克曼博士**反抗常与自由和真理为敌的所谓民主主义以及多数决定主义**，斥责那不过是一群猪，一群痴呆

→伊氏生于近世，**愤世俗之昏迷**，悲真理之匿耀，假《社会之敌》以立言，使医士斯托克曼为全书主者，死守真理，以拒庸愚

【对照文本之一】结果，他终于被称为"社会之敌"

→终获**群敌**之谥

【对照文本之一】其家人也一同遭到排斥

→自既见放于地主，其子复受斥于学校

【对照文本之一】他毅然决然，无所退缩

→而终奋斗，不为之摇

很显然，包括《社会之敌》这一书名在内，两个文本在所述内容和文脉上是完全一致的，核心之点是都把斯托克曼医生凸显为"真理"的体现者和捍卫者，"对照文本之一"说他"**反抗常与自由和真理为敌的**"等等，最后归结为"这正是体现**真理**和自由的新人"；《摩罗诗力说》说他"**悲真理之匿耀**"，"**死守真理，以拒庸愚**"，而且"**末乃曰，吾又见真理矣**"。单就文脉而言，"**真理**"一词可视为衔接两个文本的关键词。区别仅仅是前者为文言文，表达简洁，后者是现在的白话文，词语更多而已。唯一对不上的是前者文本中的最后一句："末乃曰，吾又见真理矣。地球上至强之人，至独立者也！"

对此，若以另一段文本来对照，一幅"拼图"便完整了：

《摩罗诗力说》	对照文本之二
末乃曰，吾又见**真理**矣。地球上至强之人，至独立者也！	他**最后**说："我是世界上最大的强者也，夫最大的强者乃孤独者之故也。"呜呼，强者、勇猛者常孤独也！

其实，上面两段用以对照的文本，都出自同一作者的同一本书，即明治四十年（1907）出版的斋藤信策著《艺术与人生》①。原书是日文，以上用以对照的文本是笔者所译，其原文、篇名和页码如下：

『社会の敵』の博士ストックマンは所謂豚の群にして痴者の集りに過ぎずして常に自由と真理の敵なる民主主義乃至多数決主義の社会市民に反抗したる結果、遂に『社会の敵』と呼ばれて其家族と共に排斥せらるゝや、彼は毅然として退く所なし、其幼き子等に向つて曰く『屑屋の学校に行く勿れ、我自ら

---

① 斋藤信策：『芸術と人生』，昭文堂，1907 年。

訓陶して汝等を自由にして優れたる人と為さん』と。（「イブセンの第三王国」）①

彼は最後に曰く『我は世界に於て最大の強者なり、夫れ最大の強者は孤独なるものなればなり』と。（「イブセンは如何なる人ぞ」）②

笔者是在未曾阅读清水论文之时见到上面的对照文本的。当时思考的问题是什么样的文本把一个"悲真理之匿耀"，"死守真理，以拒庸愚"的发现和捍卫"真理"的"孤独者"带给周树人的呢？碰巧在 2016 年春，笔者从斋藤信策的《艺术与人生》一书中看到了这条清晰的文脉，于是便在同年夏天去北京参加中国社会科学院文学研究所召开的国际讨论会时报告了自己的"新发现"③。此后，在进一步确认先行研究的过程中方知早有清水的论文，笔者在为自己的对先行研究整理不足感到脸红的同时，更有在探索途中与先行者相遇的会心的喜悦，颇有相识恨晚之感，真是殊途同归。在斋藤信策的延长线上，连"国家与诗人"题目都想到一块儿了！今次重新检读清水的论文，更加确信清水对"伊孛生"溯源调查的结论是正确的，而且和笔者所提交的溯源调查结论也并不矛盾，因为在斋藤信策提供的体现真理和捍卫真理的文脉中撷取"伊孛生＝斯托克曼"这一形象之后，周树人再去找河野桐谷和高安月郊的文本来阅读，诚如清水所言，其"盖然性"和"可能性"都会很高、很大。

清水甚至部分引用了笔者以上作为材源所举证的《易卜生的〈第三王国〉》中的那一段，却并不认为这一段即《摩罗诗力说》"伊孛生"的材源，而只是处理为"与鲁迅的两篇论文相互谐振"④的文本。笔者对这种处理

① 斋藤信策：『芸術と人生』，第 412—413 页。

② 斋藤信策：『芸術と人生』，第 370 页。

③ 李冬木：《"国家与诗人"言说当中的"人"与"文学"的建构——论留学生周树人文学观的形成》，中国社会科学院与日本学术振兴会联合主办"文学·思想·中日关系"国际学术研讨会，2016 年 7 月 30 日。

④ 原文「魯迅の二論文と響き合うもの」，见清水賢一郎：「国家と詩人——魯迅と明治のイプセン」，第 21 页。

的严谨感到钦佩。明明是在力证"斋藤野之人（信策）与鲁迅的关系"，却并不轻易将前者的文本视为"伊孛生"的材源，而是另外去寻找有对应词语的其他文献，这对论证是不利的，但作者并未回避——虽然这可以有效避免遭受"强行关联"的讥讽。不过，笔者还是打算不惮遭遇横飞过来的所谓"强行关联"的指控，确信自己的溯源结论，即《摩罗诗力说》的"伊孛生"这一文脉和材料主要是斋藤信策的文本提供的，理由除了以上所做文本对照外，还有几点很重要。

首先，周树人纳入文本当中的那些人物形象，几乎都不是他通过作品文本一一归纳整理出来的，而是参考和依据现成的归纳文本，这一点已在材源考中被反复证实。正像《文化偏至论》对"尼佉氏……之言曰"的导入，并非研究者此前所普遍认为的是"鲁迅对尼采"的提纲挈领的缩写，而是出自桑木严翼现成的文本一样[1]，"孤独"的"死守真理，以拒庸愚"的"伊孛生"形象，也不会是"鲁迅"从河野桐谷和高安月郊文本中直接归纳出来的[2]，而应该是有人推送给他这样一个"伊孛生"。而由前面文本对照所见，斋藤信策的文本正处在这一文脉之源的位置上。

其次，前引《易卜生是怎样的人》（即前出「イブセンは如何なる人ぞ」）一文中还有另外一段对《社会之敌》的更详细的人物概括，而且连"末乃曰，吾又见真理矣。地球上至强之人，至独立者也"的内容都包括进去了。可以说，这一段包涵周树人"伊孛生"的最为充实的"底料"，也是"真理"一词出现最多一个段落，也是因此会使周树人填上一句"吾又见真理矣"的话。由于这一段文本较长，另录别纸，附于文后[3]。

第三，既然"伊孛生"的主脉找到了，不仅新添材源考的材源之证，而且也使"斋藤信策"浮出水面，至少在探讨"鲁迅与易卜生"问题时他是个绕不过去的存在。斋藤信策是怎样一个人？既然是他的文本使周树人

---

① 参见本书《留学生周树人周边的"尼采"及其周边》。
② 笔者检证确认，在这两个人的文本当中，都完全不具有"死守真理，以拒庸愚"的"孤独者"这样的文脉。
③ 参见"附录　对照文本之三及其汉译"。

与"伊孛生"相遇，他们之间有着怎样的关系呢？而且，仅仅是"伊孛生"吗？围绕着"伊孛生"或者除了"伊孛生"之外，他们之间还有什么？这是本论接下来要继续梳理和检证的问题。

1906 年春，周树人告别藤野先生，离开仙台医专，重返东京，从事他之所谓的"文艺运动"①，开始了他留学日本的第三个阶段。翌年，也就是 1907 年 6 月东京昭文堂出版了斋藤信策的《艺术与人生》。周树人通过各种文章之类或许与斋藤信策早有相遇，但他与《艺术与人生》一书的相遇是在这一时期则确定无疑，这有以上的文本关系佐证。因此，斋藤信策至少是存在于该时期周树人身边的让他能与之神交的言说者。

三、关于斋藤信策（野之人）与周树人

斋藤信策（Saito Shinsaku，1878—1909），又称"斋藤野之人"（Saito Nonohito），日本山形县鹤冈人，生于明治十一年，卒于明治四十二年，长周树人 3 岁，在周树人结束留学回国那一年去世，年仅 32 岁。斋藤野之人是活跃在日本明治三十年代后半期的著名文艺评论家和社会批评家，而其胞兄高山樗牛（Takayama Chogyu，1871—1902，因过继为高山家的养子，故与其胞弟异姓），则是明治二十年代后半期到三十年代前半期的最著名的文艺评论家和社会批评家，曾先后以日本主义、浪漫主义、尼采主义和日莲主义接连掀起思想狂潮，在日本明治二三十年代思想史上留下了鲜明的痕迹。斋藤野之人虽然不如其兄名声巨大，但在思想界和评论界独树一帜，是其兄的强有力援军，也在同一时期思想史上留下了重重的一笔。"野之人"即野人之意，据说是一位女士送他的雅号②，而他也并无反感，索性以"野之人"自称，甚至其代表作几乎都冠以"野之人"之名发表，故姊崎嘲风（正治）［Masaharu Chofu（Anesaki），1873—1949］

① 鲁迅：《呐喊·自序》，《鲁迅全集》第 1 卷，第 439 页。
② 参见瀬沼茂树编：『明治文学全集 40·高山樗牛　斎藤野の人　姉崎嘲風　登張竹風集』「年譜」，筑摩書房，1967 年，第 429 页。

评价说："他名叫斋藤信策，然而野之人这个名字却最好地表现了他这个人物、他的一生、他的事业。"① 兄弟俩都毕业于东京帝国大学，兄 1896年毕业于哲学科，弟 1904 年毕业于德文科。兄弟二人命运相同，皆在 32岁死于肺病，可谓才高寿短、英年早逝。周树人到日本留学的那一年，即1902 年，兄高山樗牛离世；周树人结束留学的那一年，即 1909 年，弟斋藤野之人离世。这种关系也堪称是一段奇缘。兄弟俩都是周树人开始"文艺运动"时存在于他的周边并对其构成重大影响的言说者。由于笔者在另一篇文章中已经谈过了周树人周边的"尼采"及其主要鼓吹者高山樗牛等人②，所以在此只重点来谈其弟斋藤野之人与周树人的关系。

斋藤野之人有两本著作，一本出版于他生前，即上面提到的东京昭文社 1907 年出版的《艺术与人生》，另一本出版于他离世 4 年后，即姊崎正治和小山鼎浦合编，大正二年（1913）由东京博文馆出版的《哲人何处有》③。此外，野之人还在高山樗牛死后编辑过《樗牛全集》五卷本④。

关于"斋藤信策（野之人）与鲁迅"的关系，早在 20 世纪 70 年代就有日本学者伊藤虎丸（Ito Toramaru，1927—2003）和松永正义（Mastunaga Masayoshi，1949—　）作为课题提出并且具体加以检证过，1982 年《河北大学学报》刊载的译文和 1985 年刘柏青专著比较及时地介绍了这项成果。此后在 20 世纪 90 年代的日本学界，又相继有清水贤一郎和中岛长文（Nakajima Osafumi，1938—　）在该课题的研究方面做出重要推进，2000 年中文版《鲁迅与日本人》⑤ 把伊藤和松永的研究成果的整理形态译介到中文圈，进入 21 世纪，陈玲玲在探讨"留日时期鲁迅与易卜生"的

---

① 姊崎嘲風：「嗚呼野の人　彼れが追懐と彼れの意志」，『明治文学全集40・高山樗牛　斎藤野の人　姊崎嘲風　登張竹風集』，第 393 页。

② 参见本书《留学生周树人周边的"尼采"及其周边》。

③ 姊崎正治、小山鼎浦編纂：『文学士斎藤信策遺稿　哲人何処にありや』，博文館，1913 年。

④ 高山林次郎著，斎藤信策、姊崎正治編輯：『樗牛全集』，博文館，1904—1907 年。

⑤ 伊藤虎丸：『魯迅と日本人——アジアの近代と「個」の思想』，朝日出版社，1983 年。伊藤虎丸著，李冬木译：《鲁迅与日本人——亚洲的近代与"个"的思想》，河北教育出版社，2000 年。

关系时曾对上述日本学者的研究有所言及——详见后文——总之，"斋藤野之人"不论在日本文学研究领域还是在鲁迅研究的视域下，都是一个知者便知、不知者无感的存在。在前者的世界里，"野之人"早已消失在业已远去的日本近代文学的汪洋大海里，而在后者的世界里，时至今日在那些鲁迅研究基础资料诸如年谱、全集注释和鲁迅大辞典之类当中还都找不到"斋藤信策"或"野之人"的名字。顺手又翻阅了一下刚买到的不久前新出版的《鲁迅年谱》①，也还是没有。也就是说，"野之人"没能进入鲁迅研究的中文世界，至今仍"在野"于域外和研究圈外，尽管周树人当年早已将其融入自身的建构当中。

　　然而，正像抽出鲁迅，易卜生在中国的话题便无从谈起一样，无视"野之人"也就无从谈《摩罗诗力说》和《文化偏至论》里的"伊孛生"和"伊勃生"——而这又恰恰是人们一直在热议的所谓"立人"的重要精神资源。就此，甚至不妨说得极端一些，倘若去掉"野之人"的参与，任何关于"立人"的讨论都可能会继续在漫无边际的猜想中打转。至少，既成的先行研究已经明确昭示了这一点。这也是笔者要对先行研究加以梳理和检证的动机所在。

　　由前面的材源检证可知，关于"野之人与鲁迅"文本关系的探讨，开始于20世纪70年代。诚如上文所述，伊藤虎丸和松永正义开启了这项研究。他们的研究成果以《明治三十年代文学与鲁迅——围绕民族主义》为题联名发表在《日本文学》1980年第6期②。其中文版刊载于《河北大学学报》1982年第2期③。刘柏青在1985年出版的《鲁迅与日本文学》一书中援引了该篇论文和《鲁迅与日本人》中的成果，从而使"斋藤野之人"首次出

---

① 黄乔生：《鲁迅年谱》，浙江大学出版社，2021年。

② 伊藤虎丸、松永正義：「明治三〇年代文学と魯迅——ナショナリズムをめぐって」，『日本文学』第6期，1980年，第32—47页。后文引用均出自此版本，仅括注页码。

③ 伊藤虎丸著，任可译，石榆校：《明治三十年代文学与鲁迅——以民族主义为中心》，《河北大学学报（哲学社会科学版）》1982年第2期，第82—93页。后收录于伊藤虎丸著，孙猛、徐江、李冬木译：《鲁迅、创造社与日本文学——中日近现代比较文学初探》，北京大学出版社，1995、2005年。

现在中国鲁迅研究的语境内 [①]。日本学者的中国现代文学研究和中国学者的译介，在 20 世纪八九十年代多有佳话，此为一例，兹不赘述。

那么，伊藤和松永的研究究竟有怎样的发现，其意义和贡献何在呢？

首先，他们在日俄战争时期的"民族主义"背景下，发现了当时的"鲁迅"与日本年轻诗人石川啄木（Ishikawa Takuboku，1886—1912）在论及"诗"或"文学"时不仅使用了同样的材料还有着近似的表述，具体指向为《摩罗诗力说》里出现的"台陀开纳（Theodor Körner）"即今译"柯尔纳"与啄木《寄自涩民村》中所记"愛国詩人キヨルネル"（爱国诗人柯尔纳），其所本同一，都来自"野之人"。

其次，他们考察了柯尔纳形象的演变，在七种描写柯尔纳的文章中为"野之人"的柯尔纳形象找到了定位，即与"鲁迅"的不以"实利和军备"为能事，而以"心声"相对置的柯尔纳形象重合，从而认为"野之人"是"链接鲁迅和啄木的媒介项"。

第三，他们还进一步发现，除了柯尔纳之外，"鲁迅和野之人还共有"许多东西，即"对十九世纪文明的批判""对物质主义和平等主义的批判""主张个人主义""主张天才""强调诗人作为文明批评家的作用和展开对'伪士'的批判""强调'诗人'作为民族魂所发挥的作用"。而这些"共同点"和"诸种特征"，其实在高山樗牛、登张竹风（Tobari Chikufu，1873—1955）、木村鹰太郎（Kimura Takataro，1870—1931）等文学者之间也能看到。由此进一步展开了关于"鲁迅与日本近代文学的同时代性"的论证。

第四，在上述前提下，展开了"日清、日俄战争之间"的"尼采"与"鲁迅"关系的探讨，重点考察了"尼采形象"在这一期间的变迁和围绕"尼采"，"鲁迅"与登张竹风和高山樗牛之异同。

总之，这篇论文的关键词是"共通性"或者叫"同时代性"，通过聚焦彼时的"柯尔纳"和"尼采"，展开了对石川啄木、斋藤野之人、高山樗牛、登张竹风、木村鹰太郎等人与"鲁迅"关系的考察，从而确认了"明治三十年代文学与鲁迅"之间所具有的"共通性"和"同时代性"，其间

---

① 刘柏青：《鲁迅与日本文学》，吉林大学出版社，1985 年，第 67—72 页。

题意识当中明确包涵对竹内好论断的指向——竹内好认为"鲁迅完全没有受到同时期日本文学的影响"（第 34 页），"留学时代的鲁迅的文学运动与日本文学没交涉"（第 35 页）。这一点具有划时代意义。另外，该论文的研究框架是"围绕民族主义"，通过对"个人主义和民族主义""洋化与国粹"的问题提起，引申出面对西方的"近代"，东亚如何自立的问题，这其中也包括"个人"的"自我"确立的问题，即后来在《鲁迅与日本人》一书当中所提出的"亚洲的近代与'个'的思想"问题[①]。而这些，至今仍然是问题。

不过，从本论的视点来看，伊藤和松永所发现的"鲁迅和野之人所共有"的那许多东西都被装进了"明治三十年代""民族主义"的袋子里，没有来得及一一展开，换句话说，还有必要对它们加以重新审视和探讨。

四、聚焦"明治易卜生"

继伊藤和松永之后，再次提起"野之人"与"鲁迅"之关系并且加以深入探讨的就是在开头已介入讨论的清水贤一郎的论文《国家与诗人——鲁迅与明治易卜生》。这篇发表于 1994 年的论文，正如标题所示，通过"鲁迅与明治易卜生"的观察视角，捕捉到了一个最具有"野之人"特色的命题，即"国家与诗人"关系问题[②]。清水在《国家与诗人》一文的最后一段，找了"令鲁迅的话语与之相仿佛"的内容："'人'之不存，则国家无意义。故无灵之国，无人声之国，吾等一日都不以其存在为德……呜呼，若夫吾等不能长久以我国语知晓'人'之意义，则吾等毋宁只会成为亡国之民，只会成为身蹈东海的漂泊之人。"[③]作为该文的归结点，清水的确在这一点上捕捉到了"野之人与鲁迅"的本质性关联。

---

① 参见伊藤虎丸著，李冬木译：《鲁迅与日本人——亚洲的近代与"个"的思想》。

② "国家与诗人"系野之人文章的篇名，文章发表在明治三十六年（1903）6 月 10 日发行的《帝国文学》第 9 卷第 6 号上。

③ 清水贤一郎：「国家と詩人——魯迅と明治のイプセン」，第 25 页。

清水采取的方法是通过聚焦"明治易卜生"来确认"鲁迅与明治易卜生"的关联，并由这一路径抵达"野之人"。其中有几点值得注意。首先，在"鲁迅与易卜生"之关系的问题意识观照下，重新考察了日本明治时代的易卜生导入史，将其划分为三个时期，依次为论文的第一至第三章："易卜生接受的黎明期——明治二十年代""国民国家中的文学——明治三十年代""易卜生的季节——日俄战后"①，并在此基础上梳理了"易卜生"形象在这一导入过程中的变迁。这是个很庞大的叙事，就结果而言，其所呈现的过程和提供的资料，继承并强化了伊藤和松永的"同时代性"命题，那就是"鲁迅与野之人、高山樗牛等明治三十年代的日本文学所共有的东西，并不单纯止于易卜生形象上，而更是能使这样的易卜生认识成为可能的'时代性'"②。这方面，尤其值得相关资料相对匮乏的中国学界参考和借鉴。

其次，该论文具体检证了明治三十年代前半"易卜生"在近代"国民国家"乃至近代文学的确立过程中所处的位置，同时也详细考察了"日俄战争之后"也就是明治三十年代后半"易卜生"所带来的问题的"多样性"，由此延续伊藤和松永提出的近代"自我"如何确立的所谓"个"的问题。其所指出的高山樗牛在举起"国民文学的旗帜"时将"易卜生"视为"文明批评家"，对于后面的关于"野之人"的讨论具有精神起点上的关联意义。

第三，为确认"在极为多声的、易卜生言说鼎沸的'帝都'东京"，"鲁迅"如何"从自己独特的文脉中出色地做出对易卜生的选择性把握"③，清水全面检证和确认了《摩罗诗力说》《文化偏至论》中的"易卜生形象"④，在此前提下，指向了与"斋藤野之人"的关联性："当把鲁迅的易卜生形

---

① 「一　イプセン受容の黎明期——明治二〇年代」、「二　国民国家における文学——明治三〇年代」、「三　イプセンの季節——日露戦後」，清水賢一郎：「国家と詩人——魯迅と明治のイプセン」，第3—16頁。

② 清水賢一郎：「国家と詩人——魯迅と明治のイプセン」，第22—23頁。

③ 清水賢一郎：「国家と詩人——魯迅と明治のイプセン」，第15—16頁。

④ 清水賢一郎：「四　初期魯迅におけるイプセン像——『摩羅詩力説』『文化偏至論』」，「国家と詩人——魯迅と明治のイプセン」，第16—18頁。

象放在当时日本被不断发表出来的多面化言说当中重新定位时，一个文本群便以明确的形象浮现出来，那就是出自斋藤野之人——实为高山樗牛胞弟之手的一系列易卜生论。"①

第四，就材源探索而言，清水随后给出野之人的三篇易卜生论值得注意，可视为聚焦文本的提示：

1.《评易卜生〈布兰德〉》（「イブセンの『ブランド』を評す」），《开拓者》第1卷第6号，1906年7月。

2.《易卜生是怎样的人》（「イブセンとは如何なる人ぞ」），《东亚之光》第1卷第3、5、6、7号，1906年7、9、10、11月。

3.《易卜生的〈第三王国〉》（「イブセンの『第三王国』」），《新人》第7卷第9号，1906年8月。

如前所述，清水甚至部分引用了《易卜生的〈第三王国〉》中的一段，却处理为"相互谐振"文本而没有进一步探索其到底是否为材源，而这也正是他的慎重带来的结果。总之，作为先行研究，清水论文实现了"鲁迅与明治易卜生"视域下的斋藤野之人导入，并且揭示出"野之人与鲁迅"之间的包括"易卜生"却并不限于"易卜生"的内在关联，即作为"国民文学"的问题、作为"诗人"的问题进而是作为"人"的问题。

继清水贤一郎之后，陈玲玲的《留日时期鲁迅的易卜生观考》②是为数不多的言及"鲁迅与明治易卜生"的论文之一。陈论文承认清水论文对"鲁迅的易卜生"与"明治时期的易卜生热"之关联"梳理得很清楚"，但认为清水没有注意到"鲁迅"表现出来的"不同于日本的易卜生观的鲜明个性"，因此其着眼点在于求异，"关注鲁迅自身作为一个具有很深的中国传统文化精神，尤其是儒家忧患意识与承担意识的现代知识分子的独特性"③。这种立意高远的问题意识带给论者以急于他求、另有所立的研

---

① 清水賢一郎：「国家と詩人——魯迅と明治のイプセン」，第19页。
② 陈玲玲：《留日时期鲁迅的易卜生观考》，《鲁迅研究月刊》，2005年第2期，第36—42页。日文版：「留学期の魯迅におけるイプセンの受容」，『多元文化』2005年第5号，第281—298页。
③ 陈玲玲：《留日时期鲁迅的易卜生观考》，第36页。

究姿态，最终是否发现论题所指“留日时期鲁迅的易卜生观”的“独特性”或可另当别论，但对先行研究成果没能有效地正面汲取和传递则是显而易见的问题。例如名列注释（1）里的“北冈正子、伊藤虎丸、松永正义、中岛长文、清水贤一郎等”，都是该论题的重要关系学者，但除了名字之外，还读不到他们的研究是什么，具体都走到了哪一步。就研究承接而言，这是令人感到遗憾之处。如何将域外研究成果带到中文语境中来，仍然是一个需要努力的课题。

五、中岛长文：“孤星与独弦”

在个人的阅读经历中，真正使笔者意识到“野之人”究竟有多么重要的是中岛长文的专著，标题或可译做“鸱鸮的叫声——鲁迅的近代”，日本平凡社 2001 年 6 月出版[①]。全书由八个标题的内容构成：孤星与独弦、鲁迅与爱、鸱鸮的叫声——朱安与鲁迅、范爱农、一封信、由短篇《明天》说开去、道听途说——周氏兄弟的场合、鲁迅当中的“文人性”，并《跋》和《又跋》，系作者 1972 年以来发表的八篇论文的结集。其中与本论直接相关的是首篇《孤星与独弦》。该篇最初刊载于 1997 年《飚风》第 33 号[②]。笔者至今还清晰地记得初读这篇长文时所受到的震撼。

> ……譬如在留日时期写下的最后一篇《破恶声论》里就有如下一段：

> 破迷信者，于今为烈，不特时腾沸于士人之口，且哀然成巨帙矣。顾胥不先语人以正信；正信不立，又乌从比校而知其迷妄也。夫人在两间，若知识混沌，思虑简陋，斯无论已；倘其不安物质之生活，则自必有形上之需求。故吠陀之民，见夫凄风烈雨，黑云如盘，奔电时作，则以为因陀罗与敌斗，为之栗然生虔

---

① 中岛长文：『ふくろうの声　鲁迅の近代』，平凡社选书 213，平凡社，2001 年。
② 中岛长文：「孤星と独絃」，『飚风』33，1997 年。

敬念。希伯来之民，大观天然，怀不思议，则神来之事与接神之术兴，后之宗教，即以萌孽。虽中国志士谓之迷，而吾则谓此乃向上之民，欲离是有限相对之现世，以趣无限绝对之至上者也。人心必有所冯依，非信无以立，宗教之作，不可已矣。

这是和"伪士当去，迷信可存"这一文章主题相关并构成其前提的重要部分，与后文的伪士弹劾农民的信仰相呼应，试拿来比较以下一段文字如何？

宗教的妄信迷狂，多有害国家社会，此事为万人所承认。然而，吾人却不能因宗教有妄信迷狂之弊，就认为宗教无用，是殄灭社会的毒蛇。人类不断以单纯满足形而下的物质生活为满足，然而，既然人心还在发生着正当的作用，那么人便毫无疑问有形而上的需求。三千岁之古昔，吠陀人民在风雨凄烈、黑云腾空、电闪雷鸣之时，会把这天象视为因陀罗在同他的敌人进行战斗。这种人神同形的天然观可姑且不问，希伯来之民抱有接神神来之信仰，支那儒者理之所极，而心考有所不能之时，会归之为天道二字。形而上的需求如何驱使着所有人类，使他们看到在环绕着他们的物质现象以上，还有一大无限之存在，此可观而有余焉。正如印度哲学宗教，针对现象界之束缚，以解脱到彼岸为人类终极目的，耶稣教以赎罪救济为立教之大本，中世纪欧洲学者倡导unificatio dei，这些都应视为所有的人都想摆脱有限相对的现世，而急着尽量靠近那无限绝对的最顶级……人没有宗教的安心信仰，该如何跟现世相处，该如何排除万难而忍受千辛万苦！

要想断定这两段文章毫无关系几乎是不可能的。这里引用的是收在姊崎嘲风《复活的曙光》（1903年，有朋馆）里的《物质主义之宗教》当中的一段。①

---

① 笔者译，原文见中岛长文：「孤星と独絃」，『ふくろうの声　魯迅の近代』，第9—11页。后文皆译自此版本，仅括注页码。

开篇就这样上"干货"的论文十分罕见！得读多少东西，花多长时间，才能找到这样的对照文本，才能做到这样干脆利落的文本比较。"要想断定这两段文章毫无关系几乎是不可能的！"结论只这一句就足够了，而无须再多说一句，因为材料本身在说话！借力给力，这种老辣的材源考着实令人佩服。

几个月前，在应邀参加国内的鲁迅年会时，看到有年轻的学者还在苦苦思辨"伪士""迷信"之类，便想到了这里看到的与"伪士当去，迷信可存"相关的文本对照，颇以为没把这么出色的研究成果及时地介绍给国内学界是学者的失职。兹译如上，以资参考。

中岛以还原"马赛克断片"的方式，粘连起了"明治日本与鲁迅"的轮廓。就如同把考古发掘出来的一个个断片粘合起来还原出一个曾经的瓦罐一样，不一定挖出一个完整的瓦罐（当然能够挖掘出来更好），只要能获得一定数量的碎片得以还原出轮廓就好，即使空白处以石膏填补也不会影响对整体形态的认知和把握。中岛采取的就是这样的研究方法。他发现了大量的"断片"，然后再像上面那样，把它们一片一片地粘合起来。例如，引完《摩罗诗力说》的"台陀开纳"等之后说，"这是论述爱恩特和柯尔纳的有名的一段，跟下面的一段相比将如何"（第13页）。又如，"倘若读了这一段，便会联想到鲁迅在《摩罗诗力说》第三章里所举的关于文章的特殊效用的一段"（第17页），如此这般，一路对照，丝丝入扣，"日本人的文章断片已经在很大程度上嵌入到了鲁迅的文章和论旨当中"（第18页）便昭然若揭了。

然而，中岛却并没就此止步，而是把目光由"断片"的衔接拓展到时代精神脉络的梳理中去。当然，这样说不应被误解为舍弃脚下的"断片"，驰骋想象，而是在断片实证的前提下，探寻"鲁迅"的精神"矿脉"。就是在这样的风景线里，"野之人"登场了——不是一个人登场，而是在多人登场中格外显眼。中岛长文也因此而留下了堪称教科书的关于"野之人与鲁迅"的关系论证。"野之人"不仅是"鲁迅"用以参照的文本对象，一种"材源"，而且是在言语表达上"波长吻合"（第38页）的心心相印者，

"鲁迅的感觉触到了其独特的韵律"（第39页），不仅如此，"野之人"的文本还是身处明治的"鲁迅"生命体验的一部分，有时甚至就是其生命体验本身，而最终"野之人"又"杀死了鲁迅"，使后者断了"文艺"的念头……留学时代的"鲁迅"遇到了一个这样的人，有谁见过吗？中岛的研究就是告诉人们有这样一个人，他就是"野之人"！可以选择不相信，但得首先推翻那些无可动摇的证据。这是中岛的"野之人和鲁迅"的厉害之处。那么他是怎么做到这一点的呢？

首先，在"野之人与鲁迅的论说"（第18页）中找到了两者之间所存在着的比其他任何人都要多得多的关联"断片"，同时深深挖掘到足以使这些"断片"得以形态复原的潜藏在二者之间的精神脉络，那就是"个人主义"。如果说，伊藤和松永的"野之人"是在"民族主义"精神脉搏上捕捉到的"个"的形象，清水的"野之人"是在"国民文学"的框架里捕捉到的一种文学的"自我"形象，那么中岛所发掘的"野之人"就是彻底的"个人主义"的存在，而这正是身处"明治"的"鲁迅"的精神矿脉。"在主张作为'个'的人之确立的言说中，和鲁迅的文章最见亲近性的也还是斋藤野之人的（文章）"（第20页），中岛一边检读那些"断片"，一边如此断言。

如前所述，清水以野之人《国家与诗人》一文的最后一句作为自己文章的结束，而中岛正是从这里开始了对"野之人"的深入探索之旅。

> 他（李冬木按，指野之人）登场论坛并受世人瞩目的是《国家与诗人》一文。该文列举了各个民族的诗人，有俄罗斯的普希金、果戈理、陀思妥耶夫斯基、托尔斯泰，有德国的歌德，有英国的拉斯金、瓦茨，有法国的左拉和挪威的易卜生等，阐述他们都是"人"，都给各自的国家赋予了理想与实质。可以说，野之人此后精力充沛地展开论述的论点几乎都被浓缩到这篇文章里来了。天才主义、个性、个人主义，堪称心灵主义的对精神的重视，对艺术第一主义即对诗人的翘望和对普遍理想的确信等等，这些在此后的文章里被深入而广泛论述的主题，在这篇文章里都齐了。

《国家与诗人》如是说……（第 21 页）

接下来《国家与诗人》的引文段落多且长，这里只简要摘抄几句："所谓国家者，岂有理想哉！"（第 20 页）"国家因有天才才存活，其最大的光荣与威严，实不外乎天才也……天才之大理想何也？教给我等以心灵之力，强化人格，传递上征之个性活动的意义，引导吾等走向永久之光明者，即天才是也。"（第 22 页）"国家乃方便也，'人'乃理想也。'人'之不存，则国家无意义。"（第 23 页）中岛就此写道：

> 　　一个国家，如果出现不了唤醒人的魂、打动人的心灵的诗人，如果出现不了作为"人"而确立起来的天才，那么倒不如灭掉算了！这看似过激的言说，看似与感受到亡国的危机、期盼有诗人出现以振奋国魂的鲁迅相矛盾，其实并不矛盾。野之人的文章翘望这样的诗人在程度上更为强烈，相比之下，鲁迅《摩罗诗力说》所说的诗人绝迹，虽看似小得多，但实际是在叙述萧条之感，即以怒起，有着期盼撄人心的诗人出现的回响。
>
> 　　而"人""天才""心灵之声""理想""自由""个人主义""个人的活动与力量""心灵""无灵之国""人之声"，虽然文章内容所指与鲁迅当时写的作品并不完全一致，但作为关键词，酷似的词语都齐全了。（第 23—24 页）

在经过缜密的梳理和分析之后，中岛指出，野之人的"人"，"在近代的个人这个意义上，与《文化偏至论》中鲁迅'立人'的中心思想相呼应"，而野之人的"心灵之声""人之声"也可以置换为"鲁迅"的"新生"，"包括这样的理解在内，鲁迅给'心声'这个中国的旧语汇赋予了新的意义"（第 24 页）。

总之，中岛以"个人主义"为核心，在关于"野之人与鲁迅"的探索方面所获甚丰。诸如"这里所看到野之人的心之态度，会被当成要对中国现状展开文明批评的鲁迅的《破恶声论》"（第 28 页）；"这里明显分明有着继承关系。鲁迅读了野之人'易卜生论'，说好了是将其化作了《破恶声论》里的部分肥料，说难听点就是盗用了"（第33页）；"特别野之人，在其他文章也大量使用'冥想沉思'……'冥想沉思'同《摩罗诗力说》篇末的'然则吾人，其亦沉思而已夫……'对照来读如何"（第36—37页）；"不管怎样说，读野之人的文章，经常会有以为是在读鲁迅文章的那种错觉"（第39页）；"两个人的文章却有着酷似的氛围。野之人和鲁迅的相同之处，首先是流动在文章里的独特的热气，以及由此而产生的韵律"（第39页）等等，这些在全篇当中关于"野之人"这一分论的断想，实际上也不妨作为经得起推敲和验证的结论来看待，而最终又可以归结到全篇的结论：

> 鲁迅从当时的日本文化状况所获，或者说通过日本的文化状况所获得的西方体验，涉及到思考方法、思想、逻辑、修辞表达、文章结构、素材乃至词语、词汇，这些都在他的文章上面留下了深深的烙印。（第38页）

其次，是关于《新生》杂志的探讨。中岛主要通过"野之人"这条线索来探讨1904年创刊的《时代思潮》杂志与《新生》杂志的关系，并把这种关系落实到多种具体的文本层面，其中最值得注意的是"《时代思潮》第十号的瓦茨两幅卷首插图——《希望》和《幸福的战士》以及野之人的短文解说"（第47—48页）与《新生》杂志的关系。这是真正的由绘画而转文字的一次令人信服的穿越，其由野之人解说的《希望》的画面里，求证出《破恶声论》"独弦于槁梧，仰孤星于秋昊"这一言辞表达的底本，从而紧扣"孤星与独弦"这一全篇的主题（第44—50页）。

最后，是"易卜生"的登场。这个"易卜生"当然是"野之人"版的，其之于"鲁迅"尤其是当时落入"结婚这座陷阱"里的"鲁迅"会是怎样的呢？"这个终身之人（李冬木按，指朱安）就在眼前。他似乎要逃避这一现实而回到了东京。或许他对自身的遭遇有一种本能的忌避也说不定。经过一段对此的视而不见，便去从事预先计划的文艺运动了罢"（第52页）。中岛对此的设问和回答是："不能自主处理自身问题，是否会有资格向他人标榜个人主义？""这种自觉，一定会在动笔作文的过程中很快到来。此处又宛如雪上加霜，跟着就来了决定性的一击。也还是野之人的文章！"（第53页）

所谓"野之人的文章"指的是《易卜生是怎样的人》一文，其中有"易卜生"对"利己主义之人，自我亡失之徒的婚姻"的长篇大论的猛烈批判。"一篇文章会让人去死"！野之人"在阐述易卜生的恋爱观和婚姻观时，以他独特的理想主义资质把一副罗曼蒂克的理想形象充分地描绘出来给人看。然而，鲁迅却僵立在那儿了。这已不是单纯的言语问题，而是自我的存在问题"（第55页）。中岛就此进一步解释道："对自己的思想信条来说，一个自觉到自己的结婚行为与自己的思想信条完全相反具有何种意味的人，去做个性、自由、精神题目的文章会是怎样呢？自己有启发国民的资格吗？精神界之战士举起的戟也不是对准敌人而是不得不冲着自己。当这种意识浮现在他脑海之际，他便放弃了写下去的念头。"（第57页）

　　一篇文章致他于死地。我认为，外部主因虽然确实很大，但他对文艺运动死心的真正理由，是在他自己内部。（第57页）

中岛长文的这一结论能令人接受吗？

以上是中岛长文关于"明治日本与鲁迅"关系研究的大致内容和到达点。就"野之人"的关联探索而言，不论在广度还是在深度上都处在置顶的位置而无人出其右，虽然是20多年前就已经出版的专著，其呈现的是彼时"鲁迅"之"个"的近乎完整形态的"马赛克"底板。本论新发现的材源又为这幅拼图新添了几片取自"易卜生"的"马赛克之断片"，对中岛论旨的补充意义自不待言。不过依照笔者自己对野之人的读法，仍觉得多有意犹未尽之处，而且明知这种回味也多半是阅读中岛之后留下的，却还是不揣浅薄，希望能有一次机会按照自己的思路对野之人做一个整理。虽然"野之人"的200多篇文章笔者都读过，但要做出超越"鲁迅生命体验"的"野之人论"来是近乎不可能的至难之业，也没有必要。唯一能做的是希望某一天能从容地把它们都翻译过来，以使当年周树人一个人的谐振变成当今关于鲁迅的共感，从而使这两个人不再是"孤星与独弦"。这个庞大的计划当然是本论承载不下的内容，故只好回归本题，回到易卜生上来。

六、斋藤野之人：《易卜生是怎样的人》

关于易卜生 19 至 20 世纪在日本的导入史，虽然也有按照明治、大正、昭和年号的分期①，但以四个阶段把握易卜生给予日本的重大影响则为通说。

> 挪威剧作家、有近代戏剧之父之称的亨利克·易卜生（Henrik Ibsen，1828—1906），不仅对昭和、大正时期的文坛、剧坛产生巨大影响，还在思想、教育、宗教领域刺激了妇女解放运动，广泛影响了近代日本社会整体。日本易卜生容受史可以分为四个时期。第一期是从明治二十五年（1892）开始到明治三十七、八年（1904—1905）为止的易卜生传入介绍时代。第二期是从易卜生去世的明治三十九年（1906）到大正初期的易卜生流行时代。第三期是以昭和三年（1928）易卜生诞生一百周年为中心，从大正末期到昭和十年前后的易卜生再检讨时代。第四期是以昭和三十一年（1956）易卜生去世五十周年为中心的战后易卜生再评价时代。在这四期易卜生接受史中，对日本近代文学或文学家产生最大影响的是第二期，特别是第二期是易卜生全盛的流行时代，对坪内逍遥、森鸥外、夏目漱石、岛崎藤村、田山花袋、长谷川天溪、有岛武郎等人产生了很大影响，同时也是真山青果、中村吉藏、长田秀雄、佐藤红绿、林和等新晋剧作家模仿易卜生戏剧的创作时代。当时正值日本话剧运动的草创期，同时也是自然主

---

① 例如，从翻译史的观点出发来把易卜生"像"划分为："明治期のイプセン像""大正期のイプセン像""昭和期のイプセン像"。参见『図説翻訳文学総合事典全 5 巻・第 2 巻 原作者と作品（1）・イプセン編』，大空社，2009 年。

义文学的兴盛期和反自然主义文学诞生的时期……（《日本近代文学与易卜生》，李冬木译）[1]

第一期作为"传入介绍时代"，其对易卜生的认知特征以高山樗牛所论为代表，把易卜生评价为是和尼采一样的个人主义者、社会反叛者和文明批评家，从而呈现一条以"尼采"为标志的评价基准线[2]。1906 年 5 月末，易卜生去世的消息传到日本，从而开启了易卜生导入的第二个时期，即进入了清水论文所称呼的"易卜生季节"[3]，带来了易卜生在日本文坛、剧坛、论坛轰轰烈烈的"全盛的流行时代"。

听到易卜生逝世的消息，野之人写了篇长文，既是悼念，也是纪念，更是其易卜生观和个人主义主张的全面展现。这就是在本论中已经出现多次的《易卜生是怎样的人》。该文四万言，以八个子标题，即"一、序论；二、19 世纪的非个人主义；三、作为个人主义最后一个天才的易卜生；四、作为浪漫主义者的易卜生；五、作为厌世家的易卜生及其排现世主义；六、婚姻问题；七、作为乐天家的易卜生及其理想主义；结论"[4] 连载于 1906 年 7、9、11、12 月出刊的《东亚之光》杂志第 1 卷 3、5、6、7 号[5]，后收入《艺术与人生》一书。就写作时期而言，这篇长文应该处在明治易卜生导入史的第二期，但令人感到尴尬的是，在讲述第二期时很少有人提到这篇文章，而在第一期的相关介绍中也几乎见不到这篇文章的影子。所以只能从内容上来划分属于它的"季节"。这是篇货真价实的属于第一期的易卜生文献，处在其兄高山樗牛《作为文明批评家的文学者》的延长线上，

---

① 藤木裕之：「日本近代文学とイプセン」，『日本近代文学大事典』第Ⅳ卷，日本近代文学館，1977 年，第 323 页。

② 高山林次郎：「文明批評家としての文学者（本邦文明の側面評）」，『太陽』，1901 年 1 月 5 日。本论据此文本，另参阅瀬沼茂樹编：『明治文学全集 40・高山樗牛　斎藤野の人　姉崎嘲風　登張竹風集』所收录文本。

③ 清水賢一郎：「国家と詩人——魯迅と明治のイプセン」，第 10 页。

④ 斎藤信策：『芸術と人生』，第 335 页。后文引用皆由笔者译自此版本，仅括标页码。

⑤ 斎藤野の人：「イブセンとは如何なる人ぞ」，『東亜の光』第 1 卷，第 3 号，1906 年 7 月 1 日，第 1—4 章；第 5 号，1906 年 9 月 1 日，第 5 章；第 6 号，1906 年 10 月 1 日，第 6 章；第 7 号，1906 年 11 月 1 日，第 6—7 章。

展现的"易卜生"是一个地地道道的作为文明批评家的个人主义的文学家。如前所述，该"易卜生"充分彰显着同时期的高安月郊的译介①和《早稻田文学》"易卜生专辑"②所不具备的文脉，可谓独树一帜的易卜生评论。而这个"易卜生"又正是本论已经介绍过的周树人也就是后来鲁迅的关于"易卜生"的原体验。因此，这篇长文在日本的易卜生接受史中怎样可另当别论，就周树人的原体验而言，就鲁迅文学而言，就中国的易卜生接受史而言，这篇文章所具有的意义不言而喻，是中国近代精神史上无法回避的文献。由于篇幅所限，无法对全文展开介绍，故在此只提示笔者关注到的若干要点。

第一点是关于写作方法及其"尼采"。野之人的写作方法，如果用一句话来概括，那么就是他很习惯也很善于把自己认为脾气、秉性、气质、思想、精神相近的人一个个敛在一起，让他们以集群的方式成群结队地登场。"易卜生是怎样一个人呢？"野之人设问道。

> 答曰，他是文明批评家，他是社会审判者，而且还是个理想家，因此他的诗歌和戏剧就并不止于现代批判，而更是传播新理想之福音的宗教的、哲学，即，他是文明批评家，同时也是"第三王国"的预言者。③

这是一个总纲，然后再从各个方面予以展开，这样读者也就遇到了那些成群结队的"精神"人物。"试举最近的所谓文明批评家。有德国的尼采（F.Nietzsche，1844—1900），有英国的沃茨（G.F.Watts，1817—1904），有俄罗斯的托尔斯泰（Leo N.Tolstoi，1828—1910），他们都是标榜个人主义，向世间传播力量与光明的新福音的人"（第336页）。"看啊，个人主义的天才同时也正是最为深刻的文明批评家！"然后是席勒（F.Schiller，1759—1805）、卡莱尔（T.Carlyle，1795—1881）、爱默

---

① 高安月郊訳：『イブセン作社会劇』，東京専門学校出版部，1901 年。参见其中的「緒言」、「ヘイリック、イブセン」。

② 参见『早稲田文学・ヘイリック、イブセン』以下各篇，1906 年 7 月。

③ 斎藤信策：『芸術と人生』，第334—336 页。

生（Ralph W.Emerson，1803—1882）、费尔巴哈（L.Feuerbach，1804—1872）、克尔凯郭尔（Søren.Kierkegaard，1813—1855）、施蒂纳（Max Stirner，1806—1856）、瓦格纳（R.Wagner，1813—1883）等人的列队出现，而最后压阵则是"作为如此崇高的十九世纪之个人主义的最后预言者，出现了尼采、沃茨、托尔斯泰和易卜生"（第341—346页）。野之人对易卜生所有方面的阐释，都是通过这样的以"尼采"领衔或压阵的写法完成的。从这个意义上来说，"易卜生"也是"哲人尼采"周边的一个存在，并处在"尼采"的延长线上，这种情形，与处在"尼采"延长线上的"明治高尔基"也完全相同①。

这种写作方式，对于熟悉《摩罗诗力说》和《文化偏至论》的人来说，应该丝毫不会感到陌生，或者不妨说，二者简直如出一辙。

第二点，是关于"个人主义"的定义："易卜生和尼采一样，他尤其是个理想的个人主义者。啊，个人主义，此诚乃十九世纪文明的必然产物，同时又是对前者的痛切批判。何谓个人主义？此即以个人的力量提高个人的威严者；此即改变被赋予的生命的意义，自我创造，自我支配，造就自我价值并且君临偶然和法律；此即以心灵之权威自我神化；一言以蔽之，即人神主义，即理想主义，即向上主义，而这不正是人生最后的自由、光荣和幸福吗！"（第336—337页）而一切与之相反的都是野之人的排斥对象：资本主义、唯物主义、社会主义、平等主义、民主自由主义，因为它们"否认心灵和个性的力量，在当今世界上到处毒害国民的精神和心灵的活动"；而尤其是国家主义，"排斥天才与优秀，将一切变成奴隶"（第343页）。

第三点，关于"利己主义和个人主义"的辨析。"本来在易卜生那里个人主义和利己主义通常是不一样的。所谓个人主义，是'忠实于自己'，向着自己的理想，为着自由而向上，而追求发展进步。所谓利己主义，只是'自我满足者'，只是唯物之人，只是只思今日以代明日，耽溺于现实、享乐和懒惰之人，毁灭自我，消亡生命，正由此而现"（第370页）。

---

① 参见本书《"狂人"的越境之旅——从周树人与"狂人"相遇到他的〈狂人日记〉》。

《文化偏至论》在中国尚无"个人"语境的条件下[①]，上来就讨论道"个人一语，入中国未三四年，号称识时之士，多引以为大诟，苟被其谥，与民贼同。意者未遑深知明察，而迷误为害人利己之义也欤？夷考其实，至不然矣"[②]，一定会让所有的人一头雾水，而且也难怪这样的文章毫无反响。而读了野之人之后方才清楚，原来周树人的"夷考其实"是发生在野之人的"伊孛生"那里，他彻底弄明白了"个人"决非"害人利己之义"。这一认知到达点，在今天仍然非常重要。

第四点，虽说野之人让精神者们成群结队登场，易卜生也就在他们中间，但并未淹没在这个浩浩荡荡的行列当中，而仍然是全篇的主人公。野之人在自己的文脉中，透过自己的滤镜几乎介绍了易卜生的全部剧作，其中当然也包括本论作为周树人的文本材源所示的三个"对照文本"。按出现顺序排列：《布兰德》《皇帝与加利利人》《社会之敌》《苏尔豪格的宴会》《厄斯特罗特的英格夫人》《北海战役》《海达·高布乐》《佩尔·金特》《青年之团结》《娜拉》《海上夫人》《社会支柱》《野鸭》《幽灵》《建筑师佐尔奈斯》《贵族之人》。可以说这是同时期关于易卜生剧作的最为全面系统的导读。难道周树人真的会像他后来"杂忆"时所说的那样，"……Ibsen 这些人虽然正负盛名，我们却不大注意"[③] 吗？

第五点，关于"所谓'第三王国'"。正如前面所引，野之人把易卜生定义为"文明批评家，同时也是'第三王国'的预言者"。"第三王国"这个词在文中有很高的出现率，一共出现了 13 次。那么，什么是"第三王国"呢？这是野之人之问，同时也是回答。

> 什么是第三王国？就是融合希腊文明和基督教文明，对智慧和本能都予以肯定之邦；就是以美、力、光为理想，期待着身心无垢，期待着圆满，期待着无限光明之邦；就是像古代神的世界那样，意志和行为相互完美结合之邦；也就是罗斯梅尔所说的

---

① 参见本书《留学生周树人周边的"尼采"及其周边》。
② 鲁迅：《坟·文化偏至论》，《鲁迅全集》第 1 卷，第 51 页。
③ 鲁迅：《坟·杂忆》，《鲁迅全集》第 1 卷，第 234 页。

> "以自己的意志提高自己,净化自己的'贵族之人'之邦";就
> 是布兰德所说的由正义和自由而成的、浑身充满胆量的、新的强
> 大的亚当之邦;就是爱丽达所期望的要求自由和自我责任之邦;
> 就是斯特克曼所说的由真理和自由建立之邦;用尼采的话来表述,
> 这就是"超人"之邦!查拉图斯特拉之邦!而这正是古今之大天
> 永久理想之所在。若夫一个实在发展成为非实在,又更进一步发
> 展,融化为新的实在之真理,是黑格尔所教的千古真理,呜呼,
> "第三王国"的出现岂不正是在人类的最高欢喜和信仰之下诞生
> 的永恒的理想吗!(第 396 页)

倘若借用阅读野之人时周树人脑中萌生的一个词语,那么不妨理解为同一时期野之人版的"人国"理想。有趣的是,周树人羽化为鲁迅之后,仍没忘记以他特有的表达方式回馈了早年他跟着一同憧憬过的"第三王国"。这就是"第三样时代"的创造!这是个非常漂亮的化用:

> 有更其直捷了当的说法在这里——
>
> 一,想做奴隶而不得的时代;
>
> 二,暂时做稳了奴隶的时代。
>
> 这一种循环,也就是"先儒"之所谓"一治一乱"……(中略)……
>
> 而创造这中国历史上未曾有过的第三样时代,则是现在的青年的使命![1]

第六点,与"第三王国"紧密相联的还有另外一个词语,那就是"憧憬"。憧憬一词野之人用了 17 次,远远高于"希望"一词出现的 9 次,再加上"翘望""翘首"等词语,充分展现了易卜生的另一面,即他在是现实的厌世家的同时也是理想的乐天家的一面。这是一种积极的朝向未来的指向。这种指向也深深地影响了周树人,《摩罗诗力说》和《文化偏至论》中那些

---

[1] 鲁迅:《坟·灯下漫笔》,《鲁迅全集》第 1 卷,第 225 页。

被阐释为"浪漫主义"成分，其实基本来自野之人所阐释的"易卜生的浪漫主义"（第343页）。要说明这一点当然需要提供很多文本实例，因篇幅所限只把结论写在这里。

"憧憬"一词虽然没被周树人乃至后来的鲁迅所接受和使用（鲁迅文本中唯一出现的一次是他引用别人的话），但却早已融入汉语的词汇当中，以至现今很少有人会把"憧憬"当作一个外来词语。其实，这个词是野之人的哥哥高山樗牛和朋友姊崎嘲风创造的 [①]，野之人是这个词语的最大限度的使用者，应该说这个词语的普及，也和野之人的大量使用有关。周树人虽然没有采纳这个词语，但接受了这个词语的积极意象，化作自己文本中的话语便是"吾未绝大冀于方来，则思聆知者之心声而相观其内曜。内曜者，破黮暗者也" [②]，此即"憧憬"的周树人之表达也。

第七点，是野之人版的易卜生婚姻爱情观的表达。

> 易卜生在如此对社会及其个人加以酷烈批判的同时，还塑造了作为社会核心的所谓家族根蒂，以个人道德为基点的婚姻问题，是他尤为拿手的好戏。他首先提倡理想的婚姻和恋爱，尝试对今天的社会婚姻和家族进行极为深刻大胆的批判，向世间展示新的道德观念，在他一生当中最为崇高的战斗，便不外是在这方面与社会习惯和道德的战斗。他把贯穿于现代社会上下的所谓"被买来的婚姻"视为因权势、富贵所进行的婚姻买卖，是对自己良心和自由意志的蹂躏，是对一切爱情的牺牲。而这种婚姻通常正是利己主义之人、自我亡失之徒的婚姻。在易卜生看来，这样的被买来的婚姻，也就是虚伪的婚姻，正是社会上下所进行的婚姻，因为现代社会和个人都已经丧失了自己，是真正的利己主义。吾等由此可以看到他对婚姻问题的态度如何，也可以窥视到他的深刻的批判。（第374—375页）

---

① 参见长尾宗典：『憧憬の明治精神史——高山樗牛・姉崎嘲風の時代』，ぺりかん社，2016年。

② 原载《河南》，1908年12月。收入《集外集拾遗补编》，《鲁迅全集》第8卷，第25页。

的确,如果没有朱安,这些话语都可以作为"立人"的材源选项,但是在现实生活中有一个逃不掉的朱安,这"立人"的文章便作不下去了。中岛长文说"野之人的文章杀死了鲁迅",就是指这种直接威胁到人之确立的精神危机,因此他认为,鲁迅搁笔的更大的原因是在他自己内部而不是外部。这种看法的确无法反驳,否则也就无法解释处在"立人"阶段也就是自立阶段的周树人何以在他的全部文章中摒弃了与异性和爱情相关的内容。十年后,当大批中国青年因《新青年》的易卜生专号而开始释放自我时,包括胡适在内,他们并不知道在他们身边创作并发表了《狂人日记》的鲁迅,早在十多年前就已经遭遇了梦醒后却走不下去的困境。

野之人的"伊孛生",不会是当年留学生周树人易卜生体验的全部,但是离开了包括《易卜生是怎样的人》在内的野之人"易卜生"文本,后来的"鲁迅与易卜生""鲁迅与个人主义""鲁迅的'立人'"等话题便难以成立。

七、尾声:"觉醒了的娜拉离家出走以后……"

上面说,野之人的"伊孛生",不会是当年留学生周树人易卜生体验的全部,还有另外一层意思,那就是至少还有内田鲁庵的"伊孛生"跟在他身边。

1909 年 8 月周树人回国时,日本已进入易卜生的全盛期。时隔两年,1911 年初夏,他又去了一趟东京,"居半月而返"。这次旅行体验,让他感受到了自己与曾经熟悉的东京之间已有了巨大的隔膜,并为此感到悲哀。"厪一看丸善所陈书,咸非故有,所欲得者极多,遂索性不购一书。闭居越中,与新颢气久不相接,未二载遽成村人,不足自悲悼耶"[①]。彼时的东京,已开始迈入"易卜生"话题与实践的全面展开,而世间也到处是"新女性",遍地是"娜拉"。

---

① 鲁迅:《书信·110731　致许寿裳》,《鲁迅全集》第 11 卷,第 348 页。

关于留学生周树人与明治"易卜生"——以斋藤信策（野之人）为中心

内田鲁庵（Uchida Roan，1868—1929）——就是那个在青年小说的创作当中发现了"狂人"已经多到了令人吃惊程度[①]的著名作家、翻译家和批评家——开始实施对这些"新女性"的观察与思考。他在《马上日记》中写道："有一个新女人来了！我们已经听到了很多这些闻所未闻的新女人的消息。"[②]结果他发现，在这个"社会普遍存在着歇斯底里倾向"，而在"称作世纪末、称作颓废的时代"里，"歇斯底里，即新女或新男"。接着，他就"新女""娜拉"提出了自己的看法：

> 本来，谈女人的自觉和解放，都伴随着女人的经济独立，在衣食仰仗于男人之间，既无自觉，也无解放。表演者把艺术当作自己的天地，蹂躏世俗道德，那是因为可以依靠歌剧演员的演技。觉醒了的娜拉离家出走以后，在生活上比小孩子还令人担心。可以把男人弄得团团转，可以随意批评挤兑，倘做不到经济上的独立，那些热骂和冷笑也只会化作空虚。新女性的首要条件是不依靠男人而得以独立的女人的职业。（内田鲁庵《马上日记》，1912 年 6 月 22 日）[③]

这段话不妨作为继野之人之后的另一种"伊孛生"体验，是前一种易卜生体验的时代派生物。"伊孛生"已经进入了可以使人这样去思考"娜拉"的语境里。"鲁迅"诞生一个月后，《新青年》的"易卜生"诞生。当看到这个稚嫩的"易卜生"时，曾经有过"野之人"型莫大体验的他，还会感到吃惊吗？在一片"娜拉""娜拉"声中，他面对青年去讲述《娜拉走

---

① 内田鲁庵：「小説脚本を通じて觀たる現代社会」，初刊『太陽』，1911 年 2 月 15 日。参见本书《狂人之诞生——明治时代的"狂人"言说与鲁迅的〈狂人日记〉》。

② 日文原题『気まぐれ日記』，署名"鲁庵生"，分五次连载于『太陽』1912 年 7 月第 18 卷第 10 号至 12 月第 18 卷第 16 号。本文所据版本为鲁庵生：『気まぐれ日記』，稲垣達郎编：『明治文学全集 24・内田鲁庵集』，筑摩书房，1978 年，第 308 页。

③ 日文里"気まぐれ"一词有随意、由着性子、反复无常等意，该日记命名，作者取不是按部就班，而是随想随记之意；其内容主要涉及观剧、参观、读书等与文艺和文化相关的方面，文体与鲁迅的《马上日记》或《马上支日记》一致（日语译成"即座日记"，意思相仿），故译成《马上日记》似并无大碍，而就此做一个"比较研究"的题目亦不妨也。

后怎样》还会令人感到不可思议吗？可以说，就关于"易卜生"的"近代"体验而言，他应该是那个时代中国的最早过来人。

2023 年 2 月 22 日 23 时 59 分草稿

2 月 28 日 12 时 30 分修订

于京都紫野

附录　对照文本之三及其汉译

　　更に『社会の敵』（1882）を讀め、博士ストックマンはブランドの所謂『我は基督教徒たるや否やを知らず、唯々この地の民衆の骨髓を腐蝕せしめたる病を觀ん』が為めに故郷に歸り来りし者なりき、彼の故郷には温泉あり、而かも下水溝渠の不完全なる為めに彼はこの温泉の誠も健康に害ありて所謂『腐塵に塗れたる墓場』なるを見たり。然れども市長及び市民はこの温泉が唯一の市の財源なるを以て此の如き事實の公表を喜ばず、而かもストックマンは真理の為めに自由の為めにかくの如き虚偽を棄てゝ公然之を公衆に發表せんとす。社会対ストックマンの戦ひは茲に起る。ストックマンも亦ブランドの如く尤も社会の多数決主義民主平等主義を憎む、彼は實にエマーソンの所謂真理と個性との體現なれば也、自らの安全と放逸の為めに虚偽をも許認する今日の社会と相容れざる固より其所なり。『よしや世界は亡ぶとも、我豈敢て侮辱に充てる社会の壓制の下に屈せんや』とは實に彼の抱負也。『我は敢て我が良心と真理の為めに事を為す』とは彼の云為の第一要義也。是に於て彼は公衆を敵として叫で曰く『我は我等の全市民の社会が虚偽の上に立つを見たり、而して又凡ての精神的生命の源泉の腐れたるを見たり』。又曰く『真理と自由の尤も危険なる敵は団結したる多数決なり、あはれこの民主々義の呪ふべき多数決、これこそは我等の尤も憎むべき敵なれ』と。又曰く『国の住民の多数は誰ぞ、賢者か将た痴者か、我は信ず、痴者は最大多数なり、あはれ痴者が賢者を支配するはこれ果して正か。夫れ多数者は力を有せん、然れども正義を有せず、正義は常に小数者の有する所なれば也』。又曰く『この呪ふべき多数決こそは我等の精神的生命の源泉を毒し兼て我等を滅ぼすものなれ』。又曰く『痴鈍、貧窮、虚弱、これこそはあらゆる墜落の根本なれ。今や人は両三年の間に已に道義的に考へ且働くの能力を失へり』。最後に曰く『虚偽の中に生活するものは卑しむべき獣の如く凡て腐れ果てざるべからず』と。是に於て民衆は怒りて彼を『社会公衆の敵』と呼びぬ。誠や民衆とは畢竟『豚の群』なり、寺院長の所謂『羊の群』なり。ストックマン更に曰く『人々凡て党派の奴隷たるはこれ最大の悪事なり』。又曰く『民主平等主義者は自由なる人の尤も悪むべき敵なり、党派団結は生命に適へる真理を滅ぼし、道徳と正義を転倒し遂に生命をして地獄のものならしむ。名誉あり自由なる人は何ぞ此の如き奴隷に等しく云為するを得むや』と。彼は最後に曰く『我は世界に於て最大の強者なり、夫れ最大の強者は孤濁なるものなればなり』と。あゝ、強き者勇猛なるものは常に独り也。ツァラトゥストラも孤独の子なるを見ずや、何となれば彼も亦尤も強ければ也。（「イブセンは如何なる人ぞ」、『芸術と人生』第368—370頁）

【译文】

再来读《社会之敌》，斯托克曼博士是个布兰德之所谓“我不知自己是否基督徒，只是为了给这个地方被腐蚀到骨髓的民众看病”才回到故乡来的人。他的故乡有温泉，但他发现因排水沟渠的缺陷，温泉对健康有害，成了所谓“涂满腐尘的墓地”。然而，市长以及市民却因温泉是市里唯一的财源而不愿意公布这一事实。与此相反，斯托克曼为了真理，为了自由抛弃了这种虚伪，欲将事实公之于众。社会对斯托克曼的战斗由此而起。斯托克曼也和布兰德一样，尤为憎恶社会的多数决定主义、民主平等主义，实乃爱默生之所谓真理和个性的体现，跟为了自己的安全和放纵而默许虚伪的今日社会本不相容。“好吧，哪怕世界灭亡，我岂敢屈从于充满屈辱的社会压迫之下？"此实乃其抱负也。"我敢于为我的良心和真理而做事"，是他言行的第一要义。于是，他作为公敌叫道："我看见我等全市民社会都建立在虚伪之上，我看见凡精神上的生命源泉都已腐败。"又道："真理和自由最为危险的敌人是团结起来的多数人所做的裁决。正是这可悲的民主主义的应诅咒的多数裁决，才是我等最应憎恶的敌人！"又说："谁是国之住民的多数？是贤者还是痴者？我相信痴者乃大多数也。难道会有可悲的痴者支配贤者这种事吗？夫多数者有力，然而却没有正义。正义常为少数人所有。"又说："正是这可诅咒的多数裁决毒害了我等精神生命的源泉并毁灭了我等。"又说："痴钝、贫穷、虚弱，这些才是所有堕落的根本。如今在两三年间人们就丧失了道义的思考和行动的能力。"最后说："生活在虚伪之中者，卑如禽兽，应该全部烂掉！"于是，民众便愤怒地将其称为"社会公众之敌"。诚然，民众者，"猪群"也，寺院长之所谓"羊群"也。斯托克曼更言道："人们凡为党派的奴隶，这是最坏的事！"又说："民主自由主义者是自由之人的最为可憎之敌。党派团结毁灭适合生命的真理，颠倒道德与正义，遂使生命下地狱。有名誉和自由的人，岂能充当这样的奴隶！"他最后说："我是世界上最大的强者也，夫最大的强者乃孤独者之故也。"呜呼，强者、勇猛者常孤独也。没见查拉图斯特拉也是个孤独的人吗？他亦然因此而尤其强大也。

明治时代"食人"言说与鲁迅的《狂人日记》

前言：明治时代相关语境的导入

　　鲁迅小说《狂人日记》是中国现代文学奠基之作，也是作者以"鲁迅"的笔名发表的第一篇作品。该文作于 1918 年 4 月，登载在同年 5 月出刊的《新青年》杂志 4 卷 5 号上。由于事关中国现代文学以及作家"鲁迅"之诞生，90 多年来，《狂人日记》及其相关研究在中国现代文学研究史和鲁迅研究史中占有重要一页。仅"中国知网"数据库所收论文数就已超过 1400 篇，在史家著述里甚至有"狂人学史"这样的提法①。

　　其中，《狂人日记》是怎样写作的？其创作过程是怎样的？一直是很多论文探讨的重要课题。不过论述的展开还都大抵基于鲁迅自己所做的"说明"②，即作品"形式"借鉴于果戈理的同名小说，而"礼教吃人"的主题则"乃悟"于《资治通鉴》。这在鲁迅研究当中已经作为一种常识被固定下来。而实证研究也已在事实关系上明示出鲁迅对果戈理的借鉴："《狂人日记》"这一作品名和"日记"形式直接取自 1907 年《趣味》杂志第 2 卷第 3、4、5 号上连载的"长谷川二叶亭主人"（即二叶亭四迷，

---

　　① 参阅张梦阳：《中国鲁迅学通史》（全 6 卷），广东教育出版社，2005 年。在该通史中，以单篇作品研究而构成"学史"的只有《阿 Q 正传》和《狂人日记》两篇。
　　② 参见鲁迅：《且介亭杂文二集·〈中国新文学大系〉小说二集序》，《鲁迅全集》第 6 卷，第 246 页；《书信·180820 致许寿裳》，《鲁迅全集》第 11 卷，第 365 页。

FutabaTei Shimei，1864—1909）自俄语译成日语的果戈理的《狂人日记》①。然而，在与作品主题相关之处却还留有若干疑问，比如鲁迅说他"偶阅《通鉴》，乃悟中国人尚是食人民族，因成此篇"②，那么他读到的是《资治通鉴》里的哪些记述，而他又是通过怎样的契机去"偶阅《通鉴》"的呢？这些问题都与作品"吃人"意象的创出密切相关却又悬而未决。

　　《狂人日记》给读者带来最具冲击力的阅读体验，便是"吃人"意象的创造。"吃人"这一意象令主人公"狂人"恐惧，也强烈震撼着读者。全篇4870字，"吃人"一词出现28次，平均每170字出现一次，其作为核心语词支撑和统领了全篇，成为表达作品主题的关键。不仅如此，正像在《热风》（四十二、五十四，1919）和《灯下漫笔》（1925）等篇中所看到的那样，"吃人"这一意象还拓展到文明史批评领域并使其成为贯穿"鲁迅"整体的一个关键词。那么，"吃人"这一意象为什么会被创造出来？其又是被怎样创造的呢？本文旨在就此尝试一种思路，那就是把日本明治时代有关"吃人"的言说作为一种语境导入《狂人日记》这篇作品的研究中来。

　　如果先讲结论的话，那么笔者认为，《狂人日记》"吃人"这一主题意象是在日本明治时代相关讨论的"知识"背景下创造出来的，或者可以说明治时代关于"吃人"的言说为《狂人日记》的创作提供了一个"母题"。

　　当然这还只是一个假说。为讲清楚这个问题，也就有必要暂时离开《狂人日记》，而先到明治时代的"言说"中去看个究竟。看看那个时代为什

---

　　① 姚锡佩：《鲁迅初读〈狂人日记〉的信物——介绍鲁迅编定的"小说译丛"》，北京鲁迅博物馆鲁迅研究室编：《鲁迅藏书研究》，1991年。在起草本稿之际，笔者重新确认了《趣味》杂志连载的三期，获得了更为详细的版本信息，兹列如下，以作为补充。又，姚文将"明治四十年"标为公元"1906"年也不正确，应为1907年。

　　　　狂人日記（ゴーゴリ原作）　二葉亭主人訳　［目録訳者名：長谷川二葉亭主人訳］
　　　　　趣味　第二卷第三号（一至五頁）　明治四十年［1907］三月一日

　　　　狂人日記（ゴーゴリ原作）（承前）二葉亭主人訳［目録訳者名：長谷川二葉亭主人訳］
　　　　　趣味　第二卷第四号　明治四十年四月一日（一至十四頁）

　　　　狂人日記（ゴーゴリ原作）（承前）二葉亭四迷訳　［目録訳者名：長谷川二葉亭主人］
　　　　　趣味　第二卷第五号　明治四十年五月一日（一五一至一六一頁）

　　② 鲁迅：《书信·180820致许寿裳》，《鲁迅全集》第11卷，第365页。

么会有"吃人"这一话题以及这一话题是被如何谈论的。

一、明治时代以来有关"食人"或 "人肉"言说的基本文献

在日语当中，"吃人"一词的汉字写做"食人"。笔者以"食人"或"人肉"为线索，查阅了相关文献并获得初步认识：日本近代以来关于"食人"或"人肉"言说，发生并成型于明治，完善于大正，延续到昭和乃至现在[①]。

就与《狂人日记》相关的意义而言，文献调查的重点当然是放在明治时期，但考虑作为一种"言说"的延续性和鲁迅创作并发表这篇作品的时期在时间上与大正有很大的重合，故文献调查范围也扩大到大正末年。这样，就获得了明治、大正时期有关"吃人"或"人肉"言说文献的"总量轮廓"。这里所说的"总量"是指笔者调查范围内所获文献"总量"，其肯定是不完整的，因此呈现的只能是一个"轮廓"。不过，即便是"轮廓"，相信其中也涵盖了那些主要的和基本的文献。请参见表1。

表1　明治、大正时期有关"吃人"或"人肉"言说的出版物统计[②]

出版物种类 年代	书籍	杂志	《读卖新闻》	《朝日新闻》	总数
明治时期	34	20	22	49	125
大正时期	28	15	29	64	136
分类合计	62	35	51	113	261

① 日本近代以来年号与公历年之对应关系如下：明治历时45年：1868年9月8日—1912年7月29日；大正历时15年：1912年7月30日—1926年12月24日；昭和历时64年，1926年12月25日—1989年1月7日；平成历时30年：1989年1月8日—2019年4月30日。目前年号为令和（2019年5月1日—　）。

② 书籍类的具体统计时间范围为1882—1926年；杂志类为1879—1926年；《读卖新闻》为1875年6月15日—1926年5月31日；《朝日新闻》为1881年3月26日—1926年10月29日。

如表所示,查阅的对象是明治、大正两个时期的基本出版物,具体区分为书籍、杂志和报纸;报纸只以日本两大报即《读卖新闻》和《朝日新闻》为代表。那么从调查结果中可以知道,在1875—1926年的半个世纪里得相关文献261点。这些文献构成本论所述"言说"的基本话语内容及其历程。不过,这里还有几点需要加以说明:

(1)两份报纸相关文献数总和虽然多于书籍、杂志相关文献数总和,呈164:97之比例,但在体现"言说"的力度方面,在内容的丰富、系统和深度上都无法与书籍、杂志相比,因此,在本论当中,报纸只作参阅文献来处理。

(2)作为文献主体的书籍和杂志,时间跨度47年,数量为97点,综合平均,大约每年2点,基本与该"言说"的呈现和传承特征相一致,那就是既不"热",也不"冷",虽几乎看不到集中讨论,其延续性探讨却一直存在,呈涓涓细流、源源不断之观。

(3)书籍的数量明显多于杂志里的文章,但两者存在着相互关联,一些书籍是由先前发表在杂志上的文章拓展而成的。同时也存在着同一本书再版发行的情况。

二、有关"食人"或"人肉"言说的时代背景及其成因

那么,为什么明治时代会出现有关"食人"或"人肉"即Cannibalism的言说?或者说为什么会把"食人"或"人肉"作为一个问题对象来考察,来讨论?其时代背景和话题背景都是怎样的呢?当然,若求本溯源去细究,那么便肯定会涉及"前史",例如江户时代的"笔记"之类可以用来补强本篇的立论,不过这里拟采取近似算数上的"四舍五入"方式,姑且把话题限制在明治时代。从这个意义上讲,"文明开化"便显然是"食人"言说的大背景。这一点毫无疑问。不过除此之外,私以为至少还有三个具体要素值得考虑:(一)"食用牛肉之始";(二)知识的开放、扩充与"时代趣味";(三)摩尔斯关于大森贝冢的发现及其相关报告。

　　首先是 "食用牛肉之始"。让一个从没吃过肉的人讨论 "肉" 是不现实的，更何况涉及的还是 "人肉"。从这个意义上说，明治时代的开始食用牛肉及其相关言论便构成了后来 "食人" 或 "人肉" 言说的物质前提和潜在话语前提之一。

　　那个时代对 "肉" 的敏感，远远超乎今天的想象。伴随着 "文明开化"，肉来了，牛肉来了，不仅是嗅觉和味觉上的冲击，更是精神意识上的震撼。接受还是不接受？吃还是不吃？对于向来不吃肉并且视肉为 "不洁之物" 的绝大多数日本人来说，遭遇到的当是一次大烦恼和大抉择。尽管日本举国后来还是选择了 "吃"，并最终接受了这道餐桌上的 "洋俗"，但其思想波纹却鲜明地保留在了历史记录当中。明治五年（1872）农历正月二十四日，天皇 "敕进肉馔"："时皇帝……欲革除嫌忌食肉之陋俗，始敕令进肉馔，闻者啧啧称赞睿虑之果决，率先唤醒众庶之迷梦。"[①] "吃肉" 等于 "文明开化"，对之加以拒绝、"嫌忌食肉" 则是 "陋俗" "迷梦"，要被摆在 "革除" 和 "唤醒" 之列，天皇率先垂范，其行为本身便构成了 "明治启蒙" 的一项重要内容。石井研堂（Ishii Kendo，1865—1943）《明治事物起原》有专章记述 "食用牛肉之始"[②]，这里不做展开。总之，自那时起，日本上下共谋，官民一体，移风易俗，开启了一个食肉的 "文明时代"。

　　诚如当时的戏作文学家假名垣鲁文（Kanagaki Robun，1829—1894）滑稽作品《安愚乐锅》所记："士农工商，男女老幼，贤愚贫富，争先恐后，谁不吃牛锅谁就不开化进步。"[③] 鲁迅后来在文章中挖苦留学生 "关起门来燉牛肉吃"，跟他 "在东京实在也看见过" 有关[④]，追本溯源，也都是当初 "吃牛肉即等于文明开化" 之影响的遗风。

　　明治时代的 "文明开化"，不仅引导了日本国民的食肉行为，也在客观上唤起了对 "肉" 的敏感与关注，而 "人肉" 和 "吃人肉" 也当然是这

---

　　① 山田俊造、大角豊次郎：『近世事情』第 5 编第 11 卷（全 13 卷），1873—1876 年，第 4 页。

　　② 石井研堂：「牛肉食用之始」，『明治事物起原』，橋南堂，1908 年，第 403—416 页。

　　③ 仮名垣鲁文：『牛店雑談安愚楽鍋』初编，早稲田大学図書館蔵，第 5 页。

　　④ 鲁迅：《华盖集续编·杂论管闲事·做学问·灰色等》，《鲁迅全集》第 3 卷，第 199 页。

种关注的潜在对象。例如，既然"吃肉"是"开化"、是"文明"的，那么紧接着的问题就是，当得知同一个世界上还存"食人肉人种"时，该去如何评价他们的"吃肉"？如果按照当时的"文明论"和"进化论"常识，将这类人种规定为"野蛮人种"，从而认定"吃肉的我们"与"吃肉的他们"本质不同，存在文野之别，而当又陆续得知包括自己在内的世界"文明人种"也可能"吃人"时，又会发生怎样一种混乱？笔者认为，这些都是从"食用牛肉之始"的实践后预设下的关系到"吃人"或"人肉"言说的潜在问题，具有向后者发展的很大暗示性。

其次，是知识的开放、扩充与"时代趣味"。对明治时代来说，"文明开化"当然并不仅仅意味着吃肉，这一点毋庸赘言；更重要的还是启蒙，导入新知，放眼看世界。明治元年（1868）4月6日，明治天皇颁布《五条誓文》，也就是明治政府的基本施政方针，第五条即为"当求智识于世界"①。借用西周（Nishi Amane，1829—1897）的"文眼"，可以说这是一个"百学连环"而又由 philosophy 创设出"哲学"这一汉字词汇的时代②。由《明六杂志》和《东京学士会院杂志》所看到的知识精英们对"文明"的广泛关注自不待言③，其中就有关于"食人肉"的话题——这一点将在后面具体展开。民间社会亦对来自海内外的类似"新鲜事"充满好奇与热情。因此，所谓"食人"或"人肉"言说，便是在这种大的知识背景下出现的。对于一般"庶民"来说，接触这类"天下奇闻"主要还是通过报纸和文学作品。例如 1875 年 6 月 15 日《读卖新闻》和《朝日新闻》同日报道同一

---

① 「五箇条の御誓文」，『太政官日誌』第 1 册，1868 年。国会图书馆近代デジタルライブラリー。

② 西周属于明治时代首批启蒙学者，曾在明治维新以前往荷兰留学，精通汉学并由兰学而西学，在介绍西方近代科学体系和哲学方面作出了开创性贡献。其将 Encyclopedia（百科全书）按希腊原词字义首次译成"百学连环"，而《百学连环》亦是其重要著作，奠定了日本近代"学科"与"科学"哲学体系的基础。现在日本和中国所通用的"哲学"一词也是西周由 philosophy 翻译过来的。

③ 《明六杂志》为明治初期第一个启蒙社团明六社的机关刊物，1874 年 4 月 2 日创刊，1875 年 11 月 14 日停刊，共出 43 号，对"文明开化"期的近代日本产生了极大启蒙影响。《东京学士会院杂志》为明六社的后继官办团体东京学士会院的机关刊物，对科学启蒙产生了重要影响。两种杂志都体现了对近代自然科学和人文科学的广泛关注。

则消息说,播州一士族官员与下女私通,被"细君"即太太察知,趁其外出不在时杀了下女,并割下股肉待官员归宅端上"刺身";《读卖新闻》翌年10月19日援引一则《三重新闻》的报道说,斐济岛上最近有很多食人者聚集,出其不意下山捕人,已有妇女儿童等18人被吃。在本论所掌握的"言说文献"中,还有1882年出版的清水市次郎《绘本忠义水浒传》,其第5册卷14,便是"母夜叉孟州道卖人肉"的标题——当然是用日文。不过,与这类日本庶民早已耳熟能详的东方故事相比,来自"西洋"的"人肉故事"似乎更能唤起人们的好奇心。莎士比亚(Shakespeare William,1564—1616)的《威尼斯商人》由井上勤(Inoue Tsutomu,1850—1928)译成日文并于1883年10月由东京古今堂出版后,在短短的3年内至少重印6种版本①,还不算杂志上的刊载和后来的原文讲读译本。该本之所以被热读,依日本近代"校勘之神"神代种亮(Kojiro Tanesuke,1883—1935)的见解,该本"看点"有二,一是"题名之奇",二是"以裁判为题材",二者皆投合了当时的"时尚"②。所谓"题名"非同现今日译或汉译译名,而是《西洋珍说人肉质入裁判》。日文"质入"一词的意思是抵押,"裁判"的意思是法院审判,用现在的话直译,就是《人肉抵押官司》。很显然,"人肉"是这个故事的"看点"。威尼斯富商安东尼奥为了成全好友巴萨尼奥的婚事,以身上的一磅肉作抵押,向犹太高利贷者夏洛克借债,从而引出一场惊心动魄的官司,对于当时的读者来说是令人叹为观止的"西洋珍说",用上文神代种亮的话说,就是体现了"文明开化期日本人所具有的一种兴趣"。

事实上,文学作品始终是这种时代"兴趣"和"食人"言说的重要承

---

① 这六种版本为:(1)英国西斯比亚著,日本井上勤訳:《西洋珍説人肉質入裁判》,東京古今堂,1883年10月;(2)東京古今堂,1886年6月;(3)東京闇花堂,1886年8月;(4)東京鶴鳴堂,1886年8月;(5)東京鶴鳴堂二版,1886年11月;(6)东京廣知社,1886年11月。

② 神代种亮:『人肉質入裁判解題』,明治文化研究会編:『明治文化全集15·翻訳文芸篇』,日本評論社,1992年,第30页。

载，除了《人肉质入裁判》外，同时代翻译过来的《寿其德奇谈》①和后来羽化仙史（即涩江保，Shibue Tamotsu，1857—1930）《食人国探险》②、涩江不鸣（涩江保）《裸体游行》③等都是这方面的代表作。

然而"人肉故事"不独囿于猎奇和趣味范围，也扩展为新兴科学领域内的一种言说。尤其美国动物学者摩尔斯（Edward Sylvester Morse，1838—1925）的到来，既为日本带来了"言传身教"的进化论，也将关于"吃人"的言说带入进化论、人类学、法学、经济学乃至文明论的领域。这就是接下来将要介绍的摩尔斯关于大森贝冢的发现及其相关报告。

摩尔斯出生于美国缅因州波特兰市，自 1859 年起两年间在哈佛大学担任著名海洋、地质和古生物学者路易·阿卡西（Jean Louis Rodolphe Agassiz，1807—1873）教授的助手并旁听该教授的讲义。在此期间刚好赶上达尔文（Charles Robert Darwin，1809—1882）《物种起源》（1859）出版发行，摩尔斯便逐渐倾向进化论。1877 年即明治十年 6 月，为研究腕足动物自费前往日本考察，旋即被日本文部省聘请为东京大学动物学和生理学教授。摩尔斯是第一个在日本传授进化论、动物学、生物学和考古学的西方人，其在东京大学任教期间所作的进化论和动物学方面的讲义，由其东大听讲弟子石川千代松（Ishikawa Chiyomatsu，1860—1935）根据课堂笔记相继整理出版，其《动物进化论》（万卷书房，1883）和《进化新论》（东京敬业社，1891），都是公认的进化论在日本的早期重要文献④，也是鲁迅到日本留学之后学习进化论的教科书⑤。摩尔斯的最大贡献，也是他到日本的最大收获，是大森贝冢的发现。大森贝冢位于现在东京都品川区和大田区的交汇处，是 1877 年 6 月 19 日摩尔斯乘火车由横滨往新桥途中，

---

① スコット：『寿其德奇談』，1885 年 11 月，内田弥八刊刻。

② 羽化仙史：『食人国探険』，大学館编『冒険奇怪文庫』第 11、12 编，1906 年。2008 年冬蒙复旦大学龙向洋先生教示，获知该本有中译本：羽化仙史著，觉生译，《食人国》，河北粹文书社，1907 年，现藏北京师范大学图书馆。

③ 澁江不鸣：『裸体遊行』，出版社不详，1908 年。

④ 金子之史：「モースの『動物進化論』周辺」，『香川大学一般教育研究』第 11 号，1977 年。

⑤ 参见中島長文：「藍本『人間の歴史』」（上）（下），『滋賀大国文』，1978、1979 年。

经过大森车站时透过车窗看到一座断崖而偶然发现的。这是一座日本"绳文时代"（距今 16000 前到 3000 年前）的"贝冢"，保留了丰富的原始人生活痕迹，摩尔斯于同年 9 月 16 日带领东大学生开始发掘，出土了大量的贝壳、土器、土偶、石斧、石镞、鹿和鲸鱼乃至人的骨片等，这些后来都成为日本重要国家文物。1879 年 7 月摩尔斯关于大森贝冢调查发掘的详细报告由东京大学出版，题目为 Shell Mounds of Omori[①]。大森贝冢的发现与摩尔斯的研究报告在当时引起轰动，其中最具冲击力的恐怕是他基于出土人骨所作的一个推论，即日本从前曾居住着"食人人种"。不难想象，当 1878 年 6 月他在东京浅草须贺町井深村楼当着 500 多名听众首次披露自己的这一推论时[②]，对于正在"文明开化"的近代化道路上匆忙赶路的"明治日本"来说引起的该是怎样一场心灵震撼。

很显然，除了整个时代的文化大背景外，摩尔斯的上述见解，构成了此后关于"吃人（食人）"或"人肉"言说"科学性"展开的主要契机。

三、摩尔斯之后关于"食人"言说的展开

最早将摩尔斯的上述见解以日文文本形态传递给公众的，是明治十二年（1879）东京大学出版会出版的《理科会粹》第一帙上册，在《大森介墟古物篇》内的《食人种之证明》这一小标题下，明确记述着摩尔斯的推断，译文如下：

> 在支离散乱的野猪和鹿骨当中，往往会找到人骨……没有一具摆放有序，恰和世界各地介墟所见食人遗迹如出一辙。也就是说，那些人骨骨片也同其他猪骨鹿骨一道在当时或为敲骨吸髓，或为置入锅内而被折断，其留痕明显，人为之斑迹不可掩，尤其

---

① 『東京大学文理学部英文紀要』第 1 卷第 1 部。

② 「大森村発見の前世界古器物について」，『なまいき新聞』第 3、4、5 号，1878 年 7 月 6、13、20 日。近藤義郎、佐原真訳：『「大森貝塚」関連資料（三）』，岩波書店，1983 年。

> 在那些人骨的连筋难断之处，可以看到留在上面的最深而且摧残
> 严重的削痕。①

这是摩尔斯推断日本远古时代存在食人风俗的关键性的一段话。私以为，这段话在思想史上的意义恐怕比作为考古学的一项推论更加重要，因为自摩尔斯开始，所谓"食人"就不一定只是"他者"的"蛮俗"，而是与日本历史和日本精神史密切相关的自身问题。换句话说，就是一个将"他者"转化为"自己"的问题。日本过去也存在过食人人种吗？也有过食人风俗吗？在这些问题的背后，就有着自己可能是食人者的后裔这样一种惶惑。事实上，此后许多具有代表性的重要论文和书籍，都是围绕着摩尔斯的这一论断展开的，也可以说"摩尔斯"是后续"食人"言说的所谓"问题意识"。

作为对摩尔斯的"反应"，最为引人注目的是"人类学会"的成立和该学会杂志上发表的相关文章。"人类学会"后改称"东京人类学会"，正式成立于 1886 年 2 月，会刊《人类学会报告》也先后改称《东京人类学会报告》和《东京人类学会杂志》，其当初的关注对象是"动物学以及古生物学上之人类研究、内外诸国人之风俗习惯、口碑方言、史前或史上未能详知之古生物遗迹等"②方面的研究，目的"在于展开人类解剖、生理、发育、遗传、变迁、开化等研究，以明人类自然之理"③。很显然，最早这是一个"以学为主"的学生同人团体。不过他们的生物学和考古发掘方面的兴趣却是"大学教授摩尔斯君于明治十二年在大森贝冢"的发掘、采集以及各种相关演说引起的——据发起人之一坪井正五郎（Tsuboi Shogoro，1863—1913）介绍，他们也开始对日本古人类生活遗迹展开独立调查与发掘并有所发现，同时也展开讨论，每月一次例会，到学会成立时已开过 14 次例会，而第 15 次例会报告便是《人类学会报告》"第 1 号"④，

---

① 矢田部良吉口述，寺内章明笔記。在《大森贝塚》一书中为"食人风习"部分。
② 『人類学会報告』第 1 号首页，1886 年 2 月。
③ 「人類学会略則」，『人類学会報告』第 1 号。
④ 坪井正五郎：「本会略史」，『人類学会報告』第 1 号。

由会员名单可见，成员也由当初的4名"同好"发展到28人，而此后更多，遂成为日本正规的人类学学术研究机构。

"食人""食人种""食人风俗"等当然也是"人类学"感兴趣的课题之一，见于会刊上的主要文章和记事有：

1. 入泽达吉：《食人肉说》（『人肉を食ふ说』），第2卷11号，1887年1月。

2. 寺石正路：《就食人风习而述》（『食人風習に就いて述ぶ』），第4卷第34号，1888年12月。

3. 寺石正路：《食人风习论补遗》（『食人風習論補遺』），第8卷第82号，1893年1月。

4. 鸟居龙藏：《野蛮部落之猎取人头》（『生藩の首狩』），第13卷第147号，1898年6月。

5. 作者不详：《食人风习考》（『食人風習考』，内容为介绍寺石正路同名著作），第13卷第147号，1898年6月。

6. 伊能嘉矩：《台湾的食人风俗，台湾通信之第二十四回》[『台湾における食人の風俗（台湾通信ノ第二十四回）』]，第13卷第148号，1898年7月。

7. 今井聪三节译：《食人风俗》（『食人風俗』），第19卷第220号，1904年7月。

其中1和7是对西方学者相关"食人"的调查与研究的介绍；2、3、5都与寺石正路（Teraishi Masamichi, 1868—1949）有关，事实上，在"食人"研究方面，明治时代做得最为理论化和系统化的一个就是寺石正路。他不仅提供了丰富的"食人"事实，而且也试图运用进化论来加以阐释；他和其他论者一样，不太同意摩尔斯关于日本过去"食人"的推断，但又是在日本旧文献中找到"食人"例证最多的一个研究者，1898年，他将自己的研究集成专著作为东京堂"土阳丛书第八编"出版，书名为《食人风俗考》。4和6是关于台湾"生藩""食人"的现地报告，与甲午战后日本占据台湾直接相关。

除了上列《东京人类学会杂志》上发表的文章外，"人类学"方面的书籍和论文至少还有两种值得注意，一种是英国传教士约翰·巴奇拉（Batchelor John，1854—1944）所著《爱奴人及其说话》（1900）①，另一种为河上肇（Kawakami Hajime，1879—1946）的论文《杂录：食人论——论作为食料的人肉》（1908）②。巴奇拉自1883年起开始在日本北海道传教，对爱奴人有深入的观察和研究，该书是他用日语所作关于爱奴人的专著，是此前他用英文所写论文的内容总汇，对日本的爱奴人研究产生了巨大影响。其第二章《爱奴人之本居》开篇就说："爱奴最早居住在日本全国；富士山乃爱奴之称呼；爱奴为虾夷所驱逐；爱奴乃食人肉之人种也。"③由此"食人肉"也成为爱奴人的一种符号。河上肇是经济学家，也是将马克思主义经济学导入东亚的重要学者，在后来追求社会主义的中国年轻学子当中也很有影响，1924年郭沫若（1892—1978）在翻译完了他的《社会组织与社会革命》后还要再译《资本论》，都与之相关。他于1908年发表的这篇论文当然不乏"作为食料"的经济学意义上的考虑，事实上他后来也将该篇该题纳入"经济学研究"的"史论"当中④。但总体上来说，他实际是通过这篇论文来参与他并不是特别熟悉的"人类学"领域的讨论，而且主要用意在于"论破"摩尔斯的日本古人食人风俗说⑤。

摩尔斯与河上肇前后整整有30年的间隔，30年后不同领域的人特意以2万多字的长篇大论来做反驳，亦足见摩尔斯的影响。

此外，"食人"言说也衍及法学领域，引起相关的法律思考。在法学杂志上可以看到同船漂泊因缺少食物而吃掉同伴的"国际案例"，而在探

---

① ジエー·バチエラ：『アイヌ人及其説話』上编，1900年；中编，1901年。
② 河上肇：「雑録：食人論——食料トシテノ人肉ヲ論ス」，《京都法学会雑誌》第3卷12号，1908年。
③ 『アイヌ人及其説話』上编，1900年12月，第5页。
④ 河上肇：『経済学研究』下篇，「史論：第八章 食人俗略考」，博文館，1912年。收入『河上肇全集』第6卷，岩波書店，1982年。
⑤ 河上肇：『河上肇全集』第6卷，第305—306页。

讨老人赡养问题的专著中，亦有很大篇幅涉及与"食人"有关的法律问题。前者以原龟太郎（高桥，Hara Kametaro，1861—1894）、岸清一（Kishi Seichi，1867—1933）的《漂流迫饿食人件》①为代表，后者以穗积陈重（Hozumi Nobushige，1856—1926）的《隐居论》②为代表，而在河上肇的论文中亦对这两样资料有着广泛的引用。

总之，"食人"言说凭借新闻媒体和文学作品的承载，作为整个明治时代的一种"兴趣"而得以在一般社会延续，同时作为一个学术问题也展开于考古学、进化论、生物学、人类学、民族学、社会学、法学乃至"文明论"等广泛的领域，摩尔斯无疑为这一展开提供了有力契机。在这个前提下，接下来的内容便可具体化到这样一个问题上来，那就是明治时代"食人"言说中的"支那"③。

四、"支那人食人肉之说"

在整个明治时代的"食人"言说中，所谓"支那人食人肉之说"占了相当大的比重。从一个方面而言，也是中国历史上大量相关史料记载为"食人"这一话题或讨论提供了丰富的素材。事实上，在摩尔斯做出日本过去存在"食人人种"的推断后，对其最早做出回应的论文就是神田孝平（Kanda Takahira，1830—1898）的《支那人食人肉之说》，发表在1881年12月

---

① 原龟太郎、岸清一：「漂流迫餓食人件」，『法学协会雑誌』，第2卷第71号，1889年。
② 穗積陳重：『隐居論』，哲学书院『法理学叢書』1891年。国会图书馆近代デジタルライブリー。
③ 同日本明治时代的其他出版物一样，"中国"在书中被称作"支那"。关于这个问题，《国民性十论》中译版译注说明："'支那'作为中国的别称最早见于佛教经典，据说用来表示'秦'字的发音，日本明治维新以后到二战结束以前普遍以'支那'称呼中国，因这一称呼在甲午战争后逐渐带有贬义，招致中国人的强烈反感和批评，日本在二战结束后已经终止使用，在我国的出版物中也多将旧文献中的'支那'改为'中国'。……'支那'这一称呼……不会因为现在改成'中国'二字而使'支那'这一称呼在历史中消失。事实上，'支那'（不是'中国'）在本书中是作者使用的一个很重要的参照系，由此可感知，在一个特定的历史阶段，日本知识界对所谓'支那'怀有怎样的心像。"（芳賀矢一著，李冬木、房雪霏译注：《国民性十论》，生活·读书·新知三联书店，2020年，第32页）

发行的《东京学士会院杂志》第 3 编第 8 册上。

神田孝平是明治时代首批知识精英中的一员，亦官亦学，为明治开化期的启蒙做出重要贡献。他不仅在《明六杂志》上就"财政""国乐""民选议员""货币""铁山"等问题展开广泛论述[1]，也是日本学士会院的 7 名筹办者[2]和首批 21 名会员之一，还担任过副会长和干事[3]。当坪井正五郎等青年学生筹办成立人类学会之际，他又以"兵库县士族"身份奖掖后学，出任会刊《人类学会报告》的"编辑并出版人"，而且在该刊上先后发表过 39 篇文章，成为日本近代人类学滥觞和发展的有力推动者[4]。

《支那人食人肉之说》是神田孝平的一篇重要论文，虽然未提及摩尔斯的报告，却被视为是对摩尔斯的间接回应[5]，其所提出的问题是：野蛮人吃人并不奇怪，那么"夙称文明之国，以仁义道德高高自我标榜"的"支那"，自古君臣子民食人肉之记载不绝于史，又该作何解释呢？这在当时确是人类学所面临的问题，同时也是历史学、社会学乃至文明论所面临的问题。38 年后，吴虞（1872—1949）在五四新文化运动时期借鲁迅《狂人日记》的话题，将"吃人"与"礼教"作为中国历史上对立而并行的两项提出，其精神正与此相同[6]。不过，神田孝平似乎无心在这篇论文中回答上面的问题，而是对"食人"方法、原因尤其是对"食人"的事实本身予以关注，这就构成了该论文的最大特点，那就是高密度的文献引用，全文 2600 多字，援引"食人"例证却多达 23 个，平均每百字就有一个例子，不仅将文献学方法带入人类学研究领域，为这一领域提供了新的参照系统，

---

[1] 神田孝平发表过 8 篇论文，分别见于《明六杂志》第 17、18、19、22、23、26、33、37 号。

[2] 参阅《日本学士院八十年史》第 1 编第 1 章 "東京学士会院の設立"，日本学士院，1962 年，第 65 页。神田孝平是在提交给文部大臣 "咨询书" 上签名的 7 位学术官员之一。

[3] 『日本学士院八十年史（資料編一）』，第 17—18 页。

[4] 参见『人類学会報告』第 1 号版权页，1886 年 2 月；『東京人類学雑誌』第 13 卷第 148 号所载「男爵神田孝平氏の薨去」「故神田孝平氏の論説報告」「記念図版」，1898 年 7 月 28 日。

[5] 作为官员学者，神田孝平对摩尔斯的考古调查有很深的介入，或提供支援，或参与讨论，或将其考古发现介绍给皇室以供"天览"。参阅『大森貝塚』第 13、151、195 页。

[6] 吴虞：《吃人与礼教》，《新青年》第 6 卷第 6 号，1919 年 11 月 1 日。

同时也为此后"支那人食人肉之说"构筑了基本雏形，对"食人"研究产生了举足轻重的影响。兹译引一段，以窥一斑：

> 支那人食人肉者实多，然食之源由非一，有因饥而食者，有因怒而食者，有因嗜味而食者，有为医病而食者。调理之法亦有种种，细切生食云菹，如我邦之所谓刺身；干而燥之云脯，我邦之所谓干物也；有烹而为羹者，有蒸食者，而最多者醢也。所谓醢者亦注为肉酱，又有注曰，先将其肉晾干而后切碎，杂以粱曲及盐，渍以美酒，涂置于瓶中百日则成，大略如我邦小田原制之盐辛者也。今由最为近易之史，抄引数例，以供参考之资。支那史中所见最古之例当首推殷纣王。据史记，殷纣怒九侯而醢之，鄂侯争之并脯之。设若是乃有名暴君乘怒之所为，其非同寻常自不待言，然若非平生嗜人肉味而惯于食之，又安有醢之脯之储而充作食用等事焉？由是可征在当时风习中有以人肉为可食，嗜而食之者也。其后齐桓公亦食人肉……

此后那些在日本、中国乃至世界各国古代文献中发现新的"食人"例证的研究，不论是否明确提到"神田孝平"，却几乎都始于神田的这篇先行论文。就"支那"关系而言，包括神田孝平在内，重要文献如下：

1. 神田孝平：《支那人食人肉之说》（「支那人人肉ヲ食フノ説」），《东京学士会院杂志》第 3 编第 9 册，1881 年 12 月。

2. 穗积陈重：《隐居论》（『隠居論』），哲学书院，1891 年。

3. 寺石正路：《食人风俗考》（『食人風俗考』），东京堂，1898 年。

4. 南方熊楠：*The Traces of Cannibalism in Japanese Records*（日本文献中所见吃人之痕迹）[①]，系 1903 年 3 月 17 日向英国《自

[①]　英文原文现收『南方熊楠全集』别卷 2，平凡社，1975 年；日文翻译见饭仓照平监修，松居龍五、田村義也、中西須美訳：《南方熊楠英文論考（ネイチャー）誌篇》，集英社，2005 年。

然》杂志的投稿，未发表。

　　5.芳贺矢一：《国民性十论》(『国民性十論』)，东京富山房，1907年。

　　6.桑原骘藏：《支那人之食人肉风习》(「支那人ノ食人肉風習」)，《太阳》第25卷第7号，1919年。

　　7.桑原骘藏：《支那人当中的食人肉之风习》(「支那人間に於ける食人肉の風習」)，《东洋学报27》第14卷第1号，东洋学术会，1924年7月。

除了南方熊楠之外，后继研究文本有两个基本共同点，一个是重复或补充神田孝平提出的例证，另一个是持续论证并确认神田孝平所提出的问题，即"吃人肉是支那固有之风习"。

表2　各文献所见"支那"例证数量对照表

作者	发表时间	例证数量	备注
神田孝平	1881年	23	首提《史记》《左传》《五杂俎》等史籍中的记载
穗积陈重	1891年	10	同时提供了日本和世界各地的例证
寺石正路	1898年	23	同时提供了日本和世界各地的例证
南方熊楠	1903年	0	无具体例子，但所列文献有：神田孝平、雷诺、《水浒传》、《辍耕录》、《五杂俎》
芳贺矢一	1907年	12	《资治通鉴》4例、《辍耕录》8例
桑原骘藏	1919年	22	为1924完成版之提纲
桑原骘藏	1924年	200以上	与西方文献参照、印证
合计		288以上	

在《支那人食人肉之说》中，神田孝平最大贡献在于他提醒人们关注中国古代文献，其援引《史记》《左传》和谢肇淛（1567—1624）《五杂俎》等都是后来论者的必引文献，直到40年后，桑原骘藏（Kuwabara Jitsuzo，1871—1931）仍高度评价他的开创性贡献。穗积陈重的《隐居论》是从近代"法理学"角度来探讨日本由过去传承下来的"隐居制"的专著。

所谓“隐居”具体是指老人退出社会生活，涉及赡养老人和家族制度，其第一编“隐居起原”下分四章：“食人俗”“杀老俗”“弃老俗”“隐居俗”，从这些标题可以知道，在老人可以“隐居”的时代到来之前，其多是遭遇被吃、被杀和被弃的命运的。第一编援引了 10 个“支那”例证，并非单列，而是同取自日本和世界各国例证混编在一起。上面介绍过的河上肇在作《食人论》时，因“就支那之食人俗未详”[①] 而多处援引该文本中的例证。《食人风俗考》是寺石正路在此前发表在《东京人类学会杂志》上的两篇论文的基础上，进一步整理、扩充的一部专著，也是整个明治时代关于“食人风俗”研究的最为系统化、理论化的专著，取自“支那”的 23 个例子，混编于取自日本和世界各国的例证当中，而尤其值得一提的是，该书也是取证日本本国文献最多的研究专著。南方熊楠（Minakata Kugusu，1867—1941）是日本近代著名博物学家和民俗学者，1892—1900 年在伦敦求学，因 1897 年与孙中山在伦敦结识并被孙中山视为“海外知己”。在摩尔斯、穗积陈重和寺石正路等先行研究的引导下，南方熊楠也对“食人研究”表现出浓厚兴趣，1900 年 3 月开始调查“日本人食人肉事”[②]，6 月完成论文《日本人太古食人肉说》，“引用书数七十一种也（和二二、汉二三、英一六、佛七、伊三）”[③]。上面所列论文是他回国后向英国《自然》杂志的投稿，虽然并没发表出来，在日本“食人”研究史上却是占有重要地位的一篇。南方熊楠是为数不多的支持摩尔斯见解的日本学者之一[④]，对日本“食人”文献调查持客观态度，对中国亦然，并无文化上和人种上的偏见。芳贺矢一（Haga Yaichi，1867—1927）的《国民性十论》所提供的12 个“支那”例证，顾名思义，用意不在“人类学”或其他学问领域，而

---

① 河上肇：『河上肇全集』第 6 卷，第 288 页。

② 『ロンドン日記』，1900 年 3 月 7 日，《南方熊楠全集》别卷 2，平凡社，1975 年，第 204 页。

③ 『ロンドン日記』，1900 年 3 月 7 日，《南方熊楠全集》别卷 2，第 222 页。“佛”指法国，“伊”指意大利。

④ 他在 1911 年 10 月 17 日致柳田国男的信中称自己的关于日本“食人”调查“在学问上解除了摩尔斯的冤屈”。《南方熊楠全集》第 8 卷，第 205 页。

在于阐释"国民性",因此是将"食人风俗"导入"国民性"阐释的重要文献,而且也正因为这一点,也才与鲁迅发生直接关联(后述)。历史学家桑原骘藏的专题研究论文,几乎与鲁迅的《狂人日记》发表在同一时期,但都晚于《狂人日记》,因此不论在主题还是在材料上都不可能影响到鲁迅。列出桑原骘藏是因为他是从明治到大正整个"支那人食人肉之说"的集大成者。其自认自己的研究是在同一系列中直承神田孝平:

> 支那人当中存在食人肉之风习,决非耳新之问题,自南宋赵与时《宾退录》、元末明初出现的陶宗仪《辍耕录》始,在明清时代支那学者之随笔、杂录中对食人之史实的片段介绍或评论都并不少见。在日本学者当中,对这些史实加以注意者亦不止二三。就中《东京学士会院杂志》第三编第八册所载、神田孝平氏之《支那人食人肉之说》一篇尤为杰出。杰出虽杰出,当然还谈不上充分。①

正是在神田孝平"杰出"却"不充分"的研究基础上,才有了他"对前人所论的一个进步",不仅对以往"所传之事实"进行了更充分也是更有说服力的阐释,也对"支那人食人肉之风习"做出了"历史的究明"②,援引例证多达 200 条以上,是神田孝平例证的 8 倍,并且远远超过既往所有例证的总和。尤其值得一提的是,桑原骘藏首次大量引用西方文献中同时代记载,用以印证"支那"文献里的相应内容。

由以上可知,"支那人食人肉之说"始于神田孝平,完成于桑原骘藏,其主要工作是完成对中国历史上"食人"之说的调查和确认,从而构成了一个关于"支那食人"言说的基本内容框架。可以说,《鲁迅全集》所涉及的作为事实的"吃人",都并没超出这一话语范围,包括小说《药》里

---

① 「支那人間に於ける食人肉の風習」,《桑原骘藏全集》第 2 卷,岩波书店,1968 年,第 204 页。

② 「支那人間に於ける食人肉の風習」,《桑原骘藏全集》第 2 卷,第 205 页。

描写的"人血馒头"①，而《狂人日记》的"吃人"意象诞生在这一框架之内也就毫不奇怪了。

五、芳贺矢一的《国民性十论》

在上述文献中，只有芳贺矢一的《国民性十论》并不重点讨论"食人风俗"，却或许是提醒或暗示鲁迅去注意中国历史上"食人"记载的关键性文献。

顾名思义，这是一本讨论"国民性"问题的专著，出版发行于1907年12月。如果说世界上"再没有哪国国民像日本这样喜欢讨论自己的国民性"，而且讨论国民性问题的文章和著作汗牛充栋、不胜枚举的话②，那么《国民性十论》则是在日本近代以来漫长丰富的"国民性"讨论史中占有重要地位的一本，历来受到很高评价，影响至今③。近年来的畅销书，藤原正彦（Fujiwara Mashahiko，1943—　　）的《国家品格》④，在内容上便很显然是依托于前者的。

"国民性"问题在日本一直是一个与近代民族国家相生相伴的问题。作为一个概念，从明治时代一开始就有，只不过不同时期有不同的叫法。例如在《明六杂志》就被叫做"国民风气"和"人民之性质"，在"国粹保存主义"的明治二十年代被叫做"国粹"，明治三十年代又是"日本主义"的代名词，"国民性"一词是在从甲午战争到日俄战争的10年当中开始被使用并且"定型"的。日本两战两胜，成为"国际竞争场中的一员"，

---

① "桑原骘藏1924"援引 Peking and the Pekingese.（《北京和北京》）Vol. II, pp. 243-244："劊刀手がその斬り首より噴出する鮮血に饅頭を漬し、血饅頭と名づけて市民に販賣した"（刽子手将那由斩首喷出的鲜血浸泡过的馒头叫做"血馒头"，卖给市民）。『桑原骘藏全集』第2卷，第201—202页。

② 南博：「『日本人論——明治から今日まで』まえがき」（该书前言），岩波书店，1994年。

③ 参见久松潜一：「『日本人論』解題」，富山房百科文库，1977年。

④ 藤原正彦：『国家の品格』，新潮社，2005年。

在引起西方"黄祸论"①恐慌的同时，也带来民族主义（nationalism）的空前高涨，"国民性"一词便是在这一背景下应运而生。最早以该词作为文章题目的是文艺评论家纲岛梁川（Tsunashima Ryosen，1873—1907）的《国民性与文学》②，发表在《早稻田文学》1898 年 5 月号上，该文使用"国民性"一词达 48 次，一举将这一词汇"定型"。而最早将"国民性"一词用于书名的则正是 10 年后出版的这本《国民性十论》。此后，自鲁迅留学日本的时代起，"国民性"作为一个词汇开始进入汉语语境，从而也将这一思想观念一举在留日学生当中展现开来。

芳贺矢一是近代日本"国文学"研究的重要开拓者。他出生于日本福井县福井市一个神官家庭，其父任多家神社的"宫司"（神社之最高神官）。在福井、东京读小学，在宫城读中学后，于 18 岁入"东京大学预备门"（相当于高中），27 岁毕业于东京帝国大学（现东京大学）国文科。历任中学、师范学校和高中教员，1899 年被任命为东京帝国大学文科大学助教授（副教授）兼高等师范学校教授。1900 年作为国文科副教授赴德国留学，主攻"文学史研究"，同船者有后来成为日本近代文豪的夏目漱石。1902 年（也就是鲁迅留学日本的那一年）回国，担任东京帝国大学国文科教授，直到1922 年退休③。芳贺矢一首次把西方文献学导入日本"国文学"研究领域，从而将传统的日本"国文学"生成为一门近代学问。他于 1904 年 1 月发表在《国学院杂志》上的《何谓国学？》一文，集中体现了他的这一开创性思路，不仅为他留学之前的工作找到了一个"激活"点，亦为此后的工作确立了崭新的学理起点，呈现广博而深入之大观。"据《国语与国文学》（第 14 卷第 4 号，1937 年 4 月）特辑《芳贺博士与明治大正之国文学》

---

① 黄祸论（德文：Gelbe Gefahr；英文：Yellow Peril），又叫做"黄人祸说"，系指19 世纪后半叶到 20 世纪上半叶出现在欧洲、北美、澳大利亚等白人国家的黄种人威胁论。是一种人种歧视的理论，其针对的主要对象是中国人和日本人。黄种人威胁白种人的论调，突出地呈现于从甲午战争，经义和团事件，再到日俄战争的十年间，此后又延续到第一次世界大战，其言论的代表人物是德国皇帝威廉二世。

② 「国民性と文学」，本文参阅底本为武田清子、吉田久一编：『明治文学全集46・新岛襄・植村正久・清泽满之・纲岛梁川集』，筑摩书房，1977 年。

③ 参见久松潜一编：「芳贺矢一年谱」，『明治文学全集』44 卷，筑摩书房，1978 年。

所载讲义题目，关于日本文学史的题目有《日本文学史》《国文学史（奈良朝平安朝）》《国文学史（室町时代）》《国文学思想史》《以解题为主的国文学史》《和歌史》《日本汉文学史》《镰仓室町时代小说史》《国民传说史》《明治文学史》等；作品研究有《源氏物语之研究》《战记物语之研究》《古事记之研究》《谣曲之研究》《历史物语之研究》；文学概论有《文学概论》《日本诗歌学》《日本文献学》《国学史》《国学入门》《国学初步》等；在国语学方面有《国文法概说》《国语助动词之研究》《文法论》《国语与国民性》等。在'演习'课上，还讲过《古今集》《大镜》《源氏物语》《古事记》《风土记》《神月催马乐》及其他多种作品，大正六年（1917）还讲过《欧美的日本文研究》。"① 由此可知芳贺矢一对包括"国语"和"文学"在内的日本近代"国学"推进面之广。就内容的关联性而言，《国民性十论》一书不仅集中了上述大跨度研究和教学的问题指向——日本的国民性，也出色地体现出以上述实践为依托的"顺手拈来"的文笔功力。芳贺矢一死后，由其子芳贺檀和弟子们所编辑整理的《芳贺矢一遗著》可示其在研究方面留下的业绩：《日本文献学》《文法论》《历史物语》《国语与国民性》《日本汉文学史》②。而日本国学院大学 1982 至 1992 年出版的《芳贺矢一选集》7 卷，应该是包括编辑和校勘在内的现今所存最新的收集和整理③。

　　《国民性十论》是芳贺矢一的代表作之一，也是他社会影响力最大的一本书。虽然关于日本的国民性，他后来又相继写了《日本人》（1912）、《战争与国民性》（1916）和《日本精神》（1917），但不论取得的成就还是对后来的影响，都远不及《国民性十论》。本书部分内容来自他应邀在东京高等师范学校所做的连续讲演，完整保留了其著称于当时的富于"雄

---

① 久松潜一：「解題　芳賀矢一」，『明治文学全集』44 卷，第 428 页。
② 『芳賀矢一遺著』2 卷，東京富山房，1928 年。
③ 芳賀矢一選集編集委員会编：『芳賀矢一選集』，国学院大学，東京，1982—1992 年。第 1 卷『国学編』、第 2 卷『国文学史編』、第 3 卷『国文学篇』、第 4 卷『国語·国文典編』、第 5 卷『日本漢文学史編』、第 6 卷『国民性·国民文化編』、第 7 卷『雑編·資料編』。

辩"的以书面语讲演①的文体特点。1907 年 12 月结为一集由富山房出版。

　　日本有学者将这一时期出现的志贺重昂（Shiga Shigetaka，1863—1927）的《日本风景论》（1894）、内村鉴三（Uchimura Kanzo，1861—1930）的《代表的日本人》（1894，1908）、新渡户稻造（Nitobe Inazo，1862—1933）的《武士道》（1899）和冈仓天心（Okakura Tenshin，1863—1913）的《茶之书》（1906）作为"富国强兵——'日清''日俄'高扬期"的"日本人论"代表作来加以探讨②。就拿这四本书来说，或地理，或代表人物，或武士道，或茶，都是分别从不同侧面来描述和肯定日本的价值即"国民性"的尝试，虽然各有成就，却还并不是关于日本国民性的综合而系统的描述和阐释。而尤其值得注意的，是这四本书的读者设定。除了志贺重昂用"汉文调"的日语写作外，其余三本当初都是以英文写作并出版的③。也就是说，从写作动机来看，这些书主要还不是写给普通日本人看的，除第一本面向本国知识分子、诉诸"地理优越"外，后面的三本都是写给外国人看的，目的是寻求与世界的对话，向西方介绍开始走向世界舞台的"日本人"。芳贺矢一的《国民性十论》与上述著作的最大的不同，不仅在于它是从"国民教育"的立场出发，面向普通日本人来讲述本国"国民性"之"来龙去脉"的一个文本，更在于它还是独一无二的、从文化史的观点出发、以丰富的文献为根据而展开的综合国民性论。作为经历"日清""日俄"两战两胜之后，日本人开始重新"自我认知"和"自我教育"的一本"国民教材"，该书的写作方法和目的，正如作者自己所说，

　　① 小野田翠雨：「現代名士の演説振り——速記者の見たる」，『明治文学全集』96 卷，筑摩書房，1967 年，第 366—367 页。

　　② 船曳建夫：『《日本人論》再考』，講談社，2010 年。具体请参照该书第二章，第 50—80 页。但作者完全"屏蔽"了同一时期更具代表性的《国民性十论》，干脆没提。

　　③ 《代表的日本人》原书名为 *Japan and the Japanese*，1894 年由日本民友社出版，1908 年再从前书选出部分章节，改为 *Representative Men of Japan*，由日本觉醒社书店出版，而铃木俊郎的日译本很久以后的 1948 年才由岩波书店出版；《武士道》（*Bushido: the Soul of Japan*）1900 年在美国费城出版（许多研究者将出版年写作"1899 年"，不确），1908 年才有丁未出版社出版的樱井鸥村的日译本；《茶之书》（*The Book of Tea*）1906 年在美国纽约出版，1929 年才有岩波书店出版的冈村博的日译本。

就是在新的历史条件下，"通过比较的方法和历史的方法，或宗教，或语言，或美术，或文艺来论述民族的异同，致力于发挥民族特性"①，建立"自知之明"②。

该书分十章讨论日本国民性：（一）忠君爱国；（二）崇拜祖先，重视家族名誉；（三）现实而实际；（四）热爱草木，喜尚自然；（五）乐天洒脱；（六）淡泊潇洒；（七）纤丽纤巧；（八）清净洁白；（九）礼节礼法；（十）温和宽恕。第一、二章可视为全书之"纲"，核心观点是日本自古"万世一系"，天皇、皇室与国民之关系无类见于屡屡发生"革命"、改朝换代的东西各国，因此"忠君爱国"便是"早在有史以前就已成为浸透我民族脑髓之箴言"，是基于血缘关系的自然情感；"西洋的社会单位是个人，个人相聚而组织为国家"，而在日本"国家是家的集合"，这种集合的最高体现是皇室，"我皇室乃国家之中心"。其余八章，可看作此"纲"所举之"目"，分别从不同侧面来对"日本人"的性格进行描述和阐释，就内容涉及面之广和文献引用数量之多而言，的确可堪称为前所未有的"国民性论"和一次关于"日本人"自我塑造的成功的尝试。而这也正是其至今仍具有影响力的重要原因之一③。本书虽并不回避国民"美德"中"隐藏的缺点"，但主要是讨论优点，具有明显的从积极的肯定的方面对日本国民性加以"塑造性"陈述的倾向。"支那食人时代的遗风"的例证就是在这样的语境下被导入的，其出现在第十章。兹将引述例证以及前后文试译中文如下，以窥全貌。

> 对于不同人种，日本自古以来就很宽容。不论隼人属还是

---

① 芳贺矢一：「『国民性十論』序言」，東京富山房，1907 年。

② 芳贺矢一：「『国民性十論』結語」。

③ 在中国国内已出版的日本人"自己写自己"的书，除新渡户稻造的《武士道》之外，其他有影响的并不多见。而关于日本及日本人的论述，最常见的恐怕是本尼迪克特的《菊与刀》，求其次者，赖肖尔的《日本人》也可算上一本，而这两本书都出自美国人之手，其所呈现的当然是"美国滤镜"下的"日本"。芳贺矢一的这一本虽然很"古老"，却或许有助于读者去丰富自己思考"日本"的材料。

熊袭族①，只要归顺便以宽容待之。神武天皇使弟猾②、弟矶城③归顺，封弟猾为猛田县主，弟矶城为弟矶县主。这种关系与八幡太郎义家之于宗任的关系④相同。朝鲜人和支那人的前来归化，自古就予以接纳。百济灭亡时有男女四百多归化人被安置在近江国，与田耕种，次年又有二千余人移居到东国，皆飨以官食。从灵龟二年⑤的记载可知，有一千七百九十个高句丽人移居武藏之国，并设置了高丽郡。这些事例在历史上不胜枚举，姓氏录里藩别姓氏无以数计。并无随意杀害降伏之人或在战场上鏖杀之例。以恩为怀，令其从心底臣服，是日本自古以来的做法。像白起那样坑杀四十万赵国降卒的残酷之事，在日本的历史上是找不到的。读支那的历史可以看到把人肉腌制或调羹而食的记载，算是食人时代的遗风吧。

支那人吃人肉之例并不罕见。《资治通鉴》"唐僖宗中和三年"条记："时民间无积聚，贼掠人为粮，生投于碓硙，并骨食之，号给粮之处曰'舂磨寨'。"⑥这是说把人扔到石臼石磨里捣碎碾碎来吃，简直是一幅活灵活现的地狱图。翌年也有"盐尸"的记载："军行未始转粮，车载盐尸以从。"⑦盐尸就是把死人用盐腌起来。又，光启三年条记："宣军掠人，诣肆卖之，驱缚屠

---

① "隼人"和"熊袭"都是日本古书记载当中的部落。

② 弟猾为《日本书纪》中的豪族，在《古事记》里写做"弟宇迦斯"，大和（奈良）宇陀的豪族，因告密其"兄猾"（兄宇迦斯）暗杀神武天皇的计划而获得受封为猛田县主。

③ 弟矶城为《日本书纪》中的豪族，在《古事记》里写做"弟师木"，大和（奈良）矶城统治者"兄矶城"之弟，因不从其兄而归顺神武天皇被封为矶城县主。

④ 八幡太郎义家，即源义家（Minamoto no Yoshiihe，1039—1106），日本平安时代后期武将，因讨伐陆奥（今岩手）地方势力安倍一族而获战功，其私财奖励手下武士，深得关东武士信赖，有"天下第一武人"之称。宗任即安倍宗任（Abe no Muneto，1032—1108），陆奥国豪族，曾与其父安倍赖良、其兄安倍贞任共同与源义家作战，在父兄战死后投降，被赦免一死，相继流放四国、九州等地。在《平家物语》中有他被源义家感化的描写。

⑤ 灵龟为日本年号（715—717），灵龟二年为公元716年。

⑥ 见《资治通鉴》卷255。

⑦ 见《资治通鉴》卷256。

割如羊豕，讫无一声，积骸流血，满于坊市。"①实在难以想象这是人间所为。

明代陶宗仪的《辍耕录》记："天下兵甲方殷，而淮右之军嗜食人，以小儿为上，妇女次之，男子又次之。或使坐两缸间，外逼以火。或于铁架上生炙。或缚其手足，先用沸汤浇泼，却以竹帚刷去苦皮。或盛夹袋中入巨锅活煮。或刲作事件而淹之。或男子则止断其双腿，妇女则特剜其两腕（乳）②，酷毒万状，不可具言。总名曰想肉。以为食之而使人想之也。此与唐初朱粲以人为粮，置捣磨寨，谓啖醉人如食糟豚者无异，固在所不足论。"这些都是战争时期粮食匮乏苦不堪耐使然，但平时也吃人，则不能不令人大惊而特惊了。

同书记载："唐张鷟《朝野佥载》云：武后时杭州临安尉薛震好食人肉，有债主及奴诣临安，止于客舍，饮之醉，并杀之，水银和饮（煎）③，并骨销尽。后又欲食其妇，妇知之跃墙而遁，以告县令。"

此外，该书还列举了各种古书上记载的吃人的例子。张茂昭、苌从简、高沣、王继勋等虽都身为显官却吃人肉。宋代金狄之乱时，盗贼官兵居民交交相食，当时隐语把老瘦男子叫"饶把火"，把妇女孩子叫"不美羹"④，小儿则称做"和骨烂"，一般又叫"两脚羊"，实可谓惊人之至。由此书可知，直到明代都有吃人的例子。难怪著者评曰"是虽人类而无人性者矣"。

士兵乘战捷而凌辱妇女，肆意掠夺之事，日本绝无仅有。日俄战争前，俄国将军把数千满洲人赶进黑龙江屠杀之事，世人记忆犹新。西班牙人征服南美大陆时，留下最多的就是那些残酷

---

① 见《资治通鉴》卷257。
② 该段记载见《辍耕录》卷9，此处的"两腕"，亦有版本作"两乳"。
③ "饮"字之处，亦有版本作"煎"。
④ 原文如此，在另一版本中作"下羹羊"，在《鸡肋编》中作"不慕羊"，在《说郛》卷27上亦作"下羹羊"。

的故事；白人出于种族之辨，几乎不把黑人当人。从前罗马人赶
着俘虏去喂野兽，俄罗斯至今仍在屠杀犹太人。白人虽然讲慈爱
论人道，却为自己是最优秀人种的先入思想所驱使，有着不把其
他人种当人的谬见。学者著述里也写着"亚利安人及有色人"。
日本自古以来，由于国内之争并非人种冲突，自然是很少发生残
酷之事的原因，但日本人率直、单纯的性质也决定了日本人不会
在任何事情上走极端，极度的残酷令其于心有所不堪。

很显然，上述"残酷"例证来自世界各国，不独"支那"，还有俄国、
西班牙、古罗马等，只不过是来自"支那"的例子最多，也最具体。作为
日本国文学者，芳贺矢一熟悉汉籍，日本近代第一部《日本汉文学史》便
出自他的手笔，不过此处举证"支那食人"却是对明治以来既有言说的承接，
只是在"食人"的例证方面，芳贺矢一有更进一步的发挥。其中"白起坑
杀四十万赵国降卒"未提出处，疑似同样取自接下来出现的《资治通鉴》[①]，
而明示取自《资治通鉴》的有 3 例，取自《辍耕录》的有 8 例。《资治通鉴》
为既往涉及"食人"文献所不曾提及，故增加了举证的文献来源，而《辍
耕录》过去虽有穗积陈重（1891，1 例）和寺石正路（1898，3 例）援引，
例证范围却不及芳贺矢一（1907，8 例），故虽出自同一文献，却增加了
例证数量。因此，与过去的"人类学"方面提供的例证相比，可以说这些
例证都具有芳贺矢一独自择取文献的特征。不过，还有几点需要在这里
阐明：

首先，近代所谓"种族""人种""民族"或"人类学"等方面的研
究，从一开始就具有与"进化论"和"民族国家"理论暗合的因子，其"研
究成果"或所使用的例证很容易会被运用到关于"国民性"的讨论当中从
而带有文化上的偏见。例如 1904 年出版的《野蛮俄国》一书，就将日俄

---

① 　《资治通鉴》卷 5 记载："赵括自出锐卒搏战，秦人射杀之。赵师大败，卒四十万
人皆降，武安君曰，秦已拔上党，上党民不乐为秦而归赵，赵卒反复非尽杀之恐为乱，乃挟
诈而尽坑杀之。"又，《史记·白起王翦列传第十三》也有相同的记载。

战争前夜的俄国描述为"近乎食人人种"①。芳贺矢一将"食人时代的遗风"拿来比照日本国民性"温和宽恕"的"美德",也便是这方面明显的例证。不过也不能反过来走向另一极端,即认为"食人研究"都带有"种族偏见",从这个意义上讲,南方熊楠完成于 1903 年的研究就非常难能可贵,只是他的这篇没有偏见的论文被"种族偏见"给扼杀掉了②。

其次,在《国民性十论》中,芳贺矢一有意无意回避了那些已知的本国文献中"食人"的事例,即使涉及也是轻描淡写或一语带过,这在今天看来是显而易见的"例证不均衡论证",不过囿于论旨,也就难以避免。他在讲"士兵乘战捷而凌辱妇女,肆意掠夺之事,日本绝无仅有"时,当然不会想到后来日军在侵略战争中的情形。

第三,当"食人风习"成为"支那人国民性"的一部分时,所谓"支那"便自然会被赋予贬义。这一点鲁迅在后来也明确意识到,例如他在 1929 年便谈到了中国和日本在被向外介绍时的不对称:"在中国的外人,译经书,子书的是有的,但很少有认真地将现在的文化生活——无论高低,总还是文化生活——绍介给世界。有些学者,还要在载籍里竭力寻出食人风俗的证据来。这一层,日本比中国幸福得多了,他们常有外客将日本的好的东西宣扬出去,一面又将外国的好的东西,循循善诱地输运进来。"③鲁迅虽不赞成"有些学者""要在载籍里竭力寻出食人风俗的证据"的态度,却并不否认和拒绝载籍里存在的"食人"事实,甚至以此为起点致力于中国人人性的重建。

第四,在日本明治话语,尤其是涉及"国民性"的话语中,"支那"是一个很复杂的问题,并不是从一开始就像在后来侵华战争全面爆发后所

① 足立北鸥(荒人):『野蛮ナル露国』,東京集成堂,1904 年。参见第 268—271 页:"一七 食人種に近し"。

② 据松居龙五研究,1900 年 3 月至 6 月,旅居伦敦的南方熊楠完成《日本人太古食人说》,要发表时遭到伦敦大学事务总长迪金斯(Frederic Victor Dickins,1839—1915)的阻止,理由是内容对日本不利。(『南方熊楠英文論考(ネイチャー)誌篇』第 280—281 页)又,摩尔斯的调查成果虽获得达尔文的肯定,却受到了一些西方学者的反对,而迪金斯正是其中最具代表性的人物。请参阅「『大森貝塚』"関連資料"」(五)(六)(七)(八)。

③ 鲁迅:《集外集·〈奔流〉编校后记》,《鲁迅全集》第 7 卷,第 186 页。

看到的那样,仅仅是一个贬斥和"惩膺"的对象。事实上,在相当长的时间内,"支那"一直是日本"审时度势"的重要参照。例如《明六杂志》作为"国名和地名"使用"支那"一词的频率,比其他任何国名和地名出现得都要多,即使是当时作为主要学习对象国的英国和本国日本都无法与之相比[①]。这是因为"支那"作为"他者",还并不完全在"日本"之外,因此拿西洋各国来比照"支那"也就往往意味着比照自身,对"支那"的反省和批判也正意味着在很大程度上是对自身的反省和批判。这一点可以从西周的《百一新论》对儒教思想的批判中看到,也可以在中村正直(Nakamura Masanao,1832—1891)为"支那"辩护的《支那不可辱论》(1875)[②]中看到,更可以在福泽谕吉(Fukuzawa Yukichi,1835—1901)《劝学篇》(1872)、《文明论概略》(1877)中看到,从某种意义上来说,后来的所谓"脱亚"[③]也正是要将"支那"作为"他者"从自身当中剔除的文化上的结论。在芳贺矢一的《国民性十论》当中,"支那"所扮演的也正是这样一个无法从自身完全剔除的"他者"的角色,其作为日本以外"国民性"的参照意义,要明显大于贬损意义,至少还是在客观阐述日本从前在引进"支那"和"印度"文化后如何使这两种文化适合自己的需要。正是在这样一种"国民性"语境下,"食人"才作为一种事实进入鲁迅的视野。

六、周氏兄弟与《国民性十论》

芳贺矢一是知名学者,《朝日新闻》1892 年 7 月 12 日—1941 年 1 月 10 日与其相关的报道、介绍和广告等有 337 条;《读卖新闻》1898 年 12 月 3 日—1937 年 4 月 22 日相关数亦达 186 条。"文学博士芳贺矢一新著

---

① 参见高野繁男、日向敏彦监修、编集:「『明六杂志』语汇総索引」,大空社,1998 年。
② 「支那不可辱論」,『明六杂志』第 35 号,1875 年 4 月。
③ 语见 1885 年 3 月 16 日《时事新报》社说《脱亚论》,一般认为该社论出自福泽谕吉之手。事实上,"脱亚"作为一种思想早在此之前福泽谕吉就表述过,在《劝学篇》和《文明论概略》中都可清楚地看到,主要是指摆脱儒教思想的束缚。

《国民性十论》",作为"青年必读之书、国民必读之书"①,也是当年名副其实的畅销书,自1907年底初版到1911年,短短四年间就再版过8次②。报纸上的广告更是频繁出现,而且一直延续到很久以后③。甚至还有与该书出版相关的"趣闻轶事",比如《读卖新闻》就报道说,由于不修边幅的芳贺矢一先生做新西服"差钱",西服店老板就让他用《国民性十论》的稿费来抵偿④。

在这样的情形之下,《国民性十论》引起周氏兄弟的注意便是很正常的事。那么兄弟俩是谁先知道并且注意到芳贺矢一的呢?回答应该是鲁迅。其根据就是《国民性十论》出版引起社会反响并给芳贺矢一带来巨大名声时,鲁迅已经是在日本有五年半多留学经历的"老留学生"了,他对于与自己所关心的"国民性"相关的社会动态当然不会视之等闲,此其一;其二,通过北冈正子教授的研究可知,鲁迅离开仙台回到东京后不久就进了"独逸语专修学校",从1906年3月初到1909年8月回国,鲁迅一直是作为这所学校的学生度过了自己的后一半留学生活,一边学德语,一边从事他的"文艺运动",而在此期间在该校担任"国语"(即日本语文)教学的外聘兼课教师即是芳贺矢一⑤。从上述两点来推测,即便还不能马上断言鲁迅与芳贺矢一有着直接的接触,也不妨认为"芳贺矢一"应该是鲁迅身边一个不能无视的存在。不论从社会名声还是从著作进而是从课堂教学来讲,芳贺矢一都不可能不成为鲁迅关注的阅读对象。相比之下,1906年夏秋之间才跟随鲁迅到东京的周作人,留学时间短,又不大谙日语,在当时倒不一定对《国民性十论》有怎样的兴趣,而且即便有兴趣也未必读得了,他后来开始认真读这本书,有很大的可能是受了乃兄的推荐或建议。比如

① 《国民性十论》广告词,《东京朝日新闻》日刊,1907年12月22日。

② 本稿所依据底本为1911年9月15日发行第八版。

③ 《朝日新闻》延续到1935年1月3日;《读卖新闻》延续到1935年1月1日。

④ 「芳賀矢一博士の洋服代『国民性十論』原稿料から差し引く ユニークな店/東京」,『読売新聞』,1908年6月11日。

⑤ 参见北冈正子:『魯迅救亡の夢のゆくえ——悪魔派詩人論から「狂人日記」まで』「第一章『文芸運動』をたすけたドイツ語——独逸語専修学校での学習」,関西大学出版部,2006年3月20日。关于芳贺矢一任"国语"兼课教员,请参看该书第29页,注(30)。

说匆匆拉弟弟回国谋事，尤其预想还要讲"日本"，总要有些参考书才好，鲁迅应该比当时的周作人更具备判断《国民性十论》是一本合适的参考书的能力，他应该比周作人更清楚该书可做日本文学的入门指南。而从周作人后来的实践来看，其所体现的也正是这一思路。

不过，最早留下关于这本书的文字记录的却是周作人。据《周作人日记》，他购得《国民性十论》是1912年10月5日①。大约一年半后（1914年5月14日）有购入相关参考资料和"阅国民性十论"（同月17日）的记录②，而一年四个多月之后的1915年9月"廿二日"，亦有"晚，阅《国民性十论》"的记录③。而周作人与该书的关系，恐怕在其1918年3月26日的日记中最能体现出来："廿六日……得廿二日乔风寄日本文学史国民性十论各一本"④——前一年，即1917年，周作人因鲁迅的介绍进北京大学工作，同年4月1日由绍兴抵达北京，与鲁迅同住绍兴会馆补树书屋⑤——由此可知《日本文学史》和《国民性十论》这两本有关日本文学和国民性的书是跟着周作人走的。不仅如此，1918年4月19日，周作人在北京大学文科研究所小说研究会上做了可堪称为他的"日本研究小店"⑥挂牌开张的著名讲演，即《日本近三十年小说之发达》（4月17日写作，5月20日至6月1日在杂志上连载⑦），其中就有与《国民性十论》观点上的明确关联（后述）。与此同时，鲁迅也在周作人收到《国民性十论》的翌月，即1918年4月，开始动笔写《狂人日记》，并将其发表在5月出版发行的《新青年》4卷5号上，其在主题意象上出现接下来所要谈的与《国民性十论》的关联，都并非偶然。

---

① 鲁迅博物馆藏：《周作人日记（影印本）》（上），大象出版社，1996年，第418页。

② 鲁迅博物馆藏：《周作人日记（影印本）》（上），第501—502页。

③ 鲁迅博物馆藏：《周作人日记（影印本）》（上），第580页。

④ 鲁迅博物馆藏：《周作人日记（影印本）》（上），第740—741页。

⑤ 张菊香、张铁荣编著：《周作人年谱（1885—1967）》，天津人民出版社，2000年，121页。

⑥ 周作人：《〈过去的工作〉跋》（1945），钟叔河编《知堂序跋》，岳麓书社，1987年，176页。

⑦ 前出《周作人年谱（1885—1967）》，131页。

截至 1923 年他们兄弟失和以前的这一段，周氏兄弟所阅、所购、所藏之书均不妨视为他们潜在的“目睹书目”。兄弟之间共享一书，或谁看谁的书都很正常。《国民性十论》对周氏兄弟两个人的影响都很大。鲁迅曾经说过，“从小说来看民族性，也就是一个好题目”①。如果说这里的“小说”可以置换为“一般文学”的话，那么《国民性十论》所提供的便是一个近乎完美的范本。在这部书中，芳贺矢一充分发挥了他作为“国文学”学者的本领，也显示了作为“文献学”学者的功底，用以论证的例证材料多达数百条，主要取自日本神话传说、和歌、俳句、狂言、物语以及日语语言方面，再辅以《史记》、佛经、禅语、笔记等类，以此展开的是“由文化史的观点而展开来的前所未见的翔实的国民性论”②。这一点应该看作是对周氏兄弟的共同影响。

在周作人收藏的 1400 多种日本书③当中，芳贺矢一的《国民性十论》对他的“日本研究”来说，无疑非常重要。事实上，这本书是他关于日本文学史、文化史、民俗史乃至“国民性”的重要入门书之一，此后他对日本文学研究、论述和翻译也多有该书留下的“指南”痕迹。周作人在多篇文章中都援引或提到芳贺矢一，如《游日本杂感》（1919）、《日本的诗歌》（1921）、《关于〈狂言十番〉》（1926）、《〈狂言十番〉附记》（1926）、《日本管窥》（1935）、《元元唱和集》（1940）、《〈日本狂言选〉后记》（1955）等。而且也不断地购入芳贺矢一的书，如《新式辞典》［1922（购入年，下同）］、《国文学史十讲》（1923）、《日本趣味十种》（1925）、《谣曲五十番》（1926）、《狂言五十番》（1926）、《月雪花》（1933）、《芳贺矢一遗著》（富山房，1928 出版，购入年不详）④。总体而言，在由“文学”而“国民性”的大前提下，周作人所受影响主要在日本文学和文化的

---

① 鲁迅：《华盖集续编·马上支日记》，《鲁迅全集》第 3 卷，第 351 页。

② 南博：『日本人論——明治から今日まで』，第 46 页。

③ 参阅本书《鲁迅与日本书》。

④ 在《元元唱和集》（《中国文艺》3 卷 2 期，1940 年 10 月）中有言“据芳贺矢一《日本汉文学史》”。《日本汉文学史》非单行本，收入《芳贺矢一遗著》。

研究方面，包括通过"学术与艺文"①看取日本国民性的视角。这里不妨试举几例。

周作人自称他的"谈日本的事情"②始于1918年5月发表的《日本近三十年小说之发达》。该文在"五四"时期亦属名篇，核心观点是阐述日本文化和文学的"创造的模拟"或"模仿"，而这一观点不仅是基于对芳贺矢一所言"模仿这个词有语病。模仿当中没有精神存在，就好像猴子学人"（第三章"讲现实，重实际"）的理解，也是一种具体展开。

又如，从1925年开始翻译《〈古事记〉中的恋爱故事》③，到1926年《汉译〈古事记〉神代卷》④，再到1963年出版《古事记》全译本⑤，可以说《古事记》的翻译是在周作人生涯中持续近40年的大工程，但看重其作为"神话传说"的文学价值，而不看重其作为史书价值的观点却始终未变，虽然周作人在这中间又援引过很多日本学者的观点，但看重"神话"而不看重"历史"的基本观点，最早还是来自芳贺矢一："试观日本神话。我不称之为上代的历史，而不恤称之为神话。"（第一章"忠君爱国"）

再如，翻译日本狂言也是可与翻译《古事记》相匹敌的大工程，从1926年译《狂言十番》⑥到1955年译《日本狂言选》⑦，前后也经历了近30年，总共译出24篇，皆可谓日本狂言之代表作，由中可"见日本狂言之一斑"⑧。这24篇当中有15篇译自芳贺矢一的校本，占了大半：《狂言十番》译自后者校本《狂言二十番》（有6篇），《日本狂言选》译自后者校本《狂言五十番》（有9篇）。而周作人最早与芳贺矢一及其校本相遇，还是在

---

① 参见周作人：《亲日派》，1920年，钟叔河编《周作人文类编7·日本管窥》，湖南文艺出版社，1998年，第619—621页。《日本管窥之三》，1936年，《周作人文类编7·日本管窥》，第37—46页。

② 周作人：《〈过去的工作〉跋》，《知堂序跋》，第176页。

③ 载《语丝》第9期。

④ 载《语丝》第67期。

⑤ "日本安万侣著"，"周启明译"，人民文学出版社，1963年。

⑥ 周作人译：《狂言十番》，北新书局，1926年。

⑦ 周启明译：《日本狂言选》，人民文学出版社，1955年。

⑧ 周启明：《〈日本狂言选〉后记》，《周作人文类编7·日本管窥》，第365页。

东京为"学日本语"而寻找"教科书"的时代：

> 那时富山房书房出版的"袖珍名著文库"里，有一本芳贺
> 矢一编的《狂言二十番》，和宫崎三昧编的《落语选》，再加上
> 三教书院的"袖珍文库"里的《俳风柳樽》初二编共十二卷，这
> 四册小书讲价钱一总还不到一元日金，但作为我的教科书却已经
> 尽够了。①

作为文学"教科书"，芳贺矢一显然给周作人留下了比其他人更多的"启蒙"痕迹。这与芳贺矢一在当时的出版量以及文库本的廉价易求直接有关。日本国会图书馆现藏署名"芳贺矢一"出版物42种，由富山房出版的有24种，属富山房文库版的有7种。这些书与周作人的关系还有很大的探讨空间。而尤为重要的是，芳贺矢一把他对各种体裁的日本文学作品的校订和研究成果，以一种堪称"综合"的形式体现在了《国民性十论》当中。对周作人来说，这就构成了一个相对完整的"大纲"式教本——虽然"有了教本，这参考书却是不得了"②——为消化"教本"他没少花功夫。

此外，在周作人对日本诗歌的介绍当中，芳贺矢一留下的影响也十分明显。只要拿周作人在《日本的诗歌》《一茶的诗》《日本的小诗》《日本的讽刺诗》等篇中对日本诗歌特点、体裁及发展流变的叙述与本书的内容对照比较，便可一目了然。

当然，对《国民性十论》的观点，周作人也并非全盘接受，至少就关于日本"国民性"的意义而言，周作人所作取舍十分明显。总体来看，周作人对书中阐述的"忠君爱国"和"武士道"这两条颇不以为然（《游日本杂感》《日本的人情美》《日本管窥》）。虽然周作人认为确认"万世一系"这一事实本身对于了解日本的"重要性"，而且像芳贺矢一那样介绍过臣民中很少有人"觊觎皇位"的例子（《日本管窥》），而且在把

---

① 周作人著，止庵校订：《知堂回想录·八七 学日本语续》，河北教育出版社，2002年，第274页。

② 周作人著，止庵校订：《知堂回想录·八七 学日本语续》，第274页。

对日本文化的解释由"学术与艺文"扩大到"武士文化"时,也像芳贺矢一一样举了武士对待战死的武士头颅的例子,以示"武士之情"(《日本管窥之三》),但对这两点,他都有前提限制。关于前者,认为"忠孝"非日本所固有,关于后者,意在强调"武士之情"当中的"忠恕"成分。而他对《国民性十论》的评价是"除几篇颂扬武士道精神的以外,所说几种国民性的优点,如爱草木喜自然,淡泊潇洒,纤丽纤巧等,都很确当。这是国民性的背景,是秀丽的山水景色,种种优美的艺术制作,便是国民性的表现。我想所谓东方文明的里面,只这美术是永久的永久的荣光,印度中国日本无不如此"[①]。

还应该指出的是,越到后来,周作人也就越感到日本带给他的问题,而芳贺矢一自然也包括在其中。例如,1935年周作人指出:"日本在他的西邻有个支那是他的大大方便的事,在本国文化里发现一点不惬意的分子都可以推给支那,便是研究民俗学的学者如佐藤隆三在他新著《狸考》中也说日本童话《滴沰山》(かちかち山 Kachikachi yama)里狸与兔的行为残酷非日本民族所有,必定是从支那传来的。这种说法我是不想学,也并不想辩驳,虽然这些资料并不是没有。"[②]其实这个例子周作人早就知道,因为芳贺矢一在《国民性十论》第十章"温和宽恕"里讲过,"这恐怕不是日本固有的神话",而是"和支那一带的传说交织转化而来的",由此可知,"这种说法"周作人一开始就是"不想学"的。

到了写《日本管窥之四》的1937年,年轻时由芳贺矢一所获得通过文艺或文化来观察日本"国民性"的想法已经彻底发生动摇,现实中的日本令周作人对这种方法的有效性产生怀疑,"我们平时喜谈日本文化,虽然懂得少数贤哲的精神所寄,但于了解整个国民上我可以说没有多大用

---

① 周作人:《游日本杂感》,《新青年》第6卷第6号,1919年11月;《周作人文类编7·日本管窥》,第7页。

② 知堂:《日本管窥》,《国文周报》第12卷第18期,1935年5月;《周作人文类编7·日本管窥》,第26页。

处","日本国民性终于是谜似的不可懂"①。这意味着他的"日本研究小店的关门卸招牌"②。——就周作人对日本文化的观察而言，或许正可谓自"芳贺矢一"始，至"芳贺矢一"终吧。

总体而言，在由"文学"而"国民性"的大前提下，周作人所受影响主要在日本文学和文化的研究方面，相比之下，鲁迅则主要在"国民性"方面。具体而言，鲁迅由芳贺矢一对日本国民性的阐释而关注中国的国民性，尤其是对中国历史上"吃人"记载的注意。

在鲁迅文本中没有留下有关芳贺矢一的记载，这一点与周作人那里的"细账"完全不同。不过，不提不记不等于没读没受影响。在鲁迅的译文当中，"芳贺矢一"是存在的。例如，被鲁迅称赞为"对于他的本国的缺点的猛烈的攻击法，真是一个霹雳手"③的厨川白村（Kuriyakawa Hakuson，1880—1923）就在《出了象牙之塔》一书中大段介绍了芳贺矢一和《国民性十论》，鲁迅翻译了该书④，其相关段落译文如下：

> 但是，概括地说起来，则无论怎么说，日本人的内生活的热总不足。这也许并非一朝一夕之故罢。以和歌俳句为中心，以简单的故事为主要作品的日本文学，不就是这事的证明么？我尝读东京大学的芳贺教授之所说，以乐天洒脱，淡泊潇洒，纤丽巧致等，为我国的国民性，辄以为诚然。（芳贺教授著《国民性十论》——七至一百八十二页参照。）过去和现在的日本人，却有这样的特性。从这样的日本人里面，即使现在怎么嚷，是不会忽然生出托尔斯泰和尼采和易卜生来的。而况莎士比亚和但丁和弥

---

① 原载《国文周报》第 14 卷第 25 期，1937 年 6 月，署名知堂，《周作人文类编 7·日本管窥》，第 56 页。

② 周作人：《〈过去的工作〉跋》，《知堂序跋》，第 176 页。

③ 鲁迅：《译文序跋集：〈观照享乐的生活〉译者附记》，《鲁迅全集》第 10 卷，第 277 页。

④ 《出了象牙之塔》，原题"象牙の塔を出て"，永福书店，1920 年，系厨川白村的文艺评论集，鲁迅在 1924—1925 年之交译成中文，并将其中大部分陆续发表于《京报副刊》《民众文艺周刊》等期刊上。1925 年 12 月由北京未名社出版单行本，列为"未名丛刊"之一。

尔敦，那里会有呢。[①]

再加前面提到的鲁迅在"独逸语专修学校"读书时，芳贺矢一也在该校教"国语"那层关系，即使退一万步，也很难如某些论者那样，断言鲁迅与芳贺矢一"没有任何关系"[②]。事实上，在"鲁迅目睹书"当中，他少提甚至不提却又受到很深影响的例子的确不在少数。芳贺矢一的《国民性十论》也属于这种情况。

《狂人日记》发表后，鲁迅在 1918 年 8 月 20 日致许寿裳的信中说："偶阅《通鉴》，乃悟中国人尚是食人民族，因成此篇。此种发见，关系亦甚大，而知者尚寥寥也。"这就是说，虽然史书上多有"食人"事实的记载，但在《狂人日记》发表的当时，还很少有人意识到那些事实，也更少有人由此而意识到"中国人尚是食人民族"；鲁迅是"知者尚寥寥"当中的"知者"，他告诉许寿裳自己是"偶阅《通鉴》"而"乃悟"的。按照这一说法，《资治通鉴》对于"食人"的记载便构成了《狂人日记》"吃人"意象生成的"激活"契机，对作品的主题萌发有着关键性影响。

鲁迅读的到底是哪一种版本的《资治通鉴》，待考。目前可以确认在鲁迅同时代或者稍早，在中国和日本刊行有数种不同版本的《资治通鉴》。不过，在鲁迅藏书目录中未见《资治通鉴》[③]。《鲁迅全集》中提到的《资治通鉴》，都是作为书名，而并没涉及其中任何一个具体的"食人"记载，因此，单凭鲁迅文本，目前还并不能了解到究竟是"偶阅"到的哪些"食人"事实令他"乃悟"。顺附一句，鲁迅日记中倒是有借阅（1914 年 8 月 29 日、9 月 12 日）和购买（1926 年 11 月 10 日）《资治通鉴考异》的记载，鲁迅也的确收藏有这套 30 卷本[④]，从《中国小说史略》和《古籍序跋集》

---

① 厨川白村著，鲁迅译：《出了象牙之塔》，王世家、止庵编《鲁迅著译编年全集》卷 6，人民出版社，2009 年，第 86 页。

② 参见本论附录所列相关评论和论文。

③ 参阅北京鲁迅博物馆编：《鲁迅手迹和藏书目录》（内部资料），1957 年；中岛长文：《鲁迅目睹书目——日本书之部》，宇治市木幡御藏山，私版，1986 年。

④ 《鲁迅手迹和藏书目录》："资治通鉴考异 三十卷 宋司马光著 上海商务印书馆影印明嘉靖刊本 六册 四部丛刊初编史部 第一册有'鲁迅'印。"

可知是被用作了其中的材料，然而却与"食人"的事实本身并无关联。

因此，在不排除鲁迅直接"偶阅"《资治通鉴》文本这一可能性的前提下，是否还可以做这样的推断，即鲁迅当时"偶阅"到的更有可能是《国民性十论》所提到的 4 个例子而并非《资治通鉴》本身，或者还不妨进一步说，由《国民性十论》当中的《资治通鉴》而过渡到阅读《资治通鉴》原本也并非没有可能，但正如上面所说，在鲁迅文本中还找不到他实际阅读《资治通鉴》的证据。

另外，芳贺矢一援引 8 个例子的另一文献、陶宗仪（1321—1412）的《辍耕录》，在鲁迅文本中也有两次被提到①，只不过都是作为文学史料，而不是作为"食人"史料引用的。除了"从日本堀口大学的《腓立普短篇集》里"翻译过查理路易·腓立普（Charles-Louis Philippe，1874—1909）《食人人种的话》②和作为神魔小说资料的文学作品"食人"例子外，鲁迅在文章中只举过一个具体的历史上"吃人"的例子，那就是在《"抄靶子"》当中所提到的"两脚羊"："黄巢造反，以人为粮，但若说他吃人，是不对的，他所吃的物事，叫做'两脚羊'。"《鲁迅全集》注释对此作出订正，说这不是黄巢事迹，并指出材源："鲁迅引用此语，当出自南宋庄季裕《鸡肋编》。"③这一订正和指出原始材源都是正确的，但有一点需要补充，那就是元末明初的陶宗仪在《辍耕录》中照抄了《鸡肋编》中的这个例子，这让芳贺矢一也在读《辍耕录》时看到并且引用到书中。私以为，鲁迅关于"两脚羊"的模糊记忆，不一定直接来自《鸡肋编》或《辍耕录》，而更有可能是芳贺矢一的这一文本给他留下的。

① 鲁迅：《中国小说史略·第十六篇　明之神魔小说（上）》，《鲁迅全集》第 9 卷，第 163 页。《古籍序跋集·〈唐宋传奇集〉稗边小缀》，《鲁迅全集》第 10 卷，第 108 页。
② 鲁迅：《译文序跋集·〈食人人种的话〉译者附记》，《鲁迅全集》第 10 卷，第 506 页。
③ 《鲁迅全集》第 5 卷，第 215—216 页。

七、"吃人"：从事实到作品提炼

《狂人日记》中的"吃人"，是个发展变化着的意象，先是由现实世界的"吃人"升华到精神世界的"吃人"，再由精神世界的"吃人"反观现实世界的"吃人"，然后是现实与精神的相互交汇融合，过去与现在的上下贯通，从而构成了一个横断物思两界、纵贯古今的"吃人"大世界。主人公的"吃人"与"被吃"，而自己也跟着"吃"的"大恐惧"就发生在这个世界里。或者说，是主人公的"狂"将这个恐怖的"吃人"世界透析给读者，振聋发聩。这是作者和作品的成功所在。

文学作品创作是一个非常复杂的过程，也是任何解析都无法圆满回答的课题。研究者所能提供的首先应是切近创作过程的那些基本事实，然后才是在此基础上的推导、分析和判断。就《狂人日记》的生成机制而言，至少有两个基本要素是不可或缺的。一个是实际发生的"吃人"事实本身，另一个是作品所要采用的形式。

正像在本论中所看到的那样，截至鲁迅发表小说《狂人日记》为止，中国近代并无关于"吃人"的研究史，吴虞在读了《狂人日记》后才开始做他那著名的"吃人"考证，也只列出 8 例[①]。如上所述，"食人"这一话题和研究是在明治维新以后的日本展开的。西方传教士在世界各地发回的关于 cannibalism 的报告，进化论、生物学、考古学和人类学以及近代科学哲学的导入，引起了对"食人族"和"食人风俗"的关注，在这一阶段，"支那"作为被广泛搜集的世界各国各人种的事例之一而登场，提供的是文明发达人种的"食人"实例。由于文献史籍的丰富，接下来"支那"被逐渐单列，由"食人风习"中的"支那"变为"支那人之食人风习"，而再到后来，"支那人之食人风习"便被解释为"支那人国民性"的一部分了。当然，这是属于日本近代思想史当中的问题。从中国方面看，鲁迅恰与日本思想史当中的这一言说及其过程相承接，并由其中获取两点启示，

[①]　参见《吃人与礼教》，《新青年》第 6 卷第 6 号，1919 年 11 月 1 日。

一是获得对历史上"食人"事实的确认,或者说至少获得了一条可以想到(即所谓"乃悟")去确认的途径,另外一点就是将"中国人尚是食人民族"的发现纳入"改造国民性"的思考框架当中。

此外,现实中实际发生的"吃人"事实当然也是作品意象生成的不可或缺的要素。徐锡麟(1873—1907)和秋瑾(1875—1907)都是鲁迅身边的例子,前者被真名实姓写进《狂人日记》,后者改作"夏瑜"入《药》。由"易牙蒸了他儿子,给桀纣吃……一直吃到徐锡林",再"从徐锡林"到"用馒头蘸血舐",《狂人日记》的"四千年吃人史"便是在这样的历史和现实的"吃人"事实的基础上构建的。

另外一个生成机制的要素是作品形式。正如本文开头所说,鲁迅通过日译本果戈理《狂人日记》获得了一种现成的表达形式。

> "今日は余程変な事があった(今天的事儿很奇怪)。""阿母さん、お前の倅は憂き目を見てゐる、助けて下され、助けて!……阿母さん、病身の児を可哀そうだと思ってくだされ!"
> (娘,你儿子正惨遭不幸,请救救你的儿子吧,救救我!……娘,请可怜可怜你生病的儿子吧![①])

当鲁迅写下《狂人日记》正文第一行"今天晚上,很好的月光"和最后一句"救救孩子"时,心中浮现的恐怕是二叶亭四迷带给他的果戈理的这些句子吧。

在同时期的留学生当中,注意到明治日本"食人"言说和翻阅过《狂人日记》二叶亭四迷译本的人恐怕不止周树人一个,但碰巧的是这个留学生注意到并且记住了,正所谓"心有灵犀",此后经过数年的反刍和酝酿,便有了《狂人日记》,中国也因此而诞生了一个叫做"鲁迅"的作家。这里要强调的是,《狂人日记》之诞生,还不仅仅是"知识"乃至认识层面的问题,在与鲁迅同时代的日本人中,稔熟明治以来"食人"研究史以及"支那食人风习"者不乏其人,如前面介绍过的桑原骘藏,而在此"知识"

---

① 这两句为二叶亭四迷译果戈理《狂人日记》的首句和尾句。

基础上获得"在我们这个社会，虽然没有物质上的吃人者，却有很多精神上的吃人者"这一认识到达点的也不乏其人[①]，却并没有相关的作品诞生，只是由于周树人对中国历史也发生同样的"乃悟"，才注定要以高度提炼的作品形态表现出来。说到底这是作家的个性气质使然，多不可解，然而仅仅是在关于《狂人日记》这篇作品的"知识"层面上，已大抵可以领略到"周树人"成长为"鲁迅"的路径，或许可视为"近代"在"鲁迅"这一个体身上发生重构的例证也未可知。

不过论至这一步，有一点似乎可以明确了，即《狂人日记》从主题到形式都诞生于借鉴与模仿——而这也正是中国文学直到现今仍然绕不开的一条路。

2011 年 10 月 30 日于大阪千里

附　录

原载编后记：

鲁迅逝世后，他的作品从未受到冷落，"文化大革命"期间，他的文集和"战斗精神"更受欢迎。现在的鲁迅研究已经与当时的鲁迅崇拜大有差别。李冬木的文章指出，《狂人日记》以"吃人"象征中国漫长的历史，却与日本明治时代流行的"食人"话语有关。作为"脱亚入欧"文化改造的一部分，这套话语参与了"他者"的建构与日本新我的界定。纪念鲁迅先生诞生一百三十周年，就是要有这样的研究力作。

——《文学评论·编后记》2012 年第 1 期

部分相关评论及论文：

1. 李有智：《日本鲁迅研究的歧路》，载《中华读书报》，2012 年 6 月 20 日 03 版。

---

① 宫武外骨：「人肉の味」，『奇想凡想』，東京文武堂，1920 年，第 23—26 页。

2. 李冬木：《歧路与正途——答〈日本鲁迅研究的歧路〉及其他》，载《中华读书报》，2012 年 9 月 12 日 03 版。

3. 王彬彬：《鲁迅研究中的实证问题——以李冬木论〈狂人日记〉文章为例》，载《中国现代文学研究丛刊》，2013 年第 4 期。

4. 祁晓明：《〈狂人日记〉"吃人"意象生成的知识背景》，载《文学评论》，2013 年第 4 期。

5. 崔云伟、刘增人：《2012 年鲁迅研究述评》，载《中国海洋大学学报（社会科学版）》，2013 年第 4 期。

6. 崔云伟、刘增人：《2012 年鲁迅作品研究中的几个亮点》，载《泰山学院学报》，2013 年第 5 期。

7. 崔云伟、刘增人：《2013 年鲁迅思想研究热点透视》，载《山东师范大学学报（人文社会科学版）》，2014 年第 3 期。

8. 崔云伟：《2012—2013 年鲁迅研究中的几个争鸣》，载《中国文学研究》，2014 年第 4 期。

9. 周南：《〈狂人日记〉"吃人"意象生成及相关问题》，载《东岳论丛》，2014 年第 35 卷第 8 期。

10. 朱军：《"吃人"叙事与中国文学现代性的开端：从〈人肉楼〉到〈狂人日记〉》，载《中国现代文学研究丛刊》，2015 年第 10 期。

11. 崔云伟、刘增人：《2014 年鲁迅研究中的热点和亮点》，载《绍兴鲁迅研究》2015 年。

12. 张明：《〈狂人日记〉"吃人"主题的阐释与还原》，载《中国文化论衡》，2016 年第 2 期。

13. 张志彪：《〈狂人日记〉"吃人"意象生成再探》，载《鲁迅研究月刊》，2016 年第 3 期。

14. 孙海军：《鲁迅早期思想与日本流行语境研究述评》，载《临沂大学学报》，第 38 卷第 4 期。

15. 孙海军：《鲁迅早期思想与日本流行语境研究述评——鲁迅早期思想研究的历史反思之一》，载《海南师范大学学报（社会科学版）》，

2016 年第 29 卷第 9 期。

16. 贾振勇：《鲁迅与民国，问题与原点——兼论中国现代文学研究的再生产能力》，载《中山大学学报（社会科学版）》，2017 年第 57 卷第 1 期。

17. 沈杏培：《中国现当代文学研究中的"强行关联法"指谬》，载《文艺研究》，2018 年第 4 期。

18. 李冬木：《狂人之诞生——明治时代的"狂人"言说与鲁迅的〈狂人日记〉》，载《文学评论》，2018 年第 5 期。

19. 汪卫东：《〈狂人日记〉影响材源新考》，载《文学评论》，2018 年第 5 期。

20. 张钊贻：《〈狂人日记〉寓意的历史意义及其历史的超越性》，载《文艺争鸣》，2018 年第 7 期。

21. 汪卫东、何欣潼：《鲁迅〈狂人日记〉与莫泊桑〈奥尔拉〉》，载《鲁迅研究月刊》，2018 年第 9 期。

22. 曹振华：《中日国民性话题史上的〈国民性十论〉》，载《东岳论丛》，2018 年第 39 卷第 10 期。

23. 于桂玲：《明治文学研究述评》，载《哈尔滨学院学报》，2018 年第 39 卷第 12 期。

24. 藤井省三：《浅谈日本中国现代文学的"实证研究"与"比较研究"——与沈杏培博士商榷》，载《文艺研究》，2018 年第 12 期。

25. 付建舟：《进化论传播脉络与近代中国的"食人"言说》，载《学术月刊》，2019 年第 51 卷第 3 期。

26. 坂井健作，张宇飞译：《关于李冬木译、芳贺矢一著的〈国民性十论〉》，载《济南大学学报（社会科学版）》，2020 年第 30 卷第 5 期。

27. 朱幸纯：《周树人何以成长为鲁迅——评李冬木〈鲁迅精神史探源〉》，载《鲁迅研究月刊》，2020 年第 10 期。

28. 张钊贻：《〈狂人日记〉中的"吃人"与中国文化及"国民性"——兼论"吃人"是否中国风俗》，载《海南师范大学学报（社会科学版）》，

2021 年第 34 卷第 1 期。

29. 张丛皞：《为鲁迅研究打开一扇新的窗——李冬木的鲁迅精神史研究及其影响》，载《现代中文学刊》，2021 年第 4 期。

狂人之诞生——明治时代的"狂人"言说与鲁迅的《狂人日记》

前言：寻找"狂人"诞生的足迹

在距今100年的1918年，《新青年》杂志4卷5号上发表了署名"鲁迅"的短篇小说《狂人日记》，中国现代文学有了第一篇作品并且有了一个标志性的人物——狂人，也从此诞生了一个叫做鲁迅的作家。这些都是文学史旧事，耳熟能详。那么，《狂人日记》对于"今天"有怎样的意义呢？这是百年"狂人学史"所一直探究的问题，并且今后还将继续探究下去。本论愿意在百年这个时间的通过点上，提交一份"今天"的观察，以就教于各方。

这里要提出的问题是，鲁迅《狂人日记》里的"狂人"是如何诞生的？这个"狂人"是否有他的"前世"？这实际上也是对"狂人"是从哪里来的一个追问。诚如史家所言，"狂人这个奇特、怪异的文学形象诞生了，震撼了整个中国精神界，也成为五四文化革命的第一声春雷"[1]。可以说，自那以来，"狂人"诞生之后的"今世"在是一部阅读史的同时，也是一部震荡史，其给中国精神界带来的巨大波纹，至今仍丝毫没有减弱的迹象。本论即是在此前提下提出上述问题。

就作品构成而言，《狂人日记》有着两个核心要素，一个是"吃人"的意象，另一个是"狂人"形象，是"狂人"在告发"吃人"。既然现在

---

① 张梦阳：《中国鲁迅学通史》（下卷一），广东教育出版社，2005年，第270页。

已经知道在"吃人"这个主题意象生成之前，有着很长一段的"食人"言说史为其铺路，那么是否可以设想，"狂人"之诞生会不会也同样存在着一个关于"狂人"的言说背景？先行者们的出色研究早已注意并且揭示了周树人的留学时代与《狂人日记》的内在关联。如伊藤虎丸、北冈正子、中岛长文和刘柏青等学者所做的开创性贡献，不仅提示了"周树人"何以到"鲁迅"的问题构架，也为这一框架呈现了一个跨越国境的更为广阔的近代思想文化背景。本论将在此基础上，通过"狂人"言说的整理，进一步考察周树人周边的"狂人"现象与他本人及其作品的关联，以填补"狂人"形象生成机制探讨中的一项空白，即把"狂人"本身作为作品人物的精神史的一个背景。

以下，本论将通过语汇、社会媒体、"尼采"和"无政府主义"话语、文学创作以及时代精神特征等几个侧面，揭示这一背景的存在，并且尝试在这一背景当中寻找"狂人"诞生的足迹。

一、涉"狂"语汇与"狂人"言说

首先，"狂人"言说是否存在？这是一个前提。回答当然是肯定的。

笔者在翻阅与周树人及其周边相关的明治文献时，会经常目睹涉"狂"词语，诸如"狂""狂气""狂人""狂者""发狂""狂奔"……之类，开始并没怎么注意，后来逐渐发现，这些词语的使用都有其特定的范畴和文脉，关涉着表达特定人物、事件、事物、思想乃至文学创作，从而构成特定语境中的一种言说。可以说，"狂人"言说，是一种客观存在，只是过去没有被发现和整理而已。

从词语角度看，"狂"系汉语古字古词。甲骨文中即有"狂"字（甲六一五），《说文》："狂，狾犬也。"即"狂"意为疯狗，后转及至人，指精神失常、发疯、痴呆等并衍生出傲慢、轻狂、放荡、纵情、气势猛烈、

急促等语义 ①。《康熙字典》② 和《辞源》③ 等所列举的诸如《尚书》《左传》《论语》《诗经》《楚辞》等当中的词语用例虽未必是最早，但已相当古老。即使从李白的著名诗句"我本楚狂人，凤歌笑孔丘"④ 算起，那么距今也有 1250 多年。作为词根，"狂"字具有强大的造词功能，衍生出大量的涉"狂"词汇。仅以"狂"字开头的词语为例，诸桥辙次著《大汉和辞典》收词 160 个，《汉语大词典》收词 240 个 ⑤，虽然这意味汉语当中有着更为丰富的涉"狂"词汇量，但同时也不难看出，中日之间共享着大量的"狂"字词语。"狂人"言说便构建在这些词语之上。

截至明治时代，日语里的涉"狂"汉字词语，基本来自中国。诸如"狂人""狂士""狂者""狂子""狂生""狂父"等词都不被看作"和制汉语"⑥。但这并不意味着日语当中既有的涉"狂"词语没有参与明治时代规模空前的"和制汉语"造词活动。如疯癫病院（瘋癲病院　フウテンビョウイン）、偏执狂（偏執狂　ヘンシュウキョウ）⑦ 等便都是这类词语。井上哲次郎（Inoue Tetsujiro，1855—1944）等人所编《哲学字汇》，是日本近代史上的第一部哲学辞典，在明治年间出版发行过三版，是考察明治思想文化的重要文献。其 1881 年初版收带"狂"字的汉字词语只有 5 个 ⑧，到了 1911 年第 3 版，带"狂"字的词语，已经增加到 64 个并涉及各种"狂"，诸

① 参照汉语大字典编辑委员会编纂：《汉语大字典》（第二版），四川辞书出版社，2010 年，第 3 卷，第 1431—1432 页。

② 参照渡部温标注订正：『康熙字典』，講談社，1977 年，復刻版，第 1605 页。

③ 参照商务印书馆编辑部编：《辞源（合订本）》，商务印书馆，1988 年，第 1080—1081 页。

④ 李白：《庐山谣寄卢侍御虚舟》，乾元三年（760）作，《辞海》亦收此句作为用例。

⑤ 统计使用版本：汉语大词典编辑委员会汉语大词典编纂处编纂：《汉语大词典》，汉语大词典出版社，1990 年，第 5 卷，第 12—25 页。

⑥ "和制汉语"通常指来自中国本土的、日本所造汉字词汇。佐藤武義编：『和製漢語』（遠藤好英、加藤正信、佐藤武義、飛田良文、前田富祺、村上雅孝编：『漢字百科大事典』，明治書院，1996 年）未收这些词语。

⑦ 遠藤好英等：『漢字百科大事典』，第 983、984 页。

⑧ 统计使用版本：飛田良文编：「哲学字彙訳語総索引」，『笠間索引叢刊』72，有限会社笠間書院，1979 年。

如"爱国狂""珍书狂""魔鬼狂"等等，如果再加上语义相关的诸如"妄想""夸大妄想""虚无妄想""被害妄想""健忘"等表达精神状态的词语，则有近百是新增词汇[①]。——顺附一句，新增汉字词汇并非全部新创，沿用古词的情形也很多，例如"Rudeness"一词就全是使用古语来对译："疏暴""疏狂""鄙野""固陋""犷狞""鲁莽""狷犷""麆鹿"[②]。

和其他近代新词语一样，涉"狂"语汇如此大幅度增加，不仅在一般意义上体现着明治日本导入西方思想文化的速度之快和范围之广，同时也意味着对"狂"这种精神现象认识的日益深化、专业化和词语使用范围的广泛化。到明治三十年代结束的时候，在日语系统中已经基本具备了把"狂"作为一种精神现象加以认识和讨论的语汇基础。这里至少有两层含义。一是大量新词语（还不仅仅囿于使用"狂"字的词语）的创造和广泛应用，使本文所要讨论的"狂人"言说成为可能；二是"狂人"言说同时具备着不同于以往的近代性。

然而，还有一点应该指出，上述《哲学字汇》所涉领域并不包括"医学"。如果把一个学医的学生所必然会接触到的作为医学术语的涉"狂"的词语考虑在内，那么就意味着作为一个个体，他拥有着介入"狂人"言说的更多的语汇量和可能性乃至判断力。

鲁迅后来谈到《狂人日记》时所说的"大约所仰仗的全在先前看过的百来篇外国作品和一点医学上的知识"[③]这句话里的"一点医学知识"，便应该是在以上所述的语汇范围内获得的，其中当然也包括当时学医的学生所必修的德语及其和日语词语的对译。这一点只要浏览一下当年由藤野

---

① 统计使用版本：井上哲次郎、元良勇次郎、中岛力造共著：『英独佛和哲学字彙』，丸善株式会社，1912年。

② 统计使用版本：井上哲次郎、元良勇次郎、中岛力造共著：『英独佛和哲学字彙』，丸善株式会社，1912年，第134页。

③ 鲁迅：《南腔北调集·我怎么做起小说来》，《鲁迅全集》第4卷，第526页。

先生修改过的医学笔记①当中的词语用例便不难推测。因此，从涉及"狂人"言说的层面讲，周树人与明治时代拥有共同的语汇。

二、见于社会生活层面的"狂人"言说

就一般社会生活层面而言，有关"狂人"语汇和话语又是怎样一种情形呢？

如上所述，大量"狂""癫"范畴的汉语词汇早就进入日本，并融为日语词语，出现在日本的各种典籍和作品当中。例如"狂人走れば不狂人も走る"便是句著名谚语，意思是"一马狂奔，万马狂跟"，直译是倘有一个疯子在前面跑，不疯的人也会跟在后面，比喻人总是追随他人之后，附和雷同。该谚语早见于文集《沙石集》（1283）、谣曲《关寺小町》（1429年前后）和俳谐《毛吹草》（1638）中②。到了江户时代的国学者本居宣长（Motoori Nobunaga，1730—1801）那里，则更以"狂人"做书名：《钳狂人》（1785）③。这本驳难之作，后来成为日本国学史上的重要文献。千百年间，日语如何吸收消化汉语当中的涉"狂"语汇，因年代久远和卷帙浩繁而不可考，不过从1879年到1907年明治政府编纂了一套多达千卷的百科全书，对日本历史上积累下来的各种知识加以全面的统合整理，故取书名《古事类苑》，其中就有"癫狂"事项：

---

① 关于这个问题，请参阅以下文献：「魯迅解剖学ノート」，鲁迅・東北大学留学百周年史编集委员会编『魯迅と仙台 東北大学留学百周年』，東北大学出版会，2004年，第90—113页；坂井建雄：「明治後期の解剖学教育——魯迅と藤野先生の周辺」，日本解剖学会『解剖学雑誌』第82卷第1号，2007年，第21—31页；阿部兼也：「魯迅の解剖学ノートに対する藤野教授の添削について」，東洋大学中国学会编『白山中国学』第12号，2006年3月，第17—27页；解泽春编译：《鲁迅与藤野先生》，中国华侨出版社，2008年版。
② 参见日本国語大辞典第二版编集委员会、小学館国語辞典编集部编：『日本国語大辞典』第2版，小学館，2000—2002年，第4卷，第452页。
③ 笔者所见为1819年版，日本国立国会图书馆 http://dl.ndl.go.jp/titleThumb/info:ndljp/pid/2541616。

狂人之诞生——明治时代的"狂人"言说与鲁迅的《狂人日记》

〔倭名类聚抄 三病〕癫狂 唐令云，癫狂酗酒，皆不得居侍
卫之官。本朝令义解云，癫发时，卧地吐涎沫无所觉，狂或自欲
走，或高称圣贤也。①

接下来便是"癫"字怎么来，"狂"又作何解的历史和典籍的考察。
总之，这两个字不论单独用还是连用，皆"云病也"；又特注明"癫狂"
与"狂人同"②。同时还汇集了大量症状表现以及诸如《沙石集》《源氏
物语》等历代典籍和作品中的狂人事迹，并附有《痫病总论》③，可谓"狂"
事大全。总之，到编纂这部书的时候为止，日语是把"狂""癫""痫"
等归类为精神疾病的。这是明治时代"狂人"言说的基本认知前提。

近代媒体的出现与发展，使"狂人"言说作为一种近代话题首先在社
会传播层面上获得确立。仅以《读卖新闻》和《朝日新闻》这两份大报为例。
1874 年 11 月 2 日创刊的《读卖新闻》，截止到 1919 年底，关于"狂人"
的报道超 100 例④。1879 年 1 月 25 日创刊的《朝日新闻》，截止到 1919
年 7 月 16 日朝刊第五版"狂人从巢鸭医院逃走"⑤的报道，与"狂人"相
关的报道多达 540 例。再进一步看报道数的增加趋势。仅以《朝日新闻》
为例，明治十二年到三十年（1879—1897）的 18 年间⑥报道数为 140 例，
明治三十年代（1898—1907）猛增到 208 例，几乎是前 18 年的 1.5 倍，
明治四十年代在仅有的四年半里报道数为 144 例。如果把此后到 1919 年
底进入大正时代（1912—1925）的七年半期间仅有 48 例报道数的情况考
虑进来，那么可以很明确地获得一个结论："狂人"通过报纸等媒体成为

---

① 『古事類苑·方技部十八　疾病四』，洋卷，第 1 卷，第 1472 页。

② 『古事類苑·伊呂波字類抄』，洋卷，第 1 卷，第 1473 页。

③ 『古事類苑·伊呂波字類抄』，洋卷，第 1 卷，第 1475 页。以上所介绍的内容，
参见该书第 1472—1479 页。

④ 参见 1919 年 12 月 19 日朝刊第三版「独帝を精神障害者扱」，这是第 104 例关于
狂人的记事。『読売新聞』データベース：ヨミダス歴史館。

⑤ 标题为「物騒なる狂人逃走　昨夜巣鴨病院より　非常の暴れ者市中の大警戒」，
『朝日新聞記事データベース：聞蔵Ⅱ』。

⑥ 统计范围：1879 年 3 月 6 日—1897 年 12 月 31 日。

社会层面的话题，主要集中在明治三十年代到四十年代的 15 年间（《读卖新闻》也呈同样的趋势）。这个调查结论，从公众话语层面为笔者先前的一个基本推测提供了佐证，即"狂人"作为一种言说，大抵形成于明治三十年代前期，膨胀于明治三十年代后期乃至整个明治四十年代。比照中国的历史阶段和事件，刚好是从戊戌变法到辛亥革命的十几年间，涵盖了 20 世纪的最初 10 年。周树人在日本留学的七年半（1902—1909）也处在这一时间段内。

那么，媒体层面出现的"狂人"是怎样一种存在呢？如果把报道的内容加以分类，就会发现，这些报道绝大多数都是关于狂人行为、事件的，也就是说，媒体上的"狂人"，在人格上大抵是精神病患者，即俗语所说的疯子。他们是伤人、杀人、放火、偷盗、逃跑、横死和胡言乱语乃至各种奇怪行为的主角，同时也是医学、医疗的话语对象，他们的身影不仅出现在癫狂院、医院和监狱，也经常出现在总理大臣官邸、侯门爵府、文部省和警察署等，是"大闹"各种"重地"的主角，而伴随他们登场最多的是警察，却又往往束手无策，甚至受到伤害。也就是说，一般公众言说中的"狂人"与《古事类苑》中"狂人"所扮演的诸如"幼者狂人放火"①"癫狂者犯罪"②"狂人犯罪"③"狂疾愚昧者犯罪"④之类的角色没有太大的区别，同属"疯子"之列。而与此前不同的是，"狂人"的存在普遍化，其作为问题，开始成为一般社会的关注点，并由此形成一种进入公共话语空间的言说。

"狂人"在书籍中的出现，虽然在节奏上比报纸要晚一两步，但递增的趋势是同样的。由于后面还要涉及，兹不做展开。总而言之，对于 1902 年来到日本的周树人来说，"狂人"即便不是一个"耳濡目染"的日常性话题，至少也不会是一个陌生的话题。例如，宫崎滔天（Miyazaki Toten，1871—

---

① 『古事類苑·法律部四十四　下編上　放火』，洋卷，第 2 卷，第 785 页。
② 『古事類苑·法律部四十五　下編上　殺傷』，洋卷，第 1 卷，第 855 页。
③ 『古事類苑·法律部二十三　中編　殺傷』，洋卷，第 2 卷，第 885 页。
④ 『古事類苑·法律部三十一　下編上　法律總載』，洋卷，第 2 卷，第 21 页。

1922）辑录"狂友"的名著《狂人谭》也是在周树人登陆横滨的那一年出版的①。

三、"尼采"与"狂人"言说

明治三十三年即 1900 年，德国哲学家、文明批评家、诗人尼采死去，1901 年，日本爆发了"尼采热"。简单地说，这场"尼采热"是由"美的生活论争"所引发。1901 年评论家高山樗牛发表了两篇文章，题为《作为文明批评家的文学者》和《论美的生活》②，主张开展"文明批评"和追求"满足人性本然要求"的"美的生活"，由此引发争论。由于高山樗牛在前一文里提到了"尼采"的名字（尽管只是提到名字），再加上他的援军登张竹风上来就宣告"高山君的'美的生活论'明白无误地有尼采说之根据"③，就使"尼采"卷入了这场论争并成为其中的一个焦点。"尼采"就像一个巨大的漩涡，裹挟着各种问题，搅荡出各种言说和话语。其中，尤为显著的一种，便是与"尼采"的登场相伴随的"狂人"言说。

可以说，"尼采"是作为一个"疯子"出现在日本思想界的。"发疯"是他的一个自带标签。"尼采"最早传到日本的路径之一，据说是 1894 年医学博士入泽达吉（Irisawa Tatsukichi，1865—1938）从德国带回的一批哲学书，同年，同为医生并且同样留学过德国的森鸥外向他借阅了这批书，虽然究竟是怎样的著作目前尚不清楚，但森鸥外在给友人的信中关于"尼采"的寥寥数语，却呈现着"尼采"给他留下的最初印象："尼采尤已发

---

① 宫崎滔天（寅蔵）：『狂人譚』，国光書房，1902 年。

② 高山林次郎：「文明批評家としての文学者（本邦文明の側面評）」，『太陽』，1901 年 1 月 5 日。樗牛生：「美的生活を論ず」，『太陽』，1901 年 8 月 5 日，本文参照《明治文学全集 40》，筑摩書房，1970 年。

③ 登張竹風：「美的生活とニイチエ」，『帝国文学』，1901 年 9 月 10 日，『明治文学全集 40』，第 311 页。

狂。"①1899 年 1 月发表的吉田静致（Yoshida Seichi，1872—1945）的《尼采氏之哲学（哲学史上第三期怀疑论）》和同年 8 月发表的长谷川天溪的《尼采之哲学》，是公认的最早介绍"尼采哲学"的两篇论文，却都不约而同地把"尼采哲学"与他的"癫狂"或"心狂"联系在一起加以介绍。前者介绍"尼采"是个"伟大怀疑论者"，但"据闻，他当时正罹患癫狂症"②。后者虽对"尼采"充满同情，并不愿意"把他视为一个狂者"③，然而仍然认为"其激烈的活动和狂奔的思想流动，影响到此人的神经组织……终于因其心狂而被幽闭于爱娜的癫疯病院"④。

尤其值得一提的，是桑木严翼于 1902 年 8 月出版的《尼采氏伦理说一斑》一书。该书在介绍"超人"时，仍将其跟"癫狂院"拉在一起评述："倘自己自觉到是个天才，倘这个一身毛病的人自己给自己发证成为天才、超人，则他会可怜地最早成为癫狂院里的一员。我认为这种实际上并不存在的超人，作为诗的一种是有趣的，但作为人生理想却无甚价值。"⑤桑木严翼 1893 年入东京帝国大学文科大学哲学科，是在东大"祖述"尼采的德国教授拉斐尔·科贝尔（Raphael von Köber，1848—1923）和东京帝大首任哲学教授井上哲次郎的高足，出书的这一年已经升任东京帝国大学文科大学助教授（即副教授），是当时最有资格阐释"尼采"的学者之一⑥，其评述的影响力不言而喻。作为关于"尼采"的专著，话虽说得委婉，也很"学术"，却不外乎是把"超人"当做疯子看待。而更有甚者，便径

① 以上关于入泽达吉与森鸥外事，参阅并引自高松敏男：『ニーチェから日本近代文学へ』，幻想社，1981 年，第 7 页。

② 吉田静致：「ニーチュエ氏の哲学（哲学史上第三期の懐疑論）」，『哲学雑誌』，1899 年第 1 期，引自高松敏男、西尾幹二：『日本人のエーチェ研究譜・Ⅱ資料文献篇』，『ニーチェ全集』（別卷），白水社，1982 年，第 307 页。

③ 長谷川天溪：「ニーッエの哲学（承前）」，『早稲田学報』第 33 号，1899 年 11 月，引自『日本人のエーチェ研究譜・Ⅱ資料文献篇』，第 332 页。

④ 長谷川天溪：「ニーッエの哲学」，『早稲田学報』第 30 号，1899 年 8 月，引自『日本人のエーチェ研究譜・Ⅱ資料文献篇』，第 323 页。

⑤ 桑木厳翼：『ニーチェ氏倫理説一斑』，育成会，1902 年，第 186 页。

⑥ 峰島旭雄編：「年譜（桑木厳翼）」，『明治文学全集 80・明治哲学思想集』，筑摩書房，1974 年，第 437 页。

直把欧洲"精神病学"方面的最新研究成果迅速导入进来,用以评价"尼采",这便是 1903 年 4 月 12 日发表在《读卖新闻》星期日附录上的《从精神病学上评尼采(尼采乃发狂者也)》①一文。"1902 年,保罗·尤里乌斯·莫比斯(Paul Julius Möbius,德国神经科医生,1853—1907)发表了他的病迹学研究报告《关于尼采身上的精神病理性特征》,虽然从今天的医学水准来看这份报告几乎不可信,但在当时却是影响力巨大的一部书"②,《读卖新闻》上的这篇文章,便是对该书内容的一个整版的介绍。

众口铄金,尼采是个疯子! 短短几年内,"尼采"就是这样通过报纸、杂志和专著的介绍和评论,在公众话语、思想学术乃至精神病医学等各个层面被定型为一个"狂人"。这个印象也深深留给了生田长江(Ikuta Choko,1882—1936)。他是日本最早着手翻译《查拉图斯特拉如是说》的人,也是后来《尼采全集》的日译者,但在这场明治三十年代的"尼采热"当中,却是个"晚到的青年"③。他明治三十六年(1903)入东京帝国大学文科大学哲学科④,是比桑木严翼晚 10 年的同门,他在这一年看到的情形是"尼采尚未被理解",却热度已经过去,只留下了"狂人"的标签⑤。因此,对于几乎和生田长江同龄,又几乎同时在东京求学的周树人来说,最早目睹到的尼采,与其说是先学们指出过的"积极的奋斗的人""文明批评家""本能主义者"⑥,倒莫如说"狂人""尼采"或许更接近实际。

通过前面介绍的社会生活层面的"狂人"言说可以知道,被称作"狂人",不啻一种残酷的指控,意味着被社会排挤,被边缘化,被等而下之化。

---

① 藪の子:「精神病学上よりニーチエを評す(ニーチェは発狂者なり)」,『読売新聞』,1903 年 4 月 12 日日曜附録。

② 西尾幹二:「この九十年の展開」,『日本人のエーチェ研究譜·Ⅱ資料文献篇』,第 524 页。

③ 高松敏男:『ニーチェから日本近代文学へ』,第 13 页。

④ 伊福部隆彦編:『生田長江年譜』,『現代日本文学全集 16·高山樗牛 島村抱月 片上伸 生田長江集』,筑摩書房,1967 年,第 422 页。

⑤ 生田星郊:「軽佻の意義」,『明星』卯歳第 8 号,1903 年 8 月,第 68 页。

⑥ 参见伊藤虎丸著,李冬木译:《鲁迅与日本人——亚洲的近代与"个"的思想》,河北教育出版社,2000 年,第 25、30 页。

因此，以尼采是"狂人"的理由来攻击尼采，是尼采价值否定论者的一件强有力的武器，其逻辑简单而直接：一个疯子说的话你们也相信吗？

> 客年，尼采异说一登论坛，轻佻浮薄之文界，喜其奇矫之言、激越之调，或以之视同本能主义，或以之结合自然主义，或以之解释为快乐主义，甲难乙驳，无有底止。

> 然而，当时虚心而头脑冷静之识者，窃忌彼之诡辩偏说，而不得不怀疑其是否果真思想健全之产物。

> 果然，尼采终至作为医学上一狂者而为人知晓。……①

就这样，到了文坛老将、著名小说家、评论家、翻译家、剧作家和教育家坪内逍遥亲自出马，匿名以《马骨人言》为题，嬉笑怒骂，攻击"尼采"及其追随者，一口气用 31 个子标题在《读卖新闻》上连载 24 回②之后，"尼采"在明治主流意识形态领域，尤其在社会舆论当中已经基本声名狼藉，即便有人想以"天才"辩护，也只能"叫做'似是而非的天才''赝天才''疵天才''屑天才''污天才''狂天才''病天才''偏天才''歪天才''畸天才''怪天才'，那么就请自选，对号入座吧"③。

那么，在关于"尼采"的争论中，就没有出来替"狂人"辩护的吗？回答是，有，只是过于势单力薄，不足以抵抗"疯狂"之论的袭来。不论是挑起"美的生活论争"的高山樗牛本人，还是将这场论争的烽火引向"尼采"的登张竹风以及在当时从留学地德国遥致声援的姊崎嘲风，虽然他们的论争本身对思想界造成了巨大的冲击力，但除了他们本身是极少数外，他们直接为"狂人"辩解的言论也少得可怜，只有他们的殿军斋藤信策，1904 年 11 月发表长文《天才与现代文明》以"明确崇拜天才的意义"④才

---

① 藪の子：「精神病学上よりニーチエを評す（ニーチェは発狂者なり）」。

② 《马骨人言》连载于 1901 年 10 月 13 日—11 月 7 日《读卖新闻》，时间跨度为 26 天。

③ 「馬骨人言·天才」，『読売新聞』，1901 年 11 月 6 日第 1 版。

④ 斋藤信策：「天才と現代の文明（天才崇拝の意義を明かにす）」，『帝国文学』第 10 卷第 11 号，1904 年 11 月 10 日，后在集入『芸術と人生』（昭文堂，1907 年）时，改题为「天才とは何ぞや」（何谓天才？）。

算是一次认真的回应。

总而言之，"狂人"作为一种言说，伴随着"尼采"的登场而成为明治精英群体讨论思想问题的话语，同时也成为"尼采"独具特征的标记。因此，如何理解和认识"狂人"，也涉及对"尼采"的理解和把握。根据已知的鲁迅对"尼采"、对"狂人"的总体认识，显然是和上述"尼采"及"狂人"形象有着严重龃龉，那么，他是怎样克服世间舆论所造成的认知干扰，到达自己所把握到的那个"尼采"的呢？这是个非常值得探讨的问题，而且也与下一个问题相关。

四、"无政府主义"话语与"狂人"言说

明治三十年代"无政府主义"话语，也和"尼采"一样，有力地强化了"狂人"言说。

19世纪80年代以后，欧洲各国尤其是俄国"虚无党"或"无政府党"的活动频繁，屡屡在欧洲和俄国引起轰动，明治时代的相关话语也与日本政府和社会对欧洲、俄国势态的关注和报道密切相关。仅以截止到明治三十五年（1902）为计，《读卖新闻》1880年2月22日—1901年10月21日，对欧洲和俄国的"虚无党"报道55条，对"无政府党"报道29条，两项总计84条。《朝日新闻》1880年2月29日—1902年7月29日，对"虚无党"报道140条，对"无政府党"报道16条，两项总计156条。也就是说，在20年多一点的时间里，"虚无党"和"无政府党"仅在这两种报纸上就有240条报道见诸报端。报道的内容主要集中在"虚无党"人和"无政府党"人的暗杀、爆炸、暴动等恐怖活动以及各国政府尤其是沙俄政府对他们的取缔、镇压、驱逐和处刑方面，给人的感觉前者是一群与皇上和政府为敌的杀人放火、无恶不作的犯罪团伙，是一帮不计后果的亡命之徒和神经错乱的疯子。

"虚无主义"（Nihilism）和"无政府主义"（Anarchism）原本是两个意思不同的词汇，它们在日本出现的顺序也不一样，前者在1881年初

版《哲学字汇》中就有，译成"虚无论"①，到 1911 年第三版更有"虚无主义"乃至"虚无论者（Nihilist）"②等汉字对译，而在同一本《哲学字汇》第 3 版中却仍找不到"无政府主义"一词。但在明治二三十年代语言的具体运用当中，"虚无主义"和"无政府主义"，"虚无党"和"无政府党"在语义上几乎是可以互换的。1902 年 4 月，日本出版了第一部关于"无政府主义"的专著《近世无政府主义》③，作者烟山专太郎在《序言》里对两者关系做了以下说明：

> 现时无政府主义和虚无主义，其间之性质虽稍稍有所不同，然此二者作为近时革命主义（余辈不敢称之为社会主义）最为极端的形式发展而来，在或种意义上，余相信把虚无主义看作包括在无政府主义之内的一种特殊现象亦无不可，故此处出于方便的考虑，亦将其一并列入无政府主义的题目下，祈读者谅察为幸。④

这是一部划时代的著作，摒弃了因对"无政府主义"的恐怖和憎恨所带来的偏见，"由纯历史研究出发，尝试探明这些妄者、狂热者作为一种呈现于现实社会的事实是怎样一种情形，其渊源和发展过程如何"⑤，故被后人评价为是同时期"以日语出版的无政府主义研究的唯一像样的劳作"⑥，其"在无政府主义信息方面，不论是质还是量都远远优于此前"⑦。不仅对同时代日本社会主义者如幸德秋水（Kotoku Shusui，1871—1911）和无政府主义者如久津见蕨村（Kutsumi Kesson，1860—1925）产生影响——这两个人也同时影响了中国——更对中国清末民初思想界产生重大影响。仅就笔者查阅范围所及，在同时期的中国言论界，以烟山专太郎《近世无

---

① 飛田良文編：『哲学字彙訳語総索引』，『笠間索引叢刊 72』，第 150 页。
② 井上哲次郎、元良勇次郎、中島力造：『英独佛和哲学字彙』，第 103 页。
③ 煙山專太郎：『近世無政府主義』，博文館，1902 年 4 月。
④ 煙山專太郎：『近世無政府主義』，第 2 页。
⑤ 煙山專太郎：『近世無政府主義』，第 1—2 页。
⑥ 絲屋寿雄：『近世無政府主義解題』，煙山專太郎：『明治文献資料叢書・近世無政府主義』（復刻版），1965 年，第 2 页。
⑦ 嵯峨隆：『近代中国アナキズムの研究』，研文出版，1994 年，第 48 页。

政府主义》为材源的文章和著作就达 18 种之多[①]。

从今天的角度看，在烟山专太郎的诸多贡献中，有两项格外突出：一是对"无政府主义"的两种类型的划分，一是在两类划分当中突出"施蒂纳"和"尼采"。

首先，在他看来，"无政府主义"可大分为"实行"和"理论"两种，行使暴力手段给世间带来恐惧并引起普遍关注的主要是前者，即"实行的无政府主义"，但他又不同意意大利犯罪学家、精神病学家切萨雷·龙勃罗梭（Cesare Lombroso，1835—1909）的著名观点——也是社会通常的观点，即把"实行的无政府主义者"普遍视为具有病理根源的精神病患者和"狂者的一种"，认为这是以偏概全，陷入谬误[②]。因此他在自己的书中对这类无政府主义者通常以"热狂的"或"热狂者"来描述，从而有效地减弱了无政府主义者身上背负的似乎与生俱来的"狂人"恶名，并且以这种把他们从"狂人"的行列中甄别出来的方式在客观上强化了"狂人"言说的力度。

不仅如此，他还同时花费很大篇幅把"施蒂纳"和"尼采"作为"理论的无政府主义"加以详细介绍，前者是"近世无政府主义的祖师"之一，后者是"晚近无政府主义"的代表。"施蒂纳之言说乃绝对的个人主义"[③]；"我性冲着我们大叫道，让汝自身苏醒！我性生来自由。故先天的自由者去自己追求自由，与妄想者和迷信者为伍狂奔，正是忘却自己"[④]；"施蒂纳这一奇拔新说，恰如灿烂的焰火，绚然一时"[⑤]。烟山专太郎在《日本人》杂志上用了整整两页来介绍施蒂纳，而在书中更用了 9 页的篇幅，

---

① 关于烟山专太郎《近世无政府主义》与鲁迅、与近代中国的关系，请参阅本书《留学生周树人"个人"语境中的"斯契纳尔"——兼谈"蚊学士"、烟山专太郎》。

② 蚊学士：「無政府主義を論ず（一）」，『日本人』第 154 号，1902 年 1 月 1 日，第 28 页。

③ 蚊学士：「無政府主義を論ず（三）」，『日本人』第 157 号，1902 年 2 月 20 日，第 25 页。

④ 蚊学士：「無政府主義を論ず（三）」，『日本人』第 157 号，1902 年 2 月 20 日，第 24 页。

⑤ 煙山專太郎：『近世無政府主義』，第 302 页。

是日本同时期最为详细、完整和准确的施蒂纳评介。而对尼采的介绍就更多，除了在《日本人》杂志上连载多次提到外[1]，《近世无政府主义》用了 14 页篇幅[2]。"尼采学说可看作纯粹哲理性的无政府论"[3]，"在晚近思想界放出一种特异光彩的是尼采哲学。……尼采学说绝非出于社会改革的动机，而纯粹是确立在理论上的。在这一点上和个人主义者麦克斯·施蒂纳立脚点完全相同"[4]，"吾人想稍稍来观察一下他的主张"[5]——而关于"尼采"的介绍，就在这样开场白之后开始了。烟山专太郎并没有参与同时期发生的"尼采热"论争，在后来出现的日本尼采学史当中也找不到他的名字[6]，不过今天看来，和当年的那些在"尼采"热中凸显的支持或反对的"尼采论"相比，只有烟山专太郎的"尼采"最为清晰地呈现了其在思想史上的位置和价值。

> 夫针对一方极端之说，出现另一方反对之说，而两者相互调和行进，乃人文发展的自然进路。人世岂夫有绝对者焉？冲突、调和相生不已，苟无休止，其间存在着不可言说的意味。所谓实行的无政府主义者之所求，在于其理想的立刻实现，其顺序之有误，自不待言。然而若对他们的主张徒加排斥，当作狂者之空言来处理则不可也。他们大声疾呼之处，确有其根据。……出于个人主义的斯蒂纳、尼采以及后来的哈佛的无政府主义，不就是主张自我中心，进而推崇自由意志，鼓吹发挥我性和本能自由，以至于最终否认我之以外一切权力的吗？……尼采哲学，动摇了一

---

[1] 蚊学士：「無政府主義を論ず（三）」「無政府主義を論ず（五）」，『日本人』第 157、159 号，1902 年 2 月 20 日、3 月 20 日，第 24—27 页，第 23—26 页。

[2] 煙山專太郎：『近世無政府主義』，第 369—383 页。

[3] 蚊学士：「無政府主義を論ず（三）」，『日本人』第 157 号，1902 年 2 月 20 日，第 26 页。

[4] 煙山專太郎：『近世無政府主義』，第 369—370 页。

[5] 煙山專太郎：『近世無政府主義』，第 370 页。

[6] 作为尼采研究的基本文献，高松敏男『ニーチェから日本近代文学へ』和高松敏男、西尾幹二『日本人のエーチェ研究譜』都没有提到烟山专太郎对尼采的介绍。

代思想界，世界所到之处皆有其信徒。夫进步之动机，在理想撄人心故。不让人去追求理想，而营营拘泥于现实世俗之物质，何以会有进步？以深谋远虑，修正改善现实事物，使其逐渐接近自己心中的理想国，岂不正是有志者私下之所图吗？①

熟悉鲁迅文本的人，或许不难从上面这段话里中获得某种"似曾相识"的感受。然而，从"狂人"言说的问题角度看，烟山专太郎实际上是通过对"施蒂纳"和"尼采"的阐释，做着一项"狂人"价值反转的工作："狂人"之言，并非所谓"疯言疯语"所可以了断，"他们大声疾呼之处"，不仅"确有其根据"，而且其"撄人心"的理想还有推动人类进步的价值。如果说谁在发疯，借用"施蒂纳"之所言，那么就正是那些"先天的自由者去自己追求自由，与妄想者和迷信者为伍狂奔……忘却自己"的人。在彻底的个人主义者看来，"忘却自己"才是不堪忍受的真正的发疯。而这种价值转换的确认与肯定的痕迹，也被忠实地记录在了"迅行"即当年的周树人1907年所作的《文化偏至论》里，即"原于外者"和"原于内者"的那段话②。

总之，与"尼采热"里"狂人"作为一个负面形象出场不同，在"无政府主义"的话语里"狂人"伴随着对"施蒂纳"和"尼采"的肯定，"狂人"被鉴别为世间给具有创造性的独立的个人披上的一种谥号（就像把"个人主义"归类于"利己主义"一样），从而使"狂人"拥有了具有正面意义的新属性。

烟山专太郎对"无政府主义"两种类型的划分和对"狂人"的价值肯定，也被后来的论者承袭下来。例如久津见蕨村在1906年11月出版的《无政府主义》一书，不论在章节的划分上，还是在表述方式和内容上，都明显地留下了烟山的痕迹，诸如"实行的无政府主义和理论的无政府主义"③

---

① 蚊学士：「無政府主義を論ず（五）」，『日本人』第159号，1902年3月20日，第25页。

② 鲁迅：《坟·文化偏至论》，《鲁迅全集》第1卷，第55页。

③ 久津見蕨村：『無政府主義』，平民书房，1906年，第2、53、114页。

之类的用法自不待言，就是批评龙勃罗梭，为"狂人"辩护也较烟山尤近了一步[1]。他还为"尼采"辩护说：

> 或许有人说他的性格异于常人，多有奇矫言行，遂发狂而死，故其所论为狂者之言，不足采信。然而，天才与狂者的距离只有一步之遥。……可以按个人之好恶将其视为狂者，却不可以人废言。若他之所言不狂不愚，是在讲述真理，将其采纳，又何须迟疑？[2]

再到后来大杉荣写作他的《健全的狂人》（1914）时，这个"狂人"已经演变成一个不屈不挠、百折不回、"向着人生之最高的山顶去攀登"[3]的清醒而健全的"狂人"了：

> 到达生之最高潮之瞬间的我们，是价值的创造者，是一种超人。我想体味这种超人的感觉，并且想伴随着自己体验这种超人次数的重叠增加而一步一步，获得成为这种超人的资格。[4]

也就是说，在大杉荣看来，"狂人"即理想人格的体现，因为这个"狂人"是清醒的、勇敢的、健全的和超越的。众所周知，周氏兄弟都是大杉荣的爱读者。那么，周树人与以上"无政府主义"话语及其包括"狂人"言说在内的关系，则又是一个非常值得探讨的问题。

---

[1] 久津見蕨村：『無政府主義』，第4—5页。

[2] 久津見蕨村：「文部省とニイチエニズム（明治四十年五月稿）」，『久津見蕨村集』，久津見蕨村集刊行会，1926年，第591页。

[3] 大杉栄：「正気の狂人」，松田道雄編『現代日本思想大系 16・アナーキズム』，筑摩書房，1963年，第179页。

[4] 大杉栄：「正気の狂人」，松田道雄編『現代日本思想大系 16・アナーキズム』，第189页。

五、文艺创作和评论中的"狂人"

除了以上介绍过的社会层面和思想层面外，总体看来，文艺创作应该是明治时代传播和扩散"狂人"言说的最大和最有力的渠道。"狂人"在文学作品和评论中频繁登场，可谓明治文学当中的一种突出现象。仅以 20 世纪最初 20 年间出版的涉及"狂人"的图书为例，在 1900—1909 年的 37 种图书中，有 15 种是"文学类"，而在 1910—1919 年的 69 种图书中，属于"文学类"的竟高达 42 种[①]。

倘若再向前追溯，便会发现，"狂人"在"文艺"这个话语范围内一直有迹可循。只要去翻阅任何一套明治文学"全集"或"大系"之类，都不难在作品或评论中与"狂人"相遇。比如令森鸥外蜚声文坛、以他留学德国体验为素材的早期"德国三部作"，前两部就都有"狂人"登场，《舞姬》（1890）中的女主人公爱丽丝最后成为一个不可治愈的"狂人"，同年的《泡沫记》竟一口气写了三个"狂人"，在后人看来是名副其实的"三狂"之作[②]。

如果说早期作品和评论里的"狂人"具有更多的"借喻性"，那么越到后来，"狂人"也就越发具有"实在性"，即"狂人"的实体形象在文艺中获得确立。不仅有了"狂人"的实体塑像[③]，诸如"狂人之家"[④]"狂人之音乐"[⑤]"狂人与文学"[⑥]之类的标题也到处可见。其中尤其引人注目的是，1902 年 3 月 1 日，也就是周树人"一行三十四名"乘坐"神户丸"——

---

① 以上统计来自日本国会图书馆（国立国会図書館デジタルコレクション）对目前馆藏书籍所做的分类。

② 長谷川泉：「森鷗外の人と文学」，『舞姫·山椒大夫他 4 編』，旺文社文庫，旺文社，1970 年，第 192 页。《泡沫记》原著题为「うたかたの記」。

③ 米原雲雪：「狂人」（雕塑），『美術新報』，1904 年 1 月 12 日，第 5 版，附照片。

④ 児玉花外：「狂人の家」，『太陽』，1908 年 1 月 1 日，第 95—96 页。

⑤ 北原白秋：「狂人の音楽」（1908），『邪宗門』，『明治文学全集 74·明治反自然派文学集（一）』，筑摩書房，1966 年 12 月 10 日，第 23—25 页。

⑥ 「時報·狂人と文学」，『文芸倶樂部』，1908 年 12 月 1 日，第 318 页。

不是"大贞丸"①——抵达横滨之前的一个月余,《文艺俱乐部》杂志上竟刊登了一篇题为《狂人日记》的小说。但这并不是人们所熟知的二叶亭四迷翻译的果戈理的那篇同名小说,而是日本人的创作,作者署名"松原二十三阶堂"。这篇整整占了 19 页杂志纸面②的不算短的短篇小说,以下面的开场白,在明治文学史上首次把一个"狂人"的日记披露出来。

> 一日在郊外散步时,在原上树阴下得此日记。封面施以布皮,装订纸数百余页。文章纵横无羁,逸气奔腾,慷慨淋漓,可知非常识家之笔。故从中拔萃数章,权名之为"狂人日记"。③

这种展开的方式会令人很自然地联想到鲁迅的《狂人日记》。但是两者的主人公作为"狂人"却并不相同。鲁迅的主人公是"被害妄想狂",松原二十三阶堂的主人公则可以说是个"夸大妄想狂",而且有名字,叫"在原"。小说以"拔萃"主人公"在原"3 月 3 日至 7 月 10 日之间的 10 篇日记构成。开篇道:"予今天下定决心,予想就在今天,断然辞掉上班的这家世界贸易会社!"这个会社挤满了"小人和俗物",看不到他的"经纶天下之大手腕和燮理阴阳的大伎俩",只打发他做"计算簿记的杂务"。就这样,主人公的"绝大无比的天才"意识便与他所处的现实发生尖锐的冲突。他身居陋室,到处躲债,却想象着自己以大贸易攫取巨利,或置田万顷。他想到做官,是"将来的总理大臣"。小说通过这样一个自我膨胀的"狂人"的眼睛,把明治三十年代纸醉金迷的社会膨胀呈现出来。

作者号"二十三阶堂",本名松原岩五郎(Matsubara Iwagoro,1866—1935),是明治时代关注底层的小说家和新闻记者,1893 年出版的《最黑暗的东京》被评价为记录时代黑暗的报告文学名著。该篇《狂人日记》虽属于社会问题小说,却开启了"狂人"作为主人公在明治文学中正式登场的先河。

---

① 北冈正子:「鲁迅の弘文学院入学」,『鲁迅 日本という異文化のなかで——弘文学院入学から「退学」事件まで』,関西大学出版部,2001 年,第 35—43 页。
② 松原二十三階堂:「狂人日记」,『文芸俱楽部』,1902 年 3 月 1 日,第 129—147 页。
③ 松原二十三階堂:「狂人日记」,『文芸俱楽部』,第 129 页。

五年后的 1907 年 3 月 1 日,《趣味》杂志上再次出现《狂人日记》,而且三期连载,这才是人们熟知的"二叶亭主人"(即二叶亭四迷)翻译的俄国作家果戈理的同名小说。不过,有一点或许不为人所知,那就是二叶亭在《趣味》杂志上连载《狂人日记》的同时,也就是同年 3 月,还在《新小说》上发表了另一篇译自俄文而且也是写"狂人"的作品,题目叫做《二狂人》①。与《狂人日记》相比,《二狂人》后来几乎默默无闻,不受重视,就连岩波书店出版的《二叶亭四迷全集》"解说"都把该作品出自哪篇原作弄错,指为"《旧式地主》的部分翻译"②,令人误以为同样是果戈理的作品,幸蒙高人指点③,始知这是一个关于《错误》的错误:《二狂人》原作系高尔基的《错误》(ОШИБКА,1895)。然而,其中的问题却并没结束,笔者将就此另行撰文予以探讨,兹暂不做展开。

二叶亭同时推出的两篇"狂人"译作,把明治时代的"狂人"文学推向了新的高潮。几乎就在同一时段,署名"无极"的首篇关于"狂人"的文学评论——《狂人论》也在《帝国文学》杂志上正式登场了。

> 顷者,我文坛由二叶亭主人灵妙之译笔,而新得俄罗斯种三狂人。他们是高尔基《二狂人》及果戈理《狂人日记》的主人公。《二狂人》心理解剖令人惊讶……④

而相比之下,"《狂人日记》里却没有像两个狂人那样令人惊异之处和深刻的东西"⑤。论者的这种阅读体验,符合这两篇作品带给人的感受。如果说果戈理的作品里有"含泪的微笑",那么,在《二狂人》里就不仅有"含

---

① ゴーリキイ原作,二葉亭主人訳:「二狂人」,『新小説』1907 年第 3 号。本论所使用版本:二葉亭主人:『カルコ集』,春陽堂刊,1908 年。

② 河野與一、中村光夫編集:『二葉亭四迷全集・解説』,岩波書店,1964 年,第 4 卷,第 439 页。

③ 在此谨向南京师范大学汪介之教授就此问题给予的悉心指教致以衷心感谢。

④ 無極:「狂人論」,『帝国文学』,1907 年 7 月 10 日,第 140 页。

⑤ 無極:「狂人論」,『帝国文学』,第 142 页。

泪的微笑"①，也更有"安特莱夫式的阴冷"②。故后者在当时的震撼力和影响力都远远大于前者——虽然后来的影响力正好相反。翌 1908 年 1 月 1 日二叶亭的译作集 ③ 只收录《二狂人》等四篇而未收《狂人日记》也是一个有力的佐证。总之，《狂人论》对两篇作品不仅从内容和创作手法上都给予了高度评价，还把它们提升到美学的高度，首次提出了"狂人美"④的概念。《帝国文学》是有着巨大影响力的杂志，这种呼唤促使"狂人"创作变得更加自觉。

待到四年后评论家、翻译家和小说家内田鲁庵着手作"通过小说脚本来观察现代社会"的长文时，他通过"调查应募《太阳》杂志的征奖小说"发现，"狂人小说已经到了令人感到比例过多"的程度，而且描写的内容"也比安特莱夫的《血笑记》更加令人感到颤栗"⑤。

那么，为何"狂人"何其多？

六、一个制造"狂人"的时代

文学作品中的"狂人"不过是现实的折射。这是一个"狂人与日俱增"，"世界到处都是狂人"而"疯人院"又不够用的时代，内田鲁庵如是说⑥。

究其原因，首先是"日清""日俄"两场战争造成的。尤其是后一场战争，不论是日本还是俄国，都出现大量精神失常者⑦。用内田的话说，"这

---

① 鲁迅：《且介亭杂文二集·几乎无事的悲剧》，《鲁迅全集》第 6 卷，第 384 页。

② 鲁迅：《且介亭杂文二集·〈中国新文学大系〉小说二集序》，《鲁迅全集》第 6 卷，第 247 页。

③ 二葉亭主人：『カルコ集』，春陽堂刊，1908 年。

④ 無極：「狂人論」，『帝国文学』，第 145 页。

⑤ 内田鲁庵：「小説脚本を通じて觀たる現代社会」，初刊『太陽』，1911 年 2 月 15 日，引文出自稲垣達郎編：『内田鲁庵集』，筑摩書房，1978 年，第 257 页。

⑥ 内田鲁庵：「小説脚本を通じて觀たる現代社会」，『内田鲁庵集』，第 257 页。

⑦ 内田鲁庵：「樓上雜話」，『内田鲁庵集』，第 295 页。

是为国家名誉增光添彩的战争所赐之物"①。其次，是近代产业社会的发达所带来的社会环境和精神的重压造成的。"机械的车轮声响充斥在空气里，煤烟遮蔽了碧空，瓦斯和电器打着涡旋，人处在这样的世间，则无论是谁，变得歇斯底里理所当然，因此也就把这种社会普遍存在的歇斯底里叫做世纪末或颓废的时代"②。

除了以上两点之外，还应特别指出的是思想精神方面的"狂人"及其成因。伴随着明治宪法的颁布（1889 年 2 月 11 日）和实施（1890 年 11 月 29 日）以及《教育敕语》（1890 年 10 月 30 日）的公布，日本以天皇为核心的近代国家体制正式确立，明治维新以来的文明开化、殖产兴业、富国强兵等开始初见成效。这是一个处在上升时期的明治国家，官民一体，拥有一个共同追求的强国梦。此后不久的"日清战争"检验了明治国家的体制和实力，同时也让日本举国突然觉得自己"厉害了"，并且瞄准下一个目标再次发力，开始了在帝国主义道路上"卧薪尝胆"的 10 年。八幡制铁所有了，军工有了，巨舰利炮大规模地建造出来了，民间制造业也发达起来了，日英同盟条约缔结了（1902），与世界一等国为伍了，结果日俄战争又赢了。继割台湾之后，又建"满铁"（1906），还把韩国合并（1910）过来……这一连串向世界亮肌肉的举动，便是日俄战争前后时期的所谓"大日本帝国"的"膨胀"。这种国家"膨胀"，导致了民族主义的畸形发展，日本举国从"在原"式的"发大财"的痴梦又陷入国家主义的狂乱。幸德秋水在"世之所谓志士爱国者皆发竖眦裂之时"③，留给这个时代的最大献辞就是一个"狂"字。他把"膨胀我国民，扩张我版图，建设大帝国，发扬我国威，让我国旗飘满荣光"④的鼓吹视为"煽动国民兽性"⑤的"狂

① 内田鲁庵：「小説脚本を通じて觀たる現代社会」，『内田鲁庵集』，第 257 页。
② 内田鲁庵：「気まぐれ日記」，『内田鲁庵集』，第 308 页。
③ 幸德秋水：「廿世紀之怪物帝国主義」，飛鳥井雅道編集：『幸德秋水集』，筑摩書房，1975 年，第 34 页。
④ 幸德秋水：「廿世紀之怪物帝国主義」，『幸德秋水集』，第 36 页。
⑤ 幸德秋水：「廿世紀之怪物帝国主義」，『幸德秋水集』，第 65 页。

癫的爱国主义”①，称这些人是一群“爱国狂”②，并且尖锐指出“对外的爱国主义的最高潮，就意味着内治当中罪恶的最高潮”③。因此，当所谓“爱国心”变成一种强制性的奴隶道德时，也就正如内田鲁庵所指出的那样，“这种道德只会带来两个结果，即不是使国民堕落，就是使他们变成狂人”④。

这既是一个“举世朝着国家帝国主义狂奔”⑤，制造“兽性爱国之士”⑥的癫狂时代，也是一个精神极度窒息的“闭塞”的时代。少数清醒而敏锐的人开始尝试打破“时代闭塞之现状”⑦。他们也曾是国家的热烈认同者和衷心的拥护者，他们讴歌国家的繁荣富强，赞美“日本主义”⑧，主张文学“表现国民性情”⑨，呼唤“时代精神与大文学”⑩，那是因为“国权”与“民权”并行不悖，个人的精神拓展与国家的上升同步。但是经过两场战争，他们的感受变了：这个国是自己想要的国吗？包括自己在内的“人”在这个国里又处在怎样的位置呢？这个国家有灵魂吗？于是，他们把“人”即“精神和理想”问题摆到了“国家”这个物质实体面前，确立其“个人”的存在价值，并且以“天才”“诗人”“精神”“价值创造”等来充填这个“个人”的内涵，直到有一天他们终于发出关于“国家与诗人”的宣言，直接对这个疯狂的国家大声说，没有人，没有诗人，这个国家什么都不是！⑪显而易见，在这个过程中，“尼采”不过是由外部导入进来，借以阐发“个人”的一个发挥启示和引领作用的对象而已。

反过来，在世人看来，他们就是一帮疯子在胡言乱语，这就是前文中

① 幸德秋水：「廿世紀之怪物帝国主義」，『幸德秋水集』，第46页。
② 幸德秋水：「廿世紀之怪物帝国主義」，『幸德秋水集』，第42页。
③ 幸德秋水：「廿世紀之怪物帝国主義」，『幸德秋水集』，第42页。
④ 内田鲁庵：「小説脚本を通じて観たる現代社会」，『内田鲁庵集』，第258页。
⑤ 登張竹風：「フリイドリヒ、ニイチエ」，原载『帝国文学』，1901年6、7、8、11月号，『明治文学全集40·高山樗牛　斎藤野の人　姉崎嘲風　登張竹風集』，第297页。
⑥ 鲁迅：《集外集拾遗补编·破恶声论》，『鲁迅全集』第8卷，第34页。
⑦ 石川啄木：「時代閉塞の現状」（1910），收入『明治文学全集52』。
⑧ 高山林次郎：「日本主義を賛す」，『太陽』，1907年6月20日。
⑨ 高山林次郎：「非国民の小説をを難す」，『太陽』，1898年4月5日。
⑩ 高山林次郎：「時代の精神と大文学」，『太陽』，1899年2月20日。
⑪ 野の人：「国家と詩人」，『帝国文学』，1903年6月10日。

所看到的"尼采"遭受"狂人"待遇的原因所在。而有趣的是，就在举世滔滔对"狂人"的声讨当中，这些人甚至干脆以"狂人"自认。高山樗牛以描写遭受迫害的日本日莲宗始祖日莲上人自况，他借僧侣之口道："呜呼，日莲遂狂矣！"[①] 在同样的意义上，以反对国家主义著称的基督徒内村鉴三（Uchimura Kanzo，1861—1930）多次宣称自己就是个"狂人"[②]，他拒绝向《教育敕语》"奉拜"的所谓"不敬事件"引起社会轰动。因此，可以说，"狂"作为一种时代标记，也成为"个人主义"者精神特质当中的一部分。"他晚年说过这样的话：避免此生忧愁困苦之路有三条：永恒之恋或者早死，再不然就是发狂。……他在早死和永恒之恋之外又加上了发狂。呜呼，狂乎！予在这樗牛的话语里感受到无以名状的哀伤。"[③]——这是高山樗牛的胞弟斋藤信策为他写的悼文。的确，那是一个制造两种"狂人"——"庸众"与"哲人"并消灭后一种的时代。或许，当周树人在仙台的教室里听到那一阵刺耳的"万岁"欢呼时，他对"狂人"已经有了清醒的鉴别力。

七、周树人的选择

以上是"狂人"言说史的一个粗略概述，挂一漏万自不待言。不过，在明治语史、思想史、文学史乃至世相和时代精神当中到处有"狂人"的身影浮现，则可以说是个不争的事实。很显然，"狂人"言说，是周树人在整个留学期间经受精神洗礼、完成自我确立过程当中的一个有机组成部分。总体来看，以"尼采""施蒂纳"为标志的"个人主义"话语和文艺创作、评论使他接近和面对"狂人"的可能性最大。

---

① 高山樗牛：「日蓮上人とは如何なる人ぞ」，『太陽』，1902 年 4 月，『明治文学全集 40・高山樗牛　斎藤野の人　姉崎嘲風　登張竹風集』，第 88 页。

② 参见内村鑑三：「基督信徒の慰」「後世への最大遺物」，『現代日本文学大系 2』，筑摩書房，1972 年。

③ 斎藤信策：「亡兄高山樗牛」，『中央公論』，1907 年 6 月。引自姉崎正治、小山鼎浦編纂：『哲人何処にありや』，博文館，1913 年，第 437 页。

　　首先，周树人在精神上参与了"明治尼采"的论争，通过"夷考其实"①做出了明确的价值选择，"尼采"开始进入他的文本。笔者于 2012 年秋首次确认《文化偏至论》中介绍"德人尼佉氏"时所引用的"察罗图斯德罗之言曰"那段著名的话，并非如先学所说是周树人本人对尼采原书之一章的"精彩概括"，而是直接从前出桑木严翼的《尼采氏伦理说一斑》抄来的②。如前所述，桑木严翼并不认同尼采的价值，通过这部书选取肯定"尼采"的素材，就必须突破桑木严翼借口"狂人"而否定"尼采"这一关。这一选择意味着周树人摒弃了主流话语对"狂人"的排斥。

　　其次，《文化偏至论》里在由"个人一语……"引出为"个人主义"的辩护之后，紧接着出现的"德人斯契纳尔（即施蒂纳）……"以下长达 260 字的一大段，完全来自前出烟山专太郎的《论无政府主义》③。正如前面所介绍过的那样，在同一时期译介烟山专太郎的中文文本达 18 种之多，但是从中发现施蒂纳并且通过精准的翻译将其采纳到自己彰显"个人主义"文脉当中的却只有周树人，他的着眼点与当时的中国革命党人完全不同。他不看重那些所谓"实行的"主张，而是看重"理论的"力量——这一点与他在现实中采取的行动也完全一致——他把"无政府主义"话语中的"施蒂纳"剥离出来，用以彰显对于精神革命来说至关重要的"极端个人主义"，并由此同时获得对"狂人"正面阐释的话语。

　　第三，是周树人与文学世界"狂人"的关系。即使仅限于本论所及，也可以明确断言，在这个世界里，并不只有日译本果戈理《狂人日记》一篇，"狂人"也不止一个九等文官"波普里希钦"，还有"在原""克拉弗茨夫"和"亚洛斯拉弗切夫"④以及内田鲁庵看到的令他感到"颤栗"的那些"狂人"，而且更有文学评论所展开的"狂人美学论"。这些围在周树人身边的"狂人"，除了果戈理之外，其余都与周树人无关吗？很显然，不论哪一条或哪一项

---

　　① 鲁迅：《坟·文化偏至论》，《鲁迅全集》第 1 卷，第 51 页。
　　② 参见本书《留学生周树人周边的"尼采"及其周边》。
　　③ 参见本书《留学生周树人"个人"语境中的"斯契纳尔"——兼谈"蚊学士"、烟山专太郎》。
　　④ "克拉弗茨夫"和"亚洛斯拉弗切夫"两者是《二狂人》里的主人公。

都在告诉他"狂人"作为审美对象的意义，而他也真正把握到了这种意义。

第四，"狂人"直接进入文本，意味着周树人完成了对"狂人"价值的终极判断。他在对"尼采"和"无政府主义"的围剿声浪中，鉴别出"狂人"实乃"尼采"和"施蒂纳"那样的"个人主义之至雄桀者"遭受打压的化身，在英雄与庸众的对峙当中，"狂人"始终处在"英雄"那一边。拜伦如此，雪莱也是如此。《摩罗诗力说》第六章里有介绍修黎（雪莱）的话："诗人之心，乃早萌反抗之朕兆；后作说部，以所得值飨其友八人，负狂人之名而去。"据北冈正子查证，这段话出自滨田佳澄《雪莱》一书的第二章[①]。他之所以选来，就是对这些"狂人"价值的认同。因此，"狂人"也就可与"天才""诗人""精神界之战士"同列，并成为他们的载体。

在这个意义上，还要再次提到斋藤信策，他在文本层面上被最多地证实，是明治时代"在主张确立作为个人的言说中与鲁迅的文章最有亲近性"[②]的一个。这里不妨再添一个"亲近性"例证，即"狂者之教"："健全之文明，美名也。然而活人却因此而死。此时不正是由狂者之教寻找新的生命之时吗？岂不知乎，狂者之文明，就是挖掘自己脚下之所立，寻求源泉，以新的理想创造自己居住的世界之谓也。"[③]这和《摩罗诗力说》开头所说的"新泉之涌于渊深"[④]和文中所说的"恶魔者，说真理者也"[⑤]意思完全一样。他们都在追求"哲人""天才""新泉"，并在这条路上与"狂人"和"恶魔"相遇，获得名之为"教"或"真理"的启示。

---

① 北冈正子：『魯迅文学の淵源を探る——「摩羅詩力説」材源考』，汲古書院，2015年，第111页。

② 中島長文：『ふくろうの声 魯迅の近代』，平凡社，2001年，第20页。此外，文本关系还可参见伊藤虎丸著，李冬木译：《鲁迅与日本人——亚洲的近代与"个"的思想》，河北教育出版社，2000年；清水賢一郎：「国家と詩人——魯迅と明治のイプセン」，東京大学東洋文化研究所編『東洋文化』74号，1994年3月。

③ 斋藤信策：「狂者の教」，『帝国文学』第9卷第7号，1903年7月10日，第118页。

④ 鲁迅：《坟·摩罗诗力说》，《鲁迅全集》第1卷，第65页。

⑤ 鲁迅：《坟·摩罗诗力说》，《鲁迅全集》第1卷，第84页。

八、狂人之诞生及其意义

通过以上考察可以知道，周树人实际上是带着一个完整的"狂人"雏形回国的。这是他建构自身过程当中的一个生成物。病理知识、精神内核以及作为艺术对象去表现的文学样式都齐了，只待一个罹患被害妄想症的"表兄弟"走上门来 [1]，为他提供一个中国式的宿体。

从形式上看，鲁迅的"狂人"是中国现代文学移植外国思想和文艺，将其本土化的结果，但对他个人而言，则是把内化了的"真的人"带回中国并遭遇另一个"时代闭塞"的结果。"时代闭塞"造就"狂人"，这在前面已经看到了。这回轮到他，则是一场他名之为"寂寞"的折磨。现实中在吊死过人的 S 会馆抄古碑，精神上又身处"都要闷死了"的"铁屋子"，却又偏偏清醒，"精神的丝缕还牵着已逝的寂寞的时光"，"苦于不能全忘却"，而"这寂寞又一天一天的长大起来，如大毒蛇，缠住了我的灵魂了"——这是他记忆中的"真的人"与现实的冲突带给他的痛苦体验 [2]。因此，"狂人"的登场发声，可以解读为"真的人"发声的现实形态。笔者认为，这是"狂人"之诞生的内在逻辑。这个"狂人"，是一个时代关于狂人言说的凝聚，是作者将其内质化之后再创造的产物。其率先成为鲁迅文学精神的人物载体，是一种必然。

作品最后，"难见真的人" [3] 一句，是"狂人"觉醒后对"真的人"记忆的唤醒，同时也是作者"苦于不能全忘却"的记忆。这句话历来是《狂人日记》解读的重点，但似乎并没找到这个"真的人"出自哪里。现在可以明确，也还是出自作者当年熟读过的文字。

> 尼采又曰，幸福生活到底属于不可能之事。人所能到达最高境界的生活，是英雄的生活，是为了众人而与最大的痛苦所战的生活。真的人出现，才会使吾人得以成为真的人。所谓真的人，

---

① 周遐寿：《狂人是谁》，《鲁迅小说里的人物》，人民文学出版社，1957 年。

② 鲁迅：《呐喊·自序》，《鲁迅全集》第 1 卷，第 437—441 页。

③ 鲁迅：《呐喊·狂人日记》，《鲁迅全集》第 1 卷，第 454 页。

就是一跃而径直化作大自然的人。与其说他们以自己的事业教育
世界，还不如说他们通过自己的人物教育世界。思想家、发明家、
艺术家、诗人固无须问。（引文中着重号为笔者所加）

　　这样的人便是历史的目的。①

　　由此可以佐证"狂人"与"真的人"其实是血脉相连的亲兄弟。"狂
人"之诞生，即意味着"狂者之教"在中国的出现，他不仅宣告"吃人"
时代的行将终结，更宣告"真的人"之必将诞生。因此，就本质而言，《狂
人日记》是"人"之诞生的宣言。百年过去，这也正是它的至今令人"苦
于不能忘却"之处和意义所在。

　　"狂人"之前，除了鲁迅本人之外，中国几乎不存在关于"人"、关于"个
人"的言说②。当周树人发现"尼采"，并且竭力为"个人"辩护之时，
只有他的老师章太炎（1869—1936）与他保持了某种意义的同调，但也只
有短短的一句："然所谓我见者，是自信而非利己，犹有厚自尊贵之风。
尼采所谓超人，庶几相近。"③章氏"狂狷"之论或可一议，但应属另文了。
梁启超热衷于近代的"国民国家"理论，但他的"新民"当中并不包括"个人"，
他提到尼采并攻击"自己本位说，其说弊极于德之尼采"④是1919年的事，
更不要说"狂人"言说了。刚刚去世的范伯群（1931—2017）先生，提倡"中
国的文学史上应该研究文学形象中的'狂人史'"，但在1917年以前的
近代文学中似乎只有陈景韩（1878—1965）《催醒术》一篇可勉强作为样
本⑤。也就是说，中国的"狂人"言说史乃至"吃人"言说史都是自鲁迅的《狂

　　① 登張竹風：『フリイドリヒ、ニイチエ』，『明治文学全集40・高山樗牛　斎藤野
の人　姉崎嘲風　登張竹風集』，第300页。

　　② 参见董炳月对此问题的梳理，《"同文"的现代转换——日语借词中的思想与文学・
"个人"与个人主义"》，昆仑出版社，2012年，第十三章。

　　③ 汤志钧编：《章太炎年谱长编》卷三，1907年；中华书局，2013年，第245页。

　　④ 梁启超：《欧游中之一般观察及一般感想》，1919年，《饮冰室专集之二十三》第
7卷，中华书局，1989年，第9页。

　　⑤ 范伯群：《〈催醒术〉：1909年发表的"狂人日记"——兼谈"名报人"陈景韩在
早期启蒙时段的文学成就》，《江苏大学学报（社会科学版）》第6卷第5期，2004年9月。

人日记》之后开始的，而这一点已经获得了来自谷歌大数据的支持，如下图所示。

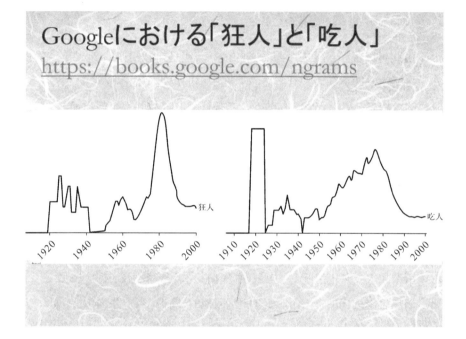

　　既然到目前为止，已经大抵明确构成《狂人日记》的两个核心要素——"吃人"意象和"狂人"形象——都不是孤立的存在，而是和作者留学时期异域的相关言说有着密切关联和"史"的属性，那么也就可以对这篇作品给予重新审视和评价：其拓展了中国文学的疆域，对破除狭隘封闭的一国文学史观仍具有现实意义。对于中国文学来说，《狂人日记》的开拓性意义和基本精神是"拿来主义"，就其结果而言，也正符合作者的初衷：

　　　　此所为明哲之士，必洞达世界之大势，权衡校量，去其偏颇，得其神明，施之国中，翕合无间。外之既不后于世界之思潮，内之仍弗失固有之血脉，取今复古，别立新宗，人生意义，致之深邃，则国人之自觉至，个性张，沙聚之邦，由是转为人国。人国既建，乃始雄厉无前，屹然独见于天下，更何有于肤浅凡庸之事物哉？①

——《狂人日记》之所以开山，就在于有这种"取今复古，别立新宗"的真正的自信。

夫国民发展，功虽有在于怀古，然其怀也，思理朗然，如鉴明镜，时时上征，时时反顾，时时进光明之长途，时时念辉煌之旧有，故其新者日新，而其古亦不死。若不知所以然，漫夸耀以自悦，则长夜之始，即在斯时。②

——《狂人日记》之所以百年不衰，就在于有这种"思理朗然，如鉴明镜"的文化自觉。文化上的自信与自觉，不正是《狂人日记》给予百年后的现在的最大启示吗？

2018 年 5 月 30 日于京都紫野

附　录

原载编后记：

作家如何把自己的故事、自己的感受、自己的悲悯化合为艺术形象，向读者提供精神价值？其实，一百年前鲁迅《狂人日记》的艺术实践就已经做出了经典的示范。作为中国现代文学旗帜性的作品，《狂人日记》的研究百年来汗牛充栋，对这部作品的思想性和批判精神已经阐释得相当透彻。这次我们为纪念《狂人日记》发表一百周年而组织的三篇文章，不约而同地深入挖掘了鲁迅在"吃人／救人"主题的选择和"狂人"形象的选择上所做的提炼和赋值，让我们看到，一个"忧愤深广"的青年鲁迅，是如何冷静地博采东西方文化中的艺术话语与典型意象，完成了一部小说的

---

① 鲁迅：《坟·文化偏至论》，《鲁迅全集》第 1 卷，第 57 页。
② 鲁迅：《坟·摩罗诗力说》，《鲁迅全集》第 1 卷，第 67 页。

艺术构造，如何用这样的意象来深化民众的社会认识和历史思考。可以说，《狂人日记》标志着中国现代文学从起步的那一刻起，就开创了穿透皮相、洞穿平庸的艺术风格，"思想进入作品"和"体验化为艺术"的问题，在《狂人日记》里就已经得到了完美的解决，反而在一百年后的今天，这个传统，有所淡化了。

——《文学评论》2018 年第 5 期编后记

"狂人"的越境之旅——从周树人与"狂人"相遇到他的《狂人日记》

前　言

　　本论所述"狂人的越境之旅"，是指周树人在留学时期与"狂人"相遇到他创作《狂人日记》从而成为"鲁迅"的精神历程的某一侧面。在这一过程中，始终有一条由"狂人"言说所构成的"狂人精神史"相伴随。本论试在此前提下，就业已提出并有过初步探讨的"文艺创作和评论中的'狂人'"问题做进一步的发掘和展开，以揭示文艺中的"狂人"对周树人文艺观、审美取向和文艺实践活动的影响，从而呈现一条文艺机制上的通往《狂人日记》的精神轨迹。从一般的意义上讲，这一历程通常会由"从果戈理的《狂人日记》到鲁迅的同名小说"一句话来概括。自鲁迅在1935年3月从"中国新文学大系"史的角度披露了他和果戈理的"关系"[①]之后，"果戈理与鲁迅"便成为文学史常识，而且随着时间的推移，这种常识也在被不断阐释的过程中获得强化。但是，需要指出的是，"狂人的越境之旅"并非一步到位的直达，至少其中还隔着周树人留学时期的"明治日本"以及除了果戈理"狂人"之外的其他"狂人"。也就是说，截至目前，在果戈理和鲁迅的两种文本之间，还缺乏一种关联机制及其过程的解析，本论尝试首先从弥补这一空白开始。

---

　　① 鲁迅：《且介亭杂文二集·〈中国新文学大系〉小说二集序》，《鲁迅全集》第6卷，第246—247页。

一、"果戈理"与鲁迅的《狂人日记》

对于鲁迅《狂人日记》的探讨来说，"果戈理"仿佛是一个悖论式的存在：既明示着两篇同名作品的关联，又不足以用来说明鲁迅的《狂人日记》。鲁迅说他的《狂人日记》因"'表现的深切和格式的特别'，颇激动了一部分青年读者的心"，但"这激动"，是由于人们对外国文学不了解——"是向来怠慢了绍介欧洲大陆文学的缘故"，因此他在"欧洲大陆文学"这一线索下，提到了自己的创作与1834年俄国果戈理的《狂人日记》和1883年尼采的《查拉图斯特拉如是说》的关联。但他也同时提示了与果戈理和尼采的区别，即"后起的《狂人日记》意在暴露家族制度和礼教的弊害，却比果戈理的忧愤深广，也不如尼采的超人的渺茫"①。强调"区别"是其中的重点所在。

周作人作为鲁迅身边的重要关系人，也早就指出果戈理"发花呆"的主人公与鲁迅的迫害狂的"狂人"形象乃至主题的不同②；竹内实（Takeuti Yoshimi，1923—2013）曾认真比较过二叶亭四迷日译《狂人日记》与鲁迅文本，发现了两者极大的不同，甚至在"形似"或"构成上一致"之处，也有微妙的不同③；而捷克学者马里安·高利克（Marián Gálik，1933—　　）在30年前甚至断言"鲁迅的说法和一些学者的努力都未能成功地让我们相信，除了那个标题，果戈理还给了鲁迅更多的东西；因为他们的主人公以及作品的内容和形式都是非常不同的"④——这种说法虽未免有些极端，但也和两者对照阅读之后的实际感受相符。的确，两种《狂

---

① 鲁迅：《且介亭杂文二集·〈中国新文学大系〉小说二集序》，《鲁迅全集》第6卷，第247页。

② 周作人著，止庵校订：《鲁迅小说里的人物·呐喊衍义·七　礼教吃人》，河北教育出版社，2002年，第18页。

③ 竹内实：「鲁迅とゴーゴリ　二つの『狂人日記』」，『世界文学』，1966年3月；『鲁迅周辺』，畑田書店，1981年，第219—237页。

④ 马里安·高利克作，伍晓明译：《鲁迅的〈呐喊〉与迦尔洵、安特莱夫和尼采的创造性对抗》，《鲁迅研究动态》，1989年，第1、2期。

人日记》除了篇名的相同和日记体形式以及开头和结尾的描写近似之外，实在找不到主人公之间内在的精神上的相通之处。尽管如此，如果借用某篇文章里的说法，那么就是，虽然"不能把鲁迅的创作发生限定在与果戈理或中俄之间的某一条线索"，但"比较、对照性分析"这两篇"同题小说"，仍是现在大多数论文"无法回避的思路"①。不过，对于探索鲁迅《狂人日记》的成因而言，这一思路的有效性却早已引起怀疑，于是，寻找与鲁迅的"狂人"精神相通的人物也就成了自然选项，而继"果戈理""尼采"之后，又有了安特莱夫、迦尔洵乃至更多作家作品与《狂人日记》关系的探讨②。这些探讨对于走出已经定型化了的"无法回避的思路"，无疑具有开放性意义。但同时又由于它们大多是"平行比较"作业的产物，故而与彼时的周树人无论在事实关系上还是在文本层面，都有很大的距离。即，都没能回答周树人在他当时所处的那个现场目睹并面对的是怎样的"狂人"。

1966 年 9 月，北京鲁迅博物馆意外获得了原本保存在钱玄同（1887—1939）家的一批文物，其中包含"鲁迅留日时期的两个日式装订的剪报册"，两册当中的一册，合订有剪贴下的 4 位俄罗斯作家的 10 篇作品，附有鲁迅手写目录③。后来鲁迅博物馆在做"鲁迅藏书研究"时，发现里边剪贴有"果戈理的《狂人日记》"，遂以"鲁迅初读《狂人日记》的信物"予以介绍，并把这个合订的剪报册命名为《小说译丛》④。关于《小说译丛》

---

① 宋炳辉：《从中俄文学交往看鲁迅〈狂人日记〉的现代意义——兼与果戈理同名小说比较》，《中国比较文学》季刊，2014 年第 4 期，第 133 页。

② 在这方面，马里安·高利克开了个好头。他通过阅读原著，提供了迦尔洵《四日》《红花》和安特莱夫《谎》《沉默》《墙》《我的记录》等足资与鲁迅《狂人日记》相比较并且暗示后者成因的资料，带动了后来者借助中译本所展开的迦尔洵、安特莱夫等与《狂人日记》的比较。

③ 陈漱渝：《寻求反抗和叫喊的呼声——鲁迅最早接触过哪些域外小说？》，《鲁迅研究月刊》，2006 年第 10 期，第 16 页。

④ 姚锡佩：《鲁迅初读〈狂人日记〉的信物——介绍鲁迅编定的"小说译丛"》，鲁迅博物馆鲁迅研究室编《鲁迅藏书研究》，中国文联出版公司，1991 年 12 月，第 299—300 页。

的详细内容和剪取来源，这里暂不做展开，请参照相关研究[①]。

《小说译丛》里装订的"果戈理"有三篇，分别是二叶亭四迷译《旧式地主》（『むかしノ人』，剪自《早稻田文学》1906 年 5 月号）、《狂人日记》（剪自《趣味》1907 年 3、4、5 月号）和西本翠荫（Nishimoto Suiin，1882—1917）译《外套》（剪自《文艺俱乐部》1906 年 6 月号）。可以说，这三篇日译作品，是彼时的周树人与"果戈理"以及"狂人"相遇的确凿证据，也是他与果戈理终生结缘的开始——晚年译《死魂灵》并自费出版《死魂灵百图》[②]，当然是后话，却是他早年与果戈理相遇的一个"决算"。整个明治时代，果戈理被日译的作品并不多。1893—1911 年，18 年间只有 17 篇[③]。周树人在 1906 年 5 月到 1907 年 5 月一年内，集中收藏了 3 篇，不能不说对果戈理倾注了很多的关注。

那么问题来了。他的关于果戈理的知识来自哪里？或者说究竟是什么使他注意到果戈理？这个关注的对象对他的作用程度又是怎样呢？

二、关于"果戈理"的介绍与评论

除了作品之外，首先可以想到的是关于果戈理的评论。果戈理在日本的最早翻译，是上田敏（Ueda Bin，1847—1916）译自英文，发表在明治1893 年 1 月《第一高等中学校校友会杂志》上的《乌克兰五月之夜》[④]。

① 例如除了姚锡佩和陈漱渝的文章外，请参阅竹内良雄作，王惠敏译：《鲁迅的〈小说译丛〉及其他》一文，《鲁迅研究月刊》，1995 年第 7 期。

② 参见鲁迅：《且介亭杂文二集·〈死魂灵百图〉小引》注释，《鲁迅全集》第 6 卷，第 462 页。

③ 该统计根据以下文献：「明治翻訳文学年表 ゴーゴリ編（Николай васильевич гоголь，1809—1852）」，川户道昭、榊原貴教编集：『明治翻訳文学全集 37 ゴーゴリ集』，大空社，2000 年 4 月。

④ 蔍島亘：『ロシア文学翻訳者列伝』，東洋書店，2012 年 3 月，第 162 页。该书把《第一高等中学校校友会杂志》的出版时间标记为"明治二十六年三月"，但这里以前出「明治翻訳文学年表 ゴーゴリ編」为准，即"明治二十六年一月"。日译篇名「ウクライン五月の夜」，今汉译篇名《五月的夜——或女溺水鬼》，参见沈念驹主编：《果戈理全集》第 1 卷，河北教育出版社，2001 年，第 62—96 页。

同年有人在评论"非凡非常之俄罗斯文学"时，重点在评普希金，却借了"诗伯果戈理"的话："普希金乃非凡非常之显象也。"①1896 年 11 月，西海枝静（Sakaishi Shizuka，1869—1939）首次详细介绍了"俄国文豪果戈理的杰作《检阅官》（即《钦差大臣》）"和其创作特点以及他拜谒果戈理墓地的情形②。一年以后他又详细介绍了果戈理的《死人》（即《死魂灵》）及其文学特征，即"暴露不惮直言"，"嘲笑手腕高超"，"令读者在捧腹失笑之余"，产生对篇中人物的思考③。除此之外，关于果戈理的评论并不多见。例如，在上田敏翻译果戈理的同时，桑原谦藏（Kuwabara Kenzo，生卒年不详）也发表题为《俄罗斯最近文学之评论》的长文，旨在介绍"近五十年俄罗斯出现的小说和文学者"，在《早稻田文学》上连载 5 期，却并没提到果戈理的名字④。

直到昇曙梦（Nobori Shomu，1878—1958）登场情形才为之一变。昇曙梦被史家评为日本"明治三十八九年以后，在俄罗斯文学勃兴期登场的"翻译家⑤。不过，如果从评论介绍的角度看，他的登场或许要更早一些。这是因为他在 1904 年 6 月就已经出版了《俄国文豪果戈理》⑥一书。这是日本第一本关于果戈理的专著，也是一部划时代的作品。包括"绪论"和"结论"在内，全书由 18 章内容构成，对果戈理的生平、创作和思想以及社会环境都做了全面介绍。尤其是 4、5、6、7、11 章专门介绍果戈理的创作及其社会影响，涉及果戈理的主要作品，也提供了许多后来被经常引述的与果戈理的创作相关的素材，如《检察官》上演引起了公众不满，而皇帝下令予以庇护等。顺附一句，很多年以后，鲁迅在作《暴君的臣民》

---

① 作者未署名：「非凡非常なる露国文学の顕象」，『裏錦』第 1 卷第 3 号，1893 年 1 月，第 48 页。

② 西海枝静：「露国文豪ゴゴリの傑作レウィゾルを読む」，『江湖文学』，1896 年 11 月。

③ 西海枝静：「露国文学と農民」，『帝国文学』第 3 卷第 11 号，1897 年 11 月 10 日。第 76 页。

④ 桑原謙藏：「露西亜最近文学の評論」，『早稻田文学』第 31、33、34、36、41 号，1893 年 1、2、3、6 月。

⑤ 蠚島亘：『ロシア文学翻訳者列伝』，第 223 页。

⑥ 昇曙夢：『露国文豪ゴーゴリ』，春陽堂，1904 年 6 月。

时，还记得果戈理的例子："在外国举一个例：小事件则如 Gogol 的剧本《按察使》，众人都禁止他，俄皇却准开演……"[①] 昇曙梦的果戈理评传，已经远远超出了同时期的只言片语和个别篇目的介绍，而有着压倒性的充实内容。尤其在果戈理的作品只有 5 篇被译成日文的时代[②]，这一点就更加难能可贵。

在与本论相关的意义上，昇曙梦的这本《俄国文豪果戈理》有三点不能不注意。第一，这是在日俄战争的背景下，"俄罗斯""俄罗斯文学"话语甚嚣尘上的情况下出现的"纠偏"之作，作者之立言，旨在匡正介绍俄罗斯文学时舍本逐末的偏颇，因此对果戈理有明确的文学定位，即他和普希金一样，代表着俄罗斯文学的"黄金时代"，"是最近俄罗斯文学的源泉、前提、基础和光明之所在"[③]。在 19 世纪以来整个俄罗斯文学发展史的背景下，"他处在前代文学和最近文学的过渡期当中"[④]，其所代表的方向是"国民性的表现者"和"写实主义"[⑤]。

其次，是关于果戈理的形象塑造。"吾人在此书中的用意，专在果戈理文学之根底和他的内心生活。因为吾人期待在叙述果戈理的创作生活及其峥嵘的天才之主观历史的同时，也能对现代思潮的神髓有所触及。"这里所说的"天才""内心生活""现代思潮的神髓"，代表了昇曙梦的果戈理观，但他在塑造果戈理"天才"形象的同时，也强调了这个"天才"不为世间所容，遭受迫害的一面。他希望人们通过他的这本书"能一窥近世俄罗斯文学在其发展过程中怎样以牺牲天才为代价"[⑥]。

第三，是关于《外套》和《狂人日记》的介绍。说这两篇作品两个主人公相似，"描写了彼得堡中流社会生活的一个侧面"。而尤其详细介绍

---

① 鲁迅：《热风·随感录六十五　暴君的臣民》，《鲁迅全集》第 1 卷，第 384 页。

② 据前出『明治翻訳文学年表 ゴーゴリ編』可知，到昇曙梦出版『露国文豪ゴーゴリ』为止，上田敏、德富蘆花、二葉亭四迷、今野愚公各译 1 篇，残月庵主人译 2 篇。

③ 昇曙夢：「自序」，『露国文豪ゴーゴリ』，第 1—3 页。

④ 昇曙夢：「緒論」，『露国文豪ゴーゴリ』，第 2—3 页。

⑤ 参见昇曙夢：「十八（結論）文学者としてのゴーゴリ」，『露国文豪ゴーゴリ』，第 195—206 页。

⑥ 昇曙夢：「自序」，『露国文豪ゴーゴリ』，第 4 页。

了《狂人日记》，并评价："吾人读此作，不能不对作者描写狂人之感性以及病态的深刻痛快感到震惊"；"果戈理重在指出人生的黑暗面，作为以搞笑为己任的一个文学家，他不单在以上作品中描写了个人，他同时还指出了当时俄国官场的阴暗的半面，力图以嘲笑促成社会的自觉"①。

以上三点都与周树人有关。周树人关于《狂人日记》和果戈理的知识，不一定完全来自这本书，但无法和这本书或者说昇曙梦在当时的介绍脱离干系。一年以后的 1905 年 8 月，昇曙梦在著名的《太阳》杂志上再发长文《俄文学的过去》，介绍公元 10 世纪以后到果戈理的俄国文学的"过去"，实际是他果戈理评传的文学前史。在这篇长文的最后，他仍以前著《俄国文豪果戈理》当中的关于果戈理的结论来完整对接。即强调果戈理开创的"写实道路"："到了晚近虽有托尔斯泰那样的大家和高尔基、契诃夫那样的天才辈出，但终不能出这种写实主义的道路之外。"②无独有偶，就在发表昇曙梦这篇长文的同一期《太阳》杂志上的"评论之评论"栏里，还刊载了《俄国文学的写实主义》一文，介绍"克鲁泡特金在他的近著《俄罗斯文学》当中有趣的议论"，说"把社会要素纳入文学当中分析，剖析俄国内部的状态，加以批评的社会观，以果戈理为嚆矢"③。由北冈正子的调查可知，克鲁泡特金的《俄罗斯文学的理想与现实》，也是周树人写作《摩罗诗力说》的材源之一④，关于这一点，后面还要涉及。

昇曙梦在 1907 年 12 月出版了他长达 312 页的第二部专著《俄罗斯文学研究》⑤之后。1908 年 4 月又发表《俄国的自然主义》⑥一文，再次把此前介绍过的果戈理纳入当时正在讨论的"自然主义文学"话语中予以再确认。1909 年的 4、5 月间，在纪念果戈理诞辰百年之际，除了在《东京

---

① 昇曙夢：「五 ゴーゴリの創作（其二）」，『露国文豪ゴーゴリ』，第 52—54 頁。
② 昇曙夢：「露文学の過去」，『太陽』第 11 巻第 11 号，1905 年 8 月，第 126 頁。
③ 「露国文学の写実主義」，『太陽』第 11 巻第 11 号，第 220 頁。
④ 北岡正子：『魯迅文学の淵源を探る 「摩羅詩力説」材源考』，汲古書院，2015 年。请参阅该书序和第三章。
⑤ 昇曙夢：『露西亜文学研究』，隆文館，1907 年。
⑥ 昇曙夢：「露国の自然主義」，『早稲田文学（第二次）』第 29 号，1908 年 4 月 1 日。

每日新闻》上连载 6 次《近代俄国文学之晓星》之外，还在《太阳》杂志上发表专文，以《俄国写实主义的创始者》为题定位果戈理，同时还以《钦差大臣》和《死魂灵》这两部作品为例，提醒日本的自然主义文学家们："自然主义"并不意味着有什么写什么，还要靠"想象力的作用"；果戈理在实体观察的基础上，完全依靠他的想象力构筑了他的作品，与"我邦自然派所标榜的客观描写，照葫芦画瓢的照录主义"完全不同[①]。

除此之外，昇曙梦介绍俄罗斯文学的文章还有很多，如果再加上其他人的就更多，但是仅就关于果戈理而言，由评论所见到的大抵不出以上范围。可以说，昇曙梦是"果戈理"知识的主要提供者。正是在这样的背景下，周树人开始关注果戈理并收集其作品。前面提到的剪贴到《小说译丛》的《狂人日记》《昔之人》《外套》3 篇，都集中在同一时期收集绝非偶然。周树人很看重二叶亭四迷的果戈理译本，却并没收藏（或者说没有收集到）其早前翻译的果戈理中篇《肖像画》[②]，也是一个佐证。

三、二叶亭四迷以前的两种《狂人日记》

事实上，二叶亭四迷名下的日译《狂人日记》，并非果戈理同名作品在日本的首译，而是第二次翻译。第一次翻译是 1899 年，译者署名"今野愚公"，登载在《天地人》杂志同年 3 月号上，《狂人日记》的标题前有"讽刺小说"四字，标题下有原作者名："露人ゴゴル作（俄人果戈理作）"。从 3 月号到 6 月号，共连载 4 期。后来有研究者对照了前后相差 8 年的两种日译，认为和今野愚公的翻译相比，二叶亭四迷的翻译更加传神[③]，不仅订正了前者的误译，而且在文体上也下了番仔细的工夫，与前者翻案色

---

① 昇曙夢：「露国写実主義の創始者（ゴーゴリの誕辰百回紀に際して）」，『太陽』第 15 巻第 6 号，1909 年 5 月 1 日，第 124—129 页。

② エン、ウェ、ゴーゴリ作，二葉亭四迷訳（一・二・三），『太陽』第 3 巻第 2、3、4 号，1897 年 1 月 20 日、2 月 5 日、2 月 20 日。

③ 秦野一宏：「日本におけるゴーゴリ：ナウカ版全集（昭 9）の出るまで」，『ロシア語ロシア文学研究』15 号，日本ロシア文学会，1983 年 9 月 15 日。

彩浓厚的"汉文调"不同，二叶亭四迷做到了彻底的俗语化①。今野愚公的日译《狂人日记》不一定和周树人直接相关，但对那个时代创作风气的影响不容忽视，可以作为"狂人"形象出现的背景来考虑。所谓"狂人越境"，此可谓第一站：果戈理的"狂人"登陆日本。

在此之前，笔者一直对松原二十三阶堂的《狂人日记》在1902年出现感到不可思议，推测他写这篇小说是和他视为兄长的二叶亭四迷有关。目前笔者在保留这一看法的前提下，认为松原二十三阶堂的同名创作在文体上与今野愚公的译本更加接近，两者都具有戏作的风格。

松原二十三阶堂，本名松原岩五郎，别号乾坤一布衣，明治时代关注底层的小说家、新闻记者。1890年步入文坛，其《长者鉴》②因揭露"社会之罪"而博得好评。同一时期结识二叶亭四迷，让他"眼前一亮，产生别有洞天"③之感，在后者的影响下，他开始关注社会问题，并一同深入底层社会展开调查。1892年加入《国民新闻》当记者，在该报上连载各种发自贫民窟的调查报告，翌年1月，由民友社出版单行本《最暗黑之东京》。该作是明治时代报告文学的代表作，揭露明治二十年代产业社会的阴暗面，影响很大，再版5次。作为"记录文学"，其"生动记录了所谓创作文学丝毫没有传递的这一时期的日本社会的底层"，"准备了明治三十年代文学的新倾向"，而署名作者"乾坤一布衣"也成为引领那个时代关注社会问题的先驱者④。

松原二十三阶堂对"明治三十年代文学新倾向的影响"，首先体现在

---

① 秦野一宏：「ゴーゴリの二葉亭訳をめぐって」，『ロシア語ロシア文学研究』26号，1994年10月1日。

② 松原岩五郎：『長者鑑』，吉岡書店，1891年。

③ 松原岩五郎：「二葉先生追想録」，坪内逍遥、内田魯庵編輯：『二葉亭四迷』，易風社，1909年，上ノ一二四。

④ 关于松原二十三阶堂的生平以及与二叶亭四迷的关系，参照文献如次：「松原二十三階堂」「国民新聞」「国民之友」「記録文学」，『日本近代文学大事典』Ⅲ、Ⅳ、Ⅴ，講談社，1978年；中村光夫：『二葉亭四迷伝　ある先駆者の生涯』，講談社，1993年；山田博光：「二葉亭と松原岩五郎・横山源之助」，『国文学　解釈と鑑賞・特集　二葉亭四迷のすべて』，1963年5月号；山田博光：「明治における貧民ルポルタージュの系譜」，『日本文学』，1963年1月。

他自己的创作上。这就是他明治三十五年（1902）3月发表的短篇小说《狂人日记》①。这篇小说是继报告文学《最暗黑之东京》之后在同一主题意象下的文学创作，不论曝光"暗黑"的广度还是揭露的深度，都可谓前者的艺术升级版。

主人公名字叫"在原"，是在一家贸易株式会社上班的小职员，却是个"夸大妄想狂"。这个人物的社会地位和性格的设定，和果戈理《狂人日记》里的九等文官"波普里希钦"②非常相似。小说以"拔萃"主人公3月3日到7月10日之间的10篇日记构成。开篇就抱怨周围挤满了"小人和俗物"，有眼无珠，对"予""有经纶天下之大手腕和燮理阴阳的大伎俩"一无所知。"予"提出拯救经济界的贸易计划，却遭到冷嘲热讽……就这样，主人公的"绝大无比的天才"意识和"独步天下的人杰"意识，便与他所处的现实发生尖锐的冲突。他住在漏雨却又得不到修缮的出租屋里，欠着房费、太太裁衣服要给裁缝的钱，到处躲债，却想象着自己到"新开地"北海道或台湾以大贸易攫取巨利，或成为置田万顷的大地主，而就在这想入非非之间，一向令他害怕和敬畏得不得了的社长、主管等都被他等而下之地看待，同时也一改平时的小气吝啬，给会社小当差的一下子买了10份鳗鱼饭，吓得对方目瞪口呆。他想到某局长会安排他去做官，最差也得是个"书记官"，"呜呼，书记官实乃一县之内总理县政的重大官职"；而别人尤其不知道的是，他才是"将来的总理大臣"！小说通过这样的"狂人"之眼，描写了种种世相：他前后多次进入、潜入、跟入总理大臣的官邸、富人的豪宅和矿山大亨的别墅，目睹了那里的骄奢淫逸、纸醉金迷乃至大臣、议员和社长的肮脏交易。他还在应邀出席的家宴中见识了上流社会物化的交际圈：各种器皿、盆栽、书画、刀剑和古佛像收藏，以及到处闪着金光的金牙、金怀表、金表链和金丝眼镜，还有阔人颐指气使的车夫和比主人更有派头的男仆。而另一方面却是将要倒塌的贫民危房和被巡警抓住

① 松原二十三階堂：「狂人日記」，『文芸倶楽部』第8卷第4号，1902年3月1日，第129—147页。

② 为叙述方便，如不作特殊说明，本文内的作品人物译名皆取现今通译名。

的乞丐以及围观的人们。最有趣的是他在赶往神户的火车的一等车厢里见到一位老绅士带着两个包养女郎和价值千元的鸟笼和鸟，一位年轻的绅士力劝他加入"道德会"并能对该会有所赞助。小说最后在矿山大富豪小妾的后花园结束：三名医学士飞车赶来，不是因为妾生了病，而是一只猫仔"奄奄一息地横卧在缎褥上，看上去颇为滑稽"。这是进入明治三十年代中期社会膨胀的缩影和时代精神，通过一个自我膨胀的"狂人"呈现出来。

松原二十三阶堂 1892 年就在报纸上撰文呼吁"翻译陀思妥耶夫斯基的《罪与罚》"①，由此可知，他很早就开始关注俄罗斯文学。虽然他和二叶亭四迷有着非常亲密的师弟关系，但后者翻译《狂人日记》是在 5 年之后，而且当时二叶亭四迷已经搁笔多年，正处在"讨厌文学达到顶点的时期"②，加上不在现场——同年 5 月动身去了中国哈尔滨③，因此就关系而言，和二叶亭四迷相比，松原二十三阶堂的《狂人日记》与 3 年前出现的今野愚公的《狂人日记》应该有着更近的距离。不论主人公的社会地位和性格设定，还是谐谑滑稽的笔法，以及今野和松原文本所呈现的"类似性"都可以佐证这一点。因此，如果说今野的翻译意味着俄罗斯"狂人"在日本的登陆，那么松原的创作，则是借助《狂人日记》这一作品形式讲述日本故事并对"狂人"主人公进行了很有"日本味"的本土化处理。后者虽属于社会问题小说，却开启了"狂人"作为本土主人公在明治文学中正式登场的先河。此可谓"狂人越境"的第二站，即日本的本土化。

就在松原发表这篇作品一个月后，周树人一行从上海乘坐"神户丸"到达横滨。他当时是否关注到这篇作品不得而知。从上文可知，他关注果戈理并且能够找到材料，是 1906 年他离开仙台医学专门学校回到东京从事他所说的"文艺运动"以后的事。但这并不意味着他在后来查阅的过程中没有与这篇作品相遇的可能。因为发表该作品的《文艺俱乐部》杂志也

---

① 二十三阶：「ドストエフスキイの罪書」，『国会新闻』，1892 年 5 月 27 日。

② 中村光夫：『二葉亭四迷伝　ある先駆者の生涯』，第 240 页。

③ 关于这一时期的二叶亭四迷，参照中村光夫：「二葉亭四迷伝　ある先駆者の生涯・ハルビンから北京へ」。

是他文学关注的对象和重要材源。前面介绍的《小说译丛》10 篇小说当中，有 2 篇就剪裁自《文艺俱乐部》①。但是更重要的，或许还是松原加在这篇作品前面的小序。

> 一日在郊外散步时，在原上树阴下得此日记。封面施以布皮，装订纸数百余页。文章纵横无羁，逸气奔腾，慷慨淋漓，可知非常识家之笔。故从中拔萃数章，权名之为"狂人日记"。②

这种"偶然"得到日记并且将其展现给读者的方式，与后来鲁迅的《狂人日记》是不是很像？难道这是偶然的吗？

四、从"果戈理"到"高尔基"

那么，上面谈到的明治三十年代的果戈理和三种文本的《狂人日记》，对周树人来说意味着什么呢？

首先是篇名和"狂人"也可以写"日记"的这种文学形式的示范性不言而喻，更何况正准备投身文艺运动的周树人，还是一个悟性很高的人。其次，他虽然在这个阶段具备了相当程度的关于欧洲和俄罗斯乃至日本文学的知识，也开始关注包括果戈理在内的众多作家和诗人，但就他当时的文学偏好和自身建构的精神素材而言，"果戈理的写实主义"和类似《狂人日记》的讽刺作品还不是他的兴趣点。他关注的是那些张扬个性的浪漫主义诗人。例如，在他当时最为用力，也最能体现他的文学观的《摩罗诗力说》中，他构建了一个由 8 位诗人构成的"恶魔派"诗人谱系，该谱系从英国拜伦开始，延及俄国、波兰、匈牙利，雪莱、普希金、莱蒙托夫、密茨凯维支、斯洛伐之奇、克拉旬斯奇、裴多菲相继登场，呈现大观："今则举一切诗人中，凡立意在反抗，指归在动作，而为世所不甚愉悦者悉入

---

① 嵯峨のや主人訳：「東方物語」，『文芸俱楽部』第 11 卷第 13 号，1905 年 10 月。西本翠蔭訳：「外套」，『文芸俱楽部』第 15 卷第 8 号，1909 年 6 月。

② 松原二十三階堂：「狂人日記」，『文芸俱楽部』第 8 卷第 4 号，第 129 页。

之。"① 但是和"普希金""莱蒙托夫"同一时代的"果戈理"却没能成为其中的选项。

> 若夫斯拉夫民族，思想殊异于西欧，而裴伦之诗，亦疾进无所沮核。俄罗斯当十九世纪初叶，文事始新，渐乃独立，日益昭明，今则已有齐驱先觉诸邦之概，令西欧人士，无不惊其美伟矣。顾夷考权舆，实本三士：曰普式庚，曰来尔孟多夫，曰鄂戈理。前二者以诗名世，均受影响于裴伦；惟鄂戈理以描绘社会人生之黑暗著名，与二人异趣，不属于此焉。②

"普式庚"即今译普希金，"来尔孟多夫"即今译莱蒙托夫，"鄂戈理"即今译果戈理。由上文可知，果戈理因"异趣"不仅没有成为"选项"，反倒是有意处理的"舍项"。据北冈正子考证③，《摩罗诗力说》里的"普式庚"，材源主要来自八杉贞利（Yasugi Sadatoshi，1876—1966）的《诗宗普希金》④，"来尔孟多夫"主要依据克鲁泡特金（Пётр Алексе́евич Кропо́ткин，1842—1921）的《俄罗斯文学（理想与现实）》⑤，而以昇曙梦的《莱蒙托夫遗墨》⑥ 和《俄罗斯文学研究》⑦ 加以补充。前面已经提到，《太阳》杂志上曾发表《俄国文学的写实主义》，主要介绍"克鲁泡特金在他的近著《俄罗斯文学》"中的观点，重点是"果戈理"。但周树人在拿到这本书后，只是选了其中的"莱蒙托夫"作为自己的素材。又，昇曙梦的《俄国文豪果戈理》应该是周树人关于果戈理的主要知识来源，但是他在《摩罗诗力说》里，除了那句"惟鄂戈理以描绘社会人生之黑暗著名"以外，几乎没有动用这方面的知识，而是选择了昇曙梦提供的"莱蒙托夫"的材料。

---

① 鲁迅：《坟·摩罗诗力说》，《鲁迅全集》第1卷，第68页。

② 鲁迅：《坟·摩罗诗力说》，《鲁迅全集》第1卷，第89页。

③ 参见北冈正子：『魯迅文学の淵源を探る 「摩羅詩力説」材源考』中的序和第三章。

④ 八杉贞利：『詩宗プーシキン』，时代思潮社，1906年。

⑤ P.Kropotkin: Russian Literature (Ideals and Realities), London. Duckworth & Co, 1905.

⑥ 昇曙梦：「レルモントフの遺墨」，『太陽』第12卷第12号，1906年6月1日。翌年集入『露西亜文学研究』，隆文館，1907年。

⑦ 参考昇曙梦：『露西亜文学研究』中"露国詩人と其詩 六 レルモントフ"一部分。

把"果戈理"作为"舍项",固然是在周树人看来其与8位摩罗诗人"异趣"使然,但更主要的还是和周树人彼时的文学偏好"异趣"使然。换句话说,像果戈理那样的"描绘社会人生之黑暗"的文学,对于崇尚拜伦式的反抗的他来说,还是此后的课题。不过反过来也可以说,也许正是从那时起,"果戈理"成了他此后文学的契机。

那么,除了上述《狂人日记》以外,在同时期的涉"狂"作品中,是否有与后来鲁迅的《狂人日记》文体相近、神气暗合的创作呢?回答是肯定的。那就是在《趣味》杂志推出《狂人日记》的同时,《新小说》杂志推出的二叶亭四迷的另一篇译作《二狂人》。由于这篇作品一直被掩埋在历史的尘埃之下,直到鲁迅的《狂人日记》发表百年之际,才被重新发现 ①,兹略作展开。

《二狂人》原作系高尔基的《错误》,由"二叶亭主人"直接由俄语译出。与出自同一译者之手而"青史留名"的《狂人日记》相比,《二狂人》后来几乎默默无闻,不受重视,不仅在以网罗日本近代文学全般事项为能事的巨型"事典" ②中找不到其踪迹,就连岩波书店出版的《二叶亭四迷全集》"解说"都把该作品出自哪篇原作弄错,指为"《旧式地主》的部分翻译",令人误以为同样是果戈理的作品。但是与后来的落寞形成鲜明对照,《二狂人》在推出的当时,却是一次轰轰烈烈的闪亮登场。1907年3月1日,《新小说》在刊登该作的"第十二年第三卷三月号",不仅特意配了"二狂人"卷首插图 ③,还特以《高尔基的人生观真髓》为题,附昇曙梦译86条高尔基语录 ④。前面已经介绍过,同月,《狂人日记》在《趣味》杂志上连载。翌年,二叶亭的翻译作品集出版,收录了4篇作品,包括《二狂人》 ⑤,

---

① 请参见本书《狂人之诞生——明治时代的"狂人"言说与鲁迅的〈狂人日记〉》及汪卫东《〈狂人日记〉影响材源新考》。

② 例如,日本近代文学館、小田切進編:『日本近代文学大事典』,講談社,1978年。

③ 「二狂人(口絵)岡田三郎助」,ゴーリキイ作,二葉亭主人訳:「二狂人」,『新小説』第12年第3卷,1907年3月2日。

④ 昇曙夢訳:「ゴーリキイの人生觀真髓」,『新小説』第12年第3卷,第45—50頁。

⑤ 二葉亭主人:『カルコ集』,春陽堂刊,1908年1月1日。集入4篇:「ふさぎの虫」「二狂人」「四日間」「露助の妻」。

却没收《狂人日记》。这些都说明当时人们更看重前者。

在统计局当统计员的"基里尔·伊凡诺维奇·亚罗斯拉夫采夫",是个与思想为伴的人。他捕捉不到思想的形态，也摆脱不了思想的束缚，起初还顽强地同思想进行斗争，后来就任凭思想摆布自己。这一切因他受同事之托，去看护另一个患了精神病的同事而发生改变。发疯的同事叫"克拉夫措夫"，症状是胡言乱语，滔滔不绝，时而鬼话连篇，时而发出至理名言，一个人陪护了两天已经受不了了，所以来找统计员帮忙。小说前一半写"亚罗斯拉夫采夫"自己的思想斗争，后一半写他陪护发疯的同事"克拉夫措夫"一夜期间的两个人的"思想交流"。最后陪护者终于认同了被陪护者的主张，认为他不是一个疯子，而是一个正常人。当第二天早晨精神病院的医生带人来接患者时，陪护者予以阻拦，说这是个正常人，你们不该带他去精神病院。结果陪护者也被当作疯子一起带走了。作品尾声是两个人都在医院，为师的快好了，弟子却没救，放风时见面，还是跑过去，脱帽致敬，请求老师："先生，请再讲讲吧。"

很显然，这篇作品里的狂人比果戈理的狂人更加震撼人心，更何况还是两个。所以《帝国文学》很快就这两篇作品发表署名"无极"的评论，题目叫做《狂人论》。①

> 顷者，我文坛由二叶亭主人灵妙之译笔，而新得俄罗斯种三狂人。他们是高尔基《二狂人》及果戈理《狂人日记》的主人公。《二狂人》心理解剖令人惊讶。仔细看过题头插图之后，捻细灯火，眺望黑风劲吹的窗外，仿佛有什么东西在院子里的树丛间发出蠕动的声响，并且窃窃私语。克拉夫措夫仰头指天，亚罗斯拉夫采夫则蹲在他的脚下。当两个人站起身来，碧眼散射着可怕的光芒，慢腾腾地向这边走来，好像要扒着窗户往屋子里看时，我甚至担心自己是否会成为第三个狂人。幸而有那个"走起路来

---

① 無極:「狂人論」,『帝国文学』,第 13 卷第 17 号,1907 年 7 月 10 日,第 140—141 页。

就像披着口袋的乌龟"的九等官先生出来充当了这角色，我才放下心来。

……

在介绍了《二狂人》主人公的精神特征、思想变迁及其原因之后，评论者"无极"以《狂人日记》作如下对比。

> 《狂人日记》并不像《二狂人》那么厉害和深刻。盖《二狂人》的厉害之处在于其经历描写发疯的全过程。读者一开始，是把其中的主人公当做与自己同等的真人来看待，也把他的烦恼多少拿来与自己作比较，对其同情并认可。然而这个同类当中的一个，却眼看着渐渐发疯，最后终于丧失全部理性，悟性大乱，很快丧失人类的资格，混化为动物，便不能不被一种凄怆感所打动。……想到这比死还恐怖的结局，谁都不能不战栗。然而《狂人日记》的主人公，因为从一开始就是地地道道的狂人，所以读者完全可以采取客观的态度来看待，可以作为诗的假象界的人物来鉴赏。倘若作为诗的对象来看，那么狂人则有一种妙趣。

"战栗"和"妙趣"是这两篇作品留给当时人的不同阅读感受。就狂者"意识流"的形态和不断发展演变而言，很显然是《二狂人》与后来鲁迅的《狂人日记》更为接近。加上那些看似疯话、实则精密的精神披露和鞭辟入里的文明批评的话语方式，就使研究者更有理由把两种文本拿来做对比研究。倘若先亮出结论的话，那么越比较就会越觉得两者有着极大的近似性。这就产生了"高尔基"的问题。具体地说，就是留学时期的周树人与他身边的"高尔基"到底有怎样的关系？

五、周树人身边的"高尔基"及其"尼采度"

自从周作人说了当年"高尔基虽已有名，《母亲》也有各种译本了，但豫才不甚注意"[①]之后，"高尔基"便长期消失在留学生周树人的周边，直到有做鲁迅藏书研究的学者指出鲁迅早年藏书当中有6本高尔基小说集，才纠正了周作人所带来的认识偏差，才使人们意识到"豫才"当年其实是"翻阅"高尔基的作品"并有较深的印象"的[②]。不过这位学者同时提出的高尔基没有"引起鲁迅思想上巨大的共鸣"，"主要是在于高尔基对人物思想和精神的解剖，以至表现方法，都和当时鲁迅对人生探索的轨迹有着较大的距离"[③]的看法却未免武断。

这里姑且不展开讨论前面已经指出的《二狂人》与鲁迅《狂人日记》在"人物思想和精神的解剖，以至表现方法"的极大近似性，而只就高尔基当年如何登场，因何登场而论，也会发现他"和当时鲁迅对人生探索的轨迹"不是"有着较大的距离"，而是有着很近的距离。

和果戈理相比，高尔基在日本的登场要晚得多，整整迟到9年，但作品翻译数量和推出的力度都远远超过前者。1902年3月—1912年10月，也就是在明治时期的最后10年间（刚好和周树人的留日时期相重合），可以说是日本出现"高尔基热"的时期，共有84篇次作品被翻译，包括一本收入6篇作品的短篇集[④]。这和前面提到的18年间仅有20篇次登场的果戈理相比形成鲜明的对照。那么高尔基何以被如此热读，拥有如此之高的登场率？按照当时重要介绍者之一昇曙梦的说法，这和同时期发生的

---

① 周作人：《关于鲁迅之二》，周作人著、止庵校订《鲁迅的青年时代》，河北教育出版社，2001年，第129页。又，目前尚未发现在整个明治时期存在着周作人所说的高尔基的"《母亲》也有各种译本了"的情况。

② 姚锡佩：《鲁迅眼中的高尔基》，《鲁迅藏书研究》，第150—151页。

③ 姚锡佩：《鲁迅眼中的高尔基》，《鲁迅藏书研究》，第152页。

④ 该统计根据以下文献：「明治翻訳文学年表 ゴーリキー編（Максим Горький，1868—1935）」，川户道昭、榊原贵教编集：『明治翻訳文学全集「新聞雑誌編」44 ゴーリキー集』，大空社，2000年。

"尼采热"直接相关,人们追逐尼采追逐到了文学界,把高尔基作为文学世界里的"尼采"来读。

> 高尔基的名字被介绍到我国文坛来,是明治三十四、五年。从那时起,他的作品已经陆陆续续被翻译进来。明治三十四、五年相当于西历1901、1902年,正是高尔基的文坛名声在俄罗斯本国达到顶点,进而轰动国外的时期。
>
> 当时我国文坛正值浪漫主义思潮全盛期。从此前的一两年前开始,尼采的个人主义思想被高山樗牛和登张竹风等人大肆宣传,思想界正出现狂飙时代。在尼采主义的影响下,发扬个性、扩充自我、憧憬理想的情绪,不断向文学注入新的生命,催生个性的觉醒。在这样的时代迎来高尔基,是再正常不过的事。我国读书界从一开始就是把他作为尼采流的超人主义作家来接受的。[①]

因此,"当时的文学青年","怀着怎样的惊异和热情"来读高尔基,"是今天所难以想象的"。那么,这个"尼采流"的高尔基,给当时的文学青年带来了什么呢?

> 在当时的浪漫青年和高尔基之间,在理想上,在气氛上,在欲求当中有着某种相通的东西。他们在高尔基那里首先看到了一个在神思中展现伟力、勇猛和人生之美的浪漫主义者,在他的作品中感受到了对新世界的思想热情所掀起的巨大波涛。他从一开始就以梦想、神思和改造的呐喊在无聊而散漫的生活中展现雄姿。这为当时的青年所严重接受。也就是说,他们想在高尔基那里学到作为人而应进化到的真实的人生和社会。所以他的影响从那时起就格外显著。[②]

---

① 昇曙夢:「ロシア文学の傳来と影響」,ソヴェト研究者協会会文学部会著『ロシア文学研究』第2集,新星社,1947年,第243页。

② 昇曙夢:「ロシア文学の傳来と影響」,第245页。

以上是昇曙梦在 30 多年后对当时"高尔基热"的回忆。这其中当然也包括他自己，他是高尔基的热烈的介绍者之一。1906—1912 年，他翻译高尔基的作品三篇（部），撰写评论高尔基的长文 5 篇。其首篇高尔基论就长达 20 页，发表在 1906 年 10 月，题目叫《高尔基的创作及其世界观》①。这篇文章主要介绍高尔基的作品《底层》，并借助作品的内容来探讨"高尔基人生观的转变"。他那时即认为高尔基从浪漫主义变成了"个人主义和尼采教的代表"，但同时也面向社会道德和基督教。"《底层》一篇，显示了这种基本观念上的过渡。个人主义与社会道德，尼采教与基督教的战斗，的确构成了这部戏的核心。"②把高尔基看作"尼采教"的代表，显然是由于他戴上了上面引文所提到的高山樗牛和登张竹风等人所提供的"尼采"滤镜使然③，其中所谓"在神思中展现伟力、勇猛和人生之美"等表达方式，显然就是"高山式"的句子④。已知周树人是明治三十年代"尼采言说"的精神参与者，也是高山樗牛和登张竹风的热心读者和汲取者，而这个在文学领域内作为"个人主义和尼采教之代表"的"高尔基"，处在他关注的视野范围之外，显然不符合逻辑。是否可以说，在"尼采"的延长线上与"高尔基"相遇，显然更符合"当时鲁迅对人生探索的轨迹"？

更何况《二狂人》还是一部"尼采度"很高的作品，通篇都可以读到那些荒诞而又睿智的尼采式的句子：

> 不论走到哪里，你们都无处不在……你们是苍蝇，是蟑螂，是寄生虫，是跳蚤，是尘埃，是壁石！你们一旦接受命令，就会变换各种姿态，做出各种样子，去调查各种事……人在思考什么？怎样思考？出于什么目的？都要一一调查。⑤

① 昇曙梦：「ゴーリキイの傑作と其の世界觀」，『早稲田文学』（第二次）第 10 号，1906 年 10 月 1 日。
② 昇曙梦：「ゴーリキイの傑作と其の世界觀」。
③ 关于该问题，请参阅本书《留学生周树人周边的"尼采"及其周边》。
④ 昇曙梦曾撰长文悼念"高山樗牛博士"，从中可见他与樗牛的精神联系。昇曙梦：「樗牛高山博士を悼む」，『使命』，1903 年 2 月号。
⑤ 二葉亭主人：「二狂人」，『カルコ集』，第 197 页。

我要走向旷野，召集大家。我侪在精神上是乞丐。……的确。我侪是把信仰的甲胄丢弃在战场，手持残破的希望之盾，退出这个世间，所以也不能说不是败北。不过你看现在，我侪有着多么惊人的创造力，又裹着自信的坚甲。我侪在神思中畅想幸福，要把那神思中的清新美丽之花缠在身上，所以你也不要碍我的事，让我完成这建功立业的壮举！①

哎，诸君！诸君！你们要把克拉夫措夫怎么样？难道那些热望他人获得幸福者，伸手去救人者……对那些被生活所迫，同类相噬的可怜的人充满深厚的怜悯之心去热爱者，在你们眼中，就都是狂人吗？②

这些"疯话"完全可以置换为斋藤信策笔下的"狂者之教"③，也可以置换为《摩罗诗力说》"恶魔者，说真理者也"④这句话当中的"恶魔"之言，当然，也更可以置换为后来的鲁迅《狂人日记》里的被"疯子的名目罩上"的"我"的那些"疯话"。就从这一脉相通的精神气质来看，明治时代的"高尔基"，应该是一个足以"引起鲁迅思想上巨大的共鸣"的存在，而不是相反。当把观察"狂人"的重心由形似调整到神似，由"果戈理"调整到"高尔基"，就会发现对于当时正在进行自我精神建构的周树人来说，后者和他有着更近的距离。而《二狂人》显然是被前者的《狂人日记》所遮盖了的周树人与"狂人"相遇并产生关联的重要契机。如果说果戈理的"狂人"是"表狂人"，那么高尔基的"狂人"就是"里狂人"，他们共同构成了一种立体的"狂人"示范。而后者的"尼采度"，又显然是当时的周树人把握小说创作势态并作出自己审美选择的一把尺度。他追寻和崇尚的是那种"具有绝大意力之士"⑤，关注的是那些"每以骄骞不

---

① 二葉亭主人：「二狂人」，『カルコ集』，第200—201页。
② 二葉亭主人：「二狂人」，『カルコ集』，第228页。
③ 斎藤信策：「狂者の教」，『帝国文学』第9卷第7号，1903年7月10日，第118页。
④ 鲁迅：《坟·摩罗诗力说》，《鲁迅全集》第1卷，第84页。
⑤ 鲁迅：《坟·文化偏至论》，《鲁迅全集》第1卷，第56页。

逊者为全局之主人"[①] 的作品。而由此线索不仅能看到他当时所盛赞的易卜生，也可以看到与他后来的文艺活动有着密切关联的安特莱夫（Леонид Николаевич Андреев，1871—1919）等人。

六、《六号室》与《血笑记》及其他

在周树人与"狂人"接点的意义上，《六号室》与《血笑记》也是无法回避的存在。《六号室》中文通译《第六病室》，《血笑记》通译《红笑》。这就涉及契诃夫（Антон Павлович Чехов，1860—1904）和安特莱夫。拿这两个作家来和鲁迅做比较研究的论文很多，尤其是很多论文都谈到了《第六病室》和《红笑》与鲁迅《狂人日记》的关系。但这里我们还是要先回到历史现场，回到原点。据昇曙梦回忆：

> 契诃夫的到来比高尔基晚一两年。介绍契诃夫的第一人，当非濑沼夏叶女史莫属。女史翻译的《影集》《迷路》都发表在明治三十六年（1903）的《文艺俱乐部》上。这是契诃夫的最早翻译。……契诃夫的犹如珍珠般的短篇形式和出色的幽默，在当时一部分作家当中很受追捧。[②]

契诃夫译介到日本，要晚于高尔基，但被翻译的作品数量比高尔基还多，而且是明治时期被介绍最多的一位俄国作家，作品登场总数达104件，约占整个明治时期俄罗斯文学翻译总数的15.6%，而且，全都集中在1903—1912年之间。翻开《鲁迅全集》，提到契诃夫的地方不下几十次，而且他还有大量的与契诃夫相关的藏书，应该说这都与他在这个时期与契诃夫相遇有着决定性的关联。《第六病室》日译本译作《六号室》，有两种译本，一种是马场孤蝶（Baba Kocho，1869—1940）译《六号室》，1906年1月发表在《艺苑》1月号，另一种是夏叶女史（Senuma Kayo，

---

① 鲁迅：《坟·文化偏至论》，《鲁迅全集》第 1 卷，第 51 页。
② 昇曙梦：「ロシア文学の傳来と影響」，第 245—247 页。

1875—1915）译《六号室》，发表在同年 4 月《文艺界》4 月号上。1908 年 10 月还出版了契诃夫作品单行本，即濑沼夏叶翻译的《俄国文豪契诃夫杰作集》①，其中也收了《六号室》。

濑沼夏叶是昇曙梦的老师濑沼恪三郎（Senuma Kakusaburo，1868—1945）的太太，是昇曙梦的“师母”，被昇曙梦称为“介绍契诃夫的第一人”。而马场孤蝶、小山内薰（Osanai Kaoru，1881—1928）、昇曙梦等都是契诃夫的著名译者。

《第六病室》几乎在同一时间出现了两种译本，使“契诃夫”和“病室狂人”成为不可无视的存在。就在这两种译本出现后的第二年，有了二叶亭四迷日译《狂人日记》和《二狂人》似乎并非偶然，其中的机缘也很值得探讨。前述 1907 年 7 月《帝国文学》上发表的《狂人论》说“顷者，我文坛由二叶亭主人灵妙之译笔，而新得俄罗斯种三狂人”，也就是针对这种狂人在文学作品中接连登场的现象而言的。在这个前提下，把《第六病室》作为周树人与“狂人”的一个连接点来考虑，是属于“强行关联”吗？最近看到有人做“日译《六号室》对《狂人日记》影响”的研究②，虽然是刚刚提出问题，但寻找契诃夫与鲁迅接点的思路是对的。

还有一点，过去似乎不大被提及，那就是契诃夫的“狂人”故事与高尔基“狂人”故事的同构性。这是阅读了高尔基的《二狂人》之后才意识到的。正如前面所介绍过的那样，《二狂人》讲述的是一个人在狂人精神的诱拐下被带疯的故事。这个故事和发生在“六号室”的故事非常相似。“六号室”关着 5 个精神病人，但医院的院长却被其中的一个贵族出身的病人精神诱拐了，认为这个病人滔滔不绝的演说很有道理。于是，这个院长也被当作精神病患者关进了“六号室”并且死在那里。两者的“精神诱拐”结构完全相同。契诃夫的《第六病室》发表于 1892 年，高尔基的《错误》（也

① 濑沼夏葉訳：『露国文豪　チエホフ傑作集』，獅子吼書房，1908 年。
② 王晶晶：《西方思想与中国现实的相遇——论〈六号室〉对〈狂人日记〉的影响》，中国鲁迅研究会、苏州大学文学院编：《2019.11.13—11.15 纪念中国鲁迅研究会成立四十周年学术讨论会论文集》。

就是《二狂人》）发表于 1895 年，就两者之间亲密的师弟之谊和两篇作品的相似度来看，前者是否对后者有影响？这也是令人很感兴趣的问题。

无独有偶，与高尔基有着师弟之交的安特莱夫，也写了同样的故事，那就是《红笑》，日译《血笑记》（1908，二叶亭四迷译）。参加日俄战争的"我"在战场上看到了死亡血色的笑容，后失去双腿，精神失常，回家以后不久便在癫狂中死去，但他从战场上带回来的狂气仍然萦绕在书房里，以致没上战场的弟弟也受到狂气的感染而发疯。《红笑》呈现着与两位前辈同样的精神诱拐结构。3 篇作品都以狂人的心理变化为描写对象，可谓狂人形象塑造的范本。

安特莱夫在日本登场的时间要更晚，在日俄战争结束后才开始有作品翻译。但就时间集中和推出的强度而言，安特莱夫在明治时期译介的外国作家当中首屈一指。1906 年 1 月—1912 年 11 月，在短短 6 年多的时间里，安特莱夫被翻译的作品共有 45 篇次①。这与周树人在留学快要结束时开始关注并翻译安特莱夫，在时间上显然是一致的。正是这一背景为他创造了接触安特莱夫的环境和契机。关于安特莱夫在日本的"受容"及其与同时期"鲁迅"的关系，已经有了很好的先行研究②，而且笔者也非常认同这种认识的到达点，即"与其说鲁迅处在日本安特莱夫热的漩涡之中，倒莫如说他和日本文学者竞相开展翻译活动"③。这里避繁就简，仅就与本文论旨相关，而其他研究又未涉及的内容来谈。

安特莱夫在日俄战争结束后的日本被热读，一个很重要的原因是把他看成继高尔基之后出现在文学领域内的"通俗化了的尼采主义的先驱者"代表，"在我国的某一时期，其受欢迎的程度在高尔基以上"④。就"尼采度"

---

① 该统计根据以下文献：塚原孝编：「アンドレーエフ翻訳作品目録」，川户道昭、中林良雄、榊原貴教编集：『明治翻訳文学全集「翻訳家编」17 上田敏集』，大空社，2003 年。
② 例如，大谷深（1963）、清水茂（1972）、川崎浹（1978）、藤井省三（1985）、和田芳英（2001）、塚原孝（2003、2004）、安本隆子（2008）、梁艳（2013）等。
③ 藤井省三：『ロシアの影　夏目漱石と鲁迅』，平凡社，1985 年，第 144 页。
④ 川崎浹：「日本近代文学とアドレーエフ」，日本近代文学館、小田切進编：『日本近代文学大事典』，第 322 页。

而言，安特莱夫的作品比高尔基更为浓重。这恐怕也是周树人迅速接近安特莱夫的一个很重要的原因。

在当时译介过来的作品中，给日本文坛震撼最大的还是要首推《红笑》。二叶亭四迷把这篇作品翻译为《血笑记》，1908 年 1 月 1 日《趣味》杂志第 3 卷第 1 号，刊载了节译，即"前编，断片第一"的开头部分。同年 7 月 7 日，易风社出版了全译单行本《新译血笑记》。同年 8 月 8 日该单行本再版。

日俄战争留下的后遗症之一，是为日俄两国制造了大量的因战争而发疯的狂人。就呈现"残酷"而言，《血笑记》产生了强烈震撼，以至当时有人认为"恐怕自有文学以来，当以这篇小说为嚆矢"[①]。这篇作品，把战争的狂气带给了日本社会，也吹进了日本文坛，引起竞相模仿。4 年后，当内田鲁庵着手作"通过小说脚本来观察现代社会"的长文时，他通过"调查应募《太阳》杂志的征奖小说"发现，"狂人小说已经到了令人感到比例过多"的程度，而且描写的内容"也比安特莱夫的《血笑记》更加令人感到颤栗"[②]。

> "你害怕了吗？"我轻声问他。
>
> 志愿兵蠕动着嘴，正要说什么，不可思议的，奇怪的，完全莫名其妙的事情发生了。有一股温热的风拍在我的右脸上，我一下钝住了——虽然仅仅如此，但眼前这张苍白的脸却抽搐了一下，裂开了一道鲜红。就像拔了塞儿的瓶口，鲜血从那里咕嘟咕嘟地往外冒，仿佛拙劣的招牌上常见的那种画。咕嘟咕嘟，就在那唰地一下裂开的鲜红处，鲜血在流，没了牙齿的脸上留着蔫笑，留着红笑。[③]

---

① 「『血笑記』の反響」，『二葉亭四迷全集』第 4 卷，岩波书店，1964—1965 年，第 436 页。

② 内田鲁庵：「小説脚本を通じて観たる現代社会」，初刊『太陽』第 17 卷第 3 号，1911 年 2 月 15 日。以上引自稲垣達郎编：『明治文学全集 24·内田鲁庵集』，筑摩书房，1978 年，第 257 页。

③ アンドレーエフ作，二葉亭訳：『新訳血笑記』，易风社，第 27 页。

这是安特莱夫描写的"我"的眼前发生的一个士兵中弹后冒出"红笑"的情形。

安特莱夫的到来的确很突然，如上所述，作品一下子就翻译过来几十篇，让当时的文坛应接不暇，在震惊的同时，又有些不知所措。例如，在昇曙梦当时所撰写的一系列评论中，可以明显感受到这个一向以介绍俄罗斯文学著称的大家面对安特莱夫时的踌躇和摇摆 ①。又如，当上田敏把安特莱夫的中篇《思想》（Мысль，1902）从法文翻译成《心》（1909）② 时，还引发了一场围绕篇名、安特莱夫翻译、俄罗斯文学乃至整个外国翻译、误译、重译、日语表达等一系列问题的激烈论争 ③。即将结束留学生活的周树人，刚好和这场安特莱夫"漩涡"搭边，既受"漩涡"的波及和影响，也做出同步的判断和选择。其中有很多问题值得探讨和研究。

例如，有学者精查《狂人日记》发表前后鲁迅与周边互动的情况，发现了《小说月报》上 1910 年发表的署名"冷"的翻译小说《心》，并拿来和鲁迅的《狂人日记》"对读"，从而提供了继范伯群（1931—2017）先生在中国近代文学的"狂人史"当中找到陈景韩（1878—1965）《催醒术》之后的第二个例证，展现了敏锐的问题意识和发掘深度 ④。笔者读后获益匪浅。《思想》是安特莱夫的代表作，也是狂人心理的精湛的解剖之作。至此，这部作品的"狂人越境之旅"的路线已经清晰地呈现出来：俄文 Мысль →法文 L'epouvante →日文《心（こころ）》→冷译《心》→今译《思想》。如果把安特莱夫的《思想》作为《狂人日记》的比较项，作为周树人在成长为鲁迅的过程中所相遇的一个"狂人"，那么在这个链条上很显然和他最为接近的应该是上田敏的日译本。笔者仔细对照了以上

① 例如，「露国新進作家に通じたる新傾向」（1909 年 6 月）、「露国新作家自叙傳」（1909 年 8 月）、「露国文壇消息」（1909 年 8 月）等。

② アンドレイエフ作，上田敏訳：『心』，春陽堂，1909 年。

③ 关于这场论争，请参照以下研究：蛯島亘：『ロシア文学翻訳者列伝』；塚原孝：『上田敏とアンドレーエフ』，收入『明治翻訳文学全集「翻訳家編」17 上田敏集』。

④ 张丽华：《文类的越界旅行——以鲁迅〈狂人日记〉与安特来夫〈心〉的对读为中心》，《中国学术》第 31 辑，商务印书馆，2012 年。在此谨向作者北京大学张丽华教授赠文致以衷心的感谢。

田敏日译本为底本"冷"的同名汉译本，发现通篇存在着误译、漏译和只能视为译者创作的"创译"（？）现象。昇曙梦曾以俄文原书对照上田敏的日译本，对其中的许多小节（其实有不少还是作为底本的法文译本的问题）吹毛求疵，大加挞伐①，如果按照这个标准，那么"冷"的译本则可谓惨不忍睹。类似把"相當の手當（を貰って）（得到了很多好处之意）"②译成"相当之手段"③的译法，显然是中了"和文汉读法"的毒。这种程度的日文能力，遇到大段大段复杂的心理描写也就只能"漏"而不译了，当然也就更不能指望文体的创出和作为作品的"文气"。周树人能否以这样的译本作为自己的参照，很值得怀疑。不过，《思想》这篇作品，在"狂人越境"中的位置和意义是非常值得探讨的问题。"冷"译《心》的发现，其意义在于再次提醒作为《思想》实际承载体的上田敏的日译本的存在。

相比之下，在与"狂人"形象相遇的意义上，《血笑记》具有更强的证据性。该作可视为周树人行进过程当中的一块路标。他在结束留学之前，计划翻译这篇作品，甚至还做了预告，只是没有完成④。不过他与安特莱夫的缘分已经深深地结下了。收在《域外小说集》的出自周树人之手的三篇译作，有两篇是安特莱夫的，即《谩》和《默》，另外一篇虽然不是安特莱夫的，但也和安特莱夫的《血笑记》很相似，即迦尔洵（Всеволод Михайлович Гаршин，1855—1888）的《四日》。如果说《谩》和《默》从德文转译，体现了周树人在尚无日译参照下的自主选择，那么《四日》显然是参照了二叶亭四迷的日译⑤。这里要补充的一点是，二叶亭四迷译《四日间》，有两个版本，第一个版本发表在 1904 年 7 月的《新小说》上，署名"苅心"（日语音读 garusin，即"迦尔洵"）⑥，第二个版本收

---

① 参见蓝岛亘：『ロシア文学翻訳者列伝』；塚原孝：『上田敏とアンドレーエフ』。
② アンドレイエフ作，上田敏訳：『心』，第 159 页。
③ 俄国痕苔原著，冷译：《心》，《小说时报》第 1 卷第 6 期，第 37 页。
④ 鲁迅：《集外集·关于〈关于红笑〉》，《鲁迅全集》第 7 卷，第 125 页。
⑤ 关于这三篇作品的文本对照分析，请参见谷行博：「謾·黙·四日——鲁迅初期翻訳の諸相——（上）（下）」，『大阪経大論集』第 132、135 号，1979 年 11 月、1980 年 5 月。
⑥ 这个版本是佛教大学博士生张宇飞君在调查中找到并提示给我的。

入 1907 年 12 月出版的《カルコ集》里。前面已经介绍过，《二狂人》也收在这个集子。

周作人在谈到昇曙梦和二叶亭的翻译时曾说："昇曙梦的还算老实，二叶亭因为自己是文人，译文的艺术性更高，这就是说也更是日本化了，因此其诚实性更差，我们寻求材料的人看来，只能用作参考的资料，不好当作译述的依据了。"① 如果要找一个实际的例子，那么恐怕非《四日间》第一个版本莫属。因为在这个"译本"本，场面设置从俄土战场切换到甲午战争的朝鲜半岛，主人公也变成了日本兵，他眼中出现的当然是"支那兵"。直到第二个版本这种情况才改变过来。周树人参照的应该是后一个版本。不过从中也不难看出，周氏兄弟关于安特莱夫和二叶亭译本的看法，多少也是受了昇曙梦的影响。昇曙梦关于"安特莱夫的文学，具有写实主义、象征主义和神秘主义三种倾向"② 的论断自不在话下，他对二叶亭翻译的评价，也和周作人后来说的几乎一模一样：

> 这并不是在抱怨二叶亭的翻译，而我也没有去批评的资格，只是觉得二叶亭的翻译，是不是太过于艺术化了。他是文章的高手，用笔之巧妙，甚至原作者都有所不及，这样的翻译自然便成了二叶亭自己的文章，几多味道和格调，在这当中被去掉了。③

那么，在安特莱夫和迦尔洵这条线上向后看，还可以看到更多，不仅可以看到出现在《现代小说译丛》（1921）里的前者的《黯澹的烟霭里》《书籍》、鲁迅叮嘱身在东京的周作人"勿忘为要"一定要买回的《七死刑囚物语》④ 以及兄弟二人后来不断提到后者的《红花》等，不过，这已经是后话。总之，契诃夫、高尔基、安特莱夫、迦尔洵等人笔下的"狂人"，就这样通过各种文本越境到岛国来，汇集到正从事"文艺运动"的周氏兄弟身边，

---

① 周作人：《知堂回想录·"七九 学俄文"》，河北教育出版社，2001 年，第 249—250 页。

② 昇曙梦：『露西亜文学研究』，第 300 页。

③ 昇曙梦：「露西亜文学に学ぶべき点」，『新潮』第 9 卷第 4 号，1908 年 10 月。

④ 鲁迅：《书信·190419 致周作人》，《鲁迅全集》第 11 卷，第 373 页。

并且尤其成为周树人的审美选项。这些人物与以往人物的最大不同，就是全部都以内心剖白的形式呈现在读者面前，而且都执念于某一"思想"，想竭力摆脱而不可得，结果越绕越绕不出去，反倒陷入更大的"思想"深渊。另外一点也很重要，那就是这些主人公们都是很卑微的人物。他们属于《摩罗诗力说》里那些"精神界之战士"的"狂人"转化形态，并且出现在《〈呐喊〉自序》里"我决不是一个振臂一呼应者云集的英雄"[①]这种认识到达点的途中。

七、"狂人美"的发现

上面提到的这些小说，当然不是周树人当年阅读的全部。他的阅读量要远远超过这个数目。最近有学者做了一项很有趣的研究，那就是把"百来篇外国作品"到底是哪些都查了一遍，而且也大多对上号了。[②]

"狂人"的存在需要提示，"狂人"的意义需要发现。这就是关于狂人的"评论"所发挥的作用。

无极的《狂人论》，通过《狂人日记》和《二狂人》发现了"狂人美"，即首次把狂人提升到审美层面来看待。

面对"狂人"的大量登场和来自"世间的道德家、宗教家或教育家"的非难，评论家长谷川天溪 1909 年 3 月 1 日以《文学的狂人》为题发表长篇评论，作出正面回应。他认为文学就是写狂人的，无狂不文学："倘若除去精神错乱的性质取向，则叫做文学史的仓库里，便几乎空空荡荡。"[③]他在列举了欧洲和"我国（日本）文学"当中的"狂的分子"现象后指出："文学是社会的反应。因此在文学当中多见狂者，也就不能不承认在实际社会

---

① 鲁迅：《呐喊·自序》，《鲁迅全集》第 1 卷，第 439—440 页。

② 姜异新：《百来篇外国作品寻绎——留日生周树人文学阅读视域下的"文之觉"》（上、下），《鲁迅研究月刊》，2020 年第 1、2 期。

③ 长谷川天溪：「文学の狂的分子」，『太陽』第 15 卷第 4 号，1909 年 3 月 1 日，第 153 页。

当中，具有狂者倾向的人正在逐渐增多。"[①] 接下来他分析了造成狂性的原因和种类以及古今对狂人的不同审美观和描写方式，最后对表现在"狂"上的"人生意义予以肯定"：

> 世人动辄言，在狂人当中不会找到人生的意义。因为人们都是以平凡生活为标准。吾人在狂人身上会看到几多严肃的人生意义。
>
> 人身上裹着虚饰、伪善、浮夸等几多衣冠。然而狂却可以将这些遮蔽物去除，揭示出赤裸裸的人生。……不论是怎样的狂人，都不会脱离现实的人生而存在。[②]

仿佛是和长谷川天溪相呼应，昇曙梦马上就在《二六新闻》上发表《俄罗斯文学当中的狂人》一文，而且连载三期。该文从"俄罗斯文学向来狂人丰富"[③] 开笔，介绍了陀斯妥耶夫斯基、托尔斯泰、果戈理、高尔基、迦尔洵等人对狂人心理的描写，最后把重点落在了安特莱夫的《我的日记》，称其为"非常耐人寻味的心理小说"[④]，"被陀斯妥耶夫斯基的大恐怖所打动的读者，也一定会在安特莱夫那里感受到新的颤栗"[⑤]。

昇曙梦所述俄罗斯文学多产"狂人"，可视为回顾整个明治时期译介俄罗斯文学过程中的一项理论归纳和发现，具有关于俄罗斯某种文学特征再确认的意义。事实上，明治时期陀思妥耶夫斯基的最早介绍者之一内田鲁庵，早在 15 年前的 1894 年，在开始连载他翻译的《被侮辱与被损害的》（Униженные и оскорбленные，1860）[⑥] 时就已经注意到了陀思妥耶夫斯基作品中的"狂气"："陀思妥耶夫斯基描写狂人，捕捉到了科学家未能

---

① 长谷川天溪：「文学の狂的分子」，『太陽』第 15 卷第 4 号，第 155 页。
② 长谷川天溪：「文学の狂的分子」，第 180 页。
③ 昇曙夢：「露国文学に於ける狂的分子」（上），『二六新聞』，1909 年 8 月 5 日。
④ 昇曙夢：「露国文学に於ける狂的分子」（中），『二六新聞』，1909 年 8 月 6 日。
⑤ 昇曙夢：「露国文学に於ける狂的分子」（下），『二六新聞』，1909 年 8 月 7 日。
⑥ 不知庵主人訳：「ドストエースキイの『損辱』」，『国民之友』，1894 年 5 月—1895 年 6 月连载。

观察到的地方，描写精微之极。其《罪与罚》不仅影响着文学界，也波及到科学界，其势力非同寻常。"① 鲁迅后来说，他"年青时候"就读到了陀思妥耶夫斯基的《穷人》，并对"他那暮年似的孤寂"感到吃惊，他还注意到了"医学者往往用病态来解释陀思妥夫斯基的作品"的"伦勃罗梭式"的说明，同时也再次确认了陀氏作为"神经病者"的意义："即使他是神经病者，也是俄国专制时代的神经病者，倘若谁身受了和他相类的重压，那么，愈身受，也就会愈懂得他那夹着夸张的真实，热到发冷的热情，快要破裂的忍从，于是爱他起来的罢。"② 《穷人》（Бедные люди，1846）最早也是明治时期唯一的日译本是发表在《文艺俱乐部》1904 年 4 月号上的夏叶女史译的《贫穷少女》③。该本非全译，而是节译，是作品中的女主人公瓦莲卡交给男主人公的她的日记部分。"年青时候"的周树人读到的很有可能是这个译本。不过《穷人》里人物虽然有些神经质，却并非带有"狂气"之作，那么，陀氏带给周树人的"神经病"方面的启示，恐怕还有必要在其他作品中去寻找。

总之，内田鲁庵、无极、长谷川和昇曙梦等人的评论，代表着当时"狂人"认识论的到达点。他们首先发现了"狂人"并在此基础上阐释"狂人"的特征和意义，对于唤醒关于"狂人"审美意识的自觉，意义十分重大。周树人从这个起跑线开始继续向前。但他所做的工作，却不是像过去写《摩罗诗力说》那样，去写关于"狂人"的作品评论，而是在自己读过的作品中，把目光投向那些带有"狂气"的篇目，从中筛选出若干尝试翻译。《漫》《默》《四日》《红笑》，不仅标志着周树人"狂人"审美意识的确立，也意味着他开始进入"狂人"形象塑造的文笔实践过程，从日语、德语乃至其他语种的解读开始，吃透原作的话语形象，形意于心，再从自己的母语当中

---

① 「不知庵主人訳『ドストエースキイの「損辱」』前言」，原載『国民之友』第 14 卷，第 227 号，川户道昭、榊原貴教编集：『明治翻訳文学全集「新聞雑誌編」45 ドストエフスキー集』，大空社，1998 年。

② 鲁迅：《且介亭杂文二集·陀思妥夫斯基的事》，《鲁迅全集》第 6 卷，第 425—426 页。

③ ドストエースキイ作，夏葉女史訳：「貧しき少女」，収入『文芸倶楽部』1904 年 4 月号，『明治翻訳文学全集「新聞雑誌編」45 ドストエフスキー集』。

选择最贴切的词语和表达方式，将其形其意重新构建出来，使其成为完全独立于原语世界的另一个世界。这已经远远超越了"把外国话变成中国话"的言语层面，是在重新创造另一种文体和另一种境界。当年由西土取经入华，世人都以为佛就那么说，其实不然，佛说的并不是现在所见"经"里的那种话，"经"中所言皆为汉译也。译者，非言也，境也，以言造境也。周树人通过译本所完成的便是这种"境"的移植。这本身就是一种创造。胡适（1891—1962）说《域外小说集》是"用最好的古文翻译"的小说，"是古文翻小说中最了不得的好"①。他对周氏兄弟在日本的精神历程不一定有更详细的了解，但他基于作品的这个评价是非常中肯的。通过翻译和文体再生，周树人不仅进一步熟悉了安特莱夫和迦尔洵等人对狂人心理的描写，也掌握了描写狂人的语言并知道如何去描写。

八、"狂人"越境之抵达

周树人结束自己在日本的留学生活，回到中国9年后，以"鲁迅"的笔名发表了《狂人日记》，这既标志着中国"狂人"的诞生，也标志着作家"鲁迅"的诞生。人们对这篇作品异样的形式、异样的人物、异样的话语和文体样式感到震惊自不待言，《狂人日记》成为中国文学翻开新的一页的标志性事件。然而，对于作者本人来说，这不过是他一路与之相伴的"狂人越境"旅程的最终抵达。

首先，就本文所述范围而言，如果说1899年今野愚公翻译果戈理的《狂人日记》，是"狂人"跨到日本来的越境第一站的话，那么1902年松原二十三阶堂创作《狂人日记》，则是这个越境的"狂人"本土化变身的第二站，到了1906年契诃夫的《六号室》同时出现两个译本，翌年二叶亭四迷重译果戈理的《狂人日记》并同时推出高尔基的《二狂人》，文艺界开始凝聚对"狂人"的严重关注，不仅《帝国文学》上出现无极《狂人论》那样

---

① 胡适：1958年5月4日讲演《中国文艺复兴运动》，《胡适全集·胡适时论集8》，"中研院"近史所胡适纪念馆，2018年，第30页。

的重磅评论，也跟出了一大堆诸如"狂人雕塑""狂人音乐""狂人之家""狂人与文学"之类的"狂人"喧嚣[①]，这可以说是"狂人"越境的第三站。如果再细分的话，那么此后的"安特莱夫热"爆棚——由于是紧接着"高尔基热"而出现，所以其中的间隔并非常明显——和日本文艺青年在创作上对前者《血笑记》的"令人战栗"的模仿，以及著名文艺评论家们对文学中"狂的分子"的美学阐释，则意味着在明治日本，世间已经普遍具备了接纳和繁殖"狂人"的土壤条件，这可以看作是"狂人"越境的第四站。当然本论之所谓"越境"，并非单指语言上的跨越国界，而在更大的意义上是指"狂人"所处的精神境界以及穿越演变。就文艺创作的准备而言，周树人完全与这个"狂人"越境的过程相伴，他不仅深深浸染其中，经历了作品阅读体验和批评的训练，还更以翻译的操作实现了"狂人"之"境"的移植。周树人留在《域外小说集》里的三篇翻译，是对"狂人"的认识达到自觉高度的产物，是将"狂人"化于内心并再造"狂人之境"之作业留下的记录。这可以说"狂人"越境抵达的第五站，"狂人"形象通过翻译，矗立在周树人的精神境界里。这是"狂人"向中国越境的开始。周树人是"他"的引路人，不，"他"就像《影的告别》里的"影"[②]，紧贴其后，摆脱不掉。和"狂人"打交道打到这种程度的人，在当时和现在的中国都找不到第二个。因此，鲁迅在谈到人们对他的《狂人日记》感到惊奇时，也就最有资格说本文开篇所引的那句话：这"是向来怠慢了绍介欧洲大陆文学的缘故"。

其次，这里所说的"欧洲大陆文学"，当然包括欧、美、俄罗斯乃至东欧文学，但就"狂人"作品而言，其主要承载的还是俄罗斯文学。俄罗斯文学——或者准确的说是传递到明治日本的俄罗斯文学为周树人创造了接触"狂人"的契机。俄罗斯文学的翻译介绍，主要集中在明治时期的后20年，共有650多篇次俄罗斯作品被翻译成日文。译者之多，语种之多（俄、英、法、德等），来源之多，数量之多，规模之大，都远远出乎中国现代

[①] 参阅本书《狂人之诞生——明治时代的"狂人"言说与鲁迅的〈狂人日记〉》。
[②] 鲁迅：《野草·影的告别》，《鲁迅全集》第2卷，第169—170页。

文学研究者的意料，正如同周树人的阅读面之广远远超出人们的意料一样。顺附一句，2019 年关于周树人的阅读史，又有两项重要材源的发现，一项是《科学史教篇》的完整材源①，另一项是《摩罗诗力说》最后出现的"凯罗连珂"材源②。这意味着周树人到底读过哪些东西，今后仍是一个课题。不过，周作人留下的"那时日本翻译俄国文学尚不甚发达"③的印象似乎可以修正了。他与乃兄对于俄罗斯文学的接触和印象并不同步。周树人与俄罗斯文学发生的文字之缘，几乎都肇始于他留学的当时，而不是之后。他后来与苏联文艺的关系，也是在这延长线上自不待言。俄罗斯文学的被大量译介，当然离不开日俄战争的背景，但俄罗斯知识分子的反抗专制，大胆剖析人性的丑恶与善良，以各种方式展开精神抗争，无疑引起了日本知识界的共鸣。后者在周树人留学的那个时期，正以"尼采"为旗帜，以确保国家主义高压下的"自我"空间。因此，当"个人""个性""精神""心灵""超人""天才""诗人""哲人""意力之人""精神界之战士""真的人"成为他们抗争武器的时候，作为敌国的俄罗斯文学便成了他们的最大援军。在"国家"与"诗人"的对峙当中，他们选择了"诗人"，哪怕是作为敌国的"诗人"。例如，野之人的《国家与诗人》便是其中的代表。野之人的《国家与诗人》一文被认为是在"主张人作为个体的确立的言说中，与鲁迅的文章最具亲近性"④。

> 有人叫喊曰："当今之世，可有讴歌国家之大理想，赞美国家之膨胀的诗人乎？"吾等敢曰，所谓国家者，岂有理想哉！那里只有土地、人和秩序，岂会有理想！倘若国家有理想，亦不外乎出生于国家的、伟大的天才之创造。
>
> 吾等未必祈愿国家的膨胀与繁荣，其将破坏与灭亡亦非吾等

---

① 参阅宋声泉：《〈科学史教篇〉蓝本考略》，《中国现代文学研究丛刊》，2019 年第 1 期。

② 张宇飞：《一个新材源的发现——关于鲁迅〈摩罗诗力说〉中的"凯罗连珂"》，《鲁迅研究月刊》，2020 年第 1 期。

③ 周作人：《关于鲁迅之二》，周作人著、止庵校订《鲁迅的青年时代》，第 129 页。

④ 中島長文：『ふくろうの声　鲁迅の近代』，平凡社，2001 年，第 20 页。

之所恐惧。希腊虽亡，但《荷马》存活于今；但丁之国，今虽不存，《神曲》尚活。吾等唯望宣告伟大理想的天才永存于世。国家因有天才才存活，其最大的光荣与威严，实不外乎天才也。……天才之大理想何也？教给我等以心灵之力，强化人格，传递上征之个性活动的意义，引导吾等走向光明者，即天才是也。

伟大国家常有鞭策自己，告诫自己之声。专制而非自由的俄国如此出现倡导自由和个人主义的诗人、天才，便愈发显示出俄罗斯的伟大。夫诗人天才之声，乃人生之最高之心灵活动也，有心灵活动之处，其地其民，必伟大，必强盛。俄国真乃伟大也……①

国家乃方便也，"人"乃理想也。"人"之不存，则国家无意义。故无灵之国，无人声之国，吾等一日都不以其存在为德。自称世界之势力，陶醉于虚荣赞美之人，世间多矣，然而可怜的国民遂能听到人生之福音乎？呜呼，若夫吾等不能长久以我国语知晓"人"之意义，则吾等毋宁只会成为亡国之民，只会成为身蹈东海的漂泊之人。②

这对正在"立人"③的周树人来说，不啻是"握拨一弹，心弦立应"的"撄人心"④之声。"尼采"滤镜下纷至沓来的俄罗斯文学成了他的志同道合者。如果说他借助《摩罗诗力说》的写作，完成了关于"诗人""个人""天才""哲人""精神界之战士""真的人"的自我精神塑造，为他后来的"狂人"塑造准备了充分的精神内质的话，那么他在俄罗斯文学那里首先学到的则是精神解剖和话语建构的实验，也就是说，通过阅读和翻译，他体验并学习到了"狂人"观察现实的视角和这种视角的表现方法。如果换一个角度也可以这样说，仅仅通过《摩罗诗力说》连同其他几篇同时期写作的论文，还不足以说明《狂人日记》，因为这中间还缺少作为参照和方法实

---

① 本段着重号为原文所加。
② 斋藤野の人：「国家と詩人」，『帝国文学』第9卷第6号，1903年6月。
③ 鲁迅：《坟·文化偏至论》，《鲁迅全集》第1卷，第58页。
④ 鲁迅：《坟·摩罗诗力说》，《鲁迅全集》第1卷，第70页。

践的环节，本论所呈现的与周树人紧密相伴的"狂人越境"历程，恰恰是这样一个环节的补述。在这个意义上，可以再次复述上一篇拙文当中的结论："周树人实际上是带着一个完整的'狂人'雏形回国的"，"这个'狂人'，是一个时代关于狂人言说的凝聚，是作者将其内质化之后再创造的产物。其率先成为鲁迅文学精神的人物载体，是一种必然"。

那么，在作为"狂人"越境之旅的第五站之后，在到达《狂人日记》之前，与周树人相伴的"狂人"是否还留下了可以叫做"站"的足迹？就周树人在这个期间留下的文字而言，似乎唯有1913年4月25日发表在《小说月报》4卷1号上的《怀旧》值得注意。这是一个由在私塾读书的"九龄"儿童"予"的视角所呈现的故事。"予"贪玩不爱读书，憎恶教他《论语》的"秃先生"。"四十余年"前的"长毛"给他身边的大人们留下了恐怖的记忆，以至于一听说又有"长毛"要来，便都人心惶惶，准备逃难，到头来才发现消息是误传，大家虚惊一场，而"予"则饱览了"秃先生"等人的狼狈。笔者检证的结果，与其说《怀旧》与《狂人日记》构成某种关联，倒莫如说和此后创作的作品关联性更大，其中的很多要素，如私塾、乡绅、长毛、保姆、惊慌等后来都化解到了以下作品中：《阿长与〈山海经〉》《五猖会》《从百草园到三味书屋》《二十四孝图》《阿Q正传》。除了最后一篇（"革命党"风闻所带来的惊恐和狼狈，完全复制了《怀旧》里的人心惶惶）外，其余各篇均纳入《朝花夕拾》，由此也可以知道《怀旧》是属于"旧事重提"（即《朝花夕拾》的前身）的"怀旧"系列，而不是"狂人"系列。这篇作品是周树人翻译安特莱夫和迦尔洵之后的首次创作尝试。就内容而言，他开始通过回忆面向本土，并且想尝试写出类似于果戈理、屠格涅夫或契诃夫那样的小说，但对当时的他来讲，这些似乎更是一个潜在的课题，因此稍稍一试就收手了，并且不再拿出示人——这篇作品鲁迅生前未收集——因为彼时的他还浸泡在昨日"摩罗诗人"带给他的"血和铁，火焰和毒，恢复和报仇"的"血腥的歌声"①里，还包裹在无法摆脱的"安

---

① 鲁迅：《野草·希望》，《鲁迅全集》第2卷，第181页。

特莱夫式的阴冷"[①]当中,当他在"寂寞"和"铁屋子"[②]中窒息得无法再呼吸的时候,其积蓄已久的生命意志的迸发点,便只能是"狂人"的呐喊。从"狂人越境"的抵达点回望,1918年的周树人,要么不写,若写,便只能写《狂人日记》。

附　录

原载编后记:

当最后的余辉退去,新文化运动以彻底的"新"为标志,闪亮登场了。百年后的今天回过头去看,新文化运动的经典著作之所以成为经典,无一不是深厚的蕴积涵育的结果。李冬木教授近年来先后对明治时代"食人"言说和"狂人"言说作了细究,通过鲁迅《狂人日记》"吃人"意象和"狂人"的形象生成,初步构拟了鲁迅早期思想生成的脉络。这一次,他深入到"狂人"概念艺术价值本身的研究,细致解读了狂人文学所涉及的文本,向我们展示了狂人作为一个美学现象,从果戈里到高尔基、安特莱夫这一脉俄国文学中的"狂人"叙述给鲁迅持续而深刻的影响。李冬木的这一系列研究事实上是对鲁迅《狂人日记》诞生做"精神史"性质的考察,文章令人信服地论证了1918年的鲁迅写出《狂人日记》的必然性。

——《文学评论》2020年第5期编后记

---

① 鲁迅:《且介亭杂文二集·〈中国新文学大系〉小说二集序》,《鲁迅全集》第6卷,第247页。

② 鲁迅:《呐喊·自序》,《鲁迅全集》第1卷,第441页。

附录

各篇初出一览（以发表时间为序）

◎「渋江保訳『支那人気質』と魯迅（上）」，『関西外国語大学研究論集』第 67 号，1998 年 2 月；北京鲁迅博物馆编《鲁迅研究月刊》1999 年第 3 期转载。

◎「渋江保訳『支那人気質』と魯迅（下）」，『関西外国語大学研究論集』第 68 号，1998 年 8 月；北京鲁迅博物馆编《鲁迅研究月刊》1999 年第 4 期转载。

◎「『支那人気質』と魯迅文本初探」，『関西外国語大学研究論集』第 69 号，1999 年 2 月。

◎「关于『物竞论』」，佛教大学『中国言語文化研究会』第 1 期，2001 年 7 月；北京鲁迅博物馆编《鲁迅研究月刊》2003 年第 3 期转载。

◎「魯迅と丘浅次郎（上）」，佛教大学『文学部論集』第 87 号，2003 年 3 月；中文版：李雅娟译《鲁迅与丘浅次郎（上）》，《东岳论丛》2012 年第 4 期。

◎「魯迅と丘浅次郎（下）」，佛教大学『文学部論集』第 88 号，2004 年 3 月；中文版：李雅娟译《鲁迅与丘浅次郎（下）》，《东岳论丛》2012 年第 7 期。

◎《“乞食者”与“乞食”——鲁迅与〈支那人气质〉关系的一项考

察》，佛教大学『文学部論集』第 89 号，2005 年 3 月。

◎《"从仆"、"包依"与"西崽"——鲁迅与〈支那人气质〉关系的一项考察》，佛教大学『文学部論集』第 90 号，2006 年 3 月。

◎《"国民性"一词在中国》，佛教大学『文学部論集』第 91 号，2007 年 3 月 1 日；《山东师范大学学报》转载，2013 年第 4 期。

◎《"国民性"一词在日本》，佛教大学『文学部論集』第 92 号，2008 年 3 月；《山东师范大学学报》转载，2013 年第 4 期。

◎《关于"国民性"一词及其中日近代思想史当中的相关问题》（学术报告），台"中研院"近代史研究所"近代中日关系的多种面向"，2015 年 08 月 21 日。

◎《鲁迅怎样"看"到的"阿金"？——兼谈鲁迅与〈支那人气质〉关系的一项考察》，北京鲁迅博物馆编《鲁迅研究月刊》，2007 年第 7 期；日文版：「魯迅はどのように『阿金』を『見た』のか？」，『吉田富夫先生退休記念中国学論集』，汲古書院，2008 年 3 月。

◎《鲁迅与日本书》，《读书》2011 年第 9 期，北京三联书店。

◎《明治时代"食人"言说与鲁迅的〈狂人日记〉》，《文学评论》2012 年第 1 期；《新华文摘》2012 年第 10 期转载；日文版：「明治時代における『食人』言説と魯迅の『狂人日記』」，佛教大学『文学部論集』第 96 号，2012 年 3 月。

学术报告：《明治时代"食人"言说与鲁迅的〈狂人日记〉》，"鲁迅：经典与现实"国际讨论会，浙江绍兴，2011 年 9 月 25 日；集入寿永明、王晓初编《反思与突破：在经典与现实中走向纵深的鲁迅研究》，安徽文艺出版社，2013 年。

◎《留学生周树人周边的"尼采"及其周边》，该文最早是提交给 2012 年 11 月 22—11 月 23 日在新加坡南洋理工大学召开的"鲁迅与现当代华文文学"国际讨论会的论文。后收入张钊贻主编《尼采与华文学论集》，八方文华创作室。亦刊载于《东岳论丛》2014 年第 3 期。

◎学术报告：《留学生周树人"个人"语境中的"斯契纳尔"——兼

谈"蚊学士"、烟山专太郎》，"世界视野中的鲁迅"国际学术研讨会（2014年 6 月 14 日），山东师范大学；《东岳论丛》，2015 年第 6 期；吕周聚、赵京华、黄乔生主编《世界视野中的鲁迅：国际学术研讨会论文集》，中国社会科学院出版社，2015 年 11 月。

◎《芳贺矢一的〈国民性十论〉与周氏兄弟》，《山东社会科学》2013 年第 7 期。

◎《〈国民性十论〉导读》，香港三联书店，2018 年 4 月。《〈国民性十论〉导读》，北京三联书店，2020 年 6 月。

◎「『天演』から『進化』へ——魯迅の進化論の受容とその展開を中心に—」，石川禎浩，狭間直樹編『近代東アジアにおける翻訳概念の展開：京都大学人文科学研究所付属現代中国研究センター研究報告』，京都大学人文科学研究所，2013 年 3 月；中文版：《从"天演"到"进化"——以鲁迅对"进化论"之容受及其展开为中心》，狭间直树、石川禎浩主编，袁广泉等译《近代东亚翻译概念的发生与传播》，社会科学文献出版社，2015 年 2 月，日本京都大学中国研究系列五。

◎《鲁迅进化论知识链中的丘浅次郎》，谭桂林、朱晓进、杨洪承主编《文化经典和精神象征——"鲁迅与 20 世纪中国"国际学术研讨会论文集》，南京师范大学出版社，2013 年 12 月。

◎《从周树人到鲁迅——以留学时代为中心》，本篇系在中国社会科学院文学研究所与佛教大学联合举办的"全球化时代的人文学科诸项研究——当代中日、东西交流的启发"国际研讨会（2017 年 5 月 26 日）上所做的报告，集入中国社会科学院文学研究所编《多维视野下的中日文学研究》，社会科学出版社，2018 年。

◎《狂人之诞生——明治时代的"狂人"言说与鲁迅的〈狂人日记〉》，《文学评论》，2018 年第 5 期；《新华文摘》，2018 年 24 期转载。日文版：「狂人の誕生——明治期の『狂人』言説と魯迅の『狂人日記』」，佛教大学『文学部論集』第 103 号，2019 年 3 月。

同题学术报告：第七届国际汉语教学研究生指导研讨会，吉林大学，

2018 年 8 月 16 至 18 日；现代中国研究会，佛教大学四条センター，2018 年 8 月 25 日；"现代文学与现代汉语国际讨论会"，南京师范大学，2018 年 10 月 19 日；集入南京师范大学文学院、《学术月刊》杂志社编《现代文学与现代汉语国际学术讨论会论文集》；中国言语文化研究会，佛教大学，2018 年 11 月 17 日。

◎《"狂人"的越境之旅——从周树人与"狂人"相遇到他的〈狂人日记〉》：《文学评论》，2020 年第 5 期；《新华文摘》2021 年 2 期转载。日文版：「『狂人』の越境の旅—周樹人と『狂人』の出会いから彼の『狂人日記』まで」，佛教大学『文学部論集』第 105 号，2021 年 3 月。

◎《"国民性"话语的建构——以鲁迅与〈支那人气质〉之关系为中心》：南京大学学衡研究院编《亚洲概念史研究》第七卷，商务印书馆，2021 年 6 月。

◎《〈七死刑囚物语〉与阿 Q 的"大团圆"》，华东师范大学《现代中文学刊》2021 年 5 期

◎ On the Term Guominxing (National Character): Its Current Status, Etymology and Related Issues in the History of Modern Chinese and Japanese Thought, CONCEPTUAL HISTORY: CHINA, ASIA, AND THE GLOBAL, Nanjing University, Culture, 2022 Vol XIX NO.1.

◎《从"斯巴达"到"斯巴达之魂"——"斯巴达"话语建构中的梁启超与周树人》，《吉林大学社会科学学报》，2022 年第 4 期

◎《关于留学生周树人与明治"易卜生"——以斋藤信策（野之人）为中心》，《南国学术》第 13 卷第 2 号，2023 年 4 月。

中文索引

著者·译者·编者名索引

出版社·出版机构索引

书名·篇名索引

事项索引

日本语索引

著者・译者・编集者名索引

F. キングセル　204

W. ロプシャイト　201, 204

あ行

アーサー、エチ、スミス　6, 7, 16, 144, 145, 312-320, 337, 368, 371-378, 381, 383, 384, 390-393, 395, 397, 399, 400-405, 410, 411, 413-416, 418, 420-425, 438, 440-472, 497, 498

有賀長雄　57, 58, 71, 202, 515, 549, 551, 556

生田長江　503, 669

池田弥三郎　161

石井研堂　514, 621

石川三四郎　569, 570

石川準十郎　548

石川啄木　594

石綿敏雄　166

伊藤虎丸　8, 19, 26, 64, 93, 329, 406, 471, 504, 510-512, 518, 574, 592, 593, 598, 661

井上哲次郎　174, 202, 204, 511, 515, 531, 567, 569, 662, 668

井波他次郎　177, 203

市川義夫　203

伊能嘉矩　627

今井聡三節　627

今西錦司　68, 77, 101

入澤達吉　627, 667

李漢燮　201, 202

岩貞謙吉　203

羽化渋江保　4-7, 16, 30, 226, 246, 250, 252, 260, 295, 313, 315-320, 334, 336, 337, 339, 340, 343-369, 374-379, 383-386, 389-397, 401, 402, 404, 406, 409-415, 419-422, 424, 425, 438, 439, 441-446, 448-451, 453, 458-460, 462, 464-466, 468, 469, 472, 496, 497, 624

内村鑑三　533, 638, 683

浮田和民　198, 226-228, 232, 242, 243, 259, 260, 264, 271, 281, 282, 292, 322

内田魯庵　171, 200, 547, 612, 613, 680, 682, 684, 714, 719, 720

生方敏郎　324, 326-332, 342, 523, 526, 527, 531

エドワルド・エス・モールス　55

エフ・ダブリュー・イーストレーキ　204

エルンスト・ヘッケル　13, 36, 37, 57, 62, 63, 66, 108

丘浅次郎　8, 9, 13-15, 60-122, 521

岡上樑　13, 62, 66

尾上兼英　504, 505, 510, 511

大井鎌吉　201

大杉栄　69, 73, 76, 82, 570, 571, 676

大屋幸世　165

丘英通　69

编名・书名索引

出版人・机关索引

事项索引

西文索引

后　记

倘有远方风景的吸引，人恐怕来不及停下脚步回望过往或品味乡愁，哪怕是过了"还历"的年龄。这次应浙江古籍出版社的盛情邀请，编辑了这本文集，也借此对自己既往和现在的研究及其到达点做一个整理和回顾。

这些年主要以周树人留学期间的阅读史为线索，探讨这个留学生如何"羽化"为"鲁迅"的奥秘。文学家的文本，是他留给世间的外在形态，也是人们接近他的入口和平台，但要深入探讨一个作家的作品、一个作家的文本是如何生成的，仅仅靠阅读作品也就是通过外在形态来把握是不够的，还应该进一步探讨他为了创作都阅读了哪些，经历了哪些，有哪些最终转化为他的文本，只有深入把握这些作家文本诞生的前史，尤其是作家的精神建构史，才能反过来走进作家，从而更深入地理解他的文本。这恐怕也属老生常谈，算不得什么经验，不过就实际操作层面而言，笔者近年来所致力的工作，就是把周树人的精神成长史落实到他所实际阅读的文本层面，或者说尽可能在文本层面把握和还原他精神建构的路径，从而为抽象的鲁迅精神史描述增添若干可视化内容。

现在回过头一看，鲁迅阅读史探索当中所涉及的那些书目，竟也在不知不觉之间成了自己近年阅读史的一部分。而所谓"近年"，也仅仅是自己对时间的感觉，实际上这本书里所收入的文章和探讨的问题，大多都可追溯到十几年前乃至二十几年前，只是自我感觉好像刚刚开始，是一种错觉罢了。研究以个人本位，专注自己的课题乃学人之本分，于是做完一个，便做下一个，发表即算告一段落，并不关注此后如何。而此时方悟，这一路走来，虽并没走出多远，但就个人学习而言，却多蒙各位师长的学恩，多有他们往昔留下的足音伴随；至于同辈学者和年轻一代学者的回应、支援乃至批评，又皆在不知不觉间化作了"此行不孤"的助力，对此笔者内心充满感激。

张梦阳《跨文化对话中形成的"东亚鲁迅"》（2007）让笔者首次通过第三者镜像远眺到自己小小的足迹。年轻一代学者朱幸纯所作《周树人何以成长为鲁迅——评李冬木〈鲁迅精神史探源〉》（2020）、张丛皞所作《为鲁迅研究打开一扇新的窗——李冬木的鲁迅精神史研究及其影响》（2021），不仅使笔者认识到他者的审视和解析往往比本人的自我认知更准确，更得要领，从而分享了学术对话的喜悦，还使笔者意识到，就本书的内容而言，与外界对话的机制业已形成，而这是比什么都令人高兴的事。

2019年，笔者在自己任职的佛教大学获得了一年海外学术休假的机会，落脚在母校吉林大学。在这一年的时间里，承蒙各方抬爱，笔者得以就本书中的诸多课题与多所大学和研究机构展开交流，不仅使既有的研究内容得以充实和完善，而且还触发出新的命题和研究内容的展开。在此，以时间为序，谨对自2019年以来邀请笔者访学并做学术报告的以下大学和研究机构致以衷心的感谢！——台"中研院"近代史研究所、上海交通大学、内蒙古民族大学、吉林大学、复旦大学、北京第二外国语学院、东北师范大学、华东师范大学、绍兴文理学院、青岛大学、山东社会科学院、山东师范大学、苏州大学、中国鲁迅研究会2019年会、北京大学、中国社会科学院文学研究所、北京《东方历史评论》、佛教大学、日本华文女作家协会（Trip7 TV）、广西师范大学、中国鲁迅研究会2022年会。

同时，也衷心感谢刊载拙文的学术期刊和出版机构：《关西外国语大学研究论集》《（佛教大学）文学部论集》《鲁迅研究月刊》《东岳论丛》《文史哲》《山东师范大学学报》《亚洲概念史研究》《现代中文研究学刊》《吉林大学学报》《南国学术》《文学评论》《新华文摘》，京都大学人文科学研究所、香港三联书店、北京三联书店、秀威资讯科技股份有限公司、江苏人民出版社。其中，《文学评论》跨越8个年度对笔者"《狂人日记》

论"的三次刊载和"编者后记"中三次重点介绍，以及《新华文摘》近乎全文的摘编，尤其令笔者感铭至深。

最后还要提到在佛教大学博士毕业后回西北大学做博士后的张宇飞君和南京大学博士生、现在佛教大学做研究员的谭宇婷同学，二位参与了拙稿的校对并提出许多宝贵的意见——能以这种方式与更年轻的一代学人展开对话，是笔者的荣幸，在此一并致谢。

又，时至岁末，附近寺庙的钟声即将敲响。惟愿钟声能终结疫祸和战乱，开启天亮的和平。不论是否看得到，笔者相信远方会有好风景。而此时填写的句号，则是重新出发的标记。

李冬木
2022 年 12 月 31 日
记于京都紫野

图书在版编目（CIP）数据

越境："鲁迅"之诞生 / 李冬木著 . -- 杭州：浙
江古籍出版社，2023.7
ISBN 978-7-5540-2571-0

Ⅰ . ①越… Ⅱ . ①李… Ⅲ . ①鲁迅（1881-1936）—
人物研究 Ⅳ . ① K825.6

中国国家版本馆 CIP 数据核字（2023）第 063590 号

越境——"鲁迅"之诞生

李冬木　著

出版发行	浙江古籍出版社	
	（杭州体育场路 347 号　电话：0571-85068292）	
网　　址	https://zjgj.zjcbcm.com	
责任编辑	黄玉洁	
责任校对	吴颖胤	
日文校订	张紫柔	
封面设计	吴思璐	
责任印务	楼浩凯	
照　　排	浙江时代出版服务有限公司	
印　　刷	浙江海虹彩色印务有限公司	
开　　本	710mm×1000mm　1/16	
印　　张	49.25　插　页　8	
字　　数	800 千字	
版　　次	2023 年 7 月第 1 版	
印　　次	2023 年 7 月第 1 次印刷	
书　　号	ISBN 978-7-5540-2571-0	
定　　价	218.00 元	